ADVENT-VERLAG LÜNEBURG

Ellen G. White

Das Wirken des Heiligen Geistes

Andachten für jeden Tag

ADVENT-VERLAG

Originaltitel: *Ye Shall Receive Power*
© Review and Herald Publishing Association, Hagerstown, Maryland (USA), 1995

Projektleitung und Lektorat: Werner E. Lange
Übersetzung: Heidemarie Klingeberg
Korrektorat: Erika Schultz
Einbandgestaltung: Sislak Design, Bad Soden-Salmünster
Titelfoto: Daniel Sainthorant – FOTOLIA
Satz: rimi-grafik, Celle
Gesamtherstellung: Grindeldruck GmbH, Hamburg

Die Bibelzitate sind – falls nichts anderes vermerkt – der *Bibelübersetzung nach Martin Luther* (revidierte Fassung 1984, Deutsche Bibelgesellschaft, Stuttgart 1985ff.) entnommen. Ansonsten bedeuten:

EB	=	*Die Heilige Schrift – Revidierte Elberfelder Bibel* (R. Brockhaus Verlag, Wuppertal 1985ff.)
GNB	=	*Gute Nachricht Bibel* (revidierte Fassung der *Bibel im heutigen Deutsch*, Deutsche Bibelgesellschaft, Stuttgart 1997ff.)
Hfa	=	*Hoffnung für alle – Die Bibel* (International Bible Society, Übersetzung: Brunnen-Verlag, Basel und Gießen, revidierte Fassung 2002ff.)
KJV	=	*King James Version*, alte englische Übersetzung der Bibel, die von Ellen White hauptsächlich benutzt wurde und aus der sie oft Formulierungen verwandte, ohne den ganzen Bibeltext zu zitieren. (Dies wird in dieser Übersetzung deutlich gemacht, indem Bibeltexte auszugsweise zitiert werden oder auf sie verwiesen wird.)

Lüner Rennbahn 14, D-21139 Lüneburg
Internet: www.advent-verlag.de, E-Mail: info@advent-verlag.de

ISBN-10: 3-8150-1859-5
ISBN-13: 978-3-8150-1859-0

Inhalt

1. Januar

Ich [Jesus] werde den Vater bitten, dass er euch an meiner Stelle einen anderen Helfer gibt, der für immer bei euch bleibt.
(Johannes 14,16 GNB)

Die Verheißung des Heiligen Geistes

Als Christus seinen Jüngern den Heiligen Geist verhieß, näherte er sich dem Abschluss seines Dienstes auf Erden. In der klaren Erkenntnis der Sündenlast, die auf ihm als dem Sündenträger ruhen sollte, stand er im Schatten des Kreuzes. Bevor er sich als Sühnopfer hingab, unterrichtete er seine Jünger davon, welche überaus wichtige und vollkommene Gabe er seinen Nachfolgern verleihen wollte – eine Gabe, die ihnen die unversiegbare Quelle seiner Gnade erschließen sollte.

Er sagte: „Ich werde den Vater bitten, und er wird euch einen andern Beistand geben, dass er bei euch sei in Ewigkeit, den Geist der Wahrheit, den die Welt nicht empfangen kann, denn sie sieht ihn nicht und kennt ihn nicht. *Ihr* kennt ihn, denn er bleibt bei euch und wird in euch sein." (Joh 14,16.17 EB) Der Heiland wies auf die Zeit hin, da der Heilige Geist kommen und als sein Stellvertreter ein großes Werk ausrichten sollte. Dem Bösen, das seit Jahrhunderten angewachsen war, sollte durch die göttliche Macht des Heiligen Geistes widerstanden werden ...

Die Verheißung des Heiligen Geistes ist nicht auf ein bestimmtes Zeitalter oder ein bestimmtes Volk beschränkt. Christus erklärte, dass seine Nachfolger bis an das Ende der Welt unter dem Einfluss seines Geistes stehen werden (siehe Mt 28,20). Von jenem Pfingsttag an bis in die Gegenwart wurde der Beistand denen gesandt, die sich dem Herrn und seinem Dienst völlig hingegeben haben. Zu allen, die Christus als persönlichen Heiland annahmen, kam der Heilige Geist als Ratgeber, Erneuerer, Führer und Zeuge. Je enger die Gläubigen mit Gott wandelten, desto klarer und machtvoller bezeugten sie die Liebe ihres Erlösers und seine rettende Gnade. Die Männer und Frauen, die in den Jahrhunderten der Verfolgungen und Prüfungen sich in hohem Maße der Gegenwart des Heiligen Geistes in ihrem Leben erfreuten, standen als Zeichen und Wunder in der Welt. Vor Engeln und Menschen offenbarten sie die umwandelnde Kraft der erlösenden Liebe. – *Das Wirken der Apostel,* S. 49, 50f. (rev.)

Wir brauchen den Heiligen Geist

Wenn aber der Geist der Wahrheit kommt, hilft er euch dabei, die Wahrheit vollständig zu erfassen. Denn er redet nicht in seinem eigenen Auftrag, sondern wird nur das sagen, was er gehört hat. Auch was euch in Zukunft erwartet, wird er euch verkünden. (Johannes 16,13 Hfa)

Wie können wir am Tag des Gerichts bestehen, wenn wir die Worte Christi nicht verstehen? Er versprach seinen Jüngern: „Der Vater wird euch in meinem Namen den Helfer senden, der an meine Stelle tritt, den Heiligen Geist. Der wird euch alles Weitere lehren und euch an alles erinnern, was ich selbst schon gesagt habe." (Joh 14,26 GNB) Der Heilige Geist soll uns an die Worte Jesu erinnern. In den letzten Stunden vor seiner Kreuzigung, in denen Jesus mit seinen Jüngern zusammen war, sprach er besonders über das Werk des Heiligen Geistes. Er eröffnete ihnen ein weites Feld der Wahrheit. Sie sollten seine Worte vertrauensvoll aufnehmen, und der Beistand, der Heilige Geist, würde sie an alles erinnern.

Das Tröstliche an dieser Verheißung Christi besteht darin, dass der göttliche Einfluss seine Nachfolger bis zum Ende begleiten sollte. Aber das heutige Volk Gottes nimmt diese Verheißung nicht in Anspruch und vertraut nicht auf sie. Sie wird nicht recht geschätzt und daher auch ihre Erfüllung im Gemeindeleben nicht erfahren. Die Verheißung der Gabe des Geistes wird von der Gemeinde wenig beachtet und den Gläubigen nicht nachdrücklich genug deutlich gemacht. Das Ergebnis ist wie zu erwarten: geistliche Dürre und Finsternis, geistlicher Verfall und Tod.

Die Gedanken beschäftigen sich mit nebensächlichen Dingen, doch die göttliche Macht, die die Gemeinde für ihr Wachstum und Wohlergehen benötigt, und die – wenn sie wirken könnte – alle weiteren Segnungen mit sich bringen würde, ist nicht vorhanden, obwohl sie uns in unerschöpflicher Fülle angeboten wird. Solange die Gemeinde sich mit kleinen Gaben zufriedengibt, kann sie die großen Gaben Gottes nicht empfangen. Aber warum hungern und dürsten wir nicht nach der Gabe des Heiligen Geistes, wenn doch gerade sie unsere Herzen reinigen kann? Gott hat geplant, dass seine göttliche Macht mit menschlichem Bemühen kooperieren soll.

Für einen Christen ist es lebenswichtig, die Bedeutung der Verheißung des Heiligen Geistes zu verstehen – besonders im Hinblick auf die bevorstehende Wiederkunft unseres Herrn Jesus. Sprecht von ihr, betet um sie, predigt über sie; denn der Herr will uns seinen Heiligen Geist noch lieber geben, als Eltern ihren Kindern gute Gaben geben wollen (siehe Lk 11,13). – *Advent Review and Sabbath Herald*, 15. November 1892

3. Januar

Dies ist der Geist der Wahrheit. Die Welt kann ihn nicht aufnehmen, denn sie ist blind für ihn und erkennt ihn deshalb nicht. Aber ihr kennt ihn, denn er wird bei euch bleiben und in euch leben. (Johannes 14,17 Hfa)

Die Natur des Geistes ist ein Geheimnis

Es ist für uns nicht wichtig, genau erklären zu können, was der Heilige Geist ist. Christus sagte, dass er der „Beistand" ist, „der Geist der Wahrheit, der vom Vater ausgeht" (Joh 15,26 EB). Er erklärte ferner deutlich, dass der Heilige Geist bei seinem Werk, Menschen „in die ganze Wahrheit [zu] leiten ... nicht aus sich selbst reden" wird (Joh 16,13 EB).

Die Natur des Heiligen Geistes ist ein Geheimnis. Menschen können sie nicht erklären, weil Gott es ihnen nicht offenbart hat. Menschen mit phantastischen Ansichten mögen Schriftstellen zusammenbringen und auf ihnen ein menschliches Gedankengebäude errichten; aber die Annahme solcher Ansichten vermag die Gemeinde nicht zu stärken. Bei Geheimnissen, die für das menschliche Verständnis zu tief sind, ist Schweigen Gold.

Die Aufgabe des Heiligen Geistes umreißt Christus deutlich mit den Worten: „Ist er erst gekommen, wird er den Menschen die Augen für ihre Sünde öffnen, für Gottes Gerechtigkeit und sein Gericht." (Joh 16,8 Hfa) Der Heilige Geist überführt von der Sünde. Wenn der Sünder sich dem belebenden Einfluss des Geistes öffnet, wird er zur Umkehr bewegt und ihm wird bewusst, wie wichtig es ist, den göttlichen Forderungen zu gehorchen.

Dem reumütigen Sünder, der nach Gerechtigkeit hungert und dürstet, offenbart der Heilige Geist „das Lamm Gottes, das die Sünde der Welt wegnimmt" (Joh 1,29 EB). „Er wird meine Herrlichkeit sichtbar machen; denn was er an euch weitergibt, hat er von mir." (Joh 16,14 GNB) „Der Beistand aber, der Heilige Geist, den der Vater senden wird in meinem Namen, der wird euch alles lehren und euch an alles erinnern, was ich euch gesagt habe." (Joh 14,26 EB)

Der Geist wird als erneuernde Kraft gegeben, die das Heil wirksam machen soll, das durch den Tod unseres Erlösers erworben worden ist. Beständig versucht der Heilige Geist, die Aufmerksamkeit der Menschen auf das große Opfer zu lenken, das am Kreuz auf Golgatha gebracht wurde, der Welt die Liebe Gottes zu offenbaren und dem von seiner Schuld überführten Sünder die Kostbarkeiten der Heiligen Schrift zu eröffnen. – *Das Wirken der Apostel,* S. 53f. (rev.)

4. Januar

Der Geist schenkt die Gewissheit der Gotteskindschaft

Gottes Geist selbst gibt uns die innere Gewissheit, dass wir Gottes Kinder sind. (Römer 8,16 Hfa)

Was ist das Ergebnis, wenn der Heilige Geist uns im Innersten gewiss macht, dass wir Kinder Gottes sind? Der Gläubige unterstellt sich völlig dem Willen Gottes. Die himmlische Majestät lässt sich herab zu einem vertrauten Verhältnis mit dem, der Gott von ganzem Herzen sucht. Seine Gnade, die sich dann reichlich manifestiert, weckt in einem Kind Gottes das Empfinden einer kindlichen Abhängigkeit. Gib dich Gott ganz hin, so hilflos und unwürdig, wie du bist – im festen Vertrauen auf seine Macht und seine Bereitschaft, dich zu segnen. „Allen, die [Jesus] aufnahmen und ihm Glauben schenkten, verlieh er das Recht, Kinder Gottes zu werden." (Joh 1,12 GNB)

Entwickle keine hektische Aktivität, sondern sei eifrig im Glauben mit dem einen Ziel, den Menschen Jesus Christus, den gekreuzigten Erlöser, nahezubringen. Nicht die logisch aufgebaute, den Verstand ansprechende Predigt wird die Menschen überzeugen. Ihr Herz muss getroffen und sanft gemacht werden. Der Wille muss dem Willen Gottes untergeordnet und alle Bestrebungen auf den Himmel ausgerichtet werden. Du musst dich vom lebendigen Wort Gottes ernähren, das in deinem Alltag wirksam werden und dein ganzes Wesen erfassen und bestimmen muss ...

Wenn wir unser festes Vertrauen auf Jesus setzen, werden wir uns selbst Gott als Opfer darbringen (siehe Röm 12,1). Wir werden uns auf die Gerechtigkeit und Fürsprache Christi als unsere einzige Hoffnung verlassen. Da gibt es keine Verwirrung und kein Misstrauen, denn durch den Glauben erkennen wir, dass Jesus von Gott zu diesem besonderen Werk beauftragt wurde, nämlich die Sünden der Welt zu sühnen. Der heilige [neue] Bund hat ihm den Mittlerdienst für alle übertragen, „die durch ihn zu Gott kommen" (Hbr 7,25, vgl. Kap. 8,6-10). Er vollbringt ihre Erlösung, wenn sie ihm nur vertrauen. Wir haben das Vorrecht, „mit Freimütigkeit hinzuzutreten zum Thron der Gnade, damit wir Barmherzigkeit empfangen und Gnade finden zur rechtzeitigen Hilfe" (Hbr 4,16 EB). – *Manuscript Releases,* Band 14; S. 276f.

5. Januar

Der Heilige Geist vertritt Christus

Aber ich [Jesus] sage euch die Wahrheit: Es ist gut für euch, dass ich weggehe. Denn wenn ich nicht weggehe, kommt der Tröster nicht zu euch. Wenn ich aber gehe, will ich ihn zu euch senden. (Johannes 16,7)

Der Heilige Geist wird „Tröster" und „Geist der Wahrheit" genannt (Joh 14,16.17; 15,26; 16,13). Seine Aufgabe besteht darin, die Wahrheit zu definieren und zu bewahren. Er wohnt zuerst als Geist der Wahrheit in den Herzen [der Gläubigen] und wird so zu ihrem Tröster. Die Wahrheit bringt Trost und Frieden, aber in der Unwahrheit finden sich weder wirklicher Trost noch innerer Friede. Mit falschen Theorien und Traditionen gewinnt Satan Macht über den Verstand. Indem er Menschen auf falsche Grundsätze hinweist, verdirbt er den Charakter. Durch die Heilige Schrift spricht der Geist Gottes unsere Gedanken an und prägt unseren Herzen die Wahrheit ein. So entlarvt er den Irrtum und vertreibt ihn. Durch den Geist der Wahrheit, der durch das Wort Gottes wirkt, unterwirft sich Christus sein auserwähltes Volk.

Als Jesus seinen Jüngern die Aufgaben des Heiligen Geistes schilderte, versuchte er, sie mit der Freude und Hoffnung zu begeistern, von der er selbst inspiriert war. Die reichliche Hilfe, die er seiner Gemeinde zukommen lassen konnte, erfüllte ihn mit Freude. Der Heilige Geist war die größte aller Gaben, die er zur Erhöhung seiner Gemeinde vom Vater erbeten konnte. Der Geist sollte als ein erneuernder Vermittler wirken, ohne den das Opfer Christi wirkungslos bleiben würde.

Die Macht des Bösen war im Laufe der Jahrhunderte immer mehr erstarkt. Es war erstaunlich, wie sehr die Menschen der satanischen Knechtschaft unterworfen waren. Nur durch die gewaltige Kraft der dritten Person der Gottheit, die nicht mit reduzierter Energie, sondern in der Fülle göttlicher Macht kommt, können wir der Sünde widerstehen und sie überwinden. Der Heilige Geist lässt das bereits vollbrachte Werk des Erlösers wirksam werden. Durch den Geist wird das Herz gereinigt und der Gläubige erhält „Anteil an der göttlichen Natur" (2 Ptr 1,4). Christus hat seinen Geist gegeben als göttliche Kraft, um alle ererbten und anerzogenen Neigungen zum Bösen zu überwinden und seiner Gemeinde seinen eigenen Charakter aufzuprägen. – *Advent Review and Sabbath Herald,* 19. November 1908

Jesus betete und der Geist kam auf ihn herab

Zusammen mit dem ganzen Volk hatte auch Jesus sich taufen lassen. Gleich darauf, während er betete, öffnete sich der Himmel. Der Heilige Geist kam sichtbar auf ihn herab, anzusehen wie eine Taube.
(Lukas 3,21.22 GNB)

Christus ist in allen Dingen unser Vorbild. Als Antwort auf sein Gebet zum Vater öffnete sich der Himmel, und der Geist kam herab wie eine Taube und blieb auf ihm. Der Geist Gottes kommuniziert mit den Menschen und wohnt in den Herzen der Gehorsamen und Treuen. Licht und Kraft wird denen zuteil, die sie ernsthaft suchen, damit sie Weisheit erlangen, um Satan zu widerstehen und ihn in Zeiten der Versuchung zu überwinden. Wir sollen [ihn] überwinden, wie Christus überwunden hat.

Jesus begann seinen öffentlichen Dienst mit intensivem Gebet. Sein Beispiel zeigt, wie notwendig das Gebet ist, um ein erfolgreiches christliches Leben zu führen. Er stand in beständiger Verbindung mit seinem Vater. Sein Leben gibt uns ein vollkommenes Beispiel, dem wir nacheifern sollen. Er schätzte das Vorrecht des Betens sehr, und sein Wirken offenbarte das Ergebnis seiner Gemeinschaft mit Gott. Wenn wir sein Leben betrachten, erkennen wir, dass er sich bei allen wichtigen Gelegenheiten in die Abgeschiedenheit der Natur oder die Einsamkeit der Berge zurückzog und ernsthaft und anhaltend zu Gott betete. Oft verbrachte er die ganze Nacht im Gebet, bevor er ein außergewöhnliches Wunder vollbrachte. Mitfühlend schickte er seine Jünger nach den Mühen des Tages vor diesen nächtlichen Gebeten nach Hause, damit sie ausruhen und schlafen konnten, während er selbst Gott „mit lautem Schreien und mit Tränen" (Hbr 5,7) um das Wohl der Menschheit anflehte.

Nach seinen Gebeten bekam Jesus durch die Gnade Gottes neue Kraft für seine Aufgaben und Stärke für die ihm bevorstehenden Prüfungen. Um ein erfolgreiches christliches Leben zu führen, sind wir von Gott abhängig. Christi Vorbild weist uns den Weg zu einer unerschöpflichen Quelle der Kraft, aus der wir Gnade und Stärke empfangen können, um dem Feind zu widerstehen und den Sieg zu erlangen. An den Ufern des Jordans hat Christus stellvertretend für die ganze Menschheit gebetet. Durch das Öffnen des Himmels und die Stimme der Bestätigung, „Du bist mein lieber Sohn, an dir habe ich Wohlgefallen" (Lk 3,22), wird uns versichert, dass Gott die Menschen aufgrund der Verdienste seines Sohnes annimmt. – *Signs of the Times,* 24. Juli 1893

7. Januar

Der Wind weht, wo es ihm gefällt. Du hörst ihn nur rauschen, aber du weißt nicht, woher er kommt und wohin er geht. So geheimnisvoll ist es auch, wenn ein Mensch vom Geist geboren wird. (Johannes 3,8 GNB)

Der Geist wirkt unsichtbar wie der Wind

Man hört den Wind in den Zweigen der Bäume, in dem Rascheln der Blätter und Blüten – doch er ist unsichtbar. Niemand weiß, woher er kommt und wohin er geht. So geschieht auch das Wirken des Heiligen Geistes am Herzen des Menschen. Dieser Vorgang kann ebenso wenig erklärt werden wie das Brausen des Windes. Es mag jemand außerstande sein, die genaue Zeit, den Ort oder einzelne Umstände seines Bekehrungsprozesses anzugeben, aber das beweist nicht, dass er unbekehrt ist.

So unsichtbar wie der Wind wirkt Christus beständig auf das Herz ein. Nach und nach, dem Einzelnen vielleicht unbewusst, werden Eindrücke hervorgerufen, die ihn zu Christus ziehen. Diese Eindrücke mögen dadurch empfangen werden, dass man über ihn nachdenkt, in der Heiligen Schrift liest oder das Wort Gottes von einem Prediger hört. Dann plötzlich, wenn der Geist einen direkteren Aufruf startet, ergibt sich derjenige freudig dem Herrn. Viele nennen das eine plötzliche Bekehrung, und doch war es die Folge des langen, geduldigen Werbens des Geistes Gottes – ein langwieriger Prozess.

Während der Wind selbst unsichtbar ist, erzeugt er Wirkungen, die man sehen und spüren kann. So offenbart sich das Wirken des Heiligen Geistes in jeder Handlung des erlösten Menschen. Sobald der Geist Gottes vom Herzen Besitz ergreift, gestaltet er das Leben um: Sündhafte Gedanken werden verbannt, böse Taten vermieden; Liebe, Demut und Frieden nehmen die Stelle von Zorn, Neid und Zank ein. Freude tritt an die Stelle von Traurigkeit, und auf dem Angesicht spiegelt sich das Licht des Himmels. Keiner sieht die Hand, die die Last aufhebt, oder erblickt das Licht, das von den himmlischen Vorhöfen herableuchtet. Der Segen stellt sich ein, wenn ein Mensch sich im Glauben dem Herrn ergibt. Dann schafft die dem menschlichen Auge unsichtbare Macht ein neues, dem Bilde Gottes ähnliches Wesen.

Es ist unserem begrenzten Verstand unmöglich, das Werk der Erlösung zu verstehen. Dieses Geheimnis übersteigt jede menschliche Erkenntnis! Wer jedoch vom Tode zum Leben durchdringt, der erfährt, dass es sich dabei um eine göttliche Realität handelt. Den Anfang der Erlösung lernen wir bereits auf dieser Erde durch eine persönliche Erfahrung kennen. Ihre Auswirkungen reichen bis in die Ewigkeit. – *Das Leben Jesu* bzw. *Der Eine – Jesus Christus* (Ausg. 1995f.), S. 156f. (rev.)

Himmlisches Öl für die wartenden Brautjungfern

Zehn Brautjungfern gingen mit ihren Lampen hinaus, dem Bräutigam entgegen, um ihn zu empfangen. Fünf von ihnen handelten klug, die anderen fünf gedankenlos. Die Gedankenlosen nahmen nur ihre gefüllten Lampen mit, während die Klugen auch noch Öl zum Nachfüllen mitnahmen. (Matthäus 25,1-4 GNB)

Viele nehmen die Wahrheit bereitwillig an, unterlassen es aber, sie in ihr Leben einzubeziehen. Daher kann sie keinen bleibenden Einfluss auf sie ausüben. Sie gleichen den törichten Brautjungfern, die in ihren Gefäßen kein Öl für ihre Lampen mitgebracht hatten. Das Öl ist ein Symbol für den Heiligen Geist, der durch den Glauben an Jesus Christus im Menschen wirkt. Wer die Heilige Schrift ernstlich und unter viel Gebet studiert, wer sich im Glauben fest auf Gott verlässt und seinen Geboten gehorcht, wird zu denen gehören, die hier als kluge Brautjungfern bezeichnet werden ...

Das Evangelium stellt weitreichende Forderungen. Paulus sagt: „Alles, was ihr tut mit Worten oder mit Werken, das tut alles im Namen des Herrn Jesus und dankt Gott, dem Vater, durch ihn." (Kol 3,17) „Ob ihr nun esst oder trinkt oder sonst etwas tut, tut alles zur Ehre Gottes!" (1. Kor 10,31 EB) Praktische Frömmigkeit erreichen wir nicht, wenn wir den großen Wahrheiten der Bibel nur einen Platz in den Vorhöfen unseres Herzens geben. Der biblische Glaube muss in alle großen und kleinen Dinge unseres Lebens einbezogen werden. Er muss die Kraft gebenden Motive und Prinzipien liefern, die den Charakter und das Handeln eines Christen prägen ...

Bei dem Öl, das jene dringend benötigten, die durch die törichten Brautjungfern dargestellt werden, geht es nicht um Äußerlichkeiten. Sie müssen die Wahrheit in das Innere ihres Herzens hineinlassen, damit sie dort ihr reinigendes, veredelndes und heiligendes Werk vollbringen kann. Sie brauchen keine Theorien, sondern die heiligen Aussagen der Bibel, die keine unsicheren, zusammenhanglosen Lehren, sondern lebendige Wahrheiten von ewiger Bedeutung beinhalten – mit Christus im Mittelpunkt. In ihm ist das ganze System der göttlichen Wahrheit [verkörpert] ...

Die wahrhaft an Christus Glaubenden werden durch die Heiligkeit ihres Charakters und den Gehorsam gegenüber dem Gesetz Gottes offenbar. Sie erkennen, dass die Wahrheit, die in Jesus ist, bis zum Himmel hinauf- und in die Ewigkeit hineinreicht. Sie begreifen, dass das Wesen eines Christen den Charakter Christi, voller Gnade und Wahrheit, offenbaren soll. Ihnen wird das Öl der Gnade verliehen, das ein nie verlöschendes Licht unterhält. Durch den Heiligen Geist, der in ihnen wirkt, werden die Gläubigen in Christus vollendet. – *Advent Review and Sabbath Herald,* 17. September 1895

9. Januar

Was sind die beiden Zweige der Ölbäume bei den zwei goldenen Röhren, aus denen das goldene Öl herabfließt? ... Es sind die zwei Gesalbten, die vor dem Herrscher aller Lande stehen. (Sacharja 4,12.14)

Wir brauchen beständig das Öl des Geistes

Die beständige Gabe des Heiligen Geistes an die Gemeinde erklärt der Prophet Sacharja mit einem Bild, das eine wunderbare Lektion der Ermutigung für uns enthält. Der Prophet berichtet: „Der Engel ... fragte mich: ‚Was siehst du?' Ich antwortete: ‚Einen Leuchter aus Gold. Er trägt oben ein Ölbecken, an dessen Rand ringsum sieben Lichtschalen angebracht sind. Und jede Schale hat sieben Schnäbel für die Dochte. Links und rechts ragt über dem Leuchter je ein Ölbaum auf. Was hat das zu bedeuten, Herr?' ‚Verstehst du es nicht?', fragte der Engel. ‚Nein, Herr', erwiderte ich, und er sagte: ... ‚Die sieben Lichtschalen sind die Augen des HERRN, die alles sehen, was auf der Erde geschieht.' Ich fragte weiter: ‚Und was bedeuten die beiden Ölbäume rechts und links von dem Leuchter, die ihr Öl durch die beiden Goldröhren herabfließen lassen?' ‚Verstehst du es nicht?', fragte er, und als ich verneinte, antwortete er mir: ‚Das sind die beiden Männer, die der Herr der ganzen Erde mit Öl gesalbt und in seinen Dienst gestellt hat.'" (Sach 4,1-5.10-14 GNB)

Das goldene Öl aus den beiden Olivenbäumen wurde durch goldene Röhren in die Schale auf dem Leuchter geleitet und floss von dort in die goldenen Lampen, die das Heiligtum erleuchteten. So wird Gottes Geist von den Gesalbten, die in der Gegenwart Gottes stehen, auf die menschlichen Werkzeuge übertragen, die seinem Dienst geweiht sind. Die Aufgabe der zwei Gesalbten besteht darin, Licht und Kraft an das Volk Gottes weiterzugeben. Sie stehen in der Gegenwart Gottes, um den Segen für uns zu empfangen. Wie sich das Öl der Olivenbäume in die goldenen Röhren ergießt, so versuchen die himmlischen Boten all das [an uns] weiterzuleiten, was sie von Gott empfangen haben. Der gesamte Schatz des Himmels wartet nur darauf, von uns angefordert und empfangen zu werden. Und wir sollen den Segen, den wir empfangen, wieder weitergeben. So werden die heiligen Lampen gefüllt, und die Gemeinde wird zum Licht der Welt – „nicht durch menschliche Macht ... sondern durch meinen Geist", spricht der Herr (Sach 6,6 GNB). – *Advent Review and Sabbath Herald*, 2. März 1897

10. Januar

Der Geist wirkt in unseren Herzen wie Sauerteig

Noch einmal fragte Jesus: „Womit kann ich das vergleichen, wenn Gott seine Herrschaft aufrichtet? Es ist wie mit dem Sauerteig: Eine Frau mengte eine Hand voll davon unter eine riesige Menge Mehl, und er machte den ganzen Teig sauer.“ (Lukas 13,20.21 GNB)

Dieses Gleichnis illustriert die alles durchdringende und verändernde Macht des Evangeliums, die an den einzelnen Gemeindegliedern wirkt, damit die Gemeinde dem göttlichen Vorbild immer ähnlicher wird. Wie der Sauerteig das Mehl durchdringt, so arbeitet der Heilige Geist am menschlichen Herzen, durchdringt alle seine Fähigkeiten und Kräfte und bringt den ganzen Menschen in Übereinstimmung mit Christus.

Im Gleichnis gab die Frau den Sauerteig zum Mehl. Das war nötig, um einen Mangel auszugleichen. Damit will Gott uns lehren, dass der Mensch aus eigener Kraft nicht die Fähigkeiten zur Erlösung besitzt. Er kann sich nicht durch seine eigene Willenskraft verändern. Die Wahrheit muss ins Herz aufgenommen werden. So tut der göttliche Sauerteig seine Wirkung. Durch seine belebende und umwandelnde Kraft verändert er das menschliche Herz und erweckt neue Gedanken, neue Gefühle und neue Absichten. Das Denken verändert sich, und die Fähigkeiten werden angewandt. Der Mensch bekommt keine völlig neuen Fähigkeiten, aber die, die er besitzt, werden geheiligt. Das abgetötete Gewissen wird wieder lebendig. Aber niemand kann diesen Wandel selbst herbeiführen. Das kann nur durch den Heiligen Geist geschehen. Alle, die gerettet werden möchten – seien sie höhergestellt oder niedrig, reich oder arm – müssen sich dem Wirken seiner Macht unterordnen.

Diese Wahrheit hat Christus dem Nikodemus mit den Worten erklärt: „Ich versichere dir: Nur wer von oben her geboren wird, kann Gottes neue Welt zu sehen bekommen ... Was Menschen zur Welt bringen, ist und bleibt von menschlicher Art. Von geistlicher Art kann nur sein, was vom Geist Gottes geboren wird. Wundere dich also nicht, dass ich zu dir sagte: ‚Ihr müsst alle von oben her geboren werden.‘ Der Wind weht, wo es ihm gefällt. Du hörst ihn nur rauschen, aber du weißt nicht, woher er kommt und wohin er geht. So geheimnisvoll ist es auch, wenn ein Mensch vom Geist geboren wird.“ (Joh 3,3.6-8 GNB)

Wenn unser Denken vom Geist Gottes kontrolliert wird, werden wir die Lehre aus dem Gleichnis vom Sauerteig verstehen. Wer sein Herz öffnet, um die Wahrheit zu empfangen, wird erkennen, dass das Wort Gottes das entscheidende Instrument zur Veränderung des Charakters darstellt. – *Advent Review and Sabbath Herald*, 25. Juli 1899

11. Januar

Jesus antwortete: „... Wer aber von dem Wasser trinkt, das ich ihm geben werde, wird nie mehr Durst haben. Ich gebe ihm Wasser, das in ihm zu einer Quelle wird, die bis ins ewige Leben weitersprudelt.“ (Johannes 4,13.14 GNB)

Das lebendige Wasser soll weitergegeben werden

Der Erlösungsplan beginnt und endet mit einer Gabe, und in diesem Geist wird er auch ausgeführt. Dieselbe Opferbereitschaft, die unsere Erlösung ermöglichte, wird in den Herzen all derer wohnen, die diese göttliche Gabe angenommen haben. Der Apostel Petrus fordert uns auf: „Wie jeder eine Gnadengabe empfangen hat, so dient damit einander als gute Verwalter der verschiedenartigen Gnade Gottes.“ (1 Ptr 4,10 EB) Und Jesus sagte zu seinen Jüngern, als er sie aussandte: „Umsonst habt ihr alles bekommen, umsonst sollt ihr es weitergeben.“ (Mt 10,8 GNB)

Wer in völligem Einklang mit Christus ist, in dem findet sich keine Selbstsucht oder Exklusivität. Wer vom lebendigen Wasser trinkt, wird erfahren, dass es „in ihm zu einer Quelle wird, die bis ins ewige Leben weitersprudelt“ (Joh 4,14 GNB). Der Geist Christi in ihm ist wie eine Quelle in der Wüste, die zu der Erfrischung aller dient und diejenigen, die am Verdursten sind, willig macht, vom Wasser des Lebens zu trinken.

Dieser Geist Christi der Liebe und Selbstaufgabe motivierte auch den Apostel Paulus zu seinem intensiven Einsatz. Er sagt: „Ich bin die Botschaft von Christus allen Menschen schuldig: solchen aus hochkultivierten wie aus unzivilisierten Völkern, Gebildeten wie Unwissenden.“ (Röm 1,14 GNB) „Ausgerechnet ich, der geringste unter allen Christen, darf anderen Völkern verkünden, welch unermesslichen Reichtum Christus für jeden von uns bereithält.“ (Eph 3,8 Hfa)

Unser Herr hat geplant, dass seine Gemeinde der Welt den Reichtum und die Fülle weitergibt, die sie in ihm findet. Ständig werden wir von Gottes Reichtum beschenkt, und indem wir davon weitergeben, sollen wir der Welt die Liebe und Wohltätigkeit Christi darstellen. Während der ganze Himmel in Bewegung ist und zur Förderung des Erlösungswerks Boten in alle Teile der Welt sendet, soll auch die Gemeinde des lebendigen Gottes mit Jesus Christus zusammenarbeiten, „denn wir sind Glieder seines Leibes“ (Eph 5,30). Er ist das Haupt (V. 23), das alle Glieder des Leibes beherrscht. In seiner unendlichen Barmherzigkeit arbeitet Jesus selbst an den Menschenherzen und bewirkt so erstaunliche geistliche Veränderungen, dass selbst die Engel dies mit Verwunderung und Freude betrachten. – *Advent Review and Sabbath Herald*, 24. Dezember 1908

12. Januar

Die unerlässliche geistliche Lebenskraft

[Paulus] traf dort einige Jünger und fragte sie: „Habt ihr den Heiligen Geist empfangen, als ihr zum Glauben gekommen seid?" Sie antworteten: „Nein. Wir haben noch nicht einmal gehört, dass es so etwas wie einen Heiligen Geist gibt." (Apostelgeschichte 19,1.2 GNB)

Auch heute sind viele genauso unwissend über das Wirken des Heiligen Geistes am Menschenherzen wie jene Gläubigen in Ephesus; und doch lehrt Gottes Wort keine Wahrheit deutlicher als sie. Propheten und Apostel haben dieses Thema behandelt. Christus selbst lenkt unsere Aufmerksamkeit auf das Wachstum in der Pflanzenwelt, um zu veranschaulichen, wie sein Geist die Förderung des geistlichen Lebens bewirkt. Der Saft, der von der Wurzel des Weinstocks aufsteigt, verteilt sich auf die Zweige, sichert das Wachstum und bringt Blüten und Früchte hervor (siehe Joh 15,1-5). So ist es auch mit der Leben spendenden Kraft des Heiligen Geistes: Sie geht vom Erlöser aus, durchdringt den Menschen, erneuert seine Beweggründe und Neigungen, macht selbst die Gedanken dem Willen Gottes untertan und befähigt den Empfänger, als kostbare Frucht gute Taten hervorzubringen.

Der Urheber dieses geistlichen Lebens ist unsichtbar. Zu erklären, wie und wodurch jenes Leben verliehen und unterhalten wird, liegt außerhalb der Möglichkeiten menschlicher Weisheit. Das Wirken des Geistes steht jedoch stets in Einklang mit dem geschriebenen Wort. In der geistlichen Welt ist es genauso wie in der natürlichen: Das natürliche Leben wird von Augenblick zu Augenblick durch göttliche Macht erhalten. Aber das geschieht nicht durch ein unmittelbares Wunder, sondern durch den Gebrauch der Segnungen, die in unserem Bereich liegen. In gleicher Weise wird das geistliche Leben durch die Anwendung jener Mittel erhalten, die die Vorsehung gewährt. Will ein Nachfolger Christi „zur vollen Mannesreife" (Eph 4,13 EB) heranwachsen, so muss er von dem „Brot des Lebens" essen (Joh 6,35.51) und von dem Wasser des Heils trinken (siehe Joh 4,14). Er muss wachen, beten und arbeiten und in allen Dingen die Unterweisungen beachten, die Gott in seinem Wort gegeben hat. – *Das Wirken der Apostel*, S. 283f. (rev.)

13. Januar

Der „neue Wein“ des Reiches Gottes

Auch füllt niemand neuen Wein, der noch gärt, in alte Schläuche; sonst sprengt der Wein die Schläuche, der Wein ist hin und die Schläuche auch. Nein, neuer Wein gehört in neue Schläuche! (Markus 2,22 GNB)

Wir müssen unser Denken beständig mit Christus erfüllen und es von Selbstsucht und Sünde leeren. Als Christus in die Welt kam, waren die Leiter der Juden so vom pharisäischen Denken durchdrungen, dass sie seine Lehren nicht aufnehmen konnten. Jesus verglich sie mit den geschrumpften Weinschläuchen, die den neuen Wein aus der Weinpresse nicht mehr aufnehmen konnten. Er musste neue Behältnisse finden, in die er den neuen Wein seines Königreiches füllen konnte. Deshalb wandte er sich von den Pharisäern ab und erwählte die niedrigen Fischer aus Galiläa zu seinen Jüngern.

Jesus war der größte Lehrer, den die Welt je gesehen hat. Er wählte sich Männer, die er ausbilden konnte und die ihm die Worte von den Lippen ablesen und bis in unsere Zeit überliefern würden. Mit seinem Geist und seinem Wort rüstet er auch dich für sein Werk aus. Wenn du Eitelkeit und Frivolität aus deinem Denken verbannst, wird das entstehende Vakuum mit dem gefüllt werden, was Gott dir gern geben möchte – seinen Heiligen Geist. Dann kommen „aus dem guten Schatz des Herzens“ (Lk 6,45) gute Dinge und tiefe Gedanken. Andere werden deine Worte aufnehmen und Gott verherrlichen. Dann wirst du dich nicht mehr auf dich selbst konzentrieren, dich nicht in den Vordergrund stellen und nicht mehr deinen Egoismus ausleben, sondern deine Gedanken und Zuneigung werden sich auf Christus richten, und du wirst auf andere die Strahlen „der Sonne der Gerechtigkeit“ (Mal 3,20) widerspiegeln, die auf dich scheinen.

Christus hat gesagt: „Wenn jemand dürstet, so komme er zu mir und trinke!“ (Joh 7,37 EB) Hast du diese Quelle schon ausgeschöpft? Sicher nicht, denn sie ist unerschöpflich. Sobald du Durst verspürst, darfst du trinken und immer wieder trinken. Die Quelle sprudelt immer weiter. Und wenn du einmal von dieser Quelle getrunken hast, wirst du deinen Durst nicht mehr aus den löchrigen Zisternen dieser Welt stillen wollen. Du wirst nicht mehr überlegen, wie du das schönste Vergnügen, die beste Unterhaltung, den meisten Spaß und die größte Ausgelassenheit haben kannst. Nein, denn du hast von dem Strom getrunken, der die Stadt Gottes erfreut (siehe Offb 22,1.2). Dann wird deine Freude vollkommen sein, denn Christus, „die Hoffnung auf die Herrlichkeit Gottes“ (Kol 1,27 Hfa), wird in dir wohnen. – *Advent Review and Sabbath Herald*, 15. März 1892

Wie ein brennendes Feuer im Herzen

Wenn ich mir aber vornehme: „Ich will nicht mehr an den Herrn denken und nicht länger in seinem Namen reden", dann brennt dein Wort in meinem Herzen wie ein Feuer, ja, es glüht tief in mir. Ich habe versucht, es zurückzuhalten, aber ich kann es nicht! (Jeremia 20,9 Hfa)

Gott wird Menschen in niedrigen Positionen bewegen, die Botschaft der gegenwärtigen Wahrheit zu verkündigen. Viele werden – vom Geist Gottes gedrängt – großen Eifer entwickeln, um den Menschen in der Dunkelheit das Licht zu bringen. Die Wahrheit lodert in ihren Gliedern wie ein Feuer und erfüllt sie mit dem brennenden Wunsch, Menschen in der Finsternis zu erleuchten. Viele, auch Gebildete, werden das Wort Gottes verkündigen. Getrieben vom Heiligen Geist werden [sogar] Kinder sich aufmachen und die Botschaft des Himmels predigen. Der Geist wird auf alle ausgegossen, die sich seinem Antrieb ergeben (siehe Joel 3,1.2). Sie werden sich von menschlichen Vorschriften und ängstlicher Vorsicht befreien und der Armee des Herrn anschließen.

In Zukunft werden Menschen, die einer gewöhnlichen Beschäftigung nachgehen, vom Geist Gottes so beeindruckt, dass sie ihre Arbeit verlassen und losgehen, um die letzte Gnadenbotschaft zu verkündigen. So schnell wie möglich sollen sie auf diesen Dienst vorbereitet werden, damit ihre Bemühungen von Erfolg gekrönt werden. Sie arbeiten mit himmlischen Werkzeugen zusammen, denn sie sind bereit, sich im Dienst des Meisters einzusetzen und verzehrt zu werden. Niemand ist befugt, diese Mitarbeiter [an ihrem Werk] zu hindern. Sie sollen [von der Gemeinde] gesegnet werden, wenn sie hinausgehen, um den großen Missionsauftrag (siehe Mt 28,18-20) zu erfüllen. Niemand sollte über sie spotten, denn sie säen die Saat des Evangeliums an den schwierigen Plätzen der Erde.

Die besten Dinge im Leben – Einfachheit, Aufrichtigkeit, Wahrhaftigkeit, Reinheit, unangefochtene Integrität – können nicht gekauft oder verkauft werden. Den Unwissenden stehen sie genauso zur Verfügung wie den Gebildeten, den Schwarzen wie den Weißen, dem einfachen Bauern wie dem König auf seinem Thron. Demütige Mitarbeiter, die sich nicht auf ihre eigene Kraft verlassen, in Einfachheit wirken und stets auf Gott vertrauen, werden an der Freude des Erlösers teilhaben. Ihre ausdauernden Gebete werden Menschen zum Kreuz führen. In Kooperation mit ihren selbstaufopfernden Bemühungen wird Jesus Herzen bewegen und bei der Bekehrung von Menschen Wunder wirken. Männer und Frauen werden sich der Gemeinde anschließen ... Die Herzen der Mitarbeiter werden von Freude erfüllt sein angesichts der von Gott gewirkten Erlösung. – *Testimonies for the Church*, Band 7; S. 26-28

15. Januar

Dann sahen sie etwas wie Feuer, das sich zerteilte, und auf jeden ließ sich eine Flammenzunge nieder. Alle wurden vom Geist Gottes erfüllt und begannen in anderen Sprachen zu reden, jeder, wie es ihnen der Geist Gottes eingab. (Apostelgeschichte 2,3.4 GNB)

Der Geist erschien mit Flammenzungen

Wenn wir die Heilige Schrift demütig und aufnahmebereit studieren, werden unsere Bemühungen reich belohnt werden. „Der natürliche Mensch aber vernimmt nichts vom Geist Gottes; es ist ihm eine Torheit, und er kann es nicht erkennen; denn es muss geistlich beurteilt werden." (1 Kor 2,14) Die Bibel muss unter Gebet studiert werden. Lasst uns mit David beten: „HERR, öffne mir die Augen für die Wunder, die dein Gesetz [die fünf Bücher Mose] in sich verborgen hält!" (Ps 119,18 GNB) Ohne die Erleuchtung durch den Heiligen Geist kann niemand das Wort Gottes verstehen. Wir brauchen nur in das rechte Verhältnis zu Gott zu kommen, dann wird sein Licht mit hellen Strahlen auf uns scheinen.

Diese Erfahrung machten die ersten Jünger Jesu. Lukas berichtet: „Zum Beginn des jüdischen Pfingstfestes waren alle Jünger wieder beieinander. Plötzlich kam vom Himmel her ein Brausen wie von einem gewaltigen Sturm und erfüllte das ganze Haus, in dem sie sich versammelt hatten. Zugleich sahen sie etwas wie züngelndes Feuer, das sich auf jedem Einzelnen von ihnen niederließ. So wurden sie alle mit dem Heiligen Geist erfüllt und redeten in fremden Sprachen, jeder so, wie der Geist es ihm eingab." (Apg 2,1-4 Hfa) Gott ist bereit, uns einen ähnlichen Segen zu geben, wenn wir ernsthaft danach verlangen.

Nach der Ausgießung seines Geistes auf die ersten Jünger hat Gott das Reservoir des Himmels nicht verschlossen. Auch wir können die Fülle seines Segens empfangen. Der Himmel ist voll von den Schätzen seiner Gnade, und wer im Glauben zu Gott kommt, darf alles beanspruchen, was er verheißen hat. Wenn wir seine Kraft nicht empfangen, liegt das an unserer geistlichen Lethargie, Gleichgültigkeit und Trägheit. Lasst uns allen Formalismus und alle Leblosigkeit ablegen!

In dieser Zeit soll ein großes Werk getan werden, aber wir erkennen nicht annähernd, was der Herr für sein Volk tun möchte. Wir sprechen von der ersten und zweiten Engelsbotschaft und meinen, wir verstünden etwas von der dritten Engelsbotschaft; aber wir dürfen uns mit unseren gegenwärtigen Kenntnissen nicht zufriedengeben. Wir sollen Gott vertrauensvoll und reumütig bitten, uns die Geheimnisse verstehen zu lassen, die er seinen Heiligen offenbaren möchte. – *Advent Review and Sabbath Herald,* 4. Juni 1889

Der Schöpfer des geistlichen Lebens

Jesus antwortete und sprach zu ihm: Wahrlich, wahrlich, ich sage dir: Wenn jemand nicht von neuem geboren wird, kann er das Reich Gottes [seine Königsherrschaft] nicht sehen.
(Johannes 3,3 EB mit Anmerkung)

Um Gott annehmbar dienen zu können, müssen wir „von neuem geboren" werden. Unsere natürlichen Neigungen, die dem Geist Gottes widerstreben, müssen abgelegt werden. Wir müssen zu neuen Männern und Frauen in Christus gemacht werden. Unser altes, nicht erneuertes Leben muss einem neuen Leben weichen – einem Leben voller Liebe, Vertrauen und willigem Gehorsam ... Jesu Worte machen unmissverständlich deutlich, dass ein solcher Wandel notwendig ist: „Ihr müsst von neuem geboren werden." (Joh 3,7) ...

Nur wenn diese Veränderung in uns stattfindet, können wir Gott in rechter Weise dienen. Andernfalls wird unsere Arbeit fehlerhaft sein und irdische Pläne werden ins Spiel kommen; fremdes Feuer, das Gott entehrt, wird ihm dargebracht werden. Unser Leben wird unheilig und unglücklich sein, erfüllt von Unruhe und Schwierigkeiten.

Die Veränderung des Herzens, die durch diese Neugeburt dargestellt wird, kann nur der Heilige Geist effektiv bewirken. Er allein kann uns von aller Unreinheit reinigen. Wenn wir ihm erlauben, unser Herz umzugestalten, werden wir das Wesen des Reiches Gottes erkennen können und begreifen, welche Veränderung notwendig ist, bevor wir in dieses Königreich gelangen können. Stolz und Eigenliebe widerstehen dem Geist Gottes; unsere natürlichen Neigungen richten sich gegen die Umwandlung von Selbstsucht und Stolz in die Demut und Sanftmut Christi. Doch wenn wir den Weg zum ewigen Leben gehen wollen, dürfen wir nicht auf die Einflüsterungen unseres eigenen Ichs hören. In Demut und Reue müssen wir unseren himmlischen Vater anflehen: „Gott, schaffe mich neu: Gib mir ein Herz, das dir völlig gehört, und einen Geist, der beständig zu dir hält." (Ps 51,12 GNB) Wenn wir göttliches Licht empfangen und mit den himmlischen Mächten zusammenarbeiten, werden wir „von neuem geboren" und durch die Macht Christi von der Unreinheit der Sünde befreit.

Christus kam in unsere Welt, weil er erkannte, dass Menschen das Bild und die Natur Gottes verloren hatten. Er sah, dass sie weit vom Weg des Friedens und der Reinheit abgewichen waren und – sich selbst überlassen – niemals den Weg zurück finden würden. Er brachte uns die umfassende und völlige Erlösung, um unsere „steinernen Herzen" in „fleischerne Herzen" umzuwandeln (Hes 36,26), damit unsere sündige Natur ihm ähnlich werden sollte und wir als Teilhaber an der göttlichen Natur für die himmlischen Höfe geeignet werden. – *Youth's Instructor*, 9. September 1897

17. Januar

Und ihr, Kinder Zions, freut euch und seid fröhlich im HERRN, eurem Gott, der euch gnädigen Regen gibt und euch herabsendet Frühregen und Spätregen wie zuvor, dass die Tennen voll Korn werden und die Keltern Überfluss an Wein und Öl haben sollen.
(Joel 2,23.24)

Ströme des Segens werden kommen

Im Vorderen Orient kommt der Frühregen zur Saatzeit. Er ist notwendig, damit die Samen aufgehen können. Unter den befruchtenden Regenfällen fangen die zarten Sprossen an zu wachsen. Der Spätregen am Ende der Jahreszeit lässt das Korn reifen und bereitet es auf die Ernte vor. Gott verwandte diese Vorgänge in der Natur, um das Werk des Heiligen Geistes zu verdeutlichen. So wie Tau und Regen fallen, um zunächst die Saat keimen und dann die Ernte reifen zu lassen, so wird der Heilige Geist gegeben, um den Reifeprozess des geistlichen Wachsens von einer Stufe zur nächsten voranzubringen. Das Reifen des Getreides ist ein Sinnbild für das Wirken der Gnade Gottes im Menschen (siehe Mk 4,28). Durch die Macht des Heiligen Geistes wird das moralische Bild Gottes im Charakter vollendet. Wir sollen ganz zur Christusähnlichkeit verwandelt werden ...

Viele haben den Frühregen aufgrund ihrer eigenen Versäumnisse zum großen Teil nicht empfangen. Sie haben nicht alle Segnungen erhalten, die Gott für sie vorgesehen hat, und erwarten, dass dieser Mangel durch den Spätregen ausgeglichen wird. Wenn das größte Maß der Gnade verliehen wird, beabsichtigen sie, ihr Herz zu öffnen. Sie machen [damit] einen schrecklichen Fehler. Das Werk, das Gott mit der Gabe der Erleuchtung und Erkenntnis im Menschen begonnen hat, muss beständig weitergehen. Jeder Einzelne muss seine Bedürftigkeit erkennen. Das Herz muss von jeder Verunreinigung befreit und gereinigt werden, damit der Heilige Geist in ihm wohnen kann.

Durch das Bekennen und Aufgeben von Sünde, durch ernstes Gebet und die eigene Hingabe an Gott hatten sich die Jünger Jesu auf die Ausgießung des Heiligen Geistes zu Pfingsten vorbereitet. Dasselbe Werk – nur in noch größerem Maße – müssen wir heute vollbringen. Dann müssen wir nur um den Segen bitten und darauf warten, dass der Herr sein Werk in uns vollendet. Gott hat es begonnen und „wird es auch vollenden" (Phil 1,6). Aber wir dürfen die Gnade, die durch den Frühregen dargestellt wird, nicht vernachlässigen. Nur wer gemäß dem Licht lebt, das er [bereits] empfangen hat, wird noch größeres Licht erhalten. Wenn wir nicht täglich in der Verwirklichung der praktischen christlichen Tugenden vorankommen, werden wir die Manifestation des Heiligen Geistes im Spätregen nicht erkennen. – *Advent Review and Sabbath Herald,* 2. März 1897

Der Heilige Geist hilft uns beim Beten

Aber ebenso wie wir seufzt und stöhnt auch der Geist Gottes, der uns zu Hilfe kommt. Wir sind ... unfähig, unsere Bitten in der rechten Weise vor Gott zu bringen. Deshalb tritt sein Geist für uns ein mit einem Stöhnen, das sich nicht in Worte fassen lässt. (Römer 8,26 GNB)

Der Heilige Geist verfasst jedes echte Gebet. Ich habe erkannt, dass bei all meiner Fürbitte der Heilige Geist für mich und alle Heiligen eintritt; aber seine Fürsprache entspricht dem Willen Gottes; sie geschieht niemals gegen seinen Willen. „Dabei hilft uns der Geist Gottes in all unseren Schwächen." (Röm 8,26 Hfa) Und weil der Geist selbst Gott ist, kennt er auch die Gedanken Gottes; deshalb müssen wir bei jedem unserer Gebete für die Kranken oder für andere Anliegen den Willen Gottes beachten. „So wie jeder Mensch nur ganz allein weiß, was in ihm vorgeht, so weiß auch nur der Geist Gottes, was Gottes Gedanken sind." (1 Kor 2,11 Hfa)

Wenn wir „von Gott gelehrt" sind (Joh 6,45), werden wir in Übereinstimmung mit seinem offenbarten Willen beten oder uns seinem Willen unterordnen, wenn wir ihn [bei einem Anliegen] nicht kennen. Wir sollen Gott in Übereinstimmung mit seinem Willen anflehen, uns auf seine kostbaren Verheißungen verlassen und daran glauben, dass Christus sich nicht nur für seine Jünger hingab, sondern sich ihnen selbst gab. Johannes berichtet: „Dann hauchte er sie an und sagte: ‚Empfangt den Heiligen Geist!'" (Joh 20,22 GNB)

Jesus wartet darauf, alle seine Jünger anzuhauchen und ihnen seinen heiligenden Geist einzugeben und so diesen unerlässlichen Einfluss von sich auf sein Volk zu übertragen. Er möchte sie lehren, dass sie in Zukunft nicht „zwei Herren dienen" können (Mt 6,24). Sie können ihr Leben nicht teilen. Christus möchte in seinen menschlichen Werkzeugen leben und durch ihre Fähigkeiten wirken. Sie müssen ihren Willen seinem Willen unterordnen und durch seinen Geist handeln, sodass sie nicht mehr selbst leben, sondern Christus in ihnen lebt (siehe Gal 2,20). Jesus möchte ihnen den Gedanken einprägen, dass er durch seinen Heiligen Geist die Herrlichkeit an sie weitergibt, die ihm der Vater gegeben hat, damit er und sein Volk in Gott eins sind (siehe Joh 17,22). Unser Handeln und Wollen muss dem Willen Gottes untergeordnet werden, wissend, dass dieser Wille „heilig, gerecht und gut" ist (Röm 7,12). – *Signs of the Times*, 3. Oktober 1892

19. Januar

Der Geist vertritt uns im Gebet

Gott, der unsere Herzen ganz genau kennt, weiß, was der Geist für uns betet. Denn der Geist vertritt uns im Gebet, so wie Gott es für alle möchte, die zu ihm gehören.
(Römer 8,27 Hfa)

Wir haben nur einen einzigen Zugang zu Gott. Unsere Gebete können Gott nur über einen Namen erreichen, den Namen des Herrn Jesus, unserem Fürsprecher. Sein Geist muss unsere Bitten inspirieren. In den Räuchergefäßen, die vor Gott im Heiligtum geschwenkt wurden, durfte kein fremdes Feuer brennen. So muss der Herr selbst in unserem Herzen das Feuer entfachen, wenn unsere Gebete vor ihm annehmbar sein sollen. Der Heilige Geist, der in uns wirkt, muss uns mit unaussprechlichem Seufzen vor ihm vertreten.

Unser Gebet muss geprägt sein von dem tiefen Empfinden unserer Bedürftigkeit und dem intensiven Wunsch nach den Dingen, um die wir bitten, andernfalls kann es nicht erhört werden. Aber wir dürfen nicht müde werden und mit unseren Bitten aufhören, wenn wir nicht sofort Antwort bekommen. „Bis jetzt wird dem Reich der Himmel Gewalt angetan, und Gewalttuende reißen es an sich", sagte Jesus (Mt 11,12 EB) Mit der hier erwähnten Gewalt ist eine heilige Ernsthaftigkeit gemeint, wie sie Jakob am Jabbok zeigte (siehe 1 Mo 32,27). Wir brauchen unsere Gefühle nicht aufzuputschen, sondern sollen unsere Bitten ruhig und ausdauernd am Thron der Gnade vorbringen. Unsere Aufgabe besteht darin, uns vor Gott zu demütigen, unsere Sünden zu bekennen und Gott im Glauben nahezukommen ... Das Ziel unserer Gebete muss die Lobpreisung Gottes sein, nicht unsere eigene Verherrlichung.

Wenn wir uns so sehen, wie wir wirklich sind, nämlich schwach, unwissend und hilflos, werden wir als demütige Bittsteller vor Gott kommen. Nur wer Gott und Christus nicht kennt, tritt stolz und selbstgerecht auf. Ein untrügliches Zeichen dafür, dass jemand Gott nicht kennt, ist das Gefühl, selbst groß oder gut zu sein. Stolz ist immer mit mangelnder Gotteserkenntnis verbunden. Im Licht Gottes erkennen wir unsere eigenen Schwächen und Mängel.

Nachdem Daniel die göttliche Herrlichkeit offenbart wurde, berichtete er: „Beim Anblick der gewaltigen Erscheinung verließ mich alle Kraft und das Blut wich aus meinem Gesicht." (Dan 10,8 GNB) In dem Augenblick, in dem der demütig Suchende Gott erkennt, wie er ist, wird er dieselbe Sicht von sich haben wie Daniel. Er erlebt kein Hochgefühl der eigenen Eitelkeit, sondern ein tiefes Empfinden der Heiligkeit Gottes und der Gerechtigkeit seiner Forderungen. – *Advent Review and Sabbath Herald,* 9. Februar 1897

Der Heilige Geist macht uns zu Kindern Gottes

Alle, die sich vom Geist Gottes regieren lassen, sind Kinder Gottes. (Römer 8,14 Hfa)

Christus war auf Erden unter den Menschen das Sprachrohr Gottes (siehe Hbr 1,1.2). Er redete wie jemand, der Autorität besaß, drückte sich den Menschen gegenüber sehr deutlich aus und beanspruchte vorbehaltlosen Glauben und Gehorsam. Wir als sein Volk haben unseren Glauben auf die Prinzipien seines Wortes gegründet und uns verpflichtet, dem lebendigen Wort mit Herz und Verstand zu gehorchen und einem „So spricht der Herr" zu folgen.

All unsere gegenwärtigen und zukünftigen Hoffnungen gründen sich auf unsere Verwandtschaft mit Gott und Christus. Der Apostel Paulus bestätigt unseren Glauben in dieser Hinsicht mit klaren Worten. Denen, die vom Geist Gottes geführt werden und in deren Herzen die Gnade Christi wohnt, erklärt er: „Gottes Geist selbst gibt uns die innere Gewissheit, dass wir Gottes Kinder sind. Als seine Kinder aber sind wir – gemeinsam mit Christus – auch seine Erben. Und leiden wir jetzt mit Christus, werden wir einmal auch seine Herrlichkeit mit ihm teilen." (Röm 8,16.17 Hfa) „Der Geist, den Gott euch gegeben hat, ist ja nicht ein Sklavengeist, sodass ihr wie früher in Angst leben müsstet. Es ist der Geist, den ihr als seine Söhne und Töchter habt. Von diesem Geist erfüllt rufen wir zu Gott: ‚Abba! Vater!'" (V. 15 GNB)

Christus ruft uns auf, uns vom Götzendienst dieser Welt zu trennen und uns abzusondern (siehe 2 Kor 6,16.17). Wir sind aufgerufen, ein heiliges Leben zu führen (siehe Kap. 7,1) und unser Denken beständig auf Gott auszurichten. In unserem Leben soll der Heilige Geist ständig gegenwärtig sein. Jeder, der wahrhaft an Christus glaubt, wird in seinem Herzen die Gnade der göttlichen Liebe offenbaren. Wo es vorher Entfremdung von Gott gab, herrscht nun eine Partnerschaft mit ihm; wo sich vorher die irdische Natur manifestierte, werden nun die Merkmale der göttlichen Natur sichtbar.

Jesu Nachfolger sollen Arbeiter der Gerechtigkeit sein, Gott beständig suchen und seinen Willen beständig tun. Das wird sie in Christus vollkommen machen. Den Engeln, den Menschen und den ungefallenen Welten sollen sie zeigen, dass ihr Leben mit dem Willen Gottes übereinstimmt und sie treue Anhänger der Prinzipien seines Reiches sind. Der Heilige Geist, der durch den Glauben in ihrem Herzen wohnt, bringt sie in Gemeinschaft mit Christus und miteinander und wird in ihnen die wertvollen Früchte der Heiligkeit reifen lassen. – *Advent Review and Sabbath Herald,* 19. August 1909

21. Januar

Dass wir in Gott leben und er in uns, wissen wir, weil er uns Anteil an seinem Geist gegeben hat.
(1. Johannes 4,13 GNB)

Der Geist wirkt unter uns

Obwohl wir den Geist Gottes nicht sehen können, wissen wir, dass Menschen, die „durch [ihre] Übertretungen und Sünden tot" waren (Eph 2,1), aufgrund seines Wirkens [von ihrem Zustand] überzeugt und bekehrt werden. Die Gedankenlosen und Launischen werden ernsthaft, die Verhärteten bereuen ihre Sünden und die Ungläubigen werden gläubig. Der Spieler, der Trinker und der Unzüchtige werden beständig, nüchtern und moralisch rein (siehe 1 Kor 6,10.11). Die Rebellen und Eigensinnigen werden sanft und Christus ähnlich.

Wenn wir diese Veränderungen im Charakter erleben, wissen wir, dass die umwandelnde Kraft Gottes den ganzen Menschen erfasst hat. Wir haben den Heiligen Geist nicht gesehen, aber den Beweis seines Wirkens am veränderten Wesen derer, die vorher verhärtete und verstockte Sünder waren. Wie der Wind mit seiner Kraft in die hohen Bäume fährt und sie herunterbeugt, so kann der Heilige Geist Menschenherzen bewegen, und kein Sterblicher kann das Werk Gottes erklären.

Der Geist Gottes offenbart sich auf unterschiedliche Weise an verschiedenen Menschen. Jemand, der von seiner Macht erfasst wird, mag vor dem Wort Gottes erzittern. Er wird so stark erschüttert, als habe ein Wirbelsturm in seinem Herzen gewütet und ein völliges Durcheinander der Gefühle ausgelöst. Sein ganzes Sein wird von der überzeugenden Kraft der Wahrheit ergriffen. Wenn der Herr dem reuigen Sünder Vergebung zuspricht, wird er von Begeisterung, Liebe zu Gott, Ernsthaftigkeit und Energie erfüllt, und der Leben spendende Geist, den er empfangen hat, kann nicht unterdrückt werden. Christus wohnt in ihm wie eine Wasserquelle, „die bis ins ewige Leben weitersprudelt" (Joh 4,14 GNB). Seine Liebe empfindet er ebenso tief und innig wie zuvor sein Elend und seinen Schmerz. Aus seiner Seele bricht es hervor wie aus dem Brunnen der großen Tiefe, und er quillt über von Dank und Lobpreis, Dankbarkeit und Freude, bis die himmlischen Harfen für den Lobgesang gestimmt werden. Er hat eine Geschichte zu erzählen, aber nicht auf die übliche präzise und systematische Art und Weise. Er ist ein durch die Verdienste Jesu Christi freigekaufter Mensch, und sein ganzes Wesen ist erregt, weil ihm die Erlösung Gottes bewusst geworden ist. – *Advent Review and Sabbath Herald,* 5. Mai 1896

Der Heilige Geist erleuchtet uns

Erinnert euch doch an die Zeiten, als ihr gerade mit dem göttlichen Licht erleuchtet worden wart und dann sogleich einen harten, leidvollen Kampf durchstehen musstet! (Hebräer 10,32 GNB)

Der Heilige Geist hat mir den Charakter seines Wirkens als himmlischer Beistand offenbart. Mir wurde die Gefahr gezeigt, in der Menschen stehen, die von ihm erleuchtet wurden, denn danach waren sie noch heftigeren Angriffen des Feindes ausgesetzt. Mit seinen Versuchungen wollte er das Wirken des Geistes Gottes [wieder] zunichte machen und verhindern, dass die vom Geist offenbarten und bezeugten bedeutsamen Wahrheiten die Menschen, die vom Himmel diese Erleuchtung empfangen hatten, reinigten und heiligten. Christus sollte nicht in ihnen verherrlicht werden. Wenn das [erhaltene] Licht nicht ehrfurchtsvoll bewahrt und ausgelebt wird, verwandelt sich die große geistliche Erleuchtung in eine genauso intensive Finsternis. Wenn die Menschen nicht auf heiligem Boden bleiben und die ihnen vom Geist Gottes gegebenen heiligen Eindrücke nicht schätzen, werden sie wieder verblassen.

Wer in der geistlichen Erkenntnis wachsen möchte, muss nahe bei der göttlichen Quelle bleiben und immer wieder aus dem Brunnen der Erlösung schöpfen, dessen Wasser ihm so gnädig angeboten wird. Niemals darf er die erfrischende Quelle verlassen. Mit einem Herzen voller Dankbarkeit und Liebe angesichts der Güte und Barmherzigkeit Gottes muss er beständig vom lebendigen Wasser trinken ...

„Ihr glaubt nicht an mich, obwohl ihr mich mit euren eigenen Augen seht.“ (Joh 6,36 Hfa) Bei vielen hat sich dieses Wort Jesu wörtlich erfüllt, denn der Herr vermittelte ihnen eine tiefere Einsicht in sein Wesen der Barmherzigkeit, des Mitgefühls und der Liebe, aber dennoch haben sie sich nach dieser Erleuchtung im Unglauben von ihm abgewandt. Sie erlebten das intensive Wirken des Geistes Gottes; aber als die tückischen Versuchungen Satans kamen – wie es immer nach einer Zeit der Erweckung der Fall ist –, haben sie „im Kampf gegen die Sünde nicht bis aufs Blut widerstanden“ (Hbr 12,4 EB). Jene, die einen Vorteil gehabt hätten, wenn sie die wertvollen Einsichten richtig genutzt hätten, wurden vom Feind überwunden. Das Licht, das Gott ihnen gegeben hatte, hätten sie auf andere widerspiegeln lassen sollen; sie hätten in Übereinstimmung mit den heiligen Offenbarungen des Geistes Gottes arbeiten und handeln sollen. Weil sie das aber nicht getan haben, wurden sie ihnen wieder genommen. – *Advent Review and Sabbath Herald,* 30. Januar 1894

23. Januar

Wenn ich beim Vater bin, will ich euch jemanden senden, der euch zur Seite stehen wird, den Geist der Wahrheit. Er wird vom Vater kommen und bezeugen, wer ich bin. (Johannes 15,26 Hfa)

Der Heilige Geist spricht zu uns

Es hat dem Herrn gefallen, seinen Heiligen Geist über euch auszugießen. Bei den Zeltversammlungen und in unseren verschiedenen Institutionen habt ihr großen Segen empfangen. Die himmlischen Boten des Lichts, der Wahrheit und der Kraft sind zu euch gekommen, und ihr solltet euch nicht darüber wundern, dass Gott euch auf diese Weise gesegnet hat. Wie unterwirft sich Christus sein auserwähltes Volk? Durch die Macht seines Heiligen Geistes; denn er spricht durch das Wort Gottes den Verstand an und prägt den Menschenherzen seine Wahrheit ein.

Vor seiner Kreuzigung versprach Christus seinen Jüngern, ihnen einen Helfer zu senden. Er sagte: „Es ist gut für euch, dass ich fortgehe; denn sonst wird der Helfer nicht zu euch kommen. Wenn ich aber fortgehe, dann werde ich ihn zu euch senden und er wird meine Stelle einnehmen. Wenn er kommt, wird er ... den Menschen zeigen, was Sünde ist und was Gerechtigkeit und was Gericht ... Der Geist der Wahrheit wird euch anleiten, in der vollen Wahrheit zu leben. Was er euch sagen wird, hat er nicht von sich selbst, sondern er wird euch nur sagen, was er hört. Er wird euch jeweils vorbereiten auf das, was auf euch zukommt. Er wird meine Herrlichkeit sichtbar machen; denn was er an euch weitergibt, hat er von mir." (Joh 16,7.8.13.14 GNB)

Diese Verheißung Christi ist nicht genügend beachtet worden, und wegen des Mangels an Gottes Geist sind die geistliche Bedeutung des Gesetzes und seine ewig gültigen Verpflichtungen nicht verstanden worden. Jene, die vorgeben, Christus zu lieben, haben nicht verstanden, was für eine Beziehung Gott mit ihnen eingehen möchte, und verstehen es bis heute kaum. Sie begreifen nur vage die erstaunliche Gnade Gottes, die sich darin zeigt, dass er seinen einzigartigen Sohn für die Erlösung der Welt dahingegeben hat. Sie verstehen die weitreichenden Ansprüche des göttlichen Gesetzes nicht und wie eng die Prinzipien des Gesetzes in das praktische Leben integriert werden sollen. Sie erkennen nicht, welch großes Vorrecht und welche Notwendigkeit das Gebet, die Reue und das Befolgen der Worte Christi darstellen.

Es ist Aufgabe des Heiligen Geistes, den Menschen zu offenbaren, welche Art Hingabe von Gott angenommen wird. Durch das Wirken des Heiligen Geistes wird ein Mensch erleuchtet und sein Charakter erneuert, geheiligt und veredelt. – *Advent Review and Sabbath Herald,* 30. Januar 1894

24. Januar

Der Heilige Geist spricht unser Gewissen an

Das Licht ist nur noch kurze Zeit bei euch. Nutzt diese Zeit, macht euch auf den Weg, bevor euch die Dunkelheit überfällt. Wer im Dunkeln geht, kann weder Weg noch Ziel erkennen. (Johannes 12,35 Hfa)

Jesus sagte: „Wandelt, solange ihr das Licht habt, damit euch die Finsternis nicht überfalle." (Joh 12,35) Nehmt jeden Strahl auf, lasst keinen verlorengehen. Wandelt im Licht. Praktiziert jedes Gebot der Wahrheit, das euch gelehrt wurde. Lebt „von einem jeden Wort, das aus dem Mund Gottes geht" (Mt 4,4), dann werdet ihr Jesus folgen, wo er auch hingeht. Wenn der Herr einen Beweis nach dem anderen gibt und eine Erkenntnis nach der anderen schenkt, warum zögern Menschen dann noch, im Licht zu wandeln? Warum vernachlässigen sie es, im Licht zu einem noch größeren Licht zu wandeln?

Gott versagt denen seinen Heiligen Geist nicht, die ihn bitten (siehe Lk 11,13). Wenn das Gewissen überführt wird, warum hören wir dann nicht auf die Stimme des Geistes Gottes und beachten sie nicht? Mit jedem Zögern und Abwarten wird es für uns schwieriger, das Licht des Himmels anzunehmen, und am Ende scheint es fast unmöglich zu sein, von seinen Ermahnungen und Warnungen erreicht zu werden. Der Sünder sagt dann immer leichtfertiger: „Für diesmal ist es genug, du kannst jetzt gehen!" (Apg 24,25 GNB)

Ich kenne die Gefahr für diejenigen, die sich weigern, in dem von Gott gegebenen Licht zu wandeln. Sie bringen sich selbst in die schlimme Lage, ihren eigenen Wegen zu folgen und nach ihrem eigenen Urteil zu handeln. Das Gewissen wird immer weniger ansprechbar, die Stimme Gottes klingt immer ferner, und der Übeltäter bleibt seiner eigenen Vernarrtheit überlassen. Starrsinnig widersteht er jedem Aufruf, verachtet jede Empfehlung und jeden Rat und wendet sich von allem ab, was zu seiner Erlösung dient. Die Stimme des göttlichen Boten beeindruckt ihn nicht mehr. Der Geist Gottes übt keinen mäßigenden Einfluss mehr aus, und es ergeht der Urteilsspruch: „[Er] hat sich zu den Götzen gesellt; so lass [ihn] hinfahren." (Hos 4,17) Wie düster und starrsinnig ist diese Art von Unabhängigkeit! Es scheint, als sei das Herz so unsensibel wie im Tod. Diesen Prozess erlebt jeder, der das Wirken des Heiligen Geistes zurückweist. – *Advent Review and Sabbath Herald*, 29. Juni 1897

25. Januar

Betrübt nicht den heiligen Geist Gottes, mit dem ihr versiegelt seid für den Tag der Erlösung. (Epheser 4,30)

Der Geist kann betrübt werden

Ich wünschte, alle meine Brüder und Schwestern würden daran denken, dass es eine ernste Angelegenheit ist, den Heiligen Geist zu betrüben. Er ist betrübt, wenn ein Mensch für sich allein wirken will und sich weigert, in den Dienst des Herrn zu treten, weil ihm das Kreuz zu schwer oder die Selbstverleugnung zu groß ist. Der Heilige Geist möchte in jedem Menschen wohnen. Wer ihn als Ehrengast willkommen heißt und aufnimmt, wird „in Christus vollkommen gemacht" (Kol 1,28). „Das gute Werk, das er bei euch angefangen hat, [wird] auch vollendet." (Phil 1,6 GNB) Heilige Gedanken, himmlische Vorlieben und ein Christus ähnliches Verhalten werden an die Stelle von unreinen Gedanken, pervertierten Gefühlen und rebellischen Handlungen treten.

Der Heilige Geist ist ein göttlicher Lehrer. Wenn wir seine Lektionen beachten, wird er uns „unterweisen zur Seligkeit durch den Glauben an Christus Jesus" (2 Tim 3,15). Aber wir müssen uns gut in Acht nehmen, weil wir allzu oft die himmlischen Belehrungen wieder vergessen und die natürlichen Neigungen unseres ungeweihten Verstandes ausleben wollen. Jeder muss seinen eigenen Kampf gegen seine Selbstsucht führen. Höre auf die Unterweisungen des Heiligen Geistes! Dann werden sie beständig wiederholt, bis sie sich so fest eingeprägt haben, als stünden sie auf felsigem Grund.

Gott hat uns „teuer erkauft" (1 Kor 6,20), und er beansprucht den Thron in jedem Herzen. Unser Verstand und unser Körper müssen ihm untergeordnet werden, und die natürlichen Gewohnheiten und Neigungen den höheren Bedürfnissen der Seele unterstellt werden. Aber dabei können wir uns nicht auf uns selbst verlassen. Unser eigenes Empfinden ist kein zuverlässiger Führer. Der Heilige Geist muss uns erneuern und heiligen. Im Dienst für Gott soll es keine Halbherzigkeiten geben. Wer vorgibt, Gott zu dienen, und stattdessen seinen natürlichen Impulsen folgt, wird andere in die Irre führen. Christus sagt: „Du sollst den Herrn, deinen Gott, lieben von ganzem Herzen, von ganzer Seele und von ganzem Gemüt." (Mt 22,37) „Tu das, und du wirst ewig leben." (Lk 10,28 Hfa; vgl. V. 27) – *Manuscript Releases*, Band 18, S. 47f.

26. Januar

Der Heilige Geist kann sich zurückziehen

Eine wie viel härtere Strafe, meint ihr, wird der verdienen, der den Sohn Gottes mit Füßen tritt und das Blut des Bundes für unrein hält, durch das er doch geheiligt wurde, und den Geist der Gnade schmäht? (Hebräer 10,29)

Wer dem Geist Gottes widersteht und ihn dazu veranlasst, sich zurückzuziehen, weiß nicht, in welche Abgründe Satan ihn führen wird. Wenn sich der Heilige Geist von einem Menschen zurückzieht, wird er ganz unmerklich das tun, was er vorher, im rechten Licht betrachtet, entschieden als Sünde angesehen hätte. Wenn er die Warnungen nicht beachtet, wird er sich einer Täuschung hingeben, die ihn – wie im Falle von Judas – zum Verräter und blind macht. Schritt für Schritt wird er den Spuren Satans folgen. Wer kann dann noch etwas bei ihm erreichen? Kann der Prediger mit ihm und für ihn beten? All seine Worte werden vergeblich sein. Ein solcher Mensch hat Satan zum Begleiter gewählt, der das gesprochene Wort verdreht und es im falschen Licht darstellt.

Bei Menschen, die den Geist Gottes betrübt und vertrieben haben, ist jeder Appell der Diener Gottes nutzlos. Sie verdrehen jedes Wort. Sie lachen und machen sich lustig über die feierlichsten Warnungen der Schrift, vor denen sie zittern würden, wenn böse Mächte sie nicht verzaubert hätten. Jeder Appell ist vergeblich. Sie wollen Tadel oder Ratschläge nicht hören, verachten alle dringenden Bitten des Heiligen Geistes und verwerfen die Gebote Gottes, die sie einmal verteidigt und hoch geschätzt haben. Treffend hat der Apostel Paulus sie charakterisiert: „Wer hat euch aufgehalten, dass ihr der Wahrheit nicht mehr folgen wollt?" (Gal 5,7 GNB) Sie folgen [nur] dem Rat ihres eigenen Herzens, bis Wahrheit keine Wahrheit mehr für sie ist ...

Es ist wichtig, nach jedem Wort Gottes zu leben, sonst wird unsere alte Natur sich immer wieder melden. Der Heilige Geist und die erlösende Gnade der Wahrheit im Herzen lassen die Nachfolger Christi untereinander und mit Gott eins werden. Er allein kann Feindschaft, Neid und Unglauben vertreiben und den ganzen Menschen heiligen. Er befreit die willige, sehnsüchtige Seele von der Macht Satans [und führt sie] zu Gott. Das ist die Macht der Gnade. Sie ist eine göttliche Kraft. Durch ihren Einfluss verändert sie die alten Gewohnheiten und Verhaltensweisen, die einen Menschen – wenn sie gehegt werden – von Gott trennen. Das Werk der Heiligung geht voran und macht ständig Fortschritte. – *Advent Review and Sabbath Herald,* 12. Oktober 1897

27. Januar

Deshalb sage ich euch: Jede Sünde und Lästerung wird den Menschen vergeben werden; aber die Lästerung des [Heiligen] Geistes wird nicht vergeben werden. (Matthäus 12,31 EB)

Die Sünde gegen den Heiligen Geist

Diese Zeilen richte ich an jene, die [geistliche] Erkenntnisse, Warnungen und Ermahnungen erhielten und Privilegien genossen, [aber] keine entschiedenen Anstrengungen unternahmen, sich selbst völlig Gott zu übergeben. Ich möchte euch warnen: Ihr solltet euch davor fürchten, gegen den Heiligen Geist zu sündigen, sodass ihr eurer eigenen Verhaltensweise selbst überlassen werdet, in moralische Gleichgültigkeit versinkt und niemals Vergebung erlangt. Warum erlaubt ihr euch, noch länger in die Schule Satans zu gehen, und einen Weg zu verfolgen, der Reue und Veränderung unmöglich macht? Warum widersteht ihr dem Werben der Barmherzigkeit? Warum sagt ihr: „Lass mich in Ruhe!", bis Gott gezwungen ist, euch euren Begierden zu überlassen, weil ihr es nicht anders haben wollt?

Jene, die dem Geist Gottes widerstehen, meinen, sie würden eines zukünftigen Tages [ihre Sünden] bereuen, wenn sie bereit werden, einen entschiedenen Schritt zur Veränderung zu gehen. Aber dann werden sie nicht mehr bereuen können. Die Finsternis derer, die sich weigern, im Licht zu wandeln, während sie es besitzen, wird so groß sein wie die Erkenntnis und die Privilegien, die ihnen vorher gegeben wurden.

Niemand braucht die Sünde gegen den Heiligen Geist als eine mysteriöse und undefinierbare Angelegenheit zu betrachten. Die Lästerung des Geistes ist die Sünde der beständigen Weigerung, auf seine Einladung zur Reue einzugehen. Wenn du dich weigerst, an Jesus Christus als deinen persönlichen Erlöser zu glauben, dann liebst du die Finsternis mehr als das Licht; dann liebst du die Atmosphäre, die den ersten großen Abtrünnigen [Satan] umgab. Du entscheidest dich für diese Atmosphäre statt der Atmosphäre, die den Vater und den Sohn umgibt – und Gott lässt dir diese Wahl.

Doch niemand soll sich aufgrund dieser Darstellung der Angelegenheit entmutigen lassen. Keiner, der den Willen des Meisters tun will, soll niedergedrückt sein. Vertraue auf Gott! Der Herr Jesus hat bewiesen, dass er dich als unendlich wertvoll ansieht. Er verließ seinen göttlichen Thron, die himmlischen Höfe, bekleidete seine Göttlichkeit mit der menschlichen Natur und starb einen schmachvollen Tod am Kreuz von Golgatha, damit du gerettet wirst! – *Advent Review and Sabbath Herald,* 29. Juni 1897

Nicht willentlich den Heilige Geist zurückweisen

Jede Sünde und jede Gotteslästerung kann den Menschen vergeben werden ... Sogar wer den Menschensohn beschimpft, kann Vergebung finden. Wer aber den Heiligen Geist beleidigt, wird niemals Vergebung finden, weder in dieser Welt noch in der kommenden.
(Matthäus 12,31.32 GNB)

Jesus vollbrachte zum zweiten Mal das Wunder der Heilung eines besessenen Mannes, der blind und stumm war. Sofort wiederholten die Pharisäer ihre Anklage: „Er kann nur deshalb die Dämonen austreiben, weil ihm der Teufel, der Oberste aller Dämonen, die Macht dazu gibt." (Mt 12,24 Hfa) Christus erwiderte ihnen deutlich: Wenn sie das Wirken des Heiligen Geistes Satan zuschrieben, trennten sie sich selbst von der Segensquelle. Wer gegen Jesus gesprochen habe, weil er dessen göttlichen Charakter nicht erkannte, könne Vergebung erhalten; denn der Heilige Geist vermag ihn dahin zu bringen, seinen Irrtum einzusehen und zu bereuen. Für jede Art von Sünde gilt: Wenn ein Mensch [sie] bereut und [an Christus] glaubt, wird seine Schuld durch das Blut Christi abgewaschen (siehe Apg 3,19; Eph 1,7). Wer aber das Wirken des Heiligen Geistes zurückweist, verhindert dadurch selbst, dass ihm Bußfertigkeit und Glaube zuteil werden können.

Gott arbeitet durch seinen Geist am Herzen eines Menschen. Wer vorsätzlich diesen Geist zurückweist und für teuflisch erklärt, trennt die einzige Verbindung, durch die Gott sich mitteilen kann. Wird der Heilige Geist endgültig abgelehnt, kann Gott nichts mehr für diesen Menschen tun ...

Gott schlägt keineswegs die Augen der Menschen mit Blindheit oder verhärtet ihre Herzen, sondern sendet ihnen Licht, um ihre Irrtümer zu berichtigen und sie auf sichere Wege zu leiten. Die Zurückweisung dieses Lichtes führt jedoch zur Erblindung der [geistlichen] Augen und zur Verhärtung des Herzens. Oft geschieht dies allmählich und fast unmerklich. Licht erreicht einen Menschen durch Gottes Wort, durch seine Diener oder unmittelbar durch das Wirken des Geistes Gottes. Bleibt aber ein Lichtstrahl unbeachtet, so tritt eine teilweise Lähmung des geistlichen Wahrnehmungsvermögens ein, und die zweite Offenbarung des Lichtes wird weniger deutlich erkannt. Auf diese Weise verdichtet sich die Finsternis, bis völlige Nacht im Herzen herrscht.

So erging es diesen jüdischen Leitern. Sie waren überzeugt, dass eine göttliche Kraft Christus begleitete. Dennoch widerstrebten sie der Wahrheit und schrieben das Wirken des Heiligen Geistes Satan zu. Damit entschieden sie sich vorsätzlich für betrügerische Machenschaften. Sie lieferten sich Satan aus und wurden hinfort von seiner Macht beherrscht. *Das Leben Jesu* bzw. *Der Eine – Jesus Christus* (Ausgabe 1995f.), S. 311-313 (rev.)

29. Januar

[Wir] ermahnen euch, dass ihr die Gnade Gottes nicht vergeblich empfangt. Denn er spricht: „Ich habe dich zur Zeit der Gnade erhört und habe dir am Tage des Heils geholfen." Siehe, jetzt ist die Zeit der Gnade, siehe, jetzt ist der Tag des Heils! (2. Korinther 6,1.2; vgl. Jesaja 49,8)

Jetzt ist die Zeit zu bereuen

Bruder P., du fragst, ob du die Sünde begangen hast, für die es weder in diesem noch in dem zukünftigen Leben Vergebung gibt. Ich antworte dir: Ich sehe nicht den geringsten Grund dafür, dass dies der Fall sein sollte. Worin besteht die Sünde wider den Heiligen Geist? Sie besteht darin, dass man wider besseres Wissen das Werk des Heiligen Geistes Satan zuschreibt (siehe Mk 3,22.28-30).

Nimm beispielsweise an, jemand ist Zeuge eines besonderen Wirkens des Geistes Gottes. Er hat einen überzeugenden Beweis dafür, dass jenes Wirken in Einklang mit der Schrift steht, und der Heilige Geist bezeugt seinem Geist, dass es von Gott kommt. Nachträglich fällt er jedoch in einer Versuchung: Stolz, Selbstherrlichkeit oder ein anderer übler Zug gewinnt die Herrschaft über ihn. Nun weist er alle Beweise für den göttlichen Ursprung jenes Wirkens [das er erfahren hat] zurück und erklärt das für ein Wirken Satans, was er zuvor als Macht des Heiligen Geistes anerkannt hatte.

Gott wirkt auf das Herz eines Menschen durch Vermittlung seines Geistes ein. Wenn nun jemand den Geist mutwillig zurückstößt und ihn für satanisch erklärt, durchtrennt er den Kanal, durch den Gott mit ihm verkehren kann. Indem er den ihm von Gott gegebenen Beweis leugnet, verwehrt er dem Licht, das in sein Herz hineinschien, den Zutritt, und als Ergebnis bleibt er in Finsternis. So bewahrheiten sich die Worte Christi: „Wenn aber das Licht in deinem Innern erloschen ist, wie tief ist dann die Finsternis!" (Mt 6,23 Hfa). Menschen, die diese Sünde begangen haben, können noch eine Zeit lang als Gotteskinder erscheinen; wenn aber Umstände eintreten, die ihren wahren Charakter offenbaren und zeigen, wes Geistes Kinder sie sind, wird sich herausstellen, dass sie auf dem Boden des Feindes und unter seiner schwarzen Flagge stehen.

Lieber Bruder, der Geist bittet dich heute: Komm mit deinem ganzen Herzen zu Jesus. Bereue deine Sünden, bekenne sie vor Gott und lass ab von allem Unrecht. Dann darfst du alle seine Verheißungen für dich in Anspruch nehmen. Seine gnädige Einladung lautet: „Wendet euch zu mir, so werdet ihr gerettet." (Jes 45,22) – *Aus der Schatzkammer der Zeugnisse*, Band 2, S. 239 (rev.)

Der Heilige Geist möchte uns belehren

In den Schriften der Propheten heißt es: „Alle werden von Gott unterwiesen sein." Wer den Vater hört und von ihm lernt, kommt zu mir. (Johannes 6,45 GNB; vgl. Jesaja 54,13)

Alle – vom jüngsten bis zum ältesten Menschen – müssen von Gott belehrt werden. Wir können durch Menschen unterwiesen werden, um die Wahrheit deutlich zu erkennen, aber nur Gott allein kann das Herz lehren, die Wahrheit so anzunehmen, dass sie zur Erlösung dient. Das bedeutet, die „Worte des ewigen Lebens" (Joh 6,68) in einem guten und aufrichtigen Herzen aufzunehmen.

Der Herr wartet geduldig, um jeden Menschen zu belehren, der bereit ist, sich unterrichten zu lassen. Die Schwierigkeit liegt nicht beim bereitwilligen Lehrer – dem größten Lehrer, den die Welt je gesehen hat. Sie liegt beim Lernenden, der an seinen eigenen Eindrücken und Vorstellungen festhält, seine menschlichen Theorien nicht aufgeben will und sich nicht demütig belehren lässt. Er erlaubt es [Gott] nicht, sein Gewissen und sein Herz zu unterrichten, erziehen und trainieren – ähnlich wie ein Landwirt die Erde bearbeitet oder ein Architekt ein Gebäude konstruiert. „Ihr seid Gottes Ackerland und sein Bauwerk", erklärte Paulus (1 Kor 3,9 Hfa).

Jeder muss bearbeitet, gestaltet und nach dem göttlichen Bild geformt werden. Christus sagt euch, liebe Freunde, jung und alt, die ewige Wahrheit: „Ihr habt keinen Anteil am Leben, wenn ihr das Fleisch des Menschensohns nicht esst und sein Blut nicht trinkt." (Joh 6,53 GNB) [Das heißt:] Wenn ihr Christi Wort nicht als euren Ratgeber annehmt, werdet ihr seine Weisheit oder sein geistliches Leben nicht offenbaren können. „Wer mein Fleisch isst und mein Blut trinkt, der hat das ewige Leben ... Denn mein Fleisch ist die wahre Speise, und mein Blut ist der wahre Trank. Wer mein Fleisch isst und mein Blut trinkt, der bleibt in mir und ich in ihm." (V. 54-56) Christus sagte: „Gottes Geist allein macht lebendig; alle menschlichen Möglichkeiten richten nichts aus. Die Worte, die ich zu euch gesprochen habe, sind von diesem Geist erfüllt und bringen das Leben." (V. 63 GNB)

Wer in der Schrift forscht und sie ernsthaft zu verstehen versucht, wird [in seinem Leben] die Heiligung durch den Geist im Glauben an die Wahrheit offenbaren, denn er nimmt sie ganz in sein Herz auf. Er wird den Glauben besitzen, „der durch die Liebe tätig ist" (Gal 5,6) und die Seele reinigt. Alle geistlichen Sehnen und Muskeln werden durch „das Brot des Lebens" ernährt (Joh 6,35), das er zu sich nimmt. – *Manuscript Releases,* Band 8, S. 162f.

31. Januar

Der Beistand aber, der Heilige Geist, den der Vater senden wird in meinem Namen, der wird euch alles lehren und euch an alles erinnern, was ich euch gesagt habe. (Johannes 14,26 EB)

Der Geist wartet geduldig, um an uns zu wirken

Der Heilige Geist wartet beständig darauf, am menschlichen Herzen wirken zu können. Wer zu lernen wünscht, kann mit Gott in enge Verbindung treten, und die Verheißung, der Beistand werde sie „alles lehren und an alles erinnern", was Christus während seines Erdenlebens zu seinen Jüngern gesprochen hat, wird sich erfüllen. Doch wenn wir uns von Gott trennen, können wir keine Schüler in der Schule Christi mehr sein. Dann werden wir für die Menschen, für die Christus gestorben ist, keine besondere Verantwortung empfinden.

Für die Jünger Jesu war es sehr schwierig, seine Lehren von den Traditionen und Regeln der Rabbis, Schriftgelehrten und Pharisäer zu unterscheiden (siehe Mt 16,11.12). Deren Lehren, die die Jünger aufgrund ihrer Erziehung als Stimme Gottes respektierten, beherrschte ihr Verstand und prägte ihre Empfindungen. Sie konnten erst zu einem lebendigen und strahlenden Licht werden, als sie sich vom Einfluss menschlicher Aussagen und Gebote befreit und die Worte Christi tief in ihr Denken und ihre Herzen eingeprägt hatten – als klare Wahrheiten und „kostbare Perlen" (Mt 13,36), die geschätzt, geliebt und ausgelebt werden sollen.

Jesus kam in die Welt, lebte ein heiliges Leben und starb, um seiner Gemeinde sein Vermächtnis in den wertvollen Schätzen zu hinterlassen, die er den Jüngern anvertraute. Er machte sie zu Treuhändern der überaus kostbaren Lehren, damit sie unverfälscht von menschlichen Irrtümern und Traditionen in die Obhut seiner Gemeinde gelangten. Er offenbarte sich ihnen als „das Licht der Welt" (Joh 8,12) und als die „Sonne der Gerechtigkeit" (Mal 3,20). Und er versprach ihnen den Beistand, den Heiligen Geist, den der Vater „in seinem Namen senden" würde (Joh 14,26 EB). – *Signs of the Times*, 16. November 1891

Jesus sagte: „Ich lasse euch nicht wie Waisenkinder allein; ich komme wieder zu euch." (Joh 14,18 GNB) Der Heilige Geist, den der Erlöser der Welt zu senden versprach (siehe V. 16.17), ist die Gegenwart und Macht Gottes. Christus wird sein Volk nicht ohne seine Gnade in der Welt zurücklassen, um von den Angriffen des Feindes hin- und hergeworfen oder von der Unterdrückung durch die Welt beunruhigt zu werden, sondern er wird [durch seinen Geist] zu ihnen kommen. – Ebenda, 23. November 1891

Neu geboren werden durch den Heilige Geist

Jesus antwortete: Wenn jemand nicht aus Wasser und Geist geboren wird, kann er nicht in das Reich Gottes [seine Königsherrschaft] hineingehen. Was aus dem Fleisch geboren ist, ist Fleisch, und was aus dem Geist geboren ist, ist Geist. (Johannes 3,5.6 EB mit Anmerkung)

Das gesamte Leben Jesu auf der Erde sollte dazu dienen, den Willen Gottes auf Erden so kundzutun, wie es auch im Himmel geschieht. Christus sagte: „Wenn jemand nicht von neuem geboren wird, kann er das Reich Gottes nicht sehen.“ (Joh 3,3 EB) ... Bei ihm sind weder irgendeine Hautfarbe, soziale Schicht oder die Bildung ausschlaggebend, um ein Bürger seines Königreiches zu werden. Der Zutritt zu seinem Reich hängt auch nicht von Reichtum oder überdurchschnittlichen Erbanlagen ab, sondern alle, die vom Geist geboren sind, sind seine Untertanen. Es ist [nur] der geistliche Charakter, der von Christus anerkannt wird. Sein „Reich ist nicht von dieser Welt“ (Joh 18,36). Seine Untertanen sind „Teilhaber der göttlichen Natur“ und „dem Verderben, das durch die Begierde in der Welt ist, entflohen“ (2 Ptr 1,4 EB). Diese Gnade haben sie von Gott empfangen.

Christus findet seine Untertanen nicht als [bereits] geeignet vor, um in seinem Reich zu leben, sondern er qualifiziert sie durch seine göttliche Macht dazu. Die in ihren „Sünden tot waren“, werden zu neuem geistlichem Leben erweckt (Eph 2,5). Die Fähigkeiten, die ihnen Gott zu einem heiligen Zweck gegeben hat, werden weiterentwickelt, gereinigt und erhoben. Sie werden angeleitet, ihren Charakter immer mehr dem Bild Gottes anzugleichen. [Als sie Christus noch nicht dienten,] haben sie ihre Fähigkeiten missbraucht und in den Dienst der Sünde gestellt. Christus war für sie ein „Stein des Anstoßes und ein Fels des Ärgernisses“ (1 Ptr 2,8), weil sie über sein Wort gestolpert sind und ungehorsam waren. Doch durch den Einfluss seiner Liebe wurden sie schließlich auf den richtigen Weg geführt. Jesus sagte: „Ich aber bin gekommen, um ihnen das Leben zu geben, Leben im Überfluss.“ (Joh 10,10 GNB)

Christus zieht sie durch eine unsichtbare Macht zu sich. Er ist das Licht des Lebens und erfüllt sie mit seinem Geist. Wenn sie in eine geistliche Atmosphäre gezogen werden, erkennen sie, dass sie ein Spielball der Versuchungen Satans waren und von ihm beherrscht wurden; aber [nun] zerbrechen sie das Joch der Begierden und weigern sich, Diener der Sünde zu sein. Satan versucht sie festzuhalten, und umgarnt sie mit vielfältigen Versuchungen; aber der Geist wirkt in ihnen und erneuert sie nach dem Bild ihres Schöpfers. – *Advent Review and Sabbath Herald*, 26. März 1895

2. Februar

Schon bevor [Gott] die Welt erschuf, hat er uns vor Augen gehabt als Menschen, die zu Christus gehören; in ihm hat er uns dazu erwählt, dass wir heilig und fehlerlos vor ihm stehen. (Epheser 1,4 GNB)

Wir sind zur Erlösung erwählt

Durch die Ausübung des Glaubens, [den Empfang der] Gnade Christi und das Wirken des Heiligen Geistes sollen wir uns gewiss sein, dass wir von Gott zur Erlösung erwählt sind. Wegen dieses wunderbaren Erweises seiner unverdienten Gunst sollen wir ihn loben und preisen. Die Liebe Gottes zieht einen Menschen zu Christus, der ihn gnädig annimmt und seinem Vater präsentiert. Das Wirken des Heiligen Geistes erneuert die Beziehung zwischen Gott und dem Sünder. Unser himmlischer Vater sagt: „Ich will euer Gott sein und ihr sollt mein Volk sein." (Jer 7,23 GNB) „Mit ewiger Liebe habe ich [euch] geliebt." (Jer 31,3) „Ich will ihnen ihren Ungehorsam vergeben und nie mehr an ihre Schuld denken." (V. 34 GNB) „Das Volk, das ich mir bereitet habe, soll meinen Ruhm verkündigen." (Jes 43,21)

Christus ruft Menschen auf, zu ihm zu kommen. Es liegt in unserem gegenwärtigen und ewigen Interesse, auf diesen Ruf zu hören und zu antworten. Jesus sagt: „Nicht ihr habt mich erwählt, sondern ich habe euch erwählt." (Joh 15,16) Alle, die Kinder Gottes genannt werden wollen, sollen die Einladung Christi annehmen und dorthin gehen, wo das Licht des Himmels auf sie scheint und wo sie erkennen, was es bedeutet, Hörer und Täter der Worte Christi zu sein (siehe Mt 7,24-27), dem „Licht der Welt" zu folgen (Joh 8,12) und „in dem Geliebten begnadet" zu sein (Eph 1,6 KJV).

Alles, was Gott zur Rettung der Menschen tun konnte, hat er getan. Mit einem einzigen großzügigen Geschenk hat er die Schatzkammern des Himmels geleert. Er lädt die Menschen ein, er fleht sie an und fordert sie mit Nachdruck auf – aber er wird sie nicht zwingen, zu ihm zu kommen. Er wartet auf ihre Kooperation – auf die Zustimmung des Willens, damit er die Reichtümer seiner Gnade über den Sünder ausschütten kann, die er „vor der Grundlegung der Welt" für ihn vorgesehen hatte (Eph 1,4 EB) ...

Es ist nicht Gottes Absicht, die menschliche Kraft zu lähmen. Vielmehr möchte er den Menschen durch die Zusammenarbeit mit ihm zu einem noch wirkungsvolleren Werkzeug machen ... Der Herr bietet jedem Menschen das Vorrecht der Partnerschaft mit ihm an. – *The Messenger*, 26. April 1893

Ein Tempel des Heiligen Geistes

Wisst ihr nicht, dass euer Leib ein Tempel des Heiligen Geistes ist, der in euch wohnt? Gott hat euch seinen Geist gegeben und ihr gehört nicht mehr euch selbst. Er hat euch freigekauft und als sein Eigentum erworben. Macht ihm also Ehre an eurem Leib (1. Korinther 6,19.20 GNB)

Eine Macht, die ober- und außerhalb des Menschen liegt, muss an ihm wirken, damit solide Balken in das Gebäude seines Charakters eingefügt werden. Im Heiligtum des Herzens soll Gott selbst wohnen. „Denn wir sind der Tempel des lebendigen Gottes, wie Gott gesagt hat: ‚Ich will unter ihnen wohnen und wandeln, und ich werde ihr Gott sein, und sie werden mein Volk sein.'" (2 Kor 6,16 EB; vgl. 3 Mo 26,11.12) „Wisst ihr nicht, dass ihr Gottes Tempel seid und der Geist Gottes in euch wohnt? Wenn jemand den Tempel Gottes verdirbt, den wird Gott verderben, denn der Tempel Gottes ist heilig; der seid ihr." (1 Kor 3,16.17)

„Denn durch [Christus] haben wir ... durch *einen* Geist den Zugang zum Vater. So seid ihr nun nicht mehr Fremde und Nichtbürger, sondern ihr seid Mitbürger der Heiligen und Gottes Hausgenossen. (Ihr seid) aufgebaut auf der Grundlage der Apostel und Propheten, wobei Christus Jesus selbst Eckstein ist. In ihm zusammengefügt, wächst der ganze Bau zu einem heiligen Tempel im Herrn und in ihm werdet auch *ihr* mit aufgebaut zu einer Behausung Gottes im Geist." (Eph 2,18-22 EB)

Ein Mensch kann sich nicht selbst zu einer Behausung des Geistes Gottes umbauen. Wenn der menschliche Wille nicht mit dem Willen Gottes kooperiert, kann der Herr nichts für ihn tun. Er schafft die Meisterwerke, und dennoch muss das menschliche Werkzeug mit dem göttlichen Meister zusammenarbeiten, andernfalls kann das himmlische Gebäude nicht vollendet werden. Alle Macht kommt von Gott und alle Ehre gebührt ihm, und dennoch liegt die ganze Verantwortung beim Menschen, denn ohne seine Kooperation kann Gott nichts tun. – *Advent Review and Sabbath Herald*, 25. Oktober 1892

4. Februar

Durch die [Erkenntnis Christi hat] er uns die kostbaren und größten Verheißungen geschenkt, damit ihr durch sie Teilhaber der göttlichen Natur werdet, die ihr dem Verderben, das durch die Begierde in der Welt ist, entflohen seid. (2. Petrus 1,4 EB)

Wir werden Teilhaber der göttlichen Natur

Ein gesunder Christ ist jemand, in dem Christus, „die Hoffnung auf die Herrlichkeit Gottes" (Kol 1,27 Hfa), Gestalt gewonnen hat. Derjenige liebt Wahrheit, Reinheit und Heiligkeit und offenbart geistliche Vitalität. Er liebt das Wort Gottes und sucht die Gemeinschaft mit Christen, die mit der Bibel vertraut sind, damit er jeden Lichtstrahl erhascht, den Gott ihnen vermittelt hat und der Christus offenbart und immer wertvoller macht. Wer einen soliden Glauben hat, findet in Christus das Leben der Seele und die „Quelle des Wassers ... das in das ewige Leben quillt" (Joh 4,14). Er hat seine Freude daran, dem Herrn mit ganzer Kraft zu gehorchen. Der Heilige Geist mit seinem belebenden Einfluss sorgt dafür, dass ein solcher Christ in der Liebe Gottes bleibt.

Petrus schrieb den Christen: „Gnade und Frieden werde euch in reichem Maß zuteil durch die Erkenntnis Gottes und unseres Herrn Jesus! Ja, so ist es: Gott in seiner Macht hat uns alles geschenkt, was wir zu einem Leben in wahrer Frömmigkeit brauchen. Er hat es dadurch getan, dass er uns Jesus Christus erkennen ließ, ihn, der uns in seiner Herrlichkeit und Kraft berufen hat. Durch ihn haben wir wertvolle, unüberbietbare Zusagen erhalten: Wir sollen der Vernichtung entrinnen, der diese Welt durch ihre Leidenschaften verfallen ist, und an der göttlichen [Natur] teilhaben. Setzt deshalb alles daran, dass aus eurem Glauben sittliche Bewährung erwächst, aus der sittlichen Bewährung Erkenntnis, aus der Erkenntnis Selbstbeherrschung, aus der Selbstbeherrschung Standhaftigkeit, aus der Standhaftigkeit echte Frömmigkeit, aus der Frömmigkeit Liebe zu den Glaubensgeschwistern, aus der Liebe zu den Glaubensgeschwistern Liebe zu allen Menschen. Wenn ihr dies alles habt und ständig darin zunehmt, wird sich das auswirken und Frucht bringen in einer vertieften Erkenntnis unseres Herrn Jesus Christus. Wer dagegen all das nicht hat, ist kurzsichtig und geistlich blind. Ein solcher Mensch hat völlig vergessen, was es bedeutet, dass er von seinen früheren Sünden gereinigt worden ist. Deshalb, meine Brüder und Schwestern, setzt alles daran, so zu leben, dass eure Berufung und Erwählung gefestigt wird. Dann werdet ihr niemals zu Fall kommen, und Gott bereitet euch einen herrlichen Einzug in das ewige Reich unseres Herrn und Retters Jesus Christus." (2 Ptr 1,2-11 GNB) – *Advent Review and Sabbath Herald,* 11. Dezember 1894

Wie Ton in der Hand des Töpfers

Da geschah des HERRN Wort zu mir: Kann ich nicht ebenso mit euch umgehen, ihr vom Hause Israel, wie dieser Töpfer?, spricht der HERR. Siehe, wie der Ton in des Töpfers Hand, so seid auch ihr vom Hause Israel in meiner Hand. (Jeremia 18,4-8)

Ich erhebe mein Herz zu Gott und bete, dass der Herr seinem rückfälligen Volk, das wie vertrocknete Gebeine ist, seinen Geist einhaucht, damit es wieder lebendig wird (siehe Hes 38,11.14). Das Ende ist nahe, und es ereilt uns so heimlich, unmerklich und leise wie der gedämpfte Schritt des Diebes in der Nacht, der die Schlafenden unbewacht und unvorbereitet überrascht (siehe 1 Ths 5,2). Möge der Herr mit seinem Heiligen Geist die Sorglosen aufwecken, damit sie nicht länger „schlafen wie die anderen, sondern wachen und nüchtern" sind (V. 6 EB).

Wer ist denn jetzt – nachdem er die meiste Zeit seines Lebens verschwendet hat – bereit, seinen Willen wie den Ton in die Hand des Töpfers zu geben und mit Gott zu kooperieren, damit er durch seine Hand zu einem nützlichen Gefäß geformt wird? Wie muss der Ton in der Hand des Töpfers sein, wie empfänglich für göttliche Eindrücke, während die hellen Strahlen der Gerechtigkeit ihn bescheinen! Er sollte irdischen oder selbstsüchtigen Motiven keinen Raum geben, denn sonst kann er nicht in das göttliche Bild umgestaltet werden. Der „Geist der Wahrheit" (Joh 14,17) heiligt den Menschen.

Wenn wir dieses große Werk verstehen, wird es selbst „alles Denken in den Gehorsam gegen Christus" gefangennehmen (2 Kor 10,5). Das geht über unser Fassungsvermögen hinaus, aber so wird es sein. Ist es dann weise, wenn wir uns auf unsere eigenen Werke verlassen? Wir müssen [vielmehr] Gott für uns wirken lassen. Zeichnen sich unser Charakter oder unser Verhalten durch irgendetwas Hervorragendes aus? Kommt das alles aus begrenzten Menschen? Nein, es kommt alles von Gott, dem großen Mittelpunkt, als Ausdruck der Macht des Töpfers über den Ton.

Wenn jene, die der Herr mit den Schätzen der Wahrheit gesegnet hat, doch nur aufwachten und von Herzen fragen würden: „Herr, was soll ich tun?" (Apg 22,10) Das Licht verstärkt sich, um jeden Christen zu erleuchten, der es an andere weitergeben will. – *General Conference Bulletin,* 4. Februar 1893

6. Februar

Ich gebe meinen Geist in euch, damit wieder Leben in euch kommt, und bringe euch in euer Land zurück. Ihr sollt erkennen, dass ich das angekündigt habe und … tue, was ich sage, ich, der HERR. (Hesekiel 37,14 GNB)

Vertrocknete Gebeine erwachen zu neuem Leben

Keine menschliche Macht kann Leben spenden. Der HERR, der Gott Israels, wird dies tun und Menschen wieder zu geistlichem Leben erwecken. Der Geist des HERRN der Heerscharen muss die leblosen Körper erfassen. Im Gericht Gottes, wenn alle Geheimnisse offenbar werden, wird deutlich werden, dass seine Stimme durch menschliche Werkzeuge gesprochen hat, abgestumpfte Gewissen geweckt, ungenutzte Fähigkeiten angeregt und Sünder zur Reue und Aufgabe von Sünden bewegt hat. Dann wird deutlich, dass der Glaube an Jesus Christus durch Gottes Diener vermittelt und geistliches Leben vom Himmel dem eingehaucht wurde, der „durch Übertretungen und Sünden tot war", sodass er „mit Christus lebendig gemacht" wurde (Eph 2,1.5).

Doch dieses Bild von den vertrockneten Knochen (in Hesekiel 38) trifft nicht nur auf die Welt zu, sondern auch auf die, die großes Licht empfangen haben; denn auch sie sind wie die Skelette im Tal [der Toten]. Sie sehen aus wie Menschen, haben das Gerippe eines Körpers, aber kein geistliches Leben. Doch in dem [Hesekiel gezeigten] Bild reicht es nicht, wenn die vertrockneten Knochen wieder zu einer menschlichen Gestalt zusammengefügt werden (siehe V. 7.8), denn die Symmetrie der Gliedmaßen und der Gestalt reicht nicht aus. Der Lebensodem muss die Körper lebendig machen, damit sie aufrecht stehen und aktiv sein können (siehe V. 9.10). Diese Skelette stehen für das „Haus Israel" (V. 11), die Gemeinde Gottes. Ihre Hoffnung ist der lebendigmachende Einfluss des Heiligen Geistes. Der Herr muss den Knochen seinen Lebensodem einhauchen, damit sie leben.

Der Geist Gottes mit seiner lebendig machenden Kraft muss in jedem menschlichen Werkzeug wirken, damit alle geistlichen Muskeln und Sehnen in Bewegung bleiben. Ohne den Heiligen Geist, ohne den Hauch Gottes, stumpft das Gewissen ab und stirbt das geistliche Leben. Viele geistlich Leblose haben ihren Namen auf der Gemeindeliste stehen, aber sie stehen nicht im „Lebensbuch des Lammes" (Offb 21,27). Sie mögen der Gemeinde angehören, sind aber nicht mit dem Herrn verbunden. Sie erfüllen vielleicht bestimmte Pflichten gewissenhaft und erscheinen lebendig; aber viele haben nur „den Namen, dass [sie] leben, und [sind] tot". (Offb 3,1) – *Seventh-day Adventist Bible Commentary,* Band 4, Ellen G. White Comments, S. 1165f.

7. Februar

Der Heilige Geist stärkt schwache Menschen

Darum sind wir nicht mehr unserer alten menschlichen Natur verpflichtet und müssen nicht länger ihren Wünschen und ihrem Verlangen folgen. Denn wer ihr folgt, ist dem Tod ausgeliefert. Wenn ihr aber mit der Kraft des Geistes eure selbstsüchtigen Wünsche tötet, werdet ihr leben. (Römer 8,12.13 GNB)

Zu allen, die Christus als persönlichen Heiland annahmen, kam der Heilige Geist als Ratgeber, Erneuerer, Führer und Zeuge. Je enger die Gläubigen mit Gott wandelten, desto klarer und machtvoller bezeugten sie die Liebe ihres Erlösers und seine rettende Gnade. Die Männer und Frauen, die in den Jahrhunderten der Verfolgungen und Prüfungen sich in hohem Maße der Gegenwart des Heiligen Geistes in ihrem Leben erfreuten, standen als Zeichen und Wunder in der Welt. Vor Engeln und Menschen offenbarten sie die umwandelnde Kraft der erlösenden Liebe.

Alle, die zu Pfingsten Kraft aus der Höhe empfingen, blieben dadurch nicht vor weiteren Anfechtungen und Versuchungen verschont. Satan, der Feind aller Wahrheit, wollte sie ihrer christlichen Erfahrung berauben und griff sie immer wieder an, wenn sie für die Wahrheit und die Gerechtigkeit [Gottes] Zeugnis ablegten. Sie mussten daher mit allen ihnen von Gott verliehenen Kräften danach streben, als Männer und Frauen „zu mündigen Christen heranzureifen" (Eph 4,13 Hfa). Täglich beteten sie erneut um eine neue Versorgung mit Gnade, damit sie der [geistlichen] Vollkommenheit immer näher kamen. Durch das Wirken des Heiligen Geistes setzten sogar die Schwächsten ihr Vertrauen auf Gott und lernten, wie sich die ihnen anvertrauten Fähigkeiten mehren und heilig, kultiviert und edel werden konnten. Da sie sich demütig dem verändernden Einfluss des Heiligen Geistes unterordneten, empfingen sie von der Fülle Gottes und wurden in sein Bild umgewandelt.

Der Ablauf der Zeit hat nichts an der Verheißung Christi, den Heiligen Geist als seinen Stellvertreter zu senden, geändert. Es liegt keineswegs an Einschränkungen seitens Gottes, wenn die Reichtümer seiner Gnade nicht erdwärts zu den Menschen fließen. Wenn die Erfüllung seiner Verheißung nicht so wahrgenommen wird, wie es sein könnte, liegt es daran, dass die Verheißung nicht so geschätzt wird, wie es sein sollte. Wären alle willens dazu, so würden sie auch alle mit dem Geist Gottes erfüllt werden. – *Das Wirken der Apostel*, S. 50f. (rev.)

8. Februar

Wir werden zu Mitarbeitern Christi befähigt

Der versprochene Retter musste leiden und sterben und am dritten Tag vom Tod auferstehen. Und den Menschen aller Völker muss verkündet werden, dass ihnen um seinetwillen Umkehr zu Gott und Vergebung der Schuld angeboten wird ... Ihr sollt es überall bezeugen! (Lukas 24,46.47 GNB)

Im Plan der Wiederherstellung des Bildes Gottes im Menschen war es vorgesehen, dass der Heilige Geist die Gegenwart Christi vermitteln und den Charakter der Menschen umgestalten sollte. Wenn sie die Wahrheit annehmen, empfangen sie auch die Gnade Christi und stellen ihre geheiligten menschlichen Fähigkeiten in den Dienst, dem sich auch Christus [auf Erden] gewidmet hat. So werden Menschen Mitarbeiter Gottes. Ihnen wird die göttliche Wahrheit verständlich gemacht, damit sie zu [brauchbaren] Werkzeugen Gottes werden. Aber ich frage die Gemeinde: Seid ihr diesem Auftrag nachgekommen? Habt ihr die Absicht Gottes erfüllt, das Licht der göttlichen Wahrheit zu verbreiten und die kostbaren Perlen der Wahrheit auszustreuen?

Was mögen die Engel bei der Betrachtung der Gemeinde Christi denken, wenn sie sehen, wie langsam jene handeln, die vorgeben, Nachfolger Jesu zu sein, um der Welt in ihrer moralischen Finsternis das Licht der Wahrheit zu bringen? Die himmlischen Wesen wissen, dass das Kreuz das Zentrum der [göttlichen] Anziehungskraft ist (siehe Joh 12,32). Durch das Kreuz erfahren gefallene Menschen die Versöhnung mit Gott und werden mit ihm vereint. Die Ratsversammlungen des Himmels blicken auf euch, die ihr behauptet, Christus als euren persönlichen Erlöser angenommen zu haben, und wollen sehen, wie ihr jenen, die „in Finsternis sitzen“ (Lk 1,79), die Erlösungsbotschaft bekanntmacht. Sie wollen sehen, wie ihr die Bedeutung der Gabe des Heiligen Geistes darstellt und wie durch das Wirken dieser göttlichen Macht der Verstand von Menschen, der durch die Sünde verdorben und beschmutzt ist, über die Lügen und Vorspiegelungen Satans desillusioniert wird, und diese Menschen sich Christus als ihrer einzigen Hoffnung und ihrem persönlichen Erlöser zuwenden.

Christus sagt: „Nicht ihr habt mich erwählt, sondern ich euch, damit ihr euch auf den Weg macht und Frucht bringt, die bleibt.“ (Joh 15,16 Hfa) Als Christi Botschafterin möchte ich euch allen, die ihr diese Zeilen lest, ans Herz legen, heute seine Stimme zu beachten. „Heute, wenn ihr seine Stimme hört, verhärtet eure Herzen nicht!“ (Hbr 4,7 EB) Frage dich noch in diesem Moment: *Was bedeutet mir Christus? Was bedeute ich ihm? Was ist meine Aufgabe? Welche Art von Frucht bringe ich? – Advent Review and Sabbath Herald,* 12. Februar 1895

Der Heilige Geist verändert das Herz und die Absichten

Ich will euch ein neues Herz und einen neuen Geist in euch geben und will ... euch ein fleischernes Herz geben. Ich will meinen Geist in euch geben und will solche Leute aus euch machen, die in meinen Geboten wandeln und meine Rechte halten und danach tun.
(Hesekiel 36,26.27)

Das Herz des Menschen kann zur Wohnung des Heiligen Geistes werden. Der „Friede Gottes, der höher ist als alle Vernunft" (Phil 4,7), kann in deinem Innern bleiben, und die umwandelnde Kraft seiner Gnade kann in deinem Leben wirksam werden und dich für die herrlichen Höfe [des Himmels] geeignet machen. Aber wenn du dein Gehirn, deine Nerven und Muskeln [nur] in deinen eigenen Dienst stellst, setzt du Gott und den Himmel nicht an die erste Stelle in deinem Leben. Es ist unmöglich, die Anmut Christi in deinen Charakter einzuflechten, während du alle deine Energien in weltliche Anliegen investierst.

Du magst auf dieser Erde erfolgreich Schätze zu deinem eigenen Ruhm anhäufen. Doch „wo dein Schatz ist, da ist auch dein Herz" (Mt 6,21). Dann treten Überlegungen von ewiger Reichweite an die zweite Stelle. Du magst an den äußeren Formen des Gottesdienstes noch teilnehmen, aber dein Dienst wird für den Gott des Himmels ein Gräuel sein. Du kannst „nicht Gott dienen und [gleichzeitig] dem Mammon" (V. 24). Entweder übergibst du dein Leben und deinen Willen Gott oder steckst deine Energie in den Dienst der Welt. Gott wird keinen halbherzigen Dienst akzeptieren.

„Das Auge ist das Licht des Leibes. Wenn dein Auge lauter ist, so wird dein ganzer Leib licht sein." (V. 22) Wenn das Auge lauter ist, wenn der Blick nach oben gerichtet ist, wird das Licht des Himmels das Innere erfüllen, und irdische Dinge werden unbedeutend und wenig erstrebenswert erscheinen. Die Absichten und Ziele des Herzens werden sich verändern und die Ermahnungen Jesu beachtet werden. Du wirst „Schätze im Himmel sammeln" (V. 20). Deine Gedanken werden sich auf die große Belohnung in der Ewigkeit richten. Alle deine Pläne wirst du mit dem Blick auf die Zukunft und das ewige Leben machen. Du wirst zu deinem Schatz gezogen und wirst dich nicht mit irdischen Interessen beschäftigen, sondern bei allem, was du tust, wirst du dich still fragen: „Herr, was soll ich tun?" (Apg 22,10) – *Advent Review and Sabbath Herald*, 24. Januar 1888

10. Februar

[Er] rührte meinen Mund an und sprach: Siehe, hiermit sind deine Lippen berührt, dass deine Schuld von dir genommen werde und deine Sünde gesühnt sei. Und ich hörte die Stimme des Herrn, wie er sprach: Wen soll ich senden? Wer will unser Bote sein? Ich aber sprach: Hier bin ich, sende mich! (Jesaja 6,7.8)

Unsere Lippen werden durch den Heiligen Geist geheiligt

Der Herr versorgt sein Volk reichlich mit seinen himmlischen Gaben. Irdische Eltern können ihren Kindern keinen geheiligten Charakter mitgeben. Sie können ihren eigenen Charakter nicht auf ihr Kind übertragen. Gott allein kann uns verändern. Christus blies seine Jünger an und sagte: „Empfangt den Heiligen Geist!" (Joh 20,22 GNB) Das ist die große Gabe des Himmels.

Durch den Heiligen Geist verlieh Christus ihnen seine eigene Heiligung (siehe Joh 17,19). Er rüstete sie mit seiner Kraft aus, damit sie Menschen für das Evangelium gewinnen konnten (siehe Apg 1,8). Künftig würde er sich durch ihre Fähigkeiten ausdrücken und durch ihre Worte sprechen. Sie hatten das Vorrecht zu wissen, dass sie mit ihm eins sein würden. Seine Prinzipien sollten sie schätzen und sich seinem Geist unterordnen. Sie sollten nicht länger ihrem eigenen Weg folgen oder ihre eigenen Worte sprechen. Ihre Worte sollten aus einem geheiligten Herzen und von geheiligten Lippen kommen. Sie sollten nicht mehr ihr eigenes selbstsüchtiges Leben führen, sondern Christus sollte in ihnen leben und durch sie sprechen. Er würde ihnen „die Herrlichkeit geben", die er beim Vater hatte, damit er und „sie in Gott eins seien" (Joh 17,22.5).

Der Herr Jesus ist unser großer Hoherpriester, unser Anwalt in den himmlischen Höfen. Die Bedeutung der Stellung, die wir als Anbetende einnehmen, wird nicht [genügend] geschätzt. Zu unserem gegenwärtigen und ewigen Wohl müssen wir diese Beziehung verstehen. Als seine Kinder sind wir durch das Band der christlichen Bruderliebe verbunden und lieben einander, wie er uns geliebt hat (siehe Joh 13,34; 15,12). Wir sind vereint in der heiligen Beziehung derer, die „im Blut des Lammes ... rein gewaschen" wurden (Offb 7,14 Hfa). In Christus mit Gott verbunden, sollen wir einander wie Geschwister lieben (siehe 1 Joh 5,11.21).

Danken wir Gott, dass wir „einen großen Hohenpriester haben, Jesus, den Sohn Gottes, der die Himmel durchschritten hat" (Hbr 4,14). „Christus ist nicht eingegangen in das Heiligtum, das mit Händen gemacht ... ist, sondern in den Himmel selbst, um jetzt für uns vor dem Angesicht Gottes zu erscheinen." (Hbr 9,24) „Durch sein eigenes Blut [ist er] ein für alle Mal in das Heiligtum eingegangen und hat [für uns] eine ewige Erlösung erworben." (Hbr 9,12) – *General Conference Bulletin*, 4. Viertel 1899

Die Gesinnung wird erneuert

Passt euch nicht den Maßstäben dieser Welt an. Lasst euch vielmehr von Gott umwandeln, damit euer ganzes Denken erneuert wird. Dann könnt ihr euch ein sicheres Urteil bilden, welches Verhalten dem Willen Gottes entspricht. (Römer 12,2 GNB)

Der Anteil eines Menschen an seiner Erlösung besteht darin, an Jesus Christus als den vollkommenen Erlöser zu glauben, der ... auch ihn selbst erlöst hat. Er muss dem Gott des Himmels vertrauen, ihn lieben und Ehrfurcht vor ihm haben. Ein bestimmtes Werk muss vollbracht werden: Der Mensch soll von der Macht der Sünde befreit und „für jedes gute Werk ausgerüstet" werden (2 Tim 3,17 EB). Das Befolgen der Worte Christi ist seine einzige Sicherheit, dass sein Haus auf einer soliden Grundlage steht. Wenn er die Worte Christi hört, spricht oder predigt, aber nicht in die Tat umsetzt, baut er auf Sand (siehe Mt 7,24-27).

Wer die Worte Christi befolgt, wird einen christlichen Charakter vervollkommnen, denn der Wille Christi ist [auch] sein Wille. So gewinnt Christus, „die Hoffnung auf die Herrlichkeit Gottes" (Kol 1,27 Hfa), in ihm Gestalt. „Wie in einem Spiegel" erkennt er „die Herrlichkeit des Herrn" (2 Kor 3,18). Wenn wir Christus zum Gegenstand unseres Nachdenkens machen, wird er auch zum Gegenstand unserer Gespräche. Durch das Ansehen werden wir tatsächlich „verwandelt in dasselbe Bild von Herrlichkeit zu Herrlichkeit, wie (es) vom Herrn, dem [Heiligen] Geist, (geschieht)" (V. 18 EB). Ein sündiger Mensch kann „durch die Erneuerung [seines] Sinnes ... prüfen ... was der Wille Gottes ist: [nämlich] das Gute und Wohlgefällige und Vollkommene" (Röm 12,2 EB). Wie kann er das prüfen? Indem der Heilige Geist von seinem Denken, Geist, Herzen und Charakter Besitz ergreift. Wen interessiert dieses Prüfen? [Paulus erklärte:] „Wir sind ein Schauspiel geworden der Welt und den Engeln und den Menschen." (1 Kor 4,9)

Der Heilige Geist vollbringt ein großes Werk am menschlichen Charakter, und dessen Früchte zeigen sich. So wie „jeder gute Baum gute Früchte bringt" (Mt 7,17), wird auch der Baum, der tatsächlich im Garten Gottes gepflanzt ist, gute Früchte zum ewigen Leben bringen: Lieb gewordene Sünden werden überwunden, böse Gedanken aus dem Denken verbannt, schlechte Gewohnheiten aus dem Tempel der Seele vertrieben. Neigungen, die in eine falsche Richtung führten, werden in die richtige Richtung geleitet. Schlechte Veranlagungen und Gefühle werden entwurzelt. Geheiligte Stimmungen und Emotionen sind nun die Frucht des geistlichen Baumes. Eine völlige Umwandlung ist geschehen. Das ist das Werk, das geschehen soll. – *Elder E. P. Daniels and the Fresno Church*, S. 8f.

12. Februar

Die Selbstsucht wird gekreuzigt

Ich bin mit Christus gekreuzigt. Ich lebe, doch nun nicht ich, sondern Christus lebt in mir. Denn was ich jetzt lebe im Fleisch, das lebe ich im Glauben an den Sohn Gottes, der mich geliebt und sich selbst für mich dahingegeben hat. (Galater 2,19.20)

Offen und ernsthaft sollten wir uns die Frage stellen: *Haben wir uns vor Gott gedemütigt, sodass der Heilige Geist mit seiner verändernden Kraft in uns wirken kann?* Als Kinder Gottes ist es unser Vorrecht, dass sein Geist in uns arbeitet. Wenn die Selbstsucht gekreuzigt ist, nimmt der Heilige Geist die Menschen, „die zerbrochenen Herzens sind" (Ps 34,19), und macht aus ihnen ehrenhafte Gefäße. In seiner Hand sind sie „wie der Ton in der Hand des Töpfers" (Jer 18,6 EB). Jesus Christus gestaltet aus solchen Menschen intellektuell, körperlich und moralisch herausragende Männer und Frauen. Die Gnadengaben des Heiligen Geistes verleihen dem Charakter Festigkeit (siehe Gal 5,22.23). Sie werden einen Einfluss zum Guten ausüben, weil Christus im Herzen wohnt.

Wenn diese erneuernde Macht unsere Gemeinden nicht erfasst, wenn keine Erweckung durch den Geist Gottes kommt, werden aus den Mitgliedern unserer Gemeinden niemals echte Christen. Es gibt in Zion Sünder, die ihre Sünden bereuen müssen, die sie wie wertvolle Schätze gehütet haben. Erst wenn diese Sünden erkannt und abgelegt werden, erst wenn jeder fehlerhafte und lieblose Charakterzug durch den Einfluss des Geistes verwandelt wurde, kann Gott sich in seiner [ganzen] Kraft manifestieren. Für den offensichtlichen Sünder gibt es mehr Hoffnung als für diejenigen, die vorgeben, gerecht zu sein, aber nicht rein, heilig und unbefleckt sind ...

Wer ist bereit, [seine Probleme] in Angriff zu nehmen? Wer ist bereit, den Finger auf seine Lieblingssünden zu legen und zuzulassen, dass Christus den Tempel reinigt und die Käufer und Verkäufer hinauswirft (siehe Mt 21,12)? Wer ist bereit, Jesus zu erlauben, die Seele von allen verborgenen und verderblichen Einflüssen zu reinigen? Der Maßstab lautet: „Darum sollt ihr vollkommen sein, wie euer Vater im Himmel vollkommen ist." (Mt 5,48) Gott ruft Männer und Frauen auf, ihre Selbstsucht aufzugeben. Dann kann sein Geist ungehindert Eingang finden. Hört damit auf, dieses Werk selbst zu tun. Bittet Gott, in und durch euch zu wirken, bis die Worte des Apostels Paulus zu euren Worten werden: „In Wirklichkeit lebe nicht mehr ich, sondern Christus lebt in mir." (Gal 2,20 GNB) – *Manuscript Releases,* Band 1, S. 366f.

Die Gedanken werden verändert

Im Übrigen, meine Brüder und Schwestern: Richtet eure Gedanken auf das, was schon bei euren Mitmenschen als rechtschaffen, ehrbar und gerecht gilt, was rein, liebenswert und ansprechend ist, auf alles, was Tugend heißt und Lob verdient. (Philipper 4,8 GNB)

Jeder von uns muss persönlich an sich arbeiten, die Lenden seines Denkens mit Wahrheit umgürten (siehe Eph 6,14), nüchtern und unter Gebet wachsam sein (siehe 1 Ths 5,6). Wir müssen unser Denken kontrollieren, damit es sich mit Themen beschäftigt, die die moralische Kraft stärken. Junge Leute sollten frühzeitig damit beginnen, richtige Denkgewohnheiten zu pflegen. Wir sollten unsere Gedanken im Zaum halten, damit sie in eine gesunde Richtung denken, und ihnen nicht erlauben, sich mit Dingen zu befassen, die böse sind. Der Psalmist bat Gott: „Lass die Reden meines Mundes und das Sinnen meines Herzens wohlgefällig vor dir sein." (Ps 19,15 EB)

Gott wirkt durch seinen Heiligen Geist am menschlichen Herzen, aber der Mensch muss mit ihm zusammenarbeiten. Die Gedanken müssen konzentriert und gelenkt werden. Sie sollen nicht ausbrechen und Dinge betrachten, die die Seele nur schwächen und ihr schaden. Die Gedanken, die aus dem Herzen kommen, müssen lauter und rein sein, wenn die Worte des Mundes für den Himmel annehmbar und für unsere Mitmenschen hilfreich sein sollen. Christus sagte zu den Pharisäern: „Ihr Schlangenbrut! Wie könnt ihr Gutes reden, wo ihr doch böse seid! Denn wovon das Herz voll ist, davon redet der Mund. Ein guter Mensch bringt Gutes hervor, weil er im Innersten gut ist. Ein schlechter Mensch kann nur Böses hervorbringen, weil er von Grund auf böse ist. Aber das sage ich euch: Am Tag des Gerichts werden die Menschen sich verantworten müssen für jedes unnütze Wort, das sie gesprochen haben. Aufgrund deiner eigenen Worte wirst du dann freigesprochen oder verurteilt werden." (Mt 12,34-37 GNB)

In der Bergpredigt präsentierte Jesus seinen Jüngern die weitreichenden Prinzipien des Gesetzes Gottes. Er lehrte seine Zuhörer, dass das Gesetz schon durch die Gedanken übertreten wird, noch bevor die bösen Gelüste tatsächlich ausgeführt sind (siehe Mt 5,28). Wir müssen unsere Gedanken unter Kontrolle halten und sie dem Gesetz Gottes unterstellen. – *Advent Review and Sabbath Herald*, 12. Juni 1888

14. Februar

Die Neigungen werden verändert

Was den früheren Lebenswandel angeht, [habt ihr] den alten Menschen abgelegt, der sich durch die betrügerischen Begierden zugrunde richtet. Dagegen werdet [ihr] erneuert in dem Geist eurer Gesinnung und [habt] den neuen Menschen angezogen. (Epheser 4,22-24 EB)

„Das Licht strahlt in der Dunkelheit, aber die Dunkelheit hat sich ihm verschlossen ... Aber allen, die [Christus] aufnahmen und ihm Glauben schenkten, verlieh er das Recht, Kinder Gottes zu werden. Das werden sie nicht durch natürliche Geburt ... sondern weil Gott ihnen ein neues Leben gibt." (Joh 1,5.12.13 GNB) Die ungläubige Welt geht verloren, weil sie sich nicht erleuchten lässt. Die alte Natur, „aus dem Geblüt [und] dem Willen des Fleisches" geboren (V. 13 EB), kann das Reich Gottes nicht erben. Die alten Wege, die natürlichen Neigungen und die früheren Gewohnheiten müssen aufgegeben werden, denn Gnade wird nicht ererbt. Durch die neue Geburt entstehen neue Motive, neue Vorlieben und neue Neigungen.

Wer durch den Heiligen Geist zu einem neuen Leben geboren wird, wird zum „Teilhaber der göttlichen Natur" (2 Ptr 1,4 EB). Alle seine Gewohnheiten und Praktiken werden seine Beziehung zu Christus offenbaren. Wenn Menschen, die vorgeben, Christen zu sein, alle ihre natürlichen Charakterschwächen und Neigungen behalten, inwiefern unterscheiden sie sich [dann] von einem weltlich orientierten Menschen? Sie schätzen die Wahrheit nicht als heiligendes und verfeinerndes Element. Sie sind nicht neu geboren ...

Niemand soll denken, dass er sein Verhalten nicht ändern müsste. Wer das meint, ist nicht geeignet für das Werk des Herrn, denn er wird keine Notwendigkeit empfinden, beständig einen höheren Standart zu erreichen und sich stetig zu verbessern. Niemand kann seinen Weg sicher gehen, wenn er sich nicht selbst misstraut und nicht ständig auf Gottes Wirken schaut. Er muss es studieren mit der Bereitschaft, die eigenen Irrtümer einzusehen und den Willen Christi kennenzulernen und zu beten, dass dieser Wille in ihm, mit ihm und durch ihn geschehe ... Derjenige wird die Wahrheit, die uns heiligen und erheben kann, wie einen heiligen Schatz betrachten. Er wird beständig danach streben, seine Worte und sein Verhalten mit ihren Prinzipien in Übereinstimmung zu bringen. Er wird fürchten und zittern, damit er nicht selbstsüchtigen Anliegen nachhängt und die eigenen Fehler auf andere überträgt, die ihm vertrauen. Er wird immer versuchen, die Selbstsucht zu unterwerfen ... und die Sanftmut und Demut Christi an ihre Stelle zu setzen. Er schaut auf Jesus, wächst zu ihm heran und empfängt von ihm Erkenntnis und Gnade, um sie an andere weiterzugeben. – *Advent Review and Sabbath Herald*, 12. April 1892

Das Temperament wird gezügelt

Wer ist weise und klug unter euch? Der zeige mit seinem guten Wandel seine Werke in Sanftmut und Weisheit. (Jakobus 3,13)

Sanftmut durch die Erziehung Christi ist eine der deutlichsten Früchte des Geistes. Sie ist eine Gnadengabe, die durch den Heiligen Geist als verändernde Macht gewirkt wird und ihrem Besitzer die Fähigkeit verleiht, sein schnelles und aufbrausendes Temperament jederzeit zu zügeln. Wenn diejenigen, die von Natur aus [schnell] sauer oder unbeherrscht reagieren, die Gnade der Sanftmut schätzen, werden sie sich ernstlich anstrengen, ihr unglückliches Temperament unter Kontrolle zu bekommen. Jeden Tag werden sie [vom Geist] Selbstbeherrschung erlangen (siehe Gal 5,22.23 GNB), bis das überwunden ist, was unschön ist und Jesus nicht entspricht. Sie werden dem göttlichen Vorbild immer ähnlicher, bis sie den inspirierten Rat befolgen können: „Jeder Mensch sei schnell zum Hören, langsam zum Reden, langsam zum Zorn." (Jak 1,19)

Wenn jemand vorgibt, geheiligt zu sein, doch in Worten und Werken eher einem trüben Brunnen mit bitterem Wasser gleicht (siehe Jak 3,11), können wir mit Sicherheit sagen: Dieser Mensch unterliegt einer Täuschung. Er muss [erst einmal] das kleine Einmaleins des Christenlebens lernen. Manche, die vorgeben, Christi Diener zu sein, haben so lange den Ungeist der Unfreundlichkeit gepflegt, dass sie dieses unheilige Element sogar zu lieben scheinen und ihre Freude daran haben, unangenehme und verletzende Worte zu reden. Sie müssen sich [erst] bekehren, bevor Christus sie als seine Nachfolger akzeptieren kann.

Sanftmut ist der inwendige Schmuck, den Gott sehr hoch schätzt (siehe 1 Ptr 3,4). Der Apostel schreibt, sie sei herausragender und wertvoller als „goldener Schmuck, Perlen oder teure Kleider" (1 Tim 2,9 GNB; vgl. 1 Ptr 3,3). Während der äußere Schmuck nur den sterblichen Körper verschönt, schmückt die Zier der Sanftmut die Seele und verbindet den begrenzten Menschen mit dem unendlichen Gott. Das ist ein Schmuck nach Gottes eigener Wahl. Er, der die Himmel mit Lichtkörpern ausstaffierte, hat durch denselben Geist versprochen, die Demütigen mit Erlösung zu schmücken (siehe Ps 149,4 EB). Himmlische Engel werden diejenigen als besonders erlesen geschmückt verzeichnen, die „Christus angezogen" haben (Gal 3,27) und ihren Weg mit ihm in Sanftmut und Demut gehen. – *Advent Review and Sabbath Herald*, 18. Januar 1881

16. Februar

Niemand soll sich über andere erheben und höher von sich denken, als es angemessen ist. Bleibt bescheiden und sucht das rechte Maß! (Römer 12,3 GNB)

Stolz wird durch den Geist zu Demut

Die Annahme der Wahrheit ist eines der göttlichen Mittel zu unserer Heiligung. Je besser wir die Wahrheit verstehen, die er uns sendet, und je treuer wir ihr gehorchen, umso weniger gelten wir in unseren eigenen Augen, und umso mehr gelten wir aus der Sicht des himmlischen Universums. Je selbstloser unser Einsatz für Gott ist, umso mehr wird er Christus gleichen und umso mehr Gutes bewirken.

Zwischen dem Geist der Welt und dem Geist Christi besteht ein großer Unterschied. Der eine führt zu Selbstsucht, zum Streben nach Schätzen, die im Feuer des jüngsten Tages zerstört werden; der andere führt zu Selbstverleugnung und Selbstaufopferung und zum Streben nach unvergänglichen Schätzen.

Der Heilige Geist, der durch den Glauben empfangen wird, erweicht widerspenstige Herzen. Dies ist der Kern und die Macht der Heiligung durch die Wahrheit, die Quelle des „Glaubens, der durch die Liebe tätig ist" (Gal 5,6) und das Herz reinigt. Jede wahre Größe kommt aus der Demut, die im Leben Christi und in seinem wunderbaren Opfer zur Rettung verlorener Menschen offenbar wurde. Er, der von Gott erhöht wurde, musste sich zuerst erniedrigen (siehe Phil 2,8.9). Gott hat Christi Namen über jeden anderen Namen erhöht. Aber der Sohn Gottes ist zuerst in die tiefsten Tiefen menschlichen Elends hinabgestiegen und hat sich durch seine Demut und Güte die Zuneigung der Menschen erworben. Damit hat er allen ein Beispiel gegeben, die sich in seinem Dienst engagieren.

„Lernt von mir", sagte der größte Lehrer, den die Welt je gesehen hat, „denn ich bin sanftmütig und von Herzen demütig; so werdet ihr Ruhe finden für eure Seelen." (Mt 11,29) Es genügt nicht, wenn wir das Wort Gottes lesen. Die Heilige Schrift ist uns zur Belehrung gegeben und wir sollen sie sorgfältig und aufmerksam erforschen. Wir sollen das Wort Gottes studieren und einen Abschnitt mit dem anderen vergleichen. Die Heilige Schrift legt sich selbst aus. Wenn wir sie lesen, studieren und beten, steht uns ein göttlicher Lehrer zur Seite, der Heilige Geist, der unseren Verstand erleuchtet, damit wir die großen Wahrheiten des Wortes Gottes verstehen können (siehe Joh 16,13). – *Pacific Union Recorder,* 23. Februar 1905

Der Geist schafft ein reines Herz

Gott, schaffe mich neu: Gib mir ein Herz, das dir völlig gehört, und einen Geist, der beständig zu dir hält. (Psalm 51,12 GNB)

„Schaffe in mir, Gott, ein reines Herz." (Ps 51,12) Damit beginnen wir an der richtigen Stelle, an der Basis eines christlichen Charakters, denn aus dem Herzen kommen die Angelegenheiten des Lebens. Wenn wir alle, Prediger und Gemeindeglieder, darauf achten, dass unser Herz mit Gott im Reinen ist, wäre unsere Arbeit wesentlich wirksamer. Je wichtiger und verantwortungsvoller unsere Aufgabe ist, umso wichtiger ist es, ein reines Herz zu haben. Die notwendige Gnade steht zur Verfügung, und die Kraft des Heiligen Geistes unterstützt uns bei jeder Bemühung in dieser Richtung.

Wenn jedes Kind Gottes ihn ernstlich und ausdauernd suchen würde, gäbe es ein größeres Wachstum in der Gnade. Zwietracht würde aufhören; die Gläubigen wären ein Herz und eine Seele; und die Gemeinde wäre geprägt von Aufrichtigkeit und Liebe. Durch Anschauen werden wir verwandelt. Je mehr wir den Charakter Christi betrachten, umso eher werden wir in sein Bild verwandelt. Komm zu Jesus, wie du bist, und er wird dich annehmen und dir ein neues Lied in den Mund legen, ein Loblied für Gott.

„Verwirf mich nicht von deinem Angesicht, und nimm deinen Heiligen Geist nicht von mir." (Ps 51,13) Reue und Vergebung sind Gaben Gottes durch Christus (siehe Apg 5,31). Durch den Einfluss des Heiligen Geistes werden wir von Sünde überzeugt und merken, dass wir Vergebung brauchen. Nur dem reumütigen Sünder wird vergeben; aber es ist die Güte Gottes, die das Herz zur Reue führt (siehe Röm 2,4). Gott kennt alle unsere Schwachheiten und Unzulänglichkeiten und wird uns helfen. Das Gebet des Glaubens wird er erhören; aber die Aufrichtigkeit unserer Gebete zeigt sich an unseren Bemühungen, dem hohen moralischen Maßstab zu entsprechen, an dem der Charakter jedes Menschen geprüft wird.

Wir müssen unser Herz dem Einfluss des Geistes öffnen und seine verändernde Kraft erfahren. Wenn wir die rettende Hilfe Gottes nicht intensiver erfahren, liegt das daran, dass wir den Kommunikationskanal, der uns mit dem Himmel verbindet, durch weltliche Interessen, Eitelkeit und Machtstreben blockieren. Während einige sich immer mehr den Gewohnheiten und Maximen der Welt angleichen, sollten wir unser Leben nach dem göttlichen Vorbild gestalten. Dann wird uns unser [treuer] Gott, der seinen Bund hält, die Freude seiner Erlösung schenken und uns durch seinen Geist, der uns umsonst verliehen wird, aufrechterhalten. – *Advent Review and Sabbath Herald*, 24. Juni 1884

18. Februar

Jetzt seid ihr Licht, weil ihr mit dem Herrn verbunden seid. Lebt nun auch als Menschen des Lichts! Aus dem Licht erwächst als Frucht jede Art von Güte, Rechtschaffenheit und Treue. (Epheser 5,8.9 GNB)

Der Geist wirkt einen Christus ähnlichen Charakter

Jesus ist das vollkommene Vorbild. Wir sollten nicht versuchen, uns selbst zu gefallen und unseren eigenen Weg zu gehen, sondern sein Bild widerzuspiegeln. Er war freundlich und höflich, mitfühlend und zärtlich. Verhalten wir uns so wie er? Versuchen wir, in unserem Leben durch gute Werke einen guten „Duft" zu verbreiten? Wir brauchen die Einfachheit Christi. Ich befürchte, dass ein harter und empfindungsloser Geist, der dem göttlichen Vorbild völlig unähnlich ist, von den Herzen Besitz ergriffen hat. Dieser undurchdringliche Panzer, den so viele schätzen und sogar für eine Tugend halten, muss abgenommen werden, damit wir einander so lieben können, wie Christus uns geliebt hat (siehe Joh 13,34; 15,12).

Es genügt nicht, dass wir uns nur zum Glauben bekennen. Es ist mehr nötig als eine nominale Zustimmung. Da muss eine wahre Erkenntnis vorhanden sein, eine echte Erfahrung mit den Prinzipien der Wahrheit, wie sie in Jesus ist. Der Heilige Geist muss in unserem Innern wirken und diese Prinzipien auch fest im Bewusstsein verankern, damit wir ihre Kraft kennen und sie bei uns lebendige Wirklichkeit werden. Wir müssen dem „königlichen Gesetz der Freiheit" gehorchen (Jak 2,8.12), dem Gesetz, das der Geist Gottes uns einprägt und erklärt (siehe Hbr 8,10). Die Ausweisung der Sünde [aus dem Herzen] muss ein Mensch selbst vollbringen und dabei seine besten Kräfte einsetzen. Die einzige Freiheit, der sich ein begrenzter Wille erfreuen kann, besteht darin, in Übereinstimmung mit dem Willen Gottes zu kommen. So stimmt ein Mensch mit den Bedingungen überein, unter denen er ein „Teilhaber der göttlichen Natur werden" kann, da er „dem Verderben, das durch die Begierde in der Welt ist, entflohen" ist (2 Ptr 1,4 EB).

Unser Charakter ist verdorben, von der Sünde entstellt und unterscheidet sich auf schreckliche Weise von dem des ersten Menschen, der aus der Hand des Schöpfers hervorging. Jesus bietet an, die Missbildung und Sünde des Menschen auf sich zu nehmen und ihm stattdessen die Schönheit und Erhabenheit seines eigenen Charakters zu geben. Er arbeitet daran, das innere Wesen [des Menschen] durch die Wahrheit zu renovieren. Irrtümer können dieses Werk der Wiederherstellung nicht vollbringen; deshalb müssen wir eine geistliche Einsicht besitzen, um zwischen Wahrheit und Irrtum zu unterscheiden, damit wir nicht in die Fallen des Feindes geraten.
– *Advent Review and Sabbath Herald*, 24. November 1885

Der Geist bewirkt eine Gesinnung, wie Christus sie besaß

Habt diese Gesinnung in euch, die auch in Christus Jesus war.
(Philipper 2,5 EB)

Wenn ein Mensch durch die Wahrheit bekehrt wurde, geht das Werk der Veränderung seines Charakters weiter. Sein Verständnis wächst und er wird Gott gegenüber gehorsam. Die Gesinnung und der Wille Gottes werden zu seinem Willen, und indem er beständig bei Gott Rat sucht, wächst seine Erkenntnis. Sein Geist entwickelt sich weiter, wenn er sich uneingeschränkt unter die Führung des Geistes Gottes stellt.

Dies ist keine einseitige Erziehung zu einem einseitig geprägten Charakter; es offenbart sich [vielmehr] ein harmonisch entwickeltes Wesen. Die Schwächen eines kraftlosen, schwankenden Charakters werden überwunden, und die beständige Hingabe und Ehrfurcht [vor Gott] bringen den Menschen in eine so enge Beziehung zu Christus, dass er die Gesinnung Christi besitzt. Er ist eins mit Christus, geleitet von vernünftigen und festen Prinzipien und ausgestattet mit einem klaren Unterscheidungsvermögen. Das ist „die Weisheit, die von oben kommt“ (Jak 3,15) – von Gott, der Quelle allen Lichts und allen Verständnisses.

Wie die „Sonne der Gerechtigkeit“ (Mal 3,20) scheint die Gnade Gottes auf den demütigen, gehorsamen und gewissenhaften Christen. Sie stärkt das Denkvermögen und vermehrt auf ganz erstaunliche Weise die Kräfte derer, die ihre Fähigkeiten – so unscheinbar sie auch sein mögen – in den Dienst des Meisters stellen wollen. Durch Gehorsam und praktischen Einsatz wachsen sie „in der Gnade und Erkenntnis unseres Herrn und Heilands Jesus Christus“ (2 Ptr 3,18) und bringen viel Frucht mit guten Werken zur Ehre Gottes (siehe Eph 2,10). So haben gelehrte und hochgebildete Menschen durch die Unterweisung und das Vorbild der „Ungebildeten“ – wie die Welt sie nennen würde – wertvolle Erkenntnisse gewonnen. Könnten sie hinter die Kulissen schauen, würde deutlich werden, dass sie in der besten Schule, der Schule Jesu Christi, unterrichtet wurden ... Durch das Verständnis des Wortes Gottes öffnen sich dem Menschen bemerkenswerte Möglichkeiten zur Stärkung der eigenen Fähigkeiten, denn durch die Anwendung der göttlichen Wahrheit im Herzen findet das Wort Gottes Eingang und reinigt und veredelt die Seele durch das Wirken des Heiligen Geistes. – *Advent Review and Sabbath Herald*, 19. Juli 1887

20. Februar

Bleibt mit mir vereint, dann werde auch ich mit euch vereint bleiben. Nur wenn ihr mit mir vereint bleibt, könnt ihr Frucht bringen, genauso wie eine Rebe nur Frucht bringen kann, wenn sie am Weinstock bleibt ... Wer mit mir verbunden bleibt, so wie ich mit ihm, bringt reiche Frucht. (Johannes 15,4.5 GNB)

Mit Jesus Christus verbunden bleiben, um zu wachsen

Wir müssen um die Mitteilung des Heiligen Geistes als das Heilmittel für sündenkranke Seelen beten. Die oberflächlichen Wahrheiten der Offenbarung [Gottes], klar und leicht verständlich dargestellt, werden von vielen Menschen angenommen, als ob sie uns [bereits] alles vermitteln, was wichtig ist. Aber der Heilige Geist, der am menschlichen Verstand wirkt, erweckt ein ernsthaftes Verlangen nach der Wahrheit, die frei von Irrtum ist. Wer wirklich ernstlich nach Wahrheit sucht, wird nicht in Unkenntnis bleiben, denn der eifrige Forscher wird mit [der Erkenntnis] wertvoller Wahrheiten belohnt.

Wir müssen die bekehrende Macht der Gnade Gottes erfahren. Daher appelliere ich an alle, die ihr Herz dem Geist Gottes verschlossen haben, die Tür auszuschließen und [ihn] ernstlich zu bitten, bei ihm zu bleiben (siehe Offb 3,20). Warum sollten wir nicht am göttlichen Gnadenthron niederfallen und beten, dass der Geist Gottes über uns ausgeschüttet werde wie [damals zu Pfingsten] über die Jünger? Seine Gegenwart wird unsere harten Herzen erweichen, uns mit Freude und Jubel erfüllen und uns in Kanäle des Segens verwandeln.

Der Herr möchte, dass jedes seiner Kinder „im Glauben reich" ist (Jak 2,5). Dieser Glaube ist die Frucht des Wirkens des Heiligen Geistes am Verstand. Er wohnt in jedem Menschen, der ihn aufnimmt. Jene, die nicht bereuen wollen, warnt er und weist sie auf Jesus hin, „das Lamm Gottes, das die Sünde der Welt wegnimmt" (Joh 1,29 EB). Er erleuchtet den Verstand derer, die mit Gott zusammenarbeiten möchten, und verleiht ihnen die Tüchtigkeit und die Weisheit, um sein Werk zu tun.

Niemals versagt der Heilige Geist einem Menschen, der auf Jesus blickt, den Beistand. Er nimmt die Gaben von Christus und zeigt sie dem Suchenden. Und wenn der Blick fest auf Jesus gerichtet bleibt, hört das Wirken des Geistes nicht auf, bis der Mensch in das Bild Christi verwandelt wurde. Durch den gnädigen Einfluss des Geistes werden das Denken und die Absichten des Sünders verändert, bis er mit Christus eins wird. Seine Liebe zu Gott wächst, er hungert und dürstet nach Gerechtigkeit, und wenn er auf Christus schaut, wird er „von einer Herrlichkeit zur anderen" verwandelt (2 Kor 3,18), von einer Charakterstufe zur nächsten, und seinem Meister immer ähnlicher. – *Signs of the Times*, 27. September 1899

Wir sollen beständig auf Christus sehen

Wir wollen den Blick auf Jesus richten, der uns auf dem Weg vertrauenden Glaubens vorangegangen ist und uns auch ans Ziel bringt. (Hebräer 12,2 GNB)

Um die Forderungen des Gesetzes zu erfüllen, muss unser Glaube die Gerechtigkeit Christi ergreifen und sie als unsere Gerechtigkeit annehmen. Durch die Verbindung zu Christus und durch die Annahme seiner Gerechtigkeit durch den Glauben, können wir Gottes Werke tun und mit Christus zusammenarbeiten. Wenn du mit dem Strom des Bösen schwimmen und nicht mit den himmlischen Mächten zusammenarbeiten willst, um die Übertretung [des Gesetzes] in deiner Familie und in der Gemeinde zu bremsen, damit die ewige Gerechtigkeit einziehen kann, dann hast du keinen [echten] Glauben.

[Lebendiger] Glaube „wirkt sich in tätiger Liebe aus" (Gal 5,6 GNB) und reinigt die Seele. Durch den Glauben wirkt der Heilige Geist am Herzen und schafft darin Heiligkeit. Das kann aber nur geschehen, wenn ein Mensch mit Christus zusammenarbeitet. Nur das Wirken des Geistes kann uns für den Himmel geeignet machen, denn wir brauchen die Gerechtigkeit Christi als unsere Legitimation, wenn wir Zugang zum Vater erhalten wollen. Um die Gerechtigkeit Christi zu behalten, müssen wir uns täglich durch den Einfluss des Heiligen Geistes verändern lassen, um „Teilhaber der göttlichen Natur [zu] werden" (2 Ptr 1,4 EB). Der Heilige Geist erhebt den Geschmack, heiligt das Herz und veredelt den ganzen Menschen.

Lasst uns auf Jesus sehen. „Seht dort das Opferlamm Gottes, das die Schuld der ganzen Welt wegnimmt." (Joh 1,29 GNB) Niemand wird gezwungen, auf Christus zu schauen, aber jeder mit sehnsüchtiger Stimme eingeladen: „Sieh ihn an und lebe!" Wenn wir auf Christus sehen, erkennen wir, dass seine Liebe beispiellos ist, und er den Platz des schuldigen Sünders eingenommen hat, dem er seine makellose Gerechtigkeit zurechnet.

Wenn der Sünder den Erlöser an seiner Stelle unter dem Fluch der Sünde am Kreuz sterben sieht und seine vergebende Liebe betrachtet, erwacht Liebe in seinem Herzen. Der Sünder liebt Christus, weil „er uns zuerst geliebt" hat (1 Jo 4,19) und „die Liebe des Gesetzes Erfüllung" ist (Röm 13,10). Der reuige Sünder erkennt, dass „Gott seine Zusage treu und gerecht erfüllt: Er wird unsere Sünden vergeben und uns von allem Bösen reinigen." (1 Joh 1,9 Hfa). Der Geist Gottes wirkt am Herzen des Gläubigen und führt ihn von einer Stufe des Gehorsams zur nächsten, und er nimmt immer mehr zu an Kraft und Gnade in Christus Jesus. – *Advent Review and Sabbath Herald*, 1. November 1892

22. Februar

Diesen Christus verkünden wir ... Denn wir möchten jeden und jede in der Gemeinde dahin bringen, dass sie vor Gott dastehen in der Vollkommenheit, die aus der Verbindung mit Christus erwächst. (Kolosser 1,28 GNB)

In Christus stehen wir vollkommen vor Gott

Mit irgendeinem Fehler oder einer Missbildung deines Charakters kannst du nicht in den Himmel kommen. Für den musst du jetzt während der Probezeit dieses Lebens geeignet gemacht werden. Wenn du bei der Wiederkunft Christi den Wohnort der Gerechten betreten willst, musst du den Geist Gottes intensiv erlebt und eine individuelle Erfahrung gemacht haben. Wir müssen in Christus, im dem „die Heilsmacht Gottes in ihrer ganzen Fülle" wohnt (Kol 2,9 GNB), vollkommen vor Gott stehen (siehe Kol 1,28 EB). Durch die Kraft der Gerechtigkeit Christi sollen wir „aufhören, Unrecht zu tun" (2 Tim 2,19 GNB). Zwischen einem Menschen und seinem Erlöser muss eine lebendige Verbindung bestehen, und der Kommunikationskanal immer offen bleiben, damit der Christ „in der Gnade und Erkenntnis Christi" wachsen kann (2 Ptr 3,18).

Aber wie viele [Menschen] beten nicht! Sie fühlen sich wegen ihrer Schuld verdammt und meinen, sie können nicht eher zu Gott kommen, bis sie etwas getan haben, um sich seine Gunst zu verdienen, oder bis Gott ihre Übertretungen vergessen hat. Sie sagen: „Mit Zorn oder Zweifel kann ich nicht zu Gott beten und deshalb nicht zu ihm kommen." So bleiben sie von Christus weg und sündigen die ganze Zeit, denn ohne ihn kannst du nichts als Böses tun.

Sobald du eine Sünde begehst, solltest du zum Thron der Gnade fliehen und Jesus alles erzählen. Du solltest von Trauer über deine Sünde erfüllt sein, denn durch sie hast du deine eigene Spiritualität geschwächt, die Engel betrübt und das liebende Herz deines Erlösers verletzt. Wenn du Jesus reumütig um Vergebung gebeten hast, dann glaube [auch], dass er dir vergeben hat (siehe 1 Joh 1,9; 2,12). Zweifle nicht an seiner großen Barmherzigkeit und weise den Trost seiner unendlichen Liebe nicht zurück.

Wenn dein Kind ungehorsam war und dir Unrecht getan hat, es dann kommt und dich zerknirscht um Vergebung bittet, weißt du, was du tun wirst. Du weißt, wie schnell du dein Kind in den Arm nehmen und ihm versichern wirst, dass deine Liebe sich nicht geändert hat und seine Übertretungen vergeben sind. Bist du [etwa] barmherziger als dein barmherziger himmlischer Vater, der „die Welt [so] geliebt [hat], dass er seinen eingeborenen Sohn gab, damit jeder, der an ihn glaubt, nicht verloren geht, sondern ewiges Leben hat" (Joh 3,16 EB)? Du darfst zu Gott kommen wie Kinder zu ihren Eltern kommen. – *Bible Echo*, 1. Februar 1892

Wir können in Christus Ruhe finden

[Jesus sagte:] Kommt her zu mir, alle ihr Mühseligen und Beladenen! Und ich werde euch Ruhe geben. Nehmt auf euch mein Joch, und lernt von mir! Denn ich bin sanftmütig und von Herzen demütig, und ihr werdet Ruhe finden für eure Seelen. (Matthäus 11,28.29 EB)

Während du deinen Weg mit Sanftmut und demütigem Herzen gegangen bist, wurde für dich ein Werk getan, das nur Gott tun konnte. „Denn Gott selbst bewirkt in euch nicht nur das Wollen, sondern auch das Vollbringen, so wie es ihm gefällt." (Phil 2,13 GNB) Und ihm gefällt es, dass du in Christus bleibst und in seiner Liebe ruhst. Lass dir von niemandem den Frieden, die Ruhe und die Gewissheit nehmen, dass du nun [von Gott] angenommen bist. Verwende jede Verheißung; sie gehören alle dir, wenn du die Bedingungen des Herrn erfüllst. Die völlige Übergabe deiner eigenen Wege, die dir so weise erscheinen, und die Annahme der Wege Christi – das ist das Geheimnis vollkommener Ruhe in seiner Liebe.

Ihm unser Leben zu übergeben bedeutet viel mehr, als wir denken. Wir müssen seine Sanftmut und Demut lernen, bevor wir die Erfüllung der Verheißung, „ihr werdet Ruhe finden für eure Seelen", erleben können. Indem wir die Gewohnheiten Christi lernen, seine Sanftmut und Demut, werden wir verwandelt. So nehmen wir das Joch Christi auf uns und sind bereit, von ihm zu lernen. Es gibt niemanden, der nicht viel [von ihm] lernen muss. Alle müssen von Christus ausgebildet werden. Wenn sie auf [den Stein] Christus fallen [und zerschellen, siehe Mt 21,44], werden ihre ererbten und anerzogenen Charakterzüge weggenommen, die sie daran hindern, „Teilhaber der göttlichen Natur" zu werden (2 Ptr 1,4 EB). Wenn die Selbstsucht stirbt, dann lebt Christus in einem Menschen (siehe Gal 2,19b.20). Derjenige bleibt in Christus, und Christus lebt in ihm.

Christus möchte, dass [wir] alle seine Schüler werden. Er sagt [zu uns]: „Unterwirf dich meinem Training. Übergib dich mir. Ich werde dich nicht zerstören, sondern in dir solch einen Charakter schaffen, der dich von der Grundschule in die [charakterliche] Hochschule führt. Übergib mir alle Dinge! Lass deinen Charakter von meinem Leben, meiner Geduld, meiner Langmut, meiner Nachsicht, meiner Sanftmut und meiner Demut geprägt werden, indem du in mir bleibst." ... Dann gilt dir nicht nur die Verheißung: „Ich will dir Ruhe geben" (2 Sam 7,11), sondern: „Ihr werdet Ruhe finden für eure Seelen." (Mt 11,28 EB) – *Bible Training School,* 1. August 1903

24. Februar

Wir alle sehen in Christus mit unverhülltem Gesicht die Herrlichkeit Gottes wie in einem Spiegel. Dabei werden wir selbst in das Spiegelbild verwandelt und bekommen mehr und mehr Anteil an der göttlichen Herrlichkeit.
(2. Korinther 3,18 GNB)

Durch den Geist werden wir in Jesu Bild verwandelt

Jesus ist in seiner verklärten menschlichen Gestalt in den Himmel aufgefahren, um Fürbitte für uns einzulegen. „Er gehört nicht zu denen, die unsere Schwächen nicht verstehen und zu keinem Mitleiden fähig sind. Jesus Christus musste mit denselben Versuchungen kämpfen wie wir, doch im Gegensatz zu uns hat er nie gesündigt. Er tritt für uns ein, daher dürfen wir mit Zuversicht ... zu Gott kommen." (Hbr 4,15.16 Hfa) Lasst uns beständig „aufsehen zu Jesus, dem Anfänger und Vollender des Glaubens" (Hbr 12,2), denn wenn wir ihn ansehen, werden wir in sein Bild verwandelt, und unser Charakter wird ihm ähnlich. Freuen wir uns, dass „der Vater seine ganze richterliche [Voll-]Macht dem Sohn übergeben" hat (Joh 5,22 GNB), denn in seinem Menschsein hat er alle Schwierigkeiten kennengelernt, mit denen Menschen zu tun haben.

Geheiligt zu werden bedeutet, an der göttlichen Natur Anteil zu bekommen, den Geist und die Gesinnung Christi aufzunehmen und beständig von ihm zu lernen. „Der Herr verändert uns durch seinen Geist, damit wir ihm immer ähnlicher werden und immer mehr Anteil an seiner Herrlichkeit bekommen." (2 Kor 3,18 Hfa) Keiner von uns kann diese Veränderung aus eigener Kraft oder eigener Anstrengung bewirken. Es ist der Heilige Geist, der Beistand, den Jesus in die Welt senden wollte, der unseren Charakter in das Bild Christi verändert. Wenn dies geschehen ist, werden wir die Herrlichkeit Gottes wie mit einem Spiegel reflektieren. Das bedeutet: Der Charakter des Menschen, der Christus so [intensiv] betrachtet, ähnelt dem Charakter Christi so sehr, dass dessen eigener Charakter durch ihn wie in einem Spiegel sichtbar wird. Ohne dass wir es selbst merken, verwandelt sich unser eigenes Wollen und Handeln Tag für Tag mehr in das Wollen und Handeln Christi und sein liebevolles Wesen. So wachsen wir hin zu Christus und reflektieren unbewusst sein Bild.

[Viele] Christen halten sich allzu sehr in den Niederungen der Erde auf. Ihre Augen sind es gewohnt, sich nur auf banale Dinge zu richten, und ihr Denken konzentriert sich darauf, was ihre Augen sehen. Ihre religiöse Erfahrung ist oft hohl und unbefriedigend, und ihre Worte sind leichtfertig und inhaltslos. Wie kann ein solcher Mensch das Bild Christi widerspiegeln? Wie kann er die hellen Strahlen der Sonne der Gerechtigkeit in alle dunklen Orte der Erde senden? Ein Christ zu sein bedeutet, Christus ähnlich zu sein. – *Advent Review and Sabbath Herald*, 28. April 1891

Mit dem Heiligen Geist kooperieren

Daher, meine Geliebten, wie ihr allezeit gehorsam gewesen seid ... bewirkt euer Heil mit Furcht und Zittern! Denn Gott ist es, der in euch wirkt sowohl das Wollen als auch das Wirken zu seinem Wohlgefallen. (Philipper 2,12.13 EB)

„Gehört jemand zu Christus, dann ist er ein neuer Mensch. Was vorher war, ist vergangen, etwas Neues hat begonnen." (2 Kor 5,17 Hfa) Nur göttliche Macht kann das Herz erneuern und es mit der Liebe Christi erfüllen, die sich stets in der Liebe zu jenen manifestiert, für die er starb. Wenn ein Mensch zu Gott bekehrt wird, werden ihm ein neuer moralischer Geschmack und neue Motive gegeben, und er liebt [dann] die Dinge, die Gott liebt, denn sein Leben ist durch eine goldene Kette der unwandelbaren Verheißungen mit dem Leben Christi verknüpft. Liebe, Freude, Frieden und eine unaussprechliche Dankbarkeit werden ihn durchdringen ...

Jene aber, die darauf warten, einen magischen Wandel in ihrem Charakter zu erleben, ohne ihrerseits entschiedene Anstrengungen zur Überwindung von Sünde zu machen, werden enttäuscht werden. Wir haben keinen Grund zur Angst, solange wir auf Jesus blicken, keinen Grund, daran zu zweifeln, dass er „vollständig und für immer alle retten [kann], die sich durch ihn an Gott wenden" (Hbr 7,25 GNB); aber wir sollten stets fürchten, dass unsere alte Natur wieder die Oberhand gewinnen und dass der Feind sich einige Fallen ausdenken könnte, um uns wieder zu seinen Gefangenen zu machen.

Paulus sagte: „Arbeitet an euch selbst mit Furcht und Zittern, damit ihr gerettet werdet! Ihr könnt es, denn Gott selbst bewirkt in euch nicht nur das Wollen, sondern auch das Vollbringen." (Phil 2,12.13 GNB) Mit unseren begrenzten Kräften sollen wir in unserem Wirkungskreis genau so heilig sein, wie es Gott in seinem Wirkungskreis ist. Nach dem Maß unserer Fähigkeiten sollen wir die Wahrheit, die Liebe und die hervorragenden Eigenschaften des göttlichen Charakters darstellen. So wie Wachs den Abdruck des Siegels annimmt, so soll die Seele der Abdruck des Geistes Gottes aufnehmen und das Bild Christi zurückbleiben.

Täglich sollen wir an geistlicher Anmut zunehmen. Wir werden noch oft bei unseren Anstrengungen, dem göttlichen Vorbild nachzustreben, versagen. Wir werden uns wegen unserer Unzulänglichkeiten und Fehler noch oft vor Jesu Füßen weinend beugen müssen. Aber wir sollen uns nicht entmutigen lassen, sondern noch inbrünstiger beten, noch völliger vertrauen und mit mehr Standfestigkeit versuchen, in die Ähnlichkeit unseres Herrn hineinzuwachsen. – *Für die Gemeinde geschrieben*, Band 1, S. 354f. (rev.)

26. Februar

Aber jetzt seid ihr vom Dienst der Sünde frei geworden und dient Gott. Was dabei herauskommt, ist eine Lebensführung, durch die ihr euch als Gottes heiliges Volk erweist, und am Ende erwartet euch ewiges Leben.
(Römer 6,22 GNB)

Wir sind befreit vom Fluch der Sünde

Der Herr möchte, dass seine Nachfolger solide im Glauben gegründet und nicht unwissend sind über die großartige Erlösung, die ihnen so reichlich zur Verfügung steht. Sie sollen nicht meinen, dass irgendwann in der Zukunft ein großartiges Werk für sie getan wird, denn das Werk ist jetzt vollständig. Der Glaubende wird nicht aufgefordert, seinen Frieden mit Gott zu schließen – das konnte er nie und wird es nie können. Er muss [vielmehr] Christus als seinen Frieden annehmen, denn in Christus ist Gott und Frieden (siehe Eph 2,14). Christus machte der Sünde ein Ende, indem er den schweren Fluch der Sünde auf sich nahm und ans Kreuz trug (siehe Gal 3,13). Er hat von allen den Fluch genommen, die an ihn als ihren persönlichen Erlöser glauben. Er setzt der beherrschenden Macht der Sünde im Herzen ein Ende, und das Leben und der Charakter des Gläubigen geben Zeugnis vom wahren Wesen der Gnade Christi.

Wer Jesus darum bittet, dem wird er Heiligen Geist verleihen, denn jeder Glaubende soll sowohl von Verunreinigung befreit werden als auch vom Fluch und der Verdammung des Gesetzes. Durch das Wirken des Heiligen Geistes – die Heiligung durch die Wahrheit – wird der Gläubige für den Himmel geeignet gemacht, denn Christus wirkt in uns, und seine Gerechtigkeit ist über uns. Ohne dies hat kein Mensch Anspruch auf den Himmel. Wir würden uns im Himmel gar nicht wohlfühlen, wenn wir nicht durch den Einfluss des Geistes und die Gerechtigkeit Christi für diese heilige Umgebung qualifiziert wären.

Um ein Kandidat für den Himmel zu werden, müssen wir die Anforderungen des Gesetzes erfüllen: „Liebe den Herrn, deinen Gott, von ganzem Herzen, mit ganzem Willen und mit aller deiner Kraft und deinem ganzen Verstand! Und: Liebe deinen Mitmenschen wie dich selbst!" (Lk 10,27 GNB) Das können wir nur, wenn wir durch den Glauben die Gerechtigkeit Christi ergreifen. Wenn wir auf Christus sehen, erhalten wir ein lebendiges, sich ausweitendes Prinzip ins Herz. Dieses Werk führt der Heilige Geist fort, und der Glaubende geht in der Gnade voran, wächst an Stärke und entfaltet den Charakter. Er verändert sich zum Bilde Christi, bis er an geistiger Größe „das volle Maß der Fülle Christi" erreicht hat (Eph 4,13). So macht Christus dem Fluch der Sünde ein Ende und befreit den Sünder von deren Wirkung und deren Folgen. – *Für die Gemeinde geschrieben*, Band 1, S. 416f. (rev.)

Wir sind geheiligt, aber nicht sündlos

Weil wir nun solche Verheißungen haben, meine Lieben, so lasst uns von aller Befleckung des Fleisches und des Geistes uns reinigen und die Heiligung vollenden in der Furcht Gottes. (2. Korinther 7,1)

An dieser Stelle müssen wir zwischen echter und falscher Heiligung unterscheiden. Heiligung bedeutet nicht, sich zum Wort Gottes zu bekennen und es weiterzugeben, sondern in Übereinstimmung mit dem Willen Gottes zu leben. Wer Sündlosigkeit beansprucht und sich der Heiligung rühmt, ist [allzu] selbstsicher und erkennt nicht, in welcher Gefahr er steht. Er verlässt sich darauf, dass er nicht [mehr] fallen kann, weil er die heiligende Kraft Gottes einmal erfahren hat. [Auf ihn trifft der Text zu]: „Du sprichst: Ich bin reich und habe genug und brauche nichts!, und weißt nicht, dass du elend und jämmerlich bist.“ (Offb 3,17)

Aber jene, die wirklich geheiligt sind, empfinden ihre eigene Schwäche. Weil sie ihre Bedürftigkeit spüren, suchen sie bei Jesus Licht, Gnade und Kraft, denn in ihm allein wohnt alle Fülle (siehe Kol 2,9), und nur er allein kann ihre Bedürfnisse stillen. Sie sind sich ihrer eigenen Unvollkommenheiten bewusst und streben danach, Christus ähnlicher zu werden und in Übereinstimmung mit den Prinzipien seines heiligen Gesetzes zu leben. Dieses beständige Bewusstsein des eigenen Unvermögens führt zu einer so intensiven Abhängigkeit von Gott, dass sie den Geist Gottes darstellen. Die Schatzkammern des Himmels werden geöffnet, um jede hungernde und dürstende Seele zu versorgen. Alle, die eine solche Einstellung und Erfahrung haben, können sich gewiss sein, eines Tages die Herrlichkeit des Reiches Gottes zu erleben, die über jede menschliche Vorstellungskraft hinausgeht.

Wer durch die Kraft Gottes geheiligt und umgewandelt wurde, darf nicht dem gefährlichen Irrtum erliegen, er sei nun sündlos, habe den höchsten Stand der Vollkommenheit erreicht und sei über jede Versuchung erhaben. Der Maßstab für einen Christen ist die Reinheit und Liebenswürdigkeit des Charakters Christi. Auf diese Weise kann er selbst immer mehr an [charakterlicher] Schönheit gewinnen und der Welt immer intensiver das Bild Gottes offenbaren. – *Bible Echo*, 21. Februar 1898

28. Februar

Wachset aber in der Gnade und Erkenntnis unseres Herrn und Heilands Jesus Christus. (2. Petrus 3,18)

Wir sollen ständig weiterwachsen

Zu einem unendlich hohen Preis wurde den Menschen die Möglichkeit eröffnet, die Vollendung eines christlichen Charakters zu erreichen. Wer das Vorrecht hat, die Wahrheit zu hören, und wen der Heilige Geist zur Annahme der Heiligen Schrift als Gottes Wort geführt hat, der hat keine Entschuldigung für ein verkümmertes Glaubensleben. Durch den Einsatz der Fähigkeiten, die ihm Gott gegeben hat, soll er täglich dazulernen und täglich neue geistliche Begeisterung und Kraft empfangen, die jedem wahren Gläubigen zur Verfügung stehen.

Wenn wir wie wachsende Pflanzen im Garten des Herrn sein wollen, müssen wir beständig geistliches Leben empfangen und ernsthaft bleiben. Das Wachstum zeigt sich dann im Glauben und in der Erkenntnis unseres Herrn Jesus Christus. Auf diesem Weg gibt es keine Wanderhütte, wo wir unsere Verantwortung ablegen und uns am Wegesrand ausruhen könnten. Wir müssen auf unserem Weg zum Himmel vorankommen und einen festen, gläubigen Charakter entwickeln.

Das Maß des Heiligen Geistes, das wir empfangen werden, entspricht dem Maß unseres Verlangens und unseres Vertrauens darauf und dem Gebrauch, den wir von dem Licht und der Erkenntnis machen, die uns gegeben wurden. Der Heilige Geist wird uns anvertraut gemäß unserer Kapazität, ihn aufzunehmen, und unserer Bereitschaft, [das Licht] an andere weiterzugeben. Christus sagt: „Denn wer da bittet, der empfängt; und wer da sucht, der findet.“ (Lk 11,10; vgl. V. 13)

Wer wahrhaftig nach der kostbaren Gnadengabe Christi sucht, wird mit Sicherheit nicht enttäuscht werden. Dieses Versprechen hat uns der gegeben, auf den wir uns verlassen können. Es wird nicht als ein Grundsatz oder eine Theorie, sondern als [feststehende] Tatsache formuliert – wie ein Gesetz der göttlichen Regierung. Wir können sicher sein, dass wir den Heiligen Geist empfangen werden, wenn wir das Experiment machen, Gottes Wort persönlich zu testen. Gott ist wahrhaftig, seine Ordnung ist vollkommen. „Wer da sucht, der findet, und wer da anklopft, dem wird aufgetan.“ (V. 10) Wahrheit und Licht werden nach dem Maß unseres Verlangens danach ausgeteilt. Wenn doch alle nach Gerechtigkeit hungerten und dürsteten, damit sie gefüllt würden! – *Advent Review and Sabbath Herald*, 5. Mai 1896

Wir sollen ausdauernd bis zum Ziel laufen

Mit aller Kraft laufe ich auf [das Ziel] zu, um den Siegespreis zu gewinnen, das Leben in Gottes Herrlichkeit. Denn dazu hat uns Gott durch Jesus Christus berufen. Wir alle, die wir auf dem Weg zum Ziel sind, wollen uns so verhalten. (Philipper 3,14.15 Hfa)

Gott führt sein Volk Schritt für Schritt voran. Das Christenleben ist wie ein Marsch und eine Schlacht. Von diesem Kampf gibt es keine Freistellung; beständig und ausdauernd müssen wir uns bemühen. Durch unaufhörliches Streben behalten wir den Sieg über die Versuchungen Satans. Die christliche Integrität [des Charakters] muss mit unwiderstehlicher Kraft gesucht und mit resoluter Entschlossenheit festgehalten werden ...

Die Wissenschaft des christlichen Lebens muss gemeistert werden – eine Wissenschaft, die jede menschliche Wissenschaft in ihrer Tiefe, Breite und Höhe so sehr überragt wie der Himmel die Erde. Der Verstand muss diszipliniert, ausgebildet und trainiert werden; denn wir sollen Gott auf eine Weise dienen, die nicht mit den angeborenen Veranlagungen übereinstimmt. Es gibt ererbte und anerzogene Neigungen zum Bösen, die überwunden werden müssen. Oft muss eine lebenslange Bildung und Erziehung verworfen werden, damit jemand ein Lernender in der Schule Christi werden kann. Unsere Herzen müssen zur Standhaftigkeit in Gott erzogen werden. Wir sollen Denkgewohnheiten entwickeln, die uns ermöglichen, Versuchungen zu überwinden. Wir müssen lernen, [in Versuchungen] auf Christus zu sehen, und die Auswirkungen der göttlichen Prinzipien – die so hoch wie der Himmel sind und in Ewigkeit gelten – auf unser tägliches Leben erkennen. Mit diesen Prinzipien soll jede Tat, jedes Wort und jeder Gedanke übereinstimmen.

Die wertvollen Gnadengaben des Heiligen Geistes werden nicht in einem Augenblick entwickelt. Es erfordert die Erfahrung von Jahren, bis wir Mut, Tapferkeit, Demut, Glaube und ein unerschütterliches Vertrauen in Gottes Erlöserkraft erlangt haben. Durch ein Leben heiligen Bestrebens und das intensive Festhalten am Rechten sollen die Kinder Gottes ihr Schicksal besiegeln.

Wir haben keine Zeit zu verlieren, denn wir wissen nicht, wie bald unsere Gnadenzeit zu Ende ist. Vor uns liegt die Ewigkeit. Bald hebt sich der Vorhang und Christus wird wiederkommen. Die Engel Gottes versuchen, uns von uns selbst und von irdischen Dingen wegzuziehen. Lassen wir sie nicht umsonst arbeiten. – *Testimonies for the Church,* Band 8, S. 313f.

1. März

Nicht ihr habt mich erwählt, sondern ich habe euch erwählt. Ich habe euch dazu bestimmt, reiche Frucht zu bringen, Frucht, die Bestand hat. (Johannes 15,16 GNB)

Wir sollen reiche Frucht bringen

Um reichlich Frucht zu bringen, müssen wir unsere Vorrechte und Gelegenheiten bestmöglich nutzen und immer mehr geistlich gesinnt werden. Wir müssen alles Gewöhnliche, allen Stolz und jede weltliche Gesinnung ablegen und täglich Gottes Hilfe in Anspruch nehmen. Wenn du geistlich wachsen willst, musst du alle Mittel nutzen, die dir das Evangelium anbietet, und bereit sein, durch den Einfluss des Heiligen Geistes in der [praktischen] Frömmigkeit Fortschritte zu machen; denn das Reifen der Saat vom Blatt zur Ähre geschieht (siehe Mk 4,28) durch unsichtbare und übernatürliche Mittel.

Kurz vor dem Verrat und seiner Kreuzigung tröstete Jesus seine Jünger mit der Verheißung des Heiligen Geistes (siehe Joh 14,16-18). Welch ein Reichtum wurde ihnen durch die Lehre vom göttlichen Einfluss [des Geistes] und seiner göttlichen Hilfe offenbart, denn diese Segnung würde alle anderen mit sich bringen! Der Heilige Geist wirkt an dem Menschen, der sich demütig auf Christus als „den Anfänger und Vollender des Glaubens" verlässt (Hbr 12,2); und ein solcher Christ wird „Frucht zum ewigen Leben" bringen (Joh 4,36). Seine Wirkung ist wie ein wohlriechender Duft, und der Name Jesu wird wie Musik in seinen Ohren und wie eine Melodie in seinem Herzen klingen.

Ein Christ wird für andere „ein Geruch des Lebens zum Leben" sein (2 Kor 2,16), obwohl er nicht in der Lage sein wird, das Wunder dieser Erfahrung zu erklären. Aber er wird wissen, dass die dunklen Wolken und die Finsternis, die ihn umgaben, verschwanden, als er den Herrn anrief, und [dann] Frieden und Freude in seinem Innern einzogen. Er wird wissen, wie es ist, die vergebende Liebe Gottes im Herzen zu spüren und den Frieden zu erfahren, „der alles menschliche Begreifen weit übersteigt" (Phil 4,7 GNB), sowie das Bedürfnis nach Lob, Dank und Anbetung gegenüber dem zu empfinden, der uns geliebt und uns mit seinem eigenen Blut von unserer Sünde rein gewaschen hat (siehe 1 Joh 1,7). Durch Jesus Christus hat er Frieden und Freude im Heiligen Geist. Mit Christus eins geworden, gehorcht er gern dessen Willen und spürt den Himmel in seinem Herzen, während er sich vom Busen unendlicher Liebe umfangen weiß. Solche Christen werden zur Ehre Gottes viel Frucht bringen. Sie werden den Charakter Gottes recht verstehen und der Welt gegenüber seine Eigenschaften manifestieren. – *Signs of the Times*, 3. April 1893

Reue – die erste Frucht

Der Gott unsrer Väter hat Jesus auferweckt, den ihr an das Holz gehängt und getötet habt. Den hat Gott durch seine rechte Hand erhöht zum Fürsten und Heiland, um Israel Buße [Reue, wörtlich: Sinnesänderung] und Vergebung der Sünden zu geben. (Apostelgeschichte 5,30.31)

Reue ist eine der ersten Früchte der rettenden Gnade. In seinen Lektionen für uns irrende, gefallene Menschen präsentiert unser großer Lehrer die Leben spendende Macht seiner Gnade und erklärt, dass Männer und Frauen durch diese Gnade ein neues Leben der Heiligkeit und Reinheit führen können. Wer solch ein Leben führt, setzt die Prinzipien des Reiches Gottes in die Praxis um. Selbst von Gott unterrichtet (siehe Joh 6,45), leitet er andere auf den richtigen Weg. Er wird den Lahmen keinen unsicheren Weg führen. Das Wirken des Heiligen Geistes in seinem Leben zeigt, dass er ein „Teilhaber der göttlichen Natur" geworden ist (2 Ptr 1,4 EB).

Jeder, an dem der Geist Christi auf diese Weise wirkt, empfängt eine solch reichliche Fülle der Gnade [Gottes], dass die ungläubige Welt angesichts seiner guten Werke anerkennen muss, dass er von einer göttlichen Macht kontrolliert und getragen wird, und dazu geführt wird, Gott zu loben. – *God's Amazing Grace,* S. 138

Es gibt Menschen, in deren Leben sich trotz aller gnädigen Einladungen Christi immer noch das ungöttliche Wesen zeigt. Zu ihnen sagt Gott: „Wie lange wollt ihr Unverständigen unverständig sein ... und ihr Toren die Erkenntnis hassen? Kehrt euch zu meiner Zurechtweisung! Siehe, ich will über euch strömen lassen meinen Geist und euch meine Worte kundtun." (Spr 1,22.23) – *Signs of the Times,* 28. Juni 1905

Reue über die [eigene] Sünde gehört zu den ersten Früchten des Wirkens des Heiligen Geistes im Leben [eines Menschen]. Nur durch diesen Prozess kann das Bild der unendlich großen Reinheit Christi in seinen erlösten Geschöpfen offenbar werden. In Christus „wohnt die ganze Fülle" (Kol 2,9). [Jede] Wissenschaft, die nicht mit ihm übereinstimmt, hat keinen Wert. Er lehrt uns, „alles für Schaden [anzusehen] gegenüber der überschwänglichen Erkenntnis Christi Jesu", unseres Herrn (Phil 3,8). Diese Erkenntnis ist die höchste Wissenschaft, die irgendjemand erreichen kann. – *Seventh-day Adventist Bible Commentary,* Band 6, Ellen G. White Comments, S. 1068

3. März

Liebe

Seht doch, wie sehr uns der Vater geliebt hat! Seine Liebe ist so groß, dass er uns seine Kinder nennt. Und wir sind es wirklich: Gottes Kinder! (1. Johannes 3,1 GNB)

Keine Sprache vermag diese Liebe [Gottes] in Worten auszudrücken. Wir können bestenfalls einen schwachen Abglanz dieser Liebe beschreiben, die „alle Erkenntnis übersteigt“ (Eph 3,18.19 GNB). Man bräuchte die Sprache des Unendlichen, um die Liebe auszudrücken, die es uns ermöglicht hat, Kinder Gottes genannt zu werden. Indem jemand ein Christ wird, sinkt er nicht hinab. Niemand braucht sich zu schämen, zum lebendigen Gott zu gehören.

Jesus nahm die Demütigung, die Schande und die Vorwürfe auf sich, die eigentlich dem Sünder gebührten. Er war die Majestät des Himmels, der König der Herrlichkeit, dem Vater gleich – und dennoch kleidete er seine Göttlichkeit mit Menschlichkeit, damit sie die Menschen erreichen und das Göttliche die Menschen erfassen konnte. Wäre er als Engel gekommen, hätte er „nicht Mitleid haben können mit unseren Schwachheiten“, nicht „in allem in gleicher Weise (wie wir) versucht worden“ sein (Hbr 4,15 EB) und nicht mit unseren Sorgen mitfühlen können. Aber er kam in menschlicher Gestalt, um als unser Stellvertreter und Bürge an unserer Stelle den Fürsten der Finsternis zu überwinden und uns durch seine Verdienste zu Überwindern zu machen.

[Wenn wir] unter dem Kreuz von Golgatha [stehen], erfüllt die Inspiration seiner Liebe unser Herz. Wenn ich auf ihn sehe, der „durchbohrt [wurde] um unserer Vergehen willen“ (Jes 53,5 EB), erfahre ich eine göttliche Inspiration; und sie kann durch den Heiligen Geist über jeden von euch kommen. Ohne den Geist Gottes könnt ihr die Liebe Gottes nicht empfangen (siehe Röm 5,5). Aber durch eine lebendige Verbindung mit Christus werden wir alle mit Liebe, Eifer und Ernsthaftigkeit erfüllt.

Wir sind nicht wie ein Marmorblock, der das Sonnenlicht [zwar] reflektieren, aber nicht von ihm lebendig gemacht werden kann. Wir können auf die hellen Strahlen der „Sonne der Gerechtigkeit“ (Mal 3,20) reagieren, denn wenn Christus uns erleuchtet, gibt er uns Licht und Leben. Wie die Rebe vom Weinstock ernährt wird, saugen wir die Liebe Christi auf. Wenn wir in Christus eingepfropft sind (siehe Röm 11,17), wenn jede Faser mit dem lebendigen Weinstock verbunden ist, wird dies durch reiche Frucht offenbar (siehe Joh 15,4.5). – *Advent Review and Sabbath Herald,* 27. September 1892

Freude

Ich danke dem Herrn von ganzem Herzen und erzähle alle deine Wunder. Ich freue mich und bin fröhlich in dir und lobe deinen Namen, du Allerhöchster. (Psalm 9,2.3)

Wir brauchen mehr Glauben. Lasst uns beginnen, so zu glauben, dass wir erlöst werden! Lasst uns im Vertrauen zu Gott kommen, in der Gewissheit, dass er – wenn wir ihm alles übergeben – unseren Charakter Christus ähnlich macht. Das müssen wir allen immer wieder sagen. Wenn wir mit Christus eins sind, können wir ihn der Welt offenbaren. Dann wird all unser unbeständiges und planloses Wirken aufhören.

Lasst uns Gott durch einen festen Glauben und ein unerschütterliches Vertrauen ehren! Denken wir daran, dass die Offenbarung einer mürrischen und unzufriedenen Gesinnung Gott keine Ehre macht! Der Herr kümmert sich um die Blumen und verleiht ihnen Schönheit und Duft. Wird er uns nicht umso mehr den Wohlgeruch eines fröhlichen Gemüts schenken? Will er in uns nicht das Bild Gottes wiederherstellen? Dann lasst uns ihm doch vertrauen! Lasst uns jetzt, in diesem Augenblick, uns in die Lage begeben, in der wir seinen Heiligen Geist empfangen können. Dann können wir der Welt zeigen, wie der wahre Glaube Männer und Frauen verändert. Die Freude über einen Erlöser, der unser Herz erfüllt, gibt uns den Frieden und die Zuversicht, aus der wir sagen können: „Ich weiß, dass mein Erlöser lebt." (Hiob 19,25)

In seinem Wort hat der Herr deutlich gemacht, dass sein Volk ein fröhliches Volk ist. Wahrer Glaube streckt die Hand aus und ergreift den Einen, der die Verheißungen gegeben hat: „Der Friede deiner Kinder wird groß sein." (Jes 54,13 EB) „Ich wende ihr Frieden zu wie einen Strom." (Jes 66,12 EB) „Ich mache Jerusalem zur Stadt der Freude und seine Bewohner erfülle ich mit Glück." (Jes 65,18 GNB) In Gott werden wir uns „freuen mit unaussprechlicher und herrlicher Freude" (1 Ptr 1,8). „Durch ihn sollen gesegnet sein alle Völker, und sie werden ihn preisen." (Ps 72,17)

Unterrichten wir die Gemeindeglieder, sich im Herrn zu freuen! Geistliche Freude ist das Ergebnis eines aktiven Glaubens. Gottes Volk soll mit Vertrauen und mit dem Heiligen Geist erfüllt sein. Dann wird Gott durch sie verherrlicht. – *Bible Training School,* 1. April 1905

5. März

Frieden

Macht euch keine Sorgen! Ihr dürft Gott um alles bitten. Sagt ihm, was euch fehlt, und dankt ihm! Und Gottes Friede, der all unser Verstehen übersteigt, wird eure Herzen und Gedanken im Glauben an Jesus Christus bewahren. (Philipper 4,6.7 Hfa)

Der Erlöser der Welt wollte seinen mit Sorgen beladenen Jüngern [kurz vor seiner Kreuzigung] den größtmöglichen Trost vermitteln. Aus einer reichen Themenauswahl wählte er das Thema des Heiligen Geistes, um sie zu begeistern und zu trösten. Wie sehr hat Christus das Wirken des Heiligen Geistes betont – und wie wenig wird darüber in den Gemeinden nachgedacht! Der Name und die Gegenwart des Heiligen Geistes werden fast ignoriert, obwohl dieser göttliche Einfluss zur Vervollkommnung eines christlichen Charakters wesentlich ist.

Manche [Christen] haben keinen [inneren] Frieden und keine Ruhe. Sie befinden sich in einem dauernden Zustand der Verdrießlichkeit und lassen sich von ihren Trieben und Leidenschaften beherrschen. Was es bedeutet, in Christus Frieden und Ruhe zu erfahren, wissen sie nicht, sondern sind wie ein Schiff ohne Anker, das vom Wind hin- und hergeworfen wird. Aber jene, deren Verstand vom Heiligen Geist kontrolliert wird, wandeln in Demut und Sanftmut, denn sie wirken auf der Spur Christi und bewahren vollkommenen Frieden, während jene, die den Heiligen Geist nicht an sich wirken lassen, dem unruhigen Meer gleichen.

Der Herr hat uns ein göttliches Verzeichnis gegeben, in dem wir seinen Willen erfahren können. Selbstsüchtige und überhebliche Menschen meinen, sie bräuchten die Bibel nicht zu studieren, und es irritiert sie, wenn andere nicht dieselben fehlerhaften Vorstellungen und verdrehten Auffassungen haben wie sie. Wer sich jedoch vom Heiligen Geist führen lässt, hat seinen „Anker ... hinter dem Vorhang" im himmlischen Tempel" festgemacht, hinter den Jesus als unser Hoherpriester für uns gegangen ist (Hbr 6,19.20 GNB). Derjenige forscht eifrig und ernsthaft in der Heiligen Schrift und sucht nach Licht und Erkenntnis zur Orientierung inmitten der Verwirrung und den Gefahren, die seinen Weg mit jedem Schritt begleiten. Die Rastlosen, Klagenden und Murrenden lesen die Bibel nur zur Rechtfertigung ihres eigenen Verhaltens. Sie ignorieren oder verdrehen die Ratschläge Gottes. Wer aber [inneren] Frieden hat, hat seinen eigenen Willen auf die Seite des Willens Gottes gestellt (siehe Ps 119,165) und sehnt sich nach göttlicher Führung. – *Signs of the Times*, 14. August 1893

Langmut

Zieht nun an als Auserwählte Gottes, als Heilige und Geliebte: herzliches Erbarmen, Güte, Demut, Milde, Langmut! (Kolosser 3,12 EB)

Der „Urheber [unserer] Rettung“ (Hbr 2,10 EB) „gab alle seine Vorrechte auf und wurde einem Sklaven gleich“ (Phil 2,7 GNB), um die Menschheit wieder mit Gott zu verbinden. Christen sollen Christus darstellen und gegenüber ihren Mitmenschen langmütig sein, geduldig, vergebungsbereit und voller Christus ähnlicher Liebe. Wer wahrhaft bekehrt ist, wird seine [geistlichen] Geschwister respektieren, denn er wird sich so verhalten, wie Christus es geboten hat, der sagte: „Ihr sollt einander lieben! Genauso wie ich euch geliebt habe, sollt ihr einander lieben! An eurer Liebe zueinander werden alle erkennen, dass ihr meine Jünger seid.“ (Joh 13,34.35 GNB) Wenn die Liebe Christi im Herzen wohnt, drückt sie sich in einer Weise aus, die [auch] von der Welt verstanden wird ...

Nicht alle, die Christi Namen tragen, sind auch eins mit ihm. „Wer den Geist Christi nicht hat, der gehört auch nicht zu ihm“ (Röm 8,9 Hfa) – ganz gleich, was er vorgibt. „An ihren Früchten sollt ihr sie erkennen“, sagte Jesus (Mt 7,16). Weltliche Sitten und Gebräuche entsprechen nicht den Prinzipien des Gesetzes Gottes. Deshalb offenbaren [solche Christen] weder seinen Geist noch seinen Charakter. Nur wer dem Bild Gottes angepasst wurde, wird ein Christus ähnliches Verhalten offenbaren. Nur wer vom Wirken des Heiligen Geistes geprägt wurde, ist ein „Täter des Wortes“ Gottes (Jak 1,22) und drückt Gottes Gesinnung und seinen Willen aus.

In der Welt gibt es ein verfälschtes wie auch ein wahres Christentum. Die wahre Gesinnung eines Menschen zeigt sich daran, wie er mit seinen Mitmenschen umgeht. Wir können fragen: Offenbart er das Wesen Christi in seinem Denken und Verhalten oder zeigt er nur die natürlichen, selbstsüchtigen Charakterzüge, die den Menschen dieser Welt ausmachen? Lippenbekenntnisse gelten bei Gott nichts. Bevor es endgültig zu spät ist, Unrecht wiedergutzumachen, sollte sich jeder fragen: „Wie bin ich?“ Wir haben es in der Hand, ob wir einen Charakter entwickeln, der uns zu Mitgliedern der königlichen Familie Gottes macht. – *Advent Review and Sabbath Herald,* 9. April 1895

7. März

Freundlichkeit

Die Frucht des Geistes aber ist: Liebe, Freude, Friede, Langmut, Freundlichkeit, Güte, Treue, Sanftmut, Enthaltsamkeit. (Galater 5,22.23 EB)

Wenn Christus in uns wohnt, sind wir Christen, sowohl zu Hause als auch unterwegs. Ein Christ wird für seine Verwandten und Kollegen freundliche Worte finden. Er wird höflich, freundlich, liebenswürdig und mitfühlend sein und sich für den Aufenthalt in der himmlischen Familie vorbereiten. Wenn er zur königlichen Familie gehört, wird er das Reich offenbaren, das sein Ziel ist. Er spricht freundlich mit seinen Kindern, denn er weiß, dass auch sie Erben Gottes sind, Mitglieder der himmlischen Familie. Unter Gottes Kindern gibt es keinen rauen Umgangston, denn der „Geist Gottes lässt als Frucht eine Fülle von Gutem wachsen, nämlich: Liebe, Freude und Frieden, Geduld, Freundlichkeit und Güte, Treue, Bescheidenheit und Selbstbeherrschung. Gegen all dies hat das Gesetz nichts einzuwenden." (Gal 5,22.23 GNB) Die Gesinnung, die zu Hause gepflegt wird, wird sich auch in der Gemeinde manifestieren.

Wir müssen uns erziehen, barmherzig, sanft, sensibel, vergebungsbereit und mitfühlend zu sein. Wir sollen zwar alle „Unanständigkeit und albernes Geschwätz und Witzelei" sein lassen (Eph 5,4 EB), aber uns deshalb nicht kalt, gefühllos und unsozial verhalten. Der Geist Gottes wirkt an dir, bis du zu einer duftenden Blume im Garten Gottes wirst. Rede vom Licht, von Jesus, der „Sonne der Gerechtigkeit" (Mal 3,20), bis du „verklärt [wirst] in sein Bild von einer Herrlichkeit zur andern" (2 Kor 3,18), deinen Charakter immer weiterentwickelst, immer mehr an Stärke gewinnst und dem Bild Jesu immer ähnlicher wirst. Wenn du das tust, wird der Herr in den Büchern des Himmels „Sehr gut!" eintragen (Mt 25,21 GNB), weil du Jesus darstellst.

Christen dürfen nicht hartherzig und unnahbar sein. In unserem Verhalten soll Jesus erkennbar sein, und wir sollen einen Charakter besitzen, der durch die Gnade des Himmels veredelt ist. Gott muss in uns wohnen, und wo wir auch sind, sollen wir Licht in die Welt tragen. Die Menschen in deiner Umgebung müssen merken, dass dich eine himmlische Atmosphäre umgibt. – *Advent Review and Sabbath Herald,* 20. September 1892

Güte

Ich weiß aber selbst sehr wohl von euch, liebe Brüder, dass auch ihr selber voll Güte seid, erfüllt mit aller Erkenntnis, sodass ihr euch untereinander ermahnen könnt. (Römer 15,14)

Gott möchte, dass wir alle in die Lage kommen, in der er seine Liebe „in unsere Herzen [ausgießen kann] durch den Heiligen Geist" (Röm 5,5). Er verleiht den Menschen einen hohen Wert und hat sie durch das Opfer seines einzigartigen Sohnes erlöst. Deshalb sollen wir in unseren Mitmenschen den Erwerb des Blutes Christi sehen. Wenn wir diese Liebe zueinander haben, werden wir in der Liebe zu Gott und seiner Wahrheit wachsen. Es schmerzt mich sehr zu sehen, wie wenig Liebe in unseren Gemeinden herrscht. Die Liebe ist eine himmlische Pflanze, und wenn sie in unseren Herzen blühen soll, müssen wir sie täglich pflegen. „Die Liebe ist langmütig [und] gütig ... sie lässt sich nicht erbittern ... sie erträgt alles ... [und] erduldet alles." (1 Kor 13,4.5.7 EB) Dies sind die Früchte am Baum der Liebe.

Wenn ihr zusammen seid, [dann] achtet auf eure Worte. Sprecht so miteinander, dass ihr [später] kein Wort bereuen müsst. „Betrübt nicht den heiligen Geist Gottes, mit dem ihr versiegelt seid für den Tag der Erlösung." (Eph 4,30) „Ein guter Mensch bringt Gutes hervor aus dem guten Schatz seines Herzens; und ein böser Mensch bringt Böses hervor aus seinem bösen Schatz." (Mt 12,35) Wenn die Liebe zur Wahrheit dein Herz erfüllt, wirst du über die Wahrheit sprechen. Du wirst von der seligen Hoffnung in Jesus erzählen. Wenn die Liebe dein Herz erfüllt, wirst du danach streben, deine Geschwister im Glauben zu stärken. Wenn ein Wort fällt, das den Charakter deines Freundes oder Bruders in ein schlechtes Licht stellt, dann dulde eine solche üble Nachrede nicht. Das ist das Werk des Feindes. Erinnere den Sprecher freundlich daran, dass das Wort Gottes diese Art von Unterhaltung verbietet.

Wir sollen alles aus unserem Herzen entfernen, was den Tempel [des Heiligen Geistes] entweiht, damit Christus in uns wohnen kann! Unser Erlöser hat uns gesagt, wie wir ihn vor der Welt darstellen können. Wenn wir seinen Geist schätzen, wenn wir seine Liebe anderen weitergeben, wenn wir auf die Interessen unserer Mitmenschen Rücksicht nehmen, wenn wir freundlich, geduldig und langmütig sind, wird die Welt an unseren Früchten erkennen, dass wir Kinder Gottes sind. Die Einheit der Gemeinde gibt ihr die Kraft, auf Gläubige und Ungläubige einen positiven Einfluss auszuüben. – *Advent Review and Sabbath Herald,* 5. Juni 1888

9. März

Glaube

Aus Gnade seid ihr selig geworden durch Glauben, und das nicht aus euch: Gottes Gabe ist es. (Epheser 2,8)

Wenn wir zu Christus kommen wollen, müssen wir unseren Glauben anwenden. Wir müssen Jesus in unser tägliches Leben einbeziehen; dann werden wir Frieden und Freude erleben und aus eigener Erfahrung die Bedeutung seiner Aussage erkennen: „Wenn ihr meine Gebote haltet, so bleibt ihr in meiner Liebe, wie ich meines Vaters Gebote halte und bleibe in seiner Liebe.“ (Joh 15,10) Unser Glaube muss die Verheißung ergreifen, dass wir in der Liebe Christi bleiben werden. Jesus sagt: „Ich habe euch dies gesagt, damit meine Freude euch erfüllt und an eurer Freude nichts mehr fehlt.“ (V. 11 GNB)

[Echter] Glaube ist „durch die Liebe tätig“ (Gal 5,6) und reinigt die Seele. Durch den Glauben erhält der Heilige Geist Zugang zu unserem Herzen und kann es heiligen. Nur in der Verbindung mit Gott durch den Heiligen Geist können wir die Werke Christi tun. Nur durch die Veränderung unseres Charakters können wir für den Himmel geeignet werden. Wenn wir Zugang zum Vater haben wollen, müssen wir Christi Gerechtigkeit als unsere Legitimation besitzen. Wir müssen „Teilhaber der göttlichen Natur werden, die [wir] dem Verderben, das durch die Begierde in der Welt ist, entflohen“ sind (2 Ptr 1,4 EB). Täglich müssen wir durch den Einfluss des Heiligen Geistes verändert werden. Er erhebt den Geschmack, heiligt das Herz und veredelt den ganzen Menschen, indem er ihm die unvergleichlichen Reize Jesu offenbart.

Wir müssen auf Jesus sehen, und durch das Ansehen werden wir verwandelt. Wir sollen zu ihm als dem offenen, unerschöpflichen Brunnen kommen, aus dem wir immer wieder trinken dürfen und versorgt werden. Wir müssen auf sein liebevolles Werben antworten, uns von dem „Brot des Lebens ... das vom Himmel“ kam (Joh 6,48.50), ernähren und von dem Lebenswasser trinken, das vom Thron Gottes fließt (siehe Offb 22,1). Wir müssen beständig „den Blick auf Jesus richten“ (Hbr 12,2 GNB), damit unser Glaube uns mit dem Thron Gottes verbindet. Schaut nicht nach unten, als wärt ihr an die Erde gebunden. Untersucht euren Glauben nicht dauernd, reißt ihn nicht aus, als wäre er eine Blume, um zu sehen, ob er Wurzeln hat. Der Glaube wächst unmerklich [durch das „Aufsehen zu Jesus, dem Anfänger und Vollender des Glaubens“ (Hbr 12,2).] – *Bible Echo*, 15. Februar 1893

Sanftmut

Ich ermahne euch nun ... Wandelt würdig der Berufung, mit der ihr berufen worden seid, mit aller Demut und Sanftmut, mit Langmut, einander in Liebe ertragend! (Epheser 4,1.2 EB)

Ich lade dich ein, auf den Mann von Golgatha zu sehen. Sieh auf ihn, dessen Haupt mit der Dornenkrone gekrönt wurde, der das Kreuz der Schande trug, der Schritt für Schritt den Weg der Erniedrigung ging. Sieh auf ihn, der „ein Mann der Schmerzen und mit Leiden vertraut" war (Jes 53,3 EB), der von den Menschen verachtet und zurückgewiesen wurde. „Fürwahr, er trug unsre Krankheit und lud auf sich unsre Schmerzen ... Er ist um unsrer Missetat willen verwundet und um unsrer Sünde willen zerschlagen. Die Strafe liegt auf ihm, auf dass wir Frieden hätten, und durch seine Wunden sind wir geheilt." (V. 4.5) Sieh auf Golgatha, bis dein Herz von der erstaunlichen Liebe des Sohnes Gottes erweicht wird. Er hat nichts ungetan gelassen, damit die gefallenen Menschen wieder erhoben und gereinigt werden können.

Sollten wir uns nicht zu ihm bekennen? Wird der Glaube an Christus den Gläubigen erniedrigen? Nein, es ist keine Erniedrigung, Jesus zu folgen. Jeden Tag wollen wir ihm zu Füßen sitzen und von ihm lernen, damit in unseren Gesprächen, in unserem Verhalten, in unserer äußeren Erscheinung und bei allen unseren Angelegenheiten deutlich wird, dass er uns regiert. Gott ruft uns auf, den Weg zu gehen, der für die Erlösten des Herrn bestimmt ist. Wir sollen nicht auf den Wegen der Welt wandeln, sondern Gott alles übergeben und Christus vor den Menschen bekennen.

„Wer mich aber verleugnet vor den Menschen, den will ich auch verleugnen vor meinem himmlischen Vater." (Mt 10,33) Welches Recht haben wir, uns als Christen auszugeben und unseren Herrn in unserem Leben und Handeln zu verleugnen? „Wer nicht sein Kreuz auf sich nimmt und mir auf meinem Weg folgt, ist es nicht wert, zu mir zu gehören. Wer sein Leben festhalten will, wird es verlieren. Wer es aber um meinetwillen verliert, wird es gewinnen." (V. 38.39 GNB) Täglich sollen wir uns selbst verleugnen, das Kreuz auf uns nehmen und dem Meister nachfolgen.

Möget ihr die Taufe des Heiligen Geistes erfahren, damit ihr vom Geist Gottes erfüllt werdet! Dann würdet ihr dem Bild Christi jeden Tag ähnlicher, und bei allem, was ihr tut, würdet ihr euch fragen: „Dient es meinem Meister zur Ehre?" Durch die beständige „Ausdauer in gutem Werk" würdest du nach „Herrlichkeit und Ehre und Unvergänglichkeit" streben (Röm 2,7 EB) und die Gabe der Unsterblichkeit erhalten. – *Advent Review and Sabbath Herald,* 10. Mai 1892

11. März

Mäßigkeit

Was immer ihr tut, was ihr auch esst oder trinkt, alles soll zur Ehre Gottes geschehen. (1. Korinther 10,31 Hfa)

Gott erwartet von allen Menschen, dass sie ihm ihre Leiber als „ein lebendiges Opfer" hingeben (Röm 12,1 EB), nicht als ein totes oder sterbendes Opfer oder eines, das durch ihre eigene Verhaltensweise geschwächt und von Unreinheit und Krankheit gezeichnet ist. Gott beansprucht ein lebendiges Opfer. Unser Leib, so sagt er uns, ist „ein Tempel des Heiligen Geistes" (1 Kor 6,19) und dessen Wohnung. Er erwartet von allen, die sein Bild tragen, dass sie auf ihren Körper achten, damit sie ihm dienen und zu seiner Ehre leben können. „Ihr gehört nicht mehr euch selbst", sondern Gott „hat euch freigekauft und als sein Eigentum erworben. Macht ihm also Ehre an eurem Leib!" (V. 19.20 GNB). Um das zu tun, ist es nötig, dass „aus eurem Glauben sittliche Bewährung erwächst, aus der sittlichen Bewährung Erkenntnis, aus der Erkenntnis Selbstbeherrschung [und] aus der Selbstbeherrschung Standhaftigkeit" (2 Ptr 1,5.6 GNB).

Es ist unsere Pflicht zu wissen, wie wir unseren Körper optimal gesund erhalten, und es ist eine heilige Pflicht, gemäß dem Licht zu leben, das uns Gott gnädigerweise gegeben hat. Wenn wir unsere Augen vor dem Licht verschließen, weil wir unsere Fehler nicht sehen wollen, die wir nicht aufgeben möchten, dann werden unsere Sünden nicht geringer, sondern größer. Wenn man sich einmal vom Licht abwendet, wird man es auch beim nächsten Mal missachten.

Die Gesetze unseres Daseins zu verletzen, ist ebenso Sünde wie die Übertretung der Zehn Gebote, denn in beiden Fällen übertreten wir Gottes Gesetz. Wir können den Herrn nicht „von ganzem Herzen, mit ganzem Willen und mit [dem] ganzen Verstand" lieben (Mt 22,37 GNB), wenn wir unsere Esslust und Geschmäcker wesentlich mehr lieben als den Herrn. Täglich vermindern wir [durch ein solches Verhalten] unsere Stärke, Gott zu ehren, der [doch] alle unsere körperlichen und geistigen Kräfte fordert. Durch unsere schlechten Gewohnheiten vermindern wir unsere Lebenskraft, und dennoch bezeichnen wir uns als Nachfolger Christi, die sich auf die Unsterblichkeit vorbereiten ...

Erforscht eure Herzen genau und folgt dem fehlerlosen Vorbild [Jesu], dann wird es mit euch gut werden. Bewahrt euch ein reines Gewissen vor Gott. Ehrt Gottes Namen in allem, was ihr tut. Legt alle Selbstsucht und Eigenliebe ab! – *Testimonies for the Church,* Band 2, S. 70f.

Selbstbeherrschung

Daniel nahm sich in seinem Herzen vor, dass er sich mit des Königs Speise und mit seinem Wein nicht [kultisch] unrein machen wollte, und bat den obersten Kämmerer, dass er sich nicht unrein machen müsste. (Daniel 1,8 GNB)

Es täte uns gut, wenn wir die hier dargestellte Lektion beachten. Die strikte Befolgung der biblischen Forderungen wird ein Segen für Körper und Seele sein. Die Frucht des Geistes besteht nicht nur in „Liebe, Freude und Frieden", sondern auch in „Selbstbeherrschung" (Gal 5,22.23 GNB). Wir sollen unseren Körper nicht unrein machen; denn er ist der „Tempel des Heiligen Geistes" (1 Kor 6,19).

Die hebräischen Gefangenen besaßen ähnliche Leidenschaften wie wir. Inmitten der verführerischen Einflüsse des luxuriösen Lebens am babylonischen Hof blieben sie standhaft. [Auch] die jungen Menschen von heute sind von Verlockungen zur Nachgiebigkeit umgeben. Besonders in unseren großen Städten wird jede Form sinnlicher Befriedigung leicht gemacht und einladend [präsentiert]. Wer sich – wie Daniel – weigert, sich zu verunreinigen, wird den Lohn von Gewohnheiten der Mäßigkeit und Selbstbeherrschung ernten. Von seiner größeren körperlichen Widerstandskraft und seiner vermehrten Ausdauer kann er in Notfällen zehren.

Richtige körperliche Gewohnheiten fördern die Entwicklung des Verstandes [wie sich bei Daniel und seinen Freunden zeigte, siehe Dan 1,17.20]. Intellektuelle Kraft, körperliche Ausdauer und die Länge des Lebens hängen von unveränderlichen Gesetzen ab. Der Gott der Natur wird nicht eingreifen, um Menschen vor den Konsequenzen der Übertretung der Naturgesetze zu bewahren. Wer nach Überlegenheit strebt, muss in allen Dingen Mäßigkeit üben. Daniels intellektuelle Klarheit und seine festen Absichten, seine Fähigkeiten, sich Wissen anzueignen, und seine Standhaftigkeit in Versuchungen sind – neben seinem Gebetsleben – ganz wesentlich auf seine einfache Ernährung zurückzuführen ...

Die Geschichte Daniels und seiner jugendlichen Freunde wurde auf den Seiten des inspirierten Wortes Gottes zum Nutzen aller jungen Menschen der nachfolgenden Zeitalter niedergeschrieben. Durch den Bericht von ihrer Treue gegenüber den Prinzipien der Mäßigkeit spricht Gott heute zu jungen Männern und Frauen und bittet sie, die wertvollen Strahlen des Lichts, das er zum Thema christliche Mäßigkeit [und Selbstbeherrschung] gegeben hat, anzunehmen und sich nach den Gesundheitsgesetzen zu richten. – *Youth's Instructor*, 9. Juli 1903

13. März

In allem erweisen wir uns als Diener Gottes ... in Langmut, in Freundlichkeit, im Heiligen Geist, in ungefärbter Liebe. (2. Korinther 6,4.6)

Freundlichkeit

Der Herr wird jedem von uns dort helfen, wo wir bei der großen Aufgabe der Überwindung der Selbstsucht Unterstützung brauchen. Habe Freundlichkeit auf deinen Lippen und das Öl der Gnade im Herzen. Das wird wunderbare Folgen haben. Du wirst freundlich, mitfühlend und höflich sein. Alle diese Gnadengaben brauchst du. Wenn du den Heiligen Geist empfängst und an deinem Charakter wirken lässt, wirst du wie ein heiliges Feuer sein, von dem wohlriechendes Räucherwerk zu Gott aufsteigt, nicht von Lippen, die verdammen, sondern [du wirst] wie ein Heiler von Menschenseelen [sein]. Aus deinem Angesicht wird das Bild Gottes scheinen.

Kein scharfes, kritisches, verletzendes oder strenges Wort sollte fallen. Das ist gewöhnliches Feuer, das von unseren Beratungen und im Umgang mit unseren Geschwistern verbannt werden soll. Gott verlangt, dass jeder, der ihm dient, sein Räuchergefäß mit den Kohlen aus dem heiligen Feuer füllt. Die gewöhnlichen, strengen und harten Worte, die uns so schnell von den Lippen kommen, müssen zurückgehalten werden und der Geist Gottes soll durch unseren Mund sprechen. Wenn du den Charakter Christi betrachtest, wirst du in sein Bild verwandelt werden. Nur die Gnade Christi kann dein Herz verändern, und dann wirst du das Bild des Herrn Jesus widerspiegeln. Gott ruft jeden auf, so zu sein wie er: rein, heilig und unbefleckt. Wir sollen das Bild Gottes [in uns] tragen. – *Seventh-day Adventist Bible Commentary,* Band 3, Ellen G. White Comments, S. 1164

Wir mögen [noch so viel] von den Segnungen des Heiligen Geistes sprechen und darum bitten, ihn zu empfangen, aber wenn wir den Geist Gottes nicht an uns wirken lassen, offenbaren wir, dass wir ihn nicht haben. Wenn der Heilige Geist den Charakter formt und dem Bild Gottes ähnlich macht, wird er in jedem Wort, das wir reden, und in allem, was wir tun, unmissverständlich offenbar werden. So erkennt die Welt, dass zwischen den Kindern des Lichts und den Kindern der Finsternis ein deutlicher Unterschied besteht. Der Herr möchte, dass wir „entschieden für den überlieferten Glauben eintreten" (Jud 3 GNB). Wir sollen „die Wahrheit in Liebe" aussprechen (Eph 4,15 EB). Unser großer Lehrer sagt: „Nehmt auf euch mein Joch und lernt von mir; denn ich bin sanftmütig und von Herzen demütig; so werdet ihr Ruhe finden für eure Seelen. Denn mein Joch ist sanft, und meine Last ist leicht." (Mt 11,29.30) – Brief 84, 1899

Nächstenliebe

Gebt den Hungrigen zu essen, nehmt Obdachlose bei euch auf, und wenn ihr einem begegnet, der in Lumpen herumläuft, gebt ihm Kleider! Helft, wo ihr könnt, und verschließt eure Augen nicht vor den Nöten eurer Mitmenschen!
(Jesaja 58,7 Hfa)

Die kostbare Wahrheit hat einen heiligenden Einfluss. Die Heiligung der Seele durch das Wirken des Heiligen Geistes ist die Einpflanzung des Wesens Christi im Menschen. Es ist die Gnade unseres Herrn Jesus Christus, die sich im Charakter offenbart und in guten Werken auswirkt. So wird der Charakter mehr und mehr nach dem Bild Christi in Gerechtigkeit und wahrer Heiligkeit geformt.

Die weitreichenden Forderungen der göttlichen Wahrheit beziehen sich auf viele Bereiche von guten Werken. Die Wahrheiten des Evangeliums sind nicht unverbunden. Miteinander vereint bilden sie eine Kette himmlischer Juwelen, die sich im persönlichen Wirken Christi [auf Erden] zeigten. Wie Goldfäden sind sie in das ganze christliche Wirken und die ganze christliche Erfahrung eingewoben. – *Selected Messages,* Band 3, S. 198

Jedes Versäumnis seitens derer, die sich als Christi Nachfolger bekennen, die Nöte eines Bruders oder einer Schwester zu lindern, die unter Armut und Unterdrückung leiden, wird in den Büchern des Himmels verzeichnet, als ob es Christus in der Person eines seiner Heiligen angetan wurde (siehe Mt 25,41-45). Viele – sehr viele – werden sich vor dem Herrn verantworten müssen, weil sie [zwar] anderen die Worte Christi verkünden, es aber selbst versäumen, ihren Glaubensgeschwistern, die weniger glücklich und erfolgreich als sie sind, Mitgefühl und Achtung zu erweisen. – *Welfare Ministry,* S. 210

Viele sehen tatenlos zu, wenn ein Glaubensbruder sich unter schwierigen Umständen allein abkämpfen muss. Dadurch vermitteln sie einem wertvollen Menschen den Eindruck, sie würden auf diese Weise Christus darstellen. Das trifft aber überhaupt nicht zu. Jesus „war reich und wurde für euch arm; denn er wollte euch durch seine Armut reich machen." (2 Kor 8,9 GNB) Um die Sünder zu retten, opferte er sein eigenes Leben. Christus wurde angesichts menschlichen Elends stets von Mitgefühl ergriffen (siehe Mt 9,36). – *The Ellen G. White 1888 Materials*, S. 1270

15. März

Zufriedenheit

Seid nicht hinter dem Geld her, sondern seid zufrieden mit dem, was ihr habt. Gott hat doch gesagt: „Niemals werde ich dir meine Hilfe entziehen, nie dich im Stich lassen." (Hebräer 13,5 GNB; vgl. Josua 1,5)

Gott hat seine treuen Zeugen, die nicht versuchen, das zu tun, was Christus für unmöglich erklärt hat: „zugleich Gott und dem Geld [zu] dienen" (Mt 6,24 GNB). Sie sind brennende und leuchtende Lichter inmitten der moralischen Dunkelheit der Welt und inmitten der großen Finsternis, die über den Menschen wie ein Leichentuch liegt. Jeder Einzelne, der zur Gemeinde Christi gehört, soll unter dem Einfluss des Heiligen Geistes stehen, damit seine Erfahrung nicht unstet und schwankend ist. Er muss in der Wahrheit verwurzelt und gegründet sein.

Wenn [Christen] die Freude über die rettende Kraft der Gerechtigkeit Christi durch eine erfahrungsmäßige Kenntnis erfasst haben, werden sie sich intensiv für die Gemeinde interessieren. Sie werden Gesetzesübertretern die Wege Gottes lehren, und Sünder werden zu der Wahrheit bekehrt, die sich in Jesus offenbart. Es sind diejenigen, die sich [lediglich] zur Wahrheit bekennen, die eine Bekehrung brauchen, denn Satan hat sie getäuscht.

Der Mensch, der in eine persönliche Beziehung zu Christus gebracht wird, wird zu einem heiligen Tempel für den Herrn. Denn für den Gläubigen ist Jesus „gemacht zur Weisheit und zur Gerechtigkeit und zur Heiligung und zur Erlösung" (1 Kor 1,30). Wer sich Gott ganz übergeben hat, ist sich der rettenden Gegenwart Christi bewusst. Er besitzt geistliche Geduld und den Seelenfrieden, den derjenige erfährt, der von Christus lernt, der „sanftmütig und von Herzen demütig" ist (Mt 11,29). Weil er darauf vertraut, dass Christus seine Tüchtigkeit und Gerechtigkeit ist, wird seine Seele von einer tiefen Zufriedenheit erfüllt sein.

Was ist die Freude eines Christen? Es ist das Ergebnis des Bewusstseins, dass Christus gegenwärtig ist. Was ist die Liebe eines Christen? Sie ist die Widerspiegelung der Liebe Christi, das Ergebnis des Wirkens des Heiligen Geistes. Am Kreuz von Golgatha sehen wir Jesus für die Sünden der Welt sterben, damit für die reuigen Sünder durch seinen Tod „Leben und Unvergänglichkeit ans Licht gebracht" wurde (2 Tim 1,10 EB). Jesus ist „alles in allem" (Eph 1,23), und ohne ihn können wir nichts tun (siehe Joh 15,5). Ohne Christus wäre ein geistliches Leben unmöglich [zu führen]. – *Advent Review and Sabbath Herald,* 4. Dezember 1894

Dankbarkeit

Dankt Gott in jeder Lebenslage! Das will Gott von euch als Menschen, die mit Jesus Christus verbunden sind. (1. Thessalonicher 5,18 GNB)

Viele machen sich unnötig Sorgen und beschäftigen sich mit Problemen, die man nicht ändern kann. Der Herr möchte, dass seine Kinder ihr ganzes Vertrauen auf ihn setzen. Unser Herr ist ein gerechter Gott. Seine Kinder sollten seine Güte und Gerechtigkeit in den kleinen und großen Dingen des Lebens anerkennen. Wer sich auf das Sorgen und Klagen konzentriert, weigert sich, Gottes Führung zu erkennen. Unnötige Angst ist töricht und hindert uns daran, in der rechten Weise vor Gott zu stehen.

Wenn der Heilige Geist an uns wirkt, werden wir nicht mehr klagen und murren, weil nicht alle unsere Wünsche erfüllt werden. Wir werden Gott vielmehr von ganzem Herzen für die Segnungen danken, die wir empfangen haben. Unsere Prediger müssten heute viel dankbarer sein. Ohne diese Einstellung werden sie nicht auf einen Platz im himmlischen Königreich vorbereitet sein. Jeder von uns hat eine große Aufgabe zu erfüllen. Wir haben nur wenig Ahnung davon, was Gott durch uns bewirken möchte. Wir sollten versuchen, die Breite seiner Pläne zu erfassen und von jeder Lektion zu profitieren, die er uns lehren möchte.

Wir richten in unseren eigenen Vorstellungen viel Schaden an, wenn wir unsere Vorhaben ohne Freundlichkeit ausführen wollen. Hier scheitern viele. Wir kultivieren keine Gesinnung der Freundlichkeit. Wir möchten alles auf leichte Weise erreichen. Aber unsere wichtigste Frage sollte nicht lauten: *Wie kann ich meine Pläne gegen die Pläne der anderen durchsetzen?*, sondern: *Wie bekomme ich die Kraft, jeden Tag für Christus zu leben?* Christus kam auf die Erde und gab sein Leben, um uns ewige Erlösung zu ermöglichen. Er möchte jeden von uns mit der Atmosphäre des Himmels umgeben, damit wir der Welt ein Beispiel geben, das dem Glauben an Christus Ehre macht. – *Loma Linda Messages*, S. 602

17. März

Harmonie

Geht in Liebe aufeinander ein! Setzt alles daran, dass die Einheit, wie sie der Geist Gottes schenkt, bestehen bleibt durch den Frieden, der euch verbindet. Gott hat uns in seine Gemeinde berufen. Darum sind wir ein Leib. In uns wirkt ein Geist, und uns erfüllt ein und dieselbe Hoffnung. (Epheser 4,2-4 Hfa)

Der Heilige Geist möchte mit menschlichen Werkzeugen zusammenarbeiten, die sich ganz hingeben, denn das ist Gottes Absicht. Gott hat zwischen Himmel und Erde „eine Tür geöffnet, die niemand zuschließen kann" (Offb 3,8 GNB). Er ruft jeden Menschen auf, rein und geheiligt zu sein, damit das Werk für diese Zeit vollendet werden kann. Wenn die Gemeindeglieder die rechte Beziehung zu Gott und zueinander haben, wird der Heilige Geist in Fülle mitgeteilt werden, damit alle Glieder des Leibes Christi harmonisch zusammenwirken.

Nichts schwächt eine Gemeinde so nachhaltig wie Uneinigkeit und Streit. Nichts wendet sich so sehr gegen Christus und die Wahrheit wie eine solche Einstellung. „An ihren Früchten sollt ihr sie erkennen." (Mt 7,20) „Fließt denn aus einer Quelle gleichzeitig frisches und ungenießbares Wasser? Kann man Oliven von Feigenbäumen pflücken oder Feigen vom Weinstock? Ebenso wenig kann man aus einer salzigen Quelle frisches Wasser schöpfen. Hält sich jemand von euch für klug und weise? Dann soll das an seinem ganzen Leben abzulesen sein, an seiner Freundlichkeit und Güte. Sie sind Kennzeichen der wahren Weisheit." (Jak 3,11-13 Hfa)

„Macht also die erschlafften Hände wieder stark, die zitternden Knie wieder fest! Geht auf rechten Wegen, damit die lahm gewordenen Füße nicht auch noch verrenkt, sondern wieder heil werden! Bemüht euch um Frieden mit allen in der Gemeinde und darum, dass ihr heilig seid und euer ganzes Leben Gott gehört. Gebt aufeinander Acht, dass niemand die Gnade Gottes verscherzt und dass nicht jemand unter euch wie eine giftige Wurzel ausschlägt und viele vergiftet." (Hbr 12,12-15 GNB)

Solange wir in dieser Welt leben, müssen wir miteinander verbunden sein. Die Menschen sind miteinander verflochten und verwoben. Als Christen sind wir untereinander Glieder [des Leibes Christi]. Der Herr hat uns so geschaffen, und wenn Enttäuschungen kommen, dürfen wir nicht schlecht voneinander denken. Wir sind einzelne Glieder des ganzen Leibes. Mit Hilflosigkeit und unter Enttäuschungen kämpfen wir den Kampf des Lebens. Der Herr möchte, dass wir uns als seine Söhne und Töchter, die er seine Freunde nennt (siehe Joh 15,15), gegenseitig unterstützen. Das gehört zu unserem praktischen Christenleben. – *Signs of the Times*, 7. Februar 1900

Einheit

Ich bitte aber nicht allein für sie, sondern auch für die, die durch ihr Wort an mich glauben werden, damit sie alle eins seien. Wie du, Vater, in mir bist und ich in dir, so sollen auch sie in uns [eins] sein, damit die Welt glaube, dass du mich gesandt hast. (Johannes 17,20.21)

Eintracht und Einigkeit unter Menschen mit den verschiedensten Veranlagungen ist das stärkste Zeugnis dafür, dass Gott seinen Sohn in die Welt gesandt hat, um Sünder selig zu machen. Es ist unser Vorrecht, dieses Zeugnis abzulegen. Um es aber zu tun, müssen wir uns der Leitung Christi unterstellen. Unser Wesen muss seinem Wesen ähnlich und unser Wille seinem Willen untergeordnet werden. Dann werden wir auch ohne einen Gedanken an Konflikte zusammenarbeiten können.

Wenn man bei geringfügigen Meinungsverschiedenheiten verweilt, so führt dies zu Handlungen, die die christliche Gemeinschaft zerstören. Erlaubt dem Feinde nicht, uns auf diese Weise zu überrumpeln. Trachtet danach, dem Herrn und einander näherzukommen. Dann gleichen wir „Bäumen der Gerechtigkeit" (Jes 61,3), die der Herr gepflanzt hat und die vom Strom des Lebens gespeist werden. Wie fruchtbar werden wir dann sein! Hat Christus nicht gesagt: „Darin wird mein Vater verherrlicht, dass ihr viel Frucht bringt"? (Joh 15,8).

Der Heiland sehnt sich danach, dass seine Nachfolger Gottes Absicht in ihrem ganzen Umfang erfüllen. Sie sollen eins sein in ihm, auch wenn sie über die Welt zerstreut leben. Gott kann sie aber nicht zum Einssein in Christus führen, wenn sie nicht bereit sind, ihren Weg aufzugeben und seinem zu folgen.

Wird Christi Gebet geglaubt und seine Unterweisung auf das tägliche Leben des Volkes Gottes übertragen, dann wird in unsern Reihen einmütig gehandelt werden. Durch die goldenen Bande der Liebe Christi wird ein Bruder mit dem andern verbunden sein. Nur Gottes Geist kann diese Einheit zustandebringen. Er, der sich selbst geheiligt hat (siehe Joh 17,19), kann auch seine Jünger heiligen. Mit ihm vereint sind sie auch miteinander einig im allerheiligsten Glauben. Wenn wir nach dieser Einheit strebten, wie wir es nach Gottes Willen tun sollten, würde sie uns auch zuteil werden. – *Aus der Schatzkammer der Zeugnisse*, Band 3, S. 209f. (rev.)

19. März

Einssein

Ich habe ihnen die gleiche Herrlichkeit gegeben, die du mir gegeben hast, damit sie eins sind, so wie du und ich. Ich lebe in ihnen und du lebst in mir; so sollen auch sie vollkommen eins sein, damit die Welt erkennt, dass du mich gesandt hast und dass du sie, die zu mir gehören, ebenso liebst wie mich. (Johannes 17,22.23 GNB)

Welche Errungenschaften werden uns für die Bestrebungen eines Christen vorgestellt, aber wie sehr bleibt unsere Praxis dahinter zurück! Wenn sie mit dem Gebot unseres Herrn übereinstimmten, würden wir herrliche Ergebnisse erzielen, denn er sagte: „Ich bete nicht nur für sie, sondern auch für alle, die durch ihr Wort von mir hören und zum Glauben an mich kommen werden. Ich bete darum, dass sie alle eins seien, so wie du in mir bist, Vater, und ich in dir. So wie wir sollen auch sie in uns eins sein, damit die Welt glaubt, dass du mich gesandt hast." (Joh 17,20.21 GNB) ...

Jesus hat nicht für ein Ziel gebetet, das wir nicht erreichen könnten. Wenn diese Einheit möglich ist, warum bemühen sich die bekennenden Christen dann nicht intensiver um diesen Zustand der Gnade? Wenn wir mit Jesus eins sind, werden wir auch mit seinen Nachfolgern eins sein. Das große Bedürfnis der Seele ist Christus, „die Hoffnung auf die Herrlichkeit" (Kol 1,27 Hfa). Durch den Heiligen Geist können wir [tatsächlich] zu dieser Einheit kommen. Dann wird die Liebe zu unseren Geschwistern reichlich vorhanden sein, und die Menschen werden merken, dass wir „mit Jesus gewesen" sind (Apg 4,13) und von ihm gelernt haben. Unser Leben wird eine Widerspiegelung seines heiligen Charakters sein. Als Gläubige werden wir seine Sanftmut des Geistes und seine Güte im Verhalten darstellen. Jeder Einzelne in der Gemeinde Gottes muss persönlich auf das Gebet Christi antworten, bis wir alle zur Einheit des Geistes gelangen.

Wann entstehen Uneinigkeit und Streit? Sie sind das Ergebnis, wenn wir nicht mit Christus wandeln. Wenn wir von ihm entfernt leben, verlieren wir unsere Liebe zu ihm und werden gleichgültig gegenüber seinen Nachfolgern. Je weiter sich die Lichtstrahlen von ihrem Zentrum entfernen, umso weiter entfernen sie sich voneinander. Jeder Gläubige ist ein Lichtstrahl Christi, der „Sonne der Gerechtigkeit" (Mal 3,20). Je enger wir mit Christus, dem Zentrum der Liebe und des Lichts, wandeln, umso größer wird unsere Zuneigung zu seinen Lichtträgern. Wenn die Heiligen nahe zu Christus gezogen werden, werden sie sich mit Sicherheit auch gegenseitig nahekommen, denn die heiligende Gnade Christi wird ihre Herzen verbinden. „Wenn [jemand] seine Glaubensgeschwister ... nicht liebt, dann kann er Gott ... erst recht nicht lieben." (1 Joh 4,20 GNB) – *The Ellen G. White 1888 Materials*, S. 1048f.

Brüderliche Liebe

Seid in herzlicher Liebe miteinander verbunden, gegenseitige Achtung soll euer Zusammenleben bestimmen. (Römer 12,10 Hfa)

Wenn der Heilige Geist unser Denken bestimmt, dann werden alle belanglosen Beschwerden und Anschuldigungen im menschlichen Miteinander beiseitegestellt. Die hellen Strahlen der „Sonne der Gerechtigkeit" (Mal 3,20) werden in die Gemächer des Verstandes und Herzens scheinen. In unseren Gottesdiensten wird es keine Unterschiede mehr geben zwischen reich und arm, schwarz und weiß; alle Vorurteile werden dahinschmelzen. Wenn wir uns Gott zuwenden, werden wir das als eine Bruderschaft tun. Wir sind alle „Fremdlinge und Pilger" (1 Ptr 2,11) und unterwegs zu einem besseren Land, einem himmlischen. Dort haben aller Stolz, alle Anschuldigungen und alle Selbsttäuschung für immer ein Ende. Jede fromme Maske ist abgelegt, und „wir werden ihn sehen, wie er ist" (1 Joh 3,2). Dort werden unsere Lieder das inspirierende Thema aufnehmen und Lobpreis und Dank zu Gott emporsteigen.

Jesus kam in unsere Welt, um Männer und Frauen aller Nationalitäten zu retten. Er wollte, dass es überall auf der Welt hell wird. Deshalb erklärte er gleich zu Beginn seines Dienstes seinen Auftrag: „Der Geist des Herrn hat von mir Besitz ergriffen, weil der Herr mich gesalbt und bevollmächtigt hat. Er hat mich gesandt, den Armen gute Nachricht zu bringen, den Gefangenen zu verkünden, dass sie frei sein sollen, und den Blinden, dass sie sehen werden. Den Misshandelten soll ich die Freiheit bringen, und das Jahr ausrufen, in dem der Herr sich seinem Volk gnädig zuwendet." (Lk 4,18.19 GNB) – *Für die Gemeinde geschrieben*, Band 2, S. 468f. (rev.)

Der Herr schaut auf alle seine Geschöpfe. Er liebt sie alle und macht keinen Unterschied zwischen weiß und schwarz, ausgenommen dass er ein besonderes Mitgefühl für jene hat, die größere Lasten als andere tragen müssen. Jene, die Gott lieben und an Christus als ihren Erlöser glauben und dabei die Versuchungen und Schwierigkeiten meistern müssen, die auf ihrem Weg liegen, sollten dennoch mit einer fröhlichen Gesinnung ihr Leben so akzeptieren, wie es ist. Sie sollen daran denken, dass Gott im Himmel auf diese Dinge achtet. Für alles, was die Welt versäumt, ihnen zu geben, wird er selbst einen Ausgleich schaffen, indem er ihnen den besten Gefallen tut. – *Selected Messages*, Band 2, S. 487f.

21. März

Großzügigkeit

Die Christen dort haben wegen ihres Glaubens viele Schwierigkeiten standhaft ertragen. Und doch waren sie voller Freude und haben trotz ihrer großen Armut reichlich für andere gegeben. Ich kann bezeugen, dass sie von sich aus gaben, was sie nur konnten, und sogar mehr als das. (2. Korinther 8,2.3 Hfa)

Nur wenn christliche Motive voll zum Tragen kommen, das Gewissen wachsam ist und das göttliche Licht Herz und Charakter anspricht, kann Selbstsucht überwunden werden und die Gesinnung Christi als Vorbild dienen. Der Heilige Geist, der im Menschen wirkt, wird jede Neigung zu Habsucht und Betrug ausmerzen.

Wenn Gottes Botin eine Botschaft für die Gemeinde hat, spricht Gott zu den Gemeindegliedern und ermahnt ihr Gewissen, damit sie erkennen, dass sie dem Herrn keinen ehrlichen Zehnten gegeben haben und ihm ihre Opfer vorenthalten haben, wenn es ihnen ungünstig erschien. Sie haben das Geld des Herrn für sich selbst verwendet und Häuser gebaut, Pferde, Wagen oder Land gekauft. Sie tun dies in der Hoffnung auf großen Profit, und jedes Jahr bringen sie dieselbe Ausrede. [Aber Gott fragt:] „Ist es in Ordnung, dass der Mensch Gott beraubt?" (Mal 3,8 GNB) Oh ja, das hat er viele Male getan, weil er nicht [genügend] geistlich gesinnt war, um geistliche Dinge zu erkennen (siehe 1 Kor 2,14).

In manchen Fällen hat Gott weltlich gesinnte, selbstsüchtige Menschen bestimmt angesprochen. Ihr Verstand wurde vom Heiligen Geist erleuchtet und ihr Herz spürte seinen sanften, bezwingenden Einfluss. Bewegt von der übergroßen Barmherzigkeit und Gnade Gottes hielten sie es für ihre Pflicht, sein Werk zu fördern und sein Reich zu bauen. Sie erinnerten sich an das Gebot Jesu: „Sammelt keine Schätze hier auf der Erde! Denn ihr müsst damit rechnen, dass Motten und Rost sie zerfressen oder Einbrecher sie stehlen. Sammelt lieber Schätze bei Gott. Dort werden sie nicht von Motten und Rost zerfressen und können auch nicht von Einbrechern gestohlen werden." (Mt 6,19.20 GNB) Sie wollten am Reich Gottes Anteil haben, und sie gelobten, mit ihren Mitteln einige der zahlreichen Projekte des Werkes Gottes zu unterstützen. Dieses Versprechen gaben sie nicht Menschen, sondern Gott in der Gegenwart seiner Engel, die die Herzen dieser selbstsüchtigen, geldliebenden Männer erweicht hatten. – *Advent Review and Sabbat Herald*, 23. Mai 1893

Freigiebigkeit

Jeder (gebe), wie er sich in seinem Herzen vorgenommen hat: nicht mit Verdruss oder aus Zwang, denn einen fröhlichen Geber liebt Gott. Gott aber vermag euch jede Gnade überreichlich zu geben, damit ihr in allem allezeit alle Genüge habt und überreich seid zu jedem guten Werk.
(2. Korinther 9,7.8 EB)

Wenn das menschliche Herz durch die Gegenwart des Geistes Gottes nachgiebiger gemacht wird, ist der Mensch empfänglicher für das Wirken des Geistes und beschließt, sich selbst zu verleugnen und für die Sache Gottes Opfer zu bringen. Sobald göttliches Licht unsere geheimsten Gedanken mit ungewöhnlicher Kraft und Klarheit durchleuchtet, können wir die Empfindungen des natürlichen Menschen überwinden. Selbstsucht verliert ihren Einfluss auf unser Herz, und wir verlangen danach, gemäß unserem Vorbild Jesus Christus anderen ebenso Wohltaten zu erweisen und uns selbst zu verleugnen. Die Gesinnung des von Natur aus selbstsüchtigen Menschen wird dann gegenüber verlorenen Sündern freundlich und barmherzig sein ...

Bei solchen Anlässen sind Engel des Himmels anwesend. Die Liebe zu Gott und zu den Menschen triumphiert über Selbstsucht und Weltliebe. Besonders ist das der Fall, wenn der Sprecher im Geist und in der Kraft Gottes den Erlösungsplan darstellt, der mit dem Opfer des Sohnes Gottes auf Golgatha wirksam wurde ...

Gott hat den Menschen einen Anteil bei der Errettung ihrer Mitmenschen zugewiesen. Der Mensch vermag in Verbindung mit Christus zu wirken, indem er barmherzig ist und anderen Gutes erweist. Er kann jedoch seine Mitmenschen nicht erlösen, weil er nicht imstande ist, den Forderungen der verletzten Gerechtigkeit zu genügen. Dies konnte nur der Sohn Gottes tun, der seine Ehre und Herrlichkeit beiseite legte, seine göttliche Natur mit menschlichem Wesen umhüllte und zur Erde herabkam, um sich selbst zu erniedrigen und sein Blut für die Menschheit zu vergießen.

Indem er seine Jünger beauftragte: „Geht in die ganze Welt und verkündet die Gute Nachricht allen Menschen!" (Mk 16,15 GNB), übertrug er Menschen die Aufgabe, das Evangelium auszubreiten. Während aber einige hinausgehen, um zu predigen, ruft er andere auf, seinem Anspruch auf Zehnten und Gaben zu entsprechen (siehe Mal 3,8-10), damit die Prediger unterhalten und die gedruckte Wahrheit im ganzen Land verbreitet werden kann. – *Aus der Schatzkammer der Zeugnisse*, Band 1, S. 506f. (rev.)

23. März

Reinheit

Glücklich sind, die ein reines Herz haben, denn sie werden Gott sehen. (Matthäus 5,8 Hfa)

Wenn jemand ganz von Selbstsucht befreit wurde und jeden Götzen aus der Seele verbannt hat, wird das [entstandene] Vakuum durch den Zufluss des Heiligen Geistes gefüllt. Ein solcher Mensch hat den „Glauben, der durch die Liebe tätig ist“ (Gal 5,6), und den Charakter von jeder moralischen und geistlichen Befleckung reinigt. Der Geist Christi, der Tröster, kann [dann] an seinem Herzen wirken, es beeinflussen und lenken, sodass ihm geistliche Dinge Freude bereiten. Er lebt „nach dem Geist“ (Röm 8,4) und interessiert sich für geistliche Dinge. Er verlässt sich nicht mehr auf sich selbst, und Christus ist für ihn „alles in allem“ (Eph 1,23). Der Heilige Geist unterrichtet ihn beständig in der Wahrheit, und demütig nimmt er das Wort Gottes an. Er gibt dem Herrn alle Ehre und sagt: Mir „hat Gott durch seinen Geist sein Geheimnis enthüllt ... Wir haben nicht den Geist dieser Welt bekommen, sondern den Geist Gottes. Und deshalb können wir auch erkennen, was Gott für uns getan hat.“ (1 Kor 2,10.12 Hfa)

Der Geist bringt in ihm auch die Früchte der Gerechtigkeit hervor. Christus ist „in ihm eine Quelle des Wassers ... das in das ewige Leben quillt“ (Joh 4,14). Er ist eine Rebe am „wahren Weinstock“ und zur Ehre Gottes bringt er „reiche Frucht“ (Joh 15,1.5 GNB). Welcher Art ist diese Frucht? „Die Frucht des Geistes aber ist: Liebe.“ Beachte diese Worte: „Liebe“, nicht Hass, „Freude“, nicht Unzufriedenheit und Klagen, „Friede“, nicht Verärgerung, Besorgnis und selbst verursachte Prüfungen. Und weiter: „Langmut, Freundlichkeit, Güte, Treue, Sanftmut [und] Enthaltsamkeit. Gegen diese ist das Gesetz nicht gerichtet.“ (Gal 5,22.23 EB)

Christen, die diesen Geist besitzen, werden ernsthafte Mitarbeiter Gottes. Himmlische Wesen kooperieren mit ihnen, und sie gehen ausgerüstet mit dem Geist der Botschaft, die sie verbreiten. Sie sind „ein Schauspiel für die ganze Welt, für Engel und Menschen“ (1 Kor 4,9 GNB). Durch die Heiligung des Geistes Gottes und den Glauben an die Wahrheit wird [ihr Charakter] veredelt und weiterentwickelt. Sie haben kein „Holz, Heu und Stroh“ in der Schatzkammer ihres Herzens gesammelt, sondern „Gold, Silber und Edelsteine“ (1 Kor 3,12). Sie sprechen vernünftige Worte und bringen aus dem „guten Schatz [ihres] Herzens“ (Lk 6,45) reine und heilige Dinge hervor, so wie es Christus auch tat. – *Home Missionary*, 1. November 1893

Achten auf die äußere Erscheinung

Den kalten Winter fürchtet sie nicht, denn ihre ganze Familie hat Kleider aus guter und warmer Wolle. Sie fertigt schöne Decken an, und ihre Kleider macht sie aus feinem Leinen und purpurroter Seide. (Sprüche 31,21.22 Hfa)

Eltern, die zum Glauben kommen, müssen ihre Gewohnheiten und ihre Lebensweise nach den von Gott gegebenen Weisungen ausrichten. Der Herr möchte, dass uns allen bewusst ist, dass der Dienst für Gott ein reiner und heiliger Dienst ist und diejenigen, die die Wahrheit erkannt haben, in ihren Neigungen, ihrer Gemütsart, ihrem Herzen, ihrer Unterhaltung, ihrer Kleidung und ihrem Zuhause verändert und gereinigt werden müssen, damit die unsichtbaren Engel Gottes „allen helfen [können], denen er Rettung schenken will" (Hbr 1,14).

Jeder, der sich der Gemeinde anschließt, soll eine Charakterveränderung erfahren, die seine Ehrfurcht gegenüber heiligen Dingen offenbart. Sein ganzes Leben sollte nach dem Vorbild Christi gestaltet werden. Wer sich der Gemeinde anschließt, sollte demütig genug sein, Unterweisung in den Bereichen anzunehmen, die er verändern kann und muss. Er soll ja einen christlichen Einfluss ausüben. Wer in seiner Ausdrucksweise, seinem Verhalten, seiner Kleidung oder in seinem Zuhause nichts verändert, lebt [nur] für sich selbst und nicht für Christus. Er wurde in Christus Jesus nicht neu geschaffen (siehe 2 Kor 5,17), sodass sein Herz und seine Umgebung nicht gereinigt wurden.

Christen werden gemäß den Früchten ihrer reformatorischen Arbeit beurteilt. Jeder wahre Christ wird offenbaren, was die Wahrheit des Evangeliums bei ihm bewirkt hat. Wer ein Kind Gottes geworden ist, muss gewohnheitsmäßig Ordnung und Sauberkeit pflegen. Alles, was wir tun – und sei es noch so unbedeutend –, hat eine Wirkung. Der Herr möchte jeden Menschen zu einem Werkzeug machen, durch das der Geist Christi wirken kann. Niemals sollten Christen sich hinsichtlich ihrer äußeren Erscheinung achtlos oder gleichgültig verhalten. Sie sollen geschmackvoll und hübsch aussehen, wenn auch ohne Schmuckstücke. Sie sollen innerlich und äußerlich rein sein. – *Testimonies to Southern Africa*, S. 87

25. März

Gehorsam

Lebt als gehorsame Kinder Gottes und nicht mehr nach euren selbstsüchtigen Wünschen wie damals, als ihr die Wahrheit noch nicht kanntet. Euer ganzes Tun soll ausgerichtet sein an dem heiligen Gott, der euch berufen hat. (1. Petrus 1,14.15 GNB)

Was erwartet Gott von uns? Vollkommenheit, nichts Geringeres als Vollkommenheit (siehe Mt 5,48). Aber wenn wir vollkommen sein wollen, dürfen wir uns nicht auf uns selbst verlassen. Jeden Tag müssen wir das begreifen und verstehen. Wir müssen Gottes Verheißungen im festen Glauben annehmen und im vollen Bewusstsein unserer eigenen Hilflosigkeit um den Heiligen Geist bitten. Wenn er wirkt, werden wir uns nicht selbst loben. Der Geist Gottes wird unser Herz liebevoll in seine Obhut nehmen, und alle hellen Strahlen der „Sonne der Gerechtigkeit" (Mal 3,20) auf uns scheinen lassen.

Wenn wir täglich unter der Leitung des Heiligen Geistes stehen, werden wir Gottes Gebote halten. Wir können der Welt zeigen, dass der Gehorsam gegenüber Gottes Geboten schon in diesem Leben ein Gewinn ist und im zukünftigen Leben ewigen Segen bringt. Ungeachtet unseres Bekenntnisses zum Glauben sieht der Herr, der unsere Taten beurteilt, nur ein unvollkommenes Abbild Christi. Er hat erklärt, dass wir ihn auf diese Weise nicht ehren können.

Es bedeutet sehr viel, seine „Seele ... dem treuen Schöpfer an[zu]befehlen" (1 Ptr 4,19). Es bedeutet, dass wir aus dem Glauben leben und wandeln (siehe Gal 3,11), uns nicht auf uns selbst verlassen, sondern auf Jesus blicken, unseren Fürsprecher und den „Anfänger und Vollender des Glaubens" (Hbr 12,2). Der Heilige Geist kann an einem reuigen Herzen wirken, aber niemals an einem überheblichen, selbstgerechten Menschen. Derjenige will sich in seiner eigenen Weisheit bessern. Er stellt sich zwischen seine Seele und den Heiligen Geist. [Aber] der Geist kann [nur] wirken, wenn ihn das eigene Ich nicht daran hindert.

Von wem sind wir abhängig? Wer hilft uns? Jesus sagte: „Der Vater wird euch in meinem Namen den Helfer senden, der an meine Stelle tritt, den Heiligen Geist. Der wird euch alles Weitere lehren." (Joh 14,26 GNB) Der Geist Gottes möchte mit allen zusammenarbeiten, die ihn annehmen und von ihm lernen wollen. Alle, die die Wahrheit annehmen und durch sie geheiligt sind (siehe Joh 17,19 EB), sind so [eng] mit Christus verbunden, dass sie ihn in Wort und Tat offenbaren können. – *Manuscript Releases*, Band 12, S. 52f.

Zuversicht

Werft nur jetzt eure Zuversicht nicht weg, die doch so reich belohnt werden soll. (Hebräer 10,35 GNB)

Johannes schreibt: „Wir sind Gott gegenüber voller Zuversicht, dass er uns hört, wenn wir ihn um etwas bitten, das seinem Willen entspricht. Und wenn wir wissen, dass er uns hört bei allem, was wir bitten, dann wissen wir auch, dass wir schon [erhalten] haben, worum wir ihn bitten." (1 Joh 5,14.15 GNB) Lasst uns das gegenüber den Menschen besonders betonen, damit ihre Vorstellungen erweitert werden und ihr Glaube gestärkt wird. Wir sollen sie ermutigen, Gott um Großes zu bitten und ohne Zweifel die Reichtümer seiner Gnade zu erwarten, denn ... aufgrund der Verdienste Christi haben wir durch seinen Geist Zugang zum Vater ...

Wir können „mit Zuversicht zu Gott kommen" (Hbr 4,16 Hfa) und wissen, was es bedeutet, die Gegenwart und Kraft seines Geistes zu erfahren. Wir können unsere Sünden bekennen und im selben Augenblick, [noch] während wir bitten, wissen, dass er unsere Übertretungen vergibt, weil er das versprochen hat (siehe 1 Joh 1,9; 2,12). Wir müssen Glauben üben und ernsthaft und demütig sein. Das können wir niemals ohne die Gnade des Heiligen Geistes. Vor Jesus müssen wir auf die Knie gehen und dürfen weder egoistisch sein noch uns in den Mittelpunkt stellen, sondern sollen den Herrn in Einfachheit suchen und um seinen Geist bitten, wie ein Kind seine Eltern um Brot bittet (siehe Lk 11,13).

Wir müssen unseren Beitrag leisten: Christus als unseren persönlichen Erlöser annehmen, uns unter das Kreuz von Golgatha stellen, auf ihn blicken und leben (siehe 4 Mo 21,9; Joh 3,14). Gott sondert seine Kinder für sich aus. Wenn sie sich mit ihm verbinden, bekommen sie von ihm Kraft und werden obsiegen. Aus uns selbst können wir nichts tun (siehe Joh 15,5), aber durch die Gnade seines Heiligen Geistes wird uns Leben und Licht verliehen und unsere Seele erfüllt von einer tiefen Sehnsucht nach Gott [und] nach Heiligkeit. Dann führt uns Christus „zum Thron der Gnade" (Hbr 4,16 EB) und kleidet uns in seine Gerechtigkeit, denn der Herr, der Gott des Himmels, liebt uns. Zu bezweifeln, dass er uns zugeneigt ist, bedeutet, willentlich blind oder störrisch zu sein. Während Jesus, unser Fürsprecher, im Himmel für uns eintritt, wirkt der Heilige Geist in uns „das Wollen und das Vollbringen nach seinem Wohlgefallen" (Phil 2,13). Der ganze Himmel nimmt Anteil an der Rettung der Menschen. Warum sollten wir daran zweifeln, dass der Herr uns helfen will und das auch tut? – *Signs of the Times,* 3. Oktober 1892

27. März

Frömmigkeit

Denn die leibliche Übung ist wenig nütze; aber die Frömmigkeit ist zu allen Dingen nütze und hat die Verheißung dieses und des zukünftigen Lebens. (1. Timotheus 4,8)

Frömmigkeit ist die Frucht eines christlichen Charakters. Wenn wir am Weinstock bleiben, werden wir die Früchte des Geistes tragen (siehe Joh 15,5; Gal 5,22). Das Leben des Weinstocks manifestiert sich in den Reben. Wir brauchen eine enge und vertraute Verbindung zum Himmel, um die Frucht der Frömmigkeit zu tragen. Wenn wir Jesu Bild offenbaren und zeigen wollen, dass wir Söhne und Töchter des Höchsten sind, muss Jesus ein Gast in unserem Haus und ein Mitglied unserer Familie sein.

Religion ist in der Familie eine wunderbare Sache. Wenn der Herr unter uns wohnt, werden wir spüren, dass wir zur himmlischen Familie Christi gehören. Wir werden merken, dass Engel uns beobachten, und unser Verhalten wird behutsam und liebevoll sein. Indem wir Höflichkeit und Frömmigkeit pflegen, werden wir für den Eintritt in die himmlischen Höfe ausgestattet. Unsere Unterhaltungen werden geheiligt sein und unsere Gedanken sich mit himmlischen Dingen beschäftigen.

„Henoch wandelte mit Gott." (1 Mo 5,24 EB). In jeder Lebenslage ehrte er Gott. Zu Hause und bei seinen Geschäften fragte er sich: *Ist das recht vor dem Herrn?* Weil er an Gott dachte und seinem Rat folgte, veränderte sich sein Charakter, und er wurde ein frommer Mann, dessen Wege dem Herrn gefielen.

Wir werden ermahnt, „der Frömmigkeit brüderliche Liebe" hinzuzufügen (2 Ptr 1,7). Oh, wie nötig ist es, unserem Charakter diesen Wesenszug hinzuzufügen! In vielen Familien zeigt sich ein harter, streitsüchtiger Geist. Kritische Worte und unfreundliche Handlungen gefallen Gott nicht. Autoritäre Befehle und eine bestimmende und überhebliche Art passen nicht in den Himmel. Der Grund für so viele Differenzen unter Gläubigen liegt darin, dass die brüderliche Liebe fehlt. Wir sollen anderen dieselbe Liebe entgegenbringen, mit der Christus uns geliebt hat (siehe Joh 13,34; 15,12).

Ein Mensch wird vom Herrn des Himmels nach seinem wirklichen Wert beurteilt. Wenn er in seinem eigenen Zuhause unfreundlich ist, passt er [auch] nicht in das himmlische Zuhause. Wenn er seinen eigenen Weg verfolgt, egal, wen er kränkt, wäre er im Himmel nicht zufrieden, weil er dort nicht andere beherrschen könnte. Die Liebe Christi muss unsere Herzen bewegen, dann wird der Friede Gottes in unseren Heimen wohnen. – *Advent Review and Sabbath Herald*, 21. Februar 1888

Heiligung

Jagt dem Frieden nach mit jedermann und der Heiligung, ohne die niemand den Herrn sehen wird. (Hebräer 12,14)

Von Ewigkeit her hat Gott bestimmt, dass der Mensch heilig sein soll. „Denn das ist der Wille Gottes, eure Heiligung." (1 Ths 4,3) ... Niemand bekommt Heiligkeit in die Wiege gelegt oder von einem Menschen geschenkt. Heiligkeit ist eine Gabe Gottes durch Christus. Die den Erlöser annehmen, werden zu Kindern Gottes (siehe Joh 1,12). Sie sind seine geistlichen Kinder, wiedergeboren und erneuert in Gerechtigkeit und wahrer Heiligkeit. Ihr Denken hat sich verändert. Sie sehen ewige Wirklichkeiten mit klarem Blick. Sie sind in die Familie Gottes aufgenommen und werden in sein Bild verwandelt. Sein Geist verändert sie von einer Herrlichkeit zur nächsten [Charakterstufe]. Vorher liebten sie sich selbst am meisten, nun gilt ihre höchste Liebe Gott und Christus ...

„Durch die Gerechtigkeit des Einen [ist] für alle Menschen die Rechtfertigung gekommen." (Röm 5,18) Rechtfertigung bedeutet Vergebung und dass das Herz, von „den toten Werken" gereinigt (Hbr 9,14), vorbereitet ist, den Segen der Heiligung zu empfangen. Gott hat uns gesagt, was wir tun müssen, um diesen Segen zu erhalten: „Arbeitet an euch selbst mit Furcht und Zittern, damit ihr gerettet werdet! Ihr könnt es, denn Gott selbst bewirkt in euch nicht nur das Wollen, sondern auch das Vollbringen, so wie es ihm gefällt. Tut das alles ohne Murren und langes Hin- und Herreden. Ihr sollt ja rein und fehlerlos sein und euch als Gottes vollkommene Kinder erweisen mitten unter verirrten und verdorbenen Menschen; ihr sollt leuchten unter ihnen wie die Sterne am nächtlichen Himmel." (Phil 2,12-15 GNB)

Die Liebe Gottes, im Herzen gepflegt und in Wort und Tat offenbart, erhebt und veredelt Menschen mehr als alles andere. Im Leben Christi hat diese Liebe ihren vollen Ausdruck gefunden. Am Kreuz hat Christus, der Erlöser, für die gefallene Menschheit Sühne geleistet. Heiligkeit ist die Frucht seines Opfers (siehe Hbr 10,10). Weil er für uns gestorben ist, wird uns diese große Gabe verheißen. Und Christus sehnt sich danach, uns dieses Geschenk zu machen. Er möchte uns zu „Teilhabern der göttlichen Natur" machen (2 Ptr 1,4 EB). Er sehnt sich danach, die Menschen zu retten, die sich durch ihre Sünde von Gott getrennt haben. Er ruft sie auf, sich in seinen Dienst zu stellen, sich ihm ganz hinzugeben und von ihm zu lernen, wie sie den Willen Gottes tun können. – *Signs of the Times,* 17. Dezember 1902

29. März

Demut

Vor ihm legte ich ein Bekenntnis unserer gemeinsamen Schuld ab und sagte: „Ach HERR, du großer und Ehrfurcht gebietender Gott! ... Wir sind schuldig geworden, wir haben dir die Treue gebrochen, wir haben uns gegen dich aufgelehnt und deine Gebote und Weisungen nicht befolgt.“ (Daniel 9,4.5 GNB)

Eine unechte Heiligung zeigt sich auch in einem überheblichen und selbstgerechten Geist, der dem Glauben der Bibel fremd ist. Sanftmut und Demut sind die Früchte des Geistes. Der Prophet Daniel war ein Vorbild für echte Heiligung. Sein langes Leben war vom Dienst für seinen Meister erfüllt. Er war ein „von Gott Geliebter“ (Dan 10,11), und ihm wurden Ehrungen zuteil, wie sie selten einem Sterblichen gewährt werden. Seiner Charakterstärke und seiner unverbrüchlichen Treue kamen nur seine Demut und Reue gleich.

Doch anstatt für sich Reinheit und Heiligkeit zu beanspruchen, identifizierte sich dieser geehrte Prophet mit den offensichtlichen Sündern des Volkes Israel: „Denn wir liegen vor dir mit unserm Gebet und vertrauen nicht auf unsre Gerechtigkeit, sondern auf deine große Barmherzigkeit.“ (Dan 9,18) „HERR, wir sind schuldig, wir waren dir ungehorsam! ... Durch unsere Schuld und die Schuld unserer Vorfahren ist es so weit gekommen, dass alle Völker ringsum über deine Stadt Jerusalem und über dein Volk spotten.“ (V 15.16 GNB)

Er erklärte: „Ich ... redete und betete und [bekannte] meine Sünde und die Sünde meines Volkes.“ (V. 20 EB) Und als der Sohn Gottes als Antwort auf seine Gebete erschien, um ihn zu unterweisen, sagte er: „Beim Anblick der gewaltigen Erscheinung verließ mich alle Kraft und das Blut wich aus meinem Gesicht.“ (Dan 10,8 GNB)

Diejenigen, die wirklich danach streben, ihren christlichen Charakter zu vervollkommnen, werden niemals den Gedanken hegen, sie seien sündlos. Je mehr sie über den Charakter Christi nachdenken und je näher sie seinem göttlichen Bild kommen, umso klarer werden sie seine fehlerlose Vollkommenheit erkennen und umso intensiver ihre eigenen Schwächen und Fehler empfinden. Wer Sündlosigkeit für sich beansprucht, offenbart damit, dass er keineswegs heilig ist. [Das behaupten nur Menschen], die Christus nicht wirklich kennen und meinen, sie würden sein Bild widerspiegeln. Je größer die Distanz zwischen ihnen und ihrem Erlöser ist, desto gerechter erscheinen sie in ihren eigenen Augen. – *The Spirit of Prophecy*, Band 4, S. 301f.

Abhängigkeit

Ich meine nicht, dass ich schon vollkommen bin und das Ziel erreicht habe. Ich laufe aber auf das Ziel zu, um es zu ergreifen, nachdem Jesus Christus von mir Besitz ergriffen hat. (Philipper 3,12 GNB)

Die Erfahrung eines Christen in der ersten Liebe zu Christus ist voller Einfachheit und Frische. Doch mit zunehmenden Gelegenheiten sollte sich seine Erfahrung erweitern und sein Wissen zunehmen. Er sollte stark werden, um Verantwortung zu übernehmen, und seine Reife sollte im Verhältnis zu den Vorrechten, die er genießt, wachsen ...

Wenn er sich jedoch nicht ständig von Christus abhängig macht, werden sich das zunehmende Wissen und die [geistlichen] Vorrechte in Vertrauen auf sich selbst und in Selbstgerechtigkeit verwandeln. Der junge Christ steht in der Gefahr zu vergessen, dass es Christus ist, „der ein gutes Werk in [ihm] angefangen hat", und er es auch vollenden muss (Phil 1,6). Ein Christ muss sich von allen eigenen Verdiensten abkehren und sein ganzes Vertrauen auf die Verdienste [Christi] setzen. Aus sich selbst kann ein Mensch nichts Gutes hervorbringen, wie Jesus betonte: „Ohne mich könnt ihr nichts tun." (Joh 15,5) Wir müssen uns ganz an ihn halten.

In der Gabe Christi wurde der ganze Himmel ausgeschüttet, und durch Christus wird dem Gläubigen der Heilige Geist verheißen. Er versprach seinen Jüngern: „Der Vater wird euch in meinem Namen den Helfer senden, der an meine Stelle tritt, den Heiligen Geist." (Joh 14,26 GNB) Christus bietet dem gläubigen, reuigen Menschen nicht nur Vergebung an, sondern verspricht ihm auch die beständige Hilfe des Geistes Gottes.

Wenn die Saat im Boden wächst, kann der Mensch das Werk der unsichtbaren Kräfte nicht sehen, die die Pflanze bis zur Vollendung wachsen lassen, „zuerst den Halm, danach die Ähre, danach den vollen Weizen in der Ähre" (Mk 4,18). Aber auch wenn du [noch] jung im Glauben bist, kannst du wissen, dass du „aus dem Tod in das Leben hinübergegangen" bist (1 Joh 3,14 EB), wenn die Früchte des Geistes in deinem Leben offenbar werden. Wenn du im Glauben, in der Hoffnung und in der Liebe wächst, spürst du, dass deine geistliche Sehkraft besser geworden ist. Wenn du Freude daran hast, dich mit dem Erlösungsplan und mit den herrlichen Kundgebungen des göttlichen Charakters zu beschäftigen, und wenn dein Herz beim Nachdenken über die Liebe Gottes in Dankbarkeit und Freude erglüht, kannst du gewiss sein, dass die Strahlen des Heiligen Geistes dich erleuchten und himmlische Werkzeuge deinen Charakter zur Reife des christlichen Lebens führen. – *Signs of the Times*, 27. März 1893

31. März

Meine Lieben! Wenn wir schon jetzt Kinder Gottes sind, was werden wir erst sein, wenn Christus kommt! Dann werden wir ihm ähnlich sein, denn wir werden ihn sehen, wie er wirklich ist. (1. Johannes 3,2 Hfa)

Christusähnlichkeit

Bald kommt Christus wieder „auf den Wolken des Himmels" (Mt 24,30), und wir müssen bereit sein, ihm zu begegnen, „ohne Flecken und Falten oder einen anderen Fehler" (Eph 5,27 GNB). Heute müssen wir die Einladung Christi annehmen. Er sagt: „Kommt her zu mir, alle ihr Mühseligen und Beladenen! Und ich werde euch Ruhe geben. Nehmt auf euch mein Joch, und lernt von mir! Denn ich bin sanftmütig und von Herzen demütig, und ihr werdet Ruhe finden für eure Seelen." (Mt 11,28.29 EB) Christi Worte zu Nikodemus sind [auch] für uns heute von praktischem Nutzen: „Nur wer von Wasser und Geist geboren wird, kann in Gottes neue Welt hineinkommen. Was Menschen zur Welt bringen, ist und bleibt von menschlicher Art. Von geistlicher Art kann nur sein, was vom Geist Gottes geboren wird. Wundere dich also nicht, dass ich zu dir sagte: ‚Ihr müsst alle von oben her geboren werden.' Der Wind weht, wo es ihm gefällt. Du hörst ihn nur rauschen, aber du weißt nicht, woher er kommt und wohin er geht. So geheimnisvoll ist es auch, wenn ein Mensch vom Geist geboren wird." (Joh 3,5-8 GNB)

Die verändernde Macht Gottes muss unser Herz ergreifen. Wir müssen das Leben Christi studieren und dem göttlichen Vorbild nacheifern. Wir müssen über die Vollkommenheit seines Charakters nachdenken und in sein Bild verwandelt werden. Keiner wird ins Reich Gottes kommen, dessen Leidenschaften noch nicht überwunden sind und dessen Wille noch nicht mit dem Willen Christi übereinstimmt.

Im Himmel gibt es keine Sünde und keine Unreinheit [mehr]. Wenn wir in der himmlischen Atmosphäre leben und die Herrlichkeit Christi erleben wollen, müssen wir durch seine Gnade und Gerechtigkeit ein reines Herz und einen vollkommenen Charakter [entwickelt] haben. Wir dürfen uns nicht von weltlichen Vergnügungen beanspruchen lassen, sondern sollen zu den herrlichen Wohnungen passen, die Christus für uns vorbereitet (siehe Joh 14,2). Wenn wir treu sind, danach streben, anderen zum Segen zu sein, und geduldig im Gutes tun sind (siehe Gal 6,9.10), wird uns Christus bei seinem Kommen mit Herrlichkeit, Ehre und Unsterblichkeit krönen. – *Advent Review and Sabbath Herald*, 28. April 1891

Wir werden vom Heiligen Geist erleuchtet

Er erleuchte die Augen eures Herzens, damit ihr wisst, was die Hoffnung seiner Berufung, was der Reichtum der Herrlichkeit seines Erbes in den Heiligen und was die überragende Größe seiner Kraft an uns, den Glaubenden, ist. (Epheser 1,18 EB)

Der Apostel Paulus schrieb: „Ihn, den Gott unseres Herrn Jesus Christus ... bitte ich darum, euch durch seinen Geist Weisheit zu geben, dass ihr ihn immer besser erkennt und er euch seinen Plan zeigt. Er öffne euch die Augen, damit ihr seht, wozu ihr berufen seid, worauf ihr hoffen könnt und welch unvorstellbar reiches Erbe auf alle wartet, die zu Gott gehören. Ihr sollt erfahren, mit welch unermesslich großer Kraft Gott in uns, den Glaubenden, wirkt." (Eph 1,17-19 Hfa) Doch der Verstand muss erst an die Natur der Wahrheit angepasst werden, die studiert werden soll. Das Verständnis muss geöffnet und das Herz und der Sinn mit Christus, der die Wahrheit ist (Joh 14,6), in Übereinstimmung gebracht werden.

Wer Jesus mit den Augen des Glaubens betrachtet, erkennt an sich selbst nichts Herrliches, denn die Herrlichkeit des Erlösers scheint in das Herz und den Verstand. Er erkennt, dass das Blut [Christi] für ihn Sühne erwirkt hat, und sein Herz wird mit Dankbarkeit erfüllt, weil seine Sünde weggenommen wurde. Weil er von Christus gerechtfertigt ist, fühlt sich der Empfänger der Wahrheit gedrängt, sich Gott ganz zu übergeben. Er wird in die Schule Christi aufgenommen, um von ihm zu lernen, der selbst „sanftmütig und von Herzen demütig" ist (Mt 11,29). Die Erkenntnis der „Liebe Gottes ist ausgegossen in [sein] Herz durch den Heiligen Geist" (Röm 5,5). „Welch eine Liebe!", ruft er aus. „Welch tiefe Erniedrigung!" Er ergreift die reichen Verheißungen des Glaubens und „bekommt Anteil an der göttlichen Natur" (2 Ptr 1,4). In sein Herz, das von Selbstsucht entleert wurde, strömt das Wasser des Lebens, und aus ihm scheint die Herrlichkeit des Herrn.

Wenn der Gläubige beständig auf Jesus schaut, wird das Menschliche dem Göttlichen angeglichen, und er wird in sein Bild verwandelt. [Paulus schrieb:] „Wir alle aber schauen mit aufgedecktem Angesicht die Herrlichkeit des Herrn an und werden (so) verwandelt in dasselbe Bild von Herrlichkeit zu Herrlichkeit [d. h. von einer Charakterstufe zur anderen], wie (es) vom Herrn, dem Geist, (geschieht)." (2 Kor 3,18 EB) Der menschliche Charakter wird in den göttlichen verwandelt. [Nur] das geistliche Auge erkennt diese Herrlichkeit. Sie ist verborgen, eingehüllt in ein Geheimnis, bis der Heilige Geist sie dem Christen offenbart. – *Advent Review and Sabbath Herald*, 18. Februar 1896

2. April

Uns aber hat Gott durch seinen Geist sein Geheimnis enthüllt. Denn der Geist Gottes weiß alles, er kennt auch Gottes tiefste Gedanken. (1. Korinther 2,10 Hfa)

Der Geist ist zum Verständnis der Wahrheit notwendig

In dieser Zeit muss ein großes Werk getan werden, und wir haben nicht einmal zur Hälfte erkannt, was der Herr für sein Volk tun will. Wir sprechen von der ersten und zweiten Engelsbotschaft und meinen, wir hätten ein gewisses Verständnis von der dritten Engelsbotschaft (siehe Offb 14,6-12). Aber wir sollten uns mit unserer gegenwärtigen Erkenntnis nicht zufrieden geben. Unsere Bitten um ein [besseres] Verständnis der Geheimnisse, die Gott seinen Heiligen offenbaren möchte, sollten im Glauben und mit Reue zu Gott aufsteigen. Wir müssen begreifen, dass wir die Bibel nur dann richtig verstehen werden, wenn der Heilige Geist uns unterrichtet, denn sie ist selbst für die Gelehrten, die sich in ihrer Einbildung für weise halten, ein versiegeltes Buch.

Jesus meinte, was er sagte, als er seine Jünger aufforderte: „*Sucht* in der Schrift!" (Joh 5,39 KJV) Suchen bedeutet, einen Bibeltext mit anderen zu vergleichen und geistliche Dinge mit geistlichen Dingen. Wir dürfen uns nicht mit einem oberflächlichen Wissen zufriedengeben. Wir sollen nach dem „verborgenen Schatz" suchen, der unter der Oberfläche versteckt liegt, [so eifrig] wie der Kaufmann [in Jesu Gleichnis] nach „kostbaren Perlen" (Mt 13,44.45 Hfa)! Großes Licht wird den eifrigen Wahrheitssucher belohnen.

Viele haben ihre Verstandeskräfte noch nicht strapaziert und noch nicht erfahren [was es bedeutet], seinen Fähigkeiten alles abzuverlangen, um herauszufinden, was Wahrheit ist. Der Heilige Geist wird nicht auf euch herabkommen, wenn ihr kein Bedürfnis [danach] verspürt und euch nicht intensiver danach sehnt als jetzt. Ihr solltet erkennen, dass wir dicht an der Grenze zur ewigen Welt leben, weil Christus bald wiederkommt. Der ganze Himmel interessiert sich für das Werk, das jetzt vorangeht: das Volk Gottes für sein Kommen geeignet zu machen.

Wenn es jemals ein Volk gegeben hat, das den Rat des treuen Zeugen an die Gemeinde von Laodizea, eifrig zu sein und [seine Sünden] zu bereuen (siehe Offb 3,19), nötig hatte, dann ist es die Adventgemeinde, der die erstaunlichen Wahrheiten für diese Zeit offenbart wurden, denn sie wird ihren großen Vorrechten und ihrer Verantwortung nicht gerecht. Wir haben viel verloren, weil wir nicht das Licht der ernsten Wahrheiten ausleben, die wir zu glauben vorgeben. – *Advent Review and Sabbath Herald,* 4. Juni 1889

Drei Wege, wie der Geist uns führt

Ich bin der gute Hirte ... Meine Schafe hören meine Stimme, und ich kenne sie und sie folgen mir ... Einem Fremden aber folgen sie nicht nach, sondern fliehen vor ihm, denn sie kennen die Stimme des Fremden nicht. (Johannes 10,11.27.5)

Jesus erwartet von allen, die sich als seine Soldaten bezeichnen, dass sie für ihn Dienst tun. Sie sollen den Feind erkennen und ihm widerstehen, [aber] nicht ihn in ihr Vertrauen ziehen und dadurch die heilige Sache verraten. Der Herr hat euch in eine Position gestellt, in der [euer Charakter] veredelt und geadelt werden kann und ihr ständig eine größere Eignung für [die Mitarbeit in] seinem Werk erlangen könnt. Wenn ihr diese Qualifikationen nicht erreicht, dann seid ihr allein daran schuld.

Es gibt drei Wege, auf denen der Herr uns seinen Willen offenbart, um uns zu führen und zu befähigen, andere zu leiten. Wie können wir seine Stimme von der eines Fremden unterscheiden? Wie erkennen wir, ob es sich um die Stimme eines falschen Hirten handelt? Gott offenbart uns seinen Willen in seinem Wort, der Heiligen Schrift. Seine Stimme offenbart sich auch in seinen Fügungen. Wir werden sie erkennen, wenn wir uns nicht von ihm trennen, indem wir unsere eigenen Wege gehen, nach unserem eigenen Willen handeln und den Antrieben eines ungeheiligten Herzens folgen, bis unsere Sinne so verwirrt sind, dass wir göttliche Dinge nicht mehr erkennen können und die Stimme Satans so getarnt ist, dass wir sie als Gottes Stimme annehmen.

[Der dritte] Weg, auf dem wir Gottes Stimme hören, ist durch die Aufrufe seines Heiligen Geistes, der unser Herz beeindruckt. Das wirkt sich dann im Charakter aus. Wenn du dir in einem Thema unsicher bist, musst du zuerst die Heilige Schrift konsultieren. Wenn du wirklich ein Leben im Glauben begonnen hast, hast du dich ganz dem Herrn übergeben, und er bildet und gestaltet dich nach seiner Absicht, damit du „ein Gefäß zu ehrenvollem Gebrauch" wirst (2 Tim 2,21 GNB). Du solltest den intensiven Wunsch verspüren, dich von seiner Hand formen zu lassen (siehe Jer 18,6) und ihm zu folgen, wohin er dich auch führt. Dann vertraust du ihm bei der Ausführung seiner Pläne, und gleichzeitig kooperierst du mit ihm, um dein „Heil mit Furcht und Zittern" zu bewirken (Phil 2,12 EB). Für dich, mein Bruder, wird dies schwierig sein, weil du noch keine Erfahrung darin hast, die Stimme des guten Hirten zu erkennen. Das verursacht dir Zweifel und stürzt dich in Gefahr. Du solltest in der Lage sein, seine Stimme zu erkennen. – *Testimonies for the Church*, Band 5, S. 511f.

4. April

Wunderbar sind deine Zeugnisse, darum bewahrt sie meine Seele. Die Eröffnung deiner Worte [er]leuchtet, sie gibt Einsicht den Einfältigen. (Psalm 119,129.130 EB)

Zur Quelle des Lichtes gehen

Es kommt bisweilen vor, dass geschulte und gebildete Menschen mit geistigen Fähigkeiten gewisse Schriftabschnitte nicht verstehen können, während andere mit geringerer Schulbildung, mit weniger Wissen und anscheinend geringerem Fassungsvermögen ihren Sinn erfassen und Kraft und Trost in den Schriftstellen finden, die jene als dunkel bezeichnen oder als unwichtig übergehen. Woher kommt das? Mir wurde erklärt, dass sich die weniger Gebildeten nicht auf ihre eigene Auffassungsgabe verlassen. Sie wenden sich an die Quelle des Lichts – an den, der die Heilige Schrift eingegeben hat. Sie bitten Gott mit demütigem Herzen um Weisheit und empfangen sie. Es gibt noch Fundgruben der Wahrheit, die der aufrichtige Sucher entdecken kann.

Christus verglich die Wahrheit mit einem „im Acker verborgenen Schatz" (Mt 13,44 EB). Sie liegt nicht offen an der Oberfläche, daher müssen wir nach ihr graben. Aber unser Erfolg, sie zu finden, hängt weniger von der Leistung unseres Verstandes ab als von der Demut des Herzens und dem Glauben, mit dem wir die Hilfe Gottes ergreifen.

Ohne die Führung des Heiligen Geistes stehen wir immer in Gefahr, die Schrift zu verdrehen oder sie falsch auszulegen. Die Bibel wird oft ohne jeden Gewinn, bisweilen selbst zum Schaden gelesen. Wenn man das Wort Gottes ohne Ehrfurcht und ohne Gebet öffnet, wenn die Sinne und Gedanken nicht auf Gott gerichtet sind und nicht seinem Willen entsprechen, werden Zweifel den Geist vernebeln und die Skepsis durch das Bibelstudium geradezu genährt. Dann beherrscht der Feind das Denken und flüstert verkehrte Auslegungen ein.

Wenn Menschen nicht in Wort und Tat bemüht sind, mit Gott in Einklang zu stehen, können sie sich – so gelehrt sie auch sein mögen – im Verständnis der Schrift irren. Dann ist es nicht ratsam, ihren Auslegungen zu trauen. Wenn wir aufrichtig danach trachten, den Willen Gottes zu tun, dann macht der Heilige Geist die Gebote seines Wortes zu Grundsätzen unseres Lebens und schreibt sie auf die Herzenstafeln (siehe Hbr 8,10). Nur die, die dem bereits gegebenen Licht folgen, dürfen hoffen, weitere Erleuchtung des Geistes zu empfangen. – *Aus der Schatzkammer der Zeugnisse*, Band 2, S. 279f. (rev.)

Geistliches Unterscheidungsvermögen entwickeln

Menschen, die sich auf ihre natürlichen Fähigkeiten verlassen, lehnen ab, was der Geist Gottes enthüllt. Es kommt ihnen unsinnig vor. Sie können nichts damit anfangen, weil es nur mit Hilfe des Geistes beurteilt werden kann. (1. Korinther 2,14 GNB)

Die Juwelen der Wahrheit liegen über das Feld der Offenbarung verteilt, sind aber verschüttet unter menschlichen Traditionen, Aussagen und Geboten. Die Weisheit des Himmels wurde praktisch ignoriert, denn Satan ist es gelungen, der Welt glauben zu machen, dass die Worte und Errungenschaften von Menschen große Bedeutung haben. Gott der Herr, der Schöpfer des Universums, hat mit einem unendlich hohen Preis der Welt das Evangelium gegeben. Durch dieses göttliche Mittel haben sich den Menschen, die zur Quelle des Lebens kommen, frohmachende und erfrischende Brunnen himmlischen Trostes und dauerhafter Erbauung erschlossen. Ganze Adern von Wahrheit sind noch zu entdecken, aber „geistliche Dinge ... müssen geistlich beurteilt werden" (1 Kor 2,13.14).

Ein durch Boshaftigkeit verdunkelter Verstand kann den Wert der Wahrheit, wie sie in Jesus [verkörpert] ist, nicht ermessen. Wo die Ungerechtigkeit gepflegt wird, empfinden Menschen keine Notwendigkeit zu intensivem Gebet und Nachdenken und verstehen nicht, dass sie den Himmel entweder kennen oder verlieren. So lange standen sie unter dem Schatten des Feindes, dass sie die Wahrheit wie durch ein blindes oder beschlagenes Glas sehen, denn sie erkennen alle Dinge [nur] dunkel und verzerrt. Ihre geistliche Sehkraft ist schwach und unzuverlässig, denn sie blicken auf den Schatten und wenden sich ab vom Licht.

Doch die sich zu Jesus bekennen, sollten sich immer ans Licht halten. Täglich sollten sie darum bitten, dass das Licht des Heiligen Geistes auf die Seiten ihrer Bibel fällt, damit sie die Anliegen des Geistes Gottes verstehen können. Wir müssen dem Wort Gottes vorbehaltlos vertrauen, sonst sind wir verloren. Aussagen von Menschen, seien sie noch so großartig, können uns nicht „vollkommen [machen], zu allem guten Werk geschickt" (2 Tim 3,17).

„Gott [hat] euch als Erste zur Seligkeit erwählt ... in der Heiligung durch den Geist und im Glauben an die Wahrheit." (2 Ths 2,13) In diesem Text werden die beiden Mittel in der Erlösung von Menschen offenbart: der göttliche Einfluss und der starke, lebendige Glaube der Nachfolger Christi. Durch die Heiligung des Geistes und den Glauben an die Wahrheit werden wir zu Mitarbeitern Gottes. – *Advent Review and Sabbath Herald*, 1. Dezember 1891

6. April

Die neue Welt Gottes ist mit einem Schatz zu vergleichen, der in einem Acker vergraben war: Ein Mensch fand ihn und deckte ihn schnell wieder zu. In seiner Freude verkaufte er alles, was er hatte, und kaufte dafür den Acker mit dem Schatz. (Matthäus 13,44 GNB)

Nach himmlischen Schätzen suchen

In unserer Zeit gibt sich die Gemeinde im Großen und Ganzen mit den oberflächlichen Wahrheiten, die Gott offenbart hat, zufrieden. Sie sind so klar und leicht zu verstehen, dass viele meinen, darin sei alles Wesentliche enthalten. Sie akzeptieren sie, und das reicht ihnen. Aber der Heilige Geist, der am Verstand wirkt, lässt nicht zu, dass der in Trägheit verharrt. Er weckt das ernste Verlangen nach der [reinen] Wahrheit, die nicht durch Irrtümer und falsche Lehren verfälscht ist.

Der eifrige Forscher wird mit himmlischen Wahrheiten belohnt. Wer wirklich nach Wahrheit sucht, kann mit Trägheit nicht zufrieden sein.

Das Reich Gottes „ist wie ein verborgener Schatz, den ein Mann in einem Acker entdeckte und wieder vergrub. In seiner Freude verkaufte er sein gesamtes Hab und Gut und kaufte dafür den Acker mit dem Schatz." (Mt 13,44 Hfa) Er kaufte ihn, damit er ihn durcharbeiten, jede einzelne Scholle umpflügen und die im Acker verborgenen Schätze in Besitz nehmen konnte. Es ist Aufgabe des Heiligen Geistes, diese Suche zu leiten und zum Erfolg zu führen. Beim Umgraben des Ackers findet der Sucher Spuren von kostbarem Erz, dessen Wert er einschätzt, und gräbt immer tiefer nach noch wertvolleren Schätzen. So wird manche reiche Ader entdeckt. Die Goldlager der Erde sind jedoch nicht so reich von Adern des wertvollen Golderzes durchzogen wie der Acker der Offenbarung, deren Adern die unerforschlichen Reichtümer Christi ans Licht bringen.

Der Herr möchte, dass jedes seiner Kinder „reich im Glauben" ist (Jak 2,5 EB). Das ist eine Frucht des Wirkens des Heiligen Geistes am Herzen. Vom Herzen wirkt der Geist nach außen und entwickelt einen [veränderten] Charakter, der Gott gefällt. Welche unermesslichen Schätze der Wahrheit hat Christus dem Wissensgebiet des Glaubens hinzugefügt, damit seine Jünger sie sich aneignen können! Wenn wir Gottes Wort besser verstehen möchten, brauchen wir einen größeren Glauben. Das größte Hindernis zum Empfang der göttlichen Erleuchtung besteht darin, dass wir uns nicht auf die Leistungsfähigkeit des Heiligen Geistes verlassen. – *The Ellen G. White 1888 Materials*, S. 1537f.

Auf der Suche nach der Wahrheit Gottes

Ihr forscht doch in den Heiligen Schriften und seid überzeugt, in ihnen das ewige Leben zu finden – und gerade sie weisen auf mich hin. (Johannes 5,39 GNB)

Christus kam in menschlicher Gestalt [auf die Erde], um jede Vorschrift des Gesetzes zu erfüllen. Er war [selbst] „das Wort des Lebens" (1 Joh 1,1.2), die [Verkörperung des] erlösenden Evangeliums für die Welt. Jesus ist das Wort, das akzeptiert und bis in alle Einzelheiten befolgt werden muss. Wie wichtig ist es [doch], diese Mine der Wahrheit auszubeuten, ihre reichen Schätze zu entdecken und sich wie wertvolle Juwelen zu sichern! Die Menschwerdung Christi, seine Göttlichkeit, sein Sühnetod, sein Dienst im Himmel als unser Fürsprecher, das Wirken des Heiligen Geistes – alle diese lebenswichtigen Themen des christlichen Glaubens sind vom ersten Buch Moses bis zur Offenbarung dargestellt worden. Die goldenen Glieder der Wahrheit bilden eine Kette von Evangeliumswahrheiten, und das erste und alles umklammernde Glied finden wir in den großen Lehren Jesu.

Warum sollte dann die Heilige Schrift nicht in jeder Schule unseres Landes benutzt und in Ehren gehalten werden? Schon kleine Kinder sollten zum Studium der Bibel als Wort Gottes angehalten werden und seine Wahrheiten hören, die das Fleisch und das Blut des Sohnes Gottes sind, [wie Jesus selbst erklärte:] „Ihr habt keinen Anteil am Leben, wenn ihr das Fleisch des Menschensohns nicht esst und sein Blut nicht trinkt ... Denn mein Fleisch ist die wahre Nahrung, und mein Blut ist der wahre Trank. Wer mein Fleisch isst und mein Blut trinkt, bleibt mit mir verbunden und ich mit ihm ... Die Worte, die ich zu euch gesprochen habe, sind von diesem Geist erfüllt und bringen das Leben." (Joh 6,53.55.56.63 GNB) „Wer Gottes Gebot befolgt, bleibt mit Gott verbunden und Gott mit ihm. Durch den Geist, den er uns gegeben hat, wissen wir, dass Gott in uns lebt." (1 Joh 3,24 GNB)

Es ist notwendig, dass jede Familie die Bibel zum Gegenstand ihres Studiums macht. Christi Aussagen sind pures Gold, ohne die kleinste Verunreinigung, falls nicht Menschen sie mit ihrem [begrenzten] Verständnis verfälschen ... und Irrtümer als Teil der Wahrheit erscheinen lassen. Wenn jene, die eine falsche Auslegung der Heiligen Schrift angenommen haben, sie mit dem zielstrebigen Bemühen erforschen, den Kern der in ihr enthaltenen Wahrheit zu erkennen, öffnet ihnen der Heilige Geist die Augen, und die Wahrheiten des Wortes Gottes erscheinen ihnen wie eine neue Offenbarung. – *Fundamentals of Christian Education*, S. 385f.

8. April

Nur der Geist Gottes [weiß], was in Gott vorgeht. Wir haben aber nicht den Geist dieser Welt erhalten, sondern den Geist, der von Gott kommt. Darum können wir erkennen, was Gott uns geschenkt hat. (1. Korinther 2,11.12 GNB)

Das Unbekannte über Gott entdecken

Offenbarung bedeutet nicht die Schöpfung oder Erfindung von etwas Neuem, sondern die Manifestation dessen, was den Menschen – bevor es offenbart wurde – unbekannt war. Die großen und ewigen Wahrheiten, die im Evangelium enthalten sind, werden uns offenbart durch sorgfältiges Forschen und eine demütige Haltung vor Gott. Der göttliche Lehrer leitet die Gedanken des demütigen Wahrheitssuchers. Durch die Leitung des Heiligen Geistes erkennt er die Wahrheiten des Wortes Gottes. Es gibt keinen zuverlässigeren und effizienteren Weg zur Erkenntnis als solch eine Führung. Die Verheißung des Heilands lautete: „Wenn aber der Geist der Wahrheit kommt, hilft er euch dabei, die Wahrheit vollständig zu erfassen." (Joh 16,13 Hfa) Gott befähigt uns durch die Mitteilung des Heiligen Geistes, sein Wort zu verstehen ...

Wir werden ermahnt: „Suche nach der Weisheit wie nach Silber, wie nach vergrabenen Schätzen. Wenn du das alles tust, wirst du auch lernen, den Herrn zu erkennen." (Spr 2,4.5 GNB). Der Herr öffnet dem ernsthaften Wahrheitssucher das Verständnis, und der Heilige Geist befähigt ihm, die offenbarten Wahrheiten zu verstehen. Das meint der Psalmist, wenn er bittet: „Öffne mir die Augen, damit ich die Wunder erkenne, die dein Gesetz [die fünf Bücher Mose] enthält." (Ps 119,18 Hfa). Wenn die Seele nach der Exzellenz Jesu Christi strebt, wird der Geist befähigt, die Herrlichkeit der besseren Welt zu begreifen. Nur mit der Hilfe des göttlichen Lehrers können wir die Wahrheiten des Wortes Gottes verstehen. In der Schule Christi lernen wir, sanftmütig und demütig zu sein, weil wir dort die Geheimnisse der Frömmigkeit erkennen.

Er, der das Wort inspirierte, ist auch der wahre Ausleger des Wortes. Christus verdeutlichte seine Lehren, indem er die Aufmerksamkeit seiner Hörer auf die einfachen Gesetzmäßigkeiten der Natur richtete und auf die bekannten Dinge, mit denen sie täglich zu tun hatten. So führte er ihre Gedanken vom Natürlichen zum Geistlichen. – *Sabbath School Worker*, 1. Dezember 1909

Noch intensiver in der Bibel forschen

Sie nahmen die Botschaft mit großer Bereitwilligkeit auf und studierten täglich die Heiligen Schriften, um zu sehen, ob das, was Paulus sagte, auch zutraf. (Apostelgeschichte 17,11 GNB)

Es ist richtig und angemessen, die Bibel zu lesen. Aber damit ist deine Pflicht noch nicht getan; denn du musst ihre Aussagen selbst erforschen. Die Erkenntnis Gottes gewinnst du nicht ohne geistige Anstrengung und ohne Gebet um Weisheit, damit du das echte Korn der Wahrheit von der Spreu trennen kannst, mit der die Lehren Gottes vermischt sind. Satan und seine menschlichen Verbündeten haben versucht, die Spreu des Irrtums mit den Körnern der Wahrheit zu vermischen. Wir sollten daher fleißig nach dem verborgenen Schatz suchen und Weisheit vom Himmel erbitten, um menschliche Erfindungen von göttlichen Geboten zu unterscheiden. Der Heilige Geist wird demjenigen helfen, der nach den großen und wertvollen Wahrheiten sucht, die mit dem Erlösungsplan zusammenhängen.

Ich möchte allen die Tatsache ans Herz legen, dass ein gelegentliches Lesen in der Heiligen Schrift nicht ausreicht. Wir müssen sie erforschen, und das schließt alles ein, was dieses Wort bedeutet. Wie der Bergmann voll Eifer in der Tiefe sucht, um Goldadern zu entdecken, so sollen wir das Wort Gottes nach dem verborgenen Schatz durchsuchen, den Satan so lange vor den Menschen verstecken wollte. Jesus sagte: „Wer von euch bereit ist, Gottes Willen zu tun, der wird erkennen, ob diese Worte von Gott kommen oder ob es meine eigenen Gedanken sind." (Joh 7,17 Hfa)

Das Wort Gottes ist Wahrheit und Licht und soll deinem Fuß wie eine Lampe leuchten (siehe Ps 119,105), um dich Schritt für Schritt auf dem Weg zu den Toren der Stadt Gottes zu leiten. Deshalb bemüht sich Satan so verzweifelt, den Pfad zu versperren, der für die Erlösten des Herrn geebnet wurde, um darauf zu gehen. Du darfst nicht deine eigenen Gedanken in die Bibel hineinlesen und deine Meinung zum Mittelpunkt machen, um den sich die Wahrheit drehen muss. Du musst deine Ideen an der Tür zur Erforschung [der Bibel] abgeben und im Gebet mit einem demütigen, unterwürfigen Herzen – das Ich in Christus verborgen – von Gott Weisheit erbitten. Du solltest spüren, dass du den offenbarten Willen Gottes kennen musst, weil er dein persönliches und ewiges Wohlergehen betrifft. Die Bibel ist dein Reiseführer zum ewigen Leben. Es sollte dein größter Wunsch sein, den Willen und die Wege des Herrn zu kennen. – *Fundamentals of Christian Education*, S. 307f.

10. April

Denn so spricht der Hohe und Erhabene, der ewig wohnt, dessen Name heilig ist: Ich wohne in der Höhe und im Heiligtum und bei denen, die zerschlagenen und demütigen Geistes sind, auf dass ich erquicke den Geist der [Demütigen] und das Herz der Zerschlagenen. (Jesaja 57,15)

Mit einem demütigen Herzen forschen

Alle, die mit dem Wunsch nach göttlicher Leitung und mit einem demütigen, wissbegierigen Geist zum Wort Gottes kommen, um die Bedingungen der Erlösung kennenzulernen, werden verstehen, was die Heilige Schrift sagt. Aber jene, die an die Erforschung der Bibel mit einer Einstellung herangehen, die von ihr nicht gutgeheißen wird, werden von ihrer Suche einen Geist mitnehmen, der nicht aus ihr stammt. Der Herr spricht nicht zu gleichgültigen Menschen. Er verschwendet seine Unterweisung nicht an jemanden, der willentlich ehrfurchtslos oder [durch bewusste Sünde] verunreinigt ist. Aber der Versucher unterweist jeden, der sich seinen Einflüsterungen ausliefert, und möchte Gottes heiligem Gesetz die Wirkung nehmen.

Wir müssen das Wort des Lebens mit demütigem Herzen, mit Aufrichtigkeit und Ehrfurcht erforschen; denn nur ein demütiger und zerschlagener Geist kann das Licht [Gottes] erkennen. Das Herz und der Verstand müssen auf den Empfang des Lichts vorbereitet werden. Das Herz muss schweigen und „jeder Gedanke ... unter den Gehorsam" gegenüber Christus gefangengenommen werden (2 Kor 10,5 EB). Das prahlerische eigene Wissen und die Selbstgenügsamkeit werden in der Gegenwart des Wortes Gottes getadelt werden.

Der Herr spricht zu dem Herzen, das sich vor ihm demütigt. Am Altar des Gebets, wenn wir uns dem Thron der Gnade im Glauben nähern, erhalten wir aus der Hand Gottes die himmlische Fackel, die unsere Finsternis erleuchtet und uns unsere geistlichen Bedürfnisse erkennen lässt. Der Heilige Geist nimmt von den göttlichen Dingen und offenbart sie dem, der aufrichtig nach dem himmlischen Schatz sucht (siehe 1 Kor 2,10; Mt 13,44). Wenn wir uns von ihm führen lassen, leitet er uns „in die ganze Wahrheit" (Joh 16,13 EB). Wenn wir die Herrlichkeit Christi ansehen, werden wir in sein Bild verwandelt (siehe 2 Kor 3,18). Wir haben [dann] jenen „Glauben, der sich in tätiger Liebe auswirkt" (Gal 5,6 GNB) und die Seele reinigt. Unser Herz wird erneuert, und wir werden bereit gemacht, Gott in allem zu gehorchen. – *Advent Review and Sabbath Herald*, 15. Dezember 1896

Mit einer gelehrigen Einstellung studieren

So spricht der Herr zu seinem Volk: „Stellt euch an die Straßen, und erkundigt euch, welchen Weg eure Vorfahren gegangen sind. Fragt nach dem richtigen Weg, und dann beschreitet ihn. So findet ihr Ruhe für euer Leben."
(Jeremia 6,16 Hfa)

Nachdem der Beter den Herrn um die Erkenntnis seines Willens, um himmlische Weisheit und um das Licht des Heiligen Geistes gebeten hat, wird er in der Heiligen Schrift forschen und erleben, dass ihm vorher unverständliche Passagen plötzlich klar werden und er seine Pflichten deutlicher erkennt als jemals zuvor. Jesus sagte: „Was ich euch sage, sind nicht meine eigenen Gedanken. Es sind die Worte Gottes, der mich gesandt hat. Wer von euch bereit ist, Gottes Willen zu tun, der wird erkennen, ob diese Worte von Gott kommen." (Joh 7,16.17 Hfa)

Die Erkenntnis der göttlichen Wahrheit ist denen verheißen, die dem Licht und der Wahrheit, die ihnen gegeben wurden, gehorsam sind. Der Eingang durch das „enge Tor" (Mt 7,13 GNB) hängt nicht von Wissen oder Reichtum ab, sondern von einer gelehrigen Einstellung. Wer den ersten Strahl himmlischen Lichts dankbar ergreift, anwendet, in ihm wandelt, sein Handeln mit ihm in Übereinstimmung bringt und durch ihn geheiligt wird, wird immer mehr Licht empfangen. Er wird verstehen, dass das Evangelium den Erlösungsplan beinhaltet ...

Wer ein gehorsames Herz besitzt und bereit ist, den Willen Gottes zu tun, wird die Wahrheit nicht nur frohen [Herzens] aufnehmen, sondern ernsthaft nach ihr suchen wie nach einem verborgenen Schatz. Er wird mit einer demütigen und gelehrigen Einstellung an die Heilige Schrift herangehen, zu verstehen suchen, wie er im Licht [Gottes] wandeln kann, und fragen: „Herr, was soll ich tun?" (Apg 22,10) Er ist bereit, alles und jedes zu opfern – wenn es von ihm verlangt wird –, damit er in Harmonie mit dem Willen Gottes kommt.

Es ist nicht immer leicht, Gottes Willen zu gehorchen. Man braucht eine konsequente Haltung, um durch das „enge Tor" einzutreten und den „schmalen Weg" zu gehen, der „zum Leben führt" (Mt 7,13.14 GNB), denn an jeder Ecke lauern Stimmen, die uns auf abseitige und verbotene Wege locken wollen. Wer Reichtum, Ehre und eine hohe Stellung liebt, wird nicht durch dieses enge Tor eingehen, wenn er sich nicht von seinen Idolen trennen [kann]. Es ist zu schmal, um die Dinge dieser Welt mitzunehmen.

Wer durch das enge Tor gehen will, muss alles, was er hat, vollständig Gott weihen. Jesus sagt: „Wenn jemand mir nachkommen will, verleugne er sich selbst und nehme sein Kreuz auf und folge mir nach!" (Mt 16,24 EB)
– *Advent Review and Sabbath Herald*, 28. März 1912

12. April

Wir sollen wie leere Gefäße sein

Diesen kostbaren Schatz tragen wir in uns, obwohl wir nur zerbrechliche Gefäße sind. So wird jeder erkennen, dass die außerordentliche Kraft, die in uns wirkt, von Gott kommt und nicht von uns selbst. (2. Korinther 4,7 Hfa)

Die Frage ist gestellt worden, welche Art von Gefäßen der Heilige Geist gebrauchen kann (siehe 2.Tim 2,20). Was sagt Jesus [dazu]? „Kommt alle her zu mir, die ihr euch abmüht und unter eurer Last leidet! Ich werde euch Ruhe geben. Lasst euch von mir in den Dienst nehmen, und lernt von mir! Ich meine es gut mit euch und sehe auf niemanden herab. Bei mir findet ihr Ruhe für euer Leben. Mir zu dienen ist keine Bürde für euch, meine Last ist leicht." (Mt 11,28-30 Hfa) Welche Gefäße kann der Meister gebrauchen? Leere Gefäße. Wenn wir die Seele „von jeder Befleckung ... reinigen (2 Kor 7,1 EB), sind wir gebrauchsfertig.

Haben wir die Selbstsucht abgelegt? Sind wir von selbstsüchtigen Plänen geheilt? Wenn wir uns nur weniger mit uns selbst beschäftigen würden! Möge der Herr sein Volk, seine Lehrer und seine Gemeinden reinigen! Er hat allen eine Norm gegeben, von der sie sich nicht achtlos abwenden dürfen. Aber immer noch weichen sie von den Prinzipien der Gerechtigkeit ab. Wie lange soll das noch dauern? Wie soll der Meister uns als Gefäße für den heiligen Dienst gebrauchen können, wenn wir uns nicht selbst entleeren und seinem Geist keinen Raum zum Wirken geben?

Gott ruft sein Volk auf, ihn zu offenbaren. Gibt es [etwa] in der Welt Prinzipien der Integrität, die wir in der Gemeinde vergeblich suchen? Zeigt sich denn selbstsüchtiger Ehrgeiz zuerst bei den Nachfolgern Christi? Sollten ihre Prinzipien nicht auf das wahre Fundament, nämlich Jesus Christus, gegründet sein? Womit sollen wir denn auf dieses Fundament bauen, damit in der Gemeinde nicht mehr Widerstreit, sondern Einigkeit herrscht? Sollen wir „Holz, Heu oder Stroh" nehmen oder nicht vielmehr die hochwertigsten Materialien verwenden – „Gold, Silber, Edelsteine" (1 Kor 3,12)? Sollten wir nicht zwischen der Spreu und dem Weizen scharf trennen? Erkennen wir nicht, dass wir den Heiligen Geist in unser Herz aufnehmen müssen, damit er unser Leben formen und gestalten kann?

Wir leben in gefahrvollen Zeiten. Mit aller Ehrfurcht vor Gott möchte ich sagen, dass die richtige Schriftauslegung für eine gute moralische Charakterentwicklung notwendig ist. Wenn Herz und Sinn vom Geist Gottes beeinflusst werden und die Selbstsucht getötet ist, kann die Wahrheit sich immer weiter ausbreiten und entwickeln. Wenn die Wahrheit unseren Charakter prägt, dann wird sie tatsächlich als Wahrheit erkennbar sein. – *Advent Review and Sabbath Herald*, 28. Februar 1899

Mit einem gebetsvollen Geist forschen

Herr, ich bin dein Diener! Gib mir alles, was ich brauche; nur so kann ich leben und dein Wort befolgen. Öffne mir die Augen, damit ich die Wunder erkenne, die dein Gesetz enthält! (Psalm 119,17.18 Hfa)

Mancher Teil der Heiligen Schrift, den gelehrte Männer als ein Geheimnis hinstellen oder als unwichtig übergehen, ist voller Trost und Unterweisung für den, der in der Schule Christi gelehrt worden ist. Ein Grund dafür, dass viele Theologen kein klareres Verständnis des Wortes Gottes haben, ist, dass sie vor den Wahrheiten, die sie nicht ausleben wollen, ihre Augen verschließen. Ein Verständnis der Bibelwahrheiten hängt nicht so sehr von den intellektuellen Fähigkeiten ab als von Zielstrebigkeit und dem ernsten Verlangen nach Gerechtigkeit.

Die Bibel sollte nie ohne Gebet studiert werden. Nur der Heilige Geist kann uns die Wichtigkeit der leichtverständlichen Teile erkennen lassen und uns von dem Verdrehen schwerverständlicher Wahrheiten abhalten. Durch den Dienst himmlischer Engel werden die Herzen zubereitet, Gottes Wort so zu verstehen, dass wir von dessen Schönheit gefangen, durch seine Warnungen ermahnt oder durch die Verheißungen ermutigt und gestärkt werden. Wir sollten die Bitte des Psalmisten: „HERR, öffne mir die Augen für die Wunder, die dein Gesetz [die fünf Bücher Mose] in sich verborgen hält!" (Ps 119,18 GNB) zu unserer eigenen machen.

Die Versuchungen erscheinen oft unwiderstehlich, weil sich der Versuchte wegen der Vernachlässigung des Gebets und des Studiums der Bibel nicht gleich der Verheißungen Gottes zu erinnern und Satan mit den biblischen Waffen entgegenzutreten vermag. Aber Engel lagern sich um diejenigen, die willig sind, sich in göttlichen Dingen belehren zu lassen, und werden sie in der Zeit großer Not gerade an die Wahrheiten erinnern, deren sie bedürfen. Wenn der Widersacher kommen wird, wird der Geist des Herrn das Panier gegen ihn aufrichten.

Jesus verhieß seinen Jüngern: „Der Beistand aber, der Heilige Geist, den der Vater senden wird in meinem Namen, der wird euch alles lehren und euch an alles erinnern, was ich euch gesagt habe." (Joh 14,26 EB) Aber die Lehren Christi müssen zuvor dem Gedächtnis eingeprägt worden sein, damit Gottes Geist sie uns zur Zeit der Gefahr in Erinnerung bringen kann. David sagte: „In meinem Herzen habe ich dein Wort verwahrt, damit ich nicht gegen dich sündige." (Ps 119,11 EB) – *Der große Kampf,* S. 600f. (rev.)

14. April

Herr, zeige mir, was deine Ordnungen für uns bedeuten! Ich will sie beachten, solange ich lebe. Gib mir Einsicht, damit ich mich an dein Gesetz halte und es entschieden befolge!
(Psalm 119,33.34 Hfa)

Der Erleuchtung durch den Geist vertrauen

Über das ganze Feld der Offenbarung sind die Quellen himmlischer Wahrheit, [himmlischen] Friedens und [himmlischer] Freude verstreut. Diese Quellen der Freude kann jeder suchende [Mensch] finden. Die Worte der Heiligen Schrift, die im Herzen bewegt werden, werden wie lebendige Flüsse aus dem Strom des Lebenswassers fließen. Unser Erlöser hat darum gebetet, dass der Verstand seiner Nachfolger für das Verständnis der Heiligen Schrift geöffnet wird. Immer, wenn wir die Bibel mit betendem Herzen studieren, eröffnet uns der Heilige Geist die Bedeutung der Worte, die wir lesen. Der Mensch, dessen Geist durch die Erkenntnis des Wortes Gottes erleuchtet wird, wird nicht nur das Empfinden haben, er müsse noch eifriger versuchen, das Wort Gottes zu verstehen, sondern auch, dass er die Wissenschaften besser verstehen muss. Er wird sich von Christus zu einer großen Aufgabe berufen fühlen.

Je intensiver ein Mensch mit der Quelle aller Erkenntnis und Weisheit verbunden ist, desto stärker spürt er, dass er sich in den intellektuellen und geistlichen Errungenschaften weiterentwickeln muss. Das Verständnis des Wortes Gottes ist immer mit einer bemerkenswerten Öffnung und Stärkung der menschlichen Fähigkeiten verbunden; denn die „Erklärung deines Wortes bringt Erleuchtung" (Ps 119,130 GNB). Die Betrachtung großer Wahrheiten erhebt den Verstand und reinigt und veredelt die Gefühle, denn der Geist Gottes belebt durch die Wahrheit Gottes die geistlichen Fähigkeiten und zieht den Menschen himmelwärts.

Dann nimm deine Bibel, tritt vor deinen himmlischen Vater und bitte: „Erleuchte mich und lehre mich, was Wahrheit ist!" Der Herr wird dein Gebet erhören, und der Heilige Geist wird deiner Seele die Wahrheit einprägen. Wenn du die Bibel selbst studierst, wirst du im Glauben gefestigt werden. Es ist von größter Wichtigkeit, dass du beständig in der Heiligen Schrift forschst und die Wahrheiten Gottes in dich aufnimmst. Vielleicht wirst du [eines Tages] von anderen Christen getrennt sein und an einen Ort kommen, wo du nicht das Vorrecht haben wirst, dich mit den Kindern Gottes zu versammeln. [Dann] brauchst du die im Herzen verborgenen Schätze des Wortes Gottes, damit du – wenn du Anfechtungen ausgesetzt bist – alles anhand der Bibel prüfen kannst. – *Bible Echo*, 15. Oktober 1892

Auf die Führung des Heiligen Geistes vertrauen

Verlass dich nicht auf deinen Verstand, sondern setze dein Vertrauen ungeteilt auf den HERRN! Denk an ihn bei allem, was du tust; er wird dir den richtigen Weg zeigen. (Sprüche 3,5.6.GNB)

Du bist „begnadet ... in dem Geliebten“ [Christus] (Eph 1,6). Ich wünschte mir von ganzem Herzen, dass du einen christlichen Charakter entwickelst – nicht aus eigener Kraft, sondern in der Kraft, Wirksamkeit und Gerechtigkeit Christi. Die Gabe des Heiligen Geistes war das größte Geschenk Gottes für die begrenzten Menschen. Sie ist für alle da und [ihr Wert] kann nicht berechnet werden. Diese Gabe ist ein besonderes Zeichen für die Einsetzung des einzigartigen Sohnes Gottes in sein Mittleramt (siehe Apg 2,33). Mit der Sendung des Beistandes demonstrierte der Herr des Himmels den Menschen die vollkommene Versöhnung, die er zwischen ihnen und Gott vollbracht hat. „Diese Hoffnung“, sagt der Apostel, „ist für uns wie ein sicherer und fester Anker, der hineinreicht bis ins innerste Heiligtum, in das Allerheiligste hinter dem Vorhang im himmlischen Tempel. Dorthin ist Jesus uns vorausgegangen, um uns den Weg zu bereiten.“ (Hbr 6,19.20 GNB)

Hat Jesus nicht gesagt, „der Vater im Himmel [würde] den Heiligen Geist denen geben, die ihn bitten“? (Lk 11,13) Und ist dieser Geist nicht ein realer, wahrer, effektiver Führer? Manche scheuen sich anscheinend, Gott beim Wort zu nehmen, als ob dies eine Anmaßung wäre. Sie bitten den Herrn, sie zu lehren, und trauen sich doch nicht, die Verheißungen Gottes in Anspruch zu nehmen und daran zu glauben, dass wir von ihm gelehrt sind (siehe Joh 6,45). Solange wir demütig und mit einer gelehrigen Einstellung zu unserem himmlischen Vater kommen, bereit und willig zu lernen, warum sollten wir an der Erfüllung von Gottes Versprechen zweifeln? Nicht einen Augenblick lang sollten wir daran zweifeln und ihn dadurch entehren.

Wenn du nach seinem Willen gefragt hast, besteht dein Anteil an dieser Sache darin, dass du darauf vertraust, bei der Ausführung seines Willens geführt, geleitet und gesegnet zu werden. Vielleicht bist du in Sorge, seine Belehrungen falsch zu interpretieren. Aber auch das kannst du ihm im Gebet vorlegen und ihm vertrauen. Ja, vertraue ihm bis zum Äußersten, dass sein Heiliger Geist dich führen wird, seine Pläne und sein Wirken richtig zu verstehen. – *Manuscript Releases*, Band 6, S. 223f.

16. April

Ständig über Gottes Wort nachdenken

Wie sehr liebe ich dein Gesetz; den ganzen Tag denke ich darüber nach! ... Ich habe mehr begriffen als alle meine Lehrer, denn ich mache mir ständig Gedanken über deine Ordnungen. (Psalm 119,97.99 Hfa)

Um die Heilige Schrift zu verstehen, brauchen die Menschen nicht das schwache Licht von Traditionen und Bräuchen. Das wäre genauso, als hätte die helle Sonne am Mittag Fackeln auf der Erde nötig, um ihren Schein zu vergrößern. In der Bibel werden alle unsere Pflichten klar genannt und alle [wichtigen] Lehren verständlich dargestellt. Das Leben Christi [auf Erden] und die Erleuchtung durch den Heiligen Geist offenbaren uns den Vater. Das Wort Gottes kann allen Menschen „den Weg zur Rettung lehren" (2 Tim 3,15 GNB).

„Die ganze Heilige Schrift ist von Gott eingegeben. Sie soll uns unterweisen; sie hilft uns, unsere Schuld einzusehen, wieder auf den richtigen Weg zu kommen und so zu leben, wie es Gott gefällt. So werden wir ... fähig, in jeder Beziehung Gutes zu tun." (V. 16.17 Hfa) Kein anderes Buch kann die Gedanken so erheben und die [menschlichen] Fähigkeiten so stärken wie die Bibel mit ihren großen und veredelnden Wahrheiten. Wenn die Menschen das Wort Gottes so studieren würden, wie sie sollten, besäßen sie eine Größe des Verstandes, eine Stärke des Charakters und eine Stabilität der Absichten, wie es sie in diesen Zeiten selten gibt.

Von einem schnellen Überfliegen der Bibel hat man wenig Nutzen. Jemand mag sie ganz durchlesen und dennoch nicht ihre Schönheit erkennen oder ihren Sinn verstehen. Das Studium eines Textabschnitts, bis seine Bedeutung klar und sein Bezug zum Erlösungsplan deutlich ist, hat größeren Wert als das Überfliegen vieler Kapitel ohne eine bestimmte Absicht. Dabei lernt man nichts Bestimmtes. Du solltest deine Bibel immer dabei haben. Wenn du Gelegenheit hast, lies darin und präge die Aussagen deinem Gedächtnis ein. Das kann selbst auf der Straße geschehen.

Die Bibel sollte nie ohne Gebet studiert werden. Bevor wir sie öffnen, sollten wir um die Erleuchtung des Heiligen Geistes bitten, dann werden wir sie erhalten. Als Nathanaël zu Jesus kam, rief der Erlöser aus: „‚Da kommt ... ein Mann ohne Falschheit.' Nathanaël fragte ihn: ‚Woher kennst du mich?' Jesus antwortete: ‚Bevor Philippus dich rief, habe ich dich unter dem Feigenbaum gesehen.' (Joh 1,47.48 GNB) Auch uns sieht Jesus am verborgenen Ort des Gebets, wenn wir ihn um Erleuchtung bitten, um die Wahrheit zu erkennen. Engel aus der Welt des Lichts werden mit denen sein, die demütig nach Leitung durch Gott suchen. – *Atlantic Union Gleaner*, 9. Juni 1909

Freude am Wort Gottes erfahren

Immer wenn du mit mir sprachst, nahm ich deine Worte mit großem Verlangen auf.
Ja, dein Wort ist meine Freude und mein Glück, denn ich gehöre dir, Herr, allmächtiger Gott.
(Jeremia 15,16 Hfa)

In unserem praktischen Glaubensleben brauchen wir beständig Geduld, Güte, Selbstverleugnung und Selbstaufopferung. Wenn das Wort Gottes in unserem Leben zu einem dauernden Prinzip geworden ist, wird alles, was wir tun – jedes Wort, jede einfache Handlung –, zeigen, dass wir uns Christus unterstellt haben und sogar „jeden Gedanken gefangen[nehmen] unter den Gehorsam" gegenüber ihm (2 Kor 10,5 EB). Wenn das Wort Gottes im Herzen aufgenommen wurde, wird es einen Menschen von Selbstgenügsamkeit und dem Verlassen auf sich selbst befreien. Unser Leben wird einen guten Einfluss ausüben, weil der Heilige Geist unser Denken mit göttlichen Gedanken erfüllt. Wir werden die Religion Christi praktizieren, denn unser Wille wird völlig mit dem Willen Gottes übereinstimmen.

Manche, die sich zum wahren Glauben bekennen, vernachlässigen den Reiseführer, den Gott ihnen gegeben hat, um ihnen den Weg zum Himmel zu zeigen. Vielleicht lesen sie die Bibel, aber das Lesen allein – so wie jemand Aussagen von Menschen lesen würde – bringt nur ein oberflächliches Wissen. Lediglich von der Wahrheit zu reden wird niemanden heiligen. Diejenigen mögen vorgeben, für Gott zu wirken, doch wenn Christus unter ihnen wäre, würde er zu ihnen sagen: „Ihr irrt euch, denn ihr kennt weder die Heilige Schrift noch die Macht Gottes." (Mt 22,29 Hfa) Solche [Menschen] können nicht wissen, was wahrer Glaube bedeutet.

„Die Worte aber, die ich euch gesagt habe, sind aus Gottes Geist; deshalb bringen sie euch das Leben", erklärte Jesus (Joh 6,63 Hfa). Jeremia bezeugte vom Wort Gottes: „Dein Wort ward meine Speise, sooft ich's empfing, und dein Wort ist meines Herzens Freude und Trost." (Jer 15,16). In seinem Wort steckt die heilende Kraft Gottes, die die sogenannten „Klugen und Gebildeten" nicht erfahren können, aber den „Unwissenden" wird sie enthüllt (Mt 11,25 Hfa). „Wenn dein Wort offenbar wird, so erfreut es und macht klug die Unverständigen." (Ps 119,130) Wenn dieses Wort im Herzen bewahrt wird, wird es zur Schatzkammer des Geistes, aus der wir Altes und Neues hervorholen. Weltliche Dinge machen uns keine Freude mehr, wir bekennen uns vielmehr zu dem Psalmwort: „Dein Wort ist eine Leuchte für mein Leben, es gibt mir Licht für jeden nächsten Schritt." (V. 105 Hfa) – *Advent Review and Sabbath Herald*, 4. Mai 1897

18. April

Ich bitte nicht, dass du sie aus der Welt wegnimmst, sondern dass du sie bewahrst vor dem Bösen ... Heilige sie durch die Wahrheit; dein Wort ist Wahrheit.
(Johannes 17,15.17 EB)

Durch das Wort Gottes geheiligt werden

Jesus bat [seinen Vater] ernstlich, seine Nachfolger vor dem Bösen in der Welt zu bewahren und sie durch die Wahrheit zu heiligen. Hinsichtlich der Wahrheit hat er uns nicht vagen Vermutungen überlassen, sondern erklärt: „Dein Wort ist Wahrheit." Das Wort Gottes ist das Instrument, durch das unsere Heiligung bewirkt wird. Deshalb ist es von größter Wichtigkeit, dass wir uns mit den Anweisungen der Bibel [gut] vertraut machen. Für uns ist das Verständnis der Worte des Lebens genauso notwendig, wie für die damaligen Jünger Jesu die Kenntnis des Erlösungsplans war.

Wir haben keine Entschuldigung, wenn wir die Forderungen des Wortes Gottes aufgrund unserer eigenen Nachlässigkeit nicht kennen. Gott hat uns die Offenbarung seines Willens gegeben und denen, die ihn bitten, den Heiligen Geist verheißen, um sie „in alle Wahrheit [zu] leiten" (Joh 16,13; vgl. Lk 11,13). Jeder, der „bereit ist, Gott zu gehorchen, wird merken, ob [Jesu] Lehre von Gott ist" (Joh 7,17 GNB).

Die Welt ist voll von falschen Lehren, und wenn wir die Bibel nicht selbst entschlossen erforschen, werden wir ihre Irrtümer als Wahrheit akzeptieren, ihre Gepflogenheiten annehmen und uns selbst täuschen. Die Lehren und Gewohnheiten der Welt stehen im Gegensatz zur Wahrheit Gottes. Jene, die sich vom Dienst der Welt abwenden und dem Dienst Gottes zuwenden wollen, brauchen göttliche Hilfe ... Sie werden den Widerstand der Welt, des Fleisches und des Teufels spüren und sich gegen den Geist und die Einflüsse der Welt wehren müssen. Seit der Zeit, als der Sohn Gottes gegen die überheblichen Vorurteile und den Unglauben der Menschen ankämpfen musste, hat die Welt ihre Einstellung zum christlichen Glauben nicht geändert. Die Diener Christi erleben denselben Geist der Opposition und der Vorwürfe und müssen „vor das Lager hinausgehen und die Schande mit ihm teilen" (Hbr 13,13 GNB).

Die Mission Jesu wurde durch überzeugende Wunder bekräftigt. Seine Lehren verwunderten das Volk. Das war nicht die widersprüchliche Fachsprache der Schriftgelehrten, voller Geheimnisse, beladen mit albernen Formeln und bedeutungslosen Festlegungen. Jesu System der Wahrheit traf die Bedürfnisse der Herzen. Seine Unterweisung war klar und verständlich. Seine praktischen Wahrheiten waren von überzeugender Kraft und erweckten die Aufmerksamkeit seiner Zuhörer. – *Advent Review and Sabbath Herald*, 7. Februar 1888

Geleitet durch das geschriebene Wort

Richtet euch nach Gottes Weisungen, und glaubt dem, was er euch sagt! Wer sich daran nicht hält, dessen Nacht nimmt kein Ende! (Jesaja 8,20 Hfa)

Der Heilige Geist führt [Menschen] immer zum geschriebenen Wort Gottes und richtet die Aufmerksamkeit auf den großen moralischen Maßstab der Gerechtigkeit. Es ist wunderbar, von Gott das Vorrecht zu erhalten, von der Wahrheit Zeugnis abzulegen. Christus sagte zu seinen Jüngern, kurz bevor er [zum Himmel] auffuhr und die Wolke von Engeln ihn aufnahm, sodass sie ihn nicht mehr sehen konnten: „Ihr werdet mit dem Heiligen Geist erfüllt werden, und dieser Geist wird euch die Kraft geben, überall als meine Zeugen aufzutreten: in Jerusalem, in ganz Judäa und Samarien und bis ans äußerste Ende der Erde." (Apg 1,8 GNB; vgl. V. 9) Die himmlische Gabe des Heiligen Geistes befähigte sie, Christus zu bezeugen.

Ich möchte euch gern die Tatsache einprägen, dass [all] jene, bei denen Jesus durch den Glauben im Herzen wohnt, den Heiligen Geist tatsächlich empfangen haben. Jeder Mensch, der Jesus als seinen persönlichen Erlöser annimmt, empfängt ganz sicher den Heiligen Geist als seinen Ratgeber, Führer, Zeugen und den, der ihn heiligt. Je enger der Gläubige mit Gott wandelt, umso klarer ist sein Zeugnis, und umso wirkungsvoller ist als sichere Folge davon der Einfluss seines Zeugnisses von der Liebe des Erlösers auf andere [Menschen]. Umso deutlicher zeigt er [auch], wie sehr er das Wort Gottes schätzt. Es ist seine Nahrung und sein Getränk, um den Durst der Seele zu stillen. Er freut sich über das Vorrecht, aus der Bibel Gottes Willen zu erfahren.

Manche, die sich als Christen bezeichnen, sind nachlässig geworden und haben sich vom Wort Gottes abgewandt. Sie haben die Bibel, den wunderbaren Reiseführer und wahren Maßstab für alle Anschauungen [über Gott], vernachlässigt und meinen, sie hätten den Geist [Gottes], um sie zu belehren. Deshalb sei das Studium der Heiligen Schrift nicht mehr notwendig. Wer so denkt, folgt dem Trugschluss Satans, denn der Geist und das Wort stimmen überein. [Deshalb] sagt die Schrift: „Hin zur Weisung und zur Offenbarung! Wenn sie nicht nach diesem Wort sprechen, dann gibt es für sie keine Morgenröte." (Jes 8,20 EB) Nur der ist ein freier Mann, den „die Wahrheit ... frei macht" (Joh 8,32). – *Manuscript Releases*, Band 14, S. 70f.

20. April

Erleuchtung kommt nicht getrennt vom Wort Gottes

Denn es werden so manche mit dem Anspruch auftreten, der versprochene Retter oder ein Prophet zu sein. Sie werden sich durch große und Aufsehen erregende Wunder ausweisen und würden damit sogar die von Gott Erwählten irreführen, wenn das möglich wäre. (Matthäus 24,24 GNB)

Da sich irrige Anschauungen immer mehr ausbreiten, muss jeder, der in der [biblischen] Wahrheit gefestigt ist, „entschieden für den überlieferten Glauben [eintreten], der dem heiligen Volk Gottes ein für alle Mal anvertraut worden ist" (Jud 3 GNB). Satan bringt alle möglichen Arten von Irrtümern hervor, die sogar den Auserwählten gefährlich werden können. Aller [rein] menschlichen Weisheit muss entgegengetreten werden – der Weisheit von Gelehrten, die sich wie die Pharisäer als Gesetzeslehrer aufspielen, aber dem Gesetz selbst nicht gehorchen. Wir werden es mit Unwissenheit und Torheit zu tun bekommen, die in immer neuen Gewändern auftreten, mit Lehren, die schwer zu widerlegen sind, weil sie schlichtweg unvernünftig sind.

Es wird falsche prophetische Träume und Visionen geben, die ein Stück Wahrheit enthalten und gerade dadurch den biblischen Glauben untergraben. Der Herr hat uns einen untrüglichen Maßstab zur Orientierung gegeben: „Richtet euch nach Gottes Weisungen, und glaubt dem, was er euch sagt! Wer sich daran nicht hält, dessen Nacht nimmt kein Ende!" (Jes 8,20 Hfa) Wer Gottes Gesetz herabsetzt und seinen Willen, wie er in den Zeugnissen seines Geistes offenbart ist, missachtet, ist ein Betrüger. Solche Leute sehen ihre – angeblich vom Geist Gottes gewirkten – Eingebungen als verlässlicher an als das inspirierte Wort Gottes. Wenn man ihnen gegenüber von der Grundlage der Bibel her argumentieren will, tun sie alle Einwände damit ab, dass ihre Gedanken und Gefühle als Eingebungen des Heiligen Geistes über allem stünden. Während sie meinen, der Geist Gottes leite sie, folgen sie in Wirklichkeit Vorstellungen, die Satan ihnen eingeben hat ...

Satan wird in sehr subtiler Weise arbeiten, indem er menschliche Gedanken und Ideen in „fromme Gewänder" steckt. Aber das Licht aus der Bibel scheint in der moralischen Finsternis und wird niemals durch wunderbare Manifestationen ersetzt werden. Allerdings muss die Wahrheit studiert und nach ihr wie nach einem verborgenen Schatz gesucht werden. Wunderbare Erleuchtungen werden nicht abseits des Wortes Gottes gegeben werden oder seinen Platz einnehmen. Haltet euch deshalb an dieses Wort, das Menschen „den Weg zur Rettung lehren" kann (2 Tim 3,15 GNB), und nehmt es in euch auf. – *Für die Gemeinde geschrieben*, Band 2, S. 97, 99 (rev., vgl. *Selected Messages*, Band 2, S. 98f., 100)

Sich nicht auf eigene Vorstellungen verlassen

Meine Rede und meine Predigt bestand nicht in überredenden Worten der Weisheit, sondern in Erweisung des Geistes und der Kraft [Gottes], damit euer Glaube nicht auf Menschenweisheit, sondern auf Gottes Kraft beruhe.
(1. Korinther 2,4.5 EB)

Ich habe erfahren, dass jede neue Entwicklungsphase der Gemeinde von Gefahren begleitet wird, denn manche hören Dinge mit einer falschen Einstellung. Manche Lehrer können die biblischen Lehren zwar wirkungsvoll vermitteln, aber nicht alle kennen sich im praktischen Leben aus, um verwirrte Menschen bestimmt und sicher zu beraten. Sie erkennen die schwierige Situation nicht, in die jede Familie zwangsläufig geraten wird, die [ihr Leben] verändern will. Deshalb sollten alle sorgsam überlegen, was sie sagen. Wenn sie den Willen Gottes in manchen Angelegenheiten nicht kennen, sollten sie ihn niemals erraten oder [irgendwelche] Vermutungen äußern. Wenn sie nichts Genaues wissen, sollen sie das sagen und denjenigen ermutigen, sich ganz auf Gott zu verlassen. Es sollte viel gebetet und sogar gefastet werden, damit niemand im Unklaren [über Gottes Willen] bleibt, sondern jeder sich im Licht bewegen kann, wie Gott im Licht ist.

Wir können erwarten, dass jetzt etwas außerhalb und [auch] innerhalb unserer Reihen ausbricht, [denn] es gibt [unter uns] Menschen, die von der Gnade des Heiligen Geistes nicht erzogen wurden (siehe Tit 2,11.12), die Worte Christi nicht praktiziert haben und das Wirken des Geistes Gottes nicht verstehen. Sie werden einen verkehrten Weg gehen, weil sie Jesus nicht uneingeschränkt folgen. Sie folgen [vielmehr] ihren Trieben und ihrer eigenen Vorstellung.

Nichts soll [in dieser Angelegenheit] auf ungeordnete Art und Weise ablaufen. Niemand soll aufgrund von feurigen, impulsiven Ansprachen, die eine Begeisterung entfachen, die nicht der Art Gottes entspricht, einen Verlust erleiden oder seinen Besitz opfern. Damit würde ein wichtiger Sieg aus Mangel an Nüchternheit und wohlüberlegter Betrachtung sowie gesunden Prinzipien und Absichten in eine Niederlage verwandelt werden. Achtet dabei auf eine kluge Führung. Alle sollen sich unter die Leitung Gottes, des weisen, unsichtbaren Ratgebers, stellen. Menschliche Elemente streben nach der Vorherrschaft, und dann könnte ein Werk getan werden, das nicht von Gott gebilligt wird. – *Special Testimonies Relating to Various Matters in Battle Creek*, S. 17f.

22. April

Dein Wort macht mich klug; darum hasse ich alle falschen Wege. Dein Wort ist meines Fußes Leuchte und ein Licht auf meinem Wege. (Psalm 119,104.105)

Sich nicht von Gefühlen leiten lassen

Heiligung ist kein Höhenflug der Gefühle und nicht das Werk eines Augenblicks, sondern des ganzen Lebens. Wenn jemand von sich behauptet, der Herr habe ihn geheiligt, erweist sich dies an seinen Früchten: Sanftmut, Geduld, Güte, Wahrhaftigkeit und Liebe. Wenn der angeblich heiligende Segen dazu führt, dass sie sich von bestimmten Gefühlen leiten lassen und erklären, sie müssten nicht in der Bibel studieren, um Gottes offenbarten Willen zu erfahren, dann ist dieser Segen eine Fälschung, denn er bringt seine Empfänger dazu, sich auf ihre eigenen, ungeheiligten Gefühle und Einfälle zu verlassen und ihre Ohren vor der Stimme Gottes in seinem Wort zu verschließen.

Wie kommen jene, die behaupten, besondere Manifestationen des Geistes Gottes erfahren zu haben ... zu dem Schluss, sie könnten die Bibel beiseitelegen und ihren Weg in Zukunft allein gehen? Wenn wir die fragen, die vorgeben, in einem Augenblick geheiligt worden zu sein, ob sie die Schrift studieren, um nach weiteren Wahrheiten zu suchen, die sie annehmen sollten, antworten sie: „Gott zeigt uns seinen Willen direkt durch besondere Zeichen und Offenbarungen. Wir können die Bibel beiseitelegen."

Tausende sind getäuscht worden, weil sie sich auf ein spezielles Gefühl verlassen und das Wort Gottes außer Acht gelassen haben. Sie bauen nicht auf die einzig feste und sichere Grundlage. Ein Glaube für intelligente Wesen wird vernünftige Nachweise für seine Echtheit bringen, denn er wird in Herz und Charakter deutliche Spuren hinterlassen. Die Gnade Christi wird sich im täglichen Verhalten erweisen. [Alle], die sich als geheiligt bezeichnen, können wir fragen: Zeigen sich die Früchte des Geistes in deinem Leben? Besitzt du die Sanftmut und Demut Christi? Zeigt sich die Tatsache, dass du täglich in der Schule Christi lernst, darin, dass sich dein Leben nach dem Vorbild seines selbstlosen Lebens verändert?

Der deutlichste Nachweis für unsere Verbindung zum Gott des Himmels ist [die Tatsache], dass wir seine Gebote halten (siehe 1 Joh 2,3.4). Der beste Beweis unseres Vertrauens auf Christus ist, dass wir uns selbst misstrauen und uns von Gott abhängig machen. Der einzig zuverlässige Beweis für eine anhaltende Beziehung zu Christus ist, sein Bild widerzustrahlen. In dem Maß, in dem wir das tun, sind wir durch die Wahrheit geheiligt worden, denn die Wahrheit offenbart sich in unserem täglichen Leben. – *Signs of the Times*, 28. Februar 1895

Nicht irgendwelchen Eindrücken folgen

Ich freue mich über deine Gebote wie über großen Reichtum. Ich denke über deine Vorschriften nach und halte mich daran. Deine Gesetze machen mich glücklich; nie werde ich dein Wort vergessen. (Psalm 119,14-16 Hfa)

In seinem Wort hat Gott den Menschen die für das Seelenheil nötige Erkenntnis anvertraut. Die Heilige Schrift soll als eine maßgebende, untrügliche Offenbarung seines Willens angenommen werden. Sie ist der Maßstab für den Charakter, die Quelle für die Lehren und der Prüfstein der Erfahrung. „Denn die ganze Heilige Schrift ist von Gott eingegeben. Sie soll uns unterweisen; sie hilft uns, unsere Schuld einzusehen, wieder auf den richtigen Weg zu kommen und so zu leben, wie es Gott gefällt. So werden wir reife Christen und ... fähig, Gutes zu tun.“ (2 Tim 3,16.17 Hfa).

Doch die Tatsache, dass Gott den Menschen seinen Willen durch sein Wort offenbart hat, lässt die beständige Gegenwart des Heiligen Geistes und seine Führung nicht überflüssig werden. Im Gegenteil: Unser Heiland verhieß den Heiligen Geist, damit dieser seinen Dienern das Wort erschließt, dessen Lehren erhellt und anwendet. Da Gottes Geist die Heilige Schrift inspiriert hat, ist es auch unmöglich, dass die Lehren des Geistes der Schrift je widersprechen können.

Der Geist wurde nicht gegeben – und kann auch nie dazu verliehen werden –, um die Heilige Schrift zu verdrängen; denn die Schrift erklärt ausdrücklich, dass das Wort Gottes der Maßstab ist, an dem alle Lehren und jede Erfahrung geprüft werden müssen. Der Apostel Johannes sagt: „Glaubt nicht allen, die vorgeben, Botschaften des Geistes zu verkünden! Prüft sie, ob der Geist Gottes aus ihnen redet. Denn diese Welt ist voll von falschen Propheten.“ (1 Joh 4,1 GNB) ...

Das Werk des Heiligen Geistes ist geschmäht worden durch die Irrtümer jener Menschen, die beanspruchen, von ihm erleuchtet zu sein, und behaupten, einer weiteren Führung durch Gottes Wort nicht mehr zu bedürfen. Sie lassen sich von Eindrücken leiten, die sie für die Stimme Gottes im Herzen halten, aber der Geist, der sie beherrscht, ist nicht der Geist Gottes. Eindrücken zu folgen und das Studium der Heiligen Schrift zu vernachlässigen kann nur zu Verwirrung, Täuschung und Verderben führen. Das dient nur dazu, die Absichten des Bösen zu fördern. Da die Wirksamkeit des Heiligen Geistes für die Gemeinde Christi außerordentlich bedeutsam ist, gehört es auch zu Satans listigen Anschlägen, durch die Irrtümer der Extremen und Fanatiker das Werk des Geistes zu schmähen und das Volk Gottes zu veranlassen, diese Kraftquelle, die uns der Herr selbst gegeben hat, zu vernachlässigen. – *Der große Kampf,* S. 9f. (rev.)

24. April

Wenn ihr nach rechts oder links abbiegen wollt, werdet ihr hinter euch eine Stimme hören, die zu euch sagt: „Dies hier ist der Weg, dem ihr folgen sollt!“ (Jesaja 30,21 GNB)

Wir werden eine deutliche Stimme hören

Inmitten der Verwirrung täuschender Lehren wird der Geist Gottes für alle ein Führer und ein Schild sein, die sich den Beweisen der Wahrheit nicht verschließen. Er bringt alle anderen Stimmen zum Schweigen, die nicht von ihm kommen, der die Wahrheit und das Leben ist. Jedem Einzelnen gibt Gott die Gelegenheit, die Stimme des guten Hirten zu hören und Gott und unseren Erlöser zu erkennen (siehe Joh 10,14.27). Wenn das Herz die Wahrheit wie einen wertvollen Schatz aufnimmt, wird in ihm Christus geformt ... und das ganze Universum ruft: Amen! Wir brauchen dringend die erneuernde Kraft des Heiligen Geistes ...

Wir brauchen [auch] Erleuchtung von Gott. Jeder strebt danach, seinen eigenen Einfluss geltend zu machen. Erst wenn Gott an seinem Volk wirkt, wird es erkennen, dass die Unterordnung unter ihn seine einzige Sicherheit ist. Gottes Gnade, die Menschenherzen verändert, wird zu einer nie gekannten Einigkeit führen, denn alle, die Christus angepasst wurden, werden in Harmonie miteinander stehen. Der Heilige Geist wird Einheit schaffen ...

Er verherrlicht Christus (Joh 16,14), indem er den Gläubigen dessen Charakter offenbart, sodass sie ihm von ganzem Herzen zugeneigt sind und sein Charakter sich in ihrem Wesen zeigt. Sie erkennen deutlich, dass es in der Welt noch nie eine Gerechtigkeit gegeben hat [die vor Gott bestehen konnte] außer Christi Gerechtigkeit. Jede Vortrefflichkeit kommt von ihm. Als der Heilige Geist [zu Pfingsten] ausgegossen wurde, wurde die Gemeinde mit Licht überflutet. Aber Christus war die Quelle dieses Lichts. Sein Name war in jedem Mund, seine Liebe erfüllte jedes Herz. So wird es [auch wieder] sein, wenn der Engel, der mit „großer Macht ... aus dem Himmel herabkommen“ wird, „die ganze Erde“ mit „seinem Glanz erhellen“ wird (Offb 18,1 GNB) ...

Die Gabe seines Heiligen Geistes, [die] reichlich, vollständig und im Überfluss [gegeben wird], schützt seine Gemeinde wie eine Feuerwand, „und die Pforten der Hölle sollen sie nicht überwältigen“ (Mt 16,18). Christus sieht auf sein Volk, das in unbefleckter Reinheit und Vollkommenheit [vor ihm steht], als Lohn für all sein Leiden, seine Erniedrigung und seine Liebe. Für Christus, das Zentrum, von dem alle Herrlichkeit ausstrahlt, [bedeutet sein erlöstes Volk] die Vollendung seines Ruhmes. – *Home Missionary*, 1. November 1893

Immer bereit sein, unseren Glauben zu bezeugen

Seid immer dazu bereit, denen Rede und Antwort zu stehen, die euch nach eurem Glauben und eurer Hoffnung fragen. Begegnet ihnen freundlich und mit Respekt. (1. Petrus 3,15.16 Hfa)

Gott möchte, dass wir uns auf ihn und nicht auf Menschen verlassen. Er möchte uns ein neues Herz und Offenbarungen des Lichts vom Thron Gottes geben. Wir sollten mit jeder Schwierigkeit [im Wort Gottes] ringen. Was sollen wir aber tun, wenn wir auf umstrittene Punkte stoßen? Die Meinung anderer Menschen hören und uns daraus unser Urteil bilden? Nein. Geht zu Gott! Sagt ihm, was ihr wünscht. Nehmt eure Bibel zur Hand und sucht darin wie nach verborgenen Schätzen.

Bei unserer Suche nach der Wahrheit gehen wir nicht tief genug. Jeder, der an die gegenwärtige Wahrheit [d. h. die adventistische Botschaft] glaubt, wird Rechenschaft von seinem Glauben und seiner Hoffnung geben müssen. Das Volk Gottes wird vor Könige, Herrscher und große Männer der Welt gerufen werden. Dann muss jeder wissen, was Wahrheit ist. Dazu sind bekehrte Männer und Frauen nötig. Gott kann uns durch seinen Heiligen Geist in einem Augenblick mehr lehren als alle großen Männer dieser Welt. Das Universum beobachtet die Auseinandersetzung, die auf der Erde vor sich geht. Für einen unermesslichen Preis hat Gott jedem Menschen die Möglichkeit eröffnet zu erfahren, was zu seiner Erlösung dient. Wie aufmerksam beobachten die Engel, wer diese Gelegenheit nutzt!

Wenn dem Volk Gottes eine Botschaft gegeben wird, sollte es sich nicht dagegen erheben, sondern sich zur Bibel wenden und diese Botschaft mit dem Gesetz Gottes und seinen Offenbarungen vergleichen. Wenn sie diesen Test nicht besteht, ist sie nicht wahr. Gott möchte unser Denken erweitern und uns seine Gnade verleihen. Jeder Tag kann ein Festtag für uns werden, weil Gott uns die Schätze des Himmels öffnen will. Wir müssen eins mit dem Vater werden, so wie der Sohn eins mit dem Vater ist, und der Vater wird uns lieben wie seinen Sohn (siehe Joh 17,21.23 EB). Uns steht die gleiche Hilfe zur Verfügung, die Christus zur Verfügung stand. Wir können Kraft für jede Notlage empfangen, denn Gott wird unser Schild und unsere Nachhut sein (siehe Jes 52,12 EB). – *Für die Gemeinde geschrieben*, Band 1, S. 437 (rev.)

26. April

Fähig sein, falsche Lehren zu erkennen

Aber genauso wie im Volk Israel falsche Propheten aufgetreten sind, werden auch unter euch falsche Lehrer auftreten, die gefährliche Irrlehren verkünden. Durch ihre Lebensführung werden sie den erhabenen Herrn verleugnen, der sie freigekauft hat. (2. Petrus 2,1 GNB)

[Petrus] schrieb diese Botschaft, um Gläubige gegen den verführerischen Einfluss falscher Lehrer zu schützen, die zwar „den Schein der Frömmigkeit“ haben (2 Tim 3,5), aber keine zuverlässigen Leiter sind. In diesen letzten Tagen werden falsche Lehrer auftreten und sehr eifrig wirken. Sie werden alle möglichen Theorien präsentieren, um Männer und Frauen von der Wahrheit abzubringen, auf die wir uns fest verlassen können in dieser Zeit, in der Satan einen intensiven Einfluss auf religiöse Menschen ausübt und sie dazu bringt, sich selbst für gerecht zu halten, sich aber nicht der Führung des Heiligen Geistes zu unterstellen.

Falsche Lehren werden sich mit allen möglichen Erfahrungen vermischen und mit satanischem Eifer propagiert werden, um den Verstand jedes Menschen zu beeindrucken, der nicht auf die komplette Erkenntnis der heiligen Prinzipien des Wortes Gottes gegründet und in ihr verwurzelt ist. Mitten unter uns werden sich falsche Lehrer erheben, die „verführerischen Geistern [folgen] und teuflischen Lehren anhängen“ (1 Tim 4,1). Diese Lehrer werden „Jünger an sich ziehen“, die ihnen folgen (Apg 20,30). Mit einschmeichelnden Worten werden sie sich bei denen einschleichen, die in Unkenntnis sind, und werden ihre falschen Auslegungen sehr geschickt anbringen.

Die einzige Hoffnung für unsere Gemeinden ist, sehr wachsam zu bleiben. Wer fest in der Wahrheit des Wortes Gottes gegründet ist und alles an einem „So spricht der Herr“ prüft, ist sicher. Wer die Weisheit Gottes über die täuschenden Spitzfindigkeiten satanischer Werkzeuge setzt, den wird der Heilige Geist führen. Wir müssen viel beten, nicht auf menschliche Weise, sondern inspiriert von der Liebe zur Wahrheit, die in Jesus Christus ist. Die Familien, die an die Wahrheit glauben, sollen weise und kluge Worte reden – Worte, die sie aus dem Studium der Bibel gewonnen haben.

Heute ist die Zeit unserer Bewährung. Heute ist die Zeit, in der jedes Mitglied einer gläubigen Familie seine Lippen vor anklagenden Worten gegenüber seinen Geschwistern verschließen muss. Alle sollten ermutigende Worte sprechen und den Glauben stärken, „der durch die Liebe tätig ist“ (Gal 5,6) und die Seele reinigt. – *Kress Collection*, S. 5

Fähig sein, Wahrheit und Irrtum zu unterscheiden

In Wirklichkeit sind sie falsche Apostel; sie sind Betrüger, die sich nur für Apostel von Christus ausgeben. Das braucht euch nicht zu wundern. Sogar der Satan verstellt sich und gibt sich für einen Engel aus! (2. Korinther 11,13.14 GNB)

Die Wahrheit [Gottes] ist wirksam. Durch den Gehorsam verwandelt ihre Kraft den Gläubigen in das Bild Jesu. Die Wahrheit, wie sie „in Jesus ist" (Eph 4,21), sensibilisiert das Gewissen und verändert das Denken, denn der Heilige Geist legt sie ins Herz. Viele, denen es an geistlichem Unterscheidungsvermögen fehlt, nehmen die Buchstaben des Wortes und merken, dass sie ohne die Begleitung durch den Geist Gottes weder die Seele erquicken noch den Charakter heiligen. Jemand mag in der Lage sein, aus dem Alten und Neuen Testament zu zitieren und mit den Geboten und Verheißungen der Heiligen Schrift vertraut sein, aber wenn der Heilige Geist ihm die Wahrheit nicht ins Herz pflanzt und seinen Verstand nicht mit göttlichem Licht erleuchtet, wird er nicht auf den Felsen [Christus] fallen und „zerschellen" (Mt 21,44), denn nur der Heilige Geist kann einen Menschen mit Gott in Verbindung bringen.

Ohne die Erleuchtung des Geistes Gottes können wir die Wahrheit nicht vom Irrtum unterscheiden und werden den meisterhaften Versuchungen und Täuschungen Satans erliegen, die er über die Welt bringen wird. Wir nähern uns dem Ende des Kampfes zwischen dem Fürsten des Lichts und dem Fürsten der Finsternis, und bald werden die Irreführungen des Feindes die Echtheit unseres Glaubens auf die Probe stellen. „Vor den Augen des Tieres" wird Satan Wunder wirken und die „verführen, die auf Erden wohnen, durch die Zeichen, die zu tun vor den Augen des Tieres ihm Macht gegeben ist." (Offb 13,14)

Doch auch, wenn der Fürst der Finsternis die Erde mit Finsternis überziehen will und Gottes Volk mit tiefer Finsternis, wird der Herr seine bekehrende Macht offenbaren. Auf der Erde muss ein Werk verrichtet werden ähnlich wie bei der Ausgießung des Heiligen Geistes in den Tagen der ersten Jünger, als sie den gekreuzigten Jesus predigten. Viele Menschen werden sich an einem Tag bekehren, denn die Botschaft wird mit Macht vorangehen. Dann können wir sagen: „Unsere Predigt des Evangeliums kam zu euch nicht allein im Wort, sondern auch in der Kraft und in dem Heiligen Geist." (1 Ths 1,5) Der Heilige Geist zieht Menschen zu Christus, denn er nimmt die Dinge Gottes und zeigt sie dem Sünder. Jesus sagte: „Er wird mich verherrlichen; denn von dem Meinen wird er's nehmen und euch verkündigen." (Joh 16,14) – *Advent Review and Sabbath Herald*, 29. November 1892

28. April

Wahrheit und Fälschung unterscheiden können

Denn es wird eine Zeit kommen, da werden sie die gesunde Lehre unerträglich finden und sich Lehrer nach ihrem Geschmack aussuchen, die sagen, was ihnen die Ohren kitzelt. Sie werden nicht mehr auf die Wahrheit hören, sondern sich fruchtlosen Spekulationen zuwenden.
(1. Timotheus 4,3.4 GNB)

In unseren Gemeinden wird viel über die Erfüllung mit dem Heiligen Geist gesprochen. Manches wird so dargestellt, dass es den Gemeinden schadet. Ewiges Leben besteht darin, aus der von Jesus in seinem Wort verheißenen Kraft heraus Gottes Willen gemäß zu handeln. Das bedeutet, „sein Fleisch [zu] essen und sein Blut [zu] trinken“ (Joh 6,53-56). Wo das geschieht, wird „Leben und Unvergänglichkeit ans Licht gebracht ... durch das Evangelium“ (2 Tim 1,10 EB), denn Gottes Wort ist Wahrheit, „Geist und Leben“ (Joh 6,63). Wer Jesus als seinen persönlichen Heiland annimmt, hat das Vorrecht, vom Wort Gottes zu leben. Der Einfluss des Heiligen Geistes sorgt dafür, dass die Worte der Bibel, die unvergängliche Wahrheit, denen geistliche Stärke gibt, die sie unter Gebet erforscht.

Jesus sagte: „Lest die Heilige Schrift gründlich, um ewiges Leben zu finden. Und tatsächlich weist sie auf mich hin.“ (Joh 5,39 Hfa, vgl. KJV) Je tiefer wir im Wort Gottes graben, desto kostbarer werden die Perlen der Wahrheit sein, die wir finden. Der Heilige Geist ist dem nahe, der ernsthaft [die Bibel] erforscht. Er erleuchtet das Wort und prägt dem Verstand die Wahrheit mit neuer Wichtigkeit ein. Der Suchende wird innerlich erfüllt mit Frieden und Freude, die er nie zuvor empfunden hat. Er begreift, wie kostbar die Wahrheit tatsächlich ist. Himmlisches Licht scheint auf das Wort Gottes und erhellt es, als ob jeder Buchstabe mit Gold gefärbt wäre. Gott hat selbst den Verstand und das Herz angesprochen und sein Wort zu „Geist und Leben“ gemacht (Joh 6,63).

Wer Gottes Wort wirklich erforschen will, erhebt sein Herz zu Gott und bittet um die Hilfe seines Geistes. Und er entdeckt bald [die Schätze], die ihn über die fiktiven Lehren und fragwürdigen Theorien der selbsternannten Lehrer erheben, die keine Grundlage im Wort Gottes haben. Diese Lehren stammen von Menschen, die nicht die erste, grundlegende Lehre begriffen haben, dass Gottes Geist und Leben in seinem Wort enthalten sind. Wenn sie in ihren Herzen das ewige Element empfangen hätten, das im Wort Gottes enthalten ist, würden sie erkennen, wie zahm und ausdruckslos all die Bemühungen sind, etwas Sensationelles zu schaffen. Sie haben es nötig, erst einmal in die Anfangsgründe des Wortes Gottes eingeführt zu werden. – *Für die Gemeinde geschrieben*, Band 2, S. 39f. (rev.)

Wir sollen ein festes Fundament legen

Dann sind wir nicht länger wie unmündige Kinder, die sich von jeder beliebigen Lehrmeinung aus der Bahn werfen lassen und die leicht auf geschickte Täuschungsmanöver hinterlistiger Menschen hereinfallen.
(Epheser 4,14 Hfa)

Die Stimme Gottes spricht zu uns durch sein Wort, und wir werden viele Stimmen hören, aber Christus hat gesagt: „Wenn dann jemand zu euch sagt: ‚Hier ist der Christus!' oder: ‚Dort ist er!', glaubt ihm nicht!" (Mt 24,23 Hfa) Wie sollen wir aber wissen, ob jemand die Wahrheit sagt, wenn wir nicht alles anhand der Heiligen Schrift prüfen? Christus hat uns gewarnt: „Viele werden unter meinem Namen auftreten und von sich behaupten: ‚Ich bin der wiedergekommene Christus!'" (V. 5 GNB, vgl. V. 24).

Wenn du meinst, es sei für dich nicht wichtig, selbst die Bibel zu verstehen, stehst du in der Gefahr, von falschen Lehren in die Irre geführt zu werden. Christus hat angekündigt, dass es Menschen geben wird, die am Tag des Endgerichts behaupten: „Herr, Herr! Haben wir nicht durch deinen Namen geweissagt und durch deinen Namen Dämonen ausgetrieben und durch deinen Namen viele Wunderwerke getan?" Aber Christus wird sagen: „Weicht von mir, ihr Übeltäter!" (Mt 7,22.23 EB) ...

Es wird die Zeit kommen, in der Satan direkt vor euren Augen Wunder tun und behaupten wird, er sei Christus. Wenn ihr nicht fest auf Gottes Wahrheit gegründet steht, werden ihr von eurem Fundament weggerissen. Eure einzige Sicherheit besteht darin, nach der Wahrheit wie nach einem verborgenen Schatz zu suchen. Grabt nach der Wahrheit wie nach einem Schatz in der Erde, und bringt die Bibel, das Wort Gottes, vor euren himmlischen Vater mit der Bitte: „Erleuchte mich und lehre mich die Wahrheit!"

Wenn sein Heiliger Geist in eure Herzen kommen wird, um die Wahrheit in eurer Seele zu verankern, werdet ihr sie nicht einfach loslassen. Beim Studium der Schrift habt ihr so reiche Erfahrungen gemacht, dass jeder Punkt gut begründet ist. Es ist wichtig, dass ihr beständig in der Bibel forscht. Prägt euch das Wort Gottes im Gedächtnis ein! Es könnte sein, dass ihr von anderen getrennt werdet und an einen Ort kommt, wo ihr nicht das Vorrecht habt, euch mit Kindern Gottes zu versammeln. Dann möchtet ihr die Schätze des Wortes Gottes in eurem Herzen verborgen haben. Und wenn euch widersprochen wird, müsst ihr [ohnehin] alles mit der Heiligen Schrift begründen. – *Advent Review and Sabbath Herald*, 3. April 1888

30. April

Wer diese meine Worte hört und sich nach ihnen richtet, wird am Ende dastehen wie ein kluger Mann, der sein Haus auf felsigen Grund baute. Als dann die Regenflut kam, die Flüsse über die Ufer traten und der Sturm tobte und an dem Haus rüttelte, stürzte es nicht ein, weil es auf Fels gebaut war. (Matthäus 7,24.25 GNB)

Am besten auf felsigen Grund bauen

Wenn du heute deine Charakterfehler im Licht des hohen moralischen Maßstabs Gottes erkennst, willst du dann nicht sagen: „Ich will die Vergangenheit wieder gutmachen und in den Weinberg des Herrn gehen“? (Siehe Mt 21,28.29) Willst du nicht die Verheißung Gottes mit lebendigem Glauben ergreifen, die Gerechtigkeit annehmen und das Licht des Himmels in dein Leben scheinen lassen? Jeder Gedanke und jede Tat sollte von Christus bestimmt sein. Ein defektes Glied macht eine Kette wertlos, und ein Fehler deines Charakters hindert dich daran, ins Himmelreich zu kommen. Du musst alles in Ordnung bringen. Aber diese große Aufgabe schaffst du nur mit göttlicher Hilfe. Bist du bereit, Gottes Verheißungen anzunehmen und sie durch einen lebendigen Glauben an sein Wort für dich selbst in Anspruch zu nehmen?

Du sollst aus dem Glauben leben und nicht aus Gefühlen. Wir wollen keine Gefühlsreligion haben, sondern eine, die auf einem verständigen Glauben beruht. Dieser Glaube stellt unsere Füße auf den ewigen Felsen des Wortes Gottes. Wenn wir im Glauben wandeln, streben wir stets nach der Vollendung unseres Charakters durch ständigen Gehorsam gegenüber Christus. Der Urheber unserer Erlösung hat uns seine Befehle übermittelt, und wir sollen ihm vorbehaltlos gehorchen. Aber wenn wir das Buch schließen, das seinen Willen offenbart, und nicht forschen, suchen oder verstehen wollen, wie können wir dann seine Verpflichtung erfüllen? Wenn wir diesen Weg verfolgen, werden wir am Ende nicht bestehen können.

Wir kommen in eine Krise, und ich habe große Angst um eure Errettung. Wissen wir wirklich, was wir glauben, und werden nicht aus der Bahn geworfen? Dass Menschen die Wahrheit aufgeben, sollte uns nicht im Geringsten entmutigen, sondern uns nur noch ernstlicher nach dem Segen Gottes streben lassen. Weder ihre Erziehung noch ihre Fähigkeiten oder ihre Position werden Menschen retten. Wir müssen „aus Gottes Macht durch den Glauben bewahrt werden zur Seligkeit“ (1 Ptr 1,5).

Wie stehst du heute vor Gott? Die Frage lautet nicht: Wie wirst du in der Zeit der Trübsal oder irgendwann in der Zukunft dastehen?, sondern: Wie steht es heute mit deiner Seele? Wirst du an die Arbeit gehen? Wir möchten heute eine persönliche Erfahrung erleben. Heute soll Christus in uns wohnen. – *Advent Review and Sabbath Herald*, 9. April 1889

Durch den Geist ist Christus immer bei uns

Ich werde den Vater bitten, und er wird euch einen anderen Beistand geben, dass er bei euch sei in Ewigkeit, den Geist der Wahrheit, den die Welt nicht empfangen kann ... Ich werde euch nicht verwaist zurücklassen, ich komme zu euch. (Johannes 14,16-18 EB)

Christus versicherte seinen Jüngern, dass er sie nicht als Waisen zurücklassen würde. „Ihr werdet mich dann sehen, und ihr werdet leben, weil ich lebe." (Joh 14,19 GNB) ... Obwohl er nicht mehr bei ihnen sein würde, sollten sie eine Beziehung zu ihm haben wie ein Kind zu seinen Eltern.

„Wenn dieser Tag kommt", sagte er, „werdet ihr erkennen, dass ich in meinem Vater lebe und dass ihr in mir lebt und ich in euch." (V. 20 GNB) Er wollte den Jüngern den Unterschied zwischen weltlich orientierten Menschen und Nachfolgern Christi bewusst machen. Er würde bald [am Kreuz] sterben, aber sie sollten erkennen, dass er [auferstehen und] wieder leben würde. Obwohl er nach seiner Himmelfahrt nicht mehr bei ihnen sein würde, könnten sie ihn im Glauben sehen und kennen, und er würde sich genauso liebevoll um sie kümmern wie zu der Zeit, als er bei ihnen war ...

Die Worte, die zu den Jüngern gesprochen wurden, haben sie uns überliefert. Der [Heilige Geist als] Beistand kümmert sich um uns genauso wie um sie, jederzeit und an jedem Ort, in allen Sorgen und Nöten, wenn die Aussichten trübe sind und die Zukunft verwirrend ist und wir uns hilflos und allein fühlen. Dann wird uns der Tröster als Antwort auf das Gebet des Glaubens gesandt.

Niemand kann so trösten wie Christus, so einfühlsam und so wahrhaftig. Er hat „Mitgefühl für unsere Schwächen" (Hbr 4,15 GNB). Sein Geist spricht unser Herz an. Die Umstände mögen uns von unseren Freunden trennen. Vielleicht liegt [sogar] der weite, stürmische Ozean zwischen uns. Obwohl unsere aufrichtige Freundschaft noch besteht, mögen sie sie uns nicht zeigen und nicht das für uns tun können, was wir dankbar annehmen würden. Aber kein Umstand und keine Entfernung können uns von unserem himmlischen Tröster trennen. Wo wir auch sind, wohin wir auch gehen: Er ist immer da, um an Christi Stelle tätig zu sein. Er ist immer an unserer Seite, um beruhigende und liebevolle Worte zu sprechen [und um uns] zu helfen, zu unterstützen, aufzurichten und zu erfreuen.

Der Einfluss des Heiligen Geistes wirkt so, als lebe Christus in uns. Dieser Geist wirkt in und durch jeden, der Christus annimmt. Menschen, in denen der Geist Gottes wohnt, bringen auch seine Frucht hervor: „Liebe, Freude, Friede, Geduld, Freundlichkeit, Güte, Treue" (Gal 5,22). – *Advent Review and Sabbath Herald*, 26. Oktober 1897

2. Mai

Dieser Oberste Priester [Jesus Christus] ist nicht einer, der kein Mitgefühl für unsere Schwächen haben könnte. Er wurde ja genau wie wir auf die Probe gestellt – aber er blieb ohne Sünde. (Hebräer 4,15 GNB)

Der Geist ist in Zeiten der Prüfung bei uns

Christus wohnt in dem Menschen, der ihn im Glauben annimmt ... Der brennende Busch, in dem der Herr gegenwärtig war, wurde nicht vom Feuer verzehrt. Nicht eine Faser seiner Zweige wurde vernichtet (siehe 2 Mo 3,2.3). Genauso ergeht es dem schwachen menschlichen Werkzeug, das sein Vertrauen auf Christus setzt. Der Feuerofen der Versuchung mag glühen, Verfolgungen und Prüfungen mögen kommen, aber nur die Schlacke wird verbrennen. Das Gold wird nach dem Reinigungsprozess [noch] heller leuchten (siehe 1 Ptr 1,7).

Der, der in den Herzen der treuen Nachfolger wohnt, ist stärker als der, der die Herzen der Ungläubigen beherrscht. Beklage dich nicht bitter über die Prüfungen, die dir begegnen, sondern schaue auf Christus. Er hat seine Göttlichkeit in Menschlichkeit gekleidet, damit wir begreifen, wie groß sein Interesse an uns ist, denn er hat sich mit der leidenden Menschheit identifiziert. Er trank aus dem Kelch menschlicher Leiden, er litt in allen unseren Bedrängnissen mit (siehe Jes 63,9 Hfa/KJV), wurde „durch Leiden vollendet" (Hbr 2,10) und ist „in allem in gleicher Weise wie wir versucht worden" (Hbr 4,15 EB), damit er „den Menschen helfen [kann], die ebenfalls auf die Probe gestellt werden" (Hbr 2,18 GNB).

Unser Herr sagte: „Ich will ... einen Mann kostbarer [machen] als feinstes Gold ... wertvoller als Goldstücke aus Ofir." (Jes 13,12) Er macht einen Menschen kostbar, indem er in ihm wohnt und ihm den Heiligen Geist gibt. Er versprach: „Wenn schon ihr hartherzigen Menschen euren Kindern Gutes gebt, wie viel mehr wird der Vater im Himmel denen den Heiligen Geist schenken, die ihn darum bitten." (Lk 11,13 Hfa)

Der Herr hat uns gelehrt, Gott unseren Vater zu nennen, ihn als Ursprung [aller] väterlichen Zuneigung zu sehen, als Quelle der Liebe, die im Laufe der Jahrhunderte in das menschliche Herz ausgegossen wurde (siehe Röm 5,5). Alles Mitleid, alles Erbarmen und alle Liebe, die auf dieser Erde manifestiert wurden, kommen [letztlich] vom Thron Gottes, und verglichen mit seiner Liebe sind sie wie ein Brunnen gegenüber dem Ozean. Seine Liebe ist beständig am Werk: Sie macht die Schwachen stark, die Zaghaften mutig und verleiht den Schwankenden moralische Kraft. Gott wirkt durch Christus, und ein Mensch darf im Namen des Sohnes zum Vater kommen. Unsere Erkenntnis und unser Lob lauten: „Hört, was der Herr für mich getan hat!" – *Signs of the Times*, 5. März 1896

Der Geist umgibt uns mit einem göttlichen Schild

Lass sich freuen alle, die auf dich trauen; ewiglich lass sie rühmen, denn du beschirmest sie. Fröhlich lass sein in dir, die deinen Namen lieben! Denn du, HERR, segnest die Gerechten, du deckest sie mit Gnade wie mit einem Schilde. (Psalm 5,12.13)

Wenn wir in Prüfungen geraten, die uns unerklärlich sind, sollen wir uns nicht den [inneren] Frieden rauben lassen. Auch wenn wir noch so ungerecht behandelt werden, sollten wir darüber nicht in Wut geraten. Wenn wir nach Vergeltung trachten, schaden wir uns nur selbst, denn wir zerstören dadurch unser Gottvertrauen und betrüben den Heiligen Geist. Ein Zeuge steht uns zur Seite, ein himmlischer Bote, der für uns ein Schutzschild gegen den Feind errichtet wird und uns in die hellen Strahlen der „Sonne der Gerechtigkeit" (Mal 3,20) einhüllen wird. Dieses Schild aus heiligem Licht kann Satan weder durchdringen noch umgehen.

In einer Zeit, da die Welt immer bösartiger wird, sollte sich niemand einbilden, ihm würden keine Schwierigkeiten begegnen. Aber gerade diese Schwierigkeiten bringen uns in die Audienzhalle des Höchsten. Wir dürfen den, der unendliche Weisheit besitzt, gern um Rat bitten.

Der Herr fordert uns auf: „Rufe mich an in der Not." (Ps 50,15) Er lädt uns ein, ihm unsere Sorgen und Nöte vorzutragen und unser Bedürfnis nach seiner Hilfe. Er möchte, dass wir sofort beten (siehe Phil 4,6). Sobald Schwierigkeiten auftreten, sollen wir unser Anliegen aufrichtig und ernst vortragen. Unsere eindringlichen Bitten sind ein Beweis dafür, wie sehr wir Gott vertrauen. Das Bewusstsein unseres Bedürfnisses drängt uns, ernsthaft zu beten, und unser Vater im Himmel wird durch unsere flehentlichen Bitten bewegt.

Jene, die um ihres Glaubens willen verachtet oder verfolgt werden, geraten nicht selten in die Versuchung zu meinen, Gott habe sie verlassen ... Allem Anschein nach triumphieren ihre Gegner über sie. In einer solchen Situation sollten sie nicht gegen ihr Gewissen handeln. Er, der für uns litt und alle unsere Leiden und Anfechtungen auf sich nahm (siehe Jes 53,4 EB), hat uns nicht vergessen.

Die Kinder Gottes stehen nicht allein und schutzlos da. Das Gebet bewegt den Arm des Allmächtigen. Im Gebet haben sie „durch den Glauben Königreiche bezwungen, Gerechtigkeit geübt, Verheißungen erlangt, Löwen den Rachen gestopft, des Feuers Kraft ausgelöscht" und sogar „fremde Heere in die Flucht geschlagen" (Hbr 11,33.34). Was das bedeutet, wird uns klar werden, wenn wir [im Himmel] die Berichte der Märtyrer hören, die für ihren Glauben starben. – *Bilder vom Reiche Gottes*, S. 136f. (rev., vgl. *Christ's Object Lessons*, S. 171f.)

4. Mai

Hoffen wir aber auf etwas, das wir noch nicht sehen können, dann warten wir zuversichtlich darauf. Dabei hilft uns der Geist Gottes in all unseren Schwächen und Nöten.
(Römer 8,25.26 Hfa)

Er ist uns nahe in Augenblicken der Verzweiflung

Das Reservoir [göttlicher] Macht ist geöffnet, gefüllt und [steht euch] umsonst [zur Verfügung]. Kommt mit demütigem Herzen! Denkt nicht, ihr müsstet etwas Gutes tun, um die Gunst Gottes zu verdienen oder euch selbst bessern, bevor ihr zu Christus kommen könntet. Ihr könnt gar nichts tun, um euren Zustand zu verbessern. Kommt im Namen Jesu mit der ganzen Zuversicht des Glaubens, weil ihr Sünder seid, denn Christus sagte: „Ich bin gekommen, die Sünder zu rufen und nicht die Gerechten." (Mt 9,13) „Nähert euch Gott, und er wird sich euch nähern." (Jak 4,8 GNB). Ihr müsst bitten, suchen, anklopfen (siehe Mt 7,7.8) und glauben, dass ihr durch Christus [bei Gott] angenommen seid. Ihr müsst darauf vertrauen, dass er das für euch tun kann, was ihr niemals für euch selbst tun könnt ...

Jesus ist unser Sühnopfer; wir können unsere Sünde nicht selbst sühnen, aber durch den Glauben können wir die vollbrachte Sühne annehmen. „Denn auch Christus hat einmal für die Sünden gelitten, der Gerechte für die Ungerechten, damit er euch zu Gott führte." (1 Ptr 3,18) „Christus hat euch losgekauft, aber nicht mit vergänglichem Silber oder Gold, sondern mit seinem eigenen kostbaren Blut, das er wie ein unschuldiges, fehlerloses Lamm für uns geopfert hat." (1 Ptr 1,18.19 Hfa) „Das Blut Jesu, seines Sohnes, reinigt uns von jeder Sünde." (1 Joh 1,7 EB) Durch die Verdienste seines teuren Blutes kann der in Sünden verstrickte Mensch wieder gesund werden. Während du deine Bitte zu Gott bringst, wendet der Heilige Geist die Verheißungen Gottes im Herzen an.

In Augenblicken der Ratlosigkeit, wenn Satan Zweifel und Entmutigung sät, wird der Geist des Herrn die zuverlässigen Worte Christi gegen ihn wie eine Standarte erheben, und die hellen Strahlen der „Sonne der Gerechtigkeit" (Mal 3,20) werden in dein Denken und deine Seele scheinen. Wenn Satan dich mit Verzweiflung überwältigen will, wird der Heilige Geist dich auf die Fürbitte deines lebendigen Erlösers hinweisen. Christus ist der gute Geruch, das heilige Räucherwerk, das deine Bitten vor dem Vater annehmbar macht. Wenn das Licht der Gerechtigkeit Christi ganz verstanden und angenommen wird, werden Liebe, Freude, Friede und eine unaussprechliche Dankbarkeit die Seele durchdringen, und der so Gesegnete wird bekennen: „Du hast dich zu mir herabgebeugt und mich groß gemacht." (Ps 18,36 Hfa) – *Signs of the Times*, 22. August 1892

Wir sind geliebt, obwohl wir sündigen

Meine lieben Kinder, ich schreibe euch dies, damit ihr kein Unrecht tut. Sollte aber jemand schuldig werden, so haben wir einen, der beim Vater für uns eintritt: Jesus Christus, den Gerechten, der ohne Schuld ist.
(1. Johannes 2,1 GNB)

Wer mit Gott verbunden ist, ist ein Kanal für die Macht des Heiligen Geistes. Wenn jemand, der täglich mit Gott kommuniziert, vom Wege abkommt, wenn er einen Augenblick lang nicht [mehr] fest auf Jesus schaut, geschieht das nicht, weil er willentlich sündigt. Wenn er seinen Fehler erkennt, wendet er sich wieder um und richtet seinen Blick [erneut] auf Christus. Und trotz seines Irrtums ist er dem Herrn genauso lieb und wert. Er weiß, dass er eine Beziehung mit dem Heiland hat, und wenn er wegen seines Fehlers auf irgendeine Weise getadelt wird, wird er nicht mürrisch werden und sich über Gott beklagen, sondern seinen Fehler in einen Sieg verwandeln. Er lernt eine Lehre aus den Worten des Meisters und achtet darauf, dass er sich nicht erneut täuschen lässt.

Jene, die Gott wahrhaft lieben, haben den inneren Beweis, dass sie von Gott geliebt und mit Christus verbunden sind und ihr Herz von glühender Liebe zu ihm erwärmt ist. Die Wahrheit für diese Zeit glauben sie mit fester Zuversicht. Mit voller Gewissheit können sie sagen: „Wir haben doch keine schönen Märchen erzählt, als wir euch von der Macht unseres Herrn Jesus Christus und von seinem Erscheinen berichteten ... Umso fester verlassen wir uns jetzt auf das, was Gott durch seine Propheten zugesagt hat. Auch ihr tut gut daran, wenn ihr darauf hört. Denn Gottes Zusagen leuchten wie ein Licht in der Dunkelheit, bis der Tag anbricht und der aufgehende Morgenstern in eure Herzen scheint." (2 Ptr 1,16.19 Hfa)

Was sich im Innern eines Menschen abspielt, wird sich im äußeren Verhalten offenbaren. Das Wort Gottes soll für den Boten Gottes zeugen, den Gott in dieser letzten Zeit mit einer Botschaft ausgesandt hat, um ein Volk auf den Tag des Herrn vorzubereiten. „Wie lieblich sind auf den Bergen die Füße der Freudenboten, die da Frieden verkündigen, Gutes predigen [und] Heil verkündigen." (Jes 52,7)

Auf die Weisheit sogenannter Intellektueller können wir uns nicht verlassen, es sei denn, sie lernen täglich ihre Lektionen in der Schule Christi. Menschen mit ihrer angeblichen Weisheit mögen sich Pläne, Theorien und philosophische Systeme ausdenken, aber der Herr nennt sie vergeblich und töricht: „Denn die Torheit Gottes ist weiser, als die Menschen sind, und die Schwachheit Gottes ist stärker, als die Menschen sind." (1 Kor 1,25) – *Advent Review and Sabbath Herald*, 12. Mai 1896

Aber der Herr hat zu mir gesagt: „Du brauchst nicht mehr als meine Gnade. Je schwächer du bist, desto stärker erweist sich an dir meine Kraft." Jetzt trage ich meine Schwäche gern, ja, ich bin stolz darauf, weil dann Jesus seine Kraft an mir erweisen kann. (2. Korinther 12,9 GNB)

Der Geist ist uns in den dunkelsten Stunden nahe

Ihr mögt enttäuscht sein und eure Wünsche und Wege mögen euch verwehrt sein. Aber lasst euch versichern: Der Herr liebt euch. Der „Schmelzofen des Elends" (Jes 48,10 EB) mag euch versengen, aber nicht, um euch zu zerstören, sondern „von allen Schlacken zu reinigen" (ebd. Hfa), damit ihr daraus wie gereinigtes Gold hervorgeht (siehe 1 Ptr 1,7). Vergesst nicht: Gott wird euch „Lobgesänge in dunkler Nacht" geben (Hiob 35,7 GNB). Finsternis mag euch einschließen, aber ihr sollt nicht auf die Wolken sehen. Auch hinter den dunkelsten Wolken verbirgt sich ein ewig scheinendes Licht. Der Herr hat Licht für jeden Menschen. Öffnet euer Herz nur weit für die Hoffnung, den Frieden und die Freude [die er gibt]. Jesus versichert uns: „Ich habe euch dies gesagt, damit meine Freude euch erfüllt und an eurer Freude nichts mehr fehlt." (Joh 15,11 GNB)

Gott hat für jeden von uns eine besondere Aufgabe und jeder kann diese Aufgabe ... gut erfüllen. Das einzige, was wir unsererseits fürchten müssen, ist, unseren Blick nicht ständig auf Jesus zu richten (siehe Hbr 12,2) und nicht allein die Verherrlichung Gottes im Auge zu haben, sodass wir am Ende unseres Lebens, wenn wir unsere Waffenrüstung niederlegen und im Tode schlafen, nicht bereit sind, für das uns Anvertraute vor Gott Rechenschaft zu geben (siehe Hbr 4,13). Vergesst keinen Augenblick, dass ihr Christi Eigentum seid, das er „teuer erkauft" hat, und ihr ihn deshalb mit unserem Leib und Geist verherrlichen sollt (1 Kor 6,20) ...

Gott hat für jede Wunde eine Salbe. Es gibt einen Arzt und einen „Balsam in Gilead" (Jer 8,22 EB). Ihr solltet gerade jetzt mehr denn je die Schrift studieren. Bittet „Gott um Weisheit" in jeder Notlage (Jak 1,5 GNB). Bittet Jesus in jeder Prüfung, euch einen Ausweg aus euren Schwierigkeiten zu zeigen. Dann wird er eure Augen öffnen, um das Heilmittel zu erkennen und auf euren Fall die heilsamen Verheißungen anzuwenden, die in seinem Wort aufgeschrieben sind. Auf diese Weise wird es dem Feind nicht gelingen, euch zum Klagen oder zum Unglauben zu verleiten. Stattdessen werdet ihr Vertrauen, Hoffnung und Mut im Herrn haben. Der Heilige Geist wird eure Augen für seine Segnungen öffnen, die ihr als Gegenmittel für den Kummer anwenden könnt, als Heilmittel gegen jede Bitterkeit auf euren Lippen. – *Für die Gemeinde geschrieben*, Band 2, S. 276-278 (rev., vgl. *Selected Messages*, Band 2, S. 272-274)

Der Heilige Geist hilft besorgten Eltern

Verwirf mich nicht von deinem Angesicht, und nimm deinen Heiligen Geist nicht von mir. Erfreue mich wieder mit deiner Hilfe, und mit einem willigen Geist rüste mich aus. Ich will die Übertreter deine Wege lehren, dass sich die Sünder zu dir bekehren. (Psalm 51,13-15)

Was für ein Gebet ist das! Wie sehr wird darin deutlich, dass die Sünder in der Familie nicht gleichgültig behandelt werden dürfen, sondern der Herr sie als mit seinem Blut Erkaufte betrachtet. In jeder Familie, in der es Unbekehrte gibt, sollten die, die den Herrn kennen, mit Weisheit für ihre Bekehrung arbeiten. Ganz sicher wird der Herr die Bemühungen von Eltern segnen, wenn sie in Ehrfurcht vor ihm und mit Liebe versuchen, die Mitglieder ihrer Familie zu retten. Der Herr Jesus wartet darauf, ihnen gnädig zu sein.

Dieses Werk muss in den Herzen beginnen! [David betete:] „Denn du hast keine Lust am Schlachtopfer, sonst gäbe ich es; Brandopfer gefällt dir nicht. Die Opfer Gottes sind ein zerbrochener Geist; ein zerbrochenes und zerschlagenes Herz wirst du, Gott, nicht verachten." (Ps 51,18.19 EB) Alle Mitglieder einer Familie sollen erkennen, dass das Werk [der Bekehrung] im Herzen beginnen muss. Das Herz muss durch die schöpferische und erneuernde Kraft des Heiligen Geistes zu einem demütigen und zerschlagenen Herzen werden. Wenn Eltern sich der Hilfe dieses mächtigen Beistands bewusst sind, können sie sich [dann] nicht mit größerem Eifer und größerer Liebe als je zuvor für die Bekehrung ihrer Kinder einsetzen?

Der Herr hat versprochen: „Ich will reines Wasser über euch sprengen, dass ihr rein werdet; von all eurer Unreinheit und von allen euren Götzen will ich euch reinigen. Und ich will euch ein neues Herz und einen neuen Geist in euch geben und will das steinerne Herz aus eurem Fleisch wegnehmen und euch ein fleischernes Herz geben. Ich will meinen Geist in euch geben und will solche Leute aus euch machen, die in meinen Geboten wandeln und meine Rechte halten und danach tun." (Hes 36,25-27)

Wenn der Geist des Herrn an den Herzen der Eltern wirkt, werden ihre Gebete und Tränen vor Gott kommen. Sie werden ihn ernstlich anflehen und vom Himmel Gnade und Weisheit empfangen, damit sie für ihre unbekehrten Kinder wirken können. Wenn ein solcher Geist in den Familien herrscht, kommt er [auch] in die Gemeinde. Die als Missionare in ihren Familien wirken, werden auch in der Gemeinde und in der ganzen Welt für Gott tätig sein. Die Institutionen, die Gott gepflanzt hat, werden [dann] eine ganz andere Form annehmen. – *Advent Review and Sabbath Herald*, 14. März 1893

8. Mai

Er unterstützt Mütter mit kleinen Kindern

Hier ist das Kind, um das ich damals Gott angefleht habe; er hat mein Gebet erhört. Auch ich will nun mein Versprechen erfüllen: Das Kind soll für sein ganzes Leben dem HERRN *gehören.* (1. Samuel 1,27.28 GNB)

Gläubige Mütter sollten erkennen, dass sie Mitarbeiter Gottes sind, wenn sie ihre Kinder in einer Weise ausbilden und erziehen, die es ihnen ermöglicht, den Charakter Christi widerzuspiegeln. Himmlische Engel unterstützen sie bei dieser Aufgabe. Doch sie wird leider vernachlässigt und Christus wird um sein Eigentum gebracht – die jüngeren Mitglieder seiner Familie. Doch wenn der Heilige Geist in einem Menschen wohnt, kann er mit Gott zusammenwirken.

Die Lehren Jesu, als er sich der Kinder annahm (siehe Mk 10,13-16), sollten einen tieferen Eindruck auf uns machen. Christi Worte ermutigen Eltern, ihre kleinen Kinder zu Jesus zu bringen. Sie mögen eigensinnig sein und voller menschlicher Leidenschaften stecken, aber das sollte uns nicht abschrecken, sie zu Christus zu bringen. Er segnete Kinder, die ähnliche Leidenschaften besaßen wie er.

Wie oft machen wir bei der Kindererziehung Fehler! Oft dulden Eltern bei ihren Kindern selbstsüchtige und moralisch fragwürdige [Neigungen]. Statt sich um ihr ewiges Heil zu bemühen, lassen sie alles durchgehen, und ihre Kinder entwickeln ein zügelloses Temperament und einen unschönen Charakter. Sie akzeptieren die ihnen von Gott übertragene Verantwortung nicht, ihre Kinder zur Ehre Gottes zu erziehen und auszubilden. Sie sind unzufrieden mit dem Verhalten ihrer Kinder und verzagt, wenn sie begreifen, dass deren Fehler das Ergebnis ihrer eigenen Nachlässigkeit sind, und dann völlig entmutigt.

Wenn Eltern jedoch klar würde, dass sie die Bürde der Erziehung ihrer Kinder für Gott lebenslang tragen, wenn sie diese Aufgabe im Glauben erfüllen und in ernstem Gebet und in ihrem Bemühen mit Gott zusammenarbeiten würden, dann könnten sie ihre Kinder erfolgreich zu Jesus führen. [Bereits] vor der Geburt ihrer Kinder sollen sich Väter und Mütter mit Geist, Seele und Leib dem Herrn weihen. – *Signs of the Times*, 9. April 1896

Er antwortet Eltern auf ihre Gebete um göttliche Hilfe

Behaltet die Gebote im Gedächtnis, die ich euch heute verkünde! Prägt sie euren Kindern ein und sagt sie euch immer wieder vor – zu Hause und auf Reisen, wenn ihr euch schlafen legt und wenn ihr erwacht. (5. Mose 6,6.7 GNB)

Ihr Väter und Mütter, wie kann ich Worte finden, um eure große Verantwortung zu beschreiben? Durch euer Vorbild lehrt ihr eure Kinder, entweder Gott oder dem eigenen Ich zu dienen. Bittet den Himmel inständig um die Hilfe des Heiligen Geistes, damit eure Herzen geheiligt werden und euer Verhalten Gott ehrt und eure Kinder für Christus gewinnt. Wenn Eltern klar wird, dass sie ihre Kinder durch achtloses Verhalten oder Reden irreleiten können, sollten ihnen die große Bedeutung und die Heiligkeit ihrer Erziehungsaufgabe bewusst werden.

Eltern brauchen die Aufsicht Gottes und seines Wortes. Wenn sie die Ratschläge des Wortes Gottes nicht beachten und die Bibel nicht zu ihrem Ratgeber und zur Richtschnur ihres Lebens machen, werden ihre Kinder gleichgültig aufwachsen und den Weg des Ungehorsams und Unglaubens einschlagen. Christus lebte ein mühevolles, selbstloses Leben und starb einen schändlichen Tod, um ein Beispiel des Geistes zu geben, der seine Nachfolger inspirieren und leiten sollte. Wenn Eltern versuchen, zu Hause ein christusähnliches Leben zu führen, wird im Leben der gesamten Familie ein himmlischer Einfluss zu spüren sein.

In jedem christlichen Heim sollte Gott in der Morgen- und Abendandacht geehrt werden. Jeden Morgen und jeden Abend sollten ernste Gebete um Gottes Segen und seine Führung zu ihm aufsteigen. Wird der Herr des Himmels an solchen Heimen vorbeigehen, ohne seinen Segen auszuteilen? Nein, auf keinen Fall! Engel hören den Lobpreis und das Gebet des Glaubens, und sie bringen die Bitten zu dem, der im [himmlischen] Heiligtum für sein Volk eintritt und seine Verdienste für sie zur Geltung bringt. Wahres Gebet wendet sich an den Allmächtigen und verleiht den Menschen den Sieg. Auf den Knien erlangt ein Christ die Kraft, Versuchungen zu widerstehen. – *Advent Review and Sabbath Herald*, 1. Februar 1912

10. Mai

Bring einem Kind am Anfang seines Lebens gute Gewohnheiten bei, es wird sie auch im Alter nicht vergessen. (Sprüche 22,6 GNB)

Der Geist leitet die Heiligung in der Familie

Ich appelliere an die Eltern, sich selbst und ihre Kinder auf die Vereinigung mit der himmlischen Familie vorzubereiten. Um Christi willen: Macht euch bereit, eurem Herrn in Frieden zu begegnen (siehe 2 Ptr 3,14). Fangt damit an, in euren Familien in rechter Weise zu wirken. Kommt zum Wesentlichen. Bringt die Wahrheit [Gottes] in eure Heime, um euch zu reinigen und zu heiligen. Lasst sie nicht [lediglich] in den Vorhof. Wie blind sind manche bekennende Christen ihren eigentlichen Interessen gegenüber! Wie wenig erkennen sie, was Christus für sie tun könnte, wenn sie ihn in ihr Zuhause einließen. Christen sollten mit der gleichen Intensität nach der Krone des [ewigen] Lebens streben wie weltlich gesinnte Menschen nach irdischen Vorteilen. Dann wird die Gemeinde Gottes sicherlich mit Macht Fortschritte machen ...

Der Heilige Geist führt zum Handeln in Übereinstimmung mit dem Gesetz Gottes. Das erneuernde Werk des Geistes zeigt sich in den Familien, die sich mit aller Kraft darum bemühen, Freundlichkeit, Geduld und Liebe an den Tag zu legen. [Dort] ist eine allmächtige Kraft am Werk, die das Denken und die Herzen auf den umwandelnden Einfluss des Heiligen Geistes vorbereitet und die Eltern dazu führt, sich zu heiligen, damit auch ihre Kinder geheiligt werden.

Familien, deren Mitglieder höfliche und liebenswürdige Christen sind, üben einen weitreichenden Einfluss zum Guten aus. Andere Familien werden auf die Ergebnisse eines solchen Heimes aufmerksam werden, dem [positiven] Beispiel folgen und ihr eigenes Zuhause gegen satanische Einflüsse schützen.

Engel Gottes werden oft ein Heim besuchen, in dem der Wille Gottes maßgeblich ist. Unter dem Einfluss der göttlichen Gnade wird ein solches Zuhause zu einem Ort der Erfrischung für abgearbeitete, müde Pilger. Es wird aufmerksam darauf geachtet, dass Egoismus sich nicht durchsetzen kann. Es werden gute Gewohnheiten ausgebildet. Die Rechte anderer [Familienmitglieder] werden sorgfältig beachtet. Der „Glaube, der durch die Liebe tätig ist“ (Gal 5,6) und die Seele reinigt, steht am Ruder und regiert den gesamten Haushalt. Unter dem geheiligten Einfluss eines solchen Heimes wird das Prinzip der Brüderlichkeit, das wir im Wort Gottes finden, viel mehr beachtet und befolgt. – *Southern Watchman*, 19. Januar 1904

Der Heilige Geist wirkt an kleinen Kindern

Lasst die Kinder doch zu mir kommen und hindert sie nicht daran; denn für Menschen wie sie steht Gottes neue Welt offen. Ich versichere euch: Wer sich Gottes neue Welt nicht schenken lässt wie ein Kind, wird niemals hineinkommen. Dann nahm er die Kinder in die Arme ... und segnete sie. (Markus 10,14-16 GNB)

Gott möchte, dass jedes Kind im zarten Alter sein Kind ist und in seine Familie aufgenommen wird. Auch wenn sie noch jung sind, können Kinder doch zum Haushalt Gottes gehören und wertvolle Erfahrungen machen. Sie haben Herzen, die empfindsam sind und empfänglich für dauerhafte Eindrücke. Sie können ihre Herzen voll Zuversicht und Liebe zu Jesus wenden und für ihren Erlöser leben. Christus wird sie zu kleinen Missionaren machen. Die gesamte Richtung ihrer Gedanken kann verändert werden, sodass die Sünde ihnen nicht attraktiv, sondern hassenswert und abstoßend erscheint.

Kleine Kinder werden ebenso wie die etwas älteren von [religiöser] Unterweisung profitieren. Durch die Vereinfachung des Erlösungsplans werden die Lehrenden genauso große Segnungen erfahren wie die Kinder, die sie belehren. Der Heilige Geist Gottes wird ihrem empfänglichen Verstand die Lehren einprägen, sodass sie die biblische Wahrheit in ihrer Einfachheit erfassen können. Christus wird diesen Kindern Erfahrungen im missionarischen Wirken geben. Er wird ihnen Gedankengänge vermitteln, die selbst ihre Lehrer nicht hatten. Kinder, die in der rechten Weise unterrichtet wurden, werden für die Wahrheit Zeugnis ablegen. – *Counsels to Parents and Teachers*, S. 169f.

Strenge dich an, als ginge es um dein Leben, um Kinder davor zu bewahren, von den negativen und verderblichen Einflüssen dieser Welt überschwemmt zu werden. – *Child Guidance*, S. 309

Es sollte ein Lehrer angestellt werden, der die Kinder in den Wahrheiten des Wortes Gottes unterrichtet, die so entscheidend sind für diese letzte Zeit und die sie dringend verstehen müssen. Eine große Prüfung wird kommen: Es wird um den Gehorsam oder Ungehorsam gegenüber den Geboten Gottes gehen. – *Advent Review and Sabbath Herald*, 2. Juli 1908

12. Mai

Jesus rief ein kleines Kind, stellte es in die Mitte und sprach: „Das will ich euch sagen: Wenn ihr euch nicht ändert und so werdet wie die Kinder, kommt ihr nie in Gottes neue Welt. Wer aber so klein und demütig sein kann wie ein Kind, der ist der Größte in Gottes neuer Welt."
(Matthäus 18,2-4 Hfa)

Der Heilige Geist liebt es, Kinder anzusprechen

Wenn wir nur eine klare Vorstellung davon hätten, was wir alles vollbringen könnten, wenn wir von Jesus lernen würden! Die Quellen himmlischen Friedens und himmlischer Freude, die dem Lehrer durch die wunderbaren, inspirierten Worte [der Bibel] geöffnet wurden, würden zu einem mächtigen, einflussreichen Strom, der alle segnen würde, die aus ihm trinken. Meint nicht, dass die Bibel ein langweiliges Buch für die Kinder ist. Durch einen weisen Lehrer wird dieses Werk immer interessanter. Es wird für sie wie das „Brot des Lebens" sein (Joh 6,35; vgl. V. 63), das niemals veraltet. Es besitzt eine Frische und Schönheit, die Kinder und Jugendliche anzieht und bezaubert – wie die Sonne, die auf die Erde scheint und ihr Licht und Wärme gibt, sich aber niemals erschöpft. Durch die Lektionen aus biblischen Geschichten und Lehren können die Kinder und Jugendlichen lernen, dass die Bibel allen anderen Büchern überlegen ist. Hier finden sie eine Quelle der Barmherzigkeit und Liebe.

Gottes heiliger, bildender Geist wirkt in seinem Wort. Ein Licht, ein neues und schönes Licht, scheint aus jeder Seite. Die Wahrheit wird dort offenbart, und die Worte und Sätze werden klar und passen zur jeweiligen Situation, als wenn die Stimme Gottes zu ihnen spräche.

Wir müssen erkennen, dass der Heilige Geist uns erleuchtet. Dieser Geist liebt es, die Kinder anzusprechen und ihnen die Schätze und Schönheiten des Wortes Gottes zu erschließen. Die Verheißungen des großen Lehrers [Christus] werden die Sinne fesseln und die Seele des Kindes mit göttlicher Kraft beleben. Auf fruchtbarem Boden wird eine Vertrautheit mit göttlichen Dingen wachsen, die wie ein Schutzwall gegen die Versuchungen des Feindes wirkt. – *General Conference Bulletin,* 1. April 1898

Der Geist ist bei den jüngeren Mitgliedern der Familie Gottes

Das Kind [Jesus] aber wuchs und erstarkte, erfüllt mit Weisheit, und Gottes Gnade war auf ihm. (Lukas 2,40 EB)

Jede Segnung, die der Vater für erfahrene [Gläubige] vorgesehen hat, steht durch Christus [auch] Kindern und jungen Menschen zur Verfügung. Wenn Gott sieht, wie sie das Leben und die Lehren Christi studieren, stellt er sie unter die Aufsicht seiner Engel, um sie auf allen ihren Wegen zu beschützen, so wie er seinen Engeln die Aufsicht über Jesus anvertraute. Die Engel begleiteten ihn, als er unter der Führung des Geistes Gottes auf der Erde lebte und den Willen seines himmlischen Vaters befolgte, um ein gutes charakterliches Vorbild zu geben, das Kindern und Jugendlichen als Beispiel dienen konnte. Er wünscht sich, dass sie in jeder Handlung ihres Lebens nur das tun, was Gottes Zustimmung finden kann. Jedes gute Werk, jede freundliche Tat, jeder Akt des Gehorsams gegenüber ihren Eltern wird in den Büchern des Himmels aufgezeichnet.

Kinder, die ihre Eltern ehren, werden durch die Erfüllung der Verheißung belohnt, dass sie „lange in dem Land leben" werden, das Gott, ihnen gibt (2 Mo 20,12). Kinder sollen im Gutestun fortfahren und darum beten, dass der Herr ihnen aufgrund der Verdienste Jesu seine Gnade, seine Gesinnung und seine Charakterschönheit verleihen möge. Gott hält keinen Segen zurück, der zur Charakterbildung von Kindern und jungen Menschen nach dem göttlichen Vorbild, das ihnen Jesus in seiner Jugend gegeben hat, notwendig ist. Sie sollen mit einem einfachen, vertrauenden Glauben im Namen Jesu um den Anmut seines Charakters bitten, wie ein Kind seinen irdischen Vater um einen Gefallen bittet.

Ihr lieben Kinder und Jugendlichen, ihr braucht ein neues Herz! Bittet Gott darum. Er hat versprochen: „Ich will euch ein neues Herz ... geben." (Hes 36,26) Wenn du um etwas nach seinem Willen gebeten hast, zweifle nicht daran, dass du es empfangen wirst, denn „was Gott verheißt, das kann er auch tun" (Röm 4,21; vgl. 1 Joh 5,14.15). Wenn du mit einem reumütigen Geist [zu ihm] kommst, brauchst du nicht zu denken, es wäre vermessen, Gott um das zu bitten, was er verheißen hat. Vermessenheit bedeutet, um Dinge zur Befriedigung selbstsüchtiger Neigungen zu bitten, zur oberflächlichen Freude an irdischen Dingen. Aber wenn du [ihn] um die geistlichen Segnungen bittest, die du so notwendig brauchst, um einen Charakter nach dem Bild Christi zu entwickeln, versichert dir der Herr, dass deine Bitte einer Verheißung entspricht, die erfüllt werden wird (siehe Gal 5,22.23). – *Youth's Instructor*, 23. August 1894

14. Mai

Durch ihn können junge Menschen zu Überwindern werden

Du junger Mensch, genieße deine Jugend, und freu dich in der Blüte deines Lebens! Tu, was dein Herz dir sagt und was deinen Augen gefällt! Aber sei dir bewusst, dass Gott dich für alles zur Rechenschaft ziehen wird! (Prediger 11,9 Hfa)

Wenn wir uns Gott übergeben, ernten wir große Segnungen. Wir leiden alle unter Charakterschwächen, aber wenn wir uns mit dem Einen verbinden, der uns retten kann, wird unsere Unwissenheit mit unendlicher Weisheit und unsere Zerbrechlichkeit mit seiner beständigen Macht verbunden. Wie Jakob kann jeder von uns ein Prinz Gottes werden (siehe 1 Mo 32,29 KJV). In Verbindung mit dem Herrn, dem Gott Israels, werden wir Kraft von oben bekommen, die uns zu Überwindern macht. Durch die Ausgießung der Liebe Gottes [in unsere Herzen, siehe Röm 5,5] werden wir die Herzen der Menschen erreichen. Wir werden uns mit zitternder Hand am Thron des Unendlichen festhalten und sagen: „Ich lasse dich nicht eher los, bis du mich gesegnet hast!“ (1 Mo 32,27 Hfa)

Gott hat uns versichert, dass er uns segnen und zum Segen machen wird. Darin besteht unser Licht, unsere Freude, unser Triumph. Wenn unsere Jungendlichen verstehen, was es bedeutet, Gottes Liebe und Gnade im Herzen zu haben, werden sie den Wert ihrer mit [dem] Blut [Christi] erkauften Privilegien erkennen, ihre Fähigkeiten Gott weihen und mit allen ihren von Gott geschenkten Kräften danach streben, ihre [anvertrauten] Gaben zu vermehren und im Dienst für den Meister einzusetzen (siehe Mt 25,14-16).

In diesen Zeiten der Sünden und der Verbrechen kann nur eine lebendige Verbindung zu Gott unsere Jugendlichen schützen. Sie müssen lernen, wie sie Gott suchen können, damit sein Heiliger Geist sie erfüllen kann, und in dem Bewusstsein handeln, dass die ganze himmlische Schar [von Engeln] sie mit intensiver Besorgnis beobachtet und bereit ist, ihnen in Gefahren und Nöten zu dienen (siehe Hbr 1,14). Mit Warnungen und Unterweisungen sollen junge Menschen vor Versuchungen geschützt werden und ihnen die Gefahren, die ein Schritt auf dem Seitenweg des Bösen mit sich bringt, dargestellt werden. Sie sollten belehrt werden, welche Ermutigungen das Wort Gottes für sie bereithält, und erzogen werden, die Ratschläge Gottes zu ehren. Sie müssen so [gründlich] unterwiesen werden, dass sie sich gegen das Böse entscheiden und sich entschließen, keinen Weg einzuschlagen, auf dem Jesus sie nicht begleiten und segnen könnte. – *Advent Review and Sabbath Herald*, 21. November 1893

Der Geist hilft uns, einen Charakter für den Himmel heranzubilden

Unser Gott, dem wir dienen, kann uns aus dem Feuer und aus deiner Gewalt retten. Aber auch wenn er es nicht tut, musst du wissen, o König, dass wir nie deine Götter anbeten oder uns vor der goldenen Statue niederwerfen werden. (Daniel 3,17.18 Hfa)

Während diese Jugendlichen an ihrer Erlösung arbeiteten, bewirkte Gott in ihnen „nicht nur das Wollen, sondern auch das Vollbringen, so wie es ihm gefällt“ (Phil 2,13 GNB; vgl. V. 12). Hier sind die Bedingungen für den Erfolg offenbart. Um uns Gottes Gnade zu Eigen zu machen, müssen wir unseren Teil tun. Der Herr beabsichtigt nicht, uns das Wollen oder Vollbringen abzunehmen. Seine Gnade will das Wollen und das Vollbringen in uns bewirken, aber niemals ein Ersatz für unsere eigenen Bemühungen sein. Wir müssen bereit sein, mit Gott zu kooperieren. Der Heilige Geist wirkt in uns, sodass wir unser „Heil bewirken“ (V. 12 EB). Diese praktische Lehre will uns der Heilige Geist vermitteln. „Gott ist's, der in euch wirkt beides, das Wollen und das Vollbringen, nach seinem Wohlgefallen.“ (V. 13)

Der Herr wird mit allen zusammenwirken, die sich ernstlich bemühen, in seinem Dienst treu zu sein, so wie er einst mit Daniel und seinen Freunden zusammengewirkt hat. Hohe geistige Fähigkeiten und ein hervorragender Charakter sind keine Zufallsergebnisse. Gott gibt die Gelegenheiten; der Erfolg hängt von ihrem Gebrauch ab. Jede Gelegenheit, die uns Gott verschafft, muss schnell erkannt und wahrgenommen werden. Viele könnten so [charakterlich] starke Männer werden wie Daniel, wenn sie sich auf Gott verließen, um die Gnade zu erlangen, ein Überwinder zu werden, und Kraft und Tüchtigkeit für die Erfüllung ihrer Aufgaben zu empfangen.

Ich wende mich an euch, junge Männer: Seid treu! Seid mit eurem Herzen bei der Arbeit! Richtet euch nicht nach denen, die lässig und mit geteiltem Interesse ihren Dienst tun! Taten, die oft wiederholt werden, bilden Gewohnheiten, und Gewohnheiten bilden den Charakter. Verrichtet geduldig die kleinen Pflichten des Lebens. Solange ihr den Wert der Treue in kleinen Dingen unterschätzt, wird eure Charakterentwicklung ungenügend bleiben. In den Augen Gottes ist jede Pflicht wichtig. Christus hat gesagt: „Wer in kleinen Dingen zuverlässig ist, wird es auch in großen sein.“ (Lk 16,10 GNB) Im Leben eines Christen gibt es keine unwichtigen Dinge. – *Ruf an die Jugend*, S. 92f. (rev.)

16. Mai

Merkst du es denn nicht? Noch stehe ich vor deiner Tür und klopfe an. Wer jetzt auf meine Stimme hört und mir die Tür öffnet, zu dem werde ich hineingehen und Gemeinschaft mit ihm haben. (Offenbarung 3,20 Hfa)

Der Heilige Geist wirkt an Studenten

Von Zeit zu Zeit veranlasste der Herr des Himmels seinen Heiligen Geist, um unter den Studenten des [Battle Creek] College zu wirken, damit sie „an ihn in allen [ihren] Wegen gedenken" würden, sodass er sie „recht führen" könnte (Spr 3,6). Manchmal waren die Manifestationen des Heiligen Geistes so entschieden, dass die Studien vergessen wurden, und der größte Lehrer, den die Welt je besaß, machte seine Stimme vernehmbar und sagte: „Kommt her zu mir, alle, die ihr mühselig und beladen seid; ich will euch erquicken. Nehmt auf euch mein Joch und lernt von mir; denn ich bin sanftmütig und von Herzen demütig; so werdet ihr Ruhe finden für eure Seelen. Denn mein Joch ist sanft, und meine Last ist leicht." (Mt 11,28-30) Der Herr klopfte an die Herzenstüren und Engel Gottes waren dabei gegenwärtig. Die Lehrer schienen sich nicht besonders darum zu bemühen, ihre Studenten zu beeinflussen, die Anliegen Gottes zu beachten, aber Gott hatte einen Wächter in der Bildungseinrichtung. Obwohl man ihn nicht sehen konnte, war sein Einfluss doch spürbar. Immer wieder gab es eindeutige Zeichen für die Gegenwart des heiligen Wächters in der Schule. Immer wieder sprach die Stimme Jesu zu den Studenten: „Gebt Acht, ich stehe vor der Tür und klopfe an! Wenn jemand meine Stimme hört und die Tür öffnet, werde ich bei ihm einkehren. Ich werde mit ihm das Mahl halten und er mit mir." (Offb 3,20 GNB)

Der Herr hat lange darauf gewartet, um große und echte Freude in die Herzen legen zu können. Alle, die mit ungeteiltem Herzen zu ihm aufsehen, wird er reichlich segnen. Sie erkennen Jesus deutlicher als ihren Sündebock, der ein für alles ausreichendes Opfer gebracht hat. Sie stehen [wie einst Mose] geschützt in einer Felskluft, um „das Lamm Gottes" zu sehen, „das die Sünde der Welt wegnimmt" (Joh 1,29 EB; vgl. 2 Mo 33,21-23). Wenn wir dieses allumfassende Opfer begreifen, werden unsere Lippen zu den größten und herrlichsten Lobeshymnen bewegt. – *Special Testimonies on Education*, S. 77f.

Er unterstützt Lehrer in den Schulen

Als die Prophetenjünger, die den beiden Männern aus Jericho gefolgt waren, Elisa zurückkommen sahen, sagten sie zueinander: „Der Geist Elias ist nun auf Elisa übergegangen!" Sie liefen zu ihm und warfen sich ehrfürchtig vor ihm zu Boden. (2. Könige 2,15 Hfa)

Der Heilige Geist wirkte in den Schulen der Propheten und brachte sogar die Gedanken ihrer Schüler in Übereinstimmung mit dem Willen Gottes. Es gab eine lebendige Verbindung zwischen dem Himmel und diesen Schulen, und die Freude und Dankbarkeit liebender Herzen fand ihren Ausdruck in Lobliedern, in die die Engel einstimmten. Wenn Lehrer ihre Herzen für den Geist Gottes öffneten, würden sie vorbereitet werden, mit ihm im Wirken an ihren Schülern zusammenarbeiten zu können. Wenn er freie Bahn bekommt, wird er wunderbare Veränderungen bewirken. An jedem Herzen wird er arbeiten, die Selbstsucht korrigieren, den Charakter formen und veredeln und sogar die Gedanken unter die Herrschaft Christi bringen (siehe 2 Kor 10,5) ...

Statt ihn zu unterdrücken und zurückzuweisen, sollten wir den Heiligen Geist willkommen heißen und zum Bleiben ermutigen. Wenn Lehrer sich durch den Gehorsam gegenüber dem Wort Gottes heiligen, wird ihnen der Geist Einblicke in himmlische Dinge geben. Wenn sie Gott ernsthaft und demütig suchen, werden die Worte in ihrem Gewissen brennen, die sie ohne Betonung gesprochen haben, und die Wahrheit [Gottes] wird nicht länger von ihrer Zunge zurückgehalten werden.

Der Geist Gottes bewahrt uns nicht vor der Notwendigkeit, unsere Fähigkeiten und Begabungen einzusetzen. Er lehrt uns [vielmehr], wie wir alle Kräfte zur Ehre Gottes nutzen können. Wenn menschliche Fähigkeiten unter der besonderen Anleitung der Gnade [des Geistes] Gottes zum Einsatz kommen, dann können sie für die besten Zwecke auf Erden genutzt werden. Unwissenheit vergrößert nicht die Demut oder Spiritualität eines bekennenden Nachfolgers Christi. Die Wahrheiten des Wortes Gottes können am besten von einem intellektuell [geschulten] Christen erfasst werden. Christus kann am besten von denen verherrlicht werden, die ihm auf intelligente Weise dienen. Das große Ziel der Bildung besteht darin, dass wir die Kräfte, die Gott uns gegeben hat, in solcher Weise gebrauchen, dass sie den biblischen Glauben darstellen und den Ruhm Gottes fördern. – *North Pacific Union Gleaner*, 26. Mai 1909

18. Mai

Jesus rief die Zwölf zusammen und gab ihnen Kraft und Vollmacht, alle bösen Geister auszutreiben und Krankheiten zu heilen. Er sandte sie aus mit dem Auftrag, das Kommen der Herrschaft Gottes zu verkünden und die Kranken gesund zu machen. (Lukas 9,1.2 GNB)

Der Geist begleitet Evangelisten von Haus zu Haus

Der Herr ruft sein Volk zu unterschiedlichen missionarischen Diensten auf. Die Menschen „auf den Landstraßen und an den Zäunen" des Lebens sollen die Evangeliumsbotschaft hören (Lk 14,23). Gemeindeglieder sollen in den Heimen ihrer Nachbarn, die die Wahrheit für diese Zeit noch nicht erkannt haben, evangelistisch tätig sein.

Wer dieses Werk in Angriff nimmt, sollte das Leben Christi [auf Erden] beständig studieren. Er muss ernsthaft arbeiten und jede Fähigkeit in den Dienst des Herrn stellen. Aufrichtige und selbstlose Anstrengungen werden mit wertvollen Ergebnissen belohnt. Vom großen Lehrer werden die Arbeiter die beste Ausbildung erhalten. Wer das erhaltene Licht aber nicht weitergibt, wird eines Tages merken, dass er einen schlimmen Verlust erlitten hat.

Viele unserer Gemeindeglieder sollen unser Schrifttum dort verbreiten, wo die dreifache Engelsbotschaft noch nie verkündet wurde. Das Werk des Buchevangelisten, dessen Herz vom Heiligen Geist erfüllt ist, steckt voller Möglichkeiten, Gutes zu bewirken. Die Darstellung der Wahrheit von Haus zu Haus, in Liebe und Einfachheit, entspricht der Anweisung Christi an seine Jünger, als er sie auf ihre erste Missionsreise schickte (siehe Mt 10,5.6.11-13).

Durch Loblieder und demütige, von Herzen kommende Gebete sowie eine einfache Darstellung der Wahrheit im Familienkreis werden viele [Menschen] angesprochen werden. Der göttliche Helfer wird gegenwärtig sein, um die Herzen zu überzeugen. „Ich bin [durch meinen Geist] bei euch alle Tage", lautet Jesu Versprechen (Mt 28,20, vgl. Joh 14,16.18 GNB). In der Gewissheit der ständigen Gegenwart eines solchen Helfers werden wir voller Vertrauen, Hoffnung und Mut arbeiten können.

Wir müssen die Monotonie unseres Dienstes für Gott unterbrechen. Jedes Gemeindeglied sollte in einer besonderen Aufgabe für den Meister engagiert sein. Wer in der Wahrheit gut gegründet ist, soll in benachbarte Orte gehen und Versammlungen halten. Lest aus Gottes Wort und bringt eure Gedanken so zum Ausdruck, dass sie von allen gut verstanden werden.
– *Advent Review and Sabbath Herald*, 5. Mai 1904

Der Heilige Geist wirkt durch Buchevangelisten

Wie lieblich sind auf den Bergen die Füße der Freudenboten, die da Frieden verkündigen, Gutes predigen [und] Heil verkündigen. (Jesaja 52,7)

Demütiges und inniges Gebet bewirkt mehr zur Verbreitung unserer Bücher als alle teuren Bilder [in ihnen]. Wenn die Buchevangelisten ihre Aufmerksamkeit auf das Wahre, Lebendige und Echte richten, wenn sie um den Heiligen Geist beten und ihm vertrauen, wird er in starken Strömen über sie ausgegossen, und sie werden in den Herzen der Menschen einen guten und bleibenden Eindruck hinterlassen. Also: Bete und arbeite, arbeite und bete, dann wird der Herr mit dir [zusammen] wirken.

Jeder Buchevangelist ist bestimmt und beständig auf die Hilfe der Engel angewiesen, denn er hat eine wichtige Aufgabe zu erfüllen, die er nicht aus eigener Kraft vollbringen kann. Wer wiedergeboren ist und sich vom Heiligen Geist führen lässt, wer seine Arbeit im Sinne Christi verrichtet – im Bewusstsein, dass ihn das himmlische Universum beobachtet – wird von heiligen Engeln begleitet und unterwiesen werden, die die Wohnungen der Menschen vor ihm besuchen und den Weg für ihn vorbereiten ...

Wenn Menschen erkennen, in welchen Zeiten wir leben, werden sie so arbeiten, als würde ihnen der Himmel zuschauen. Der Buchevangelist wird die Bücher vorführen, die den Menschen Licht und Stärke vermitteln. Er wird den Geist dieser Bücher in sich aufnehmen und seine ganze Energie einsetzen, um sie den Menschen anzubieten. Seine Kraft, sein Mut und sein Erfolg werden davon abhängen, wie intensiv die in diesen Büchern enthaltene Wahrheit in seine eigenen Erfahrungen verwoben und in seinem Charakter entfaltet ist. Wenn sein eigenes Leben von ihr geprägt ist, kann er anderen die heilige Wahrheit, die in diesen Büchern dargestellt wird, präsentieren. Vom Geist Gottes erfüllt, wird er eine tiefe und reiche Erfahrung machen, und himmlische Engel verhelfen ihm zum Erfolg bei seiner Arbeit. – *Australasian Union Conference Record,* 1. Mai 1901

20. Mai

Andere Völker werden von diesem Licht angezogen, ihre Könige eilen herbei, um den strahlenden Glanz zu sehen, der über dir aufgegangen ist. (Jesaja 60,3 Hfa)

Der Heilige Geist wirkt in den Verlagen

Unsere Verlagshäuser wurden errichtet, um ein Werk für den Herrn zu tun, um himmlisches Licht in alle Erdteile zu senden und wertvolle Schafe in die Herde [der Gläubigen] zu bringen. Die Verlage sollen eine missionarische Einrichtung sein, um Gott bei der Bekehrung von Menschen zu helfen. Arbeitet und betet für Menschen, da ihr für sie Rechenschaft abgeben müsst. Versucht, in diesem Jahr das vom Herrn verschriebene Heilmittel gegen das Böse anzuwenden. Jeder soll das tun, was der Herr von ihm erwartet und auf Jesus sehen, dem jeder Mensch gehört.

Erinnert die Mitarbeiter des Verlags daran, dass Gott sie aufruft, eine Gemeinschaft christlicher Arbeiter zu sein, die „ein Schauspiel sind für die ganze Welt, für Engel und Menschen" (1 Kor 4,9 GNB). Am Abend oder am frühen Morgen sollen sich kleine Gruppen versammeln, um die Bibel zu studieren. Sie sollen gemeinsam beten, damit sie gestärkt, erleuchtet und vom Geist Gottes geheiligt werden. Das soll nach Jesu Wunsch in jedem Mitarbeiter aller Abteilungen des Verlagswerkes geschehen. Wenn du dich daran beteiligst, wirst du von dem reich gesegnet werden, der sein ganzes Leben dem Dienst geweiht und dich unter Einsatz seines Lebens erlöst hat.

Du brauchst die Kraft des Heiligen Geistes, um ein Überwinder zu werden. Was für ein Zeugnis kannst du ablegen von der liebevollen Gemeinschaft mit deinen Arbeitskollegen in diesen wertvollen Augenblicken, wenn ihr [gemeinsam] um den Segen Gottes bittet! Lass jeden Einzelnen [im Gottesdienst] in einfachen Worten von seiner Erfahrung erzählen. Das wird mehr Trost und Freude vermitteln als alle herrlichen Musikinstrumente, die im Dime Tabernacle [die große adventistische Kirche in Battle Creek] spielen. Lasst Christus in eure Herzen kommen.

Das Wirken jedes Gläubigen ist angriffslustig. Es ist eine tägliche Auseinandersetzung [mit Satan und den Ungläubigen]. Christus sagt zu den Managern und Büroangestellten: „Ihr seid meine Zeugen." (Lk 24,48 Hfa) Denkt daran, sprecht davon und handelt danach! Der Himmel ist gleich nebenan. Öffnet die Tür zum Himmel und schließt die Tür zur Erde. Gott ruft jeden Mitarbeiter in jeder Abteilung des Verlagsbüros. Wirst du seine Stimme hören und Jesus die Tür deines Herzens öffnen (siehe Offb 3,20)? Wirst du ihn lieben, der sein Leben für dich gab? – *Manuskript Releases*, Band 12, S. 46f.

Der Heilge Geist spricht Menschen durch Bücher an

Danach hörte ich den Herrn fragen: „Wen soll ich als Boten senden? Wer ist bereit zu gehen?" Ich antwortete: „Ich bin bereit, sende mich!" (Jesaja 6,8 Hfa)

Bete und arbeite! Mit einem demütigen Gebet nach dem Vorbild Christi wirst du mehr erreichen als mit vielen Worten ohne Gebet. Arbeite mit aller Einfachheit als Buchevangelist, und der Herr wird mit dir [zusammen] wirken. Der Heilige Geist wird den Verstand der Menschen ansprechen, genauso wie er den Verstand jener beeindruckt, die Gottes berufenen Predigern zuhören, wenn sie sein Wort verkündigen. Dieselben heiligen Engel begleiten den Buchevangelisten, der den Menschen mit seinen Büchern die Wahrheit bringen möchte.

Männer und Frauen können auf wirksame Weise arbeiten, wenn sie in ihrem Herzen fühlen, dass sie für den Herrn wirken, indem sie Menschen dienen, die die Wahrheit für diese Zeit nicht kennen. Sie verkünden den Menschen auf den „Landstraßen und Zäunen" des Lebens (Lk 14,23) eine Warnungsbotschaft, um ein Volk für den großen [Gerichts-]Tag Gottes, der bald über die Welt hereinbricht, vorzubereiten. Wir haben keine Zeit zu verlieren, sondern müssen dieses Werk unterstützen. Wer wird jetzt mit unserem Schrifttum hinausgehen? [Die sich dazu entschließen,] sollten das 6. Kapitel des Propheten Jesaja lesen und sich seine Lektion zu Herzen nehmen.

„Vor Angst schrie ich auf: ‚Ich bin verloren! Ich bin unwürdig, den HERRN zu preisen, und lebe unter einem Volk, das genauso unwürdig ist. Und ich habe den König gesehen, den Herrscher der Welt!' Da kam einer der mächtigen Engel zu mir geflogen. Er hatte eine glühende Kohle, die er mit der Zange vom Altar genommen hatte. Damit berührte er meinen Mund und sagte: ‚Die Glut hat deine Lippen berührt. Jetzt bist du von deiner Schuld befreit, deine Sünde ist dir vergeben.' Dann hörte ich, wie der Herr sagte: ‚Wen soll ich senden? Wer ist bereit, unser Bote zu sein?' Ich antwortete: ‚Ich bin bereit, sende mich!'" (Jes 6,5-8 GNB)

Dieses Geschehen wird sich immer wieder abspielen, wenn die Buchevangelisten nahe an der Seite Christi bleiben, sein Joch auf sich nehmen und täglich von ihm lernen (siehe Mt 11,29), wie sie die Botschaft des Friedens und des Trostes zu trauernden, enttäuschten, traurigen und untröstlichen Menschen bringen können. Christus, der große Lehrer, wird sie mit seinem eigenen Geist erfüllen und sie zu einem guten und wichtigen Werk befähigen. – *Bible Echo,* 18. September 1899

22. Mai

Der Heilige Geist befähigt die Missionare

Als diese Männer während einer Zeit des Fastens gemeinsam beteten, sprach der Heilige Geist zu ihnen: „Gebt Barnabas und Saulus für die Aufgabe frei, zu der ich sie berufen habe!“ Da fasteten und beteten sie, legten Barnabas und Saulus die Hände auf und sandten sie zum Missionsdienst aus. (Apostelgeschichte 13,2.3 Hfa)

Wie sehr brauchen wir die Gegenwart Gottes! Jeder Mitarbeiter sollte Gott um die Taufe mit dem Heiligen Geist anflehen. Kleine Gruppen sollten sich treffen, um Gott um besondere Hilfe und um Weisheit zu bitten, damit die Diener Gottes Klarheit erhalten, wie sie das Werk planen, entwickeln und ausführen sollen. Ein wichtiges Anliegen ist [auch], darum zu beten, dass der Herr seine Mitarbeiter auswählt und seine Missionare mit dem Heiligen Geist ausrüstet.

Zehn Tage lang beteten die Jünger Jesu, bevor sie zu Pfingsten den Geist empfingen (siehe Apg 1,14; 2,1.4). Diese Zeit war nötig, damit sie verstanden, was es bedeutet, wirksam zu beten, Gott immer näher zu kommen, ihre Sünden zu bekennen, sich vor Gott zu demütigen, Jesus im Glauben zu betrachten und in sein Bild verwandelt zu werden. Als [dann] der Segen kam, erfüllte er den ganzen Ort, an dem sie sich versammelt hatten (siehe V. 2.3). Ausgerüstet mit dieser Kraft gingen sie hinaus, um wirkungsvoll für ihren Meister zu arbeiten (siehe Apg 1,8).

Genauso ernstlich wie die Jünger zu Pfingsten sollen [auch] wir um die Erfüllung mit dem Heiligen Geist bitten. Wenn sie ihn in ihrer Zeit benötigten, brauchen wir ihn heute noch dringender. Moralische Finsternis bedeckt die Erde wie ein Leichentuch. Alle Arten von falschen Lehren, Häresien und satanischen Täuschungen führen die Menschen in die Irre. Ohne den Geist und die Kraft Gottes wird unsere Mühe vergeblich sein, wenn wir die Wahrheit verkündigen. Wir brauchen den Heiligen Geist zur Unterstützung in der [geistlichen] Auseinandersetzung, „denn wir kämpfen nicht gegen Menschen, sondern gegen Mächte und Gewalten des Bösen, die über diese gottlose Welt herrschen und im Unsichtbaren ihr unheilvolles Wesen treiben.“ (Eph 6,12 Hfa)

Solange wir auf Gott hoffen und vertrauen, können wir nicht fallen. Jeder Einzelne von uns, Prediger oder Gemeindeglied, soll mit Paulus sagen: „Darum laufe ich wie einer, der das Ziel erreichen will. Darum kämpfe ich wie ein Faustkämpfer, der nicht danebenschlägt“ (1 Kor 9,26 GNB), sondern mit einem festen Glauben und in der Erwartung, den Siegespreis zu gewinnen (siehe V. 24.25). – *Home Missionary*, 1. November 1893

Der Geist vertreibt die moralische Dunkelheit

Steh auf, werde licht! Denn dein Licht ist gekommen, und die Herrlichkeit des HERRN ist über dir aufgegangen. Denn siehe, Finsternis bedeckt die Erde und Dunkel die Völkerschaften; aber über dir strahlt der HERR auf, und seine Herrlichkeit erscheint über dir.
(Jesaja 60,1.2 EB)

Die Gemeinde wurde [von Gott] zu dem Mittel bestimmt, durch das göttliches Licht in die moralische Finsternis dieser Welt und die Frieden stiftenden Strahlen der „Sonne der Gerechtigkeit" (Mal 3,20) in die Herzen der Menschen scheinen sollen. Die persönliche Arbeit mit Einzelnen und in Familien ist ein Teil der Tätigkeit in Gottes Weinberg. Die Sanftmut, Geduld, Langmut und Liebe Christi müssen in allen Heimen des Landes offenbar werden. Die Gemeinde muss aufstehen und hell leuchten. In der Kraft des Heiligen Geistes und der Wahrheit muss das Volk Gottes hinausgehen in eine Welt, die in Finsternis liegt, um das Licht der Herrlichkeit Gottes scheinen zu lassen.

Gott hat den Menschen hervorragende Verstandesfähigkeiten gegeben, die sie zu seiner Ehre einsetzen sollen. Bei der missionarischen Arbeit werden diese Fähigkeiten zum Einsatz kommen. Eine kluge Entwicklung und Ausbildung der Gaben Gottes wird bei seinen Dienern zu erkennen sein. Tag für Tag wird ihre Erkenntnis über Christus zunehmen.

Er, der das Gewand der Menschlichkeit trug und so geredet hat, wie niemals ein Mensch zuvor (siehe Joh 7,46), ist immer noch der große Lehrer. Wenn du seinen Fußspuren folgst und die verlorenen Menschen suchst, werden dich Engel begleiten. Durch die Erleuchtung des Geistes Gottes wirst du größere Kenntnisse erhalten, auf welche Art und Weise das dir anvertraute Werk am besten durchgeführt werden kann ...

Diejenigen, die eigentlich „das Licht der Welt" sein sollen (Mt 5,14), haben nur schwache und trübe Strahlen ausgesandt. Was ist mit dem Licht gemeint? Frömmigkeit, Güte, Wahrheit, Barmherzigkeit und Liebe. Es ist die Offenbarung der Wahrheit im Charakter und im Leben [des Christen]. Ob das Evangelium seine volle Kraft entfalten kann, hängt von der persönlichen Frömmigkeit der Nachfolger Jesu ab. Durch den Tod seines geliebten Sohnes hat Gott Vorsorge getroffen, dass jeder einzelne [Christ] „für jedes gute Werk ausgerüstet" ist (2 Tim 3,17 EB). Jeder Gläubige soll ein helles, leuchtendes Licht sein und die Herrlichkeit dessen erstrahlen lassen, der uns „berufen hat von der Finsternis zu seinem wunderbaren Licht" (1 Ptr 2,9). – *Advent Review and Sabbath Herald*, 24. März 1891

24. Mai

Wir bilden uns nicht ein, aus eigener Kraft irgendetwas tun zu können; nein, Gott hat uns Kraft gegeben. Nur durch ihn können wir die rettende Botschaft verkünden, den neuen Bund ... Wir verkünden ... das neue Leben durch Gottes Geist. (2. Korinther 3,5.6 Hfa)

Der Heilige Geist ermutigt die Boten des Evangeliums

Nur diejenigen, denen ständig neu Gnade zufließt, werden so viel Kraft besitzen, wie sie täglich bedürfen und wie sie fähig sind einzusetzen. Statt auf eine zukünftige Zeit zu warten, in der sie auf wunderbare Weise mit geistlicher Kraft für das Werk der Rettung von Menschen ausgestattet werden, übergeben sie sich Gott täglich, damit er sie zu Gefäßen macht, die er gebrauchen kann (siehe 2 Tim 2,21). Täglich nützen sie die Gelegenheiten zum Dienst, die sich in ihrer Umgebung bieten, und zeugen für den Meister, wo sie auch sein mögen – sei es im bescheidenen Wirkungskreis daheim oder bei nützlicher Arbeit in der Öffentlichkeit.

Für den Mitarbeiter, der sich dem Herrn geweiht hat, ist es ein wunderbarer Trost zu wissen, dass selbst Christus während seines Erdenlebens seinen Vater täglich um eine erneute Versorgung mit der benötigten Gnade bat. Von seiner Gemeinschaft mit Gott ging er aus, um andere zu stärken und zu segnen ... Obwohl er der Sohn Gottes war, stärkte er seinen Glauben durch Gebet und schöpfte aus der Gemeinschaft mit dem Himmel die Kraft, dem Bösen zu widerstehen und den Bedürfnissen der Menschen zu dienen.

Als älterer Bruder der Menschen kennt er die Bedürfnisse derer, die ihm dienen möchten, obwohl sie mit Schwächen behaftet sind und in einer Welt der Sünde und Versuchung leben. Er weiß, dass die Boten, die er als tauglich ansieht auszusenden, schwache, irrende Menschen sind. Aber allen, die sich rückhaltlos in seinen Dienst stellen, verspricht er göttliche Hilfe. Sein eigenes Beispiel beweist, dass anhaltendes Gebet zu Gott im Glauben – einem Glauben, der zum Bewusstsein völliger Abhängigkeit von Gott und ungeteilter Hingabe an sein Werk führt – den Menschen den Beistand des Heiligen Geistes im Kampf gegen die Sünde verschaffen wird.

Jeder Mitarbeiter, der dem Beispiel Jesu folgt, wird darauf vorbereitet sein, die Kraft zu empfangen und anzuwenden, die der Herr seiner Gemeinde verheißen hat, damit die Ernte der Erde zur Reife kommt. Wenn die Boten des Evangeliums jeden Morgen vor dem Herrn knien und ihr Gelübde der Hingabe erneuern, wird er ihnen die Gegenwart seines Geistes und dessen belebende, heiligende Kraft schenken. Sie werden an die Erfüllung ihrer täglichen Aufgaben gehen in der Gewissheit, dass die unsichtbare Anwesenheit des Heiligen Geistes sie befähigt, Mitarbeiter Gottes zu sein. – *Das Wirken der Apostel,* S. 56f. (rev.)

Der Geist wirkt durch demütige Werkzeuge

Wen hat Gott denn da berufen? Es gibt ja nicht viele unter euch, die nach menschlichen Maßstäben klug oder einflussreich sind oder aus einer angesehenen Familie stammen. Gott hat sich vielmehr in der Welt die Einfältigen und Machtlosen ausgesucht.
(1. Korinther 1,26.27 GNB)

Gott wird Menschen der unteren sozialen Schichten ansprechen, die noch nicht für die hellen Lichtstrahlen der Wahrheit unempfänglich geworden sind ... Viele [dieser demütigen Werkzeuge] wird man hin- und hereilen sehen, vom Geist Gottes gedrängt, anderen das Licht zu bringen. Die Wahrheit, das Wort Gottes, brennt wie ein „Feuer in [ihren] Gebeinen" (Jer 20,9) und erfüllt sie mit dem innigen Wunsch, jene zu erleuchten, die „in der Finsternis sitzen" (Jes 42,7 EB).

Jetzt verkünden viele, auch Ungebildete, das Wort des Herrn. [Sogar] Kinder werden vom Geist Gottes getrieben, hinzugehen und die Botschaft des Himmels zu predigen. Der Geist wird auf alle ausgegossen, die sich seinem Antrieb unterstellen. Indem sie alle menschliche Maschinerie [der Gemeinde], ihre einschnürenden Regeln und vorsichtigen Methoden abschütteln, werden sie die Wahrheit in der Kraft des Geistes verkündigen. Tausende werden den Glauben annehmen und sich der Armee des Herrn anschließen.

Viele von denen, die sich heute als Nachfolger des Herrn bezeichnen, lassen sich nicht von seinem Geist führen. Sie versuchen, den Heiligen Geist für ihre eigenen Zwecke einzuspannen und in ihre Richtung zu lenken. Sie alle müssen ihre Selbstgefälligkeit aufgeben und sich vorbehaltlos dem Herrn übergeben, damit er das, was *ihm* gefällt, in ihnen und durch sie ausführen kann.

Die sieben letzten Plagen werden die Ungehorsamen heimsuchen (siehe Offb 16,1-11). Viele haben die Einladung des Evangeliums nicht beachtet. Sie wurden geprüft und erprobt, aber es schienen sich Hindernisse wie Berge vor ihnen aufzutürmen, die ihr Weiterkommen unmöglich machten. Durch Glauben, Ausdauer und Mut werden viele diese Hindernisse überwinden und zu dem herrlichen Licht [Gottes] gehen. Nahezu unmerklich wurden auf dem engen und schmalen Weg (siehe Mt 7,14) Barrieren aufgerichtet und Stolpersteine gelegt; aber sie werden alle beiseite geräumt werden. Die Schutzvorrichtungen, die falsche Hirten rund um ihre Herden aufgestellt haben, werden nichts bewirken. Tausende werden zum Licht hinausgehen und mitarbeiten, um das Licht zu verbreiten. – *Advent Review and Sabbath Herald*, 23. Juli 1895

26. Mai

Er hat sich die Geringen und Verachteten ausgesucht, die nichts gelten, denn er wollte die zu nichts machen, die in der Welt etwas sind. Niemand soll sich vor Gott rühmen können.
(1. Korinther 1,28.29 GNB)

Der Geist benutzt Männer und Frauen voller Hingabe

Nicht alle können dieselbe Aufgabe erfüllen, aber jeder, der sich dem Einfluss des Heiligen Geistes öffnet, kommt unter die Herrschaft Christi. Für solch hingegebene Männer und Frauen hat Gott genügend Vorsorge getroffen. Er wird sein Werk auf verschiedenen Wegen und durch unterschiedliche Werkzeuge voranbringen. Zur Rettung von Menschen wird er nicht nur die Begabtesten, [Menschen] in hohen Vertrauenspositionen oder Leute mit Universitätsausbildung einsetzen. Er wird viele gebrauchen, die wenige Vorteile hatten. Mit einfachen Mitteln wird er Menschen, die ein Haus und Land besitzen, zum Glauben an die Wahrheit bringen. Sie werden Gottes helfende Hände beim Fortgang seines Werkes sein. Es sind nicht immer die Talentiertesten, die viel für Gott bewirken. Der Herr kann jeden als Sprachrohr benutzen, der sich seinem Dienst weiht.

Wenn wir den Geist der Botschaft, die Menschen zur Entscheidung zwischen Leben und Tod führt, in uns aufnehmen, werden wir erleben, wie ein Werk geschieht, das wir uns jetzt nicht träumen lassen. Wenn der Missionseifer einmal Männer und Frauen, junge und alte, erfasst hat, werden wir viele „auf die Landstraßen und an die Zäune" gehen sehen, um die aufrichtigen Leute zu drängen „hereinzukommen, damit [Gottes] Haus voll wird" (Lk 14,23 GNB).

Wer für die Errettung von Menschen arbeitet, sollte daran denken, dass er versprochen hat, mit Christus zusammenzuarbeiten und seinen Anweisungen und seiner Führung zu folgen. Jeden Tag soll er um Kraft von oben beten und wird sie [auch] erhalten. Er sollte beständig ein Bewusstsein dafür pflegen, wie liebevoll, aufmerksam, zärtlich und tüchtig unser Erlöser ist. Zu ihm soll er als dem „Hirten und Bischof [seiner] Seele" aufsehen (1 Ptr 2,25). Dann wird er das Mitgefühl und die Unterstützung himmlischer Engel gewinnen. Christus wird die Quelle seiner Freude und sein Grund zum Jubeln sein. Sein Herz wird vom Heiligen Geist kontrolliert werden. Er wird mit heiligem Eifer vorangehen, und seine Anstrengungen werden von einer Kraft begleitet, die der Bedeutung der Botschaft entspricht, die er verkündet. – *Advent Review and Sabbath Herald*, 27. Oktober 1910

Der Heilige Geist leistet Hilfe bei Samariterdiensten

Als [der Samariter] den Verletzten sah, hatte er Mitleid mit ihm. Er beugte sich zu ihm hinunter, behandelte seine Wunden mit Öl und Wein und verband sie. Dann hob er ihn auf sein Reittier und brachte ihn in den nächsten Gasthof, wo er den Kranken besser pflegen und versorgen konnte. (Lukas 10,33.34 Hfa)

Mir wurde gezeigt, dass durch das medizinische Missionswerk Menschen gefunden werden, die einmal einen klaren Verstand und viele Fähigkeiten besaßen und dann sehr tief gesunken sind. Sie können durch die richtige Behandlung aus ihrem gefallenen Zustand gerettet werden. Nachdem sie liebevoll versorgt und ihre körperlichen Bedürfnisse gestillt wurden, soll ihnen die Wahrheit, wie sie in Jesus [verkörpert] ist (siehe Eph 4,21), nahegebracht werden. Der Heilige Geist arbeitet mit den Helfern zusammen, die sich um solche Menschen kümmern und einige werden die [ihnen dargelegte] feste Grundlage für ihren Glauben gern annehmen.

Diese Menschen, die Gott liebt und bemitleidet, sollen nicht durch die Vermittlung von [ihnen] seltsam [erscheinenden] Lehren verwirrt werden. Wenn medizinische Missionsarbeiter sie körperlich versorgen, wirkt der Heilige Geist mit dem menschlichen Helfer zusammen, um das moralische Empfinden [des Heruntergekommenen] anzusprechen. Die geistigen Kräfte werden aktiviert, und viele dieser armen Menschen werden für das Reich Gottes gerettet werden.

Nichts kann und wird der Vermittlung der Wahrheit einen solch positiven Charakter geben wie der Samariterdienst, der Menschen gerade in ihrer [erbärmlichen] Situation hilft. Wenn diese Arbeit, die von den Gemeinden vernachlässigt wurde, in der richtigen Art und Weise durchgeführt wird, wird sie die Eingangstür zur erfolgreichen Vermittlung der Wahrheit sein. In unseren Gemeinden muss etwas ganz anderes entstehen. Wenn diese Art von [Samariter-]Diensten getan wird, werden die Mitarbeiter von einer ganz anderen Atmosphäre umgeben sein, denn der Heilige Geist teilt sich allen mit, die Gott dienen. Und wer vom Heiligen Geist geleitet wird, wird ein wirksames Werkzeug Gottes sein, um Menschen, die unterzugehen drohen, aufzurichten, zu stärken und zu retten. – *Welfare Ministry*, S. 131f.

28. Mai

Der Heilige Geist vermittelt uns Mitgefühl

„Was meinst du?", fragte Jesus den Schriftgelehrten. „Welcher von den dreien hat an dem Überfallenen als Mitmensch gehandelt?" Der Schriftgelehrte erwiderte: „Natürlich der Mann, der ihm geholfen hat." „Dann geh und folge seinem Beispiel!", forderte Jesus ihn auf. (Lukas 10,36.37 Hfa)

Wer Christus im Herzen trägt, kann nicht ohne Liebe sein. Wenn wir Gott lieben, weil er uns zuerst geliebt hat, dann bringen wir auch allen Liebe entgegen, für die Christus gestorben ist. Wir können Gott nicht nahekommen, ohne zugleich Gemeinschaft mit anderen Menschen zu haben. In ihm, der auf dem Thron des Universums sitzt, sind ja Gottheit und Menschheit vereint.

Die Verbundenheit mit Christus bindet uns durch die goldene Kette der Liebe auch an unsere Mitmenschen. Dann wird in unserem Leben die mitfühlende Barmherzigkeit Christi sichtbar. Wir warten nicht mehr, bis Menschen in Not zu uns kommen, und lassen uns auch nicht lange bitten, wenn wir gebraucht werden. Anderen zu helfen ist dann für uns eine Selbstverständlichkeit, wie es das ja auch für Christus war.

Wo immer es einen Impuls von Liebe und Mitgefühl gibt, wo immer jemand sich anderen zuwendet, um sie aufzurichten und zu segnen, offenbart sich das Wirken des Heiligen Geistes. Selbst unter den Heiden gab es Menschen, die noch nie etwas von Gottes schriftlichem Gesetz oder von Christus gehört hatten und dennoch seine Diener freundlich aufnahmen, ja manchmal für ihren Schutz sogar das eigene Leben aufs Spiel setzten. Hier zeigte sich klar, dass Gottes Kraft am Wirken war. Der Heilige Geist füllt auch das Herz eines Heiden mit der Gnade Christi [siehe Röm 2,14.15] und weckt in ihm ein Mitgefühl, das weder seiner Natur noch den Sitten seines Stammes entspricht ...

Die Herrlichkeit des Himmels besteht darin, gefallene Menschen aufzurichten und die Bekümmerten zu trösten. Und wo immer Christus im Herzen wohnt, wird er sich auf diese Weise offenbaren. Die Religion Christi wirkt sich auf andere segensreich aus und schenkt den Menschen Licht.

Für Gott gibt es keinen qualitativen Unterschied zwischen den einzelnen Nationen, Rassen oder Gesellschaftsschichten. Er ist der Schöpfer aller Menschen, die durch Schöpfung und Erlösung eine einzige Familie bilden. – *Bilder vom Reiche Gottes,* S. 315f. (rev.)

Der Geist hilft bei der Verbreitung der letzten Warnungsbotschaft

Danach sah ich einen anderen Engel aus dem Himmel herabkommen. Er hatte große Macht und sein Glanz erhellte die ganze Erde. (Offenbarung 18,1 GNB)

Mit jedem Tag rückt die Ewigkeit näher und damit auch das Ende der Gnadenzeit. Jetzt müssen wir wie nie zuvor darum beten, dass der Heilige Geist uns noch reichlicher verliehen wird. Wir müssen danach streben, dass sein heiligender Einfluss über die Mitarbeiter kommt, damit die Menschen, für die sie arbeiten, erkennen, dass sie mit Jesus zusammen waren und von ihm gelernt haben. Mehr als je zuvor brauchen wir geistliche Sehkraft, damit wir weit vorausschauen können, um die Fallen und Pläne des Feindes erkennen und wie treue Wächter die Gefahr ankündigen zu können. Wir brauchen geistliche Kraft, um soweit wie möglich die großen Themen des Christentums und die Tragweite seiner Prinzipien zu erfassen.

Wenn die Mitglieder des Volkes Gottes sich vor ihm demütigen, und sie einzeln den Heiligen Geist von Herzen suchen, werden sie [eine Erfahrung] bezeugen, die in dem Bibeltext ausgedrückt wird: „Ein Engel [kam] vom Himmel herab, [der] hatte besondere Macht, und von seinem Glanz erstrahlte die ganze Erde." (Offb 18,1 Hfa) Gesichter werden von der Liebe Gottes erstrahlen und Lippen mit heiligem Feuer berührt, die sagen: „Das Blut Jesu... reinigt uns von jeder Sünde." (1 Joh 1,7 EB)

Wer unter dem Einfluss des Geistes Gottes steht, wird nicht fanatisch sein, sondern ruhig, beständig und frei von Überspanntheit. Aber alle, denen das Licht der Wahrheit auf ihrem Weg klar und deutlich schien, sollten vorsichtig sein, dass sie nicht [fälschlicherweise] „Frieden und Sicherheit" verkünden (1 Ths 5,3 EB). Sie müssen aufpassen, welchen Einfluss sie in dieser Zeit ausüben ...

Jesus möchte seinem Volk die himmlische Gabe [des Geistes] in reichlichem Maße zukommen lassen. Gebete um die Erfüllung dieser Verheißung steigen täglich zu Gott auf, und keines dieser im Glauben gesprochenen Gebete ist vergeblich. Christus „ist in den Himmel hinaufgestiegen und hat ... den Menschen Gaben ausgeteilt." (Eph 4,8 GNB) Was war das Ergebnis, als der Geist [Gottes] nach Christi Himmelfahrt wie verheißen herabkam – wie ein mächtiger, brausender Sturm, der den Versammlungsort der Jünger erfüllte? Tausende wurden an einem Tag bekehrt! (Siehe Apg 2,1-4.41.) Wir lehren und erwarten, dass ein Engel vom Himmel kommen wird, der die Erde mit seinem Glanz erhellt, und wir dann eine Seelenernte erleben werden ähnlich wie zu Pfingsten [damals]. – *Home Missionary*, 1. November 1893

30. Mai

Der Geist und die Braut sagen: „Komm!" Und wer das hört, soll auch rufen: „Komm!" Wer durstig ist, der soll kommen. Jedem, der es haben möchte, wird Gott das Wasser des Lebens schenken. (Offenbarung 22,17 Hfa)

Bald wird sich der Heilige Geist zurückziehen

Die Gnadenzeit wird nicht mehr lange andauern. Dann zieht Gott seine zurückhaltende Hand von der Erde zurück. Lange hat er durch seinen Heiligen Geist zu den Menschen gesprochen, aber sie haben sein Rufen nicht beachtet. Nun spricht er durch seine Gerichte zu seinem Volk und zur Welt. Die Zeit dieses Gerichtshandelns ist eine Zeit der Barmherzigkeit für alle, die noch keine Möglichkeit hatten, die Wahrheit [der Bibel] zu erfahren. Gottes Hand ist [dann] immer noch zur Rettung ausgestreckt. Sehr viele, die in der letzten Zeit zum ersten Mal die Wahrheit hören, werden Zugang zum Pferch [der Herde Christi] erhalten und in Sicherheit sein.

Der Herr ruft seine Nachfolger auf, mit ihm zusammenzuwirken. Solange sie leben, sollen sie nicht denken, dass ihre Arbeit [bereits] getan ist. Sollten wir zulassen, dass sich die Zeichen des Endes erfüllen, ohne den Menschen zu erzählen, welche Ereignisse über die Erde kommen werden? Sollten wir zulassen, dass sie in Finsternis untergehen, ohne dass wir ihnen die Dringlichkeit der Vorbereitung auf die Begegnung mit ihrem Herrn deutlich gemacht haben? Wenn wir unsere Pflicht an unseren Mitmenschen nicht erfüllen, wird „der Tag des Herrn so unvorhergesehen kommen wie ein Dieb in der Nacht" (1 Ths 5,2 GNB). Chaos erfüllt die Welt, und bald wird ein großer Terror über die Menschen kommen. Das Ende ist nahe. Wir, die wir die Wahrheit kennen, sollten auf das vorbereitet sein, was bald wie eine überwältigende Überraschung über die Welt hereinbrechen wird.

Als Volk Gottes müssen wir unter der beherrschenden Leitung des Heiligen Geistes dem Herrn den Weg bereiten. Das Evangelium soll in seiner reinen Form verkündigt werden ... Überall werden Menschen aus ihren Berufen oder von ihren geschäftlichen Angelegenheiten gerufen und von erfahrenen Männern unterrichtet werden. Wenn sie lernen, effektiv zu arbeiten, werden sie die Wahrheit kraftvoll verkündigen. Durch das wunderbare Wirken der göttlichen Vorsehung werden Berge von Schwierigkeiten beiseite geräumt werden.

Die Adventbotschaft, die für die Bewohner der Erde von so großer Bedeutung ist, wird gehört und verstanden werden. Die Menschen werden wissen, was die Wahrheit ist. Immer weiter wird das Werk vorangehen, bis die ganze Erde gewarnt ist. „Dann wird das Ende kommen." (Mt 24,14) – *Advent Review and Sabbath Herald*, 22. November 1906

Der Geist zieht sich schließlich von den Unbußfertigen zurück

Wer Böses tut, der tue weiterhin Böses, und wer unrein ist, der sei weiterhin unrein; aber wer gerecht ist, der übe weiterhin Gerechtigkeit, und wer heilig ist, der sei weiterhin heilig. (Offenbarung 22,11)

Sobald die dritte Engelsbotschaft (siehe Offb 14,9-12) abgeschlossen ist, bittet die Gnade Christi nicht länger für die sündigen Bewohner der Erde. Gottes Volk hat seine Aufgabe vollendet; es hat den „Spätregen" (siehe Joel 2,23; 3,1), „die Erquickung von dem Angesicht des Herrn" (Apg 3,19), empfangen und ist auf die bevorstehende schwere Stunde vorbereitet. Engel eilen im Himmel hin und her. Einer, der von der Erde zurückkehrt, verkündigt, dass sein Werk getan ist; die letzte Prüfung ist über die Welt gegangen, und alle, die gegen die göttlichen Vorschriften treu gewesen sind, haben „das Siegel des lebendigen Gottes" empfangen (Offb 7,2).

Dann beendet Jesus seine Fürsprache im himmlischen Heiligtum. Er erhebt seine Hände und spricht mit lauter Stimme: „Es ist vollbracht!", und die gesamte Schar der Engel legt ihre Kronen nieder, wenn er feierlich ankündigt: „Wer Unrecht tut, tue noch Unrecht, und der Unreine verunreinige sich noch, und der Gerechte übe noch Gerechtigkeit, und der Heilige heilige sich noch!" (Offb 22,11 EB) Jeder Fall ist zum Leben oder zum Tode entschieden worden. Christus hat die Sühne für sein Volk vollbracht und dessen Sünden ausgetilgt. Die Vollzahl seiner Untertanen ist erreicht; „die Herrschaft über die Völker der ganzen Erde [sollen] seinem heiligen Volk übertragen" werden (Dan 7,27 GNB), und Jesus wird als „König der Könige und Herr aller Herren" regieren (Offb 19,16).

Wenn er das Heiligtum verlässt, liegt Finsternis über den Bewohnern der Erde ... Die Macht, die bis dahin die Gottlosen zurückhielt, ist beseitigt, und Satan herrscht uneingeschränkt über die am Schluss Unbußfertigen. Gottes Langmut ist zu Ende. Die Welt hat seine Gnade verworfen, seine Liebe verachtet und sein Gesetz mit Füßen getreten. Die Gottlosen haben die Grenzen ihrer Gnadenzeit überschritten; der Geist Gottes, dem sie hartnäckig widerstanden, ist ihnen schließlich entzogen worden. Von der göttlichen Gnade nicht mehr beschirmt, sind sie schutzlos dem Bösen ausgeliefert. – *Der große Kampf*, S. 614f. (rev.)

1. Juni

So gefällt es Gott, unserem Retter. Denn er will, dass alle Menschen gerettet werden und seine Wahrheit erkennen. Es gibt nur einen einzigen Gott und nur einen Einzigen, der zwischen Gott und den Menschen vermittelt und Frieden schafft. Das ist der Mensch Jesus Christus.
(1. Timotheus 2,3-5 Hfa)

Das größte Werk auf Erden ist die Rettung von Menschen

Jeder, der an Christus als seinen persönlichen Erlöser glaubt, hat vor Gott die Verpflichtung, rein und heilig zu sein. Er soll ein geistlicher Mitarbeiter [Christi] sein und versuchen, die Verlorenen zu retten, seien sie groß oder klein, reich oder arm, gebunden oder frei. Das größte Werk auf Erden besteht darin, „Verlorene zu suchen und zu retten“ (Lk 19,10 Hfa) –, [nämlich die Menschen,] für die Christus den unendlich hohen Preis seines eigenen Blutes bezahlt hat. Jeder [Christ] soll sich [an dieser Aufgabe] aktiv beteiligen. Wenn jene, die mit Licht gesegnet sind, es nicht an andere weitergeben, werden sie die Fülle der Gnade, die ihnen geschenkt wurde, wieder verlieren, weil sie eine heilige Pflicht vernachlässigen, die im Wort Gottes klar genannt wird. Wenn das Licht des untreuen Gläubigen abnimmt, gerät seine eigene Seele in Gefahr, und den [Menschen], denen er wie ein Licht hätte scheinen sollen, fehlt die Unterstützung, die sie nach dem Willen Gottes von den menschlichen Werkzeugen erhalten sollten. So wird das verlorene Schaf nicht wieder zur Herde zurückgebracht.

Gott verlässt sich auf dich als seinen Mitarbeiter, dass du deine Pflicht nach bestem Vermögen erfüllst. Er selbst wird [dann] den Erfolg geben. Wenn menschliche Helfer mit den göttlichen Wesen zusammenarbeiten würden, könnten tausende Menschen gerettet werden. Der Heilige Geist würde geweihten Mitarbeitern Jesu gegeben, der sie für jede Auseinandersetzung wappnen, sie aufrichten und stärken und zu „mehr als Überwindern“ (Röm 8,37) machen würde.

Wenn zwei oder drei „auf der Erde übereinkommen, irgendeine Sache zu erbitten, so wird sie ihnen [gegeben] werden von meinem Vater.“ (Mt 18,19 EB). Ihnen gilt die Verheißung: „Bittet Gott, und er wird euch geben! Sucht, und ihr werdet finden! Klopft an, und euch wird die Tür geöffnet! ... Wenn schon ihr hartherzigen Menschen euren Kindern Gutes gebt, wie viel mehr wird der Vater im Himmel denen den Heiligen Geist schenken, die ihn darum bitten.“ (Lk 11,9.13 Hfa) Der Herr hat versprochen: „Wo zwei oder drei versammelt sind in meinem Namen, da bin ich mitten unter ihnen.“ (Mt 18,20) Jene, die sich zum Gebet versammeln, werden „die Salbung [mit dem Geist] von dem, der heilig ist“, erhalten (1 Joh 2,20; vgl. GNB). – *Advent Review and Sabbath Herald*, 30. Juni 1896

Wir sind das Licht für die Welt

Ihr seid das Licht für die Welt. Eine Stadt, die auf einem Berg liegt, kann nicht verborgen bleiben. Auch zündet niemand eine Lampe an, um sie dann unter einen Topf zu stellen. Im Gegenteil, man stellt sie auf den Lampenständer, damit sie allen im Haus Licht gibt. (Matthäus 5,14.15 GNB)

Unsere Treue gegenüber christlichen Prinzipien ruft uns zu einem aktiven Dienst für Gott auf. Wer seine Gaben und Fähigkeiten nicht für die Sache und im Werk Gottes einsetzt, wird keinen Anteil an der Herrlichkeit Jesu haben. Das Licht soll von jedem Christen ausgehen, der die Gnade Gottes empfangen hat. Es gibt [so] viele Menschen in der Finsternis, aber wie ruhig, sorglos und leicht nehmen viele [Christen] diese Tatsache hin! Tausende genießen großes Licht und haben wertvolle Gelegenheiten, aber sie unternehmen nichts, um durch ihren Einfluss oder ihr Geld andere zu erleuchten. Sie werden nicht einmal ihrer Verantwortung gerecht, selbst in der Liebe Gottes zu bleiben (siehe Joh 15,9.10), damit sie der Gemeinde nicht zur Last fallen. Solche [Christen] wären [auch] im Himmel eine Last und ein Hemmschuh. Um Christi willen, um der Wahrheit willen und um ihrer selbst willen sollten sie sich aufraffen und eifrig für die Ewigkeit wirken. Christus bereitet himmlische Wohnungen für all jene, die den im Wort Gottes niedergeschriebenen Bedingungen entsprechen (siehe Joh 14,2.15).

Im Interesse all der Menschen, für die Christus gestorben ist und die [noch] in der Finsternis des Irrtums leben, hat Christus all seinen wahren Nachfolgern auferlegt, ein Licht für die Welt zu sein. Gott hat seinen Anteil an dem großen Werk geleistet und wartet [nun] auf die Kooperation der Nachfolger Jesu. Der Erlösungsplan ist fertig entwickelt. Das Blut Christi wurde für die Sünden der [ganzen] Welt geopfert (siehe 1 Joh 2,2); Gottes Wort spricht zu den Menschen durch Ratschläge, Ermahnungen, Warnungen, Verheißungen und ermutigende Aussagen, und die Wirksamkeit des Heiligen Geistes wird jedem [Christen] angeboten, um ihn in seinen Bemühungen zu unterstützen. Doch trotz dieses hellen Lichts kommt die Welt immer noch in Finsternis um und ist begraben von Irrtum und Sünde.

Wer ist bereit, ein Mitarbeiter Gottes zu sein, um Menschen für die Wahrheit zu gewinnen? Die Gemeindeglieder, die Gott mit Licht und Wahrheit gesegnet hat, sollen Botschafter der Barmherzigkeit sein. Ihre Mittel sollen in himmlische Kanäle fließen. Sie sollen ernsthafte Anstrengungen unternehmen, mit Gott zusammenarbeiten und so selbstlos und selbstaufopfernd wie Jesus sein, der „um euretwillen arm wurde, damit *ihr* durch *seine* Armut reich würdet" (2 Kor 8,9 EB). – *Advent Review and Sabbath Herald*, 1. März 1887

3. Juni

Ihr seid das Salz für die Welt. Wenn aber das Salz seine Kraft verliert, wodurch kann es sie wiederbekommen? Es ist zu nichts mehr zu gebrauchen. Es wird weggeworfen und die Menschen zertreten es. (Matthäus 5,13 GNB)

Wir sind wie Salz für die Welt

Gott wird mit der Gemeinde arbeiten, aber nicht ohne ihre Kooperation. Allen von euch, die das gute Wort Gottes geschmeckt haben, [gilt Jesu Wort]: „Lasst euer Licht leuchten vor den Leuten, damit sie eure guten Werke sehen und euren Vater im Himmel preisen." (Mt 5,16) Jesus sagt: „Ihr seid für die Welt wie Salz. Wenn das Salz aber fade geworden ist, wodurch soll es seine Würzkraft wiedergewinnen? Es ist nutzlos geworden, man schüttet es weg, und die Leute treten darauf herum." (V. 13 Hfa) Das rettende Salz, der Geschmack des Christen, ist die Liebe Jesu im Herzen und die Gerechtigkeit Christi, die die Seele durchdringt. Wenn der bekennende Gläubige die rettende Wirksamkeit seines Glaubens bewahren möchte, muss er sich die Gerechtigkeit Christi beständig vor Augen halten und „die Herrlichkeit des Herrn ... [s]eine Nachhut sein" (Jes 58,8 EB). Dann wird die Macht Christi in seinem Leben und Charakter offenbar werden.

Wenn wir durch die Tore aus Perlen in die Stadt Gottes kommen (siehe Offb 21,21), wird dann ein einziger von uns, der dort hineingeht, bedauern, dass er sein Leben Jesus uneingeschränkt geweiht hat? Lasst uns jetzt ihn von ganzem Herzen lieben und mit den himmlischen Wesen zusammenarbeiten, damit wir Mitarbeiter Gottes werden und Christus durch den „Anteil ... an der göttlichen Natur" (2 Ptr 1,4) anderen offenbaren können. Hätten wir nur die Taufe des Heiligen Geistes! Mögen die hellen Strahlen der „Sonne der Gerechtigkeit" (Mal 3,20) in unsere Gedanken und Herzen scheinen, damit jeder Götze vom Thron gestoßen und aus dem Tempel unserer Seele verbannt wird! Mögen unsere Zungen gelöst werden, damit wir von Christi Güte und Macht erzählen können!

Wenn wir auf das „Ziehen" Jesu eingehen (siehe Joh 12,32), werden wir durch die Schönheit und Macht der Gnade Christi jemanden positiv beeinflussen. Lasst uns auf ihn sehen, damit uns bewusst wird, dass wir „begnadigt [sind] in dem Geliebten" (Eph 1,6 EB), wir in das Bild dessen verwandelt werden, in dem „die ganze Fülle der Gottheit leibhaftig wohnt", und erkennen, dass wir „an dieser Fülle ... teil[haben] in ihm, der das Haupt aller Mächte und Gewalten ist." (Kol 2,9.10) – *Bible Echo*, 15. Februar 1892

4. Juni

Wir sind Botschafter Christi

So sind wir nun Botschafter an Christi statt, denn Gott ermahnt [Menschen] durch uns; so bitten wir [sie] nun an Christi statt: Lasst euch versöhnen mit Gott! (2. Korinther 5,20)

Wir sind Botschafter Christi und sollen nicht unseren Ruf retten, sondern Menschen vom Verderben. Wir sollen uns täglich bemühen, ihnen zu zeigen, dass sie erlöst werden können. Statt von anderen Mitgefühl für uns zu erheischen, indem wir ihnen den Eindruck vermitteln, wir würden nicht [genügend] geschätzt, sollten wir unser Ich völlig vergessen. Wenn wir das nicht tun, weil es uns an geistlichem Unterscheidungsvermögen und echter Frömmigkeit fehlt, wird Gott die Seelen derer, für die wir uns hätten einsetzen sollen, von unserer Hand fordern. Er hat Vorkehrungen getroffen, damit jeder Arbeiter in seinem Dienst [genügend] Gnade und Weisheit empfangen kann, um zu einem lebendigen Brief zu werden, „erkannt und gelesen von allen Menschen“ (1 Kor 3,2).

Durch Wachsamkeit und Gebet können wir das erreichen, was der Herr für uns vorgesehen hat. Durch treue und sorgfältige Erfüllung unserer Pflicht, uns um andere zu kümmern, für die wir Rechenschaft geben müssen, können wir jeden Stolperstein aus ihrem Weg entfernen. Mit ernsten Warnungen und Bitten können wir Menschen für Christus gewinnen, wenn wir uns in liebevoller Sorge denen zuwenden, die verloren sind.

Wir sollten daran denken, dass es eine ernste Sache ist, den Heiligen Geist zu betrüben (siehe Eph 4,30). Er wird betrübt, wenn ein Christ [nur] für sich selbst arbeitet und sich weigert, in den Dienst des Herrn zu treten, weil das Kreuz zu schwer oder die Selbstverleugnung zu groß ist. Der Heilige Geist möchte in jedem Christen wohnen. Wenn er wie ein Ehrengast willkommen geheißen wird, werden seine Gastgeber „in Christus vollkommen [ge]macht“ (Kol 1,28). Das „angefangene ... gute Werk ... wird auch vollendet“ werden (Phil 1,6). Heilige Gedanken, himmlische Zuneigungen und christusähnliche Taten werden an die Stelle unreiner Gedanken, verdorbener Gefühle und rebellischer Taten treten.

Der Heilige Geist ist ein göttlicher Lehrer. Wenn wir seine Lektionen beachten, werden wir weise zur Erlösung werden. Aber wir müssen gut auf unser Herz achten, denn allzu oft vergessen wir die himmlischen Unterweisungen und versuchen, den natürlichen Neigungen unseres ungeheiligten Denkens zu folgen. Jeder muss seinen eigenen Kampf gegen die Selbstsucht ausfechten. Achtet auf die Lehren des Geistes. Wenn ihr das tut, werden sie immer wieder wiederholt, bis die Eindrücke sich so einprägen, als würden sie in einen Felsen gemeißelt. – *Counsels on Health*, S. 560f.

5. Juni

Ihr seid Zeugen geworden von allem, was geschehen ist, und sollt es überall bezeugen! Ich aber werde den Geist, den mein Vater versprochen hat, zu euch herabsenden. Wartet hier in der Stadt, bis das eintritt und ihr mit der Kraft von oben gestärkt werdet. (Lukas 24,48.49 GNB)

Zeugen der Kreuzigung und Auferstehung Jesu

Nach der Ausgießung des Heiligen Geistes sind die Jünger Jesu, ausgestattet mit der göttlichen Rüstung (siehe Eph 6,11-17), als Zeugen hinausgegangen, um die wunderbare Geschichte von der Menschwerdung und Kreuzigung [des Sohnes Gottes] zu verkünden. Nach dem Tod ihres Herrn waren sie ein hilfloses, enttäuschtes und entmutigtes Grüppchen – wie Schafe ohne einen Hirten. Aber dann gingen sie hinaus als Zeugen der Wahrheit, ausgerüstet nur mit den Waffen des Wortes und Geistes Gottes (siehe V. 17), um über ihre Gegner zu triumphieren.

Ihr Erlöser war verworfen, verurteilt und an das schändliche Kreuz genagelt worden. Die jüdischen Priester und Führer hatten voller Verachtung erklärt: „Anderen hat er geholfen, aber sich selbst kann er nicht helfen. Wenn er wirklich der König Israels ist, soll er doch vom Kreuz heruntersteigen. Dann wollen wir an ihn glauben!" (Mt 27,42 Hfa) Doch dieses Kreuz, das Instrument der Schande und Folter, brachte der Welt Hoffnung und Rettung. Die Gläubigen sammelten sich wieder. Ihre Hoffnungslosigkeit und Hilflosigkeit verschwanden. Ihr Charakter war verändert, und das Band christlicher Liebe vereinte sie. Obwohl sie nicht reich waren und die Welt sie nur als unwissende Fischer ansah, machte der Heilige Geist sie zu Zeugen für Christus. Ohne irdische Ehre und Anerkennung wurden sie zu Helden des Glaubens. Aus ihrem Mund kamen Worte göttlicher Beredsamkeit und Kraft, die die Welt erschütterten.

Im dritten, vierten und fünften Kapitel der Apostelgeschichte wird von ihrem Zeugnis berichtet. Die [jüdischen Leiter, die] den Erlöser verworfen und gekreuzigt hatten, erwarteten, seine Jünger entmutigt und niedergeschlagen vorzufinden, bereit, ihren Herrn zu verleugnen. Mit Erstaunen hörten sie das klare, freimütige Zeugnis, das durch die Macht des Heiligen Geistes gegeben wurde. Die Worte und Werke der Jünger stellten die Worte und Werke ihres Lehrers dar. Alle, die sie hörten, meinten: „Sie haben von Jesus gelernt, sie sprechen so, wie er gesprochen hat." (Siehe Apg 4,13.) „Mit großer Kraft legten die Apostel das Zeugnis von der Auferstehung des Herrn Jesus ab; und große Gnade war auf ihnen allen" (Apg 4,33 EB) – *The Ellen G. White 1888 Materials*, S. 1543

Kooperation mit göttlicher Macht

Ihr werdet mit dem Heiligen Geist erfüllt werden, und dieser Geist wird euch die Kraft geben, überall als meine Zeugen aufzutreten ... bis ans äußerste Ende der Erde. (Apostelgeschichte 1,8 GNB)

Gott hat beschlossen, nichts unversucht zu lassen, um Menschen aus den Schlingen des Feindes zu retten. Nach der Himmelfahrt Christi empfingen [die Jünger Jesu] den Heiligen Geist, der allen helfen sollte, die mit ihm bei der Erneuerung und Wiederherstellung des menschlichen Charakters zusammenarbeiten würden. Der Anteil des Heiligen Geistes an diesem Werk wurde von unserem Erlöser klar definiert. Er sagte: „Er wird den Menschen die Augen für ihre Sünde öffnen, für Gottes Gerechtigkeit und sein Gericht." (Joh 16,8 Hfa) Der Geist tut beides: Er überführt und heiligt uns.

Da niemand seine Sünden bereuen kann, wenn er nicht von seiner Schuld überzeugt ist, ist es offensichtlich notwendig, dass der Geist Gottes mit uns bei unserem Bemühen um gefallene Menschen zusammenarbeitet. Wenn wir nicht mit himmlischen Wesen verbunden sind, werden wir alle unsere menschlichen Fähigkeiten vergeblich einsetzen. Aufgrund ihrer Unkenntnis der belebenden Wahrheit und des verderblichen Einflusses des Irrtums sind die Menschen in den Tiefen der Degradierung durch die Sünde versunken. Engel und Menschen müssen zusammenarbeiten, um jene die Wahrheit zu lehren, die sie noch nicht kennen, und sie von den Fesseln der Sünde zu befreien. Nur allein die Wahrheit macht Menschen frei (siehe Joh 8,32). Diese Freiheit, die durch die Erkenntnis der Wahrheit gewonnen wird, muss allen Menschen verkündigt werden.

Jesus Christus, Gott selbst und die Engel des Himmels sind an diesem großen und heiligen Werk beteiligt. Den Christen wurde das außerordentliche Vorrecht zuteil, durch ihre selbstlose Mitarbeit den Charakter Gottes zu offenbaren, indem sie helfen, Menschen aus dem Abgrund zu retten, in den sie gestürzt sind. Jedes menschliche Wesen, das sich dem Einfluss des Heiligen Geistes öffnet, soll bei der Ausführung dieser göttlichen Absicht mitwirken. Christus ist das Haupt seiner Gemeinde, und sie macht ihm noch größere Ehre, wenn jeder Teil der Gemeinde am Werk der Seelenrettung mitarbeitet.

Die menschlichen Mitarbeiter sollten jedoch dem Heiligen Geist mehr Raum lassen, damit sie eng miteinander verbunden werden und mit der Geschlossenheit einer Armee vorangehen können. Lasst uns alle daran denken, dass wir „ein Schauspiel geworden [sind] der Welt und den Engeln und den Menschen" (1 Kor 4,9). – *Australasian Union Conference Record,* 1. April 1898

7. Juni

Wir sind also Gottes Mitarbeiter, ihr aber seid Gottes Ackerland. Oder mit einem anderen Bild: Ihr seid Gottes Bau. (1. Korinther 3,9 GNB)

Wir sind Gottes Mitarbeiter

Der Heilige Geist muss [Menschen] von [ihren] Sünden überführen (siehe Joh 16,8 EB). Der göttliche Beistand offenbart dem Redner die Segnungen des Opfers am Kreuz. Wenn die Zuhörer die Wahrheit hören, gewinnt Christus sie für sich und wirkt an ihnen, um ihre Natur zu verändern. [Der Geist] möchte „unserer Schwachheit aufhelfen" (Röm 8,26), uns lehren und leiten (siehe Joh 14,26) und uns mit himmlischen Gedanken inspirieren.

Wie wenig können Menschen zum Werk der Rettung von Menschen beitragen, und wie viel vermögen sie durch Christus, wenn sie von seinem Geist erfüllt sind! Der menschliche Lehrer kann nicht in die Herzen seiner Zuhörer sehen, aber Jesus schenkt die Gnade, die jeder Mensch braucht. Er kennt die Fähigkeiten der Menschen, ihre Schwächen und Stärken. Der Herr [selbst] wirkt am Herzen. Ein Prediger kann für die Menschen, die ihm zuhören, „ein Geruch des Todes zum Tode" sein und sie von Christus wegtreiben. Doch wenn er seinen Dienst mit Hingabe tut, geistlich gesinnt ist und sich selbst misstraut, aber auf Jesus schaut, kann er „ein Geruch des Lebens zum Leben" (2 Kor 2,16) für Menschen sein, die bereits von der überführenden Kraft des Heiligen Geistes angesprochen wurden und auf die Botschaften vorbereitet sind, die Gott seinem menschlichen Werkzeug anvertraut hat. So wird ein ungläubiger Mensch angesprochen und antwortet auf die Botschaft der Wahrheit.

„Wir sind Gottes Mitarbeiter." (1 Kor 3,9) Die ins Herz eingepflanzte Überzeugung [von den eigenen Sünden] und die Erleuchtung das Verstandes durch das Wort Gottes wirken in vollkommener Harmonie zusammen. Die dem Verstand vermittelte Wahrheit weckt die in der Seele schlummernden Energien. Der am Menschenherzen arbeitende Heilige Geist kooperiert mit dem Wirken Gottes durch seine menschlichen Werkzeuge.

Immer wieder wurde mir gezeigt, dass sich die Gläubigen in dieser Zeit nicht auf Menschen verlassen können (siehe Jer 17,5). Der mächtige Meißel der Wahrheit hat sie aus der Welt herausgeholt wie raue Steinbrocken, die für das himmlische Gebäude rechtwinklig behauen und poliert werden müssen. Sie müssen von den Propheten bearbeitet werden mit Tadel, Warnung, Ermahnung und Rat, damit sie nach dem göttlichen Vorbild gestaltet werden können. Das ist die besondere Aufgabe des Heiligen Geistes: Herz und Charakter zu verändern, damit die Menschen „auf dem Wege des HERRN bleiben" (Ri 2,22). – *Home Missionary*, 1. November 1893

8. Juni

Menschliche Kooperation ist notwendig

Wie aber sollen die Menschen zu Gott beten, [um gerettet zu werden,] wenn sie nicht an ihn glauben? Wie sollen sie zum Glauben an ihn kommen, wenn sie nie von ihm gehört haben? Und wie können sie von ihm hören, wenn ihnen niemand Gottes Botschaft verkündet?
(Römer 10,13.14 Hfa)

Gott hat erstaunliche Opfer gebracht und große Energien eingesetzt, um den Menschen aus der Übertretung und Sünde zur Treue und zum Gehorsam [ihm gegenüber] zu führen. Doch es wurde mir gezeigt, dass er nichts ohne die Kooperation mit Menschen tut. Um das Zusammenwirken von göttlichen und menschlichen Werkzeugen zu ermöglichen, hat Gott seine Gnade, Kraft und Wirksamkeit reichlich zur Verfügung gestellt und seinen Mitarbeitern die stärkste Motivation zur Mission ins Herz gelegt ...

Wie intensiv habt ihr Gottes Gaben genutzt? Er legt euch die Motivation ins Herz, damit ihr Jesus Christus als den Gekreuzigten mit Geduld, Hoffnung und unermüdlicher Wachsamkeit verkünden und die Warnungsbotschaft über die Wiederkunft Christi [und das Gericht] weitergeben könnt, um Menschen zur Reue über ihre Sünden aufzurufen ...

Wie hat der Heilige Geist an euren Herzen gewirkt? Durch seine Energien hat er euch stimuliert, eure von Gott gegebenen Fähigkeiten einzusetzen. Jeder Mann, jede Frau und jeder Jugendliche sollte sie anwenden, um die Wahrheit für diese Zeit weiterzugeben, indem sie persönliche Anstrengungen unternehmen und in die großen Städte gehen, wo die Wahrheit noch nicht verkündet wurde, und [dort] die Standarte [Gottes] aufrichten. Sind eure Kräfte nicht belebt worden durch den Segen, den ihr von Gott empfangen habt? Ist die Wahrheit und ihre wichtige Bedeutung für Menschen, die Christus nicht kennen, euch nicht tiefer eingeprägt worden? Legt ihr nach der Offenbarung des göttlichen Segens nicht ein noch klareres und entschiedeneres Zeugnis für Christus ab?

Die Aufgabe des Heiligen Geistes besteht darin, euch die lebenswichtigen Wahrheiten einzuprägen. Soll diese besondere Ausrüstung etwa in ein Tuch eingeschlagen und in der Erde vergraben werden? Nein, sie soll genutzt werden! Wenn der Mensch seine Gaben und Fähigkeiten einsetzt – seien sie noch so unbedeutend –, nimmt der Heilige Geist erneut die Dinge Gottes und zeigt sie dem Verstand. Er macht das vernachlässigte Wort Gottes zu einem lebensspendenden Werkzeug. Durch den Heiligen Geist arbeitet es schnell und kräftig am menschlichen Verstand, nicht aufgrund der Klugheit oder Bildung des menschlichen Werkzeuges, sondern weil die göttliche Macht mit der menschlichen zusammenwirkt. Gott gebührt dafür alles Lob. – *Home Missionary*, 1. November 1893

9. Juni

Ich habe gepflanzt, Apollos hat begossen, aber Gott hat euren Glauben wachsen lassen. Es ist nicht so wichtig, wer pflanzt und wer begießt; wichtig ist allein Gott, der euren Glauben wachsen lässt.
(1. Korinther 3,6.7 Hfa)

Wir sind Werkzeuge zur Rettung von Menschen

Das sind die mächtigen Werkzeuge, die die Welt bewegen: Das Kreuz von Golgatha stellt alle Kräfte der an Christus Gläubigen in den Dienst, damit sie Werkzeuge für die Rettung von Menschen werden. Menschliche Bemühungen müssen mit den göttlichen verbunden werden und ihre Wirksamkeit muss vom Himmel stammen. Wir sollen Mitarbeiter Gottes sein. Der Herr wird die Herzen von Männern und Frauen für die Aufnahme des Wortes Gottes öffnen, und der Heilige Geist lässt das Wort wirksam werden.

Wer die Wahrheit aufnimmt, erhält den Glauben, der zum entschlossenen Handeln führt, „sich in Taten der Liebe zeigt“ (Gal 5,6 Hfa) und die Seele reinigt. So wird die Wahrheit zu einem heiligenden Werkzeug. Ihre umwandelnde Kraft wird am Charakter [der Gläubigen] sichtbar. Wenn sie in das Innerste eines Menschen eingelassen wird, wirkt sie nicht [bloß] oberflächlich, ohne das Herz zu verändern. Sie erweckt nicht bloß Emotionen, ohne das Urteilsvermögen und den Willen anzusprechen, sondern stößt zu den Tiefen der menschlichen Natur vor und führt die gesamte Persönlichkeit zum harmonischen Handeln.

Nun beginnt das [eigentliche] Werk des wahrhaft Bekehrten. Er muss so arbeiten, wie Christus es tat. Er soll nun „nicht mehr [für] sich selbst leben“, sondern ganz für den Herrn (2 Kor 5,15 EB). Die Welt hat ihn verloren, denn sein „Leben ist verborgen mit Christus in Gott“ (Kol 3,3). Das bedeutet, dass seine Selbstsucht nicht länger die Vorherrschaft besitzt. Das Licht vom Kreuz auf Golgatha erleuchtet ihn mit seinen hellen Strahlen, und der Geist Gottes hat ihm die Dinge Christi in solch einem attraktiven Licht offenbart, dass seine Gewohnheiten und sein Verhalten sich verändern und zeigen, dass er in Christus Jesus „eine neue Kreatur“ ist (2 Kor 5,17). [Nun] schätzt er jeden Dollar, [aber] nicht, um seine eigenen Begierden zu befriedigen oder um ihn in der Erde zu vergraben, sondern um damit Gutes zu tun, bei der Errettung von Menschen mitzuhelfen und das Reich Christi aufzubauen. Er freut sich an demselben wie Christus: Menschen erlöst zu sehen. Warum tun wir so wenig für ihre Rettung, wenn es [doch] so viel zu tun gibt? Warum tun wir so wenig, um Männer, Frauen und Kinder zu Christus zu führen? – *Advent Review and Sabbath Herald*, 6. Oktober 1891

Gott gebraucht unwürdige Menschen

Prüft euch! Stellt selbst fest, ob euer Glaube noch lebendig ist! Oder ist bei euch nichts mehr davon zu merken, dass Jesus Christus [in] euch lebt? Dann allerdings hättet ihr diese Prüfung nicht bestanden.
(2. Korinther 13,5 Hfa)

Wenn wir die Bedeutung und Größe unserer Aufgabe recht ermessen und uns selbst sehen könnten, wie wir in dieser Zeit [tatsächlich] sind, wären wir erstaunt, dass Gott uns – so unwürdig wie wir sind – [überhaupt] gebrauchen kann, um Menschen zur Wahrheit zu führen. Vieles sollten wir bereits verstehen, aber begreifen es nicht, weil wir unsere [von Gott erhaltenen] Vorrechte bei weitem nicht nutzen.

Christus sagte zu seinen Jüngern: „Ich hätte euch noch vieles zu sagen, doch das würde euch jetzt überfordern." (Joh 16,12 GNB) Dies ist [auch] unsere Situation. Wären sie wirklich nicht in der Lage gewesen zu verstehen, was er ihnen zu sagen hatte, wenn sie Täter seines Wortes gewesen wären und die Wahrheit, die er ihnen dargelegt hatte, Punkt für Punkt genutzt hätten? Doch obwohl sie [ihn] damals nicht verstehen konnten, kündigte er ihnen den Beistand an, der sie „in die ganze Wahrheit leiten" würde (V. 13 EB). Wir sollten [eigentlich] in der Lage sein, die Lehre, die Führung und das Wirken des Geistes Christi zu verstehen. Wir dürfen Gott oder seine Wahrheit nicht an unserem begrenzten Verstand oder unserer vorgefassten Meinung messen.

Viele merken nicht, wo sie stehen, weil sie geistlich blind sind. „Erforscht euch selbst, ob ihr im Glauben steht; prüft euch selbst! Oder erkennt ihr euch selbst nicht, dass Jesus Christus in euch ist? Wenn nicht, dann wärt ihr ja untüchtig." (2 Kor 13,5) Ich bin überzeugt, dass niemand von uns als untüchtig erfunden werden möchte. Wohnt Christus durch den Glauben in deinem Herzen? Ist sein Geist in dir? Wenn ja, wirst du eine so große Sehnsucht nach der Rettung der Menschen empfinden, für die Christus gestorben ist, dass dein Ich bedeutungslos wird und nur noch Christus allein verherrlicht wird ...

[All] jene, die bekennen, mit Christus verbunden zu sein, sollen Gottes Mitarbeiter sein. Das Volk Gottes soll die Welt warnen und ein Volk vorbereiten, das am Tag des Zornes, wenn „der Menschensohn auf den Wolken des Himmels kommen" wird (Mt 24,30), bestehen kann. Die Mitglieder der Gemeinde Christi sollen die göttlichen Lichtstrahlen von Jesus sammeln und sie auf andere [Menschen] widerspiegeln, um in der Welt eine erleuchtete Bahn in Richtung Himmel zu bilden. – *Advent Review and Sabbath Herald*, 8. Oktober 1889

11. Juni

Ihr aber seid ein von Gott auserwähltes Volk, seine königlichen Priester; ihr gehört ganz zu ihm und seid sein Eigentum. Deshalb sollt ihr die großen Taten Gottes verkünden, der euch aus der Finsternis befreit und in sein wunderbares Licht geführt hat. (1. Petrus 2,9 Hfa)

Alle Gemeindeglieder sollen Missionare sein

Der Heilige Geist, der Stellvertreter Christi, rüstet die Schwächsten mit Kraft aus, sodass sie bis zum Sieg vorwärts stürmen können. Gott hat sein Instrumentarium so organisiert, dass er alle Menschen zu sich ziehen kann (siehe Joh 12,32). Er sendet in seinem Werk viele [Mitarbeiter] aus, die nicht durch die Auflegung der Hände ordiniert wurden. Er beantwortet die Einwände gegen seine Arbeitsmethode, noch ehe sie aufkommen. Gott sieht das Ende von Anfang an. [Daher] kennt und erwartet er jeden Mangel im Voraus und schafft für jeden Notfall Vorsorge. Wenn begrenzte Menschen, denen Gott sein Werk anvertraut hat [d. h. die Prediger] den Weg [für sie] nicht blockieren, wird Gott [Laien-]Mitarbeiter in seinen Weinberg senden.

Jedem bekehrten Nachfolger gibt Christus den Auftrag: „Geht hinaus in die ganze Welt und verkündet allen Menschen die rettende Botschaft." (Mk 16,15 Hfa) Der Herr hat es nicht nötig, in irdische Ausschüsse zu gehen und zuerst diejenigen zu fragen, die meinen, sie müssten sein Werk planen: „Erlaubt ihr, dass die Personen, die ich ausgewählt habe, gemeinsam mit euch in einem Teil meines moralischen Weinbergs arbeiten?" Christus war nur ein paar Schritte von seinem himmlischen Thron entfernt, als er seinen Jüngern den Missionsauftrag gab (siehe Mt 28,18-20) und alle, die an seinen Namen glauben würden, als Missionare einschloss.

Jesus möchte, dass jeder Prediger, dem er eine heilige Aufgabe anvertraut hat, sich an die Befehle seines Herrn erinnert, die Größe seiner Aufgabe bedenkt und die Verpflichtung zur Verkündigung des Evangeliums an die vielen [Gemeindeglieder] weitergibt, die [damit] gemeint sind. [Jesus sagte:] „Den Menschen aller Völker muss verkündet werden, dass ihnen um seinetwillen Umkehr zu Gott und Vergebung der Schuld angeboten wird. In Jerusalem muss der Anfang gemacht werden. Ihr seid Zeugen geworden von allem, was geschehen ist, und sollt es überall bezeugen!" (Lk 24,47.48 GNB) Die Kraft Gottes sollte die begleiten, die sein Evangelium verbreiten. Wenn jene, die vorgeben, eine lebendige Erfahrung in den Dingen Gottes zu besitzen, ihre ihnen von Gott auferlegte Pflicht erfüllt hätten, wäre die ganze Welt bereits gewarnt worden, und der Herr Jesus wäre bereits „mit großer Macht und Herrlichkeit" auf diese Erde wiedergekommen (Mt 24,30 EB).
Home Missionary, 1. August 1896

Gott kann jeden berufen und befähigen

Ein Weiser soll nicht stolz sein auf seine Weisheit, der Starke nicht auf seine Stärke und ein Reicher nicht auf seinen Reichtum. Nein, Grund zum Stolz hat nur, wer mich erkennt und begreift, dass ich der Herr bin. Ich bin barmherzig und sorge auf der Erde für Recht und Gerechtigkeit. (Jeremia 9,22.23 Hfa)

Der Herr wirkt auf seine eigene Weise, damit Menschen sich nicht erheben, indem sie auf ihre Klugheit stolz sind und den Erfolg und den Ruhm für sich beanspruchen. Jeder soll nach Gottes Absicht verstehen, dass seine Gaben und Fähigkeiten von ihm kommen. Gott wirkt, durch wen er will, und wählt die Menschen aus, denen er sein Werk anvertrauen möchte. Er berät sich nicht [zuvor] mit den Empfängern seiner Botschaft und fragt sie nicht, von wem sie sie gern hören wollen.

Gott gebraucht Menschen, die sich gebrauchen lassen. Er würde auch intelligente Menschen gebrauchen, wenn sie sich von ihm prägen und umgestalten ließen und ihr Zeugnis nach seinem Willen ausrichteten. Alle [jedoch], ob hoch oder niedrig, gebildet oder ungebildet, täten besser daran, dem Herrn die Sorge um die Sicherheit seiner eigenen Sache zu überlassen. Den Menschen kommt es zu, der Stimme Gottes zu gehorchen.

Wer im Werk des Herrn eine Aufgabe erfüllt, muss sich vom ihm stets erziehen lassen. „Ein Weiser rühme sich nicht seiner Weisheit, ein Starker rühme sich nicht seiner Stärke, ein Reicher rühme sich nicht seines Reichtums. Sondern wer sich rühmen will, der rühme sich dessen, dass er klug sei und mich kenne, dass ich der HERR bin, der Barmherzigkeit, Recht und Gerechtigkeit übt auf Erden; denn solches gefällt mir." (Jer 9,22.23) ...

Die Menschen hungern nach dem Brot des Lebens (siehe Joh 6,35) und dürsten nach dem Wasser des Heils (siehe Joh 4,14). Und wehe dem, der sie durch seine mündlichen oder schriftlichen Äußerungen in die Irre führt! Der Geist Gottes spricht die Menschen an und führt ihnen ihre moralischen Verpflichtungen vor Augen: „Du sollst den Herrn, deinen Gott, lieben von ganzem Herzen, mit ganzer Hingabe, mit all deiner Kraft und mit deinem ganzen Verstand. Und auch deinen Mitmenschen sollst du so lieben wie dich selbst." (Lk 10,27 Hfa) Der Heilige Geist bewegt das Innere des Menschen, bis der sich der göttlichen Kraft bewusst wird. Dann wird jede geistliche Fähigkeit belebt, sodass er entschieden handelt. – *Advent Review and Sabbath Herald*, 12. Mai 1896

13. Juni

Alle können ihren Glauben weitergeben

Die Priester ... sahen die Wunder, die Jesus tat, und sie hörten, wie die Kinder im Tempel laut riefen: „Gepriesen sei der Sohn Davids!" ... Jesus sagte zu ihnen: „Habt ihr denn nie gelesen, was in den Heiligen Schriften steht: ‚Du, Gott, sorgst dafür, dass die Unmündigen und die kleinen Kinder dich preisen'?" (Matthäus 21,15.16 GNB)

Das Banner der Wahrheit kann [auch] von einfachen Männern und Frauen erhoben werden, und Jugendliche, ja sogar Kinder, können für andere ein Segen sein, wenn sie erzählen, was ihr Glaube bewirkt hat. Gott wird die schwächsten Werkzeuge gebrauchen, wenn sie sich ihm ganz unterstellen. Durch sie kann er Menschen erreichen, zu denen ein Prediger kein Zugang erhält. Ihr müsst [sie] auf den „Landstraßen und an den Zäunen" (Lk 14,23) suchen. Mit der Bibel in der Hand und mit einem Herzen, das von der Liebe Gottes erfüllt ist, könnt ihr hinausgehen und anderen von euren Erfahrungen erzählen. Ihr könnt ihnen von der Wahrheit berichten, die euer Herz erfasst hat, und im Glauben darum beten, dass Gott euren Bemühungen zu ihrer Rettung Erfolg schenkt. Gebt das Licht weiter, und ihr werdet immer mehr Licht erhalten, um es anderen mitzuteilen. So könnt ihr zu Mitarbeitern Gottes werden.

Gott möchte, dass seine Kinder alle ihre Fähigkeiten einsetzen, damit sie durch die Kraft Jesu in der Arbeit für andere stark werden. Vielleicht bist du nicht gut ausgebildet, vielleicht meinen andere nicht, dass du für Gott ein großes Werk tun kannst, aber es gibt Dinge, die du tun kannst. Du kannst dein Licht auf andere scheinen lassen ...

Jeder kann die Wahrheit genügend verstehen und einen positiven Einfluss ausüben. Darum geht an die Arbeit, meine Brüder und Schwestern! Macht Erfahrungen in dem Wirken für andere Menschen. Ihr mögt Fehler machen, aber das passiert [auch] den Intelligentesten und denen, die Vertrauenspositionen bekleiden, immer wieder. Ihr werdet nicht immer Erfolg haben, aber ihr könnt nie wissen, was ein demütiges und selbstloses Bemühen um jene bewirkt, die in der Finsternis leben. Mit der Hilfe des Heiligen Geistes könnt ihr Menschen vom Irrtum zur Wahrheit führen, und auf diese Weise werdet ihr selbst mit der Liebe Gottes erfüllt. – *Advent Review and Sabbath Herald*, 12. Januar 1897

Der Geist öffnet Türen für die Mission

Die rettende Botschaft von Gottes neuer Welt wird auf der ganzen Erde verkündet werden, damit alle Völker sie hören. Dann erst wird das Ende kommen. (Matthäus 24,14 Hfa)

Die ganze Welt ist ein großes Missionsfeld, aber wir, die wir schon so lange in der Wahrheit [Gottes] etabliert sind, sollten ermutigt sein angesichts der Tatsache, dass Gebiete, die früher sehr schwer zu erreichen waren, nun leicht betreten werden können. Jede Gemeinde unseres Landes sollte um die Erweckung des Missionsgeistes beten. Die Gemeindeglieder sollten nach einer beständigen Zunahme des Eifers und der Aktivitäten streben. Alle sollten darum beten, dass die Gleichgültigkeit, die den Einsatz von Männern und Mitteln im Werk zurückgehalten hat, überwunden wird und Christus in den Gläubigen wohnt. Um unsretwillen „wurde er arm ... damit [wir] durch seine Armut reich würden.“ (2 Kor 8,9)

Eine Aufgabe des Heiligen Geistes ist es, [die Menschen] von Sünde zu überführen (Joh 16,8 EB). Ich weiß, dass es eine Sünde ist, wenn sich jemand von uns heute gleichgültig verhält. Wenn wir auf die verschiedenen Gebiete sehen, in denen missionarisch gearbeitet wird, fragen wir uns: „Was hat Gott bewirkt?“ Hätte er noch mehr für seinen Weinberg tun können, als er getan hat? Gott hat alle Vorkehrungen getroffen, um seine Gnade reichlich zu verleihen und zur Ausführung seines Werkes göttliche Kraft zu geben. Von Gottes Seite fehlt nichts; der Mangel liegt auf Seiten der menschlichen Werkzeuge, die nicht mit göttlichen Wesen kooperieren wollen. Aufgrund des göttlichen Planes kann ein Mensch nur erlöst werden, wenn er [mit Gott] kooperiert. Sünder, die mit Licht und Beweisen gesegnet wurden und wissen, dass sie durch [Gottes] Gnade die Bedingungen der verheißenen Erlösung erfüllen können, das aber dennoch nicht versuchen wollen, sind für ihren Untergang allein verantwortlich. Für sie ist Christus vergeblich gestorben.

Aber wer ist für das Verlorengehen von Menschen verantwortlich, die Gott nicht kennen und keine Gelegenheit hatten, die Gründe unseres Glaubens zu erfahren? Was für eine Verpflichtung liegt auf der Gemeinde im Hinblick auf eine Welt, die ohne das Evangelium umkommt? Wir werden den Missionsauftrag Jesu, „Geht in die ganze Welt und verkündet die Gute Nachricht allen Menschen!“ (Mk 16,15 GNB), nicht erfüllen, wenn diejenigen, die vorgeben, an die Wahrheit zu glauben, nicht wesentlich selbstverleugnender werden, wenn die Zehnten und Gaben nicht treuer in Gottes Schatzhaus gebracht werden, und wenn keine größeren Pläne gelegt werden als die bis jetzt ausgeführten. – *Home Missionary*, 1. April 1895

15. Juni

Ihr denkt, wie es im Sprichwort heißt: „Zwischen Saat und Ernte liegen vier Monate!" Aber ich sage euch: Macht die Augen auf und seht euch die Felder an! Das Korn ist schon reif für die Ernte. (Johannes 4,35 GNB)

Die Städte sind reif zur Ernte

Diese Worte Christi gelten uns ebenso wie damals seinen Jüngern. Die Zeit schreitet voran, und der Herr ruft die Mitarbeiter in allen Bereichen seines Werkes auf, ihren Blick auf die Felder zu richten, die alle bereits reif zur Ernte sind.

Unsere Mitarbeiter dehnen ihre Bemühungen nicht so weitreichend aus, wie sie sollten. Unsere Leiter schenken der Arbeit, die noch geleistet werden muss, nicht genügend Aufmerksamkeit. Wenn ich an die Städte denke, in denen so wenig geschehen ist und in denen noch viele Tausende auf die baldige Wiederkunft des Erlösers hingewiesen werden müssen, empfinde ich den intensiven Wunsch zu erleben, wie Männer und Frauen in der Kraft des Heiligen Geistes an die Arbeit gehen, erfüllt von der Liebe Christi zu verlorenen Menschen.

Die Bewohner der Städte vor unserer Tür, die Heiden gleichen, wurden stark vernachlässigt. Es sollte gut organisierte Bemühungen geben, um sie zu retten. Jetzt müssen wir uns einsetzen, um die Heiden zu bekehren, die mitten unter uns leben – direkt vor unserer Tür. „Ein neues Lied" soll uns „in den Mund gelegt" werden (Ps 40,4 GNB), und wir sollen hinausgehen, um anderen, die sich [noch] in der Finsternis befinden, das Licht der dreifachen Engelsbotschaft zu bringen.

Wir müssen alle sehr wach sein, damit wir – sobald sich Türen öffnen – die Arbeit in den großen Städten vorantreiben. Wir folgen dem Licht bei weitem nicht, das uns hinsichtlich des Betretens der Städte gegeben wurde, um dort Gedenksteine für Gott aufzurichten (siehe Jos 4,19.20). Schritt für Schritt sollen wir Menschen in das volle Licht der Wahrheit führen. Viele sehnen sich nach geistlicher Nahrung. Wir sollen [so lange] weiterarbeiten, bis eine Gemeinde gegründet und ein einfaches Versammlungshaus gebaut worden ist. Ich bin sehr zuversichtlich, dass viele, die nicht unserer Glaubensgemeinschaft angehören, uns mit ihren Mitteln beträchtlich unterstützen werden. Mir wurde gezeigt, dass wir an vielen Orten, besonders in den großen Städten Amerikas, von solchen Menschen Hilfe erfahren werden. – *Pacific Union Recorder*, 23. Oktober 1902

Die Nachbarschaft ist ein weites Arbeitsfeld

Der geheilte Mann bat darum, bei ihm bleiben zu dürfen. Aber Jesus beauftragte ihn: „Geh nach Hause und berichte, welch großes Wunder Gott an dir getan hat." Da ging der Mann und erzählte in der ganzen Stadt, was für ein Wunder Jesus an ihm getan hatte. (Lukas 8,38.39 Hfa)

Überall öffnen sich Missionsgebiete und rufen nach Predigern. Im In- und Ausland bieten sich Möglichkeiten, denen wir [anscheinend] nicht nachkommen können. Aber viele haben das Licht der Wahrheit bereits [erhalten]. Wenn sie alles in ihrer Macht Stehende tun würden, um dieses Licht auch an andere weiterzugeben, könnte viel erreicht werden! Es können nicht alle Prediger des Evangeliums sein, aber in ihrer eigenen Umgebung können alle etwas für Christus tun. Sie können in ihrer Nachbarschaft etwas Gutes tun. Wenn sie sich dieser Arbeit mit Verstand und Herz widmen würden, könnten sie Pläne legen, wie sie in irgendeiner bescheidenen Weise für andere nützlich sein könnten, egal, welche Stellung sie haben.

Die laufend zunehmenden Gelegenheiten, die Gott schenkt, um etwas Nützliches [für andere Menschen] zu tun und seine Botschaft zu verkündigen, erfordern den Einsatz unserer Zeit, unseres Verstandes und unserer finanziellen Mittel. Mit großen und kleinen Gaben, je nachdem, wie Gott uns gesegnet hat (siehe 1 Kor 16,2 EB), können wir der Wahrheit einen Weg an die finsteren Orte dieser Erde ermöglichen, um auch dort die Standarte der Gerechtigkeit aufrichten und die Ausbreitung des Reiches Christi voranbringen. Himmlische Engel warten darauf, sich mit den menschlichen Mitarbeitern zu vereinen, damit viele Menschen [die Botschaft] hören können und vom Heiligen Geist angesprochen und bekehrt werden.

Schon lange warten wir auf die Wiederkunft des Herrn. Aber tun wir alles in unserer Macht Stehende, um sein Kommen zu beschleunigen (siehe 2 Ptr 3,12 EB)? „Der Herr erfüllt seine Zusagen nicht zögernd, wie manche meinen. Im Gegenteil: Er hat Geduld mit euch, weil er nicht will, dass einige zugrunde gehen. Er möchte, dass alle Gelegenheit finden, von ihrem falschen Weg umzukehren." (V. 9 GNB) Während der Herr beständig wirkt und der ganze Himmel sich einsetzt, um die Menschen auf der Erde zu Christus und zur Umkehr zu führen, welche Anstrengungen unternehmen da die menschlichen Werkzeuge, um Kanäle des Lichts zu sein und mit den himmlischen Wesen zu kooperieren? Fragen sie täglich: „Was soll ich tun, Herr?" (Apg 22,10 EB) Praktizieren sie Selbstverleugnung so wie Jesus? Ist es ihnen ein Herzensanliegen und beten sie darum, Gottes Gnade und seinen Geist zu erhalten, damit sie mit Weisheit ihre Fähigkeiten und Mittel zur Rettung von Menschen einsetzen, die ohne Christus verlorengehen? – *Advent Review and Sabbath Herald*, 16. Mai 1893

17. Juni

Die neugewonnenen Jünger und Jüngerinnen in Antiochia aber wurden von Freude und vom Heiligen Geist erfüllt.
(Apostelgeschichte 13,52 GNB)

Wir sollen vom Heiligen Geist erfüllt sein

Das Werk des Heiligen Geistes ist unvorstellbar umfangreich. Aus dieser Quelle erhält der Mitarbeiter Gottes Kraft und Effektivität. Der Heilige Geist ist der Beistand und wirkt für den Nachfolger Jesu wie die persönliche Gegenwart Christi. Wer mit einem einfachen, kindlichen Glauben zu Christus aufsieht, erhält durch den Heiligen Geist „Anteil an der göttlichen Natur" (2 Ptr 1,4). Wenn ein Christ vom Geist Gottes geführt wird, kann er erkennen, dass er „in Christus", der das Haupt der Gemeinde ist, vor Gott „vollkommen dargestellt" wird (Kol 1,28 EB).

So wie Christus am Pfingsttag [durch den Heiligen Geist] verherrlicht wurde, wird er zum Abschluss der Evangeliumsverkündigung erneut verherrlicht werden, wenn er ein Volk vorbereitet, um die letzte Prüfung in der abschließenden Auseinandersetzung des großen Kampfes zu bestehen. Wenn die Erde von der Herrlichkeit Gottes erleuchtet wird (siehe Offb 18,1), werden wir ein Werk erleben, das dem der Jünger ähnlich ist, als sie erfüllt vom Heiligen Geist den auferstandenen Erlöser verkündeten. Das Licht des Himmels durchdrang den verdunkelten Verstand derer, die von den Feinden Christi getäuscht worden waren. Sie verwarfen [daraufhin] die falsche Darstellung [die sie] über Jesus [erhalten hatten], denn nun erkannten sie durch das Wirken des Heiligen Geistes, dass „Gott [ihn] durch seine rechte Hand zum Fürsten und Heiland erhöht [hat], um Israel Buße und Vergebung der Sünden zu geben." (Apg 5,31) Durch die Macht des Heiligen Geistes, die auf den Jüngern ruhte, wurde Christus verherrlicht.

Die Offenbarung Christi durch den Heiligen Geist machte ihnen seine Macht und Majestät bewusst, und sie streckten die Hände nach ihm aus und riefen: „Ich glaube!" So war es zur Zeit des „Frühregens" [des Heiligen Geistes], aber der „Spätregen" wird noch reichlicher fallen (Joel 2,23; vgl. 3,1-5). Der Erlöser der Menschen wird verherrlicht und die Erde von den hellen Strahlen seiner Gerechtigkeit erleuchtet werden. Er ist die Quelle des Lichts, und das Licht von den Toren [des Himmels] scheint auf das Volk Gottes, damit es seinen herrlichen Charakter jenen offenbart, die sich [noch] in der Finsternis befinden. – *Home Missionary*, 1. November 1893

Wir werden mit heiligem Feuer getauft

Johannes erklärte öffentlich: „Ich taufe euch mit Wasser, aber nach mir wird ein anderer kommen, der viel mächtiger ist als ich. Ich bin nicht einmal würdig, ihm die Schuhe auszuziehen. Er wird euch mit dem Heiligen Geist und mit Feuer taufen." (Lukas 3,16 Hfa)

In alttestamentlichen Zeiten galt es als Sünde, ein Opfer auf dem falschen Altar zu bringen oder Räucherwerk mit einem fremden Feuer zu entzünden (siehe 3 Mo 10,1.10). [Auch] wir stehen in der Gefahr, Heiliges und Profanes zu vermischen. Für unsere Opfer sollen wir heiliges Feuer von Gott verwenden. Der wahre Altar ist Christus, und das wahre Feuer ist der Heilige Geist. Aufgabe des Geistes ist es, Menschen zu inspirieren, zu belehren, zu führen und leiten und sie zu sicheren Ratgebern zu machen. Wenn wir uns von Gottes erwählten Werkzeugen trennen, stehen wir in der Gefahr, fremde Götter zu befragen und auf einem fremden Altar zu opfern ...

Die machtvollste Predigt des Wortes wird nichts bewirken, wenn der Heilige Geist die Zuhörer nicht erleuchtet und belehrt. Nur wenn der Geist mit und durch das menschliche Werkzeug wirkt, werden Menschen gerettet und ihr Wesen durch das Studium der Heiligen Schrift verändert. Die Planungen und Überlegungen im Zusammenhang mit dem Werk Gottes dürfen die Aufmerksamkeit nicht auf die Menschen lenken. Das Wort Gottes ist eine Kraft und [wie] ein Schwert (siehe Eph 6,17) in der Hand des Mitarbeiters. Aber der Heilige Geist verleiht dem Wort seine Wirkung und seine lebendige Macht, mit der es den Verstand anspricht.

[Jesus versicherte:] „Sie werden alle von Gott gelehrt sein." (Joh 6,45) Gott lässt das Licht in die Herzen der Menschen scheinen. Werden meine Mitbrüder, die das Wort verkündigen, daran denken, wie wichtig es ist, Gott als die Quelle unserer Kraft und den Geist Gottes als unseren Beistand anzuerkennen? Der wesentliche Grund, warum Gott so wenig für uns tun kann, liegt darin, dass wir vergessen, dass die lebendige Kraft aus unserer Zusammenarbeit mit seinem Geist erwächst ...

Der Heilige Geist gibt den Gläubigen beständig Einblicke in die Dinge Gottes. Die göttliche Gegenwart scheint herbeizuschweben, und wenn der Verstand reagiert und die Herzenstür geöffnet wird, wohnt Jesus im menschlichen Werkzeug (siehe Offb 3,20). Die Kraft des Geistes Gottes wirkt am Herzen und lenkt die Richtung des Willens auf Jesus. [Dies geschieht] durch lebendigen Glauben und völlige Abhängigkeit von der göttlichen Macht, die „beides, das Wollen und das Vollbringen" bewirkt (Phil 2,13). Der Geist schenkt die Erkenntnis Gottes so, wie ein Mensch sie aufnehmen und in Übereinstimmung mit dem offenbarten Licht handeln kann. – *Manuscript Releases*, Band 2, S. 45f.

19. Juni

Der Geist gibt die richtigen Worte ein

Wenn sie euch an die Gerichte ausliefern, dann macht euch keine Sorgen, was ihr sagen sollt oder wie ihr es sagen sollt. Es wird euch im entscheidenden Augenblick schon eingegeben werden. Nicht ihr werdet dann reden, sondern der Geist eures Vaters wird aus euch sprechen. (Matthäus 10,19.20 GNB)

Von allen Gaben, die Gott den Menschen gegeben hat, ist keine so wertvoll wie die Gabe der Rede, wenn sie vom Geist Gottes geheiligt ist. Mit unseren Worten überzeugen wir [Menschen], mit ihnen beten wir zu Gott und loben ihn, und mit ihnen vermitteln wir wertvolle Gedanken über die Liebe des Erlösers. Wer dazu begabt ist, Menschen anzusprechen, wird oft Gelegenheit haben, ihnen aus der Bibel oder aus Büchern vorlesen, die die Wahrheit lehren, und kann dann die [entsprechenden] Beweise bringen ...

„Dann hörte ich, wie der Herr sagte: ‚Wen soll ich senden? Wer ist bereit, unser Bote zu sein?'" Der Heilige Geist legt Menschen die Antwort ins Herz: „Ich bin bereit, sende mich!" (Jes 6,8 GNB) Aber denkt daran, dass die glühende Kohle vom Altar erst eure Lippen berühren muss (siehe V. 6.7). Dann werden eure Worte zu weisen und heiligen Worten und ihr werdet die Weisheit besitzen zu wissen, was ihr sagen und was ihr nicht sagen sollt. Ihr werdet [dann] nicht versuchen, mit eurer Klugheit als Theologen zu glänzen, sondern darauf achten, keine Auseinandersetzungen zu provozieren oder Vorurteile zu erregen, indem ihr gleich alle Glaubenspunkte [auf einmal] anbringt. Es reicht, zunächst über die Punkte zu sprechen, die keinen Widerstand hervorrufen, sondern den Wunsch nach tieferer Erkenntnis wecken.

Der Herr möchte, dass ihr Menschen gewinnt. Deshalb sollt ihr den Leuten keine Lehrpunkte aufdrängen, aber „immer dazu bereit [sein], denen Rede und Antwort zu stehen, die euch nach eurem Glauben und eurer Hoffnung fragen." (1 Ptr 3,15 Hfa) Dabei solltet ihr darauf achten, dass eure Worte nicht selbstsüchtig klingen, keine unüberlegten Worte gesprochen werden und eure Worte und euer Verhalten Christus entsprechen. Haltet euch eng an ihn und präsentiert die Wahrheit, wie sie in ihm [verkörpert] ist (siehe Eph 4,21). Durch die Geschichte der Erlösung werden die Herzen [der Menschen] berührt.

Wenn ihr Christi Sanftmut und Demut lernt, werdet ihr wissen, was ihr zu den Menschen sagen sollt, denn der Heilige Geist wird euch die Worte lehren, die ihr sprechen sollt. Wenn ihr erkennt, wie wichtig es ist, euer Herz unter der Kontrolle des Geistes zu halten, werdet ihr eine Saat säen können, die zum ewigen Leben aufgeht. So sieht das Werk eines Evangelisten aus. – *Australasian Union Conference Record*, 1. Juli 1902

Gott spricht durch den Mund von Menschen

Der HERR sprach zu [Mose]: Wer hat dem Menschen den Mund geschaffen? ... Habe ich's nicht getan, der HERR? So geh nun hin: Ich will mit deinem Munde sein und dich lehren, was du sagen sollst. (2. Mose 4,11.12)

Wenn ein Mitarbeiter Christi dem Sünder in Demut und Liebe die Wahrheit [Gottes] ans Herz legt, spricht die Stimme der Liebe durch den menschlichen Mitarbeiter. Himmlische Wesen arbeiten mit einem dem Herrn ergebenen menschlichen Werkzeug zusammen, und der Heilige Geist wirkt am Herzen des Ungläubigen. Gott legt die Möglichkeit zum Glauben ins Herz, und der Sünder nimmt das Zeugnis des Wortes Gottes an.

Durch das gnädige Wirken des Heiligen Geistes wird er verwandelt und eins mit Christus im Geist und in den Absichten. Seine Liebe zu Gott wächst, er „hungert nach der Gerechtigkeit" (Mt 5,6) und sehnt sich danach, seinem Meister ähnlicher zu werden. Durch die Betrachtung Christi wird er „verwandelt in dasselbe Bild von Herrlichkeit zu Herrlichkeit", von einer Charakterstufe zur nächsten, und wird Jesus immer ähnlicher. Er wird von der Liebe zu Christus und einer tiefen, unermüdlichen Liebe zu verlorenen Menschen erfüllt. In ihm wird Christus geformt, „die Hoffnung auf die Herrlichkeit Gottes" (Kol 1,27 Hfa). „Die ihn aber aufnahmen und an ihn glaubten, denen gab er das Recht, Kinder Gottes zu werden." (Joh 1,12 Hfa) ...

Was wir brauchen, ist ein intensiveres Wirken des Göttlichen und viel weniger Vertrauen auf menschliche Werkzeuge. Wir sollen das Volk Gottes vorbereiten, am Tag des Herrn zu bestehen. Wir sollen die Aufmerksamkeit der Menschen auf das Kreuz von Golgatha lenken, und verdeutlichen, warum Christus sein großes Opfer brachte. Wir sollen den Menschen zeigen, dass es möglich ist, zur Treue zu Gott und zum Gehorsam gegenüber seinen Geboten zurückzufinden. Wenn der Sünder auf Jesus als Sühnopfer für seine Sünden schaut, dann müssen die Menschen in den Hintergrund treten. Sie müssen dem Sünder sagen: „Durch seinen Tod hat er Sühne für unsere Schuld geleistet, ja sogar für die Schuld der ganzen Welt." (1 Joh 2,2 GNB)

Ermutigt ihn, Weisheit von Gott zu suchen, denn durch ernstes Gebet wird er den Weg des Herrn leichter finden als durch die Unterweisung irgendeines menschlichen Ratgebers. Er wird erkennen, dass die Übertretung des Gesetzes den Tod des Gottessohnes verursacht hat, und er wird die Sünden hassen, die Jesus verwundeten. Wenn er auf Jesus, den barmherzigen, mitfühlenden Hohepriester (siehe Hbr 2,17), aufsieht, wird sein Herz von Reue erfüllt werden. *Testimonies to Ministers*, S. 220f.

21. Juni

Daran wird jedermann erkennen, dass ihr meine Jünger seid, wenn ihr Liebe untereinander habt. (Johannes 13,35)

Liebe ist die beste Werbung für die Wahrheit

Menschen können bei der Durchführung des großen Werkes der Erlösung Mitarbeiter Gottes werden. Gott räumt jedem Menschen seinen eigenen Handlungsspielraum ein, während er sein Wort als Richtschnur für das Leben gegeben hat. Er hat [den Gläubigen] auch den Heiligen Geist gegeben, der ihnen genügend Kraft verleiht, alle ererbten und gepflegten Neigungen zum Bösen zu überwinden, und seinen eigenen Charakter dem menschlichen Werkzeug aufzuprägen und durch ihn [wiederum] denen, die in dessen Einflussbereich gelangen.

Der menschliche Vermittler [der Erlösung] muss mit Gott zusammenarbeiten, um dessen Barmherzigkeit, Güte und Liebe zu demonstrieren und dadurch andere anzusprechen. Jeder soll ein Instrument des Heiligen Geistes werden. Das kann er nur, wenn er alle seine Fähigkeiten der Kontrolle des Geistes unterstellt. Am Pfingsttag verlieh Gott seinen Geist und durch sein Wirken konnte er die aufnahmebereiten Herzen derer ansprechen, mit denen die Gläubigen in Kontakt kamen.

Durch unsere Freundschaft und Vertrautheit mit Menschen wie wir können wir einen [moralisch] erhebenden Einfluss ausüben. Alle, die durch die gemeinsame Hoffnung und den Glauben an Jesus Christus miteinander verbunden sind, können füreinander zum Segen werden. Jesus sagte: „So wie ich euch geliebt habe, so sollt ihr euch auch untereinander lieben." (Joh 13,34 Hfa). Liebe ist nicht einfach ein Impuls oder ein vorübergehendes Gefühl, das von den Umständen abhängt. Sie ist ein lebendiges Prinzip, eine dauerhafte Kraft. Die Ströme reiner Liebe, die aus dem Herzen Christi kommen, machen den Gläubigen zu einer nie versiegenden Quelle.

Durch die Gemeinschaft [des Geistes] wird das Herz erquickt, die Motive veredelt, die Zuneigung vertieft. Der Heilige Geist unterweist und erzieht die Kinder Gottes, einander zu lieben – wahrhaft, aufrichtig, echt, „ohne Vorurteile und ohne alle Heuchelei" (Jak 3,17 Hfa). Das geschieht, weil wir Jesus lieben. Unsere Zuneigung füreinander entspringt unserer gemeinsamen Beziehung zu Gott. Wir sind eine Familie und lieben uns, wie er uns geliebt hat. Verglichen mit dieser echten, geheiligten, beherrschten Zuneigung erscheinen die hohle Freundlichkeit der Welt und der inhaltslose Ausdruck überschwänglicher Freundschaft wie Spreu verglichen mit dem Weizen. – *The Ellen G. White 1888 Materials,* S. 1508f.

Ernsthafte Arbeit erleichtert die eigenen Lasten

Jeder soll dem anderen helfen, seine Last zu tragen ... Solange uns noch Zeit bleibt, wollen wir allen Menschen Gutes tun; vor allem aber denen, die mit uns an Jesus Christus glauben. (Galater 6,2.10 Hfa)

Es gibt zu viele [Gläubige], die sich mit ihren [Charakter-]Prüfungen und Schwierigkeiten beschäftigen. Wenn sie sich selbst vergessen und auf die Bedürfnisse ihrer Mitmenschen achten würden, hätten sie keine Zeit, ihren eigenen Kummer zu vergrößern [indem sie sich auf ihn konzentrieren]. Ernsthafte Arbeit für den Herrn ist ein [gutes] Rezept gegen die Leiden in unserem Denken. Wenn wir anderen helfen, die Lasten zu tragen, die Christus für alle seine Nachfolger getragen hat, werden auch unsere Lasten leichter und scheinen uns nicht mehr der Rede wert zu sein. Echte, ehrliche Arbeit beschäftigt den Verstand in gesunder Weise, indem sie eine gesunde Aktion der Muskeln erfordert. Die ständige Vorstellung von Krankheiten, Lasten [und Sorgen] wirkt [auf uns] tödlich. Wir sollten zufrieden sein, wenn wir den Kraftaufwand für die täglichen Pflichten bewältigen. Über den großen Druck der morgigen Verpflichtungen sollten wir uns erst Gedanken machen, wenn wir sie erfüllen müssen (siehe Mt 6,34).

Heute werden wir aufgerufen, uns ausbilden zu lassen, damit wir das Werk tun können, das Gott uns übertragen hat. Es wird uns [bestimmt] nicht erdrücken. [Selbst] der Geringste kann seinen Anteil am Werk Gottes leisten und wird [dann auch] an der Belohnung Anteil haben, wenn Christus, unser Heiland und Fürsprecher, zum König seiner erlösten Untertanen gekrönt wird. Heute müssen wir alles in unserer Macht Stehende tun, um nach einer persönlichen Hingabe an Gott zu streben. Wir brauchen nicht mehr mächtige, nicht mehr begabte, nicht mehr gelehrte Männer für die Verkündigung der Wahrheit für diese Zeit, sondern Menschen, die Gott und Jesus Christus, den er gesandt hat, [persönlich] kennen (siehe Joh 17,3).

Die persönliche Frömmigkeit wird jeden Mitarbeiter qualifizieren, denn der Heilige Geist wird von ihm Besitz ergreifen, und die Wahrheit für diese Zeit [die er verkündigt] wird zu einer Kraft werden, weil seine alltäglichen Gedanken und Aktivitäten auf dem Kurs Christi sind. Christus wohnt [beständig] in ihm, und der geringste Nachfolger bekommt Kraft, wenn er mit Christus verbunden ist, und sein Werk wird Bestand haben. Möge der Herr uns helfen, seinen göttlichen Willen zu verstehen und ihn von Herzen und mit Entschlossenheit zu befolgen, dann werden wir die Freude im Herrn erleben. – *Home Missionary*, 1. November 1897

23. Juni

So schlecht ihr auch seid, ihr wisst doch, was euren Kindern gut tut, und gebt es ihnen. Wie viel mehr wird der Vater im Himmel denen den Heiligen Geist geben, die ihn darum bitten.
(Lukas 11,13 GNB)

Der Geist führt unsere Bemühungen zum Erfolg

Die Verheißung der Gabe des Heiligen Geistes wird nicht in dem Maße in Anspruch genommen, wie es sein sollte. Auch die Vorrechte, denen wir uns durch den Empfang [der Gabe] erfreuen könnten, werden nicht so geschätzt, wie es sein könnte. Gott möchte, dass seine Gemeinde im Glauben seine Verheißungen beansprucht und um das Wirken des Heiligen Geistes bittet, der ihnen zu jeder Zeit helfen kann. Jesus versichert uns, dass Gott noch mehr bereit ist, „denen, die ihn bitten, den Heiligen Geist [zu] geben", als Eltern „ihren Kindern gute Gaben" geben wollen (Lk 11,13). Weil jeder diese himmlische „Salbung ... empfangen" kann, „habt ihr nicht nötig, dass euch jemand lehrt." (1 Joh 2,27) [Dann] gibt es keine Entschuldigung, der Verantwortung auszuweichen. Keine Pflicht sollte unwillkommen sein oder gemieden werden. Christus selbst ist die erneuernde Kraft, die durch den Heiligen Geist in und durch jeden Mitarbeiter wirkt. Die Wirksamkeit des Geistes Gottes wird den Bemühungen aller, die sich seiner Führung unterstellen, Erfolg schenken.

Gott wirkt an jedem Menschen, der für die Eindrücke seines Geistes offen ist. Er sendet Boten aus, die die Warnungsbotschaft überall verkünden sollen. Gott prüft die Hingabe seiner Gemeinden und ihre Bereitschaft, der Führung des Geistes zu gehorchen. Die Erkenntnis [der Wahrheit] soll [auf Erden] zunehmen. Die Boten des Himmels sollen hin- und herlaufen und auf jede nur mögliche Weise versuchen, die Menschen vor dem kommenden Gericht zu warnen und die frohe Botschaft der Erlösung durch unseren Herrn Jesus Christus weiterzugeben. Der Maßstab der Gerechtigkeit soll hochgehalten werden.

Der Geist Gottes bewegt Menschenherzen, und jene, die auf seinen Einfluss reagieren, werden zum „Licht der Welt" (Mt 5,14). Überall auf der Welt kann man erleben, dass sie anderen von dem empfangenen Licht erzählen wie die Jünger nach dem Herabkommen des Heiligen Geistes zu Pfingsten. Und wenn sie ihr „Licht leuchten lassen" (V. 16), empfangen sie immer mehr von der Kraft des Geistes. Die Erde wird [dann] erleuchtet von der Herrlichkeit des Herrn (siehe Offb 18,1 EB). – *Australasian Union Conference Record*, 1. April 1898

Die völlige Abhängigkeit von Gott bewahren

Als ich zu euch kam und euch Gottes Botschaft brachte ... habe ich das nicht mit geschliffener Rede und menschlicher Weisheit getan. Ich wollte von nichts anderem sprechen als von Jesus Christus und seinem Tod am Kreuz. Dabei war ich schwach. (1. Korinther 2,1-3 Hfa)

Es wird Zeiten geben, in denen Gott seine Gemeinde durch seine Macht aufrüttelt. Intensive Aktivitäten werden das Ergebnis sein, denn die belebende Kraft des Heiligen Geistes wird ihre Mitglieder inspirieren, loszugehen und Menschen zu Christus zu führen. Aber bei all dieser Aktivität sind [selbst] die ernsthaftesten Mitarbeiter nur sicher, wenn sie sich durch beständiges, ernstliches Gebet ganz auf Gott verlassen. Sie müssen zu Gott flehen, dass sie davor bewahrt werden, auf ihre Arbeit stolz zu sein oder ihre Aktivität zu ihrem Erlöser zu machen. Ständig müssen sie „den Blick auf Jesus richten" (Hbr 12,2), damit ihnen bewusst wird, dass [allein] seine Macht das Werk vollbringt. Nur so können sie den Ruhm [dafür] allein Gott zuschreiben.

Wir werden für die Ausbreitung des Werkes Gottes zu intensivem Einsatz aufgerufen, und das Gebet zu unserem himmlischen Vater wird [dabei] eine wesentliche Rolle spielen. Es wird notwendig sein, sich im Gebet zu engagieren, im Kämmerlein (siehe Mt 6,6), in der Familie und in der Gemeinde. Unser Haushalt muss in Ordnung gebracht werden, und wir müssen uns ernstlich anstrengen, um jedes Familienmitglied für missionarische Unternehmungen zu interessieren. Wir müssen versuchen, unsere Kinder mit ihrem [ganzen] Mitgefühl für die Arbeit an verlorenen Menschen zu begeistern, damit sie zu jeder Zeit und an allen Orten ihr Bestes geben, Christus darzustellen.

Aber wir dürfen nicht vergessen, dass – wenn die Aktivitäten zunehmen und wir in dem Werk, das getan werden muss, Erfolg haben – die Gefahr besteht, sich auf menschliche Pläne und Methoden zu verlassen. Es wird die Neigung geben, weniger zu beten und weniger [auf Gott] zu vertrauen. Wir werden in der Gefahr stehen, das Bewusstsein unserer Abhängigkeit von Gott zu verlieren, der allein unser Werk erfolgreich machen kann. Doch obwohl diese Neigung besteht, sollte niemand meinen, das menschliche Werkzeug sollte weniger tun. Nein, er soll nicht weniger, sondern durch die Annahme der himmlischen Gabe, des Heiligen Geistes, mehr tun. Die Welt mit ihrer eigenen Weisheit kennt Gott nicht, und jede menschliche Macht steht naturgemäß mehr oder weniger Gott entgegen. Wir müssen aufsehen auf Jesus und mit himmlischen Wesen zusammenwirken, indem wir unsere Bitten in Jesu Namen vor den Vater bringen (siehe Joh 14,13.14). – *Advent Review and Sabbath Herald,* 4. Juli 1893

25. Juni

Den Anweisungen des Befehlshabers folgen

Als ein guter Kämpfer Jesu Christi musst du so wie ich bereit sein, auch für ihn zu leiden. Kein Soldat, der in den Krieg zieht, darf sich von seinen alltäglichen Sorgen ablenken lassen, wenn sein Befehlshaber mit ihm zufrieden sein soll. (2. Timotheus 2,3.4 Hfa)

Wir haben nur noch wenig Zeit, den Kampf fortzuführen. Danach wird Christus kommen und aller Rebellion ein Ende bereiten. Dann werden wir unsere letzten Bemühungen unternommen haben, um mit Christus zusammenzuarbeiten und sein Reich auszubreiten. Manche, die an vorderster Front gestanden und voll Eifer dem hereinbrechenden Bösen getrotzt haben, werden im Kampf fallen. Andere sehen traurig auf die gefallenen Helden, haben aber keine Zeit, ihre Arbeit zu unterbrechen. Sie müssen die Reihen schließen, das Banner aus der erstorbenen Hand nehmen und mit neuer Energie die Wahrheit und die Ehre Christi verteidigen. Wie niemals zuvor müssen sie der Sünde und den Mächten der Finsternis widerstehen. Die Zeit verlangt von denen, die an die gegenwärtige Wahrheit glauben, energisches und entschlossenes Handeln ...

Wenn uns die Zeit bis zur Ankunft unseres Befreiers zu lang wird, [oder] wenn wir, von Kummer niedergedrückt und von Mühen erschöpft, ungeduldig darauf warten, dass unser Auftrag erfüllt ist und wir in Ehren aus der Armee entlassen werden, sollen wir daran denken – und das sollte alle Klagen verstummen lassen –, dass Gott uns auf der Erde belässt, um Stürmen und Konflikten zu begegnen, um unseren christlichen Charakter zu vervollkommnen, um Gott, unseren Vater, und Jesus Christus, unseren älteren Bruder, besser kennenzulernen und um für den Herrn zu arbeiten, damit wir viele Menschen für ihn gewinnen. Dann werden wir mit frohem Herzen [dereinst] seine Worte hören: „Du warst tüchtig und zuverlässig ... Ich lade dich zu meinem Fest ein!" (Mt 25,21 Hfa)

Sei geduldig, Kämpfer Christi! „Nur noch eine kleine Weile, so wird kommen, der da kommen soll." (Hbr 10,37) Die Nacht des ermüdenden Wartens, Wachens und Trauerns ist fast vorbei. Bald wird es die Belohnung geben. Der ewige Tag wird heraufdämmern. Jetzt ist keine Zeit zu schlafen, keine Zeit, sich nutzlosem Bedauern hinzugeben. Wer jetzt wagt zu schlafen, wird wertvolle Gelegenheiten versäumen, Gutes zu tun. Wir haben das gesegnete Vorrecht, bei der großen Ernte die Garben einzubringen. Und für jeden geretteten Menschen gibt es einen zusätzlichen Stern in der Krone Jesu, unseres anbetungswürdigen Erlösers. Wer möchte die Rüstung ablegen, wenn er durch eine kleine Verlängerung des Kampfes neue Siege erringen und neue Trophäen für die Ewigkeit sammeln kann? – *Advent Review and Sabbath Herald*, 25. Oktober 1881

Der Geist muss die Wächter wach halten

Wenn aber der Wächter das Schwert kommen sieht und nicht die Posaune bläst und sein Volk nicht warnt und das Schwert kommt und nimmt einen von ihnen weg, so wird der wohl um seiner Sünde willen weggenommen; aber sein Blut will ich von der Hand des Wächters fordern.
(Hesekiel 33,6)

Meine Brüder, ihr müsst Jesus in euch herrschen lassen, und eure Selbstsucht muss absterben. Wenn wir mit dem Heiligen Geist getauft sind, werden wir uns nicht hinsetzen und unbeteiligt sagen: „Was geschehen soll, wird geschehen. Die Prophetie muss erfüllt werden.“ Wacht auf, ich bitte euch, wacht auf, denn ihr tragt eine heilige Verantwortung! Als treue Wächter solltet ihr das Schwert kommen sehen und Männer und Frauen warnen, damit sie aufgrund ihrer Unkenntnis nicht einen Kurs verfolgen, den sie meiden würden, wenn ihnen die Wahrheit bekannt wäre.

Der Herr hat uns gezeigt, was über diese Erde kommen wird, damit wir andere darüber informieren. Wir werden nicht schuldlos davonkommen, wenn wir uns damit zufriedengeben, mit gefalteten Händen gemütlich dazusitzen und an unwichtigen Dingen herumdeuteln. Viele haben sich in Streitereien vertieft und das Licht der Zeugnisse [Ellen Whites] abgelehnt, weil es nicht mit ihrer eigenen Meinung übereinstimmte.

Gott zwingt keinen Menschen in seinen Dienst. Jeder muss selbst entscheiden, ob er auf den Felsen fallen und zerbrechen möchte (siehe Mt 21,44). Der Himmel ist erstaunt über die allgemein herrschende geistliche Dummheit. Jeder Einzelne von euch muss sein stolzes Herz dem Geist Gottes öffnen. Ihr müsst euren Verstand zum Dienst für Gott heiligen lassen. Die verändernde Kraft Gottes muss an euch wirken, damit euer Denken durch den Heiligen Geist erneuert wird und ihr die Gesinnung Christi bekommt (siehe Phil 2,5 EB).

Wenn die Wächter von einer Droge Satans eingeschläfert wurden, die Stimme des wahren Hirten nicht erkennen und die Warnung nicht weitergeben, dann – das sage ich euch in aller Ehrfurcht – wird von ihnen das Blut der Verlorenen gefordert werden. Die Wächter müssen äußerst wachsam sein, Männer, die auf ihrem Posten Tag und Nacht nicht schlafen. Sie müssen ihrer Posaune einen deutlichen Ton geben (siehe 1 Kor 14,8), damit die Menschen das Böse meiden und das Gute erwählen. Stumpfsinn und sorglose Gleichgültigkeit können nicht entschuldigt werden. Auf jeder Seite gibt es Sturzwellen und versteckte Felsen, die unser Schiff zerschmettern können und uns hilflos mit dem Wrack zurücklassen, wenn wir Gott nicht zu unserer Zuflucht und Hilfe machen. – *Advent Review and Sabbath Herald*, 24. Dezember 1889

27. Juni

Die Engel sind doch alle nur Geister, die Gott geschaffen hat zum Dienst an den Seinen. Er schickt sie denen zu Hilfe, die Anteil an der endgültigen Rettung haben sollen.
(Hebräer 1,14 GNB)

Der ganze Himmel nimmt Anteil an der Rettung von Menschen

Bei der Seelenrettung sollen Menschen und Engel harmonisch zusammenarbeiten, indem sie jene die Wahrheit lehren, die sie nicht kennen, damit sie aus den Fesseln der Sünde befreit werden. Nur die Wahrheit kann Menschen frei machen (siehe Joh 8,32). Die Freiheit, die durch die Erkenntnis der Wahrheit kommt, soll jeder Kreatur verkündet werden. Unser himmlischer Vater, Jesus Christus und die Engel im Himmel nehmen alle Anteil an diesem großen und heiligen Werk.

Den Christen wurde das besondere Vorrecht eingeräumt, den Charakter Gottes zu offenbaren, indem sie selbstlos versuchen, ihre Mitmenschen aus der Grube zu ziehen, in die sie gestürzt wurden. Jedes menschliche Wesen, das sich vom Heiligen Geist erleuchten lässt, soll für die Ausführung dieser göttlichen Absicht eingesetzt werden. Christus ist das Haupt seiner Gemeinde, und sie ehrt ihn umso mehr, wenn jeder Teil der Gemeinde sich für die Rettung von Menschen einsetzt ...

„Bei Gott im Himmel [herrscht] mehr Freude über einen Sünder, der ein neues Leben anfängt, als über neunundneunzig andere, die das nicht nötig haben." (Lk 15,7 GNB) Wenn wir von dem Erfolg der [Verkündigung der] Wahrheit an irgendeinem Ort erfahren, soll die ganze Gemeinde Freudenlieder singen und Gott loben. Lasst uns den Namen des Herrn preisen, dann werden wir mit noch größerem Eifer für das Werk Gottes erfüllt werden. Der Herr drängt uns, den Auftrag zu erfüllen: „Geht in die ganze Welt und verkündet die Gute Nachricht allen Menschen!" (Mk 16,15 GNB) Aber wir müssen dem Wirken des Heiligen Geistes mehr Raum geben, damit die Arbeiter vereint werden und mit der Schlagkraft einer Armee vorwärtsmarschieren.

Lasst uns alle daran denken, dass wir „ein Schauspiel sind für die ganze Welt, für Engel und Menschen" (1 Kor 4,9 GNB). Deshalb sollte sich jeder in Demut und Ehrfurcht fragen: Was ist meine Aufgabe? Durch vollkommene Hingabe an den Dienst für Gott wird sich der prägende Einfluss des Heiligen Geistes bei jedem Schritt auf dem Wege offenbaren. – *Advent Review and Sabbath Herald*, 16. Juli 1895

Himmlische Mächte warten auf unsere Mitarbeit

Bewältigt eure Aufgaben mit Fleiß, und werdet nicht nachlässig. Lasst euch ganz von Gottes Geist durchdringen, und dient Gott, dem Herrn. Seid fröhlich in der Hoffnung darauf, dass Gott seine Zusagen erfüllt. (Römer 12,11.12 Hfa)

Der Herr ruft uns auf, jede Gabe und jede Fähigkeit zu nutzen. [Erst] wenn man der Gemeinde nicht mehr Gleichgültigkeit und Trägheit vorwerfen kann, wird sich der Geist des Herrn [in seiner ganzen Fülle] gnädig manifestieren. Die göttliche Macht wird mit menschlichem Bemühen zusammenarbeiten; die Gemeinde wird das Eingreifen des Herrn der Heerscharen erleben; das Licht der Wahrheit und die Erkenntnis Gottes und Jesu Christi werden verbreitet werden. Wie zur Zeit der Apostel werden sich viele Menschen zum Herrn bekehren. Die Erde wird von der Herrlichkeit des Engels vom Himmel erleuchtet werden (siehe Offb 18,1).

Nur der Heilige Geist, der durch menschliche Werkzeuge wirkt, kann die Welt von den Sünden durch die Übertretung des Gesetzes Gottes überführen (siehe Joh 16,8 EB). Die Gemeinde muss jetzt aus ihrem Tiefschlaf erwachen, denn der Herr möchte sein Volk segnen, sodass es den kommenden Segen [überhaupt] erkennen kann, wenn er kommt, und ihn mit klaren hellen Lichtstrahlen weiterverbreitet. „Ich will euch ein neues Herz und einen neuen Geist in euch geben ... Ich will meinen Geist in euch geben und will solche Leute aus euch machen, die in meinen Geboten wandeln." (Hes 36,26.27)

Nur der Heilige Geist, der auf das Volk Gottes ausgegossen wird, kann aus der Wüste der Gemeinde einen fruchtbaren Boden und aus dem fruchtbaren Boden einen Wald entstehen lassen. Lange haben die himmlischen Mächte auf die Zusammenarbeit mit den irdischen Mitarbeitern der Gemeinde gewartet, die sie bei ihrem großen Werk unterstützen sollen. [Nun] warten sie auf dich. Das Ackerfeld ist so groß, der Plan so umfassend, dass jeder geheiligte Christ als Werkzeug der göttlichen Macht aktiv werden muss ...

Alle, die an die gegenwärtige Wahrheit glauben, müssen ihre Differenzen beiseite legen und allen Neid, alle üble Nachrede und alle bösen Gedanken verschwinden lassen. Haltet fest zusammen! „Ihr habt die rettende Wahrheit im Gehorsam angenommen und dadurch euer Denken und Fühlen gereinigt, um eure Brüder und Schwestern aufrichtig lieben zu können. Hört also nicht auf, einander aus reinem Herzen zu lieben!" (1 Ptr 1,22 GNB) – *General Conference Bulletin*, 28. Februar 1893

29. Juni

Wir haben keine Zeit zu verlieren

Macht Ernst damit – und das erst recht, weil ihr wisst, was die Stunde geschlagen hat! Es ist Zeit für euch, aus dem Schlaf aufzuwachen. Denn unsere endgültige Rettung ist nahe; sie ist uns jetzt näher als damals, als wir zum Glauben kamen. Die Nacht geht zu Ende, bald ist es Tag. (Römer 13,11.12 GNB)

Der Herr kommt. Die Weltgeschichte wird bald zu Ende sein. Bist du bereit, dem Weltenrichter zu begegnen? Denke daran: „Wer selbst kein Erbarmen gehabt hat, über den wird auch Gott erbarmungslos Gericht halten." (Jak 2,13 GNB) Wie schrecklich wird es sein, wenn wir am Tag der Wiederkunft Christi erkennen müssen, dass [manche] unserer Verwandten auf ewig von uns getrennt sein werden, dass Mitglieder unserer Familie, vielleicht unsere eigenen Kinder, nicht gerettet werden, dass [Menschen], die uns in unseren Heimen besucht und mit uns gegessen haben, unter den Verlorenen sind! Dann müssen wir uns fragen: Liegt es an meiner Ungeduld, meinem unchristlichen Verhalten oder daran, dass ich nicht selbstlos genug war, dass der christliche Glaube ihnen zuwider war?

Die Welt muss vor der baldigen Wiederkunft des Herrn gewarnt werden. Wir haben nur noch wenig Zeit. Jahre sind vergangen, die wir besser hätten nutzen können, um „zuerst nach dem Reich Gottes und seiner Gerechtigkeit" zu trachten (Mt 6,33) und das Licht an andere weiterzugeben. Gott appelliert an sein Volk, das großes Licht erhalten hat, für das er viel eingesetzt hat und das in der Wahrheit gefestigt ist, jetzt für sich selbst und andere [Menschen] Anstrengungen wie nie zuvor zu unternehmen. Nutzt jede Fähigkeit, alle eure Kräfte, die euch anvertrauten Gaben und alles Licht, das Gott euch gegeben hat, um anderen Gutes zu tun! Versucht nicht, Prediger zu sein, sondern werdet Diener Gottes.

Wenn die Wahrheit von den Mitarbeitern [Gottes] besser verstanden wird, wird sie heller leuchten. Wenn ihr unter dem heiligenden Einfluss des Geistes Gottes euren Verstand einsetzt, um andere zu erleuchten, wird eure Aufmerksamkeit auf Dinge von ewiger Bedeutung gelenkt. Bei solchen Bemühungen, begleitet von Gebeten um göttliches Licht, werden eure Herzen unter dem belebenden Einfluss der Gnade Gottes schneller schlagen, werdet ihr von einer größeren göttlichen Begeisterung erfüllt. Euer ganzes Christenleben wird realer und ernsthafter sein und intensiver vom Gebet geprägt werden. Wenn Christus so in euren Herzen wohnt, könnt ihr Mitarbeiter Gottes werden. – *Home Missionary*, 1. Februar 1898

Ein Gebet um den Heiligen Geist

„Hilf allen, die an dich glauben, deine Botschaft ohne Angst weiterzusagen. Zeig deine Macht!" ... Als sie gebetet hatten, bebte das Haus, in dem sie zusammengekommen waren. Sie wurden alle mit dem Heiligen Geist erfüllt und verkündeten furchtlos die Botschaft Gottes. (Apostelgeschichte 4,29-31 Hfa)

Mein himmlischer Vater, in diesem Augenblick komme ich zu dir, so wie ich bin, bedürftig und von dir abhängig. Ich bitte dich, mir und den Gemeindegliedern die Gnade zu schenken, die den christlichen Charakter vervollkommnet. Wirst du mit deinem Volk barmherzig sein? Lass dein Licht in die Kammern des Verstandes und in den Tempel der Seele scheinen! Mein Heiland, du hast dein Leben hingegeben, um dein Erbteil zu erkaufen, damit sie als Überwinder in das Reich Gottes kommen und dort für immer bleiben können. Segne jene, die den Wunsch zum Ausdruck gebracht haben, dir zu dienen. Rüste sie mit deinem Geist aus!

Ich bitte dich, himmlischer Vater, diesem Volk [den Adventisten] deinen Heiligen Geist zu senden. Lass deine Erlösung offenbar werden. Rühre ihre Herzen an und schenke ihnen Mitgefühl. Verändere sie durch deinen Heiligen Geist und hilf ihnen zu erkennen, welches Werk für ihre Nachbarn und die Menschen, die um sie herum verderben, getan werden muss. Lass sie ihre Verantwortung wahrnehmen! Mögen sie das Kleid ihres Charakters „waschen und im Blut des Lammes" reinigen [Offb 7,14 GNB]. Wirst du sie in deine barmherzigen Arme nehmen? Flehe sie durch Eindrücke deines Heiligen Geistes an, dass sie versuchen, ihr Licht denen leuchten zu lassen, die die Wahrheit [Gottes noch] nicht kennen. Bringe deine Gemeinde zurecht, oh Herr, damit sie sich um [verlorene] Menschen kümmert.

Mein Heiland, offenbare dich deinem Volk. Zeige deine Liebe, offenbare sie! Halte deine Nachfolger fest, damit Satan sie nicht nach seinem Willen benutzen kann. Hilf ihnen, alle Gegnerschaft zu überwinden, damit sie zuletzt in der Stadt Gottes ihre Kronen Jesus zu Füßen legen können und deinem Namen alle Ehre zuteil wird. Amen. – *Advent Review and Sabbath Herald*, 16. Juli 1908

1. Juli

Schönheit in der Vielfalt der Gaben

Über die Gaben des Geistes aber will ich euch, liebe Brüder, nicht in Unwissenheit lassen ... Es sind verschiedene Gaben; aber es ist ein Geist. Und es sind verschiedene Ämter; aber es ist ein Herr. Und es sind verschiedene Kräfte; aber es ist ein Gott, der da wirkt alles in allen. (1. Korinther 12,1.4-6)

Mit den „Zentnern Silber" (Mt 25,14.15), die Christus [den Gliedern] seiner Gemeinde anvertraut, sind vor allem die Gaben und Segnungen gemeint, die der Heilige Geist verleiht. [Paulus erklärte:] „Die einen befähigt der Geist dazu, Gottes weisheitsvolle Pläne zu enthüllen; andere lässt er erkennen, was in einer schwierigen Lage getan werden soll. Derselbe Geist gibt den einen besondere Glaubenskraft und den anderen die Kraft, zu heilen. Der Geist ermächtigt die einen, Wunder zu tun; andere macht er fähig, Weisungen Gottes zu verkünden. Wieder andere können unterscheiden, was aus dem Geist Gottes kommt und was nicht. Die einen befähigt der Geist, in unbekannten Sprachen zu reden; anderen gibt er die Fähigkeit, das Gesagte zu deuten. Aber das alles bewirkt ein und derselbe Geist. So wie er es will, teilt er jedem und jeder in der Gemeinde die eigene Fähigkeit zu." (1 Kor 12,8-11 GNB) ...

Von allen Einrichtungen Gottes ist keine schöner als sein Plan, [gläubigen] Männern und Frauen eine Vielfalt von Gaben zu verleihen. Die Gemeinde ist [wie] sein Garten, geschmückt mit einer Vielfalt von Bäumen, Pflanzen und Blumen. Er erwartet nicht, dass der Ysop die Gestalt der Palme annimmt oder der Olivenbaum die Höhe der stattlichen Zeder erreicht. Viele haben nur eine eingeschränkte religiöse und intellektuelle Bildung erhalten, aber Gott hat eine Aufgabe für sie, wenn sie ihm Vertrauen und demütig für ihn arbeiten ...

Unterschiedliche Christen haben unterschiedliche Gaben empfangen, damit die Mitarbeiter merken, dass sie einander brauchen. Gott teilt diese Gaben aus, und sie werden in seinem Dienst eingesetzt. Sie sollen nicht ihren Besitzer verherrlichen oder einen Menschen erheben, sondern den Erlöser der Welt. Sie dienen zum Wohle der ganzen Menschheit, indem [mit ihrer Hilfe] die Wahrheit dargestellt wird ...

In allen Worten und Taten werden Freundlichkeit und Liebe offenbar. Wenn jeder Arbeiter treu den für ihn vorgesehenen Platz ausfüllt, wird das Gebet Christi um die Einheit seiner Nachfolger erhört (siehe Joh 17,20.21), und die Welt wird „an eurer Liebe zueinander ... erkennen, dass ihr [Jesu] Jünger seid." (Joh 13,35 GNB) – *Signs of the Times*, 15. März 1910

Wir sollen Gottes Werkzeuge sein

Nun, was ist denn Apollos? Und was ist Paulus? Gottes Helfer sind sie, durch die ihr zum Glauben gekommen seid. Jeder von uns beiden hat von Gott seine besondere Aufgabe bekommen. Ich habe gepflanzt, Apollos hat begossen; aber Gott hat es wachsen lassen. (1. Korinther 3,5.6 GNB)

Gottes Diener besitzen nicht alle dieselben Gaben, aber sie alle sind seine Mitarbeiter. Jeder muss vom großen Lehrer lernen und dann das weitergeben, was er gelernt hat. Nicht alle führen die gleiche Arbeit aus, aber unter dem heiligenden Einfluss des Geistes Gottes sind alle seine Werkzeuge. Gott benutzt eine Vielfalt von Gaben in seinem Werk zur Rettung von Menschen aus dem Einflussbereich Satans.

„Von Gottes Mitarbeitern ist einer so notwendig wie der andere, ob er nun das Werk beginnt oder weiterführt. Jeder wird von Gott den gerechten Lohn für seine Arbeit bekommen." (1 Kor 3,8 Hfa) Gott – und nicht irgendein Mensch – beurteilt das Werk der Nachfolger Jesu. Er wird jedem seinen gerechten Lohn zuteilen. Kein menschliches Wesen hat das Recht, die einzelnen Diener Gottes zu beurteilen. Der Herr allein richtet und belohnt jedes gute Werk.

„Der aber pflanzt und der begießt, sind eins" (V. 8 EB) – tätig in derselben Arbeit – der Rettung von Menschen. „Wir sind also Gottes Mitarbeiter, ihr aber seid Gottes Ackerland. Oder mit einem anderen Bild: Ihr seid Gottes Bau." (V. 9 GNB) Diese Aussage [von Paulus] vergleicht die Gemeinde mit einem bebauten Feld, auf dem die Mitarbeiter arbeiten und sich um die Pflanzen im Weinberg Gottes kümmern sollen, und mit einem Bau, aus dem „ein heiliger Tempel in dem Herrn" werden soll (Eph 2,21). Christus ist der Baumeister. Alle sollen unter seiner Aufsicht arbeiten und ihn für und durch seine Mitarbeiter wirken lassen. Er gibt ihnen die Fertigkeiten und das [nötige] Taktgefühl, und wenn sie seinen Anweisungen folgen, krönt er ihre Arbeit mit Erfolg.

Niemand soll sich über Gott beklagen, der jedem Einzelnen seine Aufgabe zugeteilt hat. Wer murrt und hadert, wer seinen eigenen Weg gehen will, wer seine Kollegen nach seinen eigenen Vorstellungen formen will, braucht eine Berührung von Gott, damit er überhaupt für irgendeine Arbeit qualifiziert ist. Wenn er sich nicht ändert, wird er dem Werk sicherlich schaden.

Denkt daran, dass wir Gottes Mitarbeiter sind. Gott ist es, der mit seiner großen Macht alles bewegt. Seine Diener sind [lediglich] seine Werkzeuge. – *Advent Review and Sabbath Herald,* 11. Dezember 1900

3. Juli

Denn so wie Gott einmal befahl: „Licht soll aus der Dunkelheit hervorbrechen!“, so hat sein Licht auch unsere Herzen erhellt. Durch uns sollen nun alle Menschen Gottes Herrlichkeit erkennen, die in Jesus Christus aufstrahlt. (2. Korinther 4,6 Hfa)

Gottes Werkzeuge zur Rettung von Menschen werden

Christen sollen tatsächlich Christi Repräsentanten sein, nicht nur Anwärter darauf. Soll die Welt ihre Vorstellungen von Gott etwa durch das Verhalten derer gewinnen, die nur den Namen Christi tragen, aber seine Werke nicht tun? Sollen sie auf jene zeigen, die sich als Gläubige ausgeben, aber es in ihrem Herzen nicht sind, die heilige Wahrheiten verraten und Werke des Feindes tun, und [über sie] sagen: „Die wollen Christen sein? Sie lügen und betrügen, und man kann ihnen nicht vertrauen“? Solche Menschen repräsentieren Christus nicht wahrhaftig.

Aber Gott wird nicht zulassen, dass die Welt getäuscht wird. Der Herr [Jesus] hat ein besonderes Volk auf der Erde und „schämt sich auch nicht, sie Brüder zu nennen“ (Hbr 2,11), denn sie tun die Werke Christi. Sie zeigen, dass sie „Gott lieben“, indem sie „seine Gebote befolgen“ (1 Joh 5,3 Hfa). Sie tragen das Bild Gottes [in sich], kooperieren mit himmlischen Wesen und sind „ein Schauspiel geworden der Welt und den Engeln und den Menschen“ (1 Kor 4,9). Der Herr wird am meisten geehrt und verherrlicht von denen, die die meisten guten Werke tun.

Echte Herzensfrömmigkeit zeigt sich in guten Worten und guten Werken. Die Menschen sehen die Werke derer, die Gott lieben, und werden dadurch motiviert, Gott zu preisen. Der wahre Christ vollbringt reichlich gute Werke und bringt viel Frucht. Er speist die Hungrigen, kleidet die Nackten, besucht die Kranken und dient den Bedrängten (siehe Mt 25,35-37). Christen kümmern sich voller Mitgefühl um Kinder in ihrer Umgebung, die durch die hinterlistigen Versuchungen des Feindes dem Untergang geweiht wären ... Es gibt viele Jugendliche in unserer Nähe, für die unsere Gemeindeglieder etwas tun sollen, denn Christus ist am Kreuz von Golgatha für sie gestorben, um das Geschenk der Erlösung für sie zu erkaufen. In Gottes Augen sind sie wertvoll, und er möchte, dass sie die ewige Glückseligkeit erlangen.

Das rettende Werk Christi ist erst dann vollendet, wenn die Mitglieder seiner Gemeinde ihren Teil dazu beitragen, indem sie aufstehen und licht werden. „Denn dein Licht ist gekommen, und die Herrlichkeit des HERRN ist über dir aufgegangen“ (Jes 60,1 EB) Christus ruft seine Nachfolger auf, mit ihm bei der ernsten, kontinuierlichen Arbeit für die Rettung von Menschen willig zusammenzuarbeiten. – *Advent Review and Sabbath Herald*, 29. Januar 1895

Die Gaben sind eine Macht im Dienst Gottes

Wie auch immer sich die Gaben des Geistes bei jedem Einzelnen von euch zeigen, sie sollen der ganzen Gemeinde nützen. Dem einen schenkt er im rechten Augenblick das richtige Wort. Ein anderer kann durch den Geist die Weisheit Gottes klar erkennen und weitersagen.
(1. Korinther 12,7.8 Hfa)

Gott hat verschiedenen Mitarbeitern unterschiedliche Gaben anvertraut. Einer ist ein guter Redner, ein anderer ein begabter Autor; einer kann aufrichtig, ernst und eindringlich beten, ein anderer [eindrucksvoll] singen; wieder ein anderer hat die besondere Gabe, das Wort Gottes klar auszulegen. Und jede Gabe soll etwas für Gott bewirken, denn er wirkt mit dem Arbeiter zusammen. „Dem einen wird durch den Geist das Wort der Weisheit gegeben, einem anderen aber das Wort der Erkenntnis nach demselben Geist; einem anderen aber Glauben [für bestimmte Unternehmungen] in demselben Geist" (1 Kor 12,8 EB), aber alle sollen unter demselben Herrn arbeiten. Die Vielfalt der Gaben führt zu einer Vielfalt der Aktivitäten, „aber es ist derselbe Gott, der alles in allen wirkt." (V. 6 EB)

Der Herr möchte, dass seine auserwählten Diener lernen, wie man harmonisch und effektiv zusammenarbeitet. Manche meinen vielleicht, ihre Gabe würde sich zu sehr von der eines Mitgläubigen unterscheiden, um eine harmonische Zusammenarbeit zu ermöglichen. Aber wenn sie daran denken, dass [ganz] unterschiedliche Menschen erreicht werden sollen und manche die Wahrheit ablehnen, wenn sie ihnen von einem Mitarbeiter [Gottes] präsentiert wird, aber ihre Herzen der göttlichen Wahrheit öffnen, wenn sie ihnen von einem anderen auf andere Weise verkündigt wird, dann werden sie hoffentlich versuchen, in Einigkeit zusammenzuarbeiten. Ihre Gaben, seien sie noch so unterschiedlich, werden alle von einem Geist geleitet. In jedem Wort und jeder Tat werden [dann] Freundlichkeit und Liebe offenbar. Wenn jeder Mitarbeiter seinen ihm angewiesenen Platz treu ausfüllt, wird das Gebet Christi um Einheit unter seinen Nachfolgern erhört (siehe Joh 17,20.21), und die Welt wird erkennen, dass sie seine Jünger sind (siehe Joh 13,35).

In liebevoller Zuwendung und [voller] Zuversicht sollen sich Gottes Mitarbeiter vereinen. Wer irgendetwas sagt oder tut, das zu einer Trennung der Gemeindeglieder führen könnte, arbeitet gegen die Absichten des Herrn. Rangelei und Zwietracht in der Gemeinde und die Ermutigung zu Verdächtigungen und Unglaube entehren Christus. Gott möchte, dass seine Diener eine christliche Zuneigung zueinander pflegen (siehe Röm 12,10). – *Testimonies for the Church*, Band 9, S. 144f.

5. Juli

Keiner von euch soll sich etwas anmaßen, was über die Kraft des Glaubens hinausgeht, die Gott ihm geschenkt hat. (Römer 12,3 Hfa)

Von Gott geschenkter Glaube

Auch der Glaube ist [in gewisser Weise] eine Gabe Gottes. Glaube ist die Zustimmung des menschlichen Verstandes gegenüber den Worten Gottes, die das Herz zum Dienst für Gott motiviert. Und wem gehört der menschliche Verstand, wenn nicht Gott? Wem gehört das Herz, wenn nicht Gott? Zu glauben bedeutet, Gott den Verstand und die Energie zu weihen, die wir von ihm empfangen haben. Deshalb können diejenigen, die glauben, sich das nicht als Verdienst anrechnen. Wer so fest an den himmlischen Vater glaubt, dass er ihm uneingeschränkt vertraut, und wer durch den Glauben über das Grab hinaus die ewige Wirklichkeit erfasst, wird vor seinem Schöpfer bekennen: „Von dir ist alles gekommen, und von deiner Hand haben wir dir's gegeben." (1 Chr 29,14)

Keiner gehört sich selbst (siehe 1 Kor 6,19). Und niemand besitzt selbst irgendetwas Gutes, das er sein Eigen nennen kann. Jeder Mensch und alle Dinge sind Eigentum des Herrn. Alles, was ein Mensch durch die Freigiebigkeit des Himmels empfängt, gehört immer noch dem Herrn. All sein Wissen, das ihn zu einem fähigen Mitarbeiter im Werk Gottes macht, kommt vom Herrn und sollte an seine Mitmenschen weitergegeben werden, damit auch sie zu guten Mitarbeitern werden. Wem Gott außergewöhnliche Gaben anvertraut hat, der soll dem Herrn das zurückgeben, was er erhalten hat, indem er den empfangenen Segen großzügig an andere Menschen weitergibt. So ehrt und verherrlicht er Gott ...

Von Gott geschenkte Fähigkeiten sollten keinen selbstsüchtigen Zwecken dienen. Alle Kräfte und alle Begabungen sind anvertraute „Silberzentner", die zum Lob Gottes beitragen sollen, indem sie in seinen Dienst gestellt werden. Seine Gaben sollen [zumindest] zu den „Wechslern" [auf die Bank] gebracht werden, damit er sein Eigentum mit Zinsen zurückbekommt (siehe Mt 25,27). Die Gaben, die einen Christen zum Dienst befähigen, wurden ihm nicht nur zu dem Zweck anvertraut, damit er selbst eine gute Arbeit leisten kann, sondern auch, um andere zu lehren, deren Kenntnisse auf manchen Gebieten [noch] Lücken aufweisen. – *Advent Review and Sabbath Herald*, 1. Dezember 1904

Wirksamer Glaube

[Abraham] zweifelte nicht an der Zusage Gottes, vielmehr wurde sein Glaube nur umso fester. Er gab Gott die Ehre und war felsenfest davon überzeugt: Was Gott zusagt, das kann er auch tun. Darum wurde ihm sein Glaube als Gerechtigkeit angerechnet. (Römer 4,20-22 GNB)

Glauben heißt: Gott vertrauen – in der Gewissheit, dass er uns liebt und am besten weiß, was gut für uns ist. Solches Vertrauen führt uns dahin, statt eigener Wege den Weg des Herrn zu wählen. An die Stelle unserer Unwissenheit nimmt der Glaube Gottes Weisheit an, an Stelle unserer Schwachheit seine Stärke, an Stelle unseres sündhaften Wesens seine Gerechtigkeit. Unser Leben und wir selbst gehören ja schon ihm, aber der Glaube bejaht Gottes Eigentumsrecht an uns und empfängt dadurch die damit verbundenen Segnungen. Wahrhaftigkeit, Rechtschaffenheit und Reinheit werden als die Geheimnisse eines erfolgreichen Lebens genannt. Der Glaube bringt uns in den Besitz dieser Prinzipien.

Jeder gute Anstoß, jedes edle Streben ist eine Gabe Gottes. Der Glaube empfängt von Gott das [geistliche] Leben, das allein wahres Wachstum und wirkliche Tüchtigkeit zu erzeugen vermag.

Es sollte recht deutlich gemacht werden, wie man den Glauben einsetzt. Jede Verheißung Gottes ist an Bedingungen geknüpft. Wenn wir bereit sind, Gottes Willen zu tun, wird uns seine Kraft zuteil werden (siehe 1 Joh 3,22). Welche Gabe er auch verspricht – sie ist schon in der Verheißung enthalten. Deshalb heißt es: „Der Same ist das Wort Gottes." (Lk 8,11) So sicher, wie der Keim für die riesige Eiche schon in der unscheinbaren Eichel steckt, so gewiss ruht auch das Geschenk Gottes bereits in seinem Versprechen. Wenn wir die Verheißung annehmen, sind wir bereits im Besitz der Gabe (siehe 1 Joh 5,15 EB).

Der Glaube, der uns dazu bringt, Gottes Gaben anzunehmen, ist selbst eine Gabe, die in gewissem Maße jedem Menschen zuteil wird (siehe Röm 12,3b EB). Er wächst, indem er in der Aneignung des Wortes Gottes betätigt wird. Wenn wir wollen, dass unser Glaube wächst und stark wird, muss die Heilige Schrift unsere tägliche geistliche Nahrung werden.

Beim Lesen der Bibel gilt es, die Macht des Wortes Gottes zu erkennen. Bei der Schöpfung „sprach [Gott], und es geschah, er befahl, und die Erde war da." (Ps 33,9 Hfa) Er „ruft das Nichtseiende ins Dasein" – durch sein Wort (Röm 4,17 GNB). – *Erziehung*, S. 255f. (rev.; vgl. alte Ausgabe, S. 232f.)

7. Juli

Die Gabe der Rede

Verkünde den Menschen die Botschaft Gottes, gleichgültig, ob es ihnen passt oder nicht! Rede ihnen ins Gewissen, weise sie zurecht und ermutige sie! Werde nicht müde, ihnen den rechten Weg zu zeigen! (2 Timotheus 4,2 GNB)

Die Macht der Rede ist eine Gabe, die sorgfältig gepflegt werden sollte. Von allen Gaben Gottes kann sie am meisten zum Segen werden. Mit Worten erzählen wir anderen Menschen von der Liebe des Erlösers und überzeugen sie; mit Worten preisen wir Gott und beten zu ihm. Kein Wort sollte unbedacht gesprochen werden. Keine böse Rede, kein leichtfertiges Geschwätz, kein ärgerliches Murren und keine schlüpfrigen Zweideutigkeiten werden aus dem Mund eines Nachfolgers Christi kommen.

Inspiriert vom Heiligen Geist schrieb der Apostel Paulus: „Kein faules Wort komme aus eurem Mund." (Eph 4,29 EB) „Faule Worte" sind nicht bloß wertlose Worte. [Paulus] meint jede Äußerung, die den heiligen Prinzipien [Gottes] und einem „reinen und unbefleckten Gottesdienst" (Jak 1,27) widerspricht. Dazu gehören unanständige Andeutungen und die versteckte Anregung, etwas Böses zu tun. Wenn man sie nicht sofort abwehrt, führen sie zu großen Sünden.

Jede Familie und jeder einzelne Christ sind dazu verpflichtet, unanständigen Reden einen Riegel vorzuschieben. Wenn wir uns in der Gesellschaft von Menschen befinden, die Freude an leerem Geschwätz haben, ist es unsere Pflicht, das Thema zu wechseln, sofern dies möglich ist. Mit der Hilfe Gottes sollen wir versuchen, Worte fallen zu lassen oder ein Thema anzuschneiden, das das Gespräch in sinnvollere Bahnen lenkt.

Unsere Worte sollten Lob und Dank zum Ausdruck bringen. Wenn Herz und Sinn von der Liebe Gottes erfüllt sind, wird sich dies [auch] in unseren Unterhaltungen offenbaren. Es wird nicht schwer sein, das weiterzugeben, was unser geistliches Leben geprägt hat. Großartige Gedanken, noble Ziele, klare Vorstellungen von der Wahrheit, selbstlose Absichten und die Sehnsucht nach Frömmigkeit und Heiligkeit werden ihre Frucht in Worten hervorbringen, die das offenbaren, was im Schatz des Herzen ist (siehe Lk 6,45). Wenn wir Christus auf diese Weise in unseren Worten darstellen, werden wir Menschen für ihn gewinnen können.

Wir sollten denen von Christus erzählen, die ihn [noch] nicht kennen, und uns so verhalten, wie Christus es tat: Überall, wo er war – in den Synagogen, am Wegesrand, im Boot ein wenig vom Ufer entfernt, beim Fest eines Pharisäers oder am Tisch eines Zöllners – sprach er zu Menschen von den Dingen des ewigen Lebens. – *Signs of the Times*, 2. Juli 1902

Die Gabe des Gesangs

Unterweist und ermahnt euch gegenseitig mit aller Weisheit, und dankt Gott von ganzem Herzen mit Psalmen, Lobgesängen und Liedern, die euch Gottes Geist schenkt. Ihr habt doch Gottes Gnade erfahren! All euer Tun – euer Reden wie euer Handeln – soll zeigen, dass Jesus euer Herr ist. (Kolosser 3,16.17 Hfa)

Der Herr ruft sein Volk dazu auf, die missionarische Arbeit vielfältig zu gestalten und [das Wort Gottes] überall auszusäen. Unter unseren Nachbarn und Freunden arbeiten wir in viel kleinerem Umfang, als Gott es sich von uns wünscht. Mit Freundlichkeit gegenüber Armen, Kranken oder Bedürftigen können wir einen Einfluss [auf sie] gewinnen, sodass die göttliche Wahrheit Zugang zu ihren Herzen findet. Wir sollten keine dieser Gelegenheiten zum Dienst ungenutzt verstreichen lassen, [denn] das ist die höchste Missionsarbeit, die wir tun können. Die Präsentation der Wahrheit durch Liebe und Mitgefühl von Haus zu Haus stimmt mit der Anweisung Christi an seine Jünger überein, als er sie auf ihre erste Missionsreise schickte (siehe Mt 10,11-13).

Wir brauchen [auch] jene, die die Gabe des Gesangs besitzen. Lieder sind eines der wirkungsvollsten Mittel, um dem [menschlichen] Herzen geistliche Wahrheiten einzuprägen. Oft werden durch die Worte geistlicher Lieder die Quellen für Reue und Glauben geöffnet. Gemeindeglieder, ob jung oder alt, sollten unterwiesen werden, damit sie hinausgehen können, um der Welt diese letzte Botschaft zu verkündigen. Wenn sie in Demut gehen, werden Engel Gottes sie begleiten und sie lehren, wie sie ihre Stimme im Gebet erheben, wie sie ihre Stimme im Lied einsetzen und wie sie die Evangeliumsbotschaft für diese Zeit verkündigen können.

Ihr jungen Leute, packt das Werk an, zu dem Gott euch berufen hat! Christus wird euch lehren, wie ihr eure Fähigkeiten für einen guten Zweck einsetzen könnt. Wenn ihr den belebenden Einfluss des Heiligen Geistes empfangt und versucht, andere zu unterweisen, wird euer Verstand neu belebt, und ihr werdet Worte reden können, die für eure Hörer neu sind und ungewohnt angenehm klingen. Betet und singt und predigt das Wort!

Gott möchte, dass sein Volk [viel] empfängt, um [das Empfangene] weiterzugeben. Als unparteiische, selbstlose Zeugen sollen sie an andere austeilen, was der Herr ihnen gegeben hat. Wenn du mit diesem Werk beginnst und versuchst, mit den Mitteln, die dir zur Verfügung stehen, Herzen zu erreichen, dann solltest du sichergehen, so zu arbeiten, dass Vorurteile abgebaut statt neue geschaffen werden. Studiere beständig das Leben Christi, folge seinem Beispiel und arbeite so, wie er es tat. – *Advent Review and Sabbath Herald*, 6. Juni 1912

9. Juli

Die Gabe der Heilung

Wer von euch krank ist, soll die Ältesten der Gemeinde rufen, damit sie für ihn beten und ihn im Namen des Herrn mit Öl salben. Ihr vertrauensvolles Gebet wird den Kranken retten. Der Herr wird die betreffende Person wieder aufrichten und ihr vergeben, wenn sie Schuld auf sich geladen hat. (Jakobus 5,14.15 GNB)

In der Vergangenheit wurde auf bemerkenswerte Weise offenbar, dass Christus die Macht besitzt, Krankheit zu heilen. Bevor wir mit Einrichtungen gesegnet waren, in denen das Leiden der Kranken gelindert werden konnte, haben wir die meisten – anscheinend hoffnungslosen – Fälle durch sorgfältige Behandlung und ernstes Gebet des Glaubens zu Gott durchgebracht. Heute lädt der Herr die Leidenden ein, ihm zu vertrauen. Des Menschen Verlegenheit ist Gottes Gelegenheit.

„Jesus [kam] in seine Heimatstadt. Seine Jünger begleiteten ihn. Am Sabbat sprach er in der Synagoge, und viele, die ihn hörten, waren sehr verwundert. ‚Wo hat er das her?', fragten sie einander. ‚Was ist das für eine Weisheit, die ihm gegeben ist? Und erst die Wunder, die durch ihn geschehen! Ist er nicht der Zimmermann, der Sohn von Maria, der Bruder von Jakobus, Joses, Judas und Simon? Und leben nicht auch seine Schwestern hier bei uns?' Darum wollten sie nichts von ihm wissen. Aber Jesus sagte zu ihnen: ‚Ein Prophet gilt nirgends so wenig wie in seiner Heimat, bei seinen Verwandten und in seiner Familie.' Deshalb konnte er dort auch keine Wunder tun; nur einigen Kranken legte er die Hände auf und heilte sie." (Mk 6,1-5 GNB)

Zusätzlich zu unserer Behandlung der Kranken [in unseren medizinischen Einrichtungen] sollen wir einfach und inbrünstig um den Segen der Heilung beten. Wir sollen die Patienten auf den barmherzigen Erlöser hinweisen und auf seine Macht, zu vergeben und zu heilen. Durch sein gnädiges Wirken können sie wiederhergestellt werden. Weist die Leidenden auf ihren Fürsprecher im himmlischen Heiligtum hin. Sagt ihnen, dass Christus die Kranken heilt, wenn sie [ihre Sünden] bereuen und aufhören, die Gesetze Gottes zu übertreten. Es gibt einen Erlöser, der sich in unseren medizinischen Einrichtungen offenbart und die Menschen rettet, die sich ihm anvertrauen. Die Leidenden können sich im Gebet mit euch vereinen, ihre Sünden bekennen und Vergebung erlangen. – *Manuscript Releases*, Band 8, S. 267f.

Die heilende Kraft des großen Arztes

Am Abend, nach Sonnenuntergang, brachten die Leute alle Kranken und alle Besessenen zu Jesus. Die ganze Stadt hatte sich vor dem Haus versammelt. Jesus heilte viele Menschen von allen möglichen Krankheiten und trieb viele böse Geister aus. (Markus 1,32-34 GNB)

Mit seinem Sohn gab uns der Vater das wertvollste Geschenk des Himmels. Dieses Geschenk dürfen wir als Vorrecht bei unserem Dienst an den Kranken nutzen. Verlasst euch auf Christus! Bringt jeden Fall zu dem großen Heiler, lasst euch bei jeder Operation von ihm führen. Das gibt den Ärzten Zuversicht und den Leidenden Mut.

Ich wurde [von Gott] unterwiesen, dass wir den Kranken in unseren [medizinischen] Einrichtungen sagen sollen, dass sie große Dinge erwarten dürfen, weil [unsere] Ärzte an den großen Heiler glauben, von dem berichtet wird: „Jesus wanderte durch das Land Galiläa, predigte in den Synagogen und verkündete überall die rettende Botschaft, dass Gottes neue Welt nun begonnen hatte. Er heilte alle Arten von Krankheiten und Leiden ... Man brachte viele Kranke zu ihm, die große Qualen litten: Besessene, Menschen, die Anfälle bekamen, und Gelähmte. Jesus heilte sie alle.“ (Mt 4,23.24 Hfa). Niemand wurde weggeschickt; er heilte sie alle. Macht den Kranken bewusst, dass Christus anwesend ist – obwohl wir ihn nicht sehen können –, um ihnen Erleichterung und Heilung zu bringen.

Nach seiner Auferstehung traf sich Christus mit seinen Jüngern, und vierzig Tage lang unterwies er sie in ihren zukünftigen Aufgaben (siehe Apg 1,3). Am Tag seiner Himmelfahrt versammelte er die Jünger auf einem Berg in Galiläa (siehe Mt 28,16) und sprach zu ihnen: „Gott hat mir unbeschränkte Vollmacht im Himmel und auf der Erde gegeben. Darum geht nun zu allen Völkern der Welt und macht die Menschen zu meinen Jüngern und Jüngerinnen! Tauft sie im Namen des Vaters und des Sohnes und des Heiligen Geistes, und lehrt sie, alles zu befolgen, was ich euch aufgetragen habe. Und das sollt ihr wissen: Ich bin immer bei euch, jeden Tag, bis zum Ende der Welt.“ (V. 18-20 GNB) Es ist das Vorrecht jedes Arztes und jedes Kranken, dieser Verheißung zu glauben. Sie bedeutet Leben für alle, die [ihm] vertrauen. – *Loma Linda Messages*, S. 355

11. Juli

Mein Lieber, ich wünsche, dass es dir in allen Dingen gut gehe und du gesund seiest, so wie es deiner Seele gut geht. (3. Johannes 2)

Die Gabe der Heilung ersetzt nicht medizinische Einrichtungen

Oft wird von dem einen oder anderen die Frage gestellt: „Warum verlassen wir uns so sehr auf [unsere] Sanatorien? Warum beten wir nicht [einfach] um die Heilung der Kranken durch ein Wunder, wie es das Volk Gottes zu tun pflegte?" In der Frühzeit unseres Werkes wurden [tatsächlich] viele durch Gebet geheilt. Aber manche machten nach ihrer Heilung genauso weiter wie vorher und frönten ihrer Esslust, wie sie es auch in der Vergangenheit getan hatten. Sie lebten nicht so, wie es zur Vermeidung von Krankheiten notwendig gewesen wäre. Sie zeigten keine Dankbarkeit für die Güte, die ihnen der Herr erwiesen hatte. Durch ihr eigenes sorgloses und gedankenloses Verhalten wurden sie immer wieder krank. Wie sollte der Herr da verherrlicht werden, wenn er ihnen Gesundheit schenkte?

Als wir von Gott die Erkenntnis bekamen, ein Sanatorium zu bauen, war die Begründung klar: Es gab sehr viele, die eine Unterweisung in gesunder Lebensführung brauchten. Es musste eine Einrichtung geben, zu der man die Kranken bringen konnte und wo sie lernen konnten, wie sie so leben konnten, dass ihre Gesundheit erhalten wird ...

Es sollte [in den Sanatorien] regelmäßig Vorträge geben, um die Patienten zu unterrichten, wie sie durch eine vernünftige Lebensweise Krankheiten vermeiden können. In diesen Vorträgen sollte den Patienten ihre Verantwortung bewusst gemacht werden, ihren Körper in bestmöglicher Gesundheit zu erhalten, weil er das von Gott erkaufte Eigentum ist. Er hat für Leib, Seele und Geist einen Preis bezahlt. „Denn ihr seid teuer erkauft; darum preist Gott mit eurem Leibe." (1 Kor 6,20)

In seiner Vorsehung hat Gott Anweisung zur Errichtung von Sanatorien gegeben, damit die Kranken von ihnen angezogen werden und eine gesunde Lebensweise erlernen. Die Einrichtung von Sanatorien ist eine von Gott geschenkte Möglichkeit, Menschen aller Glaubensrichtungen zu erreichen und sie mit der rettenden Botschaft für diese Zeit bekannt zu machen. – *Manuscript Releases*, Band 7, S. 378f.

Nicht jede Heilung kommt vom Geist Gottes

Am Tag des Gerichts werden viele zu mir sagen: „Herr, Herr! In deinem Namen ... haben wir böse Geister ausgetrieben und viele Wunder getan." Und trotzdem werde ich das Urteil sprechen: „Ich habe euch nie gekannt. Ihr habt versäumt, nach Gottes Willen zu leben; geht mir aus den Augen!" (Matthäus 7,22.23 GNB)

Wir müssen in Christus verankert und im Glauben [fest] gegründet und verwurzelt sein. Satan arbeitet durch [seine] Werkzeuge. Er sucht sich Menschen, die nicht vom lebendigen Wasser getrunken haben, die nach neuen und fremden Dingen dürsten und bereit sind, aus jedem Brunnen zu trinken, der sich ihnen bietet. Wir werden die Stimmen jener hören, die sagen: „‚Hier ist der Christus!' oder: ‚Dort ist er!'" Aber Jesus sagte: „Glaubt es nicht!" (Mt 24,23 Hfa/EB) Wir haben unmissverständliche Hinweise auf die Stimme des wahren Hirten, und er ruft uns, ihm zu folgen. Er sagt: „Wenn ihr meine Gebote befolgt, dann bleibt ihr in meiner Liebe, so wie ich die Gebote meines Vaters befolgt habe und in seiner Liebe bleibe." (Joh 15,10) Er führt seine Schafe auf den Weg des demütigen Gehorsams gegenüber dem Gesetz Gottes, aber niemals ermutigt er sie zur Übertretung dieses Gesetzes.

„Die Stimme eines Fremden" (Joh 10,5) ist eine Stimme, die Gottes „heiliges, gerechtes und gutes" Gesetz" (Röm 7,12) weder respektiert noch befolgt. Viele erheben einen großen Anspruch auf Heiligkeit und rühmen sich der Wunder, die sie in der Heilung von Kranken vollbringen, beachten aber diesen hohen Standard der Gerechtigkeit nicht. Aber durch wessen Macht geschehen diese Heilungen? ...

Wenn solche „Heiler" aufgrund dieser Manifestationen geneigt sind, ihre Nichtbeachtung des Gesetzes Gottes zu entschuldigen und im Ungehorsam zu verharren, obwohl sie [angeblich] zu allem Macht haben, folgt daraus nicht, dass sie diese große Macht von Gott empfangen haben. Im Gegenteil: Hier handelt es sich um die Wunder wirkende Kraft des großen Betrügers. Er ist ein Übertreter des Moralgesetzes und versucht mit allen Mitteln, die Menschen über den wahren Charakter des Gesetzes zu täuschen. Wir sind davor gewarnt worden, dass Satan in der letzten Zeit „lügenhafte Zeichen und Wunder" vollbringen wird (2 Ths 2,9). Er wird diese Wunder bis zum Ende der Gnadenzeit fortsetzen, um sie als Nachweis dafür zu verwenden, dass er ein Engel des Lichtes und nicht der Finsternis ist. – *Advent Review and Sabbath Herald*, 17. November 1885

13. Juli

Es wird wieder echte Wunder geben

„Zeig deine Macht! Lass Heilungen, Zeichen und Wunder geschehen durch den Namen deines heiligen Sohnes Jesus, den du gesandt hast!" Als sie gebetet hatten ... wurden alle mit dem Heiligen Geist erfüllt und verkündeten furchtlos die Botschaft Gottes.
(Apostelgeschichte 4,30.31 Hfa)

Das große Werk des Evangeliums wird mit keiner geringeren Offenbarung der Macht Gottes schließen als derjenigen, die seinen Anfang kennzeichnete. Die Weissagungen, die in der Ausgießung des Frühregens am Anfang der frühchristlichen Zeit ihre Erfüllung fanden, werden sich am Ende der christlichen Geschichte im Spätregen erfüllen (siehe Apg 2,15-21; Joel 2,23; 3,1). Es ist die Zeit der Erquickung, der auch der Apostel Petrus entgegensah, als er sagte: „So tut nun Buße und bekehrt euch, dass eure Sünden getilgt werden, damit die Zeit der Erquickung komme von dem Angesicht des Herrn und er den sende, der euch zuvor zum Christus bestimmt ist: Jesus." (Apg 3,19.20)

Diener Gottes mit leuchtendem und vor heiligem Eifer strahlenden Angesicht werden von Ort zu Ort eilen, um die Botschaft vom Himmel zu verkündigen. Tausende werden die Warnung über die ganze Erde verbreiten. Es werden erstaunliche Taten gewirkt, Kranke geheilt und Zeichen und Wunder den Gläubigen folgen. Auch Satan wird „lügenhafte Wunder" wirken (2 Ths 2,9) und sogar „Feuer vom Himmel fallen lassen ... vor den Menschen" (Offb 13,13). Auf diese Weise werden die Bewohner der Erde dazu gebracht, einen Standpunkt [gegenüber Gott und der verkündigten dreifachen Engelsbotschaft, siehe Offb 14,6-12] einzunehmen.

Die Botschaft wird nicht so sehr durch Beweisführungen als durch tiefe Überzeugungen, die der Geist Gottes bewirkt, verbreitet werden. Die Argumente sind vorgetragen worden. Der Same ist ausgestreut und wird dann aufsprießen und Frucht bringen. Die durch Missionsarbeiter verbreiteten Publikationen haben ihren Einfluss ausgeübt; doch viele, deren Verstand beeindruckt war, sind daran gehindert worden, die Wahrheit völlig zu verstehen oder ihr Gehorsam zu leisten. Nun dringen die Lichtstrahlen überall durch, die Wahrheit wird in ihrer Klarheit gesehen, und die aufrichtigen Kinder Gottes lösen die Bande, die sie gehalten haben. Familiäre Verbindungen und kirchliche Beziehungen sind jetzt machtlos, sie zurückzuhalten. Die Wahrheit ist [ihnen] köstlicher als alles andere. Ungeachtet der gegen die Wahrheit verbündeten Mächte stellt sich eine große Schar auf die Seite des Herrn. – *Der große Kampf,* S. 612f. (rev.)

Die Gabe der Zungenrede: in fremden Sprachen verkündigen

Zum Fest waren viele fromme Juden aus aller Welt nach Jerusalem gekommen ... Fassungslos hörte jeder die Jünger in seiner eigenen Sprache reden. „Wie ist das möglich?", riefen sie außer sich. „Alle diese Leute sind doch aus Galiläa, und nun hören wir sie in unserer Muttersprache reden." (Apostelgeschichte 2,5-8 Hfa)

„Zum Beginn des jüdischen Pfingstfestes waren alle Jünger wieder beieinander. Plötzlich kam vom Himmel her ein Brausen wie von einem gewaltigen Sturm und erfüllte das ganze Haus, in dem sie sich versammelt hatten. Zugleich sahen sie etwas wie züngelndes Feuer, das sich auf jedem Einzelnen von ihnen niederließ. So wurden sie alle mit dem Heiligen Geist erfüllt und redeten in fremden Sprachen, jeder so, wie der Geist es ihm eingab." (Apg 2,1-4 Hfa) In der Gestalt feuriger Zungen ruhte der Heilige Geist auf den Versammelten. Dies war ein Sinnbild der Gabe, die den Jüngern verliehen wurde und sie befähigte, fließend Sprachen zu sprechen, die sie vorher nicht gekannt hatten. Die Erscheinung des Feuers bezeichnete den glühenden Eifer, mit dem die Apostel arbeiten würden, und die Kraft, die ihr Werk begleiten sollte.

„Es wohnten aber [zu Pfingsten] in Jerusalem Juden, die waren gottesfürchtige Männer aus allen Völkern unter dem Himmel." (V. 5) In der Zeit der Zerstreuung hatten sich die Juden fast über die ganze damals bewohnte Welt verbreitet und in ihrer Verbannung verschiedene Sprachen gelernt. Viele dieser Juden weilten in Jerusalem, um an den gerade stattfindenden Festlichkeiten teilzunehmen. Unter den Anwesenden waren alle bekannten Sprachen vertreten (siehe V. 8-11). Diese Vielzahl von Sprachen hatte sich bei der Verkündigung des Evangeliums als ein großes Hindernis ausgewirkt. Deshalb glich Gott das Unvermögen der Apostel in wunderbarer Weise aus. Der Heilige Geist vollbrachte für sie, was sie Zeit ihres Lebens nicht erreicht hatten. Nun konnten sie die Wahrheiten des Evangeliums weithin verkündigen; denn sie redeten fehlerfrei in den Sprachen derer, auf die sich ihre Arbeit erstreckte.

Diese wunderbare Gabe war der Welt gegenüber ein starker Beweis dafür, dass der Auftrag der Jünger das Siegel des Himmels trug. Von dieser Zeit an war die Sprache der Apostel rein, einfach und genau, ob sie sich nun ihrer Muttersprache oder einer fremden Sprache bedienten. – *Das Wirken der Apostel*, S. 40f. (rev.)

15. Juli

Wenn ihr in Zungen redet und nicht mit deutlichen Worten, wie kann man wissen, was gemeint ist? Ihr werdet in den Wind reden. Es gibt so viele Arten von Sprache in der Welt ... Wenn ich nun die Bedeutung der Sprache nicht kenne, werde ich den nicht verstehen, der redet. (1. Korinther 14,9-11)

Es gibt eine falsche Art der Zungenrede

Prediger, die in Wort und Lehre wirken, sollten ihre Aufgabe sorgfältig erfüllen und die Wahrheit unverfälscht, einfach und schlicht verkündigen. Ihnen ist es anvertraut, die Herde [Gottes] mit reiner, sorgfältig gesichteter Nahrung zu versorgen.

Es gibt umherwandernde Personen, die sich selbst als von Gott gesandte Prediger bezeichnen. Sie verkünden den Sabbat von Ort zu Ort, vermischen aber die Wahrheit mit Irrtümern und überschütten die Leute mit einer Unmenge sich widersprechender Anschauungen. Satan hat sie vorgeschoben, um dadurch bei klugen und empfindsamen Ungläubigen Missfallen hervorzurufen.

Manche von ihnen haben vieles über geistliche Gaben auszusagen und sind von ihnen besonders begeistert. Sie geben sich wilden, erregbaren Gefühlen hin und stoßen unverständliche Laute aus, die sie die Gabe der Zungenrede nennen. Manchen scheinen diese seltsamen Kundgebungen zu imponieren, doch ein sonderbarer Geist beherrscht diese Menschen. Sie würden [aber] jeden zum Schweigen bringen, der es wagen würde, sie deswegen zu tadeln.

Bei dieser Art der Verkündigung offenbart sich jedoch nicht der Geist Gottes. Diese Leute werden von einem anderen Geist geführt. Immerhin können sie bei gewissen Menschen erfolgreich sein. Dadurch wächst aber die Arbeit der von Gott gesandten Diener, die befähigt sind, den Sabbat und alle geistlichen Gaben vor dem Volk in das rechte Licht zu rücken. Ihr Einfluss und ihr Beispiel sind nachahmenswert.

Die Wahrheit sollte [stets] so verkündigt werden, dass sie denkende Menschen anspricht. Man hat von uns als Volk [Gottes] nicht die richtige Meinung, sondern hält uns für ärmlich, minderbegabt und rückständig. Wie wichtig ist deshalb für alle, die die Wahrheit lehren und an sie glauben, von deren heiligendem Einfluss so ergriffen zu sein, dass sie durch ihr konsequentes, edles Leben den Ungläubigen zeigen können, wie sehr sie über die sabbathaltenden Adventisten getäuscht wurden! Es ist notwendig, dass die Sache der Wahrheit von aller falschen, religiösen Begeisterung frei bleibt, damit die Wahrheit aus sich selbst zeugen und ihre Reinheit und ihren erhabenen Charakter offenbaren kann. – *Aus der Schatzkammer der Zeugnisse,* Band 1, S. 147f. (rev.)

Christus zu predigen ist wichtiger als Wunder und Zungenrede

Ich aber will sonst nichts vorweisen als allein das Kreuz unseres Herrn Jesus Christus und mich mit nichts anderem rühmen. Weil er am Kreuz gestorben ist, ist für mich die Welt gekreuzigt und ich bin gekreuzigt für die Welt ... Was [jetzt] allein zählt, ist: durch Christus neu geschaffen sein. (Galater 6,14.15 GNB)

In unserer Welt gibt es ein großes Werk zu tun. Männer und Frauen sollen bekehrt werden, nicht durch die Gabe der Zungenrede oder das Wirken von Wundern, sondern durch die Predigt des gekreuzigten Christus. Warum sollen wir diese Bemühungen verzögern, um die Welt besser zu machen? Warum warten wir, ob etwas Wunderbares geschieht oder ein teurer Apparat [zur Verkündigung der Botschaft] aufgebaut wird? Wie unbedeutend auch dein Umfeld oder deine Arbeit sein mögen, wenn du in Übereinstimmung mit den Lehren des Erlösers arbeitest, wird er sich durch dich offenbaren, und dein Einfluss wird Menschen zu ihm ziehen. Er wird die Sanftmütigen und Geringen ehren, die aufrichtig für ihn arbeiten möchten. In allem, was wir tun, sei es im Geschäft, auf der Farm oder im Büro, sollten wir das Bemühen einbringen, Menschen zu retten.

Wir sollen den Samen überall ausstreuen, in der Liebe Gottes bleiben und mit den uns anvertrauten Mitteln im Dienst des Meisters arbeiten, „solange es Tag ist" (Joh 9,4). Lass uns alles, was zu tun ist, mit Fröhlichkeit tun. Welches Opfer auch von uns verlangt wird – lasst es uns freudig bringen. Wenn wir „an allen Wassern säen" (Jes 32,20), werden wir die Erfüllung der Worte erleben: „Wer mit vollen Händen sät, auf den wartet eine reiche Ernte." (2 Kor 9,6 GNB)

Wir schulden alles der Gnade, der souveränen Gnade [Gottes]. Sie veranlasste unsere Erlösung, unsere Erneuerung und unsere Annahme als „Miterben Christi" (Röm 8,17; vgl. Gal 4,5). Lasst uns diese Gnade anderen offenbaren.

Der Erlöser nimmt Menschen, die sich von ihm formen lassen, und gebraucht sie zur Ehre seines Namens. Er verwendet Material, das andere übersehen würden, und wirkt an allen, die sich ihm übergeben. Er hat Freude daran, offensichtlich aussichtsloses Material zu nehmen – jene, die Satan erniedrigt und als Werkzeuge benutzt hat – und sie zu Untertanen seiner Gnade zu machen. Christus freut sich, sie von ihrem Leiden zu erlösen und von dem Zorn, der die Ungehorsamen einst treffen wird. Er macht seine Kinder zu Werkzeugen in der Vollendung seines Werkes und dessen Erfolg, den sie bereits in diesem Leben erfahren, ist für sie eine wertvolle Belohnung. – *Advent Review and Sabbath Herald*, 5. Januar 1905

17. Juli

Nach den größeren Gaben streben

Strebt aber nach den größeren Gaben! Und ich will euch einen noch besseren Weg zeigen ... Die Liebe ist langmütig, die Liebe ist gütig; sie neidet nicht; die Liebe tut nicht groß, sie bläht sich nicht auf ... sie sucht nicht das Ihre. (1. Korinther 12,31; 13,4.5 EB)

Manche stehen in der Gefahr, andere zu beneiden, aus Angst davor, dass sie ihnen überlegen sind, und neigen dazu, die Gaben ihrer Mitstreiter als nicht so wichtig für den Erfolg des Werkes anzusehen wie ihre eigenen Gaben. Aber wahre Liebe zu Gott beinhaltet [auch] echtes, respektvolles Vertrauen [zu anderen]. Wer Gott liebt, wird auch seinen Bruder lieben (siehe 1 Joh 4,21).

[Unter Nachfolgern Jesu] darf es keine Befehle, keine Dominanz, keine bestimmende Autorität geben. Wie ein heilender, lebensspendender Strom soll die Liebe Gottes durch unser Leben fließen. Das Denken, die Worte und Taten jedes Mitarbeiters sollen zeigen, wie sehr ihm bewusst ist, dass er an der Stelle Christi handelt. Die Macht, die er vom großen Lehrer empfängt, ist die Befähigung, andere zu unterrichten, nicht die Vollmacht, ihnen zu befehlen oder zu diktieren. Er soll mit dem Wunsch zu Christus kommen, zu erfahren, wie man andere belehrt und unterstützt.

Geduldige, fröhliche Zufriedenheit ist eine der „größeren Gaben" (1 Kor 12,31). Dasselbe gilt für den Mut, den Weg der Pflicht zu gehen, selbst wenn dieser Weg uns von Freunden trennen sollte. Aber der Mut, der aus der [persönlichen] Überzeugung stammt, darf nie zum Starrsinn führen, der jemanden dazu bringt, [mit Macht] an seinen eigenen Ideen festzuhalten ... [Auch] die Gabe der Rede ist eine wunderbare Gabe – eine Gabe, die eine große Macht zum Guten oder zum Bösen ausüben kann.

Einen geschulten Verstand, einen guten Geschmack, Geschicklichkeit, ein feines Benehmen, wahre Bildung – diese [Gaben] gebraucht Gott für sein Werk. Aber sie müssen zuerst seiner Leitung unterstellt werden. Die Gegenwart des Herrn soll die kontrollierende Macht sein. Wer sein Herz mit dem Herzen Christi verbindet, dessen Wünsche und dessen Verhalten stimmen mit dem Willen Christi überein.

Wir sollen ernstlich nach den besten Gaben streben, aber das bedeutet nicht, danach zu streben, der Erste zu sein. Wir sollen intensiv danach streben, dem Beispiel Christi zu folgen und Boten seines Evangeliums zu werden. Das ist wahres Christentum. Es werden Versuchungen kommen; Misstrauen und Argwohn werden es uns erschweren, den Geist des höheren Lebens festzuhalten. Doch der Herr möchte, dass wir in seinem Licht mutig vorwärtsgehen. – *Pacific Union Recorder*, 26. Juli 1906

Gott kann auch gewöhnliche Fertigkeiten gebrauchen

Der Herr hat Bezalel ... mit seinem Geist erfüllt und ihm Weisheit und Verstand gegeben; er hat ihn befähigt, alle für den Bau erforderlichen handwerklichen und künstlerischen Arbeiten auszuführen ... Er versteht sich auf das Bearbeiten von Holz und auf viele andere Arten von Kunsthandwerk. (2. Mose 35,30.31.33 Hfa)

Handwerkliche Fertigkeiten sind eine Gabe Gottes. Er schenkt beides, die Gabe und die Weisheit, die Gabe recht zu gebrauchen. Als das Heiligtum gebaut werden sollte, sagte er: „Ich habe Bezalel, den Sohn Uris und Enkel Hurs vom Stamm Juda, ausgewählt, den Bau des heiligen Zeltes zu leiten. Mit meinem Geist habe ich ihn erfüllt; ich habe ihm Weisheit und Verstand gegeben und ihn befähigt, alle für den Bau erforderlichen handwerklichen und künstlerischen Arbeiten auszuführen." (2 Mo 31,2.3 Hfa)

Durch den Propheten Jesaja sprach der Herr: „Hört genau zu, was ich euch sage: Pflügt und eggt ein Bauer vor der Aussaat mehrfach dasselbe Feld? Nein! Sobald er den Acker einmal vorbereitet hat, sät er alles Mögliche an: Dill und Kümmel, dann Weizen, Hirse und Gerste, jedes an seinem bestimmten Platz, und schließlich am Rand des Feldes noch anderes Getreide. Er weiß genau, was zu tun ist, denn sein Gott hat es ihn gelehrt. Dill und Kümmel wird er nicht wie Getreide mit einer schweren Walze ausdreschen, sondern mit einem Stock klopft er die Samen sorgfältig aus. Und das Getreide - wird es etwa schonungslos zermalmt? Nein, natürlich nicht! Der Bauer drischt es nicht länger als nötig. Er lässt zwar seine Zugtiere die schwere Dreschwalze darüberziehen, doch er achtet darauf, dass die Körner nicht zerquetscht werden. Das hat er von Gott gelernt, vom allmächtigen Herrn. Denn der ist ein weiser und wunderbarer Ratgeber." (Jes 28,23-29 Hfa)

Gott teilt seine Gaben aus, wie es ihm gefällt. „So wie er es will, teilt er jedem und jeder in der Gemeinde die eigene Fähigkeit zu." (1 Kor 12,11 GNB). „Wie auch immer sich die Gaben des Geistes bei jedem Einzelnen von euch zeigen, sie sollen der ganzen Gemeinde nützen." (V. 7 Hfa). Es entspricht Gottes Ordnung, dass manche in einem Bereich des Werkes tätig sind und andere in anderen Bereichen – alle unter der Leitung desselben Geistes. Die Anerkennung dieses Planes wird vor Wetteifer, Stolz, Neid oder Geringschätzung schützen und die Einheit und die gegenseitige Liebe [in der Gemeinde] stärken. *Counsels to Parents and Teachers*, S. 314f.

19. Juli

Doch der Herr sagte zu Samuel: „Lass dich nicht davon beeindrucken, dass er groß und stattlich ist. Er ist nicht der Erwählte. Ich urteile anders als die Menschen. Ein Mensch sieht, was in die Augen fällt; ich aber sehe ins Herz." (1. Samuel 16,7 GNB)

Auch gewöhnliche Menschen können Gott dienen

Gott nimmt Menschen nicht aufgrund ihrer Fähigkeiten an, sondern weil sie ihn suchen und nach seiner Hilfe fragen. „Denn der Herr sieht nicht auf das, worauf der Mensch sieht." (1. Samuel 16,7 EB). Er urteilt nicht nach dem Äußeren, sondern „sieht auf das Herz" (ebd.) und urteilt gerecht. „Ich blicke freundlich auf die Verzagten, die sich vor mir beugen", sagt Gott, „auf alle, die mit Furcht und Zittern auf mein Wort achten." (Jes 66,2 GNB)

Christus pflegt eine enge Beziehung mit seinen unbedeutenden, bescheidenen Nachfolgern und nimmt sie an, denn er betrachtet sie als wertvolle Werkzeuge, die die Prüfung durch Sturm und Wetter, Hitze und Belastungen bestehen werden.

Unser Ziel bei der Arbeit für den Meister sollte die Verherrlichung seines Namens durch die Bekehrung von Sündern sein. Wer arbeitet, um Beifall zu ernten, findet nicht die Zustimmung Gottes.

Der Herr verwendet bei der Rettung von Sündern viele Gaben. In Zukunft werden ganz gewöhnliche Menschen vom Geist Gottes beeindruckt, ihre alltägliche Arbeit aufzugeben und hinauszugehen, um die letzte Gnadenbotschaft zu verkündigen. Sie sollen gestärkt und ermutigt und so schnell wie möglich auf ihre Aufgabe vorbereitet werden, damit sie von Erfolg gekrönt werden kann. Sie arbeiten mit unsichtbaren himmlischen Mächten zusammen, denn sie sind bereit, ganz im Dienst für den Meister aufzugehen. Sie sind Mitarbeiter Gottes, und ihre Brüder sollen ihnen Gottes Segen wünschen und für sie beten, wenn sie hinausgehen, um den großen Auftrag Christi zu erfüllen. Niemand ist befugt, solche Arbeiter zu behindern. Sie sollen mit größtem Respekt behandelt werden. Kein spöttisches Wort soll über sie gesagt werden, denn sie säen den Samen des Evangeliums in den schwierigen Gebieten der Erde. – *Advent Review and Sabbath Herald*, 4. Juli 1907

Keine geistliche Gabe ist über- oder untergeordnet

Darum kann das Auge nicht zur Hand sagen: „Ich brauche dich nicht!" Und der Kopf kann nicht zu den Füßen sagen: „Ihr seid überflüssig!" Vielmehr sind gerade die Teile des Körpers, die schwach und unbedeutend erscheinen, besonders wichtig. (1. Korinther 12,21.22 Hfa)

Jesus dient [als unser Hoherpriester] im himmlischen Heiligtum, aber er ist auch bei seinen Mitarbeitern, denn er hat erklärt: „Ich bin immer bei euch, bis das Ende dieser Welt gekommen ist!" (Mt 28,20 Hfa) Er ist der geistliche Direktor seiner Gemeinde auf Erden, und er möchte, dass die Gemeindeglieder entschlossen sind, für den Fortschritt seines Reiches harmonisch zusammenzuarbeiten. Er hat eine Kette von Mitarbeitern eingesetzt, die ihre Autorität von ihm, dem großen Lehrer, erhalten. Für sein Werk hat er Mitarbeiter mit unterschiedlichen Gaben und Fähigkeiten ausgewählt. Manche von ihnen hättet ihr wahrscheinlich nicht ausgesucht, aber ihr werdet die Erfahrung machen, dass Gott Menschen erhöht, die ihr als untergeordnet betrachten würdet.

Wenn „das Gericht ... gehalten und die Bücher ... aufgetan" werden (Dan 7,10), werden viele über Gottes Einschätzung von Charakteren erstaunt sein. Sie werden erkennen, dass Gott „nicht auf das sieht, worauf der Mensch sieht" und nicht urteilt wie ein menschlicher Richter, [sondern] er „sieht auf das Herz" (1 Sam 16,7 EB). Er kennt die Motive der Handlungen und bemerkt und lobt jede aufrichtige Anstrengung, die für ihn geschieht. Der Herr nutzt unterschiedliche Gaben für sein Werk. Kein Mitarbeiter soll denken, seine Gaben seien denen eines anderen überlegen. Lasst das den Herrn beurteilen. Er prüft und akzeptiert seine Mitarbeiter und schätzt ihre Qualifikation richtig ein. Er hat der Gemeinde eine Vielfalt von Gaben gegeben, um auf die unterschiedlichen Bedürfnisse der vielen [Menschen] einzugehen, mit denen seine Mitarbeiter in Kontakt kommen.

Gott „weist jedem seiner Knechte eine bestimmte Arbeit zu" (Mk 13,34 Hfa), und jeder soll die Arbeit tun, die ihm der Herr anvertraut hat. Es besitzen nicht alle dieselben Gaben oder Anlagen. Alle brauchen täglich die umwandelnde Kraft des Heiligen Geistes, damit sie für den Herrn viel Frucht bringen können (siehe Joh 15,5.16). Nicht derjenige, der das Evangelium verkündigt, bewirkt den Erfolg seiner Bemühungen. Der unsichtbare Beistand, der den Prediger begleitet, überführt die Menschen [von Sünde, siehe Joh 16,8 EB] und bekehrt sie. – *Bible Training School*, 1. November 1909

21. Juli

Mehr Gaben bedeuten mehr Verantwortung

Es ist wie bei einem Mann, der verreisen wollte. Er rief vorher seine Diener zusammen und vertraute ihnen sein Vermögen an. Dem einen gab er fünf Zentner Silbergeld, dem anderen zwei Zentner und dem dritten einen, je nach ihren Fähigkeiten. Dann reiste er ab.
(Matthäus 25,14.15 GNB)

Gott weist jedem Mitarbeiter seine Aufgabe zu (siehe Mk 13,34). Der eine mag für eine Tätigkeit nicht geeignet sein, für die ein anderer die [erforderliche] Erfahrung und Ausbildung mitbringt. Aber die Arbeit jedes Einzelnen muss im Herzen beginnen und darf nicht bei der Theorie der Wahrheit stehen bleiben. Wer sich ganz dem Herrn zur Verfügung stellt und mit göttlichen Helfern zusammenarbeitet, wird zu einem klugen Arbeiter, der erkennt, wie er sich einer Situation anpassen kann. Nur wenn die Wurzel heilig ist, ist auch die Frucht heilig. Alle sollen Mitarbeiter Gottes sein. Das eigene Ich darf nicht im Mittelpunkt stehen. Der Herr hat jedem Menschen Gaben und Fähigkeiten anvertraut, und wer mit den meisten Möglichkeiten und Vorrechten gesegnet ist, sodass er die Stimme des [Heiligen] Geistes hören kann, trägt vor Gott die höchste Verantwortung.

[Doch auch] jene, die durch die dargestellt werden, die nur einen Zentner Silbergeld empfangen haben, haben eine Aufgabe zu erfüllen (siehe Mt 25,24-27). Wenn sie handeln – nicht mit Zentnern, sondern mit Pfunden –, sollen sie ihre Fähigkeiten dennoch sorgfältig anwenden, entschlossen, nicht zu versagen und sich nicht entmutigen zu lassen. Sie sollen im Glauben bitten und sich bei der Arbeit an ungläubigen Menschen auf den Heiligen Geist verlassen. Wenn sie sich auf ihre eigenen Fähigkeiten stützen, werden sie versagen. Diejenigen, die ihre einzige [geistliche] Gabe treu anwenden, werden [von ihrem Herrn] das gnädige Lob mit derselben Herzlichkeit empfangen wie diejenigen, denen viele Zentner anvertraut wurden, die sie vermehrt haben (siehe V. 16.17): „Recht so, du tüchtiger und treuer Knecht, du bist über wenigem treu gewesen, ich will dich über viel setzen." (V. 21)

Es ist der Geist der Demut, mit dem ein Werk getan wird, den Gott schätzt. Wer nur einen Zentner bekommt, soll [auch] einen [positiven] Einfluss ausüben. Seine Arbeit wird benötigt. Wenn er seinen eigenen Charakter in der Schule Christi vervollkommnet, kann er zur Charakterentwicklung derer beitragen, die mehr Verantwortung tragen und in der Gefahr stehen, sich selbst aufzubauen und einige kleine, aber wichtige Dinge zu vernachlässigen, die dieser treue Mitarbeiter mit seinem einen Zentner sorgfältig beachtet. – *Notebook Leaflets*, Band 1, S. 129f.

Junge Menschen können lebendige Kanäle sein

Niemand soll dich verachten, weil du noch jung bist. Sei allen Glaubenden ein Beispiel mit deinem Reden und Tun, deiner Liebe, deinem Glauben und deiner Reinheit ... Vernachlässige nicht die Gabe, die Gott dir geschenkt hat.
(1. Timotheus 4,12.14 GNB)

Jeder junge Mensch sollte sich bewusst machen, dass er für Gott wertvoll ist, weil ihm die größte aller Gaben anvertraut wurde, die Gott verleihen kann. Es ist sein Vorrecht, ein lebendiger Kanal zu sein, durch den Gott die Schätze seiner Gnade, „den unausforschlichen Reichtum Christi" (Eph 3,8), anderen mitteilen kann.

Unsere Sünden mögen uns wie Berge vor Augen stehen, aber wenn wir unsere Herzen demütigen, „unsere Sünden bekennen" und auf die Verdienste unseres gekreuzigten und auferstandenen Erlösers vertrauen, wird Gott uns „unsere Sünden vergeben und uns von allem Bösen reinigen." (1 Joh 1,9 Hfa; vgl. Kap. 2,2). Die Größe der Liebe Christi zeigt sich in unserer Erlösung. Wenn wir seine Erlösung annehmen, werden wir bezeugen: „In ihm haben wir die Erlösung durch sein Blut, die Vergebung der Sünden." (Eph 1,7) „Denn für [uns] gilt nicht länger das Gesetz der Sünde und des Todes. Es ist durch ein neues Gesetz aufgehoben, nämlich durch das Gesetz des Geistes Gottes, der durch Jesus Christus das Leben bringt." (Röm 8,2 Hfa) Wir „sind mehr als Überwinder durch den, der uns geliebt hat" (V. 37 EB) und sich für uns hingab.

Hier, mitten in der Welt, sollen unsere Gaben und Fähigkeiten zum Einsatz kommen. Wir sollen Menschen zum „Lamm Gottes, das die Sünde der Welt wegnimmt" (Joh 1,29 EB), führen. Es ist unsere Aufgabe – und sollte uns eine Freude sein –, in unserem Leben den „unermesslichen Reichtum" Christi darzustellen (Eph 3,8 Hfa). Täglich dürfen wir auf dem Weg der Heiligung Fortschritte machen und können deshalb immer höhere Ziele erreichen. Jede Bewegung unserer geistlichen Muskeln, jeder Impuls von Herz und Gehirn wird uns die Fülle der Gnade ans Licht bringen, die wir zum Vorankommen benötigen. Je mehr wir uns mit ewigen Dingen beschäftigen, umso stärker offenbaren sich in uns die Verdienste des Opfers Christi, der Schutz durch seine Gerechtigkeit, der Reichtum seiner Weisheit und seine Macht, uns seinem Vater „ohne Flecken und Falten oder einen anderen Fehler" zu präsentieren (Eph 5,27 GNB). – *Youth's Instructor*, 30. November 1899

23. Juli

Viele Samariter in jenem Ort kamen zum Glauben an Jesus, weil die Frau bezeugt hatte: „Er hat mir alles gesagt, was ich getan habe.“ … Sie erklärten der Frau [später]: „Jetzt glauben wir nicht länger wegen deiner Erzählung, sondern weil wir ihn selbst gehört haben.“ (Johannes 4,39.42 GNB)

Frauen sind begabt, Menschen zu helfen

Frauen können eine gute Arbeit für Gott tun, wenn sie zuerst in der Schule Christi die wertvolle und überaus wichtigste Lektion der Demut lernen (siehe Mt 11,29). Sie können ein Segen für die Menschen werden, indem sie ihnen die Allgenügsamkeit Jesu darstellen. Wenn jedes Gemeindemitglied seine persönliche Verantwortung erkennt, wird das Werk erfolgreich vorangehen. Gott hat jedem seine Aufgabe entsprechend seinen Fähigkeiten zugeteilt (siehe Mt 25,15 EB/GNB).

In dieser Zeit ist es nicht leicht, für den Herrn zu arbeiten. Aber wie viel Verwirrung könnte [uns] erspart bleiben, wenn die Mitarbeiter sich beständig auf Gott verlassen und die Anweisungen, die er uns gegeben hat, genau befolgen würden! [Paulus gab sie uns weiter:]: „Wir haben ganz verschiedene Gaben, so wie Gott sie uns in seiner Gnade zugeteilt hat. Einige sind befähigt, Weisungen für die Gemeinde von Gott zu empfangen; was sie sagen, muss dem gemeinsamen Bekenntnis entsprechen. Andere sind befähigt, praktische Aufgaben in der Gemeinde zu übernehmen; sie sollen sich treu diesen Aufgaben widmen. Wer die Gabe hat, als Lehrer die Gemeinde zu unterweisen, gebrauche sie. Wer die Gabe hat, andere zu ermahnen und zu ermutigen, nutze sie. Wer Bedürftige unterstützt, soll sich dabei nicht in Szene setzen. Wer in der Gemeinde eine Verantwortung übernimmt, soll mit Hingabe bei der Sache sein. Wer sich um Notleidende kümmert, soll es nicht mit saurer Miene tun.“ (Röm 12,6-8 GNB)

Dieses Thema erfordert intensives und sorgfältiges Studium. Viele Fehler werden gemacht, weil Christen diese Anweisungen nicht befolgen. Viele, die mit einer bescheidenen Aufgabe für den Herrn betraut werden, werden bald unzufrieden und meinen, sie sollten [eher] Lehrer und Leiter sein. Sie wollen ihren [scheinbar] unbedeutenden Dienst abgeben, der [jedoch] an der entsprechenden Stelle genauso wichtig ist wie die umfassenderen Verantwortlichkeiten. Diejenigen, denen die Besuchsarbeit anvertraut ist, denken oft, jeder andere könnte diese Aufgabe [ebenfalls] übernehmen und jeder wäre in der Lage, einfühlsame und ermutigende Worte zu sprechen und Menschen auf eine demütige, stille Art und Weise zum richtigen Verständnis der Schrift zu führen. Aber dieser Dienst erfordert viel Freundlichkeit, viel Geduld und beständig zunehmende Weisheit. – *Manuscript Releases*, Band 11, S. 278f.

Mütter bekommen die Gabe der Kindererziehung

Ich habe deinen aufrichtigen Glauben vor Augen, denselben Glauben, der schon in deiner Großmutter Loïs und deiner Mutter Eunike lebte und der nun – da bin ich ganz sicher – auch in dir lebt. (2. Timotheus 1,5 GNB)

Die Aufgabe einer Mutter wurde ihr von Gott gegeben. „Eure Erziehung soll [eure Kinder] vielmehr in Wort und Tat zu Gott, dem Herrn, hinführen." (Eph 6,4 Hfa). Die Liebe zu Gott und die Ehrfurcht vor ihm sollte den Kindern dauernd vor Augen geführt werden. Wenn sie korrigiert werden, sollten sie gelehrt werden, dass Gott sie ermahnt und er über Täuschungen, Unwahrheiten und Unrecht traurig ist. Auf diese Weise kann das Denken der Kleinen so mit Gott verbunden werden, dass alles, was sie tun und sagen, in Bezug zu Gottes Wesen steht. In späteren Jahren werden sie [dann] nicht dem Schilf im Wind gleichen, das beständig zwischen Neigung und Pflicht hin- und herschwankt.

Wenn der Verstand der Kinder bereits in jungen Jahren mit positiven Bildern von Wahrheit, Reinheit und Güte gefüllt wird, werden sie ein Gespür für das Reine und Erhabene bekommen, und ihre Vorstellungskraft wird nicht so leicht verunreinigt oder [gar] verdorben werden. Wenn hingegen der entgegengesetzte Kurs eingeschlagen wird und die Eltern sich dauernd mit niveaulosen Dingen beschäftigen, wenn sie sich hauptsächlich über negative Charakterzüge unterhalten und die Gewohnheit entwickeln, schlecht über das Verhalten anderer zu reden, dann werden die Kleinen ihre Lehren aus diesen Worten und Ausdrücken der Verachtung ziehen und dem schädlichen Beispiel folgen. Wie der verderbenbringende Aussatz wird der schlechte Eindruck an ihnen im weiteren Leben haften.

Die in der Kindheit von einer sorgfältigen, gottesfürchtigen Mutter gesäte Saat wird [aufgehen und] „Bäume der Gerechtigkeit" wachsen lassen (Jes 61,3), die blühen und Frucht bringen. Und auch die Lektionen eines gottesfürchtigen Vaters werden durch seine Anordnungen und sein Vorbild ... nach und nach eine reiche Ernte bringen.

Liebe Eltern, denkt über die Erziehung und Ausbildung eurer Kinder nach und überlegt, ob ihr im Glauben wirklich eure Pflicht erfüllt habt und eure Kinder am Tag [der Wiederkunft] des Herrn Jesus zu einer Krone der Freude werden. Habt ihr euch so [intensiv] für das Wohlergehen eurer Kinder eingesetzt, dass Jesus vom Himmel herabsehen und eure Bemühungen durch die Gabe seines Heiligen Geistes heiligen kann? Ihr könnt eure Kinder für die größte Brauchbarkeit [seitens Gottes] in diesem Leben vorbereiten und darauf, am Ende die Herrlichkeit dessen zu teilen, was noch kommen soll. – *Good Health*, 1. Januar 1880

25. Juli

Schüler können Zeugnis vom Glauben geben

Du aber, mein Sohn, werde stark durch die Gnade, die dir durch Jesus Christus geschenkt ist! Bemühe dich, dass du vor Gott bestehen kannst – mit deiner Lebensführung und deinem unbeirrbaren Wirken, als einer, der ... die Gute Nachricht von Jesus Christus klar und unverkürzt verkündet. (2. Timotheus 2,1.15 GNB)

Lehrer und Schüler sollen nach Gelegenheiten suchen, Christus in ihren Gesprächen zu bekennen. Ein solches Zeugnis wird eine größere Wirkung haben als viele Predigten ...

Ihr Schüler, macht das Beste aus eurem schulischen Leben! Ihr werdet nur einmal diesen Weg gehen und habt wertvolle Gelegenheiten bekommen. Ihr sollt die Lehren Christi nicht nur lernen, sondern auch praktizieren. Während eurer [schulischen] Ausbildung habt ihr die Möglichkeit, von den wunderbaren biblischen Wahrheiten zu erzählen. Nutzt jede derartige Gelegenheit! Gott wird jede Minute segnen, die ihr auf diese Weise verbringt. Erhaltet euch eure Einfachheit und eure Liebe zu Menschen, und der Herr wird euch auf sicheren Wegen führen. Die reichhaltigen Erfahrungen, die ihr gewinnen werdet, werden wertvoller sein als Gold, Silber oder Edelsteine.

Ihr wisst nicht, in welche Positionen ihr in der Zukunft einmal berufen werdet. Gott will euch vielleicht wie Daniel gebrauchen, um die Erkenntnis der Wahrheit zu den Mächtigen der Welt zu bringen. Es bleibt euch überlassen, ob ihr das Geschick und das Wissen erwerbt, um solch eine Aufgabe zu erfüllen. Gott kann euch bei eurem Lernen Geschicklichkeit schenken. Er kann euch helfen, euch auf die Art des Studiums einzustellen, das ihr aufnehmt. Gebt der Entwicklung von rechten, edlen und erhebenden Prinzipien oberste Priorität. Gott möchte, dass ihr für ihn Zeugnis ablegt. Er möchte nicht, dass ihr still steht; ihr sollt euch auf dem Weg seiner Gebote vorwärtsbewegen.

Christus möchte jeden Schüler als seinen Mitarbeiter gebrauchen. Ihr sollt mit dem kooperieren, der sein Leben für euch gab. Welchen reichen Segen würden unsere Schulen erleben, wenn Lehrer und Schüler sich selbst – mit Herz, Verstand, Seele und allen Kräften –als seine helfenden Hände dem Dienst für Gott weihen würden! Seine helfenden Hände – das könnt ihr werden, wenn ihr euch seiner Führung anvertraut. Er wird euch sicher führen und euch fähig machen, für euch selbst und für andere gerade Wege zu schaffen. Er wird euch Wissen und Weisheit schenken und die Eignung zu einem umfassenderen Dienst. – *Counsels to Parents and Teachers*, S. 554f.

Buchevangelisten können den Evangeliumssamen säen

Ihr wisst auch, dass ich nichts verschwiegen habe. Ich habe euch alles gepredigt und gelehrt, was eurer Rettung dient - öffentlich, aber auch in euren Häusern. (Apostelgeschichte 20,20 Hfa)

Gott hat mir gezeigt, dass die Buchevangelisten eine große Verantwortung tragen. Sie sollen ihr Werk tun und darauf vorbereitet sein, die Heilige Schrift [interessierten Menschen] zu erklären. Nichts sollte gesagt oder getan werden, um ihnen die Hände zu fesseln. Wenn sie bei ihrem Wirken von Ort zu Ort ihr Vertrauen auf den Herrn setzen, werden Engel Gottes sie umgeben und ihnen Worte eingeben, die vielen Menschen Licht, Hoffnung und Mut bringen werden. Wenn es keine Buchevangelisten gäbe, würden viele niemals die Wahrheit Gottes erfahren.

Die edelste und segensreichste aller Gaben, die Gott den Menschen gegeben hat, ist die Gabe der Rede, wenn sie vom Geist Gottes geheiligt wurde. Mit unserer Zunge überzeugen wir [Menschen], mit ihr beten wir zu Gott und loben ihn, und mit ihr kommunizieren wir tiefe Gedanken über die Liebe des Erlösers. Durch seine Arbeit kann der Buchevangelist den Samen der Wahrheit aussäen und das Licht aus dem Wort Gottes in das Denken vieler Menschen leuchten lassen.

Ich hoffe sehr, dass niemand den Eindruck erhält, dass es einen Prediger des Evangeliums erniedrigt, als Buchevangelist zu wirken. Hören wir das Zeugnis des Apostels Paulus [gegenüber den Ältesten der Gemeinde Ephesus]: „Ihr wisst, wie ich mich in der Provinz Asia vom ersten Tag an bis heute bei euch verhalten habe. Ohne an mich selbst zu denken, habe ich dem Herrn gedient, oft unter Tränen und obwohl die Juden mich verfolgten. Ihr wisst auch, dass ich nichts verschwiegen habe. Ich habe euch alles gepredigt und gelehrt, was eurer Rettung dient - öffentlich, aber auch in euren Häusern. Juden wie Griechen habe ich klargemacht, dass sie zu Gott umkehren und an unseren Herrn Jesus Christus glauben sollen.“ (Apg 20,18-21 Hfa) Der redegewandte Paulus, dem sich Gott auf bemerkenswerte Weise offenbart hatte, ging von Haus zu Haus, in Demut und „manchmal unter Tränen und unter schweren Prüfungen“ (V. 19 GNB)! – *Home Missionary,* 1. November 1896

27. Juli

[Gott] hat einige als Apostel eingesetzt, einige als Propheten, einige als Evangelisten, einige als Hirten und Lehrer, damit die Heiligen zugerüstet werden zum Werk des Dienstes. Dadurch soll der Leib Christi erbaut werden. (Epheser 4,11.12)

Prediger und Lehrer sollen die Gemeinde ausrüsten

Der Herr hat seinen menschlichen Mitarbeitern Gaben wie [finanzielle] Mittel, Kapazitäten und Einfluss gegeben, die sie gemäß ihren Fähigkeiten weise in seinem Dienst einsetzen sollen. Er hat jedem Einzelnen seine Aufgabe zugewiesen [wie Paulus schrieb:] „Er hat die einen zu Aposteln gemacht, andere zu Propheten, andere zu Evangelisten, wieder andere zu Hirten und Lehrern der Gemeinde.“ (Eph 4,11 GNB) Warum wurden diese verschiedenen Mitarbeiter berufen? „Sie alle sollen die Christen für ihren Dienst ausrüsten, damit die Gemeinde Jesu aufgebaut und vollendet wird. Dadurch werden wir im Glauben immer mehr eins werden und den Sohn Gottes immer besser kennenlernen. Wir sollen zu mündigen Christen heranreifen, zu einer Gemeinde, in der Christus mit der ganzen Fülle seiner Gaben wirkt. Dann sind wir nicht länger wie unmündige Kinder, die sich von jeder beliebigen Lehrmeinung aus der Bahn werfen lassen und die leicht auf geschickte Täuschungsmanöver hinterlistiger Menschen hereinfallen. Stattdessen wollen wir die Wahrheit in Liebe leben und zu Christus hinwachsen, dem Haupt der Gemeinde.“ (V. 12-15 Hfa)

Dieser Bibeltext sagt uns, dass der Herr [verschiedene] Mitarbeiter berufen hat und die ihnen übertragene Aufgabe einem bestimmten Ziel dient. Propheten, Apostel, Evangelisten, Hirten und Lehrer sollen „die Glaubenden zum Dienst bereitmachen, damit die Gemeinde, der Leib von Christus, aufgebaut wird.“ (V. 12 GNB) Ist dieses Ziel nicht sorgfältiger Aufmerksamkeit wert? Erkennen wir nicht, dass hier eine besondere Aufgabe an der Gemeinde versäumt wurde, weil die Heiligen nicht „für das Werk des Dienstes“ ausgerüstet wurden (V. 12 EB), wie es nach Gottes Willen geschehen sollte? Wäre das geschehen, wäre die Gemeinde aufgebaut und für das ihr übertragene große Werk ausgerüstet worden. Die Wahrheit wäre in einer Weise verbreitet worden, dass der Heilige Geist Herzen angesprochen hätte. Sünder wären überführt und bekehrt worden und hätten ihren Platz als Nachfolger Christi eingenommen. – *Advent Review and Sabbath Herald*, 7. März 1893

Jeder Nachfolger Jesu Christi trägt Verantwortung für seine Gaben

Der, der die fünf Zentner bekommen hatte, steckte sofort das ganze Geld in Geschäfte und konnte die Summe verdoppeln. Ebenso machte es der zweite: Zu seinen zwei Zentnern gewann er noch zwei hinzu. Der aber, der nur einen Zentner bekommen hatte, vergrub das Geld seines Herrn in der Erde. (Matthäus 25,16-18 GNB)

Das Gleichnis von den anvertrauten Zentnern Silbergeld sollte sehr sorgfältig und unter Gebet studiert werden, denn es hat eine persönliche und individuelle Anwendung für jeden Christen, der [gesunde] Verstandeskräfte besitzt – ob Mann, Frau oder Kind. Unsere Pflichten und Verantwortungen entsprechen den Gaben, die Gott uns verliehen hat. Jeder Nachfolger Christi besitzt [mindestens] eine besondere [geistliche] Gabe, für die er Gott Rechenschaft schuldet (siehe 1 Kor 12,7.11; Mt 25,19).

Viele haben ihre Gabe nicht für den Dienst Christi eingesetzt. Sie entschuldigten sich mit dem Hinweis, andere hätten größere Begabungen und Vorteile. Es hat sich [in der Gemeinde] die Meinung etabliert, nur von denen, die besondere Gaben besäßen, würde verlangt werden, ihre Fähigkeiten zum Dienst für Gott zu heiligen. Viele sind der Auffassung, nur eine bestimmte bevorzugte Gruppe würde [von Gott] Gaben empfangen und andere seien davon ausgeschlossen, die dann auch an den Pflichten oder Belohnungen nicht teilhätten. Aber im Gleichnis Jesu wird das nicht so dargestellt. Als der Hausherr seine Diener zusammenrief, übertrug er jedem eine Aufgabe.

Auf allen Gliedern der Familie Gottes ruht die Verantwortung, die Gaben ihres Herrn einzusetzen. Jeder Einzelne – vom Niedrigsten und Unbedeutensten bis zum Größten und Höchsten – ist ein moralisches Wesen, das mit Fähigkeiten ausgestattet ist, für die er vor Gott Rechenschaft ablegen muss. Mehr oder weniger haben alle von ihrem Herrn Gaben empfangen, die sie zu verwalten haben. Geistige, körperliche und geistliche Fähigkeiten, Einfluss, Stellung, Besitz, Zuneigung und Sympathie – all das sind wertvolle Gaben, die im Sinne der Sache des Herrn zur Rettung von Menschen eingesetzt werden sollen, für die Christus gestorben ist. Wie wenige schätzen diese Segnungen! Wie wenige versuchen, ihre Fähigkeiten auszubilden und ihren Nutzen für die Welt zu steigern! Der Herr hat jedem Nachfolger Jesu „seine Aufgabe" zugewiesen (Mk 13,34 GNB) und jedem Gaben „nach seinen Fähigkeiten" gegeben (Mt 25,15 Hfa). Das Anvertraute entspricht dem jeweiligen Vermögen. Gott erwartet von jedem die Mitarbeit in seinem Weinberg (siehe Mt 20,1-7). Nimm die Aufgabe an, die dir übertragen wurde, und erfülle sie treu! – *Advent Review and Sabbath Herald*, 1. Mai 1888

29. Juli

Wir sollen Gott um seine Gaben bitten

Welcher Vater würde seinem Sohn denn eine Schlange geben, wenn er ihn um einen Fisch bittet oder einen Skorpion, wenn er ein Ei haben möchte? Wenn schon ihr hartherzigen Menschen euren Kindern Gutes gebt, wie viel mehr wird der Vater im Himmel denen den Geist schenken, die ihn darum bitten. (Lukas 11,11-13 Hfa)

Wer Gott um etwas bittet, das er an andere weitergeben möchte, wird nicht enttäuscht werden. Gott wird diejenigen belohnen, die mit aufrichtigem Glauben zu ihm kommen (siehe Hbr 11,6 Hfa). Er versichert uns, dass der Gedanke an seine Majestät und Souveränität uns keine Angst machen muss. In seiner Gnade wird er noch mehr für uns tun, als wir erwarten, wenn wir zum Thron seiner Barmherzigkeit kommen (siehe Eph 3,20). Seine Souveränität [als Gott im Himmel] nennt er als Grund für seine große und barmherzige Freigiebigkeit, mit der er die an ihn gerichteten Bitten erfüllt. Er verspricht, unsere Gebete zu hören und erklärt, dass er sie [auf jeden Fall] hören *wird* (siehe Lk 11,7.8). Er lässt sich herab, den Instinkt der elterlichen Liebe mit dem unendlichen Wohlwollen dessen zu vergleichen, dem wir durch Schöpfung und Erlösung gehören, und sagt: „So schlecht ihr auch seid, ihr wisst doch, was euren Kindern gut tut, und gebt es ihnen. Wie viel mehr wird der Vater im Himmel denen den Heiligen Geist geben, die ihn darum bitten." (Lk 11,13 GNB) Die [geistlich] Bedürftigen und diejenigen, deren Seele hungert, werden Gott niemals vergeblich bitten ...

Wenn wir dies bedenken, dann sagt mir, wer froher, glücklicher und sonniger aussehen kann als die, die im Glauben an den Sohn Gottes leben! Er stillt alle Bedürfnisse der Hungrigen und Bedürftigen. Aber wir dürfen nicht vergessen, dass diejenigen, die Gott mit den guten Dingen dieses Lebens gesegnet hat, seine helfende Hand sein sollen, um die Nöte seiner bedürftigen Kinder zu lindern (siehe Röm 12,13). Sie sollen seine Mitarbeiter sein. Sie sind seine Verwalter und sollen ihre Güter zur Förderung seines Werkes einsetzen, damit sein Name verherrlicht wird.

Der Herr möchte die Gemeinde als Kommunikationsmittel für seine Segnungen gebrauchen. Wenn sein Volk diesen Kommunikationskanal offen halten würde, wenn es die geistlichen und zeitlichen Gaben seiner Gnade empfangen und an die Bedürftigen weitergeben würde, dann gäbe es keine Kranken, um die sich niemand kümmert, und keine hungernden Waisen. Witwen und Waisen würden [vielmehr] vor Freude singen.

Gott hat [mit Christus] den Menschen die wertvollste seiner Gaben geschenkt (siehe Röm 8,32). Das hat er getan, damit sie seinen Überfluss weitergeben. – *Bible Echo*, 12. August 1901

Der Herr hilft, die persönliche Gabe zu entdecken

Dies alles bewirkt ein und derselbe Geist. Und so empfängt jeder die Gabe, die der Geist ihm zugedacht hat. (1. Korinther 12,11 Hfa)

Wir sollen [alle] von demselben Geist geführt und geleitet werden, aber dazu brauchen wir nicht notwendigerweise alle die gleichen Gaben. „So verschieden die Gaben auch sind, die Gott uns gibt, sie stammen alle von ein und demselben Geist. Und so unterschiedlich auch die Aufgaben in der Gemeinde sind, so dienen wir doch alle dem einen Herrn. Es gibt verschiedene Wirkungen des Geistes Gottes; aber in jedem Fall ist es Gott selbst, der alles bewirkt", um sie in Harmonie zu bringen (1 Kor 12,4-6 Hfa). „Gott hat jedem einzelnen Glied des Körpers seine besondere Aufgabe gegeben, so wie er es wollte." (V. 18 Hfa) Er hat jedem Menschen seinen Platz und eine bestimmte Aufgabe zugeteilt. Wenn du dich fragst, wie dein Part aussieht, bitte Gott um seine Führung. Er wird dir die Arbeit zuteilen. Gott hat uns ausdrücklich gesagt, dass er jeden Christen an seinen Platz gestellt hat.

„Dem einen wird durch den Geist gegeben, von der Weisheit zu reden; dem andern wird gegeben, von der Erkenntnis zu reden ... einem andern die Gabe, gesund zu machen, in dem einen Geist; einem andern die Kraft, Wunder zu tun; einem andern prophetische Rede; einem andern die Gabe, die Geister zu unterscheiden; einem andern mancherlei Zungenrede; einem andern die Gabe, sie auszulegen. Dies alles aber wirkt derselbe *eine* Geist und teilt einem jeden das Seine zu, wie er will." (1 Kor 12,8-11)

„Jeder und jede von uns hat einen eigenen Anteil an den Gaben erhalten, die Christus in seiner Gnade ausgeteilt hat. Von ihm heißt es in den Heiligen Schriften: ‚Er ist in den Himmel hinaufgestiegen und hat den Menschen Gaben ausgeteilt.' ... Er hat die einen zu Aposteln gemacht, andere zu Propheten, andere zu Evangelisten, wieder andere zu Hirten und Lehrern der Gemeinde. Deren Aufgabe ist es, die Glaubenden zum Dienst bereitzumachen, damit die Gemeinde, der Leib von Christus, aufgebaut wird. So soll es dahin kommen, dass wir alle die einende Kraft des *einen* Glaubens und der *einen* Erkenntnis des Sohnes Gottes an uns zur Wirkung kommen lassen und darin eins werden." (Eph 4,7.8.11-13 GNB) Hier wird beschrieben, wie die Glieder der Gemeinde Gottes ihre verschiedenen Aufgaben übernehmen, alle unter der Führung des großen Meisters, der genau weiß, was jeder Einzelne in seinem Dienst tun kann, um die sich ergebenden Bedürfnisse zu erfüllen. – *Bible Training School,* 1. April 1903

31. Juli

Jesus ... schärfte ihnen ein: „Bleibt in Jerusalem und wartet auf den Geist, den mein Vater versprochen hat. Ich habe euch sein Kommen angekündigt, als ich euch sagte: ‚Johannes hat mit Wasser getauft, aber ihr werdet schon bald mit dem Geist Gottes getauft werden.'"
(Apostelgeschichte 1,4.5 GNB)

Das Bedürfnis nach der Gabe des Geistes spüren

Wer bei der Gewinnung von [verlorenen] Menschen für Christus erfolgreich sein möchte, muss mit dem göttlichen Einfluss des Heiligen Geistes [zusammen]arbeiten. Aber wie wenig ist über die Wirkungsweise des Geistes Gottes bekannt! Es wird wenig darüber gesagt, wie wichtig es ist, mit dem Geist Gottes ausgerüstet zu sein, und doch kommen Menschen nur mit seiner Hilfe zu Christus, und allein seine Kraft kann die Seele reinigen. Der Erlöser sagte: „Wenn er gekommen ist, wird er die Welt überführen von Sünde und von Gerechtigkeit und von Gericht. Von Sünde, weil sie nicht an mich glauben." (Joh 16,8.9 EB)

Christus hat seiner Gemeinde die Gabe des Heiligen Geistes versprochen, aber wie wenig wird diese Verheißung geschätzt. Wie selten ist die Macht [des Geistes] in der Gemeinde zu spüren, wie wenig wird in der Gemeinde von seiner Macht gesprochen! Der Erlöser hat versprochen: „Ihr werdet mit dem Heiligen Geist erfüllt werden, und dieser Geist wird euch die Kraft geben, überall als meine Zeugen aufzutreten." (Apg 1,8 GNB) Mit dem Empfang dieser Gabe stehen uns auch alle anderen Gaben zur Verfügung, denn nach dem Reichtum der Gnade Christi steht uns diese Gabe zu, und er möchte jedem Menschen entsprechend seinem Fassungsvermögen [mit Gaben] versorgen. Deshalb sollten wir uns nicht mit einem Teil des Segens zufrieden geben, der uns gerade vor dem Todesschlaf bewahrt, sondern emsig nach der Fülle der Gnade Gottes streben.

Möge Gott uns gewähren, dass wir seine umwandelnde Macht in dieser großen Versammlung spüren. Möge die Kraft Gottes über die Gemeinde kommen. Was wir brauchen, ist Frömmigkeit im täglichen Leben. Wir müssen täglich in der Schrift forschen und ernstlich darum beten, dass Gott jeden von uns durch die Kraft des Heiligen Geistes dazu befähigt, am jeweiligen Platz in seinem Weinberg zu arbeiten. Nur wer die Gabe des Heiligen Geistes empfangen hat, wird in der Lage sein, die Gemeinde zu unterweisen und zu stärken. – *Advent Review and Sabbath Herald*, 29. März 1892

Was wir als Gemeinde am nötigsten brauchen

[Wenn] mein Volk, über das mein Name genannt ist, sich demütigt, dass sie beten und mein Angesicht suchen und sich von ihren bösen Wegen bekehren, so will ich vom Himmel her hören und ihre Sünde vergeben und [sie] heilen. (2. Chronik 7,14)

Eine Erweckung wahrer Frömmigkeit in unseren Reihen ist unser größtes und dringendstes Bedürfnis. Danach zu streben, sollte unsere wichtigste Aufgabe sein. Wir müssen uns ernsthaft darum bemühen, die Segnungen Gottes zu empfangen – nicht etwa, weil Gott nicht bereit wäre, uns seinen Segen zu schenken, sondern weil wir nicht bereit sind, ihn zu empfangen. Unser himmlischer Vater gibt denen, die ihn darum bitten, den Heiligen Geist bereitwilliger als Eltern ihren „Kindern gute Gaben geben" (Lukas 11,13). Aber es ist unsere Aufgabe, durch Demut, Bekenntnis, Reue und ernsthaftes Gebet die Voraussetzungen zu erfüllen, die es Gott ermöglichen, uns seinen Segen zu gewähren.

Eine Erweckung kann nur als Antwort auf Gebet erwartet werden. Solange den Menschen der Geist Gottes fehlt, können sie die Verkündigung seines Wortes nicht schätzen; aber wenn die Kraft des Geistes ihre Herzen berührt, werden die Vorträge nicht wirkungslos bleiben. Wenn wir in der Kraft des Heiligen Geistes die Lehren des Wortes Gottes verkündigen und dabei das notwendige Feingefühl walten lassen, werden die Besucher unserer Versammlungen eine wertvolle Erfahrung machen und, wenn sie nach Hause gehen, einen guten Einfluss ausüben können.

Die alten Bannerträger wussten, was es heißt, mit Gott im Gebet zu ringen und eine Ausgießung seines Geistes zu empfangen. Aber sie treten von der Bühne ab. Wer wird ihren Platz einnehmen? Wie steht es mit der folgenden Generation? Ist sie zu Gott bekehrt? Ist uns bewusst, was im himmlischen Heiligtum vor sich geht, oder warten wir auf eine bewegende Kraft, die über die Gemeinde kommt und uns wachrüttelt? Hoffen wir, dass die gesamte Gemeinde erweckt wird? Das wird niemals geschehen.

Es gibt unbekehrte Menschen in der Gemeinde, die nicht bereit sind, sich an ernsten, anhaltenden Gebeten zu beteiligen. Wir müssen das Werk persönlich beginnen. Wir müssen mehr beten und weniger reden. – *Für die Gemeinde geschrieben,* Band 1, S. 128f. (rev.)

2. August

Gott selbst hat unser und euer Leben auf ein festes Fundament gestellt, auf Christus, und uns mit seinem Geist erfüllt. So drückte er uns sein Siegel auf, wir sind sein Eigentum geworden. Das Geschenk des Geistes in unseren Herzen ist Gottes sicheres Pfand dafür, dass er uns noch viel mehr schenken wird. (2. Korinther 1,21.22 Hfa)

Der Heilige Geist ist die vollständigste Gabe

Es ist Gott nicht möglich, uns noch mehr zu geben als den Heiligen Geist. Dieser Gabe kann nichts hinzugefügt werden. Durch sie werden alle unsere [geistlichen] Bedürfnisse erfüllt. Der Geist ist die lebendige Gegenwart Gottes. Wenn sie [recht] geschätzt wird, wird sie zu Lob und Dank führen und schließlich zum ewigen Leben. Der [neue] Bund der Gnade schließt die Erneuerung [des Menschen] durch den Heiligen Geist ein (siehe Hbr 8,10; vgl. Hes 36,26.27). Aber wie wenige schätzen diese Gabe, die so teuer ist und doch gratis für alle, die sie annehmen! Wenn der Glaube den Segen ergreift, empfängt er große geistliche Güter. Aber allzu oft wird der Segen nicht geschätzt. Wir brauchen ein umfangreicheres Verständnis, um seinen Wert zu begreifen ...

Was für eine überwältigende Liebe und Herablassung [zu uns Menschen]! Der Herr Jesus ermutigt seine Nachfolger, um den Heiligen Geist zu bitten. Er offenbart uns die väterliche Zuneigung Gottes und möchte uns zum Vertrauen auf den Empfang des Geschenks ermutigen. Der himmlische Vater ist eher bereit, den Heiligen Geist [den Gläubigen] zu geben, die ihn bitten, als Eltern bereit sind, ihren Kindern gute Gaben zu geben (siehe Lk 11,13).

Konnte [Christus] etwas Größeres versprechen? Was ist noch erforderlich, um bei jedem Gläubigen eine Reaktion hervorzurufen und um uns mit der Sehnsucht nach dieser großen Gabe zu erfüllen? Sollten unsere halbherzigen Bitten nicht in inständiges Flehen um diesen überwältigenden Segen verwandelt werden?

Wir bitten nicht genug um die Dinge, die Gott [uns] verheißen hat. Wenn wir intensiver beten und mehr erwarten würden, würden unsere Bitten den belebenden Einfluss hervorrufen, den jeder erfährt, der in der festen Erwartung bittet, gehört zu werden und Antwort zu erhalten. Der Herr wird nicht verherrlicht durch die halbherzigen Gebete, die nichts [von ihm] erwarten. Er möchte, dass alle Gläubigen ernsthaft und „mit Zuversicht zu dem zum Thron der Gnade“ kommen (Hbr 4,16). – *Signs of the Times*, 7. August 1901

Eine gründliche Reformation ist erforderlich

So tut nun Buße und bekehrt euch, dass eure Sünden ausgetilgt werden, damit Zeiten der Erquickung kommen vom Angesicht des Herrn und er den euch vorausbestimmten Jesus Christus sende! (Apostelgeschichte 3,19.20 EB)

Die Zeit für eine gründliche Erneuerung ist gekommen. Wenn sie beginnt, wird ein Gebetsgeist alle Gläubigen erfüllen und den Geist von Zwietracht und Streit aus der Gemeinde verbannen. Jene, die nicht in [echter] christlicher Gemeinschaft gelebt haben, werden sich eng aneinander schließen. Ein Gemeindeglied, das in richtiger Weise wirkt, führt andere dahin, sich mit ihm in der Bitte um die Offenbarung des Heiligen Geistes zu vereinen. Es wird keine Verwirrung mehr geben, weil alle in Übereinstimmung mit dem Geist Christi sind. Die Schranken, die die Gläubigen voneinander trennten, werden niedergerissen, und Gottes Diener reden die gleichen Dinge. Der Herr wird mit seinen Dienern zusammenwirken. Alle sprechen in klarer Erkenntnis das Gebet, das Christus seine Jünger lehrte: „Dein Reich komme; dein Wille geschehe, wie im Himmel so auch auf Erden!" (Mt 6,10 EB) ...

Wenn ich von den schrecklichen Unglücksfällen höre, die sich von Woche zu Woche ereignen, so frage ich mich, was diese Dinge zu bedeuten haben. Die furchtbarsten Katastrophen folgen schnell aufeinander. Wie häufig hören wir von Erdbeben und Wirbelstürmen, von Zerstörungen durch Brände und Überschwemmungen, verbunden mit schweren Verlusten an Menschenleben und Besitz! Scheinbar sind diese Unglücksfälle launenhafte Ausbrüche gestörter und ungeregelter Gewalten; gleichwohl vermögen wir Gottes Absicht in ihnen zu erkennen. Sie sind eines der Mittel, durch die Gott Männern und Frauen die Gefahr zum Bewusstsein bringen will, in der sie sich befinden.

Die Wiederkunft Christi ist „jetzt näher als damals, als wir zum Glauben kamen" (Röm 13,11 GNB). Der große Kampf nähert sich seinem Ende. Die Gerichte Gottes gehen über die Erde. Sie reden eine ernste Sprache und sagen: „Darum seid jederzeit bereit; denn der Menschensohn wird zu einer Stunde kommen, wenn ihr es nicht erwartet." (Mt 24,44 GNB) – *Aus der Schatzkammer der Zeugnisse*, Band 3, S. 217f. (rev.)

4. August

Durchforsche mich, o Gott, und sieh mir ins Herz, prüfe meine Gedanken und Gefühle! Sieh, ob ich in Gefahr bin, dir untreu zu werden, dann hol mich zurück auf den Weg, der zum ewigen Leben führt! (Psalm 139,23.24 Hfa)

Herzenserforschung und Selbstprüfung sind erforderlich

Nach der Himmelfahrt Christi waren die Jünger an einem Ort versammelt, um demütig vor Gott zu beten. Nach zehn Tagen der Herzenserforschung und Selbstprüfung war der Weg für den Heiligen Geist vorbereitet, [und er konnte] in gereinigte und geweihte Herzenstempel einziehen (siehe Apg 1,14; 2,1.4). Jedes Herz war vom Heiligen Geist erfüllt, als wollte Gott seinem Volk zeigen, dass es sein Vorrecht ist, ihnen das Beste zu schenken, was der Himmel bieten konnte.

Und das Ergebnis? Tausende wurden an einem Tag bekehrt (siehe V. 41). Das Schwert des Geistes wurde nach rechts und links geschwungen. Geschärft mit neuer Energie drang es durch „bis zur Scheidung von Seele und Geist ... ein Richter der Gedanken und Gesinnungen des Herzens" (Hbr 4,12 EB). Der Götzendienst, der sich mit dem Gottesdienst des Volkes vermischt hatte, wurde umgestürzt. Dem Reich Gottes wurde neues Territorium zugefügt. Von Orten, die wüst und öde gewesen waren, stieg das Lob zu Gott auf. Bekehrte, wiedergeborene Gläubige wirkten wie eine lebendige Kraft für Gott. Ein neues Lied wurde ihnen in den Mund gelegt, ein Lobpreis für den Höchsten.

Unter der Kontrolle des Heiligen Geistes erkannten sie Christus in ihren Geschwistern. Ein Anliegen stand an erster Stelle, ein Ziel übertraf alle anderen: so zu sein wie Christus und seine Werke zu tun. Der heilige Eifer zeigte sich in liebevoller Hilfsbereitschaft, freundlichen Worten und selbstlosen Taten (siehe Apg 2,45). Alle Gläubigen übertrafen sich gegenseitig beim Einsatz für die Ausbreitung des Reiches Christi. „Alle in der Gemeinde waren ein Herz und eine Seele." (Apg 4,32 Hfa)

Der große Lehrer hatte in die zwölf Jünger den verborgenen Sauerteig der Wahrheit hineingelegt. Diese Jünger sollten die Werkzeuge in der Hand Gottes sein, um der Welt die Wahrheit zu offenbaren. Göttliche Kraft wurde ihnen verliehen, denn ein auferstandener Erlöser „hauchte sie an und sagte: ‚Empfangt den Heiligen Geist!'" (Joh 20,22 GNB). Ausgerüstet mit seinem Geist gingen sie hinaus, um von der Wahrheit zu zeugen. Genauso wünscht sich Gott heute, dass seine Diener mit der Botschaft hinausgehen, die er ihnen gegeben hat. Doch erst wenn sie den Heiligen Geist empfangen haben, können sie seine Botschaft machtvoll verkündigen. Erst dann werden sie erfahren, was Gott durch sie tun kann. – *Advent Review and Sabbath Herald*, 10. Juni 1902

Einmütigkeit in der Gemeinde ist erforderlich

Macht meine Freude dadurch vollkommen, dass ihr eines Sinnes seid, gleiche Liebe habt, einmütig und einträchtig seid. Tut nichts aus Eigennutz oder um eitler Ehre willen, sondern in Demut achte einer den andern höher als sich selbst. (Philipper 2,2.3)

Auch uns heute gilt die Verheißung des Heiligen Geistes genauso wie den ersten Jüngern (siehe Apg 2,38.39). Gott will auch heute Männer und Frauen mit Kraft aus der Höhe ausstatten, wie er damals zu Pfingsten die Hörer der Heilsbotschaft ausrüstete. Sein Geist und seine Gnade sind in dieser Stunde allen zugänglich, die ihrer bedürfen und ihn bei seinem Wort nehmen.

Man beachte, dass der Heilige Geist erst ausgegossen wurde, nachdem die Jünger vollkommen einig geworden waren und nicht länger nach dem höchsten Platz strebten. Alle waren „einmütig“ (Apg 1,14). Alle Meinungsverschiedenheiten waren beseitigt. Und das Zeugnis, das ihnen ausgestellt wurde, nachdem der Geist gegeben worden war, ist dasselbe: „Die Menge aber der Gläubigen war ein Herz und eine Seele.“ (Apg 4,32). Der Geist dessen, der starb, damit Sünder leben können, beseelte durch seinen Geist die ganze Versammlung der Gläubigen.

Die Jünger baten nicht um Segen für sich selbst. Die Bürde für die Rettung von Menschen lastete auf ihnen. Das Evangelium sollte bis an die Enden der Erde getragen werden, und sie erhoben Anspruch auf die Ausrüstung mit der Kraft, die Jesus ihnen verheißen hatte (siehe Apg 1,8). Da wurde der Heilige Geist ausgegossen, und Tausende bekehrten sich an einem Tage zu Christus (siehe Apg 2,4.41).

So kann es auch jetzt sein. Christen sollten alle Zwietracht zur Seite legen und sich zur Errettung der verlorenen [Menschen] Gott weihen. Im Glauben sollen sie um den verheißenen Segen bitten, dann wird er ihnen gegeben. Die Ausgießung des Geistes in den Tagen der Apostel war der „Frühregen“, und herrlich waren seine Folgen. Noch reichlicher wird der „Spätregen“ fallen (Joel 2,23). Welche Verheißung gilt denen, die in den letzten Tagen leben? „Kehrt zurück zur befestigten Stadt [dem neuen Jerusalem], ihr Gefangenen, eure Hoffnung wird nicht enttäuscht! Die Zusage gilt noch immer: ‚Ich werde euch voll entschädigen.‘“ (Sach 9,12 GNB) „Erbittet euch von dem HERRN Regen zur Zeit des Spätregens! Der HERR ist es, der die Wetterwolken macht, er lässt den Regen regnen.“ (Sach 10,1 EB) – *Aus der Schatzkammer der Zeugnisse*, Band 3, S. 179f. (rev.)

6. August

Wir sollen auf Harmonie bedacht sein

Ertragt einander! Seid nicht nachtragend, wenn euch jemand Unrecht getan hat, sondern vergebt einander, so wie der Herr euch vergeben hat. Und über das alles zieht die Liebe an, die alles andere in sich umfasst. Sie ist das Band, das euch zu vollkommener Einheit zusammenschließt. (Kolosser 3,13.14 GNB)

Die Diener Gottes sollen in perfekter Harmonie zusammenwirken. Streit führt zu Entfremdung, Unfrieden und Zerwürfnissen. Es wurde mir gezeigt, dass unsere Gemeinden es nicht nötig haben, ihre Zeit mit Streitereien zu verbringen. Wenn ein streitsüchtiger Geist die Oberhand gewinnen will, dann gebietet ihm Einhalt und bringt die Dinge in Ordnung, sonst wird Christus schnell „kommen und euren Leuchter von seinem Platz stoßen" (Offb 2,5 GNB). Bereut aufrichtig! Lasst den Geist Gottes Herz und Sinn prüfen und alles wegfegen, was die benötigte Reformation behindert. Erst wenn dies geschehen ist, kann Gott uns seine Kraft und Gnade verleihen. Ohne seine Kraft und Gnade stolpern die Menschen und fallen, und wissen nicht einmal worüber.

Die Liebe Christi ist das Band, das die Gläubigen in Herz und Sinn vereinen soll (siehe Kol 3,14).

Das Blut Christi wurde für die gesamte menschliche Familie vergossen (siehe 1 Joh 2,2). Niemand muss verlorengehen. Die Verlorenen werden deshalb umkommen, weil sie für die Befriedigung, ihre eigenen Wege zu gehen, die ewige Glückseligkeit aufgeben. Das war Satans Wahl, und heute offenbaren sein Werk und sein Reich die Auswirkungen seiner Entscheidung. Die Verbrechen und das Elend auf unserer Welt, die schrecklichen Morde, die täglich passieren – all das ist die Frucht der menschlichen Ergebenheit gegenüber den Prinzipien Satans.

Meine Brüder, lest das Buch der Offenbarung vom Anfang bis zum Ende, und fragt euch, ob es nicht besser ist, weniger Zeit mit Streitereien und Auseinandersetzungen zu verbringen und anzufangen, darüber nachzudenken, wie schnell wir uns der letzten großen Krise nähern. Wer der Meinung ist, die Strafgerichte, die der Herr zu unserer Zeit auf die Erde sendet, hätten keine besondere Bedeutung, wird bald gezwungen sein zu verstehen, was er jetzt nicht verstehen will. – *Advent Review and Sabbath Herald*, 20. August 1903

7. August

Die eigene geistliche Bedürftigkeit erkennen

Sie alle waren einmütig beieinander und beteten beharrlich um das Kommen des Heiligen Geistes ... Es waren etwa hundertundzwanzig Menschen versammelt.
(Apostelgeschichte 1,14.15 GNB)

Wir sollten oft [gemeinsam] beten. Die Ausgießung des Geistes Gottes [zu Pfingsten] war die Antwort auf ernsthaftes Gebet. Beachten wir aber, was über die Nachfolger Jesu gesagt wird: „Als das Pfingstfest kam, waren wieder alle, die zu Jesus hielten, [einmütig] versammelt. Plötzlich gab es ein mächtiges Rauschen, wie wenn ein Sturm vom Himmel herabweht. Das Rauschen erfüllte das ganze Haus, in dem sie waren. Dann sahen sie etwas wie Feuer, das sich zerteilte, und auf jeden ließ sich eine Flammenzunge nieder. Alle wurden vom Geist Gottes erfüllt." (Apg 2,1-4 GNB)

Sie waren nicht versammelt, um sich Skandalgeschichten [über andere] zu erzählen. Sie suchten nicht nach jedem Makel, den sie im Charakter eines Glaubensbruders finden konnten. Sie erkannten ihre geistlichen Bedürfnisse und flehten zum Herrn um die Salbung [mit dem Heiligen Geist], damit sie ihre eigenen Schwächen überwinden konnten und für das Werk der Seelenrettung befähigt wurden. Sie beteten voll Inbrunst, dass „die Liebe Christi in [ihre] Herzen ausgegossen" würde „durch den Heiligen Geist" (Röm 5,5 EB).

Das ist es, was wir heute in jeder Gemeinde unseres Landes nötig haben. Denn „wenn jemand in Christus ist, so ist er eine neue Schöpfung; das Alte ist vergangen, siehe, Neues ist geworden." (2 Kor 5,17 EB). Das, was an unserem Charakter anstößig war, wird durch die Liebe Christi gereinigt. Alle Selbstsucht wird vertrieben, aller Neid und alle üble Nachrede werden mit der Wurzel herausgezogen, und die Herzen werden völlig verändert. „Der Geist Gottes ... lässt als Frucht eine Fülle von Gutem wachsen, nämlich: Liebe, Freude und Frieden, Geduld, Freundlichkeit und Güte, Treue, Bescheidenheit und Selbstbeherrschung. Gegen all dies hat das Gesetz nichts einzuwenden." (Gal 5,22.23 GNB) „Die Frucht der Gerechtigkeit aber wird in Frieden denen gesät, die Frieden stiften." (Jak 3,18 EB)

Paulus sagte: „Gemessen an dem, was das Gesetz vorschreibt, stand ich vor Gott ohne Tadel da." (Phil 3,6 GNB) Aber als er den geistlichen Charakter des Gesetzes erkannte und sich im heiligen Spiegel sah, erkannte er sich als Sünder. Nach menschlichen Maßstäben hatte er sich der Sünde enthalten, aber als er in die Tiefen des Gesetzes Gottes blickte und sich selbst so sah, wie Gott ihn sah, beugte er sich in Demut und bekannte seine Schuld. – *Advent Review and Sabbath Herald*, 22. Juli 1890

8. August

Wer mir nachfolgen will, darf nicht mehr sich selbst in den Mittelpunkt stellen, sondern muss sein Kreuz auf sich nehmen und mir nachfolgen. Wer sich an sein Leben klammert, der wird es verlieren. Wer aber sein Leben für mich einsetzt, der wird es gewinnen. (Matthäus 16,24.25 Hfa)

Zuerst von der Selbstsucht entleert werden

Die Umwandlung des Charakters [der Christen] soll vor der Welt das Zeugnis dafür sein, dass die Liebe Christi in uns wohnt. Der Herr erwartet von seinem Volk den Beweis, dass die erlösende Macht der Gnade auf einen unvollkommenen Charakter einwirken und ihn veranlassen kann, sich ebenmäßig zu entwickeln und reichlich Frucht zu tragen.

Doch um dieser göttlichen Absicht entsprechen zu können, ist eine Vorbereitung notwendig. Der Herr gebietet uns, unser Herz von der Selbstsucht zu reinigen, die die Wurzel der Entfremdung ist. Er hat Sehnsucht danach, seinen Heiligen Geist in reichem Maße über uns auszugießen, und er befiehlt uns, durch Selbstverleugnung den Weg dazu zu bereiten. Wenn das Ich Gott übergeben wird, werden unsere Augen geöffnet, dass sie die Steine sehen, die unser unchristliches Verhalten anderen in den Weg gelegt hat. Gott gebietet uns, alle diese Steine wegzuräumen: „Bekennt nun einander die Sünden und betet füreinander, damit ihr geheilt werdet." (Jak 5,16 EB). Dann werden wir die Zusicherung erhalten wie David, als er nach dem Bekenntnis seiner Sünde betete: „Schenk mir Freude über deine Rettung, und mach mich bereit, dir zu gehorchen! Dann will ich den Gottlosen deine Wege zeigen, damit sie zu dir zurückfinden." (Ps 51,14.15 Hfa).

Wenn die Gnade Gottes die Seele erfüllt, wird von ihr ein Einfluss des Glaubens, der Zuversicht und der christlichen Liebe ausgehen, der das geistliche Leben aller kräftigt, die mit ihm in Berührung kommen ... Wer der vergebenden Liebe Christi teilhaftig geworden und durch den Geist Gottes erleuchtet und zur Wahrheit bekehrt worden ist, der wird fühlen, dass er um dieser kostbaren Segnungen willen ein Schuldner aller geworden ist, mit denen er in Berührung kommt (siehe Röm 1,14). Ist jemand von Herzen demütig, dann wird der Herr ihn gebrauchen und durch ihn Menschen erreichen, zu deren Herzen selbst eingesegnete Prediger nur schwer Eingang finden können. Er wird unter dem Einfluss des Geistes Gottes Worte sprechen, die die rettende Gnade Christi offenbaren.

Wenn wir andern Segen bringen, werden wir selbst Segen empfangen. Gott schenkt uns Gelegenheit, Gnade weiterzugeben, um uns erneut mit größerer Gnade zu füllen. Arbeitet ein Kind Gottes mit den Gaben und Fähigkeiten, die Gott ihm verliehen hat, werden Hoffnung und Glaube gestärkt. – *Aus der Schatzkammer der Zeugnisse*, Band 2, S. 344f. (rev.)

9. August

Unser Egoismus steht im Wege

So bin ich nun für das Gesetz tot, damit ich für Gott leben kann. Mein altes Leben ist mit Christus am Kreuz gestorben. Darum lebe nicht mehr ich, sondern Christus lebt in mir! (Galater 2,19.20 Hfa)

Durch die Gemeinde soll der Welt die selbstlose Liebe Jesu bekannt gemacht werden. Aber durch ihr gegenwärtiges Beispiel wird der Charakter Christi nicht richtig dargestellt, und die Welt bekommt daher eine falsche Vorstellung von Ihm. Selbstsucht verbannt die Liebe Jesu aus dem Herzen, und das ist der Grund, weshalb die Gemeinde keinen größeren Eifer und keine brennendere Liebe für den an den Tag legt, der uns zuerst geliebt hat. Bei so vielen Christen steht das eigene Ich im Vordergrund! Ihre Gedanken, ihre Zeit, ihr Geld opfern sie der eigenen Befriedigung, während Menschen, für die Christus starb, verlorengehen.

Deshalb kann der Herr seiner Gemeinde nicht die Fülle seines Segens [durch die Gabe des Heiligen Geistes] schenken. Wenn er sie vor der Welt auf besondere Weise ehrte, würde er ihren Werken sein Siegel aufdrücken und ihre falsche Darstellung seines Charakters bestätigen. Wenn die Gemeinde sich von den Grundsätzen, Gewohnheiten und Praktiken der Welt trennen wird, dann kann der Herr Jesus mit seinem Volk arbeiten. Er wird [dann] ein großes Maß seines Geistes über sie ausgießen, und die Welt wird erkennen, dass der Vater sie liebt. Wird das Volk Gottes sich weiterhin durch seinen Egoismus betäuben lassen? Sein Segen schwebt über ihnen, aber er kann nicht in seiner Fülle verliehen werden, weil sie durch den Geist und die Praktiken dieser Welt so verdorben sind. Unter ihnen herrscht geistlicher Stolz (siehe Offb 3,17). Würde der Herr so handeln, wie er möchte, dann würde er sie in ihrem [falschen] Ehrgefühl und ihrer Überheblichkeit nur bestätigen.

Wird Christus sich von der Adventgemeinde weiterhin in ein falsches Licht rücken lassen? Wird sein Volk aufgrund seiner Lauheit (siehe V. 16) von der Gnade Gottes und der göttlichen Erleuchtung ausgeschlossen? Das wird geschehen, wenn es Gott nicht intensiver sucht, sich nicht von der Welt trennt und sich nicht vor Gott demütigt. Die bekehrende Macht Gottes muss in unseren Gemeinden wirken. – *Home Missionary*, 1. November 1890

10. August

Den himmlischen Segen erflehen

Bittet, und es wird euch gegeben werden; sucht, und ihr werdet finden; klopft an, und es wird euch geöffnet werden! Denn jeder Bittende empfängt, und der Suchende findet, und dem Anklopfenden wird geöffnet werden. (Matthäus 7,7.8 EB)

Der Herr möchte die Menschen zu einem Kanal göttlichen Einflusses machen. Gottes Plan wird nur dadurch verhindert, dass sie ihre Herzen dem Licht des Lebens verschließen. Der Abfall der Menschen von Gott führte dazu, dass der Heilige Geist von ihnen zurückgezogen wurde, aber durch den Erlösungsplan kann dieser himmlische Segen wieder denjenigen zukommen, die aufrichtig nach ihm verlangen. Der Herr hat versprochen, „denen, die ihn bitten, Gutes [zu] geben" (Mt 7,11). Und dieses Gute wird als die Gabe des Heiligen Geistes erklärt (siehe Lk 11,13).

Je mehr wir unsere wahre [geistliche] Bedürftigkeit und Armut erkennen (siehe Offb 3,17), umso mehr werden wir uns nach der Gabe des Heiligen Geistes sehnen. Unsere Richtung wird sich ändern, weg von einem Kanal von Ehrgeiz und Stolz hin zu ernsthaftem Gebet um himmlische Erleuchtung. Weil wir unsere Bedürftigkeit und Armut nicht erkennen, flehen wir nicht von Herzen um den Segen und wollen nicht „aufsehen zu Jesus, dem Anfänger und Vollender des Glaubens" (Hbr 12,2), der uns diesen Segen gibt.

Jesus sagte: „Bittet, und es wird euch gegeben werden; sucht, und ihr werdet finden; klopft an, und es wird euch geöffnet werden!" (Mt 7,7 EB) In dem Maße, wie wir die Notwendigkeit und den Wert geistlicher Dinge schätzen, werden wir sie zu erlangen suchen. „Getrennt von mir könnt ihr nichts tun", sagte Jesus (Joh 15,5 EB), und doch denken viele, dass der Mensch mit seiner eigenen begrenzten Kraft und Weisheit sehr viel erreichen kann. Satan bietet gern seine Ratschläge an, um im Spiel des Lebens [möglichst viele] Menschen zu gewinnen.

Wenn Menschen nicht das Bedürfnis haben, sich mit ihren Brüdern zu beraten, dann stimmt etwas nicht: Sie vertrauen ihrer eigenen Weisheit. Es ist sehr wichtig, dass Brüder sich beraten. „Die Pläne werden zunichte, wo man nicht miteinander berät; wo aber viele Ratgeber sind, gelingen sie." (Spr 15,22) Das sollte ich in den letzten 45 Jahren sehr oft betonen. Immer wieder wurde mir gezeigt, dass jene, die im Werk des Herrn eine wichtige Verantwortung tragen, nicht ihren eigenen Ideen folgen, sondern sich mit anderen beraten sollen. – *Manuscript Releases*, Band 2, S. 333

11. August

Die Fenster weit öffnen für die himmlische Atmosphäre

Denn ihr sollt ja so leben, wie es dem Herrn Ehre macht, und stets tun, was ihm gefällt. Dazu kommt es, wenn euer Leben als Frucht gute Taten aller Art hervorbringt, wenn ihr darin ständig fortschreitet durch die immer tiefere Erkenntnis dessen, was Gott für euch getan hat. (Kolosser 1,10 GNB)

Manche beklagen sich über die Beschränkungen, den der biblische Glaube denen auferlegt, die seine Lehre befolgen wollen. Sie meinen anscheinend, diese Einschränkungen seien ein großer Nachteil. Aber wir haben allen Grund, Gott von ganzem Herzen zu danken, dass Gott eine himmlische Barriere aufgerichtet hat, die uns vom Gebiet des Feindes trennt. Manche meinen, zur optimalen Entwicklung der Persönlichkeit sei es notwendig, bestimmten natürlichen Neigungen des unbekehrten Herzens nachzugeben. Aber Gott weiß, dass vieles, was ein Mensch für wesentlich hält, ihm nicht den erwarteten Segen bringt, weil die Entwicklung dieser Charakterzüge ihn für das ewige Leben ungeeignet macht.

Der Herr unterzieht die Menschen Prüfungen und Schwierigkeiten, damit die Schlacke vom Gold getrennt werden kann. Aber er zwingt niemanden. Er bindet uns nicht mit Fesseln, Schnüren oder Barrieren, denn sie fördern eher die Abneigung [gegen Gott] als sie zu verringern. Das Heilmittel gegen das Böse liegt in Christus, der in uns als Erlöser wohnt. Aber damit Christus im Herzen wohnen kann, muss es erst von Selbstsucht entleert werden. Dann entsteht ein Vakuum, das der Heilige Geist füllen kann.

Der Herr reinigt das Herz ähnlich, wie wir einen Raum lüften. Wir schließen [dazu] nicht die Türen und Fenster und werfen dann eine reinigende Substanz hinein, sondern wir öffnen Fenster und Türen weit und lassen die reine Atmosphäre des Himmels herein. Christus sagte: „Wer der Wahrheit gehorcht, kommt zum Licht." (Joh 3,21 GNB) Die Fenster der Neigungen und Gefühle müssen zum Himmel hin geöffnet werden, und der Staub der Selbstsucht und der irdischen Gesinnung muss hinausgedrängt werden. Die Gnade Gottes muss die Kammern des Verstandes durchfegen, die Vorstellungskraft muss über himmlische Themen nachdenken, und jeder Teil der menschlichen Natur muss vom Geist Gottes gereinigt und belebt werden. – *Manuscript Releases*, Band 2, S. 338

12. August

Mit Freuden sagt Dank dem Vater, der euch tüchtig gemacht hat zu dem Erbteil der Heiligen im Licht. Er hat uns errettet von der Macht der Finsternis und hat uns versetzt in das Reich seines lieben Sohnes, in dem wir die Erlösung haben, nämlich die Vergebung der Sünden.
(Kolosser 1,12-14)

Das Licht der Sonne der Gerechtigkeit weitergeben

Jeder aufrichtige Sucher nach Wahrheit und Gerechtigkeit darf sich auf die sicheren Verheißungen Gottes verlassen. Der Herr Jesus hat bestätigt, dass uns die Schätze der göttlichen Gnade ganz zur Verfügung stehen, damit wir zu Kanälen des Lichtes werden. Wir können die Reichtümer der Gnade Christi nur empfangen, wenn wir [auch] den Wunsch haben, sie mit anderen zu teilen. Wenn wir die Liebe Christi im Herzen haben, werden wir es als unsere Pflicht und unser Vorrecht empfinden, sie weiterzugeben. Die himmlische Sonne sendet ihre hellen Strahlen auf alle Haupt- und Nebenstraßen des Lebens. Ihr Licht reicht für Tausende von Welten wie der unsrigen. Genau so ist es mit der „Sonne der Gerechtigkeit" (Mal 3,20): Ihre hellen Strahlen des Heils und der Freude reichen mit Leichtigkeit aus, um unsere kleine Welt zu retten, und können [auch] in allen jemals geschaffenen Welten Sicherheit [vor dem Abfall von Gott] schaffen ...

Diejenigen, die erkennen, dass sie „die Umkehr zu Gott und den Glauben an unsern Herrn Jesus" nötig haben (Apg 20,21), werden zerknirscht sein und ihren Widerstand gegen den Geist des Herrn bereuen. Sie werden bekennen, dass sie das so gnädig vom Himmel gesandte Licht zurückgewiesen haben, und werden die Sünden aufgeben, die den Geist Gottes betrübt und beleidigt haben. Sie werden sich demütigen, die Kraft und Gnade Christi annehmen und die Botschaften der Warnung, des Tadels und der Ermutigung anerkennen.

Dann wird ihr Glaube an das Werk Gottes offenbar, und sie werden sich auf das Sühnopfer Jesu verlassen. Sie werden die überschwängliche Gnade und Gerechtigkeit Christi für sich persönlich in Anspruch nehmen. Er wird für sie zum gegenwärtigen Erlöser, denn sie werden erkennen, wie sehr sie ihn brauchen, und sich in völligem Vertrauen auf ihn verlassen. Sie werden aus dem göttlichen, unerschöpflichen Brunnen vom „Wasser des Lebens" trinken (Offb 22,17). In einer neuen und gesegneten Erfahrung werden sie sich Christus anvertrauen und „Teilhaber der göttlichen Natur" werden (2 Ptr 1,4 EB). – *Advent Review and Sabbath Herald*, 26. August 1890

Unsere Gedanken himmelwärts richten

Wenn ihr nun mit Christus auferweckt seid, dann orientiert euch nach oben, wo Christus ist! ... Richtet also eure Gedanken nach oben und nicht auf die irdischen Dinge! Ihr seid doch gestorben, und euer Leben ist mit Christus bei Gott verborgen. (Kolosser 3,1-3 GNB)

Sollten wir uns nicht „los und ledig von [unseren] Sünden durch [Christi] Gerechtigkeit" machen (Dan 4,24) und „unser Bürgerrecht im Himmel" festmachen, „woher wir auch erwarten den Heiland, den Herrn Jesus Christus" (Phil 3,20)? Sollten wir nicht [so oft] von unserem Erlöser reden, dass es für uns ganz natürlich wird? Wenn wir nicht [sorgfältig] auf unsere Gespräche achten, werden wir die Erlösung Gottes nicht erleben. Satan wird von unserem Herzen Besitz ergreifen, und wir werden auf ein niedriges Niveau absinken und von unseren Lüsten beherrscht werden. Lasst uns unsere Gedanken erheben, uns mit Dingen von wirklichem Wert beschäftigen und eine Bildung erwerben, die in der kommenden Welt Bedeutung haben wird! Sollten wir den Herrn nicht aufrichtig suchen, unseren Rückfall bereuen, darüber traurig sein, dass wir sein Wort vernachlässigt haben und die Wahrheit nicht besser kennen? Sollten wir uns nicht mit ganzem Herzen zu ihm wenden, damit er uns heilen und frei [von allen Einschränkungen] lieben kann? Lasst uns heute [wieder] einen Schritt in Richtung Himmel gehen ...

Der Spätregen soll über das Volk Gottes kommen. Ein Engel wird „aus dem Himmel herabkommen, der große Macht hat; und die Erde [soll] von seiner Herrlichkeit erleuchtet" werden (Offb 18,1 GNB). Sind wir bereit, uns an dem herrlichen Werk des dritten Engels zu beteiligen? Sind unsere Gefäße bereit, den himmlischen Tau zu empfangen? Hegen wir Unreinheit und Sünde im Herzen? Wenn ja, dann lasst uns den Seelentempel reinigen und uns auf die Ströme des Spätregens vorbereiten. Die „Erquickung vom Angesicht des Herrn" (Apg 3,20 EB) wird nie in unreine Herzen kommen. Möge Gott uns helfen, unserer Selbstsucht abzusterben, damit Christus, „die Hoffnung der Herrlichkeit" (Kol 1,27), in uns Gestalt gewinnt!

Ich brauche den Heiligen Geist in meinem Herzen. Niemals kann ich vorangehen und das große Werk Gottes vollbringen, wenn meine Seele nicht vom Heiligen Geist erfüllt ist. „Wie ein Hirsch nach frischem Wasser lechzt, so sehne ich mich nach dir, mein Gott!" (Ps 42,2 GNB) Der Tag des Gerichts liegt vor uns. Lasst uns die Kleider unseres Charakters „waschen und im Blut des Lammes weiß" machen! (Offb 7,14 GNB) – *Advent Review and Sabbath Herald*, 21. April 1891

14. August

Eure Sünden sind blutrot, und doch sollt ihr schneeweiß werden. Sie sind so rot wie Purpur, und doch will ich euch rein waschen wie weiße Wolle. Wenn ihr mir von Herzen gehorcht, dann könnt ihr wieder die herrlichen Früchte eures Landes genießen. (Jesaja 1,18.19 Hfa)

Scharlachrote Sünden werden schneeweiß

Wenn du daran denkst, dass Christus den Preis für deine Erlösung und die Erlösung anderer [Menschen] mit seinem eigenen Blut bezahlt hat (siehe 1 Ptr 1,18.19), dann wirst du dazu bewegt werden, die hellen Strahlen seiner Gerechtigkeit einzufangen, damit sie auch den Menschen in deiner Umgebung scheinen. Warte nicht auf die Zukunft und denke, du würdest irgendwann einmal geheiligt werden. *Jetzt* wirst du durch die Wahrheit geheiligt (siehe Joh 17,19 EB)! Der Prophet Jesaja ermahnt uns: „Sucht den HERRN, jetzt ist er zu finden! Ruft ihn, jetzt ist er nahe! Wer seine eigenen Wege gegangen ist und sich gegen den HERRN aufgelehnt hat, der lasse von seinen bösen Gedanken und kehre um zum HERRN, damit er ihm vergibt! Denn unser Gott ist reich an Güte und Erbarmen.“ (Jes 55,6.7 GNB) Und Jesus versprach: „Ihr werdet mit dem Heiligen Geist erfüllt werden, und dieser Geist wird euch die Kraft geben, überall als meine Zeugen aufzutreten.“ (Apg 1,8 GNB)

Wir sollen den Heiligen Geist empfangen. Wir haben [zu lange] gedacht, dieses Geschenk Gottes sei nicht für Leute wie uns bestimmt; die Gabe des Geistes sei zu heilig für uns. Aber der Heilige Geist ist der Beistand, den Christus seinen Jüngern versprochen hat. Der sollte sie „an alles erinnern“, was er ihnen gesagt hatte (Joh 14,26). Darum lasst uns aufhören, auf uns selbst zu sehen, sondern [vielmehr] auf ihn sehen, von dem alle Tugenden kommen. Niemand kann sich selbst besser machen, aber wir sollen zu Jesus kommen, so wie wir sind, mit dem aufrichtigen Wunsch, von jedem Flecken der Sünde gereinigt zu werden und die Gabe des Heiligen Geistes zu empfangen. Wir sollen nicht an seiner Barmherzigkeit zweifeln und nicht sagen: „Ich weiß nicht, ob ich gerettet werde.“ Mit lebendigem Glauben müssen wir an seiner Verheißung festhalten, denn er hat gesagt: „Wenn eure Sünde auch blutrot ist, soll sie doch schneeweiß werden, und wenn sie rot ist wie Scharlach, soll sie doch [weiß] wie Wolle werden.“ (Jes 1,18)

Wir sollen Christi Zeugen sein und das Licht, das der Herr auf uns scheinen lässt, auf andere widerspiegeln. Wir sollen wie treue Soldaten unter dem blutbefleckten Banner des Fürsten „Immanuel“ (Mt 1,23) marschieren.
– *Signs of the Times*, 4. April 1892

Neue Kleider der Gerechtigkeit anziehen

Freuen, ja freuen will ich mich in dem HERRN! Jubeln soll meine Seele in meinem Gott! Denn er hat mich bekleidet mit Kleidern des Heils, den Mantel der Gerechtigkeit mir umgetan, wie der Bräutigam sich nach Priesterart mit dem Kopfschmuck und wie die Braut sich mit ihrem Geschmeide schmückt. (Jesaja 61,10 EB)

Lege deinen Straßenanzug ab und ziehe das Hochzeitsgewand an, das Christus [für dich] bereitet hat (siehe Mt 22,11.12). Dann kannst du mit Jesus Christus „in der Himmelswelt" sitzen (Eph 2,6 EB). Gott heißt alle willkommen, die so, wie sie sind, zu ihm kommen, die sich nicht auf ihre eigene Gerechtigkeit verlassen und sich nicht selbst rechtfertigen wollen, die keine Verdienste für sogenannte gute Taten beanspruchen und nicht mit ihrem vermeintlichen Wissen prahlen. Während du in Sanftmut und Demut gewandelt bist und gewirkt hast, wurde ein Werk für dich getan – ein Werk, das nur Gott vollbringen kann. Gott wirkt in dir „beides, das Wollen und das Vollbringen, nach seinem Wohlgefallen" (Phil 2,13). Sein Wohlgefallen ist es, wenn du in Christus bleibst und in seiner Liebe ruhst.

Nichts soll dir deinen Seelenfrieden, deine [innere] Ruhe und die Sicherheit rauben, dass du in diesem Moment [von Gott] angenommen bist. Beanspruche jede Verheißung; sie gelten alle dir, wenn du die Bedingungen erfüllst.

Wer besitzt diese bleibende Ruhe? Diese Ruhe findet, wer alle Selbstrechtfertigung und alle selbstsüchtigen Gedankengänge aufgibt. Völlige Selbstübergabe und die Annahme seiner Wege sind das Geheimnis völligen Ruhens in seiner Liebe. Wir müssen von Christi Sanftmut und Demut lernen, bevor wir die Erfüllung der Verheißung, „so werdet ihr Ruhe finden für eure Seelen", erleben können (Mt 11,29). Wenn wir die Gewohnheiten Christi lernen, wird unser Ich verwandelt – indem wir sein „Joch" [als Hilfe zum Dienst für ihn] auf uns nehmen und bereit sind, [von ihm] zu lernen (V. 29).

Unser Leben Christus zu übergeben bedeutet viel mehr, als viele meinen. Gott ruft uns zur völligen Übergabe auf. Wir können den Heiligen Geist erst empfangen, wenn wir „jedes Joch zerbrechen" (Jes 58,6 EB), das uns an unsere schlechten Charakterzüge fesselt. Sie hindern uns daran, Christi Joch zu tragen und von ihm zu lernen. Es gibt keinen Christen, der nicht noch viel lernen muss. Alle müssen bei Christus in die Lehre gehen. – *Advent Review and Sabbath Herald*, 25. April 1899

16. August

Sich Gott vollständig übergeben

Früher hattet ihr eure Glieder und alle eure Fähigkeiten in den Dienst der Ausschweifung und Zügellosigkeit gestellt. Ihr führtet ein Leben, das Gott nicht gefallen konnte. So stellt jetzt umgekehrt eure Glieder und Fähigkeiten in den Dienst des Guten und führt euer Leben als Menschen, die Gott gehören. (Römer 6,19 GNB)

Christus hat seiner Gemeinde die Gabe des Heiligen Geistes verheißen, und diese Verheißung gilt uns genauso wie seinen Jüngern damals (siehe Apg 2,39). Aber wie jede andere Verheißung ist sie an Bedingungen geknüpft (siehe V. 38; Apg 5,32). Viele glauben und bekennen sich dazu, die Verheißung des Herrn zu beanspruchen. Sie sprechen von Christus und dem Heiligen Geist, aber sie empfangen keinen Segen. Sie übergeben sich Gott nicht vollständig, damit sie von göttlichen Mächten geleitet und kontrolliert werden. Wir können den Heiligen Geist nicht [für unsere Zwecke] benutzen; der Heilige Geist will [vielmehr] uns gebrauchen. Durch den Geist wirkt Gott in den Gläubigen „das Wollen und das Vollbringen, nach seinem Wohlgefallen" (Phil 2,13). Aber viele wollen sich dem nicht unterwerfen. Sie möchten über ihr Leben selbst bestimmen. Deshalb empfangen sie die himmlische Gabe [des Geistes] nicht.

Nur denjenigen, die demütig auf Gott warten, die auf seine Führung achten und seine Gnade [annehmen], wird der Heilige Geist verliehen. Die Macht Gottes wird nur wirksam, wenn wir nach ihr verlangen und sie in Anspruch nehmen. Dieser verheißene Segen, durch den Glauben in Anspruch genommen, bringt alle anderen Segnungen mit sich. Er wird nach dem Reichtum der Gnade Christi ausgeteilt, und Christus ist bereit, jeden entsprechend seinem eigenen Fassungsvermögen zu versorgen.

Wenn der Geist Gottes das Herz [eines Menschen] in Besitz nimmt, verändert er dessen Leben: Sündige Gedanken werden abgelegt, bösen Taten wird abgeschworen; Liebe, Demut und Frieden treten an die Stelle von Ärger, Neid und Streit. Freude ersetzt die Traurigkeit, und das Angesicht spiegelt die himmlische Freude wider. Niemand bemerkt die Hand, die die Last abnimmt, oder das Licht, das aus den himmlischen Höfen kommt. Der Segen wird wirksam, wenn ein Mensch sich im Glauben [ganz] Gott übergibt. Dann schafft die Macht, die kein menschliches Auge erkennen kann, eine neue Kreatur nach dem Bild Gottes (siehe 2 Kor 5,17).

Der Heilige Geist ist der Atem des geistlichen Lebens in der Seele. Die Mitteilung des Geistes ist die Mitteilung des Lebens Christi. [Der Geist] erfüllt den Empfänger mit den Merkmalen Christi. – *Advent Review and Sabbath Herald*, 19. November 1908

Sich vor Gott demütigen

Kauf dir Augensalbe, die deine blinden Augen heilt. Bei allen, die ich liebe, decke ich die Schuld auf und erziehe sie mit Strenge. Nimm dir das zu Herzen, und kehr um zu Gott! (Offenbarung 3,18.19 Hfa)

In den Gemeinden soll es eine wunderbare Manifestation der Macht Gottes geben, aber diejenigen, die sich vor dem Herrn nicht gedemütigt und die Tür ihres Herzens nicht durch Sündenbekenntnis und Reue geöffnet haben (siehe Offb 3,19.20), werden sie nicht erfahren. Die Manifestation dieser Macht, die die Erde mit der Herrlichkeit des Herrn erleuchtet (siehe Offb 18,1), werden sie in ihrer Blindheit für etwas Gefährliches halten. Sie wird ihnen Angst einflößen und sie werden sich versteifen, ihr zu widerstehen. Weil der Herr nicht gemäß ihren Vorstellungen und Erwartungen wirkt, werden sie sich dagegen wenden. Sie werden fragen: „Warum sollten wir, die wir so viele Jahre in seinem Werk tätig waren, den Geist Gottes nicht erkennen?" Weil sie auf die Warnungen und das Flehen der Botschaften Gottes nicht reagiert haben, sondern permanent sagten: „Wir sind reich und bestens versorgt; uns fehlt nichts." (Offb 3,17 GNB)

Menschen werden nicht durch ihre Fähigkeiten und ihre langjährige Erfahrung zu Kanälen des Lichts – es sei denn, sie haben sich unter die hellen Strahlen der „Sonne der Gerechtigkeit" (Mal 3,20) gestellt und wurden durch die Ausstattung mit dem Heiligen Geist dafür vorbereitet [Kanäle des Lichts zu sein]. Wenn Menschen, die mit heiligen Dingen umgehen, sich „unter die mächtige Hand Gottes" demütigen, wird der Herr sie „zur rechten Zeit erhöhen" (1 Ptr 5,6 EB). Er wird ihnen Unterscheidungsvermögen und die Gnadengaben seines Geistes schenken. Ihre starken, selbstsüchtigen Charakterzüge und ihr Starrsinn werden in dem Licht erscheinen, das seinen Schein vom Licht der Welt erhält. [Die Warnung Christi an sie lautet:] „Wenn ihr euch nicht ändert, werde ich zu euch kommen und euren Leuchter von seinem Platz stoßen." (Offb 2,5 GNB) „Wenn du aber ... den HERRN, deinen Gott, suchen wirst, so wirst du ihn finden, wenn du ihn von ganzem Herzen und von ganzer Seele suchen wirst." (5 Mo 4,29)

Das Ende ist nahe! Wir haben keinen Augenblick zu verlieren! Das Licht soll vom Volk Gottes in klaren, deutlichen Strahlen scheinen und Jesus Christus in die Gemeinden und in die Welt bringen. – *Advent Review and Sabbath Herald*, 23. Dezember 1890

18. August

Sich jetzt zu Christus bekennen

Wenn du mit deinem Mund bekennst: „Jesus ist der Herr!", und wenn du von ganzem Herzen glaubst, dass Gott ihn von den Toten auferweckt hat, dann wirst du gerettet werden. Wer also von Herzen glaubt, wird von Gott angenommen; und wer seinen Glauben auch bekennt, der findet Rettung. (Römer 10,9.10 Hfa)

Das Evangelium bewirkt Fortschritte in jedem menschlichen Werkzeug, das sich dem Dienst für den Herrn geweiht hat. Der Heilige Geist ergreift von jedem Besitz, der dazu bereit ist – aber nicht, damit diese Person den Geist lenken kann, sondern damit der Geist durch die Gnade, die auf das menschliche Werkzeug ausgegossen wird, seine Wunder wirken kann. Die Güte Gottes wird [unter den Menschen] zu einer wirksamen Kraft durch ein stimmiges Leben, durch die inbrünstige Liebe zu Jesus und durch den Eifer, der vom Himmel inspiriert ist. Wer mit Jesus verbunden ist, wird an seiner einfühlsamen Liebe teilhaben und sein überfließendes Mitgefühl für Menschen teilen, die Satans hinterlistigen Versuchungen nachgegeben haben. Er wird überlegen, studieren und Feingefühl zeigen, um die selbstlose Liebe Christi so anziehend darzustellen, dass sündige und verstockte Herzen für Jesus gewonnen werden, der sein Leben für sie gab ...

Verliere keine Zeit; bekenne dich ohne Verzögerung zu Christus! Der Heilige Geist, der Tröster, der Geist der Wahrheit, gibt Zeugnis von ihm (siehe Joh 15,26). Jesus sagte: „Ihr werdet den Heiligen Geist empfangen und durch seine Kraft meine Zeugen sein." (Apg 1,8 Hfa) Es ist eine schlimme Sache, den Heiligen Geist zu betrüben (siehe Eph 4,30), der dich zu einem Zeugen Christi machen würde. Du weißt nicht, wann du den Geist zum letzten Mal betrüben würdest.

Der Heilige Geist wirkt nicht am menschlichen Herzen, um dich zur Übergabe an Christus oder zur Auslieferung deines Gewissens zu *zwingen*. Er erleuchtet dein Denken, um dir deine Sünden bewusst zu machen (siehe Joh 16,8) und dich [auf die Seite der] Gerechtigkeit zu *ziehen*. Wenn du dich nicht jetzt zu Christus bekennst, wird die Zeit kommen, wenn du – überwältigt vom Bewusstsein der großen Dinge, die du verloren hast – dein Bekenntnis ablegst. Aber warum willst du dich nicht jetzt zu Christus bekennen, solange dich die Stimme der Barmherzigkeit [noch] dazu einlädt? – *Youth's Instructor*, 1. August 1895

19. August

Jedes Hindernis für das Wirken des Geistes ausräumen

Brüder und Schwestern, im Namen von Jesus Christus, unserem Herrn, rufe ich euch auf: Seid einig! Bildet keine Gruppen, die sich gegenseitig bekämpfen! Haltet in gleicher Gesinnung und Überzeugung zusammen! (1. Korinther 1,10 GNB)

Um die Ausgießung des Geistes sollte jeder beten, der das Werk der Wahrheit [die Adventbewegung] liebt. Soweit es in unserer Macht steht, sollten wir alles wegräumen, was seinem Wirken entgegensteht. Der Geist kann niemals ausgegossen werden, solange Streit und Bitterkeit unter den Gliedern der Gemeinde bestehen. Neid, Eifersucht, Argwohn und üble Nachrede kommen von Satan und versperren der Arbeit des Heiligen Geistes wirkungsvoll den Weg.

Nichts in der Welt ist Gott so teuer wie seine Gemeinde. Nichts hütet er mit einer solch eifersüchtigen Sorgfalt. Nichts beleidigt Gott so sehr wie ein Verhalten, durch die der Einfluss derer, die in seinem Dienst stehen, beeinträchtigt wird. Er wird jeden zur Rechenschaft ziehen, der Satan in seinem Werk der Kritik und der Entmutigung unterstützt.

Wer kein Mitgefühl, keine Zärtlichkeit und keine Liebe besitzt, kann das Werk Christi nicht vorantreiben. Bevor sich die Weissagung erfüllen kann, „Der Schwächste von ihnen wird so stark sein wie David, und die Nachkommen Davids an ihrer Spitze sind dann so stark wie Engel“ (Sach 12,8 GNB), muss jeder Gedanke des Argwohns gegen die Brüder beiseite gesetzt werden. Die Herzen müssen gemeinsam schlagen. Christliches Wohlwollen und brüderliche Liebe müssen weit mehr gezeigt werden. Immer klingen mir die Worte in den Ohren: „Steht zusammen! Steht zusammen!“ Die ernste und heilige Wahrheit für unsere Zeit soll das Volk Gottes einigen. Der Wunsch nach einer Vorrangstellung muss sterben. Nur in einer Hinsicht sollen wir miteinander wetteifern: Wer ähnelt Christus in seinem Charakter am meisten? Wer lässt sein Ich am vollständigsten in Christus aufgehen?

Christus sagte: „Darin wird mein Vater verherrlicht, dass ihr viel Frucht bringt.“ (Joh 15,8) Wenn es überhaupt einen Ort gibt, wo die Gläubigen viel Frucht bringen sollten, dann ist es auf unseren großen Zusammenkünften. Unser Handeln, unsere Worte und unsere Gesinnung bei solchen Versammlungen werden aufgezeichnet, und unser Einfluss reicht bis in die Ewigkeit. – *Aus der Schatzkammer der Zeugnisse,* Band 2, S. 343f. (rev.)

20. August

Macht euch nichts vor! Gott lässt keinen Spott mit sich treiben. Jeder Mensch wird ernten, was er gesät hat. Wer auf den Boden der menschlichen Selbstsucht sät, wird von ihr den Tod ernten. Wer auf den Boden von Gottes Geist sät, wird von ihm unvergängliches Leben ernten. (Galater 6,7.8 GNB)

Sich nicht gegenüber dem Einfluss des Heiligen Geistes verhärten

Der Herr schickt uns Ermahnungen, Rat und Tadel, um uns Gelegenheit zu geben, unsere Fehler zu korrigieren, bevor sie uns zur zweiten Natur werden. Wenn wir uns jedoch nicht korrigieren lassen wollen, greift Gott nicht ein, um den Folgen unseres eigenen Verhaltens entgegenzuwirken. Er wirkt kein Wunder, damit die [böse] Saat nicht aufgeht und keine Frucht trägt. Wer gegenüber der göttlichen Wahrheit ungläubige Zähigkeit oder sture Gleichgültigkeit an den Tag legt, wird nur das ernten, was er selbst gesät hat. Das haben viele erlebt. Mit stoischer Gleichgültigkeit hören sie [nun] die Wahrheiten an, die sie einmal begeistert haben. Sie haben Nachlässigkeit, Gleichgültigkeit und Ablehnung der Wahrheit gesät, und dementsprechend sieht auch ihre Ernte aus.

Eiseskälte, Härte wie Stahl, die undurchdringliche und gefühllose Natur eines Felsens – diese Eigenschaften finden sich im Charakter vieler bekennender Christen. So hatte sich auch das Herz Pharaos verhärtet. Durch den Mund von Mose sprach Gott zum König Ägyptens und offenbarte ihm überwältigende Beweise seiner Macht; aber der Monarch wies das Licht, das ihn zur Reue geführt hätte, eigensinnig zurück (siehe 2 Mo 7,10-13.21.22). Gott sandte keine übernatürliche Macht, um das Herz des rebellischen Königs zu verhärten, aber als der Pharao sich der Wahrheit widersetzte, zog er den Heiligen Geist zurück und überließ ihn der Finsternis und dem Unglauben, für die er sich entschieden hatte.

Wer das Wirken des Heiligen Geistes beständig zurückweist, kappt [schließlich] seine Verbindung zu Gott. Gott hat dann kein weiteres Machtmittel mehr in Reserve, um ihr Denken zu erleuchten. Keine Offenbarung seines Willens kann sie [noch] in ihrem Unglauben erreichen.

Gern würde ich jedem, der vorgibt, ein Christ zu sein, zeigen, wie die Lage wirklich aussieht. Wir alle säen entweder auf das Fleisch oder auf den Geist, und wir werden ernten, was wir säen (siehe Gal 6,8). Bei der Entscheidung, womit wir uns erfreuen und unsere Zeit verbringen wollen, sollten wir nur Hochwertiges auswählen. Belanglosigkeiten, weltlichen und erniedrigenden Dingen sollten wir keinen Einfluss auf unsere Gefühle oder unseren Willen einräumen. – *Advent Review and Sabbath Herald*, 20. Juni 1882

Große Dinge von Gott erwarten

Aber nach dieser Zeit werde ich mit dem Volk Israel einen neuen Bund schließen. Und der wird ganz anders aussehen: Ich schreibe mein Gesetz in ihr Herz, es soll ihr ganzes Denken und Handeln bestimmen. Ich werde ihr Gott sein, und sie werden mein Volk sein. (Hebräer 8,10 Hfa)

Es liegt keineswegs an irgendeiner Einschränkung seitens Gottes, wenn die Reichtümer seiner Gnade die Menschen nicht erreichen. Seine Gabe [des Heiligen Geistes] ist göttlich. Er gibt sie mit einer Freigiebigkeit, die Menschen nicht schätzen, weil sie nicht gern etwas [umsonst] empfangen. Wenn alle bereit wären, den Geist zu empfangen, würden sie alle mit ihm erfüllt werden. Weil wir uns mit kleinen Segnungen zufrieden geben, disqualifizieren wir uns, den Geist ... in seiner ganzen Fülle zu empfangen. Wir sind allzu schnell zufrieden mit einem Kräuseln an der Oberfläche, obwohl es unser Vorrecht wäre, die tiefe Bewegung des Geistes Gottes zu erfahren. Wenn wir wenig erwarten, werden wir auch wenig empfangen.

Jeder sollte wissen, wie notwendig das [verändernde] Wirken des Heiligen Geistes ist. Nur wenn er als Stellvertreter Christi akzeptiert und geschätzt wird, [und erkannt wird, dass] dessen Werk die Erneuerung und Heiligung des ganzen Wesens umfasst, können bedeutsame Wahrheiten, die den Menschen anvertraut wurden, ihre Wirkung auf das Denken entfalten. Es reicht nicht, eine [gewisse] Kenntnis der Wahrheit zu besitzen. Wir sollen in der Liebe wandeln und wirken und unseren Willen mit dem Willen Gottes in Übereinstimmung bringen. Von denen, die das tun, sagt der Herr: „Ich will mein Gesetz geben in ihren Sinn, und in ihr Herz will ich es schreiben." (Hbr 8,10) Gott ist die allmächtige Kraft bei diesem Werk der Veränderung. Durch seinen Heiligen Geist schreibt er sein Gesetz in unsere Herzen.

Auf diese Weise wird die Beziehung zwischen Gott und einem Menschen erneuert. „Sie werden mein Volk sein", sagt Gott, und „ich werde ihr Gott sein." (V. 10 GNB, vgl. Jer 31,33) „Es gibt keine Charaktereigenschaft, die ich den Menschen nicht gern geben würde, damit sie mein Bild widerspiegeln können." Wenn wir es zulassen, dass Gott seinen Willen in uns hineinlegt, werden wir der Sünde keinen Raum geben. Das reinigende Feuer wird jede Schlacke verzehren.

Als der Heilige Geist am Pfingsttag herabkam, hörte er sich an wie das Rauschen eines mächtigen Windes. Er wurde nicht in einem begrenzten Maß ausgeteilt, sondern erfüllte den ganzen Raum, in dem die Jünger sich befanden (siehe Apg 2,2). Genauso werden wir ihn empfangen, wenn unsere Herzen darauf vorbereitet sind. – *Advent Review and Sabbat Herald*, 10. Juni 1902

22. August

Bittet den HERRN, dass es regne zur Zeit des Spätregens, so wird der HERR, der die Wolken macht, euch auch Regen genug geben für jedes Gewächs auf dem Felde. (Sacharja 10,1)

Um den Spätregen des Heiligen Geistes bitten

Auch wenn wir den schmalen Weg lange Zeit gegangen sind, ist das keine Garantie dafür, dass wir ihm bis zum Ende folgen werden. Wenn wir unser Leben mit Gott in Gemeinschaft seines Geistes geführt haben, dann deshalb, weil wir ihn täglich im Glauben gesucht haben. Das goldene Öl der beiden Ölbäume fließt durch die goldenen Röhren zu uns [als Lampen, siehe Sach 4,2.3 EB]. Aber wer die Gesinnung und die Gewohnheit des Betens nicht gepflegt hat, kann nicht erwarten, dass er das goldene Öl der Güte, Geduld, Langmut, Freundlichkeit und Liebe empfängt.

Jeder soll sich von der Welt getrennt halten, die voller Ungerechtigkeit ist. Wir können nicht eine Zeitlang mit Gott wandeln und uns dann von ihm lösen und [unseren Weg] mit den Funken erleuchten, die wir selbst erzeugen. Wir brauchen eine feste Kontinuität, eine Beständigkeit im Glauben. Wir sollen Gott loben und ihn durch einen guten Charakter verherrlichen. Niemand von uns wird den Sieg erringen ohne ausdauerndes, unermüdliches Bemühen, das dem Wert unseres Ziels, dem ewigen Leben, entspricht.

Das Zeitalter, in dem wir jetzt leben, ist für die, die um ihn bitten, das Zeitalter des Heiligen Geistes. Bittet um seinen Segen! Es ist jetzt die Zeit, unsere Hingabe zu intensivieren. Uns ist die mühsame, aber erfreuliche und herrliche Aufgabe übertragen worden, Christus denen zu offenbaren, die in der Finsternis sind. Wir sind berufen, die besonderen Wahrheiten für diese Zeit zu verkündigen. Dazu ist die Ausgießung des Geistes erforderlich. Darum sollten wir beten. Der Herr erwartet, dass wir ihn bitten. [Doch] wir sind in dieser Sache nicht ernsthaft genug gewesen.

Was kann ich meinen Brüdern im Namen des Herrn sagen? Welche Anstrengungen haben wir in Übereinstimmung mit dem Licht unternommen, das der Herr uns gegeben hat? Wir können uns nicht auf äußere Formen oder die Gemeindemaschinerie verlassen. Wir brauchen den erquickenden Einfluss des Heiligen Geistes. „Nicht durch menschliche Macht und Gewalt wird es dir gelingen, sondern durch meinen Geist", sagt Gott (Sach 4,6 GNB). „Betet ohne Unterlass" (1 Ths 5,17) und wacht, indem ihr in Übereinstimmung mit euren Gebeten arbeitet. Wenn du betest, dann glaube und vertraue auf Gott. Es ist die Zeit des Spätregens, in der der Herr seinen Geist reichlich austeilt. Haltet an am Gebet und seid wachsam durch den Geist. – *Advent Review and Sabbath Herald*, 2. März 1897

23. August

Auf die Fürsprache Christi vertrauen

Denn wir haben nicht einen Hohenpriester, der nicht Mitleid haben könnte mit unseren Schwachheiten ... Lasst uns nun mit Freimütigkeit hinzutreten zum Thron der Gnade, damit wir Barmherzigkeit empfangen und Gnade finden zur rechtzeitigen Hilfe! (Hebräer 4,15.16 EB)

Der Herr wird seine bedrängten, geprüften Kinder nicht den Versuchungen Satans überlassen. Es ist unser Vorrecht, auf Jesus zu vertrauen. Der Himmel ist voll von reichen Gaben, und es ist unser Vorrecht, Christi Freude in uns zu haben, damit unsere Freude vollkommen wird (siehe Joh 15,11). „Ihr habt nichts, weil ihr nicht bittet" (Jak 4,2 EB) oder weil ihr nicht im Glauben betet und nicht davon überzeugt seid, dass wir mit dem besonderen Wirken des Heiligen Geistes gesegnet werden sollen. Durch die Vermittlung Christi wird der aufrichtig Suchende das gnädige Wirken des Geistes Gottes erfahren, damit er die Erkenntnis der rettenden Wahrheit weitergeben kann.

Warum glauben wir nicht an das klare „So spricht der Herr!"? Hört unter keinen Umständen auf zu beten! „Der Geist ist zwar willig, das Fleisch aber schwach" (Mk 14,38 EB), doch Jesus weiß das. Ihr sollt in eurer Schwachheit nicht ängstlich sein, denn Angst bedeutet Zweifel und Misstrauen. Ihr sollt einfach nur glauben, denn Christus kann „vollständig und für immer alle retten, die sich durch ihn an Gott wenden, [denn] er lebt für immer, um bei Gott für sie einzutreten." (Hbr 7,25 GNB)

Was bedeutet die Fürbitte Christi? Sie ist das goldene Band, das den begrenzten Menschen an den Thron des unendlichen Gottes bindet. Der Mensch, für dessen Erlösung Christus gestorben ist, kommt mit Beharrlichkeit zum Thron Gottes, und seine Bitte wird von Jesus vorgebracht, der ihn mit seinem eigenen Blut erkauft hat. Unser großer Hoherpriester macht für den aufrichtigen Beter seine Gerechtigkeit geltend, und das Gebet Christi vereint sich mit dem des betenden Menschen.

Christus hat sein Volk ermahnt, „ohne Unterlass" zu beten (1 Ths 5,17). Das bedeutet nicht, dass wir ständig auf den Knien liegen sollen, aber das Gebet soll das Atmen der Seele sein. Unsere stillen Bitten steigen auf zu Gott – ganz gleich, wo wir uns gerade befinden –, und Jesus, unser Fürsprecher, tritt für uns ein und trägt unsere Anliegen vermischt mit dem Weihrauch seiner Gerechtigkeit vor den Vater (siehe Offb 8,3.4).

Der Herr Jesus liebt seine Nachfolger, und wenn sie ihr Vertrauen auf ihn setzen und sich ganz auf ihn verlassen, gibt er ihnen Kraft. Er wird in ihnen leben und ihnen den Einfluss seines heiligenden Geistes geben, der seine Lebenskraft auf die menschliche Seele überträgt. – *Sabbath School Worker*, 1. Februar 1896

24. August

Ich bin der Weinstock, und ihr seid die Reben. Wer bei mir bleibt, so wie ich bei ihm bleibe, der trägt viel Frucht. Denn ohne mich könnt ihr nichts ausrichten. Wer ohne mich lebt, wird wie eine unfruchtbare Rebe abgeschnitten und weggeworfen. (Johannes 15,5.6 Hfa)

Die beständige Verbindung mit Christus pflegen

In keinem Stadium unserer [christlichen] Erfahrung können wir ohne die Hilfe auskommen, die uns [auch] den Anfang ermöglicht hat. Die Segnungen des Frühregens brauchen wir bis zum Ende. Doch sie allein werden nicht ausreichen. Wenn wir uns über den Segen des Frühregens freuen, dürfen wir andererseits nicht vergessen, dass die Ernte ohne den Spätregen, der die Ähren füllt und das Korn reifen lässt (siehe Joel 2,23.24), nicht eingebracht werden könnte und die Arbeit des Sämanns vergeblich wäre. Die Gnade Gottes ist am Anfang nötig, bei jedem Schritt zur Reife, und allein die Gnade Gottes kann das Werk [auch] vollenden.

Es gibt für uns [allerdings] keinen Anlass, sorglos zu ruhen. Wir dürfen nie die Mahnung Christi vergessen: „Bleibt wachsam und betet zu jeder Zeit!" (Lk 21,36 Hfa) Wir brauchen die beständige Verbindung mit dem göttlichen Beistand, damit wir vorwärtskommen. Vielleicht besitzen wir ein gewisses Maß des Geistes Gottes, aber durch Gebet und Glauben sollten wir beständig nach einem größeren Anteil des Geistes streben. Unsere Bemühungen werden nie ausreichen. Wenn wir keine Fortschritte machen, wenn wir uns nicht in eine Haltung begeben, beides – den Frühregen und den Spätregen – zu empfangen, werden wir unsere Seele verlieren, und wir werden selbst dafür verantwortlich sein.

„Erbittet euch von dem HERRN Regen zur Zeit des Spätregens!" (Sach 10,1 EB) Seid nicht damit zufrieden, dass der Regen im üblichen Lauf der Jahreszeiten sowieso fallen wird. Bittet um ihn! [Die Verantwortung für] das Wachstum und die Reifung des Samens liegt nicht beim Bauern. Gott allein kann die Ernte reifen lassen. Aber die Mitarbeit des Menschen ist erforderlich. Gottes Werk für uns erfordert den Einsatz unseres Verstandes und unseres Glaubens. Wenn die Schauer seiner Gnade auf uns fallen sollen, müssen wir seine Gunst von ganzem Herzen suchen.

Wir sollten jede Gelegenheit nutzen, um seine Segnungen zu empfangen. Christus hat gesagt: „Wo zwei oder drei versammelt sind in meinem Namen, da bin ich in ihrer Mitte." (Mt 18,20 EB) Die Versammlungen der Gemeinde wie zum Beispiel auf Zeltversammlungen, die Zusammenkünfte der Hausgemeinden [oder Hauskreise] und alle Gelegenheiten zum persönlichen Einsatz bei der Rettung von Menschen bieten Gott willkommene Anlässe, den Frühregen und den Spätregen auszuteilen. – *Advent Review and Sabbath Herald*, 2. März 1897

Mehr Wertschätzung für die Gabe des Geistes zeigen

Es kommt die Zeit, da werde ich meinen Geist ausgießen über alle Menschen. Eure Männer und Frauen werden dann zu Propheten; Alte und Junge haben Träume und Visionen ... Dann ist der große und schreckliche Tag nahe, an dem ich Gericht halte. (Joel 3,1.4 GNB)

Die Ausgießung des Geistes zur Zeit der Apostel war der „Frühregen" (Joel 2,23; 3,1; vgl. Apg 2,4.16.17). Er führte zu wunderbaren Ergebnissen. Aber der „Spätregen" wird noch reichlicher sein. Welche Verheißung gilt denjenigen, die in dieser letzten Zeit leben? „Kehrt heim zur festen Stadt, die ihr auf Hoffnung gefangen liegt. Denn heute verkündige ich, dass ich dir zweifach [den Geist geben] will.'" (Sach 9,12) „Erbittet euch von dem HERRN Regen zur Zeit des Spätregens! Der HERR ist es, der die Wetterwolken macht, er lässt den Regen regnen." (Sach 10,1 EB)

Christus erklärt, dass der göttliche Einfluss des Heiligen Geistes seine Nachfolger bis zum Ende begleiten würde. Aber manche schätzen diese Verheißung nicht so, wie es sein sollte; ihre Erfüllung erfolgt [daher] nicht in der Weise, wie es sein könnte. Wir mögen Lerneifer, Fähigkeiten, Beredsamkeit und jede natürliche oder erworbene Begabung besitzen; doch ohne die Gegenwart des Geistes Gottes wird kein Herz berührt und kein Sünder für Christus gewonnen werden. Wenn die Nachfolger Christi mit ihm verbunden sind, wenn sie die Gaben des Geistes besitzen, dann wird sogar der Ärmste und Unwissendste unter ihnen eine Macht besitzen, die Herzen anspricht. Gott macht aus ihnen einen Kanal für die Wirksamkeit des mächtigsten Einflusses im [ganzen] Universum.

Wie die Jünger die göttliche Gabe – die Macht des Heiligen Geistes – empfangen haben, so werden sie heute alle empfangen, die auf rechte Weise nach ihr streben. Nur seine Macht kann uns „den Weg zur Rettung lehren" (2 Tim 3,15 GNB) und uns auf die himmlischen Höfe vorbereiten. Christus möchte uns einen Segen geben, der uns heilig macht. „Das alles sage ich euch", erklärt er, „damit meine Freude euch ganz erfüllt und eure Freude dadurch vollkommen wird." (Joh 15,11 Hfa) Freude im Heiligen Geist vermittelt uns Gesundheit und [wahres] Leben. Mit seinem Geist schenkt Gott sich selbst – eine [unerschöpfliche] Quelle göttlichen Wirkens, um der Welt Gesundheit und Leben zu schenken. – *Signs of the Times*, 15. März 1910

26. August

Als die Leute das hörten, waren sie von dieser Botschaft tief betroffen ... „Kehrt um zu Gott!“, forderte Petrus sie auf. „Jeder von euch soll sich auf den Namen Jesu Christi taufen lassen, damit euch Gott eure Sünden vergibt und ihr den Heiligen Geist empfangt.“
(Apostelgeschichte 2,37.38 Hfa)

Mehr über den Empfang des Geistes predigen

Kurz bevor Jesus seine Jünger verließ, um in den Himmel aufzufahren, ermutigte er sie durch die Verheißung des Heiligen Geistes (siehe Apg 1,8.9). Diese Verheißung gilt für uns genauso wie ihnen damals, wie Petrus betonte: „Denn euch und euren Kindern gilt diese Verheißung [des Geistes] und allen, die fern sind, so viele der Herr, unser Gott, herzurufen wird.“ (Apg 2,39) Doch wie selten wird sie der Gemeinde verkündigt, und [wie selten] von ihrem Empfang gesprochen!

Als Folge des Schweigens über dieses wichtige Thema erleben wir bei keiner anderen Verheißung [Christi] so wenig die praktische Erfüllung wie bei dieser kostbaren Verheißung der Gabe des Heiligen Geistes, die unserer gesamten geistlichen Arbeit die Wirksamkeit verleiht. Die Verheißung des Geistes wird gelegentlich in den Vorträgen erwähnt und beiläufig angesprochen, aber das ist [auch schon] alles. Es wurde viel über die Prophezeiungen gepredigt und die [adventistischen] Lehren wurden [ausführlich] erklärt, aber das, was für das geistliche Wachstum und die Wirksamkeit der Gemeinde wesentlich ist, damit die Verkündigung überzeugend wirkt und Menschen zu Gott bekehrt werden, haben unsere Prediger weitgehend ausgespart.

Das Thema wurde beiseitegelegt, als ob es irgendwann in der Zukunft berücksichtigt werden würde. Andere Segnungen und Vorrechte wurden der Gemeinde präsentiert, bis in ihr der Wunsch erwachte, den von Gott verheißenen Segen zu empfangen. Aber bezüglich des Heiligen Geistes wurde der Eindruck erweckt, diese Gabe sei nicht für die Gemeinde heute bestimmt, sondern für sie [erst] irgendwann in der Zukunft notwendig.

Diese verheißene Gabe würde – wenn wir sie im Glauben in Anspruch nähmen – alle anderen Segnungen im Gefolge mit sich bringen und soll dem Volk Gottes in reichlichem Maß zuteil werden. Aufgrund der ausgeklügelten Ränke des Feindes scheint Gottes Volk [jedoch] nicht in der Lage zu sein, die Verheißungen Gottes recht zu begreifen und sich anzueignen ... Die den heiligen Samen der Wahrheit gesät haben, werden eine Ernte der Freude einbringen. „Weinend gehen sie hin und streuen die Saat aus, jubelnd kommen sie heim und tragen ihre Garben.“ (Ps 126,6 GNB) – *Testimonies to Ministers*, S. 174f.

Ein größeres Engagement ist erforderlich

Aber etwas habe ich an euch auszusetzen: Eure Liebe ist nicht mehr so wie am Anfang. Bedenkt, von welcher Höhe ihr herabgestürzt seid! Kehrt um und handelt wieder so wie zu Beginn! Wenn ihr euch nicht ändert, werde ich zu euch kommen und euren Leuchter von seinem Platz stoßen. (Offenbarung 2,4.5 GNB)

„Bald wird das Ende dieser Welt kommen." (1. Ptr 4,7 Hfa). Gott wirkt an jedem Menschen, der für die Eindrücke des Heiligen Geistes offen ist. Er sendet Boten aus, die die Warnungsbotschaft überall verkünden sollen. Gott prüft die Hingabe seiner Gemeinden und ihre Bereitschaft, der Führung seines Geistes zu gehorchen. Die Erkenntnis [Gottes] soll wachsen. Boten des Himmels sind überall unterwegs und versuchen, die Menschen auf jede nur mögliche Weise vor dem kommenden Gericht zu warnen und die frohe Botschaft der Erlösung durch unseren Herrn Jesus Christus zu verbreiten. Der Maßstab der Gerechtigkeit soll erhöht werden.

Der Geist Gottes bewegt die Herzen der Menschen, und diejenigen, die auf seinen Einfluss [positiv] reagieren, werden zu Lichtern in der Welt. Überall erzählen sie anderen von dem Licht, das sie empfangen haben, wie es nach dem Herabkommen des Heiligen Geistes zu Pfingsten geschah. Wenn sie ihr „Licht leuchten" lassen (Mt 5,16), empfangen sie immer mehr von der Kraft des Geistes. Die Erde wird von der Herrlichkeit Gottes erleuchtet (siehe Offb 18,1).

Aber welch ein trauriges Bild: Diejenigen, die sich dem Einfluss des Heiligen Geistes nicht unterwerfen, verlieren die Segnungen bald wieder, die sie erhielten, als sie die [ihnen verkündigte] Wahrheit als von Gott kommend anerkannten. Sie fallen in einen kalten, leblosen Formalismus und verlieren ihr Interesse an verlorenen Menschen. Sie haben die „erste Liebe verlassen" (Offb 2,4 EB). Christus sagt zu ihnen: „Erinnere dich daran, mit welcher Hingabe du einmal begonnen hast. Was ist davon geblieben? Kehre um, und handle wieder so wie zu Beginn. Sonst werde ich kommen und deinen Leuchter von seinem Platz stoßen." (V. 5 Hfa) Er wird der Gemeinde seinen Heiligen Geist wegnehmen und ihn anderen geben, die ihn schätzen.

Es gibt keinen deutlicheren Beweis dafür, dass die, die großes Licht empfangen haben, es nicht achten, als ihre Weigerung, ihr Licht denen scheinen zu lassen, die in Finsternis leben, und ihre Zeit und Energie stattdessen zur Pflege von [gottesdienstlichen] Formen und Zeremonien einzusetzen. – *Advent Review and Sabbath Herald*, 16. Juli 1895

28. August

Sie waren täglich einmütig beieinander im Tempel und brachen das Brot hier und dort in den Häusern, hielten die Mahlzeiten mit Freude und lauterem Herzen und lobten Gott und fanden Wohlwollen beim ganzen Volk. Der Herr aber fügte täglich zur Gemeinde hinzu, die gerettet wurden. (Apostelgeschichte 2,46.47)

Mehr Mitarbeit der Gemeindemitglieder erforderlich

Jeder wahrhaft bekehrte Nachfolger Christi wird den intensiven Wunsch verspüren, andere Menschen aus der Finsternis des Irrtums in das wunderbare Licht der Gerechtigkeit Christi zu führen. Die große Ausgießung des Geistes Gottes, die die ganze Welt mit seiner Herrlichkeit erleuchten wird (siehe Offb 18,1 EB), wird erst kommen, wenn wir ein erleuchtetes Volk [von Gläubigen] sind, die aus eigener Erfahrung wissen, was es bedeutet, Mitarbeiter Gottes zu sein. Wenn wir uns völlig und von ganzem Herzen dem Dienst für Christus hingeben, wird Gott diese Hingabe durch die überreichliche Ausgießung seines Geistes anerkennen. Dies wird aber nicht geschehen, solange die Mehrheit der Gemeindeglieder keine Mitarbeiter Gottes sind. Gott kann seinen Geist nicht ausgießen, wenn Selbstsucht und Selbstgefälligkeit so [deutlich] zu Tage treten und solange eine Einstellung herrscht, die sich mit der Frage Kains beschreiben lässt: „Soll ich meines Bruders Hüter sein?" (1 Mo 4,9)

Wenn die Wahrheit für diese [letzte] Zeit und die zunehmenden Zeichen, die bezeugen, dass „das Ende aller Dinge nahe gekommen" ist (1 Ptr 4,7), nicht genügen, um die schlafenden Energien derjenigen, die sich zur Wahrheit bekennen, zu wecken, werden sie von einer Finsternis überwältigt werden, die dem Maß des erhaltenen Lichtes entspricht. Sie haben für ihre Gleichgültigkeit auch nicht die geringste Entschuldigung, die sie Gott am großen Tag der letzten Abrechnung präsentieren könnten. Sie werden keinen Grund anführen können, warum sie nicht im Licht der heiligen Wahrheit des Wortes Gottes gelebt und gearbeitet haben und es versäumten, einer von der Sünde verdunkelten Welt durch ihr Verhalten, ihr Mitgefühl und ihren Eifer die unbestreitbare Macht und Realität des Evangeliums zu offenbaren.

Es sind nicht nur die Prediger, sondern auch die Laienglieder, die nicht alles, was sie können, dazu beitragen, um Menschen durch ihre Lehren und ihr Vorbild zu überzeugen, die rettende Gnade Jesu Christi anzunehmen. Mit Geschicklichkeit, Feingefühl und Weisheit von oben sollten sie Menschen auf „Gottes Lamm" hinweisen, „das die Sünde der Welt wegnimmt" (Joh 1,29 EB). – *Advent Review and Sabbath Herald*, 21. Juli 1896

Gott erwartet mehr tätige Nächstenliebe

Wenn ihr aufhört, andere zu unterdrücken, mit Fingern spöttisch auf sie zu zeigen und schlecht über sie zu reden, wenn ihr den Hungernden zu essen gebt und euch den Notleidenden zuwendet, dann wird eure Dunkelheit hell werden, rings um euch her wird das Licht strahlen [hell] wie am Mittag. (Jesaja 58,9.10 GNB)

Alle, die vorgeben, Gottes Gebote zu halten, sollten sich intensiv mit diesem Thema beschäftigen und überlegen, ob es nicht Gründe gibt, warum sie nicht ein größeres Maß des Heiligen Geistes bekommen haben. Viele haben sich dem Egoismus hingegeben! Sie halten sich für besonders [von Gott] erhoben, kümmern sich aber nicht um die Bedürftigen, verschließen ihr Ohr den Schreien der Unterdrückten und sprechen harte und schneidende Worte zu denen, die Zuwendung nötig hätten. Mit ihrer Herzenshärte beleidigen sie Gott täglich. Menschen in Not brauchen das Mitgefühl und Interesse ihrer Mitmenschen. Sie haben ein Recht auf Hilfe, Trost und christliche Liebe, erfahren sie aber nicht.

Jede Nichtachtung der leidenden [Kinder] Gottes wird in den Büchern des Himmels notiert, als würde sie Christus selbst betreffen (siehe Mt 25,42-45). Jedes einzelne Gemeindeglied sollte seine Einstellung und sein Verhalten genau prüfen und überlegen, ob sie mit dem Geist und dem Werk Jesu übereinstimmen. Wenn das nicht der Fall ist, was kann es dann vorbringen, wenn es vor dem Richter der ganzen Welt stehen wird? Kann der Herr [Christus] zu ihm sagen: „Kommt her! Euch hat mein Vater gesegnet. Nehmt die neue Welt Gottes in Besitz, die er seit Erschaffung der Welt für euch als Erbe bereithält!"? (Mt 25,34 Hfa; vgl. V. 31.32)

Christus hat seine Interessen mit denen der leidenden Menschheit identifiziert. Wenn wir ihn in Gestalt seiner leidenden [Kinder] missachten, werden alle unsere Gottesdienste, alle unsere Versammlungen und all die Maschinerie, die zum Fortschritt des Werkes Gottes eingerichtet wurde, wenig Nutzen haben. [Christus sagte:] „Dies sollte man tun und jenes nicht lassen." (Lk 11,42) [Uns droht das Urteil:] „Gott hat dich gewogen und für zu leicht befunden. Du kannst nicht vor ihm bestehen." (Dan 5,27 Hfa)

Wer zu den Heiligen im Himmel gehören wird, wird zuerst zu den Heiligen auf der Erde gehören. Sie werden nicht ihren eigenen Vorstellungen folgen, nicht um der Anerkennung willen arbeiten, weder leere Worte reden noch andere verurteilen oder unterdrücken. Sie werden dem Licht des Lebens folgen und Erkenntnisse, Trost, Hoffnung und Ermutigung an die Hilfsbedürftigen weitergeben, die Unterstützung brauchen, aber nicht Tadel und Vorwürfe. – *Advent Review and Sabbath Herald*, 4. August 1891

30. August

Mehr ernsthaftes Gebet erforderlich

Wir wissen es, HERR, und geben es zu: Wir sind vor dir schuldig geworden, wir und unsere Väter. Aber jetzt geht es um die Ehre deines Namens, es geht um den Thron deiner göttlichen Herrlichkeit ... Denk an den Bund, den du mit uns geschlossen hast, kündige ihn nicht auf!
(Jeremia 14,20.21 GNB)

Lasst unsere Bitten um die bekehrende und verändernde Gnade Gottes zu ihm aufsteigen. In jeder Gemeinde sollten Versammlungen durchgeführt werden, in denen ernsthaft gebetet und das Wort Gottes erforscht wird, um zu erkennen, was [tatsächlich] Wahrheit ist. Nehmt die Verheißungen Gottes [in Anspruch] und bittet ihn im lebendigen Glauben um die Ausgießung seines Heiligen Geistes. Wenn der Heilige Geist über uns gegossen wird, werden wir „von Mark und Fett" aus dem Wort Gottes „gesättigt werden" (Ps 63,6 EB) ...

Wenn die Gemeinden lebendig und aktiv werden, werden sie den Heiligen Geist als Antwort auf ihre aufrichtigen Bitten empfangen. Dann werden sie die Wahrheit des Wortes Gottes mit neu [erwachtem] Interesse betrachten und sie erforschen, als wäre sie gerade als Offenbarung aus den himmlischen Höfen gekommen. Jede inspirierte Aussage über Christus wird diejenigen, die ihn lieben, im Innersten bewegen. Neid, Eifersucht und üble Nachrede werden aufhören. Die Bibel wird als ein Dokument des Himmels angesehen werden. Ihr Studium wird den Verstand fesseln und ihre Wahrheiten werden die Seele erfreuen. Die Verheißungen Gottes, die heute wiederholt werden, als hätten wir seine Liebe niemals erfahren, werden dann auf dem Altar des Herzens erglühen und mit brennenden Worten aus dem Munde der Boten Gottes kommen. Dann werden sie Menschen mit einer noch nie dagewesene Ernsthaftigkeit anflehen [sich retten zu lassen], die nicht abgewiesen werden kann. Die Fenster des Himmels werden sich dann mit den Schauern des Spätregens öffnen und die Nachfolger Christi in Liebe vereint werden.

Der einzige Weg, der Welt die Wahrheit in ihrem reinen und heiligen Charakter darzustellen, ist der, dass jene, die sie zu glauben behaupten, die Wirkung ihrer Macht offenbaren. Die Bibel erwartet von den Söhnen und Töchtern Gottes, dass sie auf einer erhobenen Bühne stehen, denn Gott ruft sie auf, Christus vor der Welt darzustellen. Wenn sie Christus darstellen, stellen sie [zugleich] den Vater dar. Die Einheit der Gläubigen bezeugt ihre Einheit mit Christus. Diese Einheit ist [für die Glaubwürdigkeit] des angesammelten Lichtes erforderlich, das jetzt auf den Weg der Kinder Gottes scheint. – *Advent Review and Sabbath Herald*, 25. Februar 1890

31. August

Ein Gebet für Gottes heutiges Volk

Denn nicht aufgrund unserer Gerechtigkeiten legen wir unser Flehen vor dich hin, sondern aufgrund deiner vielen Erbarmungen. Herr, höre! Herr, vergib! Herr, merke auf und handle! Zögere nicht, um deiner selbst willen, mein Gott! Denn dein Name ist über ... deinem Volk ausgerufen worden. (Daniel 9,19 EB)

Himmlischer Vater, du hast gesagt: „Bittet, und es wird euch gegeben werden; sucht, und ihr werdet finden; klopft an, und es wird euch geöffnet werden." (Mt 7,7 EB) Himmlischer Vater, wir brauchen deinen Heiligen Geist. Wir wollen nicht selbst wirken, [sondern] nur in Übereinstimmung mit dir. Wir möchten vor dir so dastehen, dass dein Heiliger Geist in uns mit seiner belebenden und heiligenden Macht wirken kann. Bekunde dich uns an diesem Morgen! Vertreibe allen Nebel und jede dunkle Wolke!

Wir kommen zu dir, unser barmherziger Erlöser, und bitten dich, unser Vater, um Christi, deines Sohnes willen, dass du deine Macht deinem hier [versammelten] Volk erweisen mögest. Wir brauchen Weisheit, wir brauchen [deine] Gerechtigkeit, wir brauchen Wahrheit und die Gegenwart des Heiligen Geistes.

Du hast uns ein großes Werk anvertraut, das für die getan werden muss, die in der Wahrheit sind, und für die, die unseren Glauben nicht kennen. Oh Herr, der du jedem Gläubigen seine Aufgabe zugeteilt hast, wir bitten dich, jedem Einzelnen durch deinen Heiligen Geist seine individuelle Verantwortung deutlich zu machen, die du ihm zugeteilt hast. Prüfe uns, heilige uns durch und durch, rüste uns aus für unseren Dienst. An diesem Ort, hier bei dieser Sitzung der Generalkonferenz, wünschen wir uns eine Offenbarung deines Heiligen Geistes. Gib uns Licht, Herr – du bist das Licht. Gib uns Wahrheit, Herr – du bist die Wahrheit. Führe uns auf den richtigen Weg – du bist der Weg.

Herr, ich bitte dich um Weisheit, damit jeder unter uns erkennt, dass er Jesus Christus sein Herz öffnen muss, damit der durch den Heiligen Geist bei ihm einziehen und ihn nach dem göttlichen Bild formen und gestalten kann. Oh, mein Vater, schmelze und unterwerfe unsere Herzen! – *General Conference Bulletin*, 2. April 1903

1. September

Es geschahen aber viele Zeichen und Wunder im Volk durch die Hände der Apostel; und sie waren alle in der Halle Salomos einmütig beieinander ... Desto mehr aber wuchs die Zahl derer, die an den Herrn glaubten – eine Menge Männer und Frauen. (Apostelgeschichte 5,12.14)

Die Folgen der Ausgießung des Geistes zu Pfingsten

Christus hat Vorkehrungen getroffen, um seine Gemeinde zu einer Gemeinschaft aus verwandelten [Menschen] werden zu lassen, die seine Herrlichkeit widerspiegeln. Er möchte, dass jeder Christ von einer geistlichen Atmosphäre des Lichts und des Friedens umgeben ist. Unbegrenzt ist die Brauchbarkeit dessen, der dem Wirken des Heiligen Geistes Raum gibt, indem er sein Ich beiseite setzt und ein völlig Gott geweihtes Leben führt.

Was war das Ergebnis der Ausgießung des Heiligen Geistes zu Pfingsten? Die gute Nachricht vom auferstandenen Erlöser wurde in die ganze damals bekannte Welt getragen. Die Jünger waren so überladen von der überwältigenden, weitreichenden Güte Gottes, dass sie sich gedrungen fühlten, bis an die Enden der Erde zu gehen um zu bezeugen: „Mir aber sei es fern, mich zu rühmen als nur des Kreuzes unseres Herrn Jesus Christus, durch das mir die Welt gekreuzigt ist und ich der Welt." (Gal 6,14 EB) Als sie die Wahrheit verkündigten, wie sie in Jesus [verkörpert] ist (siehe Eph 4,21), beugten sich die Herzen [ihrer Zuhörer] der Macht der Botschaft. Von allen Seiten strömten die Bekehrten zur Gemeinde. Menschen, die sich vom Glauben abgewandt hatten, wurden neu bekehrt. Sünder vereinigten sich mit den Christen zur [gemeinsamen] Suche nach der wertvollen Perle (siehe Mt 13,45).

Die schlimmsten Gegner des Evangeliums wurden zu seinen eifrigsten Verfechtern. Es erfüllte sich die Prophezeiung: „Der Schwächste von ihnen wird so stark sein wie David, und die Nachkommen Davids an ihrer Spitze sind dann so stark wie Engel." (Sach 12,8 GNB) Jeder Christ sah in seinem Bruder [und seiner Schwester] das göttliche Abbild von Liebe und Güte. Ein Interesse herrschte vor, einem Ziel eiferten alle Gläubigen nach und war ihr einziger Ehrgeiz: Sie wollten das Abbild des Charakters Christi offenbaren und für die Ausbreitung seines Reiches wirken.

Beachten wir: Erst nachdem die Jünger vollkommene Einheit erlangt hatten und nicht mehr nach dem ersten Platz strebten, wurde der Geist Gottes ausgegossen. Sie waren „einmütig beieinander" (Apg 1,14; 2,1 KJV). Alle Differenzen waren beigelegt. Und das blieb auch so, nachdem sie den Geist empfangen hatten (siehe Apg 5,12). – *Advent Review and Sabbath Herald*, 30. April 1908

Jesu Jünger wurden mit großem Missionseifer erfüllt

Als sie gebetet hatten, bewegte sich die Stätte, wo sie versammelt waren: und sie wurden alle mit dem Heiligen Geist erfüllt und redeten das Wort Gottes mit Freimütigkeit.
(Apostelgeschichte 4,31 EB)

Der letzte Auftrag Jesu Christi [an seine Jünger] lautete: „Geht hinaus in die ganze Welt und verkündet allen Menschen die rettende Botschaft." (Mk 16,15 Hfa). Dann breitete er seine Hände segnend über sie aus und fuhr in den Himmel auf, umgeben von Heerscharen himmlischer Engel, die gekommen waren, um ihm auf seinem Weg zu den Toren Gottes das Geleit zu geben (siehe Lk 24,50.51; Apg 1,9). Dieser Auftrag machte die Jünger zu Verkündern seiner Evangeliumsbotschaft an die Völker. Er war Christi letzter Wille und sein Testament an seine Nachfolger, die ihn in den Jahren seines irdischen Dienstes begleitet hatten, und an „alle, die durch ihr Wort von [ihm] hören und zum Glauben an [ihn] kommen werden." (Joh 17,20 GNB)

Christi erstes Werk im Himmel stimmte mit seinem letzten Auftrag auf Erden überein: Er sandte ihnen „den Heiligen Geist ... den [s]ein Vater" ihnen versprochen hatte" (Lk 24,49 Hfa). Am Pfingsttag wurde der Heilige Geist über die betenden Jünger ausgegossen (siehe Apg 2,1-4), und überall, wo sie hinkamen, bezeugten sie allen, von wem er gekommen war (siehe V. 33).

Missionarischer Eifer wurde ihnen überreichlich geschenkt, und die Jünger bezeugten den gekreuzigten und auferstandenen Erlöser und öffneten [durch den Heiligen Geist] „den Menschen die Augen für ihre Sünde ... für Gottes Gerechtigkeit und sein Gericht" (Joh 16,8 Hfa). Sie führten den Auftrag ihres auferstandenen Herrn aus und begannen mit der Verkündigung des Evangeliums in Jerusalem (siehe Apg 1,8; 2,5.6), an dem Ort, wo die heftigsten Vorurteile und die eigenartigsten Vorstellungen von dem herrschten, der dort als Übeltäter gekreuzigt worden war. Dreitausend Menschen nahmen die Botschaft an und wurden bekehrt (siehe Apg 2,41). Die Jünger ließen sich weder durch Verfolgung noch Einkerkerung oder den Tod einschüchtern, sondern fuhren fort, das Wort der Wahrheit mutig zu verkündigen und den Juden das Werk, die Mission und den Dienst Christi, seine Kreuzigung, Auferstehung und Himmelfahrt darzulegen (siehe Apg 4,1-3.18-21.31; 5,27-33). „Der Herr aber führte ihnen jeden Tag weitere Menschen zu, die gerettet werden sollten", Männer und Frauen (Apg 2,47 GNB). – *Advent Review and Sabbath Herald*, 6. November 1894

3. September

Die Botschaft Gottes aber wurde immer mehr Menschen verkündet. Vor allem in Jerusalem wuchs die Zahl der Gläubigen ständig. Unter ihnen waren viele jüdische Priester, die zum Glauben an Jesus gefunden hatten.
(Apostelgeschichte 6,7 Hfa)

Ein größerer Eifer als zu Pfingsten ist heute notwendig

So wie die Jünger Jesu vom Heiligen Geist erfüllt hinausgingen, um das Evangelium zu verkündigen, so sollen Gottes Diener [auch] heute hinausgehen. Wir sollen das Werk des Herrn in Angriff nehmen, erfüllt von dem selbstlosen Wunsch, die Botschaft der Barmherzigkeit denen zu bringen, die sich in der Finsternis von Irrtum und Unglauben befinden. Er gibt uns unseren Anteil [an der Aufgabe], den wir in Zusammenarbeit mit ihm erfüllen sollen. Er wird auch die Herzen der [einst] Ungläubigen bewegen, seine Botschaft weiterzutragen. Es empfangen bereits viele den Heiligen Geist, und der Weg wird nicht länger durch lustlose Gleichgültigkeit versperrt sein.

Warum wurde denn das Werk der Jünger [von Lukas] aufgezeichnet, wie sie mit heiligem Eifer, bewegt und belebt vom Heiligen Geist, gearbeitet haben? Ist es nicht deshalb, damit [auch] das Volk Gottes von heute inspiriert wird, sich ernsthaft für den Herrn einzusetzen? Was der Herr heute für sein Volk tut, ist genau so wesentlich und noch wichtiger als das, was er damals für sein Volk getan hat. Alles, was die Apostel [damals] taten, sollen die Gemeindeglieder heute tun. Wir sollen [aber] mit noch größerem Eifer wirken und brauchen in noch größerem Maße die Unterstützung des Heiligen Geistes, weil die Zunahme der Bosheit [in der Welt] einen noch entschiedeneren Aufruf zur Umkehr erfordert.

Jeder, dem das Licht der gegenwärtigen Wahrheit scheint, soll von Mitgefühl für jene ergriffen werden, die sich in der Finsternis befinden. Von allen Gläubigen sollen klare und deutliche Lichtstrahlen ausgehen. Der Herr möchte heute ein ähnliches Werk tun wie das seiner berufenen Boten nach Pfingsten. Er wartet darauf, es heute zu tun. Sollte der Eifer der Gemeinde in dieser Zeit, in der „das Ende aller Dinge nahe gekommen" ist (1 Ptr 4,7 EB), den der ersten Christengemeinde nicht noch übertreffen? Der Eifer für den Ruhm Gottes motivierte die Jünger, mit großer Kraft für die Wahrheit zu zeugen. Sollte dieser Eifer nicht [auch] unsere Herzen mit dem Verlangen erfüllen, die Geschichte von der erlösenden Liebe Christi und seiner Kreuzigung weiterzuerzählen? Sollte die Macht Gottes heute nicht [noch] viel überwältigender offenbar werden als zur Zeit der Apostel?
– *Advent Review and Sabbath Herald*, 13. Januar 1903

Eine besondere Verleihung geistlicher Gnade ist verheißen

Lasst uns darauf Acht haben und danach trachten, den HERRN zu erkennen; denn er wird hervorbrechen wie die schöne Morgenröte und wird zu uns kommen wie ein Regen, wie ein Spätregen, der das Land feuchtet. (Hosea 6,3)

Tatsache ist: Wenn in der Endzeit Gottes Werk auf Erden seinem Abschluss entgegengeht, werden die ernsten Bemühungen geweihter Gläubiger unter der Führung des Heiligen Geistes von Zeichen göttlicher Gunst begleitet sein. Unter dem Bild des Früh- und Spätregens, wie er im Orient zur Saat- bzw. Erntezeit fällt, kündigten die hebräischen Propheten der Gemeinde Gottes in außergewöhnlichem Maß die Gabe geistlicher Gnade an. Mit der Ausgießung des Geistes in den Tagen der Apostel setzte der Frühregen ein, und das Ergebnis war herrlich. Bis zum Ende der Zeit wird der Heilige Geist in der wahren Gemeinde gegenwärtig bleiben.

Aber für die Zeit kurz vor Abschluss der Ernte der Welt wird eine besondere Verleihung geistlicher Gnade verheißen, wodurch die Gemeinde auf das Kommen des Menschensohnes vorbereitet werden soll. Diese Ausgießung des Geistes wird mit dem Fallen des Spätregens verglichen. Um diese vermehrte Kraft sollen die Christen „den Herrn der Ernte“ (Mt 9,38) „zur Zeit des Spätregens“ bitten. Als Antwort „wird der HERR, der die Wolken macht, euch auch Regen genug geben für jedes Gewächs auf dem Felde“. (Sach 10,1) „Ihr, Kinder Zions, freuet euch und seid fröhlich im Herrn, eurem Gott, der euch gnädigen Regen gibt und euch herabsendet Frühregen und Spätregen wie zuvor.“ (Joel 2,23; vgl. 3,1.2)

Wenn aber die Glieder der Gemeinde Gottes heute keine lebendige Verbindung mit der Quelle allen geistlichen Wachstums haben, werden sie auch zur Zeit der Ernte nicht bereit sein. Halten sie nicht jetzt „ihre Lampen in Ordnung“ und am Brennen (Mt 25,7 GNB), wird ihnen auch keine zusätzliche Gnadengabe zuteil, wenn sie sie besonders bedürfen.

Nur diejenigen, denen ständig neu Gnade zufließt, werden soviel Kraft besitzen, wie sie täglich bedürfen und wie der Einsatz ihrer Fähigkeiten erfordert. Anstatt auf eine zukünftige Zeit zu schauen, in der sie auf besondere Weise mit geistlicher Kraft für das Werk der Rettung von Menschen ausgestattet werden, übergeben sie sich Gott täglich, damit er sie zu Gefäßen mache, wie er sie gebrauchen kann. Täglich nützen sie die Gelegenheiten zum Dienst, die sich in ihrer Umgebung bieten. – *Das Wirken der Apostel,* S. 55f. (rev.)

5. September

Plötzlich kam vom Himmel her ein Brausen wie von einem gewaltigen Sturm und erfüllte das ganze Haus, in dem sie sich versammelt hatten ... So wurden sie alle mit dem Heiligen Geist erfüllt. (Apostelgeschichte 2,2.4 Hfa)

Gott verleiht seinen Geist nicht in kärglichem Maß

Als der Heilige Geist zu Pfingsten herabkam, gab es „ein mächtiges Rauschen, wie wenn ein Sturm vom Himmel herabweht" (Apg 2,2 GNB). [Der Geist] wurde nicht in einem kärglichen Maß gegeben: Er erfüllte das ganze Haus, in dem die Nachfolger Jesu saßen. So wird er auch uns gegeben werden, wenn unsere Herzen bereit sind, ihn zu empfangen.

Jedes einzelne Gemeindeglied soll vor Gott niederknien und ernsthaft um die Verleihung des Heiligen Geistes bitten: „Herr, stärke meinen Glauben. Lass mich dein Wort verstehen, denn die ‚Erklärung deines Wortes bringt Erleuchtung' [Ps 119,130 GNB]. Belebe mich durch deine Gegenwart. Erfülle mein Herz mit deinem Geist, damit ich meine Geschwister lieben kann, wie Christus mich liebt!"

Gott wird jene segnen, die sich auf diese Weise auf den Dienst für ihn vorbereiten. Sie werden verstehen, was es bedeutet, durch den Heiligen Geist die Gewissheit zu erhalten [Gottes Kinder zu sein, siehe Röm 8,16], weil sie Christus im Glauben angenommen haben. Der Glaube an Christus bedeutet mehr als die Vergebung von Sünden. Er beinhaltet, dass die Sünden weggenommen werden und das [entstandene] Vakuum durch den Heiligen Geist gefüllt wird. Der Verstand wird von Gott erleuchtet, das Herz von Selbstsucht entleert und von der Gegenwart Christi erfüllt. Wenn dieses Werk für die Gemeindeglieder geschieht, wird die Gemeinde lebendig und aktiv werden.

Wir müssen uns intensiv darum bemühen, [als Gemeinde] eines Sinnes zu sein (siehe Phil 2,2) und dieselben Absichten zu haben. Nur die Taufe mit dem Heiligen Geist und nichts anderes kann uns dahin führen. Lasst uns durch Selbstverleugnung unsere Herzen auf den Empfang des Heiligen Geistes vorbereiten, damit für uns ein großes Werk geschieht, sodass wir sagen können: „Seht die Güte und Liebe Gottes!", und nicht: „Seht, was ich tue!" ...

Wir können [zwar] über die Segnungen des Heiligen Geistes sprechen, aber wenn wir uns nicht auf seine Aufnahme vorbereiten, welchen Nutzen haben [dann] unsere Werke? Setzen wir unsere ganze Kraft ein, um „zur vollen Mannesreife ... der Fülle Christi" heranzureifen (Eph 4,13 EB)? Streben wir nach seiner Fülle, immer weiter vorstoßend auf das uns gesetzte Ziel, die Vervollkommnung des Charakters Christi [in uns]? – *Advent Review and Sabbath Herald*, 10. Juni 1902

Es gibt keine Zeitangabe für die Ausgießung des Geistes

Darum werdet nicht nachlässig und bleibt wach! Denn ihr wisst nicht, wann es so weit ist. (Markus 13,33 Hfa)

Möge die Macht Gottes auf seinem Volk ruhen! Wir brauchen täglich die Verbindung mit Gott. Täglich müssen wir die Schrift studieren und ernsthaft um die Kraft des Heiligen Geistes bitten, mit der Gott uns ausstatten möge, damit wir unsere Aufgabe in seinem Weinberg erfüllen können. Ohne die Gabe des Heiligen Geistes ist niemand in der Lage, die Gemeinde zu unterrichten und zu stärken. Kein Prediger ist darauf vorbereitet, mit Weisheit für die Rettung von Menschen zu arbeiten, wenn er nicht durch den Heiligen Geist ausgerüstet wurde, sich von Christus ernährt (siehe Joh 6,48-51) und die Sünde intensiv hasst ...

Ich kann keine exakte Zeitangabe nennen, wann der Heilige Geist ausgegossen wird, wann der mächtige „Engel aus dem Himmel herabkommen" wird (Offb 18,1 EB) und sich zur Vollendung des Werkes [Gottes] für diese Welt mit dem [zweiten und] dritten Engel [aus Offb 14,8-12; vgl. Kap. 18,2.3] vereinen wird. Meine Botschaft lautet: Unsere einzige Sicherheit besteht darin, auf die himmlische Erquickung vorbereitet zu sein, indem wir unsere „Lampen in Ordnung" bringen und hell brennen lassen (siehe Mt 25,7 GNB). Christus hat uns aufgerufen: „Darum seid wachsam ... denn der Menschensohn wird zu einer Stunde kommen, wenn ihr es nicht erwartet." (Mt 24,42.44 GNB). „Bleibt wach und hört nicht auf zu beten", lautet die Aufforderung unseres Erlösers (Lk 21,36 EB). Täglich sollen wir nach der Erleuchtung durch den Geist Gottes verlangen, damit er in unserer Seele und unserem Charakter wirken kann. Wie viel Zeit wurde verschwendet, indem wir uns mit nichtigen Dingen beschäftigt haben! „So tut nun Buße und bekehrt euch, dass eure Sünden ausgetilgt werden, damit Zeiten der Erquickung kommen vom Angesicht des Herrn und er den euch vorausbestimmten Jesus Christus sende!" (Apg 3,19.20 EB)

Wir rufen euch jetzt auf, euch dem Dienst für Gott zu weihen. Allzu lange habt ihr eure Kräfte in den Dienst Satans gestellt und seid Sklaven seines Willens gewesen (siehe Röm 6,16-18). Gott ruft euch auf, die Herrlichkeit des Charakters Christi zu betrachten, damit ihr durch Anschauen in sein Bild verwandelt werdet (siehe 2 Kor 3,18) ... Jesus kam, um der Welt die Liebe und Güte Gottes zu offenbaren. – *Advent Review and Sabbath Herald*, 29. März 1892

7. September

Wir sollen nicht auf aufregende Zeiten warten

Sie nun, als sie zusammengekommen waren, fragten ihn und sagten: „Herr, stellst du in dieser Zeit für Israel das Reich wieder her?" Er sprach zu ihnen: „Es ist nicht eure Sache, Zeiten oder Zeitpunkte zu wissen, die der Vater in seiner eigenen Vollmacht festgesetzt hat." (Apostelgeschichte 1,6.7 EB)

Die Jünger Jesu waren begierig, den exakten Zeitpunkt der Offenbarung des Reiches Gottes zu erfahren. Aber Jesus sagt ihnen, sie würden weder den Zeitpunkt noch den [annähernden] Zeitraum erfahren, weil der Vater sie nicht offenbart hat. Es war nicht die wichtigste Sache zu verstehen, wann das Reich Gottes [auf der Erde sichtbar] aufgerichtet werden würde. Sie sollten ihrem Meister nachfolgen, indem sie beten, warten, wachen und arbeiten, und der Welt den Charakter Christi deutlich machen.

Was in den Tagen der Jünger für ein erfolgreiches Christenleben erforderlich war, ist heute [noch] genauso wichtig. Jesus erklärte ihnen: „Mein Vater hat festgelegt, welche Zeiten bis dahin noch verstreichen müssen und wann es so weit ist. Ihr braucht das nicht zu wissen. Aber ihr werdet mit dem Heiligen Geist erfüllt werden." (Apg 1,7.8 GNB) Und was sollten sie tun, nachdem der Heilige Geist auf sie gekommen war? „Ihr werdet meine Zeugen sein sowohl in Jerusalem als auch in ganz Judäa und Samaria und bis an das Ende der Erde." (V. 8 EB)

Das ist die Aufgabe, die auch uns gilt. Statt auf irgendwelche besonders aufregende Zeiten zu warten, sollen wir gegenwärtige Gelegenheiten weise nutzen und das tun, was zur Rettung von [verlorenen] Menschen getan werden muss. Statt unsere Verstandeskräfte mit Spekulationen über die Zeiten oder Zeiträume zu verschwenden, über die Gott selbst entscheidet und die er vor den Menschen verborgen hat, sollten wir uns der Kontrolle des Heiligen Geistes unterstellen, unsere gegenwärtigen Pflichten erfüllen und den Menschen, die nach Wahrheit hungern, das von menschlichen Meinungen unverfälschte „Brot des Lebens" austeilen (Joh 6,35).

Satan versucht beständig, unseren Verstand mit Theorien und Berechnungen zu beschäftigen, die uns von der gegenwärtigen Wahrheit ablenken. Er will uns unfähig zu machen, die dreifache Engelsbotschaft [von Offb 14,6-12] der Welt weiterzugeben. – *Advent Review and Sabbath Herald*, 22. März 1892

8. September

Der Geist wirkt auf unerwartete Art und Weise

Sie wurden mit Heiligem Geist erfüllt und fingen an, in anderen Sprachen zu reden, wie der Geist ihnen gab auszusprechen ... [Die Zuhörer] entsetzten sich aber alle und waren in Verlegenheit und sagten einer zum anderen: Was mag dies wohl sein? (Apostelgeschichte 2,4.12 EB)

Wir sollen um die Mitteilung des Geistes als Heilmittel für sündenkranke Menschen beten. Die Gemeinde muss bekehrt werden. Warum sollten wir als Vertreter der Gemeinden uns nicht vor dem Thron der Gnade niederwerfen und mit zerbrochenem Herzen und demütigem Geist ernsthaft um die Ausgießung des Heiligen Geistes flehen? Lasst uns darum beten, dass er – wenn er uns gnädig verliehen wird – unsere kalten Herzen erwärmt und wir erkennen, dass er von Gott kommt, und ihn freudig aufnehmen.

Manche haben den Geist Gottes wie einen unwillkommenen Gast behandelt und das großzügige Geschenk zurückgewiesen, sich geweigert, ihn anzuerkennen, sich von ihm abgewandt und ihn als einen fanatischen Geist verurteilt. Wenn der Heilige Geist am Menschen arbeitet, fragt er uns nicht, auf welche Weise er dies tun soll. Oft wirkt er auf unerwartete Art und Weise. Christus ist nicht so gekommen, wie die Juden es erwartet hatten. Er kam nicht, um ihnen als Nation zu Ruhm zu verhelfen. Sein Vorläufer bereitete ihm den Weg, indem er die Menschen aufrief, ihre Sünden zu bereuen, sich zu bekehren und taufen zu lassen. [Auch] Christi Botschaft lautete: „Die Zeit ist erfüllt und das Reich Gottes ist herbeigekommen. Tut Buße und glaubt an das Evangelium!" (Mk 1,15)

Die Juden weigerten sich, Christus anzunehmen, weil er ihren Erwartungen nicht entsprach. Die Vorstellungen begrenzter Menschen wurden als unfehlbar betrachtet. Das ist [auch] die Gefahr, in der sich die Gemeinde heute befindet: dass begrenzte Menschen genau festlegen, auf welche Weise der Heilige Geist kommen müsse. Manche haben sich bereits so verhalten, obwohl sie das nicht zugeben würden. Und weil der Geist nicht kommen wird, um Menschen hervorzuheben oder ihre irrigen Theorien zu unterstützen, sondern um „den Menschen die Augen für ihre Sünde [zu] öffnen, für Gottes Gerechtigkeit und sein Gericht" (Joh 16,8 Hfa), wenden sich viele von ihm ab ... Der Heilige Geist schmeichelt niemandem; er richtet sich auch nicht nach den Vorstellungen irgendeines Menschen.

Begrenzte, sündige Menschen sollen dem Heiligen Geist nichts vorschreiben. Wenn er als warnende Stimme durch irgendein menschliches Werkzeug erscheint, das Gott berufen hat, dann sollen wir auf seine Stimme hören und ihr gehorchen. – *The Ellen G. White 1888 Materials,* Band 4, S. 1540f.

9. September

Das Wirken des Geistes wird als Fanatismus bezeichnet

Da stand Petrus auf und die elf anderen Apostel mit ihm, und er rief laut: „... Lasst euch erklären, was hier vorgeht; hört mich an! Die Leute hier sind nicht betrunken, wie ihr meint; es ist ja erst neun Uhr früh. Nein, hier geschieht, was Gott durch den Propheten Joël angekündigt hat." (Apostelgeschichte 2,14-16 GNB)

Wenn Gottes Geist wie damals zu Pfingsten ausgegossen wird, führt das zu einer geistlichen Erweckung, die ihren Ausdruck in wundervollen Taten findet. Himmlische Wesen werden in das Geschehen eingreifen, und [erweckte] Menschen werden das sagen und tun, wozu sie der Heilige Geist bewegt. Aber wenn Gott so an Menschen wirken wird, wie damals zu Pfingsten und danach, werden viele, die jetzt bekennen, die Wahrheit [der Adventbotschaft] zu glauben, so wenig vom Wirken des Heiligen Geistes verstehen, dass sie warnen: „Hütet euch vor Fanatismus!" Von denjenigen, die vom Geist Gottes ergriffen sind, werden sie [wie die Zuhörer damals] sagen: „Die haben ... zu viel getrunken!" (Apg 2,13 Hfa)

Die Zeit ist nicht mehr fern, in der [gläubige] Menschen sich nach einer engeren Beziehung zu Christus und zum Heiligen Geist sehnen werden, als sie es jemals gehabt haben. Voraussetzung dafür ist jedoch die Bereitschaft, den Eigenwillen aufzugeben und sich dem Willen Gottes zu unterstellen. Die große Sünde jener, die vorgeben, Christen zu sein, besteht darin, dass sie ihre Herzen nicht dem Heiligen Geist öffnen. Wenn Gläubige das Verlangen nach einer innigen geistlichen Gemeinschaft mit Christus haben, rufen jene, die mit einer [äußeren] Form der Frömmigkeit zufrieden sind: „Seid vorsichtig! Werdet nur nicht extrem!" Wenn Engel des Himmels unter uns weilen und durch menschliche Werkzeuge wirken, wird es echte, nachhaltige Bekehrungen geben so wie damals zu Pfingsten und danach.

Wir sollten tatsächlich vorsichtig sein und nicht eine menschliche Erregung bewerkstelligen. Aber andererseits sollte uns das nicht dazu führen, das echte Wirken des Geistes durch Anfragen und Zweifel zu behindern. Wenn Gottes Geist Menschen ergreift, wird es immer jene [Gläubigen] geben, die [sein Wirken] in Frage stellen und kritisieren, weil ihre Herzen nicht vom Geist bewegt, sondern kalt und unbeeindruckt sind. – *Für die Gemeinde geschrieben,* Band 2, S. 56 (rev.; vgl. *Selected Messages*, Band 2, S. 57)

Der Heilige Geist wirkt, wie es Gott gefällt

„Der Wind weht, wo es ihm gefällt. Du hörst ihn nur rauschen, aber du weißt nicht, woher er kommt und wohin er geht. So geheimnisvoll ist es auch, wenn ein Mensch vom Geist geboren wird." – „Wie ist so etwas möglich?", fragte Nikodemus. (Johannes 3,8.9 GNB)

Zu einem unendlich hohen Preis wurde den Menschen die Möglichkeit eröffnet, die Vollkommenheit eines christlichen Charakters zu erlangen. Wer von der Heiligen Schrift, dem Wort Gottes, angesprochen wurde und ihren Lehren folgen möchte, muss täglich [dazu]lernen, täglich [neuen] Eifer und neue geistliche Kraft empfangen, die jedem wahren Gläubigen in der Gabe des Heiligen Geistes zur Verfügung stehen.

Der Heilige Geist wirkt frei und unabhängig. Der Gott des Himmels setzt seinen Geist ein, wie es ihm gefällt. Menschliches Denken, menschliches Urteilsvermögen und menschliche Methoden können sein Werk ebenso wenig begrenzen und ihm vorschreiben, durch welche Werkzeuge er wirken soll, wie sie zum Wind sagen können: „Ich möchte, dass du in diese Richtung bläst und das und das bewirkst." Wie der Wind sich in seiner Kraft bewegt und die hohen Bäume auf seinem Weg biegt und [eventuell] zerbricht, so beeinflusst der Heilige Geist menschliche Herzen, und kein begrenzter Mensch kann ihm sein Werk vorschreiben ...

Nikodemus wollte die Wahrheit nicht akzeptieren, weil er nicht alles verstehen konnte, was mit dem Wirken des Heiligen Geistes zu tun hatte. Dennoch akzeptierte er die Fakten der Natur, obwohl er sie [ebenso wenig] erklären oder verstehen konnte. Wie Menschen zu allen Zeiten maß er äußeren Formen und genauen Zeremonien eine größere Bedeutung für den Glauben bei als dem tiefgründigen Wirken des Geistes Gottes. ...

Die Quelle des Herzens muss gereinigt werden, bevor daraus reines Wasser sprudeln kann. Es gibt keine Sicherheit für den, der lediglich eine gesetzliche Religion praktiziert, eine [äußere] Form der Frömmigkeit. Das Leben eines Christen besteht nicht [lediglich] in einer Veränderung oder Verbesserung seines alten Lebens, sondern [vielmehr] in einer Umwandlung seiner Natur [und seines Charakters]. Es geschieht [dabei] zweierlei: das Absterben gegenüber der Sünde und dem eigenen Ich und der Beginn eines völlig neuen Lebens (siehe Gal 2,19.20). Diese Veränderung kann nur der wirksame Einfluss des Heiligen Geistes bewirken. – *Signs of the Times*, 8. März 1910

11. September

Die Mitglieder des Hohen Rates wunderten sich darüber, wie mutig Petrus und Johannes redeten; wussten sie doch, dass es einfache Leute ohne besondere Bildung waren ... Die Heilung selbst konnten sie nicht bestreiten, denn der Geheilte stand vor ihnen.
(Apostelgeschichte 4,13.14 Hfa)

Die menschliche Maschinerie wird außer Kraft gesetzt

Wenn wir Jesus die Tür öffnen, wird er hineinkommen und in uns bleiben (siehe Offb 3,20). Sein tatsächlicher Vertreter, der Heilige Geist, wird unsere Kraft immer wieder erneuern.

Die Wahrheit ist ein lebendiges Prinzip, das den Verständigen mit kostbarer Klarheit scheint. Dann ist es Zeit, von dem lebendigen Christus zu erzählen, denn „wir sind Gottes Mitarbeiter" (1 Kor 3,9).

Unter den Schauern des Spätregens werden menschliche Einrichtungen und die [Gemeinde-]Maschinerie manchmal beiseite gefegt; die Begrenzung durch menschliche Autoritäten wird geknickt wie das Schilf, und der Heilige Geist spricht mit überzeugender Kraft durch sein lebendiges, menschliches Werkzeug. Dann wird niemand darauf achten, ob die Sätze gut ausgearbeitet sind oder die Grammatik fehlerlos ist. Das lebendige Wasser fließt durch Gottes eigene Kanäle ...

Ich bin sicher, dass es einen Himmel voller reicher, fortdauernder Schätze gibt, die allen zur Verfügung stehen, die sie sich aneignen möchten. Wer durch sie selbst bereichert wurde, wird sie freigiebig an andere austeilen. Ich weiß genau: Das ist die Wahrheit.

Wir brauchen die tägliche, reiche Erfahrung im Gebet. Wir sollen uns verhalten wie die aufdringliche Witwe, die den ungerechten Richter im Bewusstsein ihrer Not allein durch ihr entschlossenes Bitten für sich gewann (siehe Lk 18,3-5). Gott möchte, dass wir ihn um diese Dinge bitten; denn das gibt unserer Erfahrung Tiefe und Festigkeit. Wer Gott sucht, muss dabei ernsthaft sein und es „von ganzem Herzen" tun (Jer 29,13.14). Er belohnt alle, die ihn eifrig suchen (siehe Hbr 11,6 GNB/Hfa) ...

Die Wahrheit sollte an andere Menschen von Gemeindegliedern weitergegeben werden, die mit heiliger Liebe zu Christus und zu den mit seinem Blut erkauften [Menschen] getauft wurden, die selbst von der Wahrheit ergriffen sind, die sie verkünden, und sie in ihrem eigenen Leben praktizieren. – *General Conference Bulletin*, 15. Februar 1895

Der Heilige Geist wird oft zurückgewiesen

Die Apostel wurden in den Gerichtssaal vor den Hohen Rat gebracht, wo der Hohepriester sie verhörte. „Haben wir euch nicht streng verboten, jemals wieder von diesem Jesus zu reden?" ... Petrus und die anderen Apostel erwiderten: „Man muss Gott mehr gehorchen als den Menschen!" (Apostelgeschichte 5,27-29 Hfa)

Die Verheißung des Heiligen Geistes (siehe Apg 1,5.8) war die schönste Hoffnung und der stärkste Trost, den Christus seinen Jüngern geben konnte, bevor er zum Himmel auffuhr. Die Wahrheiten des Wortes Gottes waren unter dem Müll falscher Auslegungen begraben; menschliche Grundsätze und Meinungen waren über das Wort Gottes erhoben worden. Unter der Erleuchtung des Heiligen Geistes konnten die Apostel die Wahrheit von den falschen Theorien trennen und dem Volk das Wort des Lebens bringen.

Oft wird der Heilige Geist zurückgewiesen, weil er auf unerwartete Art und Weise wirkt. Die jüdischen Priester und Obersten hatten einen Beweis nach dem anderen erhalten, dass die Apostel unter göttlicher Inspiration redeten und handelten, aber immer noch widerstanden sie der Botschaft der Wahrheit. Christus war nicht in der von ihnen erwarteten Art und Weise gekommen. Obwohl sie zeitweise von seiner Gottessohnschaft überzeugt waren, unterdrückten sie diese Überzeugung und wurden blinder und verhärteter als vorher. Sie hatten Christus gekreuzigt, doch in seiner Barmherzigkeit gab er ihnen zusätzliche Beweise durch die von den Jüngern vollbrachten Wundertaten (siehe Apg 4,14.16; 5,12). Er sandte seine Diener, um ihnen deutlich zu machen, was sie getan hatten, und trotz der schrecklichen Anklage, dass sie den „Fürsten des Lebens" getötet hatten (Apg 3,15; vgl. Kap. 4,10), sandte er ihnen einen erneuten Aufruf zur Umkehr. Doch die jüdischen Lehrer waren sich ihrer eigenen Gerechtigkeit so sicher, dass sie nicht bereit waren zuzugeben, dass die Männer, die sie der Kreuzigung Christi anklagten (siehe Kap. 5,30.31), im Auftrag des Heiligen Geistes sprachen ...

Der Zorn Gottes wird Menschen nicht nur wegen ihrer begangenen Sünden angekündigt, sondern weil sie an ihrem Widerstand festhalten und sie die Sünden der Vergangenheit trotz des erhaltenen Lichtes und der Beweise wiederholen. Wenn die jüdischen Führer sich Gott unterworfen hätten, wäre ihnen vergeben worden. Aber sie waren entschlossen, auf keinen Fall nachzugeben. Genauso bringt sich ein Sünder durch seinen ständigen Widerstand in eine Situation, wo er nichts anderes als Widerstand mehr kennt. – *Signs of the Times*, 27. September 1899

13. September

„Wer aber den Heiligen Geist verlästert, der wird niemals Vergebung finden; seine Sünde lastet für immer auf ihm." Das sagte [Jesus] zu den Schriftgelehrten, weil sie behauptet hatten: „Er ist von einem bösen Geist besessen."
(Markus 3,29.30 Hfa)

Hüte dich vor dem Widerstand gegen den Heiligen Geist!

Wenn Gott Menschenherzen bewegt, um sie zu Christus zu ziehen, scheint eine bezwingende Macht über sie zu kommen, und sie glauben [an ihn] und unterstellen sich dem Einfluss des Geistes Gottes. Aber wenn sie an dem wertvollen, von Gott geschenkten Sieg nicht festhalten, wenn sie es zulassen, dass alte Praktiken und Gewohnheiten wieder aufleben und sich dem Vergnügen oder weltlichem Luxus hingeben, wenn sie das Gebet vernachlässigen und dem Bösen nicht mehr widerstehen, dann werden sie Satans Versuchungen erliegen und die Echtheit ihrer früheren Erfahrung [mit Gott] bezweifeln. Ihre moralische Kraft wird geschwächt und Satan erklärt ihnen, es brächte ihnen keinen Nutzen, das Experiment eines christlichen Lebens zu wagen. Er suggeriert ihnen: „Die Erfahrung, die du Gott zugeschrieben hattest, war nur das Ergebnis übersteigerter Emotionen und Impulse."

Sobald ein Mensch diesen Einflüsterungen des Bösen nachgibt, beginnen sie ihm plausibel zu erscheinen, und dann bestätigen [manchmal sogar] jene, die es besser wissen müssten und eine längere Erfahrung im Werk Gottes besitzen, die Behauptung Satans. So wird der Heilige Geist betrübt und vertrieben. Manche kommen in eine solche Lage, ohne es zu merken. Sie werden sich sofort wieder [geistlich] erholen, wenn sie erkennen, was sie tun. Aber andere werden dem Heiligen Geist weiterhin widerstehen, bis dieser Widerstand ihnen als Tugend erscheint.

Es ist gefährlich, die Bekundungen des Heiligen Geistes anzuzweifeln, denn wenn an diesem Werkzeug [Gottes] gezweifelt wird, gibt es keine weitere Macht mehr, die am menschlichen Herzen wirken könnte. Wer das Wirken des Heiligen Geistes menschlichen Mitteln zuschreibt und meint, es habe ihn ein übertriebener Einfluss erfasst, der schneidet sich von der Quelle des Segens ab. – *Advent Review and Sabbath Herald,* 13. Februar 1894

Der Geist zeigt sich nicht in Rührung oder Verzückung

Weil Gott uns in seiner Barmherzigkeit die Aufgabe übertragen hat, seine Botschaft überall zu verkünden, verlieren wir nicht den Mut. Wir halten uns fern von allen Heimlichkeiten, über die wir uns schämen müssten, wir täuschen niemanden und verfälschen auch nicht Gottes Botschaft. (2. Korinther 4,1.2 Hfa)

In unseren Reihen besteht die Gefahr, dass [die Art und Weise], wie man den Heiligen Geist empfängt, falsch verstanden wird. Viele glauben, eine [besondere] Rührung oder [eine Art] Verzückung sei der Nachweis für die Gegenwart des Heiligen Geistes. Es besteht die Gefahr, dass rechte Empfindungen nicht verstanden werden und die Worte Christi, „Lehrt sie, alles zu befolgen, was ich euch aufgetragen habe" (Mt 28,20 GNB), ihre Bedeutung verlieren. Originelle Lehren und abergläubische Vorstellungen drohen den Platz der Heiligen Schrift einzunehmen. Lehrt unser Volk: Seid vorsichtig, etwas aufzubringen, das nicht im Wort Gottes offenbart ist. Haltet euch eng an Christus. Denkt an seine Worte: „Lehrt sie, so zu leben, wie ich es euch aufgetragen habe. Ihr dürft sicher sein: Ich bin immer bei euch, bis das Ende dieser Welt gekommen ist!" (V. 20 Hfa)

Er ist mit uns, wenn wir seine Worte aus dem Alten und dem Neuen Testament lehren. Der die Gebote im Neuen Testament gab, hat auch all die im Alten Testament enthaltenen Unterweisungen gegeben. Beide Teile der Bibel sind heilig, denn beide enthalten die Worte des Sohnes Gottes. Alle Kommunikation vom Himmel zur Erde nach dem Sündenfall geschah durch Christus. Wer an die Lehren des Alten und Neuen Testaments glaubt und das tut, was Christus dort geboten hat, hat den Erlöser stets zur Seite. – *Kress Collection*, S. 126

Die Apostel und Propheten und die heiligen Männer früherer Zeiten haben ihren Charakter nicht durch ein Wunder [oder] durch wunderbare und ungewöhnliche Demonstrationen [göttlicher Macht] vervollkommnet, sondern sie benutzten die ihnen von Gott gegebenen Fähigkeiten und verließen sich allein auf die Gerechtigkeit Christi. Alle, die dieselben Mittel [wie sie] anwenden, werden dieselben Ergebnisse erzielen. – *General Conference Bulletin*, 1. Juli 1900

Satan möchte, dass jeder Übertreter des Gesetzes Gottes sich als heilig betrachtet. Das tut Satan selbst auch. Er freut sich, wenn Menschen ihren Glauben auf falsche Lehren und religiösen Enthusiasmus gründen, denn solche Personen kann er gut gebrauchen, um andere Menschen zu täuschen. Es gibt viele, die behaupten, geheiligt zu sein, die Satan in diesem Werk helfen. – *Evangelism*, S. 597

15. September

Fordere die jungen Männer auf, in allem besonnen und beherrscht zu sein. Sei du selbst ihnen ein Vorbild im Tun des Guten. Lehre die Wahrheit unverfälscht und mit gebührendem Ernst, in gesunden und unanfechtbaren Worten. Dann können unsere Gegner uns nichts Schlechtes nachsagen. (Titus 2,6-8 GNB)

Der Geist zeigt sich nicht in Erregung oder sensationellen Ereignissen

Der Herr hat einen Auftrag für euch, und wenn ihr auf seine Stimme hört, bleibt ihr nicht in der Finsternis. Der Erlöser sagt: „Meine Schafe hören auf mich. Ich kenne sie und sie folgen mir." (Joh 10,27 GNB) „Einem Fremden würden sie niemals folgen. Ihm laufen sie davon, weil sie seine Stimme nicht kennen." (V. 5 Hfa) Ich bin sicher, dass der Herr euch die Vollkommenheit und Fülle der Erlösung offenbart, damit euer ganzes Herz von Liebe und Dankbarkeit erfüllt wird und ihr anderen offenbaren könnt, was der Herr euch offenbart. Das Bild Christi, das ins Herz eingraviert ist, zeigt sich im Charakter und im praktischen Leben Tag für Tag, denn wir repräsentieren einen persönlichen Erlöser.

Der Geist Gottes ist allen verheißen, „die ihn darum bitten" (Lk 11,13 GNB). Wenn ihr die Bibel studiert, begleitet euch der Heilige Geist als Personifizierung Jesu Christi. Die Wahrheit ist ein lebendiges Prinzip, das den Verständigen mit kostbarer Klarheit scheint, und dann ist es Zeit, Worte des lebendigen Christus weiterzugeben, „denn wir sind Gottes Mitarbeiter" (1 Kor 3,9). Christus sagte zu der Frau aus Samarien: „Wenn du wüsstest, was Gott den Menschen schenken will und wer es ist, der dich jetzt um Wasser bittet, dann hättest du ihn um Wasser gebeten und er hätte dir lebendiges Wasser gegeben ... das in [dir] zu einer Quelle wird, die bis ins ewige Leben weitersprudelt." (Joh 4,10.14 GNB)

Wer das Evangelium Christi durch seinen Geist im Herzen empfangen hat, kann anderen, die „nach der Gerechtigkeit hungern und dürsten" (Mt 5,6 EB), Licht, Trost und Hoffnung vermitteln. Wir wollen keine [Atmosphäre der] Erregung erzeugen, sondern eine intensive, aufrichtige Betrachtung, damit diejenigen, die [die Botschaft] hören, eine solide Arbeit tun – ein wirkliches, echtes Werk, das bis in die Ewigkeit Bestand hat. Wir hungern nicht nach Aufregung oder sensationellen [Ereignissen]; je weniger wir davon haben, umso besser. Eine ruhige, ernsthafte, auf die Heilige Schrift gegründete Darlegung [der Wahrheit] ist wertvoll und fruchtbar. Hier liegt das Geheimnis des Erfolges, wenn wir einen lebendigen, persönlichen Erlöser auf eine so einfache und ernsthafte Art und Weise verkündigen, dass die Menschen sich durch den Glauben die Kraft der Worte des Lebens aneignen können. – *The Paulson Collection*, S. 101f.

Die Umwandlung des Herzens ist erforderlich

Gott [möge] euch aus seinem unerschöpflichen Reichtum Kraft schenken, damit ihr durch seinen Geist innerlich stark werdet und Christus durch den Glauben in euch lebt. In seiner Liebe sollt ihr fest verwurzelt sein ... Denn nur so könnt ihr mit allen anderen Christen das ganze Ausmaß seiner Liebe erfahren. (Epheser 3,16-18 Hfa)

Wir stehen beständig in der Gefahr, uns über die Einfachheit des Evangeliums zu erheben. Viele [Prediger] wollen die Welt unbedingt mit etwas Originellem aufrütteln, das die Gläubigen in einen Zustand geistlicher Ekstase versetzt und ihre gegenwärtige Art der [geistlichen] Erfahrung verändert. Wir brauchen sicherlich dringend eine Veränderung der gegenwärtigen Erfahrung, denn die Bedeutung der Adventbotschaft wird nicht so erkannt, wie es sein sollte. Aber die erforderliche Veränderung ist eine Umwandlung des Herzens. Sie kann nur erlangt werden, wenn wir Gott individuell um seinen Segen und um sein Wirken bitten. Wir müssen inbrünstig um seine Gnade und Macht bitten, damit unser Charakter umgewandelt wird. Das ist die Veränderung, die wir heute nötig haben. Um diese Erfahrung zu machen, sollten wir eine ausdauernde Energie einsetzen und von Herzen kommende Ernsthaftigkeit an den Tag legen. Mit aller Aufrichtigkeit müssen wir fragen: „Was muss ich tun, um gerettet zu werden?" (Apg 16,30 GNB) Wir sollten wissen, welche Schritte wir auf dem Weg zum Himmel gehen müssen.

Christus lehrte seine Jünger Wahrheiten, deren Breite, Tiefe und Wert sie wenig schätzten oder auch nur verstanden. Derselbe Zustand herrscht im Volk Gottes heute. Auch wir haben es versäumt, die Größe und Schönheit der Wahrheit wahrzunehmen, die Gott uns heute anvertraut hat. Wenn wir in der geistlichen Erkenntnis vorankämen, würden wir erkennen, dass sich die Wahrheit in einer Richtung weiterentwickelt und ausbreitet, wie wir es kaum für möglich gehalten hätten. Aber sie wird sich niemals in eine Richtung entwickeln, die uns meinen lässt, wir könnten den Zeitraum oder die „Zeitpunkte wissen, die der Vater in seiner eigenen Vollmacht festgesetzt hat." (Apg 1,7 EB)

Immer wieder erhielt ich Warnungen bezüglich der Festlegung einer bestimmten Zeit. Es wird für das Volk Gottes niemals mehr eine Botschaft geben, die sich auf eine [prophetische] Zeitberechnung gründet. Wir sollen den genauen Zeitpunkt nicht erfahren – weder für die Ausgießung des Heiligen Geistes noch für die Wiederkunft Christi. – *Advent Review and Sabbath Herald*, 22. März 1892

17. September

Wir dürfen keinem Fanatismus die Tür öffnen

[Ein Bischof] muss sich an die zuverlässige Botschaft halten, wie sie ihn gelehrt worden ist. Dann wird er in der Lage sein, die Gemeinde auf dem rechten Weg zu halten und den Gegnern ihren Irrtum nachzuweisen. (Titus 1,9 GNB)

Ständig besteht die Gefahr, in unsere Gemeinden etwas hereinzulassen, das als Wirken des Heiligen Geistes angesehen wird, aber in Wirklichkeit der Ausdruck einer fanatischen religiösen Haltung ist. Solange wir dem Feind der Wahrheit erlauben, uns auf einen falschen Weg zu lenken, können wir nicht darauf hoffen, die Aufrichtigen mit der dreifachen Engelsbotschaft zu erreichen. Wir sollen durch den Gehorsam gegenüber der Wahrheit geheiligt werden. Ich habe Angst vor allem, das die Tendenz hat, unseren Verstand von den soliden Beweisen der Wahrheit abzuwenden, die im Wort Gottes offenbart werden. Davor habe ich tatsächlich Angst.

Unser Verstand sollte stets in den Grenzen der Vernunft bleiben, damit nicht der Satan Einfluss gewinnt und alles durcheinanderbringt. Es gibt Menschen mit einer leicht erregbaren Wesensart, die leicht in den Fanatismus geführt werden können. Wenn wir in unsere Gemeinden etwas eindringen lassen, das solche Personen in den Irrtum führt, werden wir bald erleben, dass diese Irrtümer sich ausbreiten und zu Extremen führen. Durch das Verhalten solch unordentlicher Leute würde ein Schandmal auf der ganzen Gemeinschaft der Siebenten-Tags-Adventisten liegen.

Ich habe darüber nachgedacht, wie einige der Berichte über die frühen Erfahrungen [der Adventgemeinde mit Fanatismus] nachgedruckt werden können, damit mehr Gemeindeglieder darüber informiert sind. Seit langem weiß ich, dass sich der Fanatismus [unter uns] erneut in verschiedener Weise manifestieren wird. Wir sollten unsere Position dadurch stärken, indem wir über das Wort Gottes nachdenken und all die Seltsamkeiten und merkwürdigen Übungen meiden, die manche gern aufgreifen und praktizieren würden. Wenn wir in unseren Reihen Verwirrung zulassen, können wir unsere Aufgabe nicht so erfüllen, wie wir es sollen ...

Ich habe wirklich Angst davor, dass irgendetwas in unsere Gemeinden hereingebracht wird, das fanatischer Art ist. Es gibt viele, sehr viele, die der Heiligung bedürfen, aber sie sollen geheiligt werden durch den Gehorsam gegenüber der Botschaft der Wahrheit ... Wir dürfen erregbaren Leuten nicht erlauben, sich in einer Weise zu verhalten, die unseren Einfluss bei denen zerstören, die wir mit der Wahrheit erreichen möchten. – *Selected Messages*, Band 2, S. 43f.

Gottes Wirken ist von Gelassenheit und Würde gekennzeichnet

Wer von euch meint, die Prophetengabe zu besitzen oder vom Geist Gottes erfüllt zu sein, muss auch einsehen, dass meine Anweisungen vom Herrn kommen ... Nur soll alles anständig und geordnet zugehen.
(1. Korinther 14,37.40 GNB)

Ich traf einen Mann und seine Frau, die beteuerten, dem Wort Gottes zu folgen und [meinen] Zeugnissen zu glauben. Sie berichteten von ungewöhnlichen Erfahrungen, die sie in den vergangenen drei Jahren gemacht hatten. Es schienen aufrichtige Leute zu sein ... Ich sagte dem Ehepaar, dass ich durch die Erfahrungen der Vergangenheit, die ich in meiner Jugendzeit kurz nach dem Verstreichen der [prophetischen] Zeit [von Daniel 8,14] im Jahr 1844 gemacht habe, sehr, sehr vorsichtig geworden sei, irgendetwas zu akzeptieren, das dem ähnelt, was uns damals begegnete und das [ich] im Namen des Herrn verurteilen sollte.

Dem Werk Gottes könnte heute kein größerer Schaden zugefügt werden als dadurch, dass wir einem fanatischen Geist gestatten würden, in unsere Gemeinden einzudringen, der durch merkwürdige Erscheinungen begleitet wird, die fälschlicherweise als Wirkungen des Geistes Gottes angesehen werden.

Die Erfahrungen dieses Bruders und seiner Frau, von denen sie behaupteten, sie als Ergebnis des Empfangs des Heiligen Geistes mit apostolischer Vollmacht gemacht zu haben, schienen eine genaue Abbildung jener Vorgänge zu sein, denen wir in der Frühzeit unserer Bewegung entgegentreten und die wir korrigieren mussten.

Gegen Ende unseres Gesprächs schlug Bruder L. eine Gebetsgemeinschaft vor mit dem Gedanken, dass sich möglicherweise bei seiner Frau während des Gebets die von ihnen beschriebenen Phänomene zeigen würden, damit ich dann in der Lage wäre zu erkennen, ob sie tatsächlich von Gott stammen oder nicht. Darauf konnte ich nicht eingehen, weil ich [von Gott] unterrichtet worden war, dass solch ein Angebot, diese eigenartigen Manifestationen zur Schau zu stellen ein deutlicher Beweis dafür ist, dass Gott darin nicht wirkt.

Derartige Erfahrungen werden uns von Zeit zu Zeit begegnen, aber das sollte uns nicht entmutigen. Wir sollten merkwürdigen Erscheinungen keinen Raum geben, denn sie lenken den Verstand vom echten Wirken des Heiligen Geistes ab. Gottes Wirken ist immer von Gelassenheit und Würde gekennzeichnet. Wir können es uns nicht leisten, irgendetwas gutzuheißen, das Verwirrung schafft und unseren Eifer mindert, das Werk voranzuführen, das Gott uns übertragen hat: Die Welt auf die Wiederkunft Christi vorzubereiten. – *Selected Messages*, Band 2, S. 41f.

19. September

Der Geist bewirkt eine geistliche Umwandlung

Ich will ihnen ein anderes Herz und einen neuen Geist geben. Ich nehme das versteinerte Herz aus ihrer Brust und gebe ihnen ein lebendiges Herz. Dann werden sie nach meinen Weisungen leben, meine Gebote wieder achten und befolgen. (Hesekiel 11,19.20 Hfa)

Durch Christus empfängt ein Mensch eine moralische Kraft, die alle seine Zuneigungen verändert und ihn befähigt, sich mit ganzem Willen für das Werk Gottes einzusetzen. Wo alle Verstandes- und Körperkräfte sich vorher darauf konzentrierten, die Werke des Bösen zu wirken, wird durch den Geist Gottes eine Umwandlung bewirkt. Der Heilige Geist erleuchtet, erneuert und heiligt den Menschen. Mit unbeschreiblicher Begeisterung sehen die Engel das Ergebnis des Wirkens des Geistes in ihm.

Durch die Offenbarung der attraktiven Liebenswürdigkeit des Charakters Christi, durch die Erkenntnis seiner Liebe, die er uns erwies, „als wir noch Sünder waren" (Röm 5,8), wird das widerspenstige Herz erweicht und gebändigt. Der Sünder wird verwandelt und wird ein Kind Gottes. Liebe ist das Werkzeug Gottes, mit dem er die Sünden aus der menschlichen Seele vertreibt. Durch Liebe verwandelt er Stolz in Demut, Feindschaft und Unglauben in Liebe und Glauben. Er benutzt keine Zwangsmittel. Jesus offenbart sich dem Menschen; und wenn dieser im Glauben zu Gottes Lamm aufsieht, wird er leben (siehe 4 Mo 21,8; vgl. Joh 3,14) ...

Christus wird den Menschen dargestellt, damit dieser sein Wesen und seine Vollkommenheit begreift. Und da das Vorbild in jeder Hinsicht vollständig und vollkommen ist, wird ein Mensch, der dem Bild Christi angepasst wird, in ihm vollkommen [vor Gott dargestellt, siehe Kol 1,28 EB]. Denn getrennt von Christus kann es im menschlichen Herzen keine Gerechtigkeit geben.

Als der Heilige Geist [zu Pfingsten] vom Himmel ausgegossen wurde, wurde die Gemeinde von Licht überflutet – aber dieses Licht war Christus. Die Gemeindeglieder wurden von Freude erfüllt, aber der Gegenstand dieser Freude war Christus. Wenn der Geist Gottes auf sein heutiges Volk ausgegossen wird, wird der Name Christi in aller Munde sein und seine Liebe jeden Einzelnen erfüllen. Wenn jemand Jesus annimmt, nimmt er [tatsächlich] Gott an, denn „die ganze Fülle der Gottheit [wohnt] leibhaftig" in Christus (Kol 2,9). Wenn die Strahlen der Gerechtigkeit Christi auf einen Menschen scheinen, werden Freude, Verehrung [Gottes] und Herrlichkeit in dessen Erfahrung einfließen. – *Signs of the Times*, 9. Juni 1890

Der Heilige Geist bringt Frieden und Freude

Ich bitte Gott, auf den sich unsere Hoffnung gründet, dass er euch in eurem Glauben mit aller Freude und allem Frieden erfüllt, damit eure Hoffnung durch die Kraft des Heiligen Geistes immer stärker und unerschütterlicher wird. (Römer 15,13 GNB)

Viel wurde [schon] über die Verleihung des Heiligen Geistes gesagt ... Ewiges Leben bedeutet den Empfang der lebendigen Elemente des Wortes Gottes und das Befolgen des göttlichen Willens. Das meint, „das Fleisch des Menschensohnes“ zu essen und sein Blut zu trinken (Joh 6,53-56). Für die, die das tun, wird „Leben und Unvergänglichkeit ans Licht gebracht ... durch das Evangelium“ (2 Tim 1,10 EB), denn Gottes Wort ist Wahrheit, Geist und Leben. Es ist das Vorrecht aller, die an Jesus Christus als ihren persönlichen Erlöser glauben, vom Wort Gottes zu leben. Der Einfluss des Heiligen Geistes macht dieses Wort, die Bibel, zu einer unsterblichen Wahrheit, die dem betenden Sucher geistliche Substanz verleiht.

„Ihr forscht doch in den Heiligen Schriften“, erklärte Christus, „und seid überzeugt, in ihnen das ewige Leben zu finden – und gerade sie weisen auf mich hin!“ (Joh 5,39 GNB) Wer unter der Oberfläche gräbt, entdeckt die verborgenen Edelsteine der Wahrheit. Der Heilige Geist begleitet den aufrichtig Suchenden. Sein Licht scheint auf das Wort Gottes und prägt dem Verstand die Wahrheit mit einer neuen, lebendigen Bedeutung ein. Der Suchende wird von einem nie gekannten Empfinden des Friedens und der Freude erfüllt. Der Wert der Wahrheit wird ihm so bewusst wie nie zuvor. Ein neues, himmlisches Licht scheint auf das Wort Gottes und erleuchtet es, als wäre jeder Buchstabe aus Gold. Gott selbst hat zu Herz und Verstand gesprochen und das Wort in Geist und Leben verwandelt (siehe Joh 6,63).

Jeder aufrichtig im Wort Gottes Studierende erhebt sein Herz zu Gott und erbittet die Hilfe des Heiligen Geistes. Bald entdeckt er das, was alle fiktiven Aussagen eines Möchtegern-Lehrers weit übertrifft, dessen schwache, wackelnde Theorien nicht vom Wort des lebendigen Gottes bestätigt werden. – *Manuscript Releases*, Band 21, S. 313f.

21. September

Wir werden Gott freudig loben

Lobe den HERRN, meine Seele, und was in mir ist, seinen heiligen Namen! Lobe den HERRN, meine Seele, und vergiss nicht, was er dir Gutes getan hat: der dir alle deine Sünde vergibt ... der dein Leben vom Verderben erlöst, der dich krönet mit Gnade und Barmherzigkeit. (Psalm 103,1-4)

Betet, betet ernstlich und „ohne Unterlass“ (1 Ths 5,17), aber vergesst nicht, Gott zu loben. Es ziemt jedem Kind Gottes, seinen Charakter zu rechtfertigen. Ihr könnt den Herrn verherrlichen und die Kraft seiner tragenden Gnade bekunden. Es gibt viele, die weder die große Liebe Gottes noch Jesu göttliches Mitleid schätzen. Tausende betrachten sogar die im Erlösungsplan offenbarte unvergleichliche Gnade mit Geringschätzung. Alle, die an der großen Erlösung teilhaben, sind darin nicht ohne Makel. Sie pflegen nicht die Dankbarkeit von Herzen. Doch den Erlösungsplan „begehren auch die Engel zu schauen“ (1 Ptr 1,12), und bis in alle Ewigkeit wird er Gegenstand des Forschens und des Lobpreisens der Erlösten sein. Ist er dann nicht jetzt schon der sorgfältigen Erwägung und des Studiums wert? Sollten wir Gott nicht mit Herz und Mund preisen „für seine Wunder, die er an den Menschenkindern tut“ (Ps 107,8)?

„Die Gemeinde der Heiligen soll ihn loben.“ (Ps 149,1) ... Als die Bundeslade in die Stadt Davids gebracht wurde und ein Psalm der Freude und des Sieges erklang, sagte „das ganze Volk: ‚Amen! Preist den HERRN!‘“ (1 Chr 16,36 GNB) Diese inbrünstige Antwort bewies, dass sie das gesprochene Wort verstanden hatten und an der Anbetung Gottes teilnahmen.

In unseren Gottesdiensten herrscht zuviel Förmlichkeit. Der Herr möchte Diener, die das Wort in der Kraft seines Heiligen Geistes verkündigen. Da sollte die Gemeinde nicht in schläfriger Gleichgültigkeit vor ihm sitzen, sich umsehen und keine Antwort auf das Gesprochene geben. Der Eindruck, der damit den Ungläubigen vermittelt wird, ist alles andere als günstig für das Christentum. Diese teilnahmslosen, gleichgültigen Namenschristen sind in weltlichen Geschäften keineswegs frei von ehrgeizigem Streben. Dinge von Ewigkeitswert aber berühren sie nicht tief. Gottes Stimme durch den Mund seiner Boten kann wohltuender Gesang sein, aber ihre heiligen Warnungen, ihr Tadel und ihre Ermutigung bleiben alle unbeachtet. Der Geist der Welt hat sie unwirksam gemacht. Die Wahrheiten des Wortes Gottes werden tauben Ohren und harten, unempfänglichen Herzen verkündigt. Wir müssen hellwache, rege Gemeinden haben, die die Prediger ermutigen und unterstützen und ihnen beim Werk der Rettung von Menschen helfen. Wo die Gemeinde im Lichte wandelt, wird es immer frohe, von Herzen kommende Antworten und Worte dankbarer Freude geben. *Aus der Schatzkammer der Zeugnisse,* Band 2, S. 96f. (rev.)

Brüderliche Liebe wird praktisch ausgedrückt

All die vielen Menschen, die zum Glauben an Jesus gefunden hatten, waren ein Herz und eine Seele. Niemand von ihnen betrachtete etwas von seinem Besitz als persönliches Eigentum; alles, was sie besaßen, gehörte ihnen gemeinsam. (Apostelgeschichte 4,32 GNB)

Als die Jünger das Evangelium in Jerusalem verkündigten, bekannte sich Gott zu ihrem Wort, und eine große Zahl wurde gläubig (siehe Apg 2,41). Viele dieser ersten Gläubigen wurden durch den blinden Hass der Juden sofort von ihren Familien und Freunden getrennt. Deshalb wurde es notwendig, sie mit Nahrung und Unterkunft zu versorgen. In der Bibel heißt es: „Es gab unter ihnen niemand, der Not leiden musste.“ (Apg 4,34 GNB) Dann wird berichtet, wie dies erreicht wurde: Gläubige, die Geld und Besitz hatten, opferten diese freudig, um der Notlage zu begegnen. „Denn die in der Gemeinde, die Grundstücke oder Häuser besaßen, verkauften sie, wenn es an etwas fehlte, brachten den Erlös herbei und legten ihn vor den Füßen der Apostel nieder. Das wurde dann unter die Bedürftigen verteilt.“ (V. 34.35 GNB)

Diese Freigebigkeit der Gläubigen war eine Folge der Ausgießung des Heiligen Geistes. Die zum Evangelium Bekehrten waren „ein Herz und eine Seele“ (V. 32) und kannten nur ein gemeinsames Anliegen: die erfolgreiche Durchführung des ihnen übertragenen Auftrags. Geiz hatte in ihrem Leben keinen Raum. Ihre Liebe zu den Glaubensgeschwistern und zu der Sache, für die sie nun eintraten, war größer als ihre Liebe zu Geld und Besitz. Ihre Werke zeugten davon, dass sie den Wert ihrer Mitmenschen höher schätzten als irdischen Wohlstand.

So wird es immer sein, wenn Gottes Geist vom Leben Besitz ergreift. Diejenigen, deren Herzen von der Liebe Christi erfüllt sind, werden dem Beispiel dessen folgen, der um unsertwillen arm wurde, damit wir „durch seine Armut reich würden“ (2 Kor 8,9). Alle aus der Hand Gottes empfangenen Gaben wie Geld, Zeit und Einfluss werden sie nur als Mittel zur Förderung der Evangeliumsverkündigung wertschätzen. So war es in der Urgemeinde. Wäre in der Gemeinde von heute erkennbar, dass sich ihre Glieder durch die Kraft des Geistes von den Dingen dieser Welt abgewandt haben und willens sind, Opfer zu bringen, damit ihre Mitmenschen das Evangelium zu hören bekommen, dann würde die verkündigte Wahrheit einen machtvollen Einfluss auf die Hörer ausüben. – *Das Wirken der Apostel*, S. 71f. (rev.)

23. September

Ich kann bezeugen, dass sie von sich aus gaben, was sie nur konnten, und sogar mehr als das. Sie haben es sogar als ein Vorrecht angesehen, sich an der Hilfe für die Christen in Jerusalem beteiligen zu dürfen. Sie haben sehr viel mehr getan, als wir jemals erwarten konnten.
(2. Korinther 8,3-5 Hfa)

Freigebigkeit und Wohltätigkeit zeigen sich

Als sich das Evangelium nach der Himmelfahrt Christi immer weiter ausbreitete, war eine größere Bereitstellung [von Mitteln] nötig, um den Kampf aufrechtzuerhalten. So wurde das Prinzip des Almosengebens zu einer größeren Notwendigkeit als unter den israelitischen Herrschern. Heute fordert Gott nicht weniger, sondern größere Gaben als zu allen anderen Zeiten. Das Prinzip Christi besagt, dass die Gaben und Opfer dem Maß des erhaltenen Lichts und des empfangenen Segens entsprechen sollten. Er hat gesagt: „Je mehr einem Menschen anvertraut wird, desto mehr wird von ihm gefordert." (Lk 12,48 GNB)

Die ersten Nachfolger Jesu reagierten auf die Segnungen des christlichen Zeitalters mit Werken der Nächstenliebe und Wohltätigkeit. Die Ausgießung des Heiligen Geistes [zu Pfingsten], nachdem Christus seine Jünger verlassen hatte und in den Himmel aufgefahren war, führte zur Selbstverleugnung und Aufopferung für die Rettung anderer (siehe Apg 2,45; 5,32.34-37). Als die armen Gemeindeglieder in Jerusalem in Not waren, schrieb Paulus an die Heidenchristen über die Werke der Wohltätigkeit: „Wie ihr aber in allen Stücken reich seid, im Glauben und im Wort und in der Erkenntnis und in allem Eifer und in der Liebe, die wir in euch erweckt haben, so gebt auch reichlich bei dieser Wohltat." (2 Kor 8,7) Hier wird die Wohltätigkeit mit dem Glauben, der Liebe und dem christlichen Eifer auf eine Stufe gestellt.

Wer meint, er könne ein guter Christ sein und gleichzeitig seine Ohren und sein Herz dem göttlichen Rufen nach Freigiebigkeit verschließen, unterliegt einer schrecklichen Täuschung. Es gibt [Adventisten], die eine große Liebe zur Wahrheit vorgeben und – was ihre Worte betrifft – Interesse an der Verbreitung der Adventbotschaft zeigen, aber [selbst] nichts dazu beitragen. Der Glaube solcher [Gemeindeglieder] ist tot, weil er nicht „durch die Werke ... vollkommen geworden" ist (Jak 2,22). Der Herr macht nie den Fehler, einen Menschen zu bekehren und ihn dann unter der Macht der Habsucht zu lassen. – *Advent Review and Sabbath Herald*, 25. August 1874

Vorurteile und Rassismus verschwinden

Denn als ihr in der Taufe Christus übereignet wurdet, habt ihr Christus angezogen ... Es hat darum auch nichts mehr zu sagen, ob ein Mensch Jude ist oder Nichtjude, ob im Sklavenstand oder frei, ob Mann oder Frau. Durch eure Verbindung mit Jesus Christus seid ihr alle zu einem Menschen geworden (Galater 3,27.28 GNB)

Gott erkennt keinen Unterschied aufgrund der Nationalität, der Rassenzugehörigkeit oder der gesellschaftlichen Stellung an. Er ist der Schöpfer aller Menschen. Alle gehören durch die Schöpfung zu einer Familie und sind durch die Erlösung eins geworden. Christus kam, um jede Trennwand niederzureißen (siehe Eph 2,14) und alle Abteilungen des Tempels zugänglich zu machen, damit jeder Mensch freien Zugang zu Gott erhält. – *Bilder vom Reiche Gottes*, S. 316 (rev.)

Der biblische Glaube erkennt keine Standes- oder Rassenunterschiede an. Er ignoriert Rang, Reichtum und weltliche Ehre. Gott schätzt die Menschen als Menschen. Bei ihm entscheidet ihr Charakter über ihren Wert. Wir sollen den Geist Christi in jedem Menschen erkennen, in dem er sich offenbart. – *Testimonies for the Church*, Band 2, S. 223

[Durch sein Wirken für Heiden] versuchte Christus seinen Jüngern die Wahrheit zu lehren, dass es im Reiche Gottes keine territorialen Grenzen, keine Gesellschaftsklassen und keine Oberschicht gibt. Sie sollten zu allen Völkern gehen und ihnen die Botschaft von der Liebe des Heilandes verkündigen. – *Das Wirken der Apostel,* S. 19 (rev.)

Die durch Sektiererei, gesellschaftliche Stellung und Rassenzugehörigkeit aufgerichteten Wände werden einstürzen, wenn die Herzen der Menschen von echtem Missionsgeist erfüllt werden. Vorurteile werden durch die Liebe Gottes dahinschmelzen. – *Advent Review and Sabbath Herald,* 21. Januar 1896

Zwischen Weißen und Schwarzen wurden trennende Wände errichtet. Diese Wände aus Vorurteilen werden von selbst zusammenfallen wie die Mauern Jerichos, wenn Christen dem Wort Gottes gehorchen, das ihnen die höchste Liebe zu ihrem Schöpfer und unparteiische Liebe zu ihren Mitmenschen auferlegt. – Ebenda, 17. Dezember 1895

Wenn der Heilige Geist ausgegossen wird, wird es einen Sieg der Menschlichkeit über alle Vorurteile geben, weil es [nur noch] um die Rettung von Menschen geht. Gott wird das Denken kontrollieren. Die Herzen [der Christen] werden lieben, „wie Christus uns geliebt hat" (Eph 5,2). Viele werden die Hautfarben völlig anders betrachten als heute. Zu lieben, wie Christus liebt, erhebt das Denken auf eine reine, himmlische und selbstlose Ebene. – *Testimonies for the Church*, Band 9, S. 209

25. September

Alle, die zum Glauben gekommen waren, bildeten eine enge Gemeinschaft und taten ihren ganzen Besitz zusammen. Von Fall zu Fall verkauften sie Grundstücke und Wertgegenstände und verteilten den Erlös unter die Bedürftigen in der Gemeinde.
(Apostelgeschichte 2,44.45 GNB)

Selbstsucht und Unaufrichtigkeit werden weggefegt

Es liegt nicht an Gottes [vermeintlichem] Geiz, dass in unseren Gemeinden ein Mangel an Heiligem Geist herrscht. Diesem Mangel können nur die Gemeinden [selbst] abhelfen. Gott sagt zu seinem Volk: „Wacht auf und schafft ein Interesse für heilige Dinge!"

Wo ist unser Glaube? Inwiefern pflegen wir eine rechte Beziehung zu Jesus Christus? Folgen wir seiner Selbstverleugnung und seiner Beständigkeit? Sprechen wir über die Wahrheit mit Einsicht? Wenn Gott seinen Geist über die Gemeinden ausgießt, werden sie zu seiner Ehre Frucht bringen. Das Schwert des Geistes, neu geschärft mit Kraft, wird auf beiden Seiten scharf sein.

In Gottes Weinberg gibt es viel zu tun. Die dreifache Engelsbotschaft (von Offb 14,6-12) soll mit lauter Stimme überall verkündet werden. Jede Spur von unehrlichem Geschäftsverhalten, jeder Faden von Selbstsucht soll vom Spätregen weggefegt werden. Jeder Götzendienst soll verzehrt, jeder Altar niedergerissen werden – außer dem einen, der die Gabe und den Geber heiligt – das Kreuz von Golgatha.

Dem Reich Gottes soll neues Gebiet hinzugefügt werden. Neue Bereiche im moralischen Weinberg Gottes sollen kultiviert werden. Die Ehre des Gesetzes Gottes muss vor den sündlosen Welten, vor dem himmlischen Universum und vor der gefallenen Welt wiederhergestellt werden. Schlimmste Verfolgungen werden kommen, aber wenn Zion aufsteht und ihre schönen Kleider anzieht, wird sie in heiliger Schönheit leuchten. Gott möchte uns mehr Leben und mehr Kraft schenken, weil die Herrlichkeit Gottes über der Gemeinde aufgegangen ist (siehe Jes 60,1 EB). Wo die Wahrheit angenommen wird, wird es keinen unschönen Mangel mehr geben. Das Wort Christi bedeutet ewiges Leben für den, der es annimmt. – *Bible Training School*, 1. Dezember 1903

Die Angst vor dem Zeugnisgeben verschwindet

Sie ... geboten ihnen, keinesfalls zu reden oder zu lehren in dem Namen Jesu. Petrus aber und Johannes antworteten: Urteilt selbst, ob es vor Gott recht ist, dass wir euch mehr gehorchen als Gott. Wir können's ja nicht lassen, von dem zu reden, was wir gesehen und gehört haben. (Apostelgeschichte 4,18-20)

Ich hörte, wie jene, die die Waffenrüstung Gottes angezogen hatten (siehe Eph 6,11-17), die Wahrheit mit großer Kraft und Wirkung verkündigten. Ich sah Menschen, die gebunden gewesen waren: Manche Ehefrauen waren von ihren Ehemännern gefesselt und manche Kinder von ihren Eltern. Die Aufrichtigen, die daran gehindert worden waren, die Wahrheit zu hören, nahmen nun die verkündete Wahrheit an. Sie hatten keine Angst mehr vor ihren Verwandten. Nur noch die Wahrheit war ihnen wichtig. Sie war ihnen teurer und wertvoller als das Leben. Sie hatten nach Wahrheit gehungert und gedürstet. Ich fragte, was diese große Veränderung ausgelöst hatte. Ein Engel antwortete: „Es ist der ‚Spätregen', ‚die Erquickung vom Angesicht des Herrn', der laute Ruf des dritten Engels." (Sach 10,1; Apg 3,20; Offb 14,9-11; vgl. Kap. 18,1.2)

Eine große Macht begleitete diese Auserwählten. Da sprach der Engel zu mir: „Sieh dorthin!" Meine Aufmerksamkeit wurde auf die Boshaften und Ungläubigen gelenkt. Sie waren alle ganz aufgeregt. Der Eifer und die Kraft des Volkes Gottes hatte sie aufgebracht und in Zorn versetzt. Verwirrung herrschte überall. Ich sah, dass Maßnahmen gegen die Gruppe ergriffen wurden, die mit Gottes Kraft und Licht ausgerüstet war. Die Finsternis um sie herum verdichtete sich, doch sie standen da, von Gott angenommen und auf ihn vertrauend. Ich sah, dass sie verwirrt waren.

Dann hörte ich sie ernstlich zu Gott beten. Tag und Nacht war ihr Ruf zu vernehmen. Ich hörte diese Worte: „Dein Wille geschehe, oh Gott! Wenn es zu deines Namens Ehre dient, dann zeige deinem Volk einen Ausweg! Befreie uns aus der Hand der Heiden um uns herum. Sie wollen unseren Tod, aber dein Arm kann Rettung bringen." Dies waren die Worte, an die ich mich erinnern kann. Sie schienen ein tiefes Empfinden ihrer Unwürdigkeit zu fühlen und zeigten völlige Unterordnung unter den Willen Gottes. Doch ausnahmslos jeder betete ernstlich und rang wie Jakob um Befreiung. – *Advent Review and Sabbath Herald*, 31. Dezember 1857

27. September

Satans Wut wird geweckt

Seid wachsam und nüchtern! Euer Feind, der Teufel, schleicht um die Herde wie ein hungriger Löwe. Er wartet nur darauf, dass er jemand von euch verschlingen kann. Leistet ihm Widerstand und haltet unbeirrt am Glauben fest.
(1. Petrus 5,8.9 GNB)

Um die Welt von ihren Sünden in Form der Übertretung des Gesetzes Gottes zu überzeugen, muss der Heilige Geist durch menschliche Werkzeuge wirken (siehe Joh 16,8). Jetzt muss die Gemeinde ihren todesähnlichen Schlaf abschütteln, denn der Herr wartet darauf, sein Volk segnen zu können. Es wird den Segen erkennen, wenn er kommt, und ihn in klaren, starken Lichtstrahlen verbreiten. [Der Herr hat versprochen:] „Mit reinem Wasser wasche ich eure Schuld von euch ab ... Mit meinem Geist erfülle ich euch, damit ihr nach meinen Weisungen lebt, meine Gebote achtet und sie befolgt." (Hes 36,25.27 Hfa)

Durch den Heiligen Geist, den Gott über sein Volk ausgießt, wird die Einöde der Gemeinde zu einem fruchtbaren Feld und das fruchtbare Feld zu einem Wald [voller Bäume]. Lange haben die himmlischen Wesen auf die menschlichen Werkzeuge, die Mitglieder der Gemeinde, gewartet, um mit ihnen bei dem großen Werk zu kooperieren, das getan werden muss. Sie warten auf dich. So weit ist das Feld, so umfassend der Plan, dass jeder geheiligte Gläubige als Werkzeug der göttlichen Macht zum Dienst gedrängt wird.

Zur selben Zeit wird es auch eine von unten wirkende Kraft geben, die alles aufwühlt. Das Wirken der bösen Engel zeigt sich in Täuschungen und Betrug, in Katastrophen, Unfällen und außergewöhnlichen Verbrechen. Während Gott die barmherzigen Engel beauftragt, durch seine menschlichen Helfer zu wirken, aktiviert [auch] Satan seine Helfer und spannt alle Mächte ein, die ihm unterstehen. Da wird es viele Herren und viele Götter geben. Man wird den Ruf hören: „‚Hier ist der Christus!' oder: ‚Dort ist er!'" (Mt 24,23 Hfa) Überall wird das Ränkespiel Satans seine Wirkung zeigen und die Aufmerksamkeit von den gegenwärtigen Pflichten ablenken. Bei denen, die sich täuschen lassen, wird die Erscheinung eines falschen Christus trügerische Hoffnungen wecken. Die Gemeindeglieder, die wach sind, werden in dieser Notsituation aufstehen und den Menschen die Bekundungen satanischer Macht in ihrem wahren Licht darstellen. – *General Conference Bulletin*, 28. Februar 1893

Echte und falsche Erweckungen finden statt

Ein anderer Engel [kam] vom Himmel herab. Er hatte besondere Macht, und von seinem Glanz erstrahlte die ganze Erde ... Dann [rief] eine Stimme vom Himmel her: „Verlasst [Babylon], du mein Volk! Sonst wirst du mit hineingezogen in ihre Sünden, und dann wird Gottes Gericht auch dich treffen." (Offenbarung 18,1.4 Hfa)

Trotz des weitgehenden Niedergangs von Glaube und Frömmigkeit gibt es in den Kirchen noch wahre Nachfolger Christi. Ehe Gott zum letzten Mal die Welt mit seinen Gerichten heimsucht, wird es unter dem Volk Gottes eine solche Erweckung ursprünglicher Frömmigkeit geben, wie man sie seit dem apostolischen Zeitalter nicht gesehen hat. Der Geist und die Kraft Gottes werden über seine Kinder ausgegossen werden. Zu der Zeit werden sich viele von den Kirchen trennen, in denen die Liebe zur Welt die Stelle der Liebe zu Gott und seinem Wort eingenommen hat. Viele Prediger und viele Laien werden mit Freuden jene Wahrheiten annehmen, die Gott verkündigen ließ, um ein Volk auf die Wiederkunft des Herrn vorzubereiten.

Der Seelenfeind möchte dieses Werk gern verhindern und wird, ehe die Zeit dieser [Erweckungs-]Bewegung anbricht, versuchen, sie zu verhindern, indem er eine Fälschung einführt. In den Kirchen, die er unter seine betrügerische Macht bringen kann, wird er den Anschein erwecken, als würde der besondere Segen Gottes auf sie ausgegossen. Es wird sich ein großes religiöses Interesse bekunden. Viele Menschen werden jubeln, dass Gott auf wunderbare Weise für sie wirkt, obwohl es das Wirken eines andern Geistes ist. In religiösem Gewand wird Satan versuchen, seinen Einfluss über die ganze christliche Welt auszubreiten.

Bei vielen Erweckungen, die sich während der letzten Hälfte des [19.] Jahrhunderts zugetragen haben, waren mehr oder weniger die gleichen Einflüsse am Wirken, die sich auch in den ausgedehnteren Bewegungen der Zukunft zeigen werden. Es herrschte eine Gefühlserregung, eine Vermischung des Wahren mit dem Falschen, die trefflich dazu angetan ist, irrezuführen. Doch niemand braucht sich täuschen zu lassen. Im Lichte des Wortes Gottes wird es nicht schwer sein, das Wesen dieser Bewegungen festzustellen. Wir können sicher sein, dass Gottes Segen nicht dort ausgeteilt wird, wo man das Zeugnis der Bibel vernachlässigt, indem man sich von den deutlichen, prüfenden Wahrheiten abwendet, die Selbstverleugnung und Entsagung von der Welt erfordern. Nach dem Maßstab, den Christus selbst seinen Jüngern gegeben hat, „An ihren Früchten werdet ihr sie erkennen" (Mt 7,16 EB), wird es offenbar, dass diese Bewegungen nicht das Werk des Geistes Gottes sind. – *Der große Kampf*, S. 463f. (rev.)

29. September

Zu jener Zeit wird Michael, der große Engelfürst, der für dein Volk eintritt, sich aufmachen. Denn es wird eine Zeit so großer Trübsal sein, wie sie nie gewesen ist, seitdem es Menschen gibt, bis zu jener Zeit. Aber zu jener Zeit wird dein Volk errettet werden, alle, die im Buch geschrieben stehen. (Daniel 12,1)

Wir erhalten Kraft für die Zeit der Trübsal

Während sich die Nachfolger Jesu der Zeit der letzten Auseinandersetzung [mit dem Bösen] nähern, „eine Zeit der Bedrängnis für Jakob [Israel]" (Jer 30,7 EB), werden sie Christus ähnlicher werden und mit einem großen Maß seines Geistes erfüllt sein. Wenn die Verkündigung der dritten Engelsbotschaft zu einem lauten Ruf anschwillt und große Kraft und Herrlichkeit das abschließende Werk begleiten (siehe Offb 18,1.2), wird auch das treue Volk Gottes an dieser Herrlichkeit teilhaben. Der Spätregen belebt und stärkt sie, damit sie diese Zeit der Trübsal überstehen können. Auf ihren Gesichtern liegt ein Abglanz der Herrlichkeit, die den dritten Engel umgibt (siehe Offb 18,1).

Ich sah [in einer Vision], dass Gott in der Zeit der Trübsal sein Volk auf wunderbare Weise bewahren wird. Gleichwie Jesus in Gethsemane in seiner Qual sein Herz ausschüttete, so werden die Kinder Gottes Tag und Nacht ernstlich um Errettung schreien und ringen. Ein Erlass wird sie vor die Wahl stellen, entweder den Ruhetag des vierten Gebotes aufzugeben und den ersten Wochentag zu ehren, oder getötet zu werden. Sie unterwerfen sich dem aber nicht, indem sie eine päpstliche Einrichtung ehren und den Sabbat des Herrn mit Füßen treten. Satans Heerscharen und boshafte Menschen werden sie zwar umringen und über sie frohlocken, weil es scheinbar für sie keinen Ausweg mehr gibt. Doch inmitten ihrer lärmenden Festlichkeit und ihres Triumphes erfüllt ohrenbetäubend lautes Donnern die Erde. Der Himmel hüllt sich in Finsternis, nur erleuchtet von dem glänzenden Licht und der erhabenen Herrlichkeit, die aus dem Himmel hervorbricht, wenn Gott seine Stimme aus seiner heiligen Wohnstätte ertönen lässt.

Die Grundfesten der Erde erbeben; Gebäude schwanken und fallen mit furchtbarem Krachen in sich zusammen. Die See kocht wie das Wasser in einem Topf, und die ganze Erde befindet sich in heftiger Bewegung (siehe Offb 17,18-20). Die Gefangenschaft der Gerechten hat sich gewendet und in feierlichem Flüsterton sagen sie zueinander: „Wir sind gerettet. Es ist die Stimme Gottes." In feierlicher Ehrfurcht lauschen sie den Worten der Stimme. – *Aus der Schatzkammer der Zeugnisse,* Band 1, S. 117f. (rev.)

Die Zeit der Vorbereitung ist jetzt

Bleibt wach und hört nicht auf zu beten, damit ihr alles, was noch kommen wird, durchstehen und zuversichtlich vor den Menschensohn treten könnt! (Lukas 21,36 GNB)

Die bekennenden Gläubigen, die unvorbereitet in die Zeit der Trübsal geraten, werden in ihrer Verzweiflung ihre Sünden mit angstvollen Worten vor der Welt bekennen, während boshafte Menschen über ihr Elend jubeln. Der Fall solcher [Christen] ist hoffnungslos. Wenn Christus sich aufmacht (siehe Dan 12,1), das Allerheiligste [des himmlischen Heiligtums] verlässt und die Zeit der Trübsal beginnt (siehe Offb 15,5.8), ist der Fall jedes Menschen entschieden, und es wird kein sühnendes Blut mehr da sein, das sie von Sünde und Befleckung reinigt. Wenn Jesus das Allerheiligste verlässt, spricht er mit Entschiedenheit und königlicher Autorität: „Wer Böses tut, der tue weiterhin Böses, und wer unrein ist, der sei weiterhin unrein; aber wer gerecht ist, der übe weiterhin Gerechtigkeit, und wer heilig ist, der sei weiterhin heilig. Siehe, ich komme bald und mein Lohn mit mir, einem jeden zu geben, wie seine Werke sind." (Offb 22,11.12)

Jene, die die Vorbereitung auf den Tag des Herrn versäumt haben, können dies nicht während der Zeit der Trübsal oder in der ferneren Zukunft nachholen. Die Gerechten werden mit ihrem intensiven, quälenden Rufen nach Befreiung nicht aufhören. Sie können sich nicht an einzelne spezielle Sünden erinnern, aber in ihrem ganzen Leben erkennen sie nicht viel Gutes. Ihre Sünden sind zuvor im Gericht offenbar geworden, und für sie wurde Vergebung [in die himmlischen Berichtsbücher] geschrieben. Ihre Sünden sind ins Meer der Vergessenheit geworfen worden (siehe Mi 7,19), und sie können sich nicht mehr an sie erinnern.

Sie werden von der sicheren Vernichtung bedroht, aber wie Jakob werden sie nicht zulassen, dass ihr Glaube nachlässt, weil ihre Gebete nicht sofort erhört werden. Obwohl sie Hunger peinigt, werden sie nicht aufhören zu beten. Sie klammern sich an die Kraft Gottes wie Jakob sich an den Engel klammerte, und sprechen: „Ich lasse dich nicht los, bevor du mich segnest!" (1 Mo 32,27 GNB)

Die Zeit der Bedrängnis und Seelenqual wird ernsthaftes Bemühen und einen entschlossenen Glauben erfordern, der [langes] Warten und Hunger ertragen kann und trotz heftiger Prüfungen nicht schwach wird. Die Gnadenzeit ist die Zeit, die allen Menschen als Vorbereitungszeit für den Tag des Herrn gegeben ist. – *Signs of the Times*, 27. November 1879

1. Oktober

Denn wir haben nicht mit Fleisch und Blut zu kämpfen, sondern mit Mächtigen und Gewaltigen, nämlich mit den Herren der Welt, die in dieser Finsternis herrschen, mit den bösen Geistern unter dem Himmel. (Epheser 6,12)

Wir stehen in einer geistlichen Auseinandersetzung

Das Leben eines Christen ist ein [geistlicher] Kampf. Aber „wir kämpfen nicht gegen Menschen, sondern gegen Mächte und Gewalten des Bösen, die über diese gottlose Welt herrschen und im Unsichtbaren ihr unheilvolles Wesen treiben." (Eph 6,12 Hfa) In dieser Auseinandersetzung zwischen der Gerechtigkeit und der Ungerechtigkeit können wir nur mit göttlicher Hilfe erfolgreich sein. Unser begrenzter Wille muss dem Willen des unendlichen Gottes unterstellt werden; der menschliche Wille muss mit dem göttlichen übereinstimmen. Dann wird der Heilige Geist unser Beistand sein und jeder Sieg wird zur Zurückgewinnung von Gottes erkauftem Besitz und zur Wiederherstellung seines Bildes im Menschen beitragen.

Der Herr Jesus wirkt durch den Heiligen Geist, denn er ist dessen Stellvertreter. Durch ihn füllt er die Seele mit geistlichem Leben, erweckt ihre Energien zum Guten, reinigt sie von moralischer Verunreinigung und macht sie für sein [ewiges] Reich geeignet. Jesus möchte reiche Segnungen verleihen und wertvolle Gaben unter den Menschen verteilen. Er ist der „wunderbare Ratgeber" (Jes 9,5 EB), unendlich reich an Weisheit und Kraft. Wenn wir die Macht seines Geistes anerkennen und uns ihr unterstellen, um uns von ihr formen zu lassen, stehen wir in Christus vollkommen vor ihm. Was für ein Gedanke! In Christus „wohnt die ganze Fülle der Gottheit leibhaftig und ihr seid in ihm zur Fülle gebracht." (Kol 2,9.10 EB) Als Folge stehen wir „vor Gott da in der Vollkommenheit, die aus der Verbindung mit Christus erwächst." (Kol 1,28 GNB)

Niemals wird das menschliche Herz [wahre] Glückseligkeit kennenlernen, wenn es sich nicht Gott unterstellt, um von seinem Geist umgestaltet zu werden. Der Geist passt die erneuerte Seele dem Vorbild Jesu Christi an. Durch das Wirken des Heiligen Geistes wird aus Feindschaft gegenüber Gott Vertrauen und Liebe, und aus Stolz Demut. Der Verstand erkennt die Schönheit der Wahrheit, und Christus wird durch die Vortrefflichkeit und Vollkommenheit des Charakters geehrt. Wenn diese Veränderungen bewirkt werden, singen die Engel begeisterte Lieder, und Gott und Christus freuen sich über gläubige Menschen, die nach dem Abbild Gottes gestaltet sind. – *Advent Review and Sabbath Herald*, 10. Februar 1903

Als Soldaten Christi haben wir auch Mühsal

Darum greift zu den Waffen Gottes! Wenn dann der schlimme Tag kommt, könnt ihr Widerstand leisten, jeden Feind niederkämpfen und siegreich das Feld behaupten. Seid also bereit! Legt die Wahrheit als Gürtel um und die Gerechtigkeit als Panzer an. (Epheser 6,13.14 GNB)

Soldaten im Kampfeinsatz haben mit Schwierigkeiten und Mühsal zu tun. Sie bekommen grobe Kost, die auch oft noch rationiert ist. Sie haben lange Märsche zu bewältigen, Tag für Tag über holprige Straßen und unter sengender Sonne. Sie kampieren nachts draußen und schlafen auf dem blanken Boden unter freiem Himmel. Sie sind Regen und Frost, Hunger und Erschöpfung ausgesetzt. Mal dienen sie dem Feind als Zielscheibe, mal stehen sie im tödlichen Kampf [Mann gegen Mann]. So lernen sie, was Mühsal bedeutet.

Wer in die Armee Christi eintritt, von dem wird ebenfalls erwartet, schwierige Arbeit zu tun und schmerzliche Prüfungen um Christi willen geduldig zu ertragen. Aber „wie wir mit Christus leiden, sollen wir auch seine Herrlichkeit mit ihm teilen." (Röm 8,17 GNB) Wer unter uns hat denn den Dienst [für Christus] angetreten, um die Annehmlichkeiten des Lebens zu genießen und frei zu haben, wann es ihm gefällt, um die Waffenrüstung beiseitezulegen und zivile Kleidung anzuziehen, um auf seinem Posten zu schlafen und so der Sache Gottes zu schaden?

Wer die Bequemlichkeit liebt, wird Selbstverleugnung und geduldiges Ausharren nicht praktizieren. Wenn Männer gesucht werden, die mutig für Gottes Sache streiten, ist er nicht bereit zu antworten: „Hier bin ich, sende mich!" (Jes 6,8) Schwere und anstrengende Arbeit ist zu tun, aber gesegnet sind die, die dazu bereit sind, wenn sie dazu gerufen werden. Gott wird Männer und Frauen auf der neuen Erde nicht dafür belohnen, dass sie in dieser Welt bequem leben wollten.

Heute befinden wir uns auf dem Schlachtfeld. Wir haben keine Zeit, auszuruhen oder es uns bequem zu machen, und keine Zeit für selbstsüchtigen Genuss. Wenn wir einen Vorteil errungen haben, müssen wir erneut kämpfen; wir müssen weiter überwinden und brauchen neue Kräfte für neue Auseinandersetzungen. Jeder errungene Sieg gibt uns neuen Mut, neuen Glauben und neue Entschlossenheit. Durch die Stärke Gottes wirst du deinen Feinden mehr als gewachsen sein. – *Signs of the Times*, 7. September 1891

3. Oktober

Strebe nach Gerechtigkeit, Gottseligkeit, Glauben, Liebe, Ausharren, Sanftmut! Kämpfe den guten Kampf des Glaubens; ergreife das ewige Leben, zu dem du berufen worden bist und bekannt hast das gute Bekenntnis vor vielen Zeugen! (1. Timotheus 6,11.12 EB)

Wir sollen unserem Befehlshaber freudig dienen

Wenn wir unseren Dienst als treue Soldaten [Christi] ernsthaft und entschlossen verrichten und den Befehlen des „Hauptmanns unserer Erlösung" (Hbr 2,10 KJV) gehorchen, werden wir eine so echte Freude empfinden, wie wir sie bei keiner anderen Beschäftigung erfahren können. Der Friede Christi wohnt im Herzen jedes treuen Soldaten. Indem wir das Joch Christi tragen, indem wir seine Bürde [der Rettung von Menschen] aufnehmen, finden wir Ruhe (siehe Mt 11,29). Dass unsere Seele nur in beständigem und hingebungsvollem Dienst Ruhe findet, erscheint wie ein Widerspruch – aber das ist wahr. [Echte] Freude erfahren wir durch bereitwilligen, gehorsamen Dienst, bei dem alle unsere Kräfte in einem glücklichen, gesunden und harmonischen Einsatz zusammenwirken, um den Anordnungen unseres Feldherrn zu gehorchen. Je verantwortungsvoller der Auftrag ist, der Christi Soldaten erteilt wird, umso mehr freut sich die Seele über die Liebe und Anerkennung des Erlösers. [Gerade] bei der Ausführung der schwierigsten und anstrengendsten Pflichten erfahren wir [große innere] Freiheit.

Aber der Dienst eines Soldaten bedeutet Arbeit. Es handelt sich nicht immer um Arbeit, die wir uns selbst aussuchen würden. Jesu Soldaten müssen äußere Unbequemlichkeiten, Schwierigkeiten und Prüfungen ertragen. Es gibt eine ständige Auseinandersetzung mit den Sünden und Neigungen unseres natürlichen Herzens. Wir sollen uns nicht die angenehmsten Arbeiten heraussuchen; denn wir sind Soldaten Christi und unterstehen seiner Disziplin. Wir sollen uns nicht unserem eigenen Vergnügen widmen, [sondern] müssen den Kampf des Herrn mutig kämpfen. Wir müssen [durch Gottes Macht] Feinde überwinden, die unsere Kräfte beherrschen wollen.

Unser Eigenwille muss sterben. Wir müssen allein Christi Willen gehorchen. Der Soldat in der Armee Christi muss lernen, Härten zu ertragen, sich selbst zu verleugnen, das Kreuz auf sich zu nehmen und der Führung seines Befehlshabers zu folgen. Viele Dinge sind auszuführen, die für die menschliche Natur schwierig sind und Fleisch und Blut wehtun. Dieses Werk der Selbstverleugnung erfordert entschlossene und beständige Bemühungen. Wenn wir [jedoch] den „guten Kampf des Glaubens" kämpfen und wertvolle Siege erringen, werden wir „das ewige Leben ergreifen" (1 Tim 6,12). – *Youth's Instructor*, 22. Dezember 1886

Prüfungen und Widerstand bringen auch Segen

Wundert euch nicht über die heftigen Anfeindungen, die ihr jetzt erfahrt. Sie sollen euren Glauben prüfen und festigen und sind nichts Außergewöhnliches. Freut euch vielmehr darüber, dass ihr mit Christus leidet; dann werdet ihr auch jubeln und euch mit ihm freuen, wenn er in all seiner Herrlichkeit erscheint. (1. Petrus 4,12.13 Hfa)

Der Widerstand, dem wir begegnen, kann uns in vieler Hinsicht zum Segen werden. Wenn er gut bewältigt wird, wird er Tugenden entwickeln, die nie aufgetreten wären, wenn der Christ nichts zu ertragen gehabt hätte. Eine himmlische Gesinnung, Glaube, Geduld, Duldsamkeit, Gottvertrauen und echtes Mitgefühl mit den Irrenden sind Ergebnisse von gut bewältigten Prüfungen. Es sind Gnadengaben des Geistes, die unter Prüfungen und Widerstand Blüten und Früchte hervorbringen. Sanftmut, Demut und Liebe wachsen stets am Baum des [echten] Christen. Wenn das Wort Gottes in einem guten und aufrichtigen Herzen aufgenommen wird, wird die verstockte Seele unterworfen und der Glaube, der die Verheißungen ergreift und sich auf Jesus verlässt, wird sich als erfolgreich erweisen. „Unser Glaube ist der Sieg, der die Welt überwunden hat." (1 Joh 5,4)

Wer die Bibel aufschlägt und sich vom himmlischen Manna ernährt, wird „Teilhaber der göttlichen Natur" (2 Ptr 1,4). Ohne Christus besitzt er kein [wahres] Leben und keine [christliche] Erfahrung. Er hört die Stimme Gottes vom Himmel sprechen: „Dies ist mein lieber Sohn, an dem ich Wohlgefallen habe." (Mt 3,17) Diese Stimme gibt ihm die Gewissheit, dass er „begnadet [ist] in dem Geliebten" (Eph 1,6). Und er weiß, dass sein Charakter dem [Einen] gleichen soll, an dem Gott Wohlgefallen hat. Gott hat Christus vollständig als unseren Vertreter und unseren Bürgen akzeptiert. „Jeder, der den Namen des Herrn nennt, stehe ab von der Ungerechtigkeit!" (2 Tim 2,17 EB) Er soll Christus im Charakter ähnlich werden, damit der sich nicht schämen muss, uns „Brüder zu nennen" (Hbr 2,11).

Der, auf den wir vertrauen, hat sich als „rechtzeitige Hilfe" in jeder Zeit erwiesen, als wir sie brauchten (Hbr 4,16 EB). Wenn wir in ihm bleiben, werden wir seinem Bild immer ähnlicher. „Wir alle aber schauen mit aufgedecktem Angesicht die Herrlichkeit des Herrn an und werden verwandelt in dasselbe Bild von Herrlichkeit zu Herrlichkeit [das bedeutet: von einem Charakter zum andern], wie es vom Herrn, dem Geist, geschieht." (2 Kor 3,18 EB) „Denn so wie Gott einmal befahl: ‚Licht soll aus der Dunkelheit hervorbrechen!', so hat sein Licht auch unsere Herzen erhellt. Durch uns sollen nun alle Menschen Gottes Herrlichkeit erkennen, die in Jesus Christus aufstrahlt." (2 Kor 4,6 Hfa, vgl. 1 Mo 1,3) – *Advent Review and Sabbath Herald*, 28. Juni 1892

5. Oktober

Darum freue dich, Himmel, mit allen, die in dir wohnen! Ihr aber, Land und Meer, müsst zittern, seit der Teufel dort unten bei euch ist! Seine Wut ist ungeheuer groß; denn er weiß, er hat nur noch wenig Zeit! (Offenbarung 12,12 GNB)

Der Feind gibt nicht so schnell auf

Wer sich ganz Gott weiht, wird von dessen Feind nicht unbehelligt bleiben. Satan wird zu ihm mit seinen trügerischen Versuchungen kommen und versuchen, ihn von seiner Treue zu Gott abzubringen. Er wird sein Bestechungsgeschenk anbieten, wie er es bei Christus in der Wüste tat, als er ihn versuchte: „Das alles will ich dir geben, wenn du niederfällst und mich anbetest." (Mt 4,9)

Was soll der Christ auf alle Versuchungen des Bösen antworten? Er sollte sagen: „Ich werde meinen Einfluss zu nichts anderem mehr hergeben als ausschließlich für die Förderung der Sache Christi. Ich gehöre nicht mir selbst, sondern bin mit einem hohen Preis erkauft worden. Ich soll nicht leben, um mir selbst zu gefallen, denn ich wurde mit dem Blut Christi erkauft und erlöst. Ich kann Christus nicht mehr geben als das, was ihm schon gehört, denn jeder Augenblick meines Lebens gehört ihm. Ich bin sein Besitz, sein Diener, angestellt, um den Willen meines Meisters zu erfüllen." Das ist für uns der einzig sichere Standpunkt, den wir einnehmen können. Wenn jedes Gemeindeglied so empfinden würde, welch eine Kraft könnte die Gemeinde entwickeln, um Menschen zu Christus zu ziehen und für ihn zu gewinnen! Es ist diese Halbherzigkeit, das Bemühen, Gott und dem Teufel gleichzeitig zu dienen, das die Gemeinde so ohne den Geist Gottes bleiben lässt.

Würden die Gemeindeglieder sich ganz Gott übergeben, wären sie „darauf bedacht, zu wahren die Einigkeit im Geist durch das Band des Friedens" (Eph 4,3), und dafür organisiert, auf andere einen guten Einfluss ausüben zu können, dann wäre die Gemeinde tatsächlich das Licht der Welt. Wenn die einzelnen Gemeindeglieder danach streben würden, der Welt mit ihrem Leben und ihrem Charakter Christus darzustellen, würden Tausende zum Erlöser gezogen, die jetzt allen Grund haben, die Worte und Werke derer zu kritisieren, die den Namen Christi bekennen.

„Denn so wie Gott einmal befahl: ‚Licht soll aus der Dunkelheit hervorbrechen!', so hat sein Licht auch unsere Herzen erhellt. Durch uns sollen nun alle Menschen Gottes Herrlichkeit erkennen, die in Jesus Christus aufstrahlt. Diesen kostbaren Schatz tragen wir in uns, obwohl wir nur zerbrechliche Gefäße sind. So wird jeder erkennen, dass die außerordentliche Kraft, die in uns wirkt, von Gott kommt und nicht von uns selbst." (2 Kor 4,6.7 Hfa) – *Home Missionary*, 1. Oktober 1892

Wir müssen die Anschläge des Feindes erkennen

Denn wir kennen die Absichten Satans nur zu genau und wissen, wie er uns zu Fall bringen möchte. Aber das soll ihm nicht gelingen.
(2. Korinther 2,11 Hfa)

Als sein Volk warten wir auf das Kommen des Herrn in den Wolken des Himmels. [Deshalb] sollten wir sorgfältig unsere Herzen prüfen, damit wir wissen, ob wir „im Glauben stehen" oder nicht! (2 Kor 13,5) Viele scheinen eine Nebelschwade vor ihren Augen zu haben, denn sie können geistliche Dinge nicht unterscheiden und erkennen das Wirken Satans nicht, um ihre Seele zu erbeuten. Christen sollen keine Sklaven der Leidenschaften sein, sondern vom Geist Gottes kontrolliert werden. Aber viele werden zum Spielball des Feindes, denn wenn eine Versuchung kommt, vertrauen sie nicht auf Jesus, sondern lösen sich vor lauter Befürchtungen aus seinen Armen und verlieren in ihrer Ratlosigkeit ihren Glauben und ihren Mut. Sie denken nicht daran, dass Jesus ihnen in der Vergangenheit aus Schwierigkeiten geholfen hat, seine Gnade für die täglichen Prüfungen ausreicht und er ihnen [auch] bei dem gegenwärtigen Problem helfen kann.

Wir versagen in unseren kleinen, täglichen Schwierigkeiten und erlauben ihnen, uns zu ärgern und zu irritieren. Wir fallen in ihnen und werden so zu Stolpersteinen für uns selbst und andere. Aber wir erlangen Segnungen [und Erfahrungen] von größter Wichtigkeit, wenn wir diese täglichen Ärgernisse geduldig ertragen, denn daraus sollen wir Kraft zur Bewältigung größerer Schwierigkeiten schöpfen. Satan wird uns die heftigsten Versuchungen aufdrängen; daher müssen wir lernen, stets und in jeder Notlage zu Gott zu kommen ...

Wir bezeichnen uns als bibelgläubige Christen, und wir werden [von Gott] nicht im Dunkeln gelassen, um jeden Schritt in Unsicherheit zu gehen. Wir sollen wissen, wohin wir gehen. Wir werden nicht in der Finsternis wandeln, wenn wir Christus als unserem Führer folgen, denn er sagt: „Wer mir nachfolgt, irrt nicht mehr in der Dunkelheit umher, sondern folgt dem Licht, das ihn zum Leben führt." (Joh 8,12 Hfa) Wenn der Weg von Schwierigkeiten verstellt und von Wolken verdunkelt ist, müssen wir glauben, dass vor uns das Licht [Christi] ist, und uns nicht nach rechts oder links wenden, sondern vorwärtsdrängen, trotz aller unserer Prüfungen und Versuchungen. – *Advent Review and Sabbath Herald*, 19. Mai 1891

7. Oktober

Das Haus des [Gottlosen] wird niedergerissen; aber die Familie des Redlichen blüht und gedeiht. Mancher Mensch hält seinen Weg für den richtigen, aber am Ende führt er ihn in den Tod. (Sprüche 14,11.12 GNB; vgl. EB)

Wir dürfen nicht an den eigenen Wegen festhalten

Wir müssen von unserer Selbstsucht entleert werden, um Jesus Raum zu geben, aber wie viele haben ihre Herzen so mit Götzen gefüllt, dass sie für den Erlöser der Welt keinen Platz haben. Die Welt hält die Herzen der Menschen gefangen. Sie konzentrieren ihre Gedanken und Zuneigungen auf ihr Geschäft, ihre Stellung und ihre Familie. Sie halten an ihren Meinungen und Wegen fest und pflegen sie wie Idole. Aber wir können es uns nicht leisten, unserem Ich zu dienen, an unseren eigenen Wegen und Vorstellungen festzuhalten und die Wahrheit Gottes [aus dem Leben] auszuschließen.

Es reicht aber nicht, von unserer Selbstsucht entleert zu werden, denn wenn wir unseren Götzen abgeschworen haben, muss das Vakuum gefüllt werden. Wenn das Herz leer bleibt, gleicht es dem Haus, das „sauber und geschmückt, aber leer" war, ohne einen Bewohner. „Dann sucht [der böse Geist] sich sieben andere Geister, die noch schlimmer sind als er selbst. Zusammen ergreifen sie Besitz von dem Menschen, der nun schlimmer dran ist als vorher." (Mt 12,44.45 Hfa)

Vielleicht meinst du, du kannst die Billigung des Himmels nicht erlangen. Vielleicht sagst du: „Ich bin mit der natürlichen Neigung zu dieser Sünde geboren und kann sie nicht überwinden." Aber unser himmlischer Vater hat jede Vorkehrung getroffen, damit du alle unheiligen Neigungen überwinden kannst. Du sollst überwinden, wie Christus für uns überwunden hat. Er sagt: „Wer überwindet, dem will ich geben, mit mir auf meinem Thron zu sitzen, wie auch ich überwunden habe und mich mit meinem Vater auf seinen Thron gesetzt habe." (Offb 3,21 EB) Die Sünde gefährdete die Menschen, doch bereits vor ihrer Schöpfung wurde Vorsorge getroffen, dass Jesus das Sündopfer und der Bürge für die Menschen werden sollte (siehe Eph 1,4.5), falls sie die Prüfung nicht bestehen würden, und sie durch den Glauben an ihn wieder mit Gott versöhnt werden können ... Christus starb auf Golgatha, damit der Mensch die Kraft bekäme, seine natürliche Neigung zur Sünde zu überwinden.

Aber [vielleicht] fragt jemand: „Kann ich nicht selbst entscheiden und meinen eigenen Weg gehen?" Nein, du kannst nicht deinen Weg gehen und dann im himmlischen Königreich ankommen. Dort wird es nicht mehr „meinen Weg" geben. Im Himmelreich gibt es keinen Platz für menschliche Wege. Unsere Wege müssen sich in Gottes Wegen verlieren. – *Advent Review and Sabbath Herald*, 23. Februar 1892

Das Gebet vermittelt uns Kraft zum Überwinden

Das ist die Liebe zu Gott, dass wir seine Gebote halten; und seine Gebote sind nicht schwer. Denn alles, was von Gott geboren ist, überwindet die Welt; und unser Glaube ist der Sieg, der die Welt überwunden hat.
(1. Johannes 5,3.4)

Während Jesus, unser Mittler, im Himmel für uns eintritt, wirkt der Heilige Geist in uns „das Wollen und das Vollbringen nach seinem Wohlgefallen" (Phil 2,13). Der ganze Himmel ist interessiert an der Rettung von Menschen. Welchen Grund sollten wir dann haben, daran zu zweifeln, dass der Herr uns helfen will und das auch tun wird? Wir, die wir die Menschen belehren, müssen selbst eine lebendige Beziehung zu Gott haben. Mit dem Geist und dem Wort Gottes sollen wir für die Menschen wie eine lebendige Quelle sein, weil Christus in uns „eine Quelle des Wassers [ist], das in das ewige Leben quillt." (Joh 4,14) Durch Sorgen und Leid mögen unsere Geduld und unser Glaube geprüft werden, aber das Licht der Gegenwart des unsichtbaren Gottes ist mit uns. Wir müssen unser Ich hinter Jesus verbergen.

Sprecht der Gemeinde Mut zu, erhebt sie im Gebet zu Gott. Sagt den Gemeindegliedern, dass es gerade dann Zeit ist zu beten, wenn sie meinen, sie hätten gesündigt und könnten nicht beten. Viele fühlen sich wegen ihres Versagens gedemütigt, weil sie vom Feind überwunden wurden, statt ihn zu überwinden. Weltliche Gesinnung, Selbstsucht und Fleischeslust haben sie geschwächt, und sie denken, es habe keinen Sinn, sich Gott zu nähern. Aber dieser Gedanke ist eine der Einflüsterungen des Feindes. Sie mögen sich schämen und sich erniedrigt fühlen, müssen aber beten und vertrauen. „Wenn wir unsere Sünden bekennen, ist [Gott gegenüber Christus] treu und gerecht, dass er uns die Sünden vergibt und uns reinigt von jeder Ungerechtigkeit." (1 Joh 1,9 EB) Auch wenn eure Gedanken im Gebet abschweifen, seid nicht entmutigt, sondern bringt sie zurück zum Thron [Gottes] und verlasst ihn erst, wenn ihr den Sieg erlangt habt.

Sollt ihr meinen, dass sich euer Sieg durch starke Gefühle bezeugt? Nein, denn „unser Glaube ist der Sieg, der die Welt überwunden hat." (1 Joh 5,4) Der Herr kennt euer Verlangen. Bleibt im Glauben nah bei ihm und erwartet, den Heiligen Geist zu empfangen.

Die Aufgabe des Heiligen Geistes besteht darin, alle unsere geistlichen Übungen zu lenken. Der Vater hat seinen Sohn für uns gegeben, damit durch den Sohn der Heilige Geist zu uns kommt und uns zum Vater führt. Durch sein Wirken haben wir die Gesinnung der Fürbitte, sodass wir bei Gott [für jemanden] fürbittend eintreten können, wie wir das bei einem Freund tun. – *Signs of the Times*, 3. Oktober 1892

9. Oktober

Sieh, ich habe dir eine Tür geöffnet, die niemand verschließen kann. Deine Kraft ist klein; doch du hast an dem, was ich gesagt habe, festgehalten und dich unerschrocken zu mir bekannt.
(Offenbarung 3,8 Hfa)

Gott hat uns die Tür zu ihm geöffnet

Diejenigen, die Überwinder sein werden, werden vor Gott und seinen Engeln hoch erhoben. Christus hat versprochen: „Vor meinem Vater und seinen Engeln werde ich mich offen zu ihnen bekennen." (Offb 3,5 GNB) Er hat uns zahlreiche Verheißungen gegeben, um uns zu ermutigen, Überwinder zu sein. Der „treue Zeuge" (V. 14) hat uns versichert: „Ich habe euch eine Tür geöffnet, die niemand zuschließen kann." (V. 8 GNB)

Wer Gott treu sein möchte, dem mögen viele Vorrechte dieser Welt verweigert werden. Vielleicht wird ihm der Weg versperrt und sein Wirken von den Feinden der Wahrheit behindert; aber keine Macht [der Welt] kann die Verbindungstür zwischen Gott und seiner Seele schließen. Der Christ kann diese Tür selbst schließen, wenn er in einer Sünde verharrt oder das Licht des Himmels zurückweist. Er kann seine Ohren gegenüber der Botschaft der Wahrheit verschließen und so die Verbindung zwischen Gott und seiner Seele trennen.

Du kannst Ohren haben und nicht hören; du kannst Augen haben und das Licht nicht sehen (siehe Mt 13,13-15) und die Erleuchtung, die Gott für dich vorgesehen hat, nicht empfangen. Du kannst die Tür zum Licht genauso gründlich schließen, wie die Pharisäer ihre Tür vor Christus verschlossen, als er unter ihnen lehrte. Sie wollten das Licht und die Erkenntnis, die er brachte, nicht annehmen, weil er nicht so gekommen war, wie sie es erwartet hatten. Christus war „das Licht der Welt" (Joh 8,12), und wenn sie das ihnen gnädig gewährte Licht aufgenommen hätten, wären sie gerettet worden, aber sie wiesen den Heiligen Israels zurück.

Christus sagte von ihnen: „Die Menschen lieben die Finsternis mehr als das Licht. Denn alles, was sie tun, ist böse. Wer Böses tut, scheut das Licht und bleibt lieber im Dunkeln, damit niemand seine Taten sehen kann." (Joh 3,19.20 Hfa) Er hielt ihnen vor: „Ihr seid nicht bereit, zu mir zu kommen und so das ewige Leben zu haben." (Joh 5,40 GNB) Der Weg war frei, aber durch ihr eigenes Verhalten schlossen sie die Tür und trennten sich von ihrer Verbindung mit Christus. Wir tun dasselbe, wenn wir das Licht und die Wahrheit [Gottes] zurückweisen. – *Advent Review and Sabbath Herald*, 26. März 1889

Jeden Tag nach dem Sieg Ausschau halten

Wisst ihr nicht, dass die, welche in der Rennbahn laufen, zwar alle laufen, aber einer den Preis empfängt? Lauft so, dass ihr ihn erlangt. Jeder aber, der kämpft, ist enthaltsam in allem; jene freilich, damit sie einen vergänglichen Siegeskranz empfangen, wir aber einen unvergänglichen. (1. Korinther 9,24.25 EB)

Wie viele Jahre sind wir [bereits] im Garten des Herrn? Und welchen Nutzen haben wir dem Herrn gebracht? (Siehe Lk 13,6-8) Wie halten wir dem prüfenden Auge Gottes stand? Sind wir in der Ehrfurcht, Liebe, Demut und im Gottvertrauen gewachsen? Empfinden wir Dankbarkeit für all seine Barmherzigkeit? Versuchen wir, unseren Mitmenschen zum Segen zu werden? Offenbaren wir in unseren Familien die Gesinnung Jesu? Unterrichten wir unsere Kinder in seinem Wort und erzählen wir ihnen von dem wunderbaren Wirken Gottes?

Der Christ soll Jesus darstellen, indem er gut ist und gut handelt. Dann wird sein Leben eine positive Atmosphäre verbreiten, und er wird einen so liebenswerten Charakter besitzen, der die Tatsache offenbart, dass er ein Kind Gottes ist, ein Erbe des Himmels.

Brüder, seid nicht länger träge Knechte! Jeder muss gegen [seine natürlichen] Neigungen kämpfen. Christus kam nicht, um die Menschen *in* ihren Sünden zu retten, sondern „*von* ihren Sünden" (Mt 1,21). Er hat es möglich gemacht, dass wir einen heiligen Charakter erlangen können. Gebt euch deshalb nicht zufrieden mit [euren] Charakterschwächen und -missbildungen. Aber während wir intensiv nach der Vervollkommnung unseres Charakters streben sollen, müssen wir daran denken, dass die Heiligung nicht das Werk eines Augenblicks ist, sondern ein [ganzes] Leben andauert. Paulus sagte: „Ich sterbe täglich." (1 Kor 15,31) Jeden Tag muss das Werk der Überwindung Fortschritte machen. Jeden Tag müssen wir der Versuchung widerstehen und den Sieg über die Selbstsucht in allen ihren Formen erringen.

Jeden Tag sollten wir Liebe und Demut pflegen und in uns alle Charakterstärken fördern, die Gott gefallen und uns für die himmlische Gemeinschaft geeignet machen. Für alle, die dieses Werk vollenden wollen, ist die Verheißung Christi sehr wertvoll: „Wer überwindet, der wird mit weißen Kleidern bekleidet werden, und ich werde seinen Namen aus dem Buch des Lebens *nicht* auslöschen und seinen Namen bekennen vor meinem Vater und vor seinen Engeln." (Offb 3,5 EB) – *Historical Sketches*, S. 181

11. Oktober

Der Tod hat Macht durch die Sünde, und die Sünde hat ihre Kraft durch das Gesetz. Aber gelobt sei Gott, der uns den Sieg schenkt durch Jesus Christus, unseren Herrn!
(1. Korinther 15,56.57 Hfa)

Christus schenkt uns den Sieg über die Sünde

Die Aufgabe steht dir bevor, den Rest deines Lebens durch eine Veränderung und Verfeinerung deines Charakters zu verbessern. In einem [vom Heiligen Geist] erneuerten Menschen beginnt ein neues Leben. Christus wohnt als Erlöser in dir. Du musst [auch] das aufgeben, was dir schwer erscheint. Anmaßende, autoritäre Worte dürfen nicht ausgesprochen werden; dann wirst du einen wertvollen Sieg erlangen.

Wahres Lebensglück ist das Ergebnis jeder Selbstverleugnung, jeder Kreuzigung der Selbstsucht. Wenn ein Sieg gewonnen wird, wird der nächste leichter erlangt. Hätte Mose die Gelegenheiten und Vorrechte ungenutzt gelassen, die Gott ihm gewährte, würde er das Licht vom Himmel vernachlässigt haben und wäre ein enttäuschter, elender Mensch geworden. Die Sünde kommt von unten; und wenn man ihr frönt, wird Satan in der Seele als Götze erhoben und entfacht dort sein Höllenfeuer. Gott hat sein Gesetz nicht gegeben, um die Rettung von Menschen zu verhindern. Er möchte vielmehr, dass alle gerettet werden (siehe 1 Tim 2,4 EB). Ein Mensch bekommt Erkenntnisse und Gelegenheiten, und wenn er sie nutzt, kann er [die Sünde] überwinden. Durch dein Leben kannst du im Überwinden die Macht der Gnade Gottes offenbaren.

Satan möchte seinen Thron im Seelentempel aufrichten. Wenn er regiert, macht er sich in aufgebrachten Leidenschaften und bitteren Worten bemerkbar, die andere kränken und verletzen. Aber weil „das Licht [keine] Gemeinschaft mit der Finsternis" hat und Christus keine Übereinstimmung mit Satan (2 Kor 6,14.15), muss ein Mensch sich ganz für den einen oder anderen entscheiden. Wenn er Selbstgefälligkeit, Habgier, Täuschung, Betrug oder Sünden irgendwelcher Art nachgibt, fördert er den Einfluss der Prinzipien Satans auf seine Seele und verschließt sich selbst die Tür des Himmels. Wegen seiner Sünde war Satan aus dem Himmel hinausgeworfen worden (siehe Hes 28,16.17); und niemand, der die Sünde duldet und pflegt, kann in den Himmel kommen, denn dann würde Satan dort wieder einen festen Stand haben.

Wenn ein Mensch sich täglich ernsthaft bemüht, seine Charakterschwächen zu überwinden, hält er Christus im Tempel seiner Seele fest, und das Licht Christi ist in ihm. Durch die hellen Strahlen von Christi Angesicht wird sein ganzes Wesen erhoben und veredelt. – *Testimonies for the Church*, Band 4, S. 345f.

Uns ist übernatürlicher Beistand verheißen

Alle, die sich vom Geist Gottes führen lassen, die sind Gottes Söhne und Töchter. Der Geist, den Gott euch gegeben hat, ist ja nicht ein Sklavengeist, sodass ihr wie früher in Angst leben müsstet. Es ist der Geist, den ihr als seine Söhne und Töchter habt. Von diesem Geist erfüllt rufen wir zu Gott: „Abba! Vater!“ (Römer 8,14.15 GNB)

Jenen, die um den Sieg ringen, wurde der Heilige Geist verheißen, damit er die Macht Gottes demonstriert, indem er Menschen mit übernatürlicher Kraft ausstattet und den Unwissenden die Geheimnisse des Reiches Gottes offenbart. Der Heilige Geist soll unser Beistand sein (siehe Joh 14,16 EB). Welchen Nutzen hätte es für uns, dass der einzigartige Sohn Gottes sich erniedrigte, die Versuchungen des listigen Feindes ertrug, während seines ganzen Erdenlebens mit ihm rang und als Gerechter für die Ungerechten starb, damit die Menschheit nicht verlorengeht, wenn der Geist Gottes uns nicht als sein beständig wirkender, erneuernder Vertreter gegeben worden wäre, um das, was der Erlöser der Welt vollbracht hat, für uns wirksam werden zu lassen?

Der Heilige Geist, der den Jüngern verliehen wurde, befähigte sie, mit Festigkeit gegen den Götzendienst aufzutreten und den Herrn allein zu erhöhen. Er inspirierte die Verfasser der Evangelien, damit die Welt die Berichte über die wertvollen Worte und Taten Christi erhalten würde. Der Geist ist beständig am Wirken, um die Aufmerksamkeit der Menschen auf das große Opfer am Kreuz von Golgatha zu lenken und der Welt die Liebe Gottes zu entfalten sowie den [von ihrer Sünde] überführten Menschen die wertvollen Verheißungen der Heiligen Schrift zu eröffnen.

Der Geist Gottes lässt in den verdunkelten Verstand die hellen Strahlen der „Sonne der Gerechtigkeit“ leuchten (Mal 3,20). Er lässt die Herzen der Menschen brennen durch ein erwachtes Verständnis der ewigen Wahrheiten. Der Heilige Geist offenbart dem Verstand den moralischen Maßstab der Gerechtigkeit und führt ihn zur Erkenntnis der Sünde (siehe Joh 16,8). Er bewirkt „die Traurigkeit nach Gottes Willen“, die „zur Seligkeit eine Reue wirkt, die niemanden reut“ (2 Kor 7,10), und inspiriert zum Glauben an den, der uns allein von aller Sünde retten kann. Der Heilige Geist verändert den Charakter, indem er die Aufmerksamkeit der Menschen von den zeitlichen und vergänglichen Dingen zum ewigen Erbe lenkt, das unvergänglich ist. Er schafft die Menschen zu „einer neuen Kreatur“ (2 Kor 5,17), er veredelt und heiligt sie, damit sie zu Mitgliedern der königlichen Familie werden, zu Kindern des himmlischen Königs. – *Signs of the Times*, 17. April 1893

13. Oktober

Deshalb ordnet euch Gott unter! Leistet dem Teufel Widerstand, und er wird vor euch fliehen. Nähert euch Gott, und er wird sich euch nähern. Reinigt eure Hände von Schuld, ihr Sünder! Gebt eure Herzen Gott hin, ihr Unentschlossenen! (Jakobus 4,7.8 GNB)

Wir müssen näher bei Jesus bleiben

Wenn wir mit Versuchungen konfrontiert werden, brauchen wir geistliches Unterscheidungsvermögen, damit wir Satans Wirken erkennen und uns nahe an Jesus halten können. „Naht euch zu Gott, so naht er sich zu euch. Widersteht dem Teufel, so flieht er von euch." (Jak 4,7.8) Jeden Augenblick müssen wir „den guten Kampf des Glaubens" kämpfen (1 Tim 6,12), denn wir sollen dem Zweifel widerstehen und den Glauben stärken. In der Versuchung müssen wir unsere Neigungen durch die Vernunft überstimmen. Die Selbstsucht möchte sich durchsetzen, aber wir sollen den Neigungen widerstehen und die Versuchung überwinden.

Der Herr hat uns Warnungen gegeben und Prinzipien offenbart, die jeder Christ beachten und ins praktische Leben umsetzen soll. Jene, die sich den Warnungen Gottes gegenüber gleichgültig verhalten, werden immer egoistischer und überheblicher. Wer sich nicht [ganz] auf Gott verlässt, wird mit Sicherheit vom Feind überwältigt werden. Satan arbeitet mit jeder nur erdenklichen Täuschung, um diejenigen, die behaupten, auf Gottes Seite zu stehen, in seinen Reihen zu halten. Er kann sie so blenden, dass sie das Licht Dunkelheit und die Dunkelheit Licht nennen ...

Obwohl das Licht Gottes klarer scheint als je zuvor und zum Ende der Weltgeschichte hin immer deutlicher scheinen wird, werden [nur] diejenigen die Wahrheit vom Irrtum unterscheiden können, die oft auf ihre Knie gehen und Gott um Weisheit bitten. Nur die hellen Strahlen der „Sonne der Gerechtigkeit" (Mal 3,20) können die zahlreichen und verschiedenartigen Ränke des Feindes entlarven. Der Böse ist am Werk „mit jeglicher Verführung zur Ungerechtigkeit" (2 Ths 2,10). Wir sollen zwar unsere Aufmerksamkeit nicht auf die Mächte der Finsternis richten, dürfen aber nicht unwissend sein über ihre Anschläge.

Unser Glaube muss sich aber auf Jesus Christus konzentrieren. Wenn wir auf ihn sehen und uns in jeder Notlage auf seine Stärke verlassen, wird unser Herz mit seinem Herzen verbunden und unser Leben durch ein unsichtbares Band mit seinem Leben. Weil er [auferstanden ist und] lebt, werden auch wir leben (siehe Joh 14,19). Das ist praktizierter Glaube, denn in der Kraft Gottes erlangen wir durch den Glauben die Erlösung. Niemand von uns kann geschützt sein, es sein denn, wir gehen mit dem Herrn einen dauerhaften Bund ein, den wir niemals vergessen werden. – *Advent Review and Sabbath Herald*, 14. März 1893

Der Himmel frohlockt über jeden Menschen, der Satan widersteht

Ich sage euch: Genauso freuen sich die Engel Gottes über einen einzigen Sünder, der ein neues Leben anfängt. (Lukas 15,10 GNB)

Die Engel Satans kämpfen beständig um die Herrschaft über den Verstand der Menschen, aber [auch] die Engel Gottes sind dauernd am Wirken, um „die müden Hände und die wankenden Knie“ (Hbr 12,12) all derer zu stärken, die Gott um Hilfe anrufen. Die Verheißung Jesu, die jedem Kind Gottes gilt, lautet: „Bittet, so wird euch gegeben; suchet, so werdet ihr finden; klopfet an, so wird euch aufgetan. Denn wer da bittet, der empfängt; und wer da sucht, der findet; und wer da anklopft, dem wird aufgetan.“ (Mt 7,7.8) ...

Der Herr hatte [stets] aufrichtige Männer und Frauen, die mit ihm einen Bund geschlossen haben (siehe Ps 50,5). Sie haben sich ihre Integrität bewahrt und „sich selbst von der Welt unbefleckt erhalten“ (Jak 1,27 EB). Sie wurden vom „Licht des Lebens“ (Joh 8,12) geleitet, um die Absichten des bösen Feindes zu durchkreuzen. Werden Menschen heute ihren Anteil dazu beitragen, „dem Teufel [zu] widerstehen“? Wenn ihr das tut, wird er sicher „von euch fliehen“ (Jak 4,7 EB). Engel, die für euch das tun möchten, was ihr nicht selbst tun könnt, warten auf eure Zusammenarbeit. Sie warten darauf, dass ihr auf das „Ziehen“ Christi eingeht (siehe Joh 12,32). „Naht euch zu Gott“ und zueinander (Jak 4,8). Bringe deinen Willen mit dem Willen Gottes in Übereinstimmung durch deinen [innigen] Wunsch, dein stilles Gebet und durch Widerstand gegen die satanischen Mächte. Wenn du das Verlangen hast, dem Teufel zu widerstehen und aufrichtig betest: „Rette mich aus der Versuchung!“, dann wirst du [genügend] Stärke für deinen Tag bekommen.

Es ist Aufgabe der himmlischen Engel, jenen nahe zu sein, die in Prüfungen, Versuchungen und Leiden stehen. Sie arbeiten lange und unermüdlich, um Menschen zu retten, für die Christus gestorben ist (siehe Hbr 1,14). Und wenn diese [dann] ihre Vorrechte und die himmlische Hilfe [der Engel] schätzen und auf das Wirken des Heiligen Geistes zu ihren Gunsten eingehen, wenn sie ihren Willen auf die Seite des Willens Christi stellen, bringen Engel diese gute Nachricht in den Himmel. Bei ihrer Rückkehr in die himmlischen Höfe berichten sie von ihrem Erfolg bei den Menschen, denen sie gedient haben, und die himmlischen Heerscharen frohlocken. – *Advent Review and Sabbath Herald*, 4. Juli 1899

15. Oktober

Es ergeht uns wirklich so, wie es in den Heiligen Schriften steht: „Weil wir zu dir, Herr, gehören, sind wir ständig in Todesgefahr. Wir werden angesehen wie Schafe, die zum Schlachten bestimmt sind." Aber mitten in alldem triumphieren wir als Sieger mit Hilfe dessen, der uns so sehr geliebt hat. (Römer 8,36.37 GNB)

Ein Mensch, der sich völlig auf Christus verlässt, ist unbesiegbar

Das Leben des Christen ist eine ständige Auseinandersetzung, ein Kampf und ein Marsch. Jeder Akt des Gehorsams, jede selbstlose Tat, jede tapfer ertragene Prüfung, jede widerstandene Versuchung, jeder errungene Sieg ist ein weiterer Schritt auf dem Marsch zum ewigen Triumph.

Es gibt Hoffnung für uns Menschen. Christus sagt: „Wer überwindet, dem werde ich geben, mit mir auf meinem Thron zu sitzen, wie auch ich überwunden und mich mit meinem Vater auf seinen Thron gesetzt habe." (Offb 3,21 EB) Aber wir wollen niemals vergessen, dass unsere eigenen Anstrengungen völlig nutzlos sind. Unsere Kraft ist Schwäche, unser Urteilsvermögen Torheit. Nur im Namen und in der Stärke des Überwinders können wir überwinden. Wenn uns die Versuchung niederdrückt, wenn unchristliche Gelüste uns beherrschen wollen, dann lasst uns anhaltend und mit ganzer Kraft im Namen Christi zum himmlischen Vater beten. Dann werden wir göttliche Hilfe erhalten. Im Namen des Erlösers können wir den Sieg erringen.

Wenn wir angesichts der Sündhaftigkeit der Sünde hilflos vor dem Kreuz niederfallen und um Vergebung und Kraft beten, wird unser Gebet gehört und beantwortet. Wer seine Anliegen in Christi Namen vor Gott bringt (siehe Joh 16,23.24), wird niemals abgewiesen werden. Der Herr sagt: „Wer zu mir kommt, den werde ich nicht hinausstoßen." (Joh 6,37) Unsere Hilfe kommt von dem, der alles in seinen Händen hält. Der Friede, den er verleiht, ist die Gewissheit seiner Liebe zu uns (siehe Röm 8,38.39).

Niemand ist hilfloser und dennoch unbesiegbarer als der Christ, der seine eigene Nichtigkeit empfindet und sich ganz auf die Verdienste des gekreuzigten und auferstandenen Erlösers verlässt. Gott würde dem einen [Gläubigen], der sich völlig auf Christus verlässt, eher alle Engel des Himmels zur Hilfe senden, als zu gestatten, dass er überwunden wird.

Wenn wir Christus als unseren Führer annehmen, wird er uns auf dem schmalen Weg sicher voranführen. Der Weg mag rau und dornig und der Abhang steil und gefährlich sein; und rechts und links mögen Fallen lauern. Wenn wir müde sind und uns nach Ruhe sehnen, kann es sein, dass wir weiterziehen müssen; wenn wir erschöpft sind, müssen wir vielleicht [weiter]kämpfen; aber mit Christus als Führer werden wir den Himmel auf jeden Fall erreichen. – *Signs of the Times*, 29. Oktober 1902

Wir sind wie ein Brandscheit, das aus dem Feuer gerettet ist

Der Engel des HERRN sprach zu dem Satan: Der HERR schelte dich, du Satan! Ja, der HERR, der Jerusalem erwählt hat, schelte dich! Ist dieser [Jeschua] nicht ein Brandscheit, das aus dem Feuer gerettet ist? (Sacharja 3,2)

Der Sohn Gottes nennt sein Volk „ein Brandscheit, das aus dem Feuer gerettet ist", und Satan versteht [genau], was das bedeutet. Die unendlichen Leiden in Gethsemane und auf Golgatha erduldete Christus, um sein Volk von der Macht des Bösen zu retten. Die Erlösungstat Jesu zur Rettung von verlorenen Menschen ist ähnlich, als habe er sie mit eigener Hand aus dem Feuer gezogen. Der Hohepriester Jeschua, der Gottes Volk vertrat, trug „unreine Kleider und stand vor dem Engel"; aber als das Volk vor Gott die Übertretung seines Gesetzes bereut und sich im Glauben auf die Gerechtigkeit Christi beruft, sagt der „Engel des HERRN": „Tut die unreinen Kleider von ihm ... und lasst [ihm] Feierkleider anziehen!" (Sach 3,3.4)

Nur durch die Gerechtigkeit Christi sind wir befähigt, das Gesetz Gottes zu halten. Alle, die Gott in Aufrichtigkeit und der Wahrheit anbeten (siehe Joh 4,24) und ihre Seele vor ihm demütigen wie [die Israeliten] am großen Versöhnungstag (siehe 3 Mo 23,27 EB), werden die Kleider ihres Charakters „waschen und im Blut des Lammes weiß" machen (Offb 7,14 GNB). Satan möchte den menschlichen Verstand durch Täuschungen binden, damit die Menschen [ihre Sünden] nicht bereuen und [an Christus] glauben und [als Folge] ihnen ihre unreinen Kleider nicht abgenommen werden. Warum möchtest du an deinen erbärmlichen Charakterfehlern festhalten und Jesus dadurch daran hindern, [vor Gott] für dich einzutreten?

In der Zeit der Trübsal wird die Lage des Volkes Gottes der Situation Jeschuas ähneln. Sie sind nicht in Unkenntnis über das Werk, das im himmlischen Heiligtum für sie getan wird. Sie erkennen, dass Sünden unter ihrem Namen aufgeschrieben sind, aber sie wissen auch, dass die Sünden aller, die bereuen und die Verdienste Christi in Anspruch nehmen, ausgetilgt werden ...

Jene, die ihre Sünden aufrichtig bereuen und durch den lebendigen Glauben an Christus den Geboten Gottes gehorchen, deren Namen bleiben im „Buch des Lebens stehen" und Christus bekennt sich zu ihnen vor seinem „Vater und vor seinen Engeln" (Offb 3,5). Jesus wird sagen: „Sie gehören mir; ich habe sie mit meinem eigenen Blut erkauft." – *Signs of the Times*, 2. Juni 1890

17. Oktober

Ich habe ihnen deine Botschaft weitergegeben, und die Welt hasst sie deswegen, weil sie ebenso wie ich nicht zu ihr gehören. Ich bitte dich nicht, sie aus der Welt zu nehmen, aber schütze sie vor der Macht des Bösen! (Johannes 17,14.15 Hfa)

Wir sind in der Welt, aber nicht von der Welt

Ein Christ hat Pflichten in der Welt zu erfüllen, und Gott macht ihn verantwortlich für deren treue Erfüllung. Er soll sich nicht hinter Klostermauern zurückziehen oder jede Verbindung mit weltlich gesinnten Menschen meiden. Es stimmt, dass seine Prinzipien heftigen Prüfungen ausgesetzt werden und es ihn bekümmern wird, was seine Augen sehen und seine Ohren hören werden. Aber wenn er an diesen Anblick und diese Klänge gewöhnt ist, darf er sie nicht lieben lernen. Indem wir uns in der Welt bewegen, neigen wir dazu, ihren Geist aufzunehmen und ihre Gepflogenheiten, ihren Geschmack und ihre Vorlieben anzunehmen. Aber uns wird gesagt: „Geht aus ihrer Mitte hinaus und sondert euch ab!, spricht der Herr. Und rührt Unreines nicht an! Und ich werde euch annehmen und werde euch Vater sein, und ihr werdet mir Söhne und Töchter sein." (2 Kor 6,17.18 EB)

Niemals sollten Weltmenschen Anlass haben zu behaupten, sie und die Nachfolger Christi hätten denselben Geschmack und dieselben Absichten, denn Gott hat zwischen seinem Volk und der Welt eine Trennungslinie gezogen. Diese Demarkationslinie ist breit und deutlich; sie ist nicht so mit der Welt vermischt, dass man sie nicht erkennen könnte. „Der Herr kennt alle, die zu ihm gehören." (2 Tim 2,19 EB) „An ihren Früchten sollt ihr sie erkennen." (Mt 7,20)

Nur durch Wachsamkeit im Gebet und den Einsatz eines lebendigen Glaubens kann der Christ inmitten der Versuchungen Satans seine Integrität bewahren. „Alles, was von Gott geboren ist, überwindet die Welt; und unser Glaube ist der Sieg, der die Welt überwunden hat." (1 Joh 5,4). Sprich dir selbst in der Sprache des Glaubens Mut zu: „Jesus hat versprochen, dass er mich annimmt [siehe Joh 6,37], und ich vertraue seinem Wort. Ich will ihn loben und seinen Namen preisen." Satan wird eng an deiner Seite sein und dir einreden, du würdest [dennoch] keine Freude empfinden. Antworte ihm: „‚Unser Glaube [– nicht Gefühle –] ist der Sieg, der die Welt überwunden hat.' Ich habe allen Grund zur Freude, denn ich bin ein Kind Gottes. Ich vertraue auf Jesus. Das Gesetz Gottes ist in meinem Herzen, und keiner meiner Schritte wird abgleiten." – *Signs of the Times*, 15. Mai 1884

Wer überwindet, wird vom Baum des Lebens essen

Wer Ohren hat, soll hören, was der Geist den Gemeinden sagt! Allen, die durchhalten und den Sieg erringen, gebe ich vom Baum des Lebens zu essen, der im Garten Gottes steht. (Offenbarung 2,7 GNB)

Diese Botschaft betrifft alle unsere Gemeinden. Du kannst deine Fähigkeit zu hören nicht besser einsetzen, als darauf zu achten, was die Stimme Gottes durch sein Wort sagt. Den Überwindern gelten herrliche und reiche Verheißungen (siehe Offb 2,7.11.17.26-28; 3,5.12.21). Es reicht nicht, sich an diesem Kampf zu beteiligen; wir müssen ihn bis zum Ende fortsetzen. Wir dürfen nicht aufgeben, sondern müssen „den guten Kampf des Glaubens" (1 Tim 6,12) bis zum Ende kämpfen. Dem Überwinder wird der triumphale Sieg verheißen: „Wer überwindet, dem will ich zu essen geben von dem Baum des Lebens, der im Paradies Gottes ist." (Offb 2,7) Was durch Adams Sündenfall verlorenging, wird durch die Erlösung mehr als wiederhergestellt. „Der auf dem Thron saß, sprach: Siehe, ich mache alles neu! ... Wer überwindet, der wird es alles ererben, und ich werde sein Gott sein und er wird mein Sohn sein." (Offb 21,5.7)

Betrachten wir uns selbst genau und kritisch! Haben wir nicht unser Taufgelübde gebrochen? Sind wir der Welt abgestorben und leben für Christus? Trachten wir „nach dem, was droben ist ... wo Christus ist, sitzend zur Rechten Gottes" (Kol 3,2.1)? Ist das Tau durchschnitten, das uns mit dem ewigen Felsen [Christus] verbunden hat? Treiben wir mit dem Strom ins Verderben? Machen wir keine Anstrengungen, um gegen den Strom vorwärtszukommen? Lasst uns nicht länger zögern, sondern nach Kräften rudern; und lasst uns wieder „die ersten Werke" tun (Offb 2,5), damit wir nicht hoffnungslos Schiffbruch erleiden.

Wir müssen über unsere speziellen Fehler und Sünden Bescheid wissen, die zu geistlicher Finsternis und Schwäche geführt und unsere erste Liebe abgekühlt haben. Ist es eine weltliche Gesinnung? Ist es Selbstsucht? Ist es die Vorliebe, geehrt zu werden? Ist es das Streben, der Erste zu sein? Ist es die Sünde der Sinnlichkeit? Ist es die Sünde der Nikolaiten (siehe Offb 2,15), die die Gnade Gottes in Lüsternheit verwandelten? Ist es der Missbrauch von großem Licht, vielen Gelegenheiten und Vorrechten, indem man auf die [eigene] Weisheit und religiöse Erkenntnis pocht, während das [eigene] Leben und der Charakter unbeständig und unmoralisch sind? Was es auch immer ist, das wir gehegt und gepflegt haben, bis es immer stärker wurde und die Überhand gewann – unternehmt entschlossene Anstrengungen, es zu überwinden, sonst werdet ihr verlorengehen! – *Advent Review and Sabbath Herald*, 7. Juni 1887

19. Oktober

Und wer überwindet und hält meine Werke bis ans Ende, dem will ich Macht geben über die Heiden ... wie auch ich Macht empfangen habe von meinem Vater; und ich will ihm geben den Morgenstern. (Offenbarung 2,26.28)

Wir werden den Siegeskranz des Lebens tragen

Die Worte: „Wer Ohren hat, der höre, was der Geist den Gemeinden sagt!" werden nach diesen für die Kinder Gottes wichtigen Verheißungen [stets] wiederholt (siehe Offb 2,29; 3,6.13.22). Es ist für uns von ewiger Bedeutung zu erkennen und zu verstehen, was der Geist [Gottes] den Gemeinden sagt, und wir sollten sorgfältig nach Licht und Erkenntnis forschen, damit wir wissen, was Gott in seinem wertvollen Wort befohlen und verheißen hat. Unsere Seele kann entweder gerettet werden oder verlorengehen; [deshalb] sollten wir mit der größten Aufrichtigkeit fragen: „Was soll ich tun, damit ich das ewige Leben ererbe?" (Mk 10,17) Auch im günstigsten Fall ist das Leben nur kurz, und wir sollten dieses kurze Leben in Übereinstimmung mit dem Gesetz Gottes leben, das [auch] das Gesetz des Universums ist. Wir müssen Ohren haben, die hören, und Herzen, die verstehen, „was der Geist den Gemeinden sagt".

[Selbst] die Engel Gottes erlangen kein höheres Wissen als die Erkenntnis des Willens Gottes; und es ist ihre größte Freude, den vollkommenen Willen des himmlischen Vaters auszuführen. Der [in Sünde] gefallene Mensch besitzt das Vorrecht, den Willen Gottes zu erkennen. Solange uns die Bewährungszeit dauert, sollen wir unsere Gaben und Fähigkeiten zum größten Nutzen einsetzen, damit wir aus uns selbst das machen, was möglich ist. Während wir ein hohes Niveau von [geistlicher] Intelligenz anstreben, sollen wir uns unserer Abhängigkeit von Gott bewusst bleiben, denn ohne seine Gnade werden unsere Bemühungen keinen bleibenden Erfolg haben. [Nur] durch die Gnade Christi werden wir Überwinder, [nur] durch die Verdienste seines Blutes gehören wir zu denen, deren „Namen nicht aus dem Buch des Lebens" ausgestrichen werden (Offb 3,5 GNB).

Wer schließlich überwindet, wird ein Leben erhalten, das so lange andauert wie das Leben Gottes, und wird den „Siegeskranz des Lebens" tragen (siehe Offb 2,10.11 EB). Da uns eine solch große und ewige Belohnung erwartet, sollen wir „die uns so leicht umstrickende Sünde ablegen und mit Ausdauer den vor uns liegenden Wettlauf laufen, indem wir hinschauen auf Jesus, den Anfänger und Vollender [unseres] Glaubens" (Hbr 12,1.2 EB). – *Signs of the Times*, 15. Juni 1891

Wir werden mit Christus einhergehen in weißen Kleidern

Aber du hast einige wenige Namen in Sardes, die ihre Kleider nicht besudelt haben; und sie werden mit mir einhergehen in weißen Kleidern, denn sie sind es wert. (Offenbarung 3,4 EB)

Dankt Gott! Er kann sein Volk bewahren, sodass sie ihre Kleider nicht besudeln! Wenn wir uns Christus unterstellen, werden wir „von der Welt unbefleckt" erhalten (Jak 1,27). „Lasst uns darauf Acht haben und danach trachten, den Herrn zu erkennen; denn er wird hervorbrechen wie die schöne Morgenröte." (Hos 6,3) Wir sollen nach tieferer Erkenntnis Jesu trachten. Wir sollen uns nicht mit den Fähigkeiten und dem Wissen zufriedengeben, das wir heute haben. Alle Bewohner des Universums sehen zu, wie Gott sich in diesen letzten Tagen ein Volk bereitet, das im Gericht bestehen kann. Bitten wir Gott, uns mit dem Kleid der Gerechtigkeit Christi zu bekleiden, damit wir auf das Kommen des Menschensohnes vorbereitet sind.

Von denen, die ihre Kleider „nicht beschmutzt" haben, sagt Christus: „Sie werden weiße Kleider tragen und immer bei mir sein; denn sie sind es wert." (Offb 2,4 GNB) Durch das unendlich große Opfer, das Christus für uns gebracht hat, dürfen wir ein überreichliches Maß an Gnade empfangen. Gott hat einen ganzen Himmel für uns [bereit]. Er bittet uns nur darum, dass wir seine Verheißungen mit lebendigem Glauben annehmen und sagen: „Ja, ich glaube. Ich nehme die Segnungen an, die du für die vorgesehen hast, die dich lieben."

„Alle, die durchhalten und den Sieg erringen, werden solch ein weißes Kleid tragen. Ich will ihren Namen nicht" – wie wertvoll ist dieses *nicht*! – „aus dem Buch des Lebens streichen. Vor meinem Vater und seinen Engeln werde ich mich offen zu ihnen bekennen." (V. 5 GNB) Wenn die Tore der Stadt Gottes sich in ihren glitzernden Angeln auftun und die Völker, die an der Wahrheit festgehalten haben, einziehen, wird Christus dort sein, um uns willkommen zu heißen und uns „Gesegnete des Vaters" (Mt 25,34) nennen, weil wir überwunden haben. Er wird uns im Angesicht des Vaters und seiner Engel willkommen heißen. Wenn wir in Gottes Reich [der Herrlichkeit] eintreten, um dort die Ewigkeit zu verbringen, werden die Prüfungen, die Schwierigkeiten und Verwirrungen dieser Erde völlig ihre Bedeutung verlieren. Unser Leben wird so lange andauern wie Gottes Leben. – *General Conference Bulletin*, 6. April 1903

21. Oktober

Wer überwindet, der soll mit weißen Kleidern angetan werden, und ich werde seinen Namen nicht austilgen aus dem Buch des Lebens, und ich will seinen Namen bekennen vor meinem Vater und vor seinen Engeln. (Offenbarung 3,5)

Unsere Namen bleiben im Buch des Lebens geschrieben

Der Ausdruck „wer überwindet" deutet an, dass es für jeden von uns etwas zu überwinden gibt. Der Überwinder wird in das weiße Kleid der Gerechtigkeit Christi gehüllt, und von ihm steht geschrieben: „Ich werde seinen Namen aus dem Buch des Lebens nicht auslöschen und seinen Namen bekennen vor meinem Vater und vor seinen Engeln." (Offb 3,5 EB) Was für ein Vorrecht, ein Überwinder zu sein. Der Erlöser selbst wird unsere Namen vor dem Vater bekennen! Und wenn wir als Überwinder „mit weißen Kleidern bekleidet" werden (V. 5 EB), wird der Herr unsere Treue genauso anerkennen wie in den Tagen der frühen Christen. Er bekennt [vor dem Vater] „einige wenige Namen in Sardes, die ihre Kleider nicht besudelt haben" (V. 4 EB). Wir werden mit ihm „einhergehen in weißen Kleidern" (V. 4), denn durch sein Sündopfer werden wir als dessen würdig angesehen.

Meine lieben Freunde, wie sehr sollten wir angesichts dieser ermutigenden Verheißungen nach der Vervollkommnung eines Charakters trachten, der uns fähig machen wird, vor dem Sohn Gottes zu stehen! Nur wer das Kleid seiner Gerechtigkeit trägt, wird die Herrlichkeit seiner Gegenwart ertragen können, wenn er „mit großer Kraft und Herrlichkeit" erscheinen wird (Mt 24,30).

Es bedeutet viel, ein Überwinder zu sein. Den Anschlägen des Feindes und all seiner bösen Helfer müssen wir mit Festigkeit widerstehen. Jeden Augenblick müssen wir wachsam sein. Nicht einen Moment dürfen wir Christus und seine Macht, uns in „der Stunde der Versuchung" zu retten (Offb 3,10), aus den Augen verlieren. Wir müssen unsere Hand in die seine legen, damit wir von seiner Macht aufrechterhalten werden ...

Der „treue Zeuge" (V. 14) erklärt: „Ich habe dir eine Tür geöffnet." (V. 8 Hfa) Lasst uns Gott mit dem Herzen, dem Verstand und der Stimme danken! Lasst uns lernen, wie durch eine offene Tür zu ihm zu treten, in der Überzeugung, dass wir mit unseren Bitten freimütig zu ihm kommen dürfen und er uns hören und antworten wird. Durch ein lebendiges Vertrauen auf seine Macht, uns zu helfen, werden wir die Stärke bekommen, die Schlachten des Herrn in der festen Gewissheit des Sieges auszufechten. – *Advent Review and Sabbath Herald*, 9. Juli 1908

Wir werden bewahrt in der Stunde der Versuchung

Ihr habt mein Wort beherzigt, mit dem ich euch zum Durchhalten aufrief. Darum werde ich euch in der Zeit der Versuchung bewahren, die ... über die ganze Erde kommen und alle Menschen auf die Probe stellen wird. Ich komme bald! Haltet fest, was ihr habt, damit euch niemand den Siegeskranz streitig macht! (Offenbarung 3,10.11 GNB)

Zwischen den Mächten des Guten und des Bösen, zwischen den Engeln Gottes und den gefallenen Engeln herrscht ein ständiger Kampf. Wir werden von allen Seiten heimgesucht. Der Konflikt, den wir miterleben, ist der letzte auf dieser Welt. Wir befinden uns jetzt mittendrin. Zwei Parteien ringen um die Vorherrschaft. In dieser Auseinandersetzung können wir nicht neutral bleiben. Entweder stehen wir auf der einen oder auf der anderen Seite. Wenn wir uns auf die Seite Christi stellen und ihn vor der Welt in Worten und Werken bekennen, geben wir ein lebendiges Zeugnis, wem wir dienen und wen wir ehren. In dieser wichtigen Periode der Weltgeschichte können wir es uns nicht leisten, irgendjemanden im Ungewissen darüber zu lassen, auf wessen Seite wir stehen ...

„Weil du das Wort vom Harren auf mich bewahrt hast, werde auch ich dich bewahren vor der Stunde der Versuchung, die über den ganzen Erdkreis kommen wird, um die zu versuchen, die auf der Erde wohnen." (Offb 3,10 EB) In diesem Text wird auf die „Stunde der Versuchung" hingewiesen, die „alle Menschen auf die Probe stellen wird" (V. 10 GNB). Wir leben jetzt in dieser Zeit der Prüfung [vgl. Offb 14,7: „Stunde des Gerichts"]. Niemand kann diesem Konflikt entkommen. Wenn es in deinem Leben noch Charakterschwächen gibt, die du nicht zu überwinden versuchst, dann kannst du sicher sein, dass der Feind aus ihnen Nutzen ziehen wird; denn er beobachtet jeden Menschen wachsam, um dessen Glauben zu verderben.

Um den Sieg in jeder Bedrängnis des Feindes zu erringen, müssen wir uns auf eine Macht stützen, die außerhalb und jenseits von uns selbst liegt! Wir müssen eine dauerhafte, lebendige Verbindung zu Christus pflegen, der die Macht hat, jedem, der eine gläubige und demütige Haltung besitzt, „den Sieg [zu] schenken" (1 Kor 15,57 GNB). Wenn wir jedoch selbstgefällig sind und meinen, wir könnten so weitermachen, wie es uns gefällt, und dennoch hoffen, am Ende auf der richtigen Seite zu stehen, werden wir feststellen, dass wir einen schrecklichen Fehler begangen haben. Wenn wir die Belohnung der Überwinder erhalten wollen, müssen wir im Glaubenskampf vorwärtsdrängen (siehe 1 Tim 6,12), obwohl wir bei jedem Vorrücken auf Widerstand stoßen werden. – *Advent Review and Sabbath Herald*, 9. Juli 1908

23. Oktober

Wer überwindet, den werde ich im Tempel meines Gottes zu einer Säule machen, und er wird nie mehr hinausgehen; und ich werde auf ihn schreiben den Namen meines Gottes und den Namen der Stadt meines Gottes, des neuen Jerusalem, das aus dem Himmel herabkommt ... und meinen neuen Namen. (Offenbarung 3,12 EB)

Wer überwindet, wird eine Säule im Tempel Gottes

Es mag uns wunderbar erscheinen, dass Christus sich Johannes so offenbarte, wie er ist, und seltsam, dass er sich auf diese Weise an die Gemeinden wendet. Aber wir sollten daran denken, dass der Gemeinde – sei sie noch so schwach und fehlerhaft – Christi größte Achtung gilt. Mit zärtlicher Sorge wacht er beständig über sie und stärkt sie durch seinen Heiligen Geist. Werden wir ihm als Mitglieder seiner Gemeinde erlauben, unseren Verstand zu beeindrucken und durch uns zu seiner Ehre zu wirken? Werden wir die Botschaften beachten, die er an die Gemeinde richtet? Wir sollten entschlossen sein, zu denen zu gehören, die ihm bei seinem Kommen mit Freude begegnen, und nicht zu denen, die „seinetwegen jammern und klagen" (Offb 1,7 GNB). Lasst uns unsere Erlösung festmachen, indem wir den Botschaften gehorchen, die er seiner Gemeinde gibt.

Christus spricht zu seiner Gemeinde die tröstenden Worte: „Du hast meine Aufforderung befolgt, geduldig auszuhalten. Deshalb will ich dich auch in der schweren Prüfung bewahren, die über die ganze Erde kommen wird, um alle Menschen auf die Probe zu stellen. Ich komme schnell und unerwartet. Darum halte fest, was du hast, damit dir niemand deinen Siegespreis nehmen kann. Denn wer durchhält und den Sieg erringt, den werde ich zu einer Säule im Tempel meines Gottes machen; er wird dort immer bleiben. Und er soll den Namen meines Gottes tragen und wird ein Bürger des neuen Jerusalem sein, der Stadt, die Gott vom Himmel herabkommen lässt. Auch meinen eigenen neuen Namen wird er erhalten." (Offb 3,10-12 Hfa)

Lasst uns nach einer sicheren Aufnahme in das [ewige] Reich unseres Herrn streben. Lasst uns sorgfältig das Evangelium studieren, das Christus persönlich [dem Apostel] Johannes auf der Insel Patmos gegeben hat, das Evangelium mit dem Titel: „Offenbarung Jesu Christi, die Gott ihm gab, um seinen Knechten zu zeigen, was bald geschehen muss." (Offb 1,1 EB) Denken wir immer daran: „Glücklich ist, wer die prophetischen Worte dieses Buches liest, auf sie hört und danach handelt. Denn schon bald wird dies alles in Erfüllung gehen." (V. 3 Hfa) – *Signs of the Times*, 4. Februar 1903

Wer überwindet, wird mit Christus auf seinem Thron sitzen

Wer überwindet, dem will ich geben, mit mir auf meinem Thron zu sitzen, wie auch ich überwunden habe und mich gesetzt habe mit meinem Vater auf seinen Thron. Wer Ohren hat, der höre, was der Geist den Gemeinden sagt! (Offenbarung 3,21.22)

Wir können überwinden, ja, voll und ganz! Jesus starb, um uns einen Ausweg zu ermöglichen, damit wir jeden [Charakter]Fehler überwinden, jeder Versuchung widerstehen und am Ende mit ihm auf seinem Thron sitzen könnten. Es ist unser Vorrecht, Glauben und Erlösung zu haben. Die Kraft Gottes ist nicht schwächer geworden. Sie würde heute noch genauso reichlich ausgeteilt wie damals; aber die Gemeinde hat ihren Glauben verloren, sie in Anspruch zu nehmen, und ihre Kraft, so zu ringen, wie Jakob es tat, der ausrief: „Ich lasse dich nicht eher los, bis du mich gesegnet hast!" (1 Mo 32,27 Hfa) Der ausdauernde Glaube ist verschwunden. Er muss in den Herzen der Kinder Gottes neu erweckt werden. Sie müssen den Segen [des Geistes] in Anspruch nehmen. Glaube, lebendiger Glaube, führt immer aufwärts zu Gott und seiner Herrlichkeit; Unglaube immer abwärts zu Finsternis und Tod.

Viele sind so mit ihren weltlichen Sorgen und Problemen beschäftigt, dass sie wenig Zeit zum Gebet und auch nur wenig Interesse daran haben. Sie mögen „den Anschein der Frömmigkeit" wahren (2 Tim 3,5 GNB), aber der Geist aufrichtigen Flehens fehlt ihnen. Solche [Christen] haben sich weit von dem Vorbild entfernt. Jesus betete oft – und wie ernst und inbrünstig waren seine Bitten! Wenn er, der geliebte Sohn Gottes, um unsertwillen zu einer solchen Ernsthaftigkeit und Seelenpein [in Gethsemane, siehe Lk 22,41-44] bewegt wurde, wie viel mehr sollen wir, die wir alle [geistliche] Kraft vom Himmel empfangen müssen, aus ganzer Seele mit Gott ringen!

Wir sollten erst aufhören, wenn wir jede bewusste Sünde Gott bekannt haben; dann ist es unser Vorrecht und unsere Pflicht zu glauben, dass er uns annimmt. Wir dürfen nicht darauf warten, dass andere die Finsternis durchdringen und für uns den Sieg erringen, über den wir uns [dann] freuen. Solche Freude wird nicht dauerhaft sein. Wir müssen Gott aus Prinzip und nicht aus dem Gefühl dienen. Jeden Morgen und jeden Abend sollen wir selbst den Sieg erringen, in unserer eigenen Familie. Unsere Tagesarbeit darf uns nicht davon abhalten. Wir müssen uns Zeit nehmen zu beten und darauf vertrauen, dass Gott uns hört. Wir werden nicht immer sofort eine Antwort empfangen, aber dann wird unser Glaube auf die Probe gestellt. Wir werden geprüft, ob wir auf Gott vertrauen und einen lebendigen, ausdauernden Glauben besitzen. – *Advent Review and Sabbath Herald*, 4. September 1883

25. Oktober

Christus ist nun auch ein Mensch geworden wie wir, um durch seinen Tod dem Teufel – als dem Herrscher über den Tod – die Macht zu entreißen. So hat er alle befreit, die aus Furcht vor dem Tod ihr ganzes Leben hindurch Gefangene des Teufels waren. (Hebräer 2,14.15 Hfa)

Christus wurde ein Mensch, um uns in Versuchungen zu helfen

Der Sündenfall des Menschen erfüllte den ganzen Himmel mit Kummer, und das Herz des Sohnes Gottes wurde von unendlich großem Mitgefühl für die verlorene Welt und das ruinierte Menschengeschlecht angerührt. Er sah den Menschen, verstrickt in Sünde und Elend, und wusste, dass er nicht die moralische Kraft hatte, die Macht seines unermüdlichen Feindes zu überwinden. Mit göttlicher Liebe und göttlichem Erbarmen kam er auf die Erde, um unsere Kämpfe auszufechten (siehe 2 Mo 14,14), denn nur er allein konnte den Gegner besiegen. Er kam, um den Menschen [wieder] mit Gott zu vereinen, der reuigen Seele göttliche Kraft zu verleihen und – von der Krippe bis nach Golgatha – den Weg zu gehen, den die Menschen gingen. Bei jedem Schritt gab er ihnen ein vollkommenes Vorbild dessen, was sie tun sollten, und offenbarte einen Charakter, den [auch] die Menschen erreichen könnten, wenn sie mit Gott verbunden wären.

Viele meinen, Jesus sei nicht so gewesen wie wir und habe nicht so auf der Welt gelebt wie wir; er sei göttlich gewesen, und deshalb könnten wir nicht so überwinden wie er. Doch das stimmt nicht: „Denn Jesus geht es ja nicht um die Engel. Ihm geht es um die Menschen, um die Nachkommen Abrahams. Deshalb musste er uns, seinen Brüdern und Schwestern, auch in allem gleich sein ... Denn weil er selbst gelitten hat und denselben Versuchungen ausgesetzt war wie wir Menschen, kann er uns in allen Versuchungen helfen.“ (Hbr 2,16-18 Hfa) Christus kennt die Nöte des Sünders; er kennt seine Versuchungen. Er hat unsere [menschliche] Natur angenommen und wurde „in gleicher Weise wie wir versucht“ (Hbr 4,15 EB). Er weinte (siehe Joh 11,35 EB), er war „ein Mann der Schmerzen und mit Leiden vertraut“ (Jes 53,4 EB)

Als Mensch lebte er auf der Erde. Als Mensch fuhr er auf zum Himmel. Als Mensch ist er der Vertreter der Menschheit. Als Mensch lebt er, um Fürsprache für uns einzulegen (siehe 1 Tim 2,5). Als Mensch wird er mit königlicher Macht und Herrlichkeit wiederkommen (siehe Apg 1,11), um die zu sich zu holen, die ihn lieben und für die er jetzt eine Stätte [im Himmel] vorbereitet (siehe Joh 14,2.3). Wir sollen uns freuen und Gott danken, „denn der Tag ist schon festgesetzt, an dem Gott alle Menschen richten wird; ja, er wird ein gerechtes Urteil sprechen durch den einen Mann, den er selbst dazu bestimmt hat.“ (Apg 17,31 Hfa). – *Bible Echo*, 1. November 1892

Wir werden Überwinder durch die Stärke des Erlösers

Sie haben [den Teufel] überwunden durch des Lammes Blut und durch das Wort ihres Zeugnisses und haben ihr Leben nicht geliebt bis hin zum Tod. (Offenbarung 12,11)

Denken wir über das Leben und die Leiden unseres teuren Erlösers um unsertwillen nach und erinnern uns daran: Wenn wir nicht bereit sind, Prüfungen, Mühen und Konflikte zu ertragen, wenn wir nicht bereit sind, mit Christus zu leiden, werden wir auch nicht als würdig erachtet werden, einen Platz auf seinem Thron einzunehmen (siehe Röm 8,17; Offb 3,21).

In der Auseinandersetzung mit unserem mächtigen Feind können wir alles gewinnen. Daher dürfen wir es nicht wagen, seinen Versuchungen auch nur einen Augenblick lang nachzugeben. Wir wissen, dass wir es aus unserer eigenen Kraft nicht schaffen, [darin] Erfolg zu haben. Aber weil Christus „sich selbst erniedrigte" (Phil 2,8) und unsere Natur angenommen hat (siehe Hbr 2,14), kennt er unsere Bedürfnisse. Er selbst hat die schwersten Versuchungen erduldet, die Menschen auferlegt werden können, und den Feind überwunden, indem er seinen Einflüsterungen widerstand, damit wir lernen können, wie wir überwinden können. Er lebte in einem Körper wie dem unsrigen und litt in jeder Hinsicht wie ein Mensch und noch viel mehr. Niemals wird von uns verlangt werden, so zu leiden, wie Christus gelitten hat, denn auf ihn wurden nicht die Sünden eines Menschen, sondern „die Sünden der ganzen Welt" gelegt (1 Joh 2,2 Hfa). Er ertrug Erniedrigung, Schande, Leiden und den [zweiten] Tod (siehe Phil 2,8; Röm 6,23; Offb 21,8), damit wir alle Dinge erben, wenn wir seinem Beispiel folgen.

Christus ist unser Vorbild, das vollkommene und heilige Beispiel, dem wir folgen sollen. Niemals werden wir das Vorbild erreichen; aber wir können es nachahmen und ihm unseren Fähigkeiten entsprechend ähnlich werden. Wenn wir fallen, völlig hilflos sind und im Bewusstsein der Sündhaftigkeit der Sünde leiden, wenn wir uns vor Gott demütigen und unsere Seele von echter Reue und Zerknirschung betrübt ist, und wenn wir unsere inbrünstigen Gebete im Namen Christi vor Gott bringen, dann werden wir vom Vater angenommen,weil wir uns aufrichtig und von ganzem Herzen Gott übergeben. In unserem tiefsten Innern müssen wir erkennen, dass alle unsere Bemühungen in und aus uns selbst völlig nutzlos sind, denn nur im Namen und in der Stärke des Überwinders werden wir Überwinder werden.
– *Advent Review and Sabbath Herald,* 5. Februar 1895

27. Oktober

Da trat der Versucher an [Jesus] heran und sagte: „Wenn du Gottes Sohn bist, dann befiehl doch, dass die Steine hier zu Brot werden!“ Jesus antwortete: „In den Heiligen Schriften steht: ‚Der Mensch lebt nicht nur von Brot; er lebt von jedem Wort, das Gott spricht.‘“
(Matthäus 4,3.4.GNB; vgl. 5.Mose 8,3)

In der Auseinandersetzung mit Satan dem Vorbild Jesu folgen

Alle „unsere Bedrängnis machte [Jesus] selber Not“ (Jes 63,9 GNB), und der „Urheber [unserer] Rettung“ wurde „durch Leiden vollkommen“ gemacht (Hbr 2,10 EB). In diesem Leben werden wir erprobt, ob wir in der Lage sind, Gottes Prüfung standzuhalten. Satan wird uns versuchen, und wir werden erprobt werden, aber noch wichtiger ist die Frage: Werden wir überwinden? oder: Werden wir Überwinder sein? ...

Wie unser großes Vorbild können wir Satan mit der Waffe des Wortes Gottes begegnen und zu ihm sagen, wenn er uns zum Bösen versucht: „Es steht geschrieben" (siehe Mt 4,4.7.10).

Satan weiß besser als viele angebliche Christen, was in der Bibel geschrieben steht, denn er studiert sie genau und versucht, die Wahrheit zu verfälschen und die Menschen auf die Wege des Ungehorsams zu führen. Er bringt die Menschen dazu, das Bibelstudium zu vernachlässigen, denn er weiß, dass das Wort Gottes gegen ihn zeugt, weil seine Werke böse sind. Es beschreibt ihn als abgefallenen Engel, der aus dem Himmel geworfen wurde und viele Engel in seiner Rebellion gegen ihren Schöpfer auf seine Seite zog (siehe Offb 12,9.4).

Satan versucht beständig, die Gedanken der Menschen von Gott und seinem Wort abzubringen. Er weiß: Wenn er Menschen veranlassen kann, das Wort Gottes zu vernachlässigen, kann er sie [auch] bald dazu bringen, sich von Gottes Geboten abzuwenden und ihren Schöpfer schließlich zu vergessen. Dann werden sie auf die Einflüsterungen und Anweisungen des Feindes Gottes und der Menschheit hören, und bösartige Menschen und böse Engel werden ein Bündnis gegen den Gott des Himmels schließen.

Gottes Getreue werden mit Prüfungen und Versuchungen zu kämpfen haben; aber wenn sie wahrhaft für Gott leben und ihr „Leben verborgen [ist] mit Christus in Gott“ (Kol 3,3), werden sie auch erfahren, was es bedeutet, den Segen [des Geistes] zu empfangen, den Gott den treuen und gehorsamen [Nachfolgern Jesu] schenkt. – *Signs of the Times*, 28. August 1893

Der Sieg ist uns durch Christus gewiss

Dies alles habe ich euch gesagt, damit ihr in meinem Frieden geborgen seid. In der Welt wird man euch hart zusetzen, aber verliert nicht den Mut: Ich habe die Welt besiegt! (Johannes 16,33 GNB)

Während wir hier auf der Erde leben, werden wir Konflikten und Versuchungen nicht entkommen können. Aber in jedem Sturm haben wir eine sichere Zuflucht, [denn] Jesus hat uns gesagt: „In der Welt habt ihr Bedrängnis; aber seid guten Mutes, ich habe die Welt überwunden." (Joh 16,33 EB) Die Armeen Satans sind gegen uns aufgeboten, und wir haben es mit einem emsigen Feind zu tun; aber wenn wir die Ermahnung Christi beachten, werden wir sicher sein: „Bleibt wach und betet, damit ihr in der kommenden Prüfung nicht versagt." (Mt 26,41 GNB) Wir müssen Gegnern widerstehen und sie überwinden, aber Jesus ist an unserer Seite, bereit, uns bei jedem Angriff zu stärken. „Der Sieg über die Welt ist schon errungen – unser Glaube ist dieser Sieg!" (1 Joh 5,4 GNB)

Unser Glaube sieht Jesus als unseren Mittler zur Rechten Gottes stehen (siehe Röm 8,34). Unser Glaube sieht die Wohnungen, die Jesus „denen bereitet hat, die ihn lieben" (1 Kor 2,9 EB, vgl. Joh 14,2). Unser Glaube sieht das Kleid und die Krone, die für den Überwinder bereitliegen (siehe Offb 3,5, 2 Tim 4,8). Unser Glaube hört das Lied der Erlösten (siehe Offb 15,3.4) und bringt uns die ewige Herrlichkeit nahe. Wenn wir den „König in seiner Majestät und Schönheit" sehen wollen (Jes 33,17 Hfa), müssen wir Jesus im liebenden Gehorsam nahekommen. Der Glaube schenkt „Friede und Freude in dem heiligen Geist" (Röm 14,17). Glaube, glaube! Meine Seele ruft: Vertraue! Ruhe in Gott! Er ist „mächtig, [das] anvertraute Gut ... zu bewahren" (2 Tim 1,12), und er wird dich zu „mehr als [einem] Überwinder" machen „durch den, der uns geliebt hat." (Röm 8,37 GNB)

Aber bedenke, dass jeder, der das hochzeitliche Kleid trägt, „aus der großen Trübsal" kommt (Offb 7,14, vgl. Kap. 19,7.8). Die mächtige Welle der Versuchung wird über alle hereinbrechen. Aber die lange Nacht des Wachens, der Mühe und Bedrängnis ist fast vorbei. Christus wird bald kommen. Macht euch bereit! Die Engel Gottes wollen eure Aufmerksamkeit weg von euch selbst und von irdischen Dingen lenken. Lasst sie sich nicht umsonst mühen. Glaube, lebendiger Glaube ist das, was ihr nötig habt – „Glaube, der durch die Liebe tätig ist" (Gal 5,6) und die Seele reinigt. Erinnert euch an Golgatha und das schreckliche, unendlich große Opfer, das dort für den Menschen gebracht wurde. Jetzt lädt euch Jesus ein, zu ihm zu kommen, so wie ihr seid, und ihn zu eurer Stärke und eurem ewigen Freund zu machen. – *Advent Review and Sabbath Herald*, 17. April 1894

29. Oktober

Danach sah ich eine große Menge Menschen, so viele, dass niemand sie zählen konnte. Es waren Menschen aus allen Nationen, Stämmen, Völkern und Sprachen. Sie standen in weißen Kleidern vor dem Thron und dem Lamm und hielten Palmzweige in den Händen.
(Offenbarung 7,9 GNB)

Jesu Gemeinde wird letztendlich triumphieren

Gottes Art zu wirken entspricht es, den Triumph der Wahrheit und der Gerechtigkeit aus kleinen Anfängen entstehen zu lassen. Deshalb sollte sich niemand allzu sehr über einen vielversprechenden Anfang freuen, aber sich auch nicht von offensichtlicher Schwäche abschrecken lassen. Für sein Volk bedeutet Gott Reichtum, Fülle und Kraft. Seine Absichten mit seinem auserwählten Volk sind wie die ewigen Hügel, feststehend und unverrückbar.

Bedenken wir, dass die Gemeinde Gottes nicht durch menschliche Macht gegründet wurde; deshalb kann sie auch nicht durch menschliche Macht zerstört werden (siehe Mt 16,18). Durch alle Zeitalter war der Heilige Geist eine sprudelnde Quelle des Lebens ...

Alle, die „gesetzmäßig kämpfen“ (2 Tim 2,5 EB), in vollkommener Übereinstimmung mit dem Gesetz Gottes, werden den Sieg erlangen. Sie werden über allen Widerstand triumphieren. Während sie Gottes Werk im Angesicht aller Feinde vorwärtsbringen, werden sie von heiligen Engeln geschützt.

Christus hat versprochen, allen zu helfen, die sich seiner Armee anschließen, um gemeinsam mit ihm gegen sichtbare und unsichtbare Feinde zu kämpfen. Er hat versprochen, dass sie seine Miterben eines unvergänglichen Erbes sein sollen und als „Könige und Priester“ vor Gott „über die ganze Erde herrschen“ werden (Offb 5,10 Hfa). Die in diesem Leben bereit sind, die Erniedrigung des Erlösers zu teilen, werden auch „seine Herrlichkeit mit ihm teilen“ (Röm 8,17 GNB). Diejenigen, die lieber „zusammen mit dem Volk Gottes geplagt werden, als den zeitlichen Genuss der Sünde zu haben“ (Hbr 11,25 EB), werden einen Platz mit Christus auf seinem Thron erhalten (siehe Offb 3,21).

Haltet am „Wort des Lebens“ fest (1 Joh 1,1)! Der Sturm der Gegner wird sich in seiner Wut selbst verzehren; ihr Geschrei wird verklingen. Bringt das Werk des Herrn mutig und freudig voran. Der Vater im Himmel, der mit zärtlicher Sorgfalt über seinen Auserwählten wacht, wird die in seinem Namen unternommenen Bemühungen segnen. Sein Werk wird erst aufhören, wenn es vollendet ist und der triumphierende Ruf erschallt: „Gnade, Gnade für ihn!“ (Sach 4,7 EB) – *Signs of the Times*, 14. November 1900

Wir werden Erben des himmlischen Königs sein

Dann sagte der, der auf dem Thron saß: „Gebt Acht, jetzt mache ich alles neu! ... Alle, die durchhalten und den Sieg erringen, werden dies als [Erb]teil von mir erhalten: Ich werde ihr Gott sein und sie werden meine Söhne und Töchter sein." (Offenbarung 21,5.7 GNB)

Seid nicht entmutigt und werdet nicht mutlos! Ihr mögt Versuchungen unterworfen sein, der böse Feind mag euch bedrängen, doch wenn ihr Ehrfurcht vor Gott habt, werden euch starke Engel zu Hilfe gesandt werden, und ihr werdet den Mächten der Finsternis mehr als gewachsen sein. Jesus lebt. Er ist gestorben, um für die gefallenen Menschen einen Ausweg zu schaffen, und er lebt heute, um Fürsprache für uns einzulegen (siehe Hbr 7,25), damit wir zu seiner Rechten erhöht werden. Hofft auf Gott! Die Welt geht den breiten Weg; wenn du den schmalen Weg gehst (siehe Mt 7,13.14) und dich mit „unsichtbare Mächte und Gewalten" auseinandersetzen musst (Eph 6,12 GNB) und den Widerstand der Gegner erlebst, dann denke daran, dass für dich Vorsorge getroffen wurde. Gott hat „geredet durch ein Gesicht ... und gesagt: Ich habe einen Helden erweckt, der [euch] helfen soll" (Ps 89,20), und durch ihn kannst du überwinden.

„Darum ‚geht aus von ihnen und sondert euch ab', spricht der Herr; ‚und rührt nichts Unreines an', so ‚will ich euch annehmen' und euer Vater sein und ihr sollt meine Söhne und Töchter sein, spricht der allmächtige Herr." (2 Kor 6,17.18; vgl. Jes 52,11; Hes 20,41; Jer 31.9; 2 Sam 7,14) Welch eine Verheißung! Das ist das Versprechen, dass ihr Mitglieder der königlichen Familie werdet, Erben des himmlischen Königreiches. Wenn heute jemand von einem irdischen Monarchen geehrt oder mit ihm verwandt wird, geht [die Nachricht] durch die Zeitschriften und erregt den Neid derer, die sich nicht für so begünstigt halten. Aber es gibt einen, der König über alle ist, den König des Universums, der Ursprung alles Guten. Und er sagt zu uns: „Ich werde euch zu meinen Söhnen und Töchtern machen, ich werde euch mit mir vereinigen. Ihr sollt zur königlichen Familie gehören und Kinder des himmlischen Königs werden."

Paulus [zog daraus die Schlussfolgerung]: „Weil wir nun solche Verheißungen haben, meine Lieben, so lasst uns von aller Befleckung des Fleisches und des Geistes uns reinigen und die Heiligung vollenden in der Furcht Gottes." (2 Kor 7,1) Warum sollten wir das nicht tun, wenn wir einen solchen Anreiz haben – das Vorrecht, Kinder des allerhöchsten Gottes zu sein und den Herrn des Himmels unseren Vater nennen zu dürfen? – *Advent Review and Sabbath Herald*, 31. Mai 1894

31. Oktober

Noch eine kurze, ganz kurze Zeit, dann kommt der, den Gott angekündigt hat. Er wird sich nicht verspäten. Wer mir im Glauben vertraut und das Rechte tut, wird durch sein Vertrauen am Leben bleiben. Wer aber mutlos aufgibt, mit dem will ich nichts zu tun haben.
(Hebräer 10,37.38 GNB; vgl. Hab 2,3.4)

Wir werden schließlich siegreich sein

Lieber Mitpilger, wir befinden uns immer noch inmitten des Schattens und Lärms irdischer Aktivitäten. Aber bald soll unser Erlöser erscheinen und uns Befreiung und Ruhe bringen. Im Glauben wollen wir auf das schauen, was danach kommt, wie es uns Gott selbst ausgemalt hat. Der [Sohn Gottes, der] für die Sünden der Welt starb, öffnet allen, die an ihn glauben, die Türen zum Paradies weit. Bald ist der Kampf ausgefochten und der Sieg gewonnen. Bald werden wir ihn sehen, auf den sich unsere Hoffnungen auf ewiges Leben richteten. In seiner Gegenwart werden die Prüfungen und Leiden dieses Lebens wie Nichts erscheinen. [Der Herr hat gesagt:] „Einen neuen Himmel schaffe ich und eine neue Erde. Dann sehnt sich niemand nach dem zurück, was früher einmal gewesen ist; kein Mensch wird mehr daran denken." (Jes 65,17 GNB). „Werft nur jetzt eure Zuversicht nicht weg, die doch so reich belohnt werden soll! Ihr braucht Kraft zum Durchhalten, damit ihr weiterhin tut, was Gott von euch will, und so auch bekommt, was er versprochen hat. Es heißt ja in den Heiligen Schriften: ‚Noch eine kurze, ganz kurze Zeit, dann kommt der, den Gott angekündigt hat.'" (Hbr 10,35-37 GNB) ...

Seht auf, seht auf und lasst euren Glauben beständig wachsen. Dieser Glaube wird euch auf dem schmalen Weg führen, der durch die Tore der Stadt Gottes in das große Danach führen wird, in die weite, unendliche Zukunft der Herrlichkeit der Erlösten. „So seid nun geduldig, liebe Brüder, bis zum Kommen des Herrn. Siehe, der Bauer wartet auf die kostbare Frucht der Erde und ist dabei geduldig, bis sie empfange den Frühregen und [den] Spätregen. Seid auch ihr geduldig und stärkt eure Herzen; denn das Kommen des Herrn ist nahe." (Jak 5,7.8)

Die Nationen der Erlösten werden kein anderes Gesetz kennen als das Gesetz des Himmels. Alle werden eine glückliche, vereinte Familie sein, angetan mit den Kleidern des Lobens und Dankens. Dann werden „die Morgensterne miteinander jubeln und alle Söhne Gottes jauchzen" (Hiob 38,7), während Gott und Christus gemeinsam verkünden: Es wird keine Sünde und „keinen Tod mehr geben" (Offb 21,4 GNB). – *Advent Review and Sabbath Herald*, 1. Juli 1915

Henoch wandelte mit Gott und hielt dessen Gebote

Durch Glauben wurde Henoch entrückt, sodass er den Tod nicht sah, und er wurde nicht gefunden, weil Gott ihn entrückt hatte; denn vor der Entrückung hat er das Zeugnis gehabt, dass er Gott wohlgefallen habe. (Hebräer 11,5 EB)

Henoch war in seiner Zeit ein öffentlicher Verkündiger der Wahrheit. Er lehrte die Wahrheit, er lebte sie aus, und der Charakter dieses Lehrers, der „mit Gott wandelte" (1 Mo 5,24), stimmte in jeder Hinsicht mit der Größe und Heiligkeit seiner Mission überein. Henoch war ein vom Heiligen Geist inspirierter Prophet (siehe Jud 14.15). Er war ein Licht in der moralischen Finsternis, ein Vorbild, ein Mann, der mit Gott wandelte, der Gottes Gesetz gehorchte – dem Gesetz, dem Satan nicht gehorchen wollte, das Adam übertreten hatte, das Abel befolgt hatte, aber deswegen [von seinem Bruder] ermordet wurde.

Nun wollte Gott dem Universum demonstrieren, wie falsch Satans Vorwurf war, ein Mensch könne das Gesetz Gottes nicht halten. Er wollte zeigen, dass ein Mensch – obwohl er gesündigt hatte – eine so enge Beziehung zu Gott haben konnte, dass er die Gesinnung und den Geist Gottes besitzen und ein Repräsentant Christi werden konnte. Dieser heilige Mann wurde von Gott auserwählt, um die Bosheit der Welt zu brandmarken (siehe Jud 14.15) und der Welt zu beweisen, dass es möglich ist, das ganze Gesetz Gottes zu halten ...

Henoch hat nicht nur meditiert, gebetet und die [geistliche] Rüstung der Wachsamkeit angelegt (siehe Eph 6,10-18), sondern trat auch für seine Mitmenschen vor Gott ein. Er hat die Wahrheit nicht verborgen, um den Ungläubigen zu gefallen, denn dadurch hätte er ihr ewiges Heil missachtet. Seine enge Beziehung zu Gott gab ihm den Mut, die Werke Gottes zu wirken. „Henoch wandelte mit Gott" (1 Mo 5,22) und es „ist ihm bezeugt worden, dass er Gott gefallen habe" (Hbr 11,5).

Dies ist [auch] das Vorrecht jedes Gläubigen in unserer Zeit. Der Mensch kann bei Gott wohnen, und Gott nimmt Wohnung im Menschen. „Ich lebe in ihnen und du lebst in mir", sagte Jesus (Joh 17,23 GNB). Die Erfahrung, mit Gott zu wandeln und das Zeugnis zu empfangen, dass unsere Wege ihm gefallen, ist nicht auf Henoch, Elia, die Patriarchen, Propheten, Apostel und Märtyrer beschränkt. Es ist nicht nur das Privileg, sondern auch die Pflicht jedes Nachfolgers Christi, Jesus im Herzen zu verehren und ihn mit ins Leben zu nehmen; dann wird er Frucht bringen wie ein [gesunder] Baum (siehe Ps 1,3). – *The Upward Look,* S. 228

2. November

Durch den Glauben hat Noah Gott geehrt und die Arche gebaut zur Rettung seines Hauses, als er ein göttliches Wort empfing über das, was man noch nicht sah; durch den Glauben sprach er der Welt das Urteil und hat ererbt die Gerechtigkeit, die durch den Glauben kommt. (Hebräer 11,7)

Noah verkündigte Gottes Warnungsbotschaft

In den Tagen Noahs wurde die Bosheit der Welt so groß, dass Gott sie nicht länger ertragen konnte, und er sprach: „Ich will die Menschen, die ich geschaffen habe, vertilgen von der Erde." (1 Mo 6,7) Aber er hatte Mitleid mit seinen Geschöpfen, und in seiner Liebe schuf er eine Zuflucht für alle, die sie annehmen würden. Noah sollte den Menschen verkünden: „Mein Geist soll nicht immerdar im Menschen walten." (V. 3).

Noah erhielt die Anweisung, eine Arche zu bauen (siehe V. 13-17) und gleichzeitig zu predigen, dass Gott eine Wasserflut auf die Erde senden würde, um die Bösen zu vernichten. Wer die Botschaft glaubte und sich durch Reue und Umkehr auf dieses Ereignis vorbereitete, würde Vergebung und Rettung finden. Aber die beständige Zurückweisung der Appelle und Warnungen Gottes, die er durch seinen Diener Noah ankündigte, würde [die Menschen] von Gott trennen. Dann würden die unendliche Barmherzigkeit und Liebe ihr Flehen einstellen.

Der Geist Gottes mühte sich weiter um die rebellischen Menschen, bis die angekündigte Zeit fast abgelaufen war, Noah und seine Familie in die Arche gingen und Gottes Hand ihre Tür verschloss (siehe 1 Mo 7,16). Die Barmherzigkeit würde nun nicht länger am Thron Gottes für die schuldigen Sünder eintreten.

Die Menschen jener Generation waren keine Heiden im eigentlichen Sinn des Wortes. Viele kannten Gott und sein Gesetz, aber sie wiesen nicht nur selbst die Botschaft des treuen „Predigers der Gerechtigkeit" (2 Ptr 2,5) zurück, sondern setzten auch ihren ganzen Einfluss ein, um andere am Gehorsam gegenüber Gott zu hindern. Für jeden Einzelnen kommt einmal der Tag der Prüfung und Bewährung. Jene Menschen bekam ihre Chance, als Noah die Warnungsbotschaft von der kommenden Zerstörung verkündete, aber sie ließen ihren Verstand mehr von Satan leiten als von Gott, und wurden von ihm getäuscht wie unsere ersten Eltern. Satan stellte ihnen anstelle von Licht und Wahrheit Finsternis und Unwahrheit vor, und sie akzeptierten seine Spitzfindigkeiten und Lügen, weil sie ihnen annehmbar erschienen und zu ihrem moralisch verdorbenen Leben passten, während sie die Wahrheit, die sie gerettet hätte, als Täuschung zurückwiesen. – *Signs of the Times*, 1. April 1886

Abraham verbreitete die Erkenntnis Gottes

Durch den Glauben wurde Abraham gehorsam, als er berufen wurde, in ein Land zu ziehen, das er erben sollte; und er zog aus und wusste nicht, wo er hinkäme. Durch den Glauben ist er ein Fremdling gewesen in dem verheißenen Lande wie in einem fremden und wohnte in Zelten. (Hebräer 11,8.9)

Nach Gottes Absicht sollte Abraham ein Kanal des Lichtes und Segens sein und einen anziehenden Einfluss ausüben. [Durch ihn] wollte Gott sich ein Volk auf der Erde schaffen. Abraham sollte „in der Welt" sein (Joh 17,11) und in seinem Leben den Charakter Christi offenbaren. Als Abraham den Ruf Gottes empfing (siehe 1 Mo 12,1-3), war er kein berühmter Mann, auch kein Gesetzgeber oder Eroberer. Er war ein einfacher Hirte, wohnte in Zelten, aber beschäftigte viele Knechte zur Ausführung seines einfachen Berufes (siehe 1 Mo 13,2; 14,14). Aufgrund seiner Treue zu Gott, seiner strikten Integrität und seines gerechten Verhaltens wurde er geehrt.

Der Herr sagte über ihn: „Soll ich wirklich vor Abraham verheimlichen, was ich mit Sodom vorhabe? Ich habe ihm doch zugesagt, er soll der Vater eines großen und mächtigen Volkes werden; und am Verhalten zu ihm und seinen Nachkommen wird sich für alle Völker der Erde Glück und Segen entscheiden. Ich habe ihn ausgewählt, damit er seine Söhne und seine weiteren Nachkommen dazu anhält, meinen Geboten zu folgen; er soll sie lehren zu tun, was recht ist, sodass ich meine Zusage an ihn einlösen kann." (1 Mo 18,17-19 GNB)

Abrahams selbstloses Leben machte ihn tatsächlich zu einem „Schauspiel ... für die ganze Welt, für Engel und Menschen" (1 Kor 4,9 GNB). Der Herr sicherte ihm zu, er würde die segnen, die Abraham gesegnet hatten, und die bestrafen, die ihm geschadet oder ihn verletzt hatten (siehe 1 Mo 12,3). Durch seine Erfahrungen in seinem Glaubensleben erfuhren Tausende, wie der HERR wirklich war. Abrahams Licht wird den Weg derer erleuchten, die seine Frömmigkeit und Hingabe, seinen Glauben und Gehorsam praktizieren.

Abraham hatte eine Kenntnis von Christus, denn der Herr vermittelte ihm ein Wissen über den Erlöser der Welt. Er machte den Menschen, die in seinem Haushalt lebten, und seinen Kindern deutlich, dass die Tieropfer ein Hinweis auf das „Lamm Gottes" sind, das für die Sünden der ganzen Welt sterben sollte (Joh 1,29). So bekehrte er Menschen zum Glauben an den einzig wahren und lebendigen Gott. – *Youth's Instructor*, 4. März 1897

4. November

Aber Josef weigerte sich [mit Potifars Frau zu schlafen]: „Mein Herr braucht sich im Haus um nichts zu kümmern – alles hat er mir anvertraut. Ich habe genauso viel Macht wie er. Nur dich hat er mir vorenthalten, weil du seine Frau bist. Wie könnte ich da ein so großes Unrecht tun und gegen Gott sündigen?“ (1. Mose 45,7.8 Hfa)

Josef zeigte standhafte Integrität

Es war Gottes Absicht, dass durch Josef der wahre Glaube bei den Ägyptern eingeführt werden sollte. Dieser treue Zeuge sollte Christus am Hof der Pharaonen offenbaren. Durch zwei Träume vermittelte Gott dem jungen Josef einen Eindruck von der hohen Position, die er einmal einnehmen würde (siehe 1 Mo 37,5-11). Um die Erfüllung seiner Träume zu verhindern, verkauften seine Brüder Josef als Sklaven nach Ägypten (siehe V. 28), aber ihre grausame Tat führte genau zu dem Ergebnis, das die Träume angekündigt hatten.

Jene [Menschen], die versuchen, die Absicht Gottes zu ignorieren und gegen seinen Willen zu arbeiten, scheint es eine Weile zu gelingen; aber Gott führt [dennoch] seine eigenen Absichten durch. Er wird deutlich machen, wer der Herrscher des Himmels und der Erde ist.

Seinen Verkauf nach Ägypten betrachtete Josef [zunächst] als schlimmstes Unglück seines Lebens. Aber er erkannte die Notwendigkeit, Gott noch viel intensiver zu vertrauen als [während der Zeit], da ihn die Liebe seines Vaters [noch] beschützt hatte. Josef nahm Gott mit nach Ägypten. Das zeigte sich an seiner Fröhlichkeit, die er sich trotz seines Kummers bewahrt hatte. Wie [später] die Lade Gottes dem Volk Israel Ruhe und Wohlstand brachte, so wurde dieser junge Mann, der Gott liebte und ehrfürchtig verehrte, ein Segen für Ägypten. Das war so deutlich erkennbar, dass Potifar, in dessen Haus er diente, alle seine Segnungen seinem [neu] erworbenen Sklaven zuschrieb (siehe 1 Mo 39,3-5) und ihn eher wie einen Sohn als einen Sklaven behandelte. Nach Gottes Absicht sollen die, die ihn lieben und ehren, auch selbst geehrt werden, sodass die Ehre, die sie Gott erweisen, auf sie zurückwirkt.

Josefs Charakter veränderte sich nicht, als er zu einer Vertrauensstellung erhöht wurde. Er wurde an einen Platz gestellt, an dem seine Tugend durch das Licht seiner guten Werke leuchten konnte. Der Segen Gottes begleitete ihn im Haus und auf dem Feld Potifars. Und bei all dem zeigte er standhafte Integrität (siehe V. 7-10), denn er liebte Gott und hatte Ehrfurcht vor ihm. – *Youth's Instructor*, 11. März 1897

Mose nahm demütig die große Aufgabe an

Mose sprach zu Gott: Wer bin ich, dass ich zum Pharao gehe und führe die Israeliten aus Ägypten? Er sprach: Ich will mit dir sein. Und das soll dir das Zeichen sein, dass ich dich gesandt habe: Wenn du mein Volk aus Ägypten geführt hast, werdet ihr Gott opfern auf diesem Berge. (2. Mose 3,11.12)

Demut und Hingabe waren immer charakteristisch für Menschen, denen Gott große Verantwortung in seinem Werk übertragen hat. Der göttliche Ruf an Mose in der Wüste erging an einen Menschen, der nicht von sich überzeugt war. Er erkannte seine Unfähigkeit, die Position auszufüllen, zu der Gott ihn berufen hatte. Aber nachdem er die Aufgabe akzeptiert hatte, wurde er zu einem hervorragenden Werkzeug in der Hand Gottes, um das größte Werk zu bewältigen, das je einem Sterblichen übertragen wurde.

Hätte Mose sich auf seine eigene Stärke und Weisheit verlassen und die große Herausforderung voll Eifer auf sich genommen, hätte er gezeigt, dass er für eine solche Aufgabe vollkommen ungeeignet gewesen wäre. Wenn jemand seine eigene Unfähigkeit empfindet, zeigt das zumindest, dass er sich der Größe der übertragenen Verantwortung bewusst ist. Das lässt hoffen, dass er Gott zu seinem Ratgeber und zu seiner Stärke machen wird. Ein solcher Mensch wird sich nicht weiter oder schneller vorwärtsbewegen, als Gott ihn nach seinem Empfinden führt.

Jeder, der die Verantwortung annimmt, die Gott ihm auferlegt, und mit ganzem Herzen versucht, ihr gerecht zu werden, wird Kraft und Effizienz erlangen. Wer den Ruf zum Dienst fröhlich annimmt und sein Werk im Vertrauen auf die göttliche Stärke treu erfüllt, wird wahre Größe erlangen – auch wenn seine Aufgabe unbedeutend und seine Fähigkeiten gering [erscheinen mögen]. Er wird merken, dass er die heilige Mission zu erfüllen hat, gegen das Unrecht zu kämpfen, das Recht zu stärken, seine Mitmenschen aufzurichten, zu trösten und zu segnen. Trägheit, Selbstsucht und das Streben nach weltlicher Anerkennung müssen diesem hohen und heiligen Ruf weichen.

Der Einsatz für eine solche Aufgabe macht den Schwachen stark, den Schüchternen mutig und den Unentschlossenen fest und entschlossen. Er erkennt die Bedeutung seiner Position und seines Weges, weil ihn der Himmel erwählt hat, ein besonderes Werk für den König der Könige zu vollbringen. Solche Menschen machen die Welt durch ihr Leben ein Stück besser. Ihr Einfluss erhebt, reinigt und adelt alle, mit denen sie in Kontakt kommen. Auf diese Weise helfen sie ihren Mitmenschen, sich auf die himmlischen Höfe vorzubereiten. – *Signs of the Times*, 11. August 1881

6. November

So mach dich nun auf und zieh über den Jordan, du und dies ganze Volk, in das Land, das ich ihnen, den Israeliten, gegeben habe ... Es soll dir niemand widerstehen dein Leben lang. Wie ich mit Mose gewesen bin, so will ich auch mit dir sein. Ich will dich nicht verlassen noch von dir weichen. (Josua 1,2.5)

Josua verließ sich auf Gottes Beistand

Nach Moses Tod wurde Josua zum Führer Israels berufen, um das Volk in das verheißene Land zu bringen. Er war für diese wichtige Aufgabe gut qualifiziert. Während der Wüstenwanderung der Israeliten war er lange Zeit Moses rechte Hand und Heerführer gewesen (siehe 2 Mo 24,13; 33,11; 17,9.10). Er hatte die Wunder miterlebt, die Gott durch Mose vollbracht hatte, und verstand die Gemütslage des Volkes gut. Er hatte zu den zwölf Kundschaftern gehört, die ins verheißene Land ausgesandt worden waren, und war einer der beiden, die einen positiven Bericht über den Reichtum des Landes abgegeben und das Volk ermutigt hatten, es [im Vertrauen auf] die Macht Gottes in Besitz zu nehmen (siehe 4 Mo 14,6-9).

Der Herr versprach Josua, er werde mit ihm sein, wie er mit Mose gewesen war, und ihn Kanaan leicht erobern lassen, vorausgesetzt er würde alle seine Gebote treu befolgen (siehe Jos 1,5-8). Josua machte sich Sorgen, ob er auch in der Lage wäre, den Auftrag auszuführen, das Volk in das Land Kanaan zu führen, aber diese Zusicherung vertrieb seine Angst. Er befahl den Kindern Israel, sich auf eine Dreitagereise vorzubereiten, und den Männern, sich zum Kampf zu rüsten (siehe V. 11.14).

„Sie antworteten Josua: ‚Wir wollen alles tun, was du uns gesagt hast, und überall hingehen, wohin du uns schickst. Wir werden dir gehorchen, so wie wir Mose gehorcht haben. Der Herr, dein Gott, stehe dir bei, wie er Mose beigestanden hat. Jeder, der sich dir widersetzt und deinen Befehlen nicht folgt, muss mit dem Tod bestraft werden. Sei nur mutig und entschlossen!'" (Jos 1,16-18 GNB)

Nach dem Willen Gottes sollten die Israeliten den Jordan auf wundersame Weise überqueren. Josua befahl dem Volk, sich zu heiligen, denn am folgenden Morgen würde der Herr unter ihnen „Wunder tun" (Jos 3,5). Zum angekündigten Zeitpunkt wies er die Priester an, die Lade mit dem Gesetz Gottes aufzunehmen und sich vor das Volk zu stellen (siehe V. 6). „Der Herr aber sagte zu Josua: ‚Von heute ab werde ich dich vor dem ganzen Volk Israel groß machen. Sie sollen merken, dass ich dir beistehe, wie ich Mose beigestanden habe.'" (V. 7 GNB) – *Testimonies for the Church*, Band 4, S. 156f.

Debora bekämpfte die Feinde des Volkes Gottes

Am Tag des Sieges sangen Debora und Barak, der Sohn Abinoams, dieses Lied: „Preist den Herrn für Israels Helden, die ihre Stärke bewiesen, und für das Volk, das freiwillig kämpfte! ... Herr, mögen all deine Feinde sterben wie Sisera!“ (Richter 5,1.2.31 Hfa)

Jabin, der König von Hazor, war [damals] einer der mächtigsten und furchtbarsten Feinde Israels ... Der Kommandeur seiner Streitkräfte war Sisera, ein fähiger und erfolgreicher Feldhauptmann. Seine Armee war gut ausgerüstet und mächtig und besaß 900 eiserne Streitwagen (siehe Ri 4,2.3).

Die Israeliten, die sich durch ihren Götzendienst erneut von Gott getrennt hatten, wurden von diesen Feinden schwer bedrängt (siehe V. 1-3). Ihr Eigentum und sogar ihr Leben waren ständig in Gefahr. Deshalb waren die Dörfer und abgelegenen Höfe verlassen, und das Volk drängte sich in den befestigten Städten zusammen ... Die Israeliten benutzten die wenig frequentierten Nebenstraßen, um von einem Ort zum anderen zu gelangen ... Obendrein waren sie unbewaffnet; man fand unter 40 000 Männern weder ein Schwert noch einen Speer. (Siehe Ri 5,6-8.)

Zwanzig Jahre lang stöhnten die Israeliten unter dem Joch der Unterdrücker; dann wandten sie sich von ihrem Götzendienst ab und baten den Herrn demütig und reuevoll um Befreiung (siehe Ri 4,3). Sie schrieen nicht vergeblich. In Israel gab es eine Frau, die für ihre Frömmigkeit bekannt war. Durch sie wollte der Herr sein Volk befreien. Ihr Name war Debora. Sie war als Prophetin bekannt, und weil es keine Richter [mehr] gab, suchten die Israeliten bei ihr Rat und Recht (siehe V. 4.5).

Der Herr verkündete Debora seine Absicht zur Zerstörung der Feinde Israels und bat sie, nach einem Mann namens Barak vom Stamm Naftali zu senden und ihn über die erhaltenen Instruktionen zu informieren. Wie vereinbart, sandte sie Barak eine Botschaft und wies ihn an, 10 000 Männer der Stämme Naftali und Sebulon zu versammeln und gegen die Armee des Königs Jabin zu kämpfen (siehe V. 6.7) ... Barak weigerte sich, sich an diesem zweifelhaften Vorhaben zu beteiligen, wenn Debora ihn nicht begleiten und seine Bemühungen durch ihren Einfluss und Rat unterstützen würde. Debora willigte ein, versicherte ihm aber, dass wegen seines Mangels an Glauben der Sieg ihm keine Ehre bringen würde, weil Sisera in die Hand einer Frau gegeben würde (siehe V. 8.9) ...

Debora feierte den Triumph Israels mit einem sehr erhabenen und leidenschaftlichen Lied (siehe Ri 5). Sie gab Gott alle Ehre für ihre Befreiung und forderte das Volk auf, ihn für seine wunderbaren Werke zu loben. – *Signs of the Times*, 16. Juni 1881

8. November

Gideon war bereit, Gottes Absichten auszuführen

Der HERR aber trat auf Gideon zu und sagte: „Du bist stark und mutig. Geh und rette Israel aus der Hand der Midianiter. Ich sende dich!" „Aber mein Herr", wandte Gideon ein, „wie soll ich Israel befreien? Meine Sippe ist die kleinste im ganzen Stamm ..." „Ich werde dir beistehen", sagte der HERR. (Richter 6,14-16 GNB)

Alle Wunder, die Gott für sein Volk getan hat, sind mit den einfachsten Mitteln ausgeführt worden. Wenn sich das Volk Gottes ganz dem Herrn weiht, wird er es einsetzen, um sein Werk auf der Erde voranzubringen. Aber wir sollten daran denken, dass – seien wir auch noch so erfolgreich – alle Ehre und aller Ruhm dem Herrn gebühren, denn alle Fähigkeiten und alle Stärke sind seine Gaben.

Bis zum Äußersten wird Gott den Glauben und den Mut derer prüfen, denen er Verantwortung in seinem Werk anvertraut hat. Der äußere Anschein [einer Aufgabe] wird oft abschreckend wirken. Obwohl Gott seine Hilfe zugesagt hat, wird der Glaube fast ins Wanken geraten. Auf ein „So spricht der Herr!" müssen wir uns fest verlassen, unabhängig von menschlichen Überlegungen oder offensichtlichen Unmöglichkeiten.

Die Erfahrung Gideons und seiner Armee (siehe Ri 7) sollte eine Lektion von Einfachheit und Glauben lehren. Der von Gott auserwählte Führer nahm in Israel keine herausragende Stellung ein. Er war kein Oberster, Priester oder Levit. Er hielt sich für den Geringsten im Haus seines Vaters (siehe Ri 6,15). Menschliche Weisheit hätte ihn nicht ausgesucht. Aber Gott sah in Gideon einen Mann mit Integrität und Zivilcourage. Er war bescheiden und bereit, auf die Anweisungen Gottes zu achten und seine Absichten auszuführen (siehe V. 25-27).

Der Herr ist nicht abhängig von Menschen in gehobener Position, mit hervorragender Intelligenz oder großem Wissen. Oft sind solche Menschen stolz und selbstherrlich. Sie fühlen sich kompetent, ohne den Rat Gottes Pläne zu ersinnen und auszuführen. Sie trennen sich vom wahren Weinstock. Deshalb vertrocknen sie und tragen wie verdorrte Äste keine Früchte mehr (siehe Joh 15,5.6).

Der Herr wird das Rühmen von Menschen zunichte machen. Er wird den schwächsten Bemühungen und wenig verheißungsvollen Methoden zum Erfolg verhelfen, wenn sie von ihm erwählt wurden und die Arbeit mit Demut und Vertrauen begonnen wurde. – *Signs of the Times*, 30. Juni 1881

Samuel gab Gottes Botschaft gewissenhaft weiter

Samuel wuchs heran. Der HERR stand ihm bei und ließ alle Worte in Erfüllung gehen, die er durch Samuel sprach. Ganz Israel von Dan bis Beerscheba erkannte, dass der HERR ihn zu seinem Propheten bestimmt hatte. Auch weiterhin erschien ihm der HERR in Schilo und gab ihm Weisungen. (1. Samuel 3,19-21 GNB)

Seitdem sich der Herr Hannas Sohn zum ersten Mal offenbart hatte, erkannte das ganze Volk Samuels Berufung zum Prophetenamt an. Mit der gewissenhaften Weitergabe der göttlichen Warnung an das Haus Elis hatte er seine Zuverlässigkeit als Jahwes Diener bewiesen (siehe 1 Sam 3,11-18), so schwer und schmerzlich die Pflicht damals sein mochte. „Der Herr stand ihm bei und ließ keine Ankündigung Samuels unerfüllt bleiben. Ganz Israel, von Dan im Norden bis Beerscheba im Süden, erkannte, dass der Herr ihn zum Propheten erwählt hatte." (V. 19.20 Hfa).

Israel als Volk beharrte im Unglauben und in der Abgötterei und blieb zur Strafe dafür den Philistern unterworfen. In dieser Zeit durchzog Samuel die Städte und Dörfer im ganzen Lande und versuchte, das Volk zum Gott seiner Väter zu bekehren; und seine Bemühungen hatten sichtbaren Erfolg. Nachdem die Israeliten die Unterdrückung ihrer Feinde zwanzig Jahre lang ertragen hatten, „wandte sich das ganze Haus Israel zum HERRN" (1 Sam 7,2). Samuel riet ihnen: „Wenn ihr euch wirklich wieder dem Herrn zuwenden wollt, dann werft erst einmal die anderen Götter und Göttinnen weg. Setzt euer ganzes Vertrauen auf den Herrn, und gehorcht ihm allein, so wird er euch von den Philistern befreien." (V. 3 Hfa)

Wir sehen, dass schon Samuel praktische Frömmigkeit und Herzensglauben predigte, wie es [später] Christus tat, als er auf Erden war. Ohne die Gnade Christi waren auch für das alte Israel die äußerlichen religiösen Formen wertlos. Bei dem heutigen Volk Gottes ist es nicht anders.

Wir benötigen heute eine Erweckung zu wahrem Herzensglauben, wie sie damals das Volk Israel erlebte. Reue ist der erste Schritt, den alle gehen müssen, die zu Gott zurückkehren möchten. Das kann keiner für den andern tun. Jeder muss sich selbst vor Gott demütigen und seine Abgötter wegtun. Wenn wir alles getan haben, was wir konnten, wird der Herr unter uns sein Heil kundtun. – *Patriarchen und Propheten,* S. 573 (rev.)

10. November

Dies sagt David, der Sohn Isais, der Mann, den der Gott Jakobs mit großer Ehre bedacht und zum König erwählt hat, der Mann, der für das Volk Israel die schönsten Lieder schrieb. Der Geist des Herrn hat durch mich geredet und mir seine Worte in den Mund gelegt. Der Gott Israels ... hat zu mir gesprochen. (2. Samuel 23,1.2 Hfa)

David rühmte Gott mit seinen Liedern

Wer kann die Frucht jener beschwerlichen Jahre der Mühe und der Wanderungen Davids in der Abgeschiedenheit dieser Hügel ermessen? Sein inniges Verhältnis zur Natur und zu Gott, die Sorge um die Herden [seines Vaters], die Rettung aus mancherlei Gefahr (siehe 1 Sam 17,34.35), die kummervollen wie die erfreulichen Dinge seines bescheidenen Loses – das alles formte nicht nur Davids Charakter und beeinflusste seine Zukunft, sondern entfachte durch die Psalmen des großen Sängers Israels in allen künftigen Zeitaltern bei den Gläubigen Liebe und Vertrauen und brachte sie dem gütigen Vaterherzen Gottes näher.

Dies alles bereitete David in der Spannkraft seiner Jugendjahre darauf vor, eine hohe Stellung unter den Vornehmsten der Erde einzunehmen. Seine Fähigkeiten gebrauchte er als kostbare Gaben von Gott zum Ruhm des göttlichen Gebers. Die Gelegenheiten zum Nachdenken dienten dazu, ihm jene Weisheit und Frömmigkeit zu vermitteln, die vor Gott und Engeln angenehm ist. Beim Nachsinnen über Gottes Vollkommenheit eröffneten sich ihm klarere Vorstellungen von dessen Wesen. Dunkle Themen wurden erhellt, die Schwierigkeiten [darin] erklärt, die Widersprüche harmonisiert, und jede neue Erkenntnis entzückte ihn und führte zu weiteren, wunderbaren Andachtsliedern zum Lobe Gottes und des Heilandes.

Die Liebe [zu Gott], die ihn bewegte, die Sorgen, die ihn beschäftigten, die Triumphe, die er errang – all das waren Themen, die seine Gedanken beschäftigten. Als er in allen Fügungen seines Lebens die Liebe Gottes erkannte, schlug sein Herz höher in inbrünstiger Anbetung und Dankbarkeit; seine Stimme erhob sich in reicheren Melodien und er spielte seine Harfe mit frohlockenderer Freude. Der junge Schafhirte wurde dadurch innerlich immer gefestigter und seine Erkenntnis wuchs, denn der Geist des Herrn ruhte auf ihm. – *Patriarchen und Propheten,* S. 623 (rev.)

Salomo ehrte Gott durch seine ihm geschenkte Weisheit

Herr ... du hast mich zum Nachfolger meines Vaters David gemacht. Ich bin noch jung und unerfahren. Ich weiß nicht, wie ich diese große Aufgabe bewältigen soll ... Darum bitte ich dich: Gib mir ein Herz, das auf dich hört, damit ich gerechte Urteile fällen und zwischen Recht und Unrecht unterscheiden kann. (1. Könige 3,7.9 Hfa)

Viele Jahre lang zeichnete sich Salomos Leben durch Hingabe an Gott, durch Rechtschaffenheit, Grundsatzfestigkeit und unbedingten Gehorsam gegen Gottes Gebote aus ...

Der Name des Herrn wurde während der ersten Jahre der Herrschaft Salomos hoch in Ehren gehalten. Die Weisheit und Gerechtigkeit, die der König an den Tag legte, bezeugten allen Nationen die hervorragenden Eigenschaften des Gottes, dem er diente. Eine Zeit lang war Israel wie das Licht der Welt, das die Größe des Herrn ausstrahlte. Der wahre Glanz der frühen Herrschaftsjahre Salomos lag nicht in seiner überragenden Weisheit, nicht in seinem unvorstellbaren Reichtum, nicht in seiner weitreichenden Macht und nicht in seinem Ruhm, sondern in der Ehre, die er dem Gott Israels durch den weisen Gebrauch der himmlischen Gaben brachte.

Als die Jahre verstrichen und sein Ruhm wuchs, ehrte Salomo Gott stets dadurch, dass er seine geistigen und geistlichen Kräfte zu vermehren trachtete und andere an den erhaltenen Segnungen teilnehmen ließ. Keiner wusste besser als er, dass er nur durch die Gunst des Herrn in den Besitz von Macht, Weisheit und Verstand gelangt war und dass er diese Gaben erhalten hatte, damit die Welt durch ihn den König aller Könige kennenlernen sollte.

Salomo beschäftigte sich besonders mit der Natur, aber seine Forschungen beschränkten sich nicht auf ein bestimmtes Wissensgebiet. Durch fleißiges Studium aller erschaffenen Dinge, der belebten wie der unbelebten, gewann er einen immer klareren Begriff von ihrem Schöpfer. Die Kräfte der Natur, die Mineralien, die Tiere, die Bäume, Sträucher und Blumen waren für ihn Offenbarungen der Weisheit Gottes. Und als er mehr und mehr zu lernen versuchte, nahmen seine Gotteserkenntnis und seine Liebe zu Gott beständig zu. – *Propheten und Könige,* S. 20f. (rev.)

12. November

Als [Ahab] den Propheten [Elia] erblickte, rief er: „Da bist du also – der Mann, der Israel ins Unglück stürzt!“ Doch Elia erwiderte: „Nicht ich stürze Israel ins Unglück, sondern du und deine Familie! Ihr habt die Gebote des HERRN *missachtet; sogar du selbst verehrst die Baale!“* (1. Könige 18,17.18 GNB)

Elia bewirkte eine geistliche Erneuerung in seinem Volk

Östlich des Jordans, in den Bergen Gileads, wohnte zur Zeit [des Königs] Ahab ein Mann des Glaubens und des Gebets. Sein furchtloser Dienst sollte der raschen Ausbreitung des Abfalls in Israel entgegenwirken. Elia aus Thisbe lebte fern von jeder bedeutenden Stadt und bekleidete kein hohes Amt. Dennoch folgte er seiner Berufung im Vertrauen darauf, dass es Gottes Absicht war, ihm den Weg zu ebnen und vollen Erfolg zu schenken. Was er verkündete, war voller Glauben und Kraft. Rückhaltlos weihte er sein Leben dem Werk der Erneuerung. Elia glich der „Stimme eines Rufenden in der Wüste“ (Joh 1,23 EB) und sollte die Sünde tadeln und die Flut des Bösen eindämmen. Obwohl er als Ankläger von Sünden vor das Volk trat, bot seine Botschaft dennoch den sündenkranken Seelen derer, die geheilt werden wollten, den „Balsam [von] Gilead“ dar (Jer 8,22 EB).

Als Elia sah, wie Israel sich immer tiefer in den Götzendienst verlor, war er in seiner Seele bekümmert und seine Entrüstung steigerte sich. Gott hatte große Dinge für sein Volk getan; er hatte den Israeliten „das Land anderer Völker“ gegeben, „damit sie seinen Weisungen gehorchten und seine Gebote hielten.“ (Ps 105,44.45 Hfa) Nun aber waren Gottes wohltätige Absichten nahezu vergessen. Rasch trennte der Unglaube das auserwählte Volk von der Quelle seiner Kraft.

Elia beobachtete von seinem Aufenthaltsort in den Bergen aus diesen Abfall und wurde von Sorge überwältigt. In seiner Seelennot bat er Gott, den gottlosen Lauf des einst von ihm auserwählten Volkes aufzuhalten und es, falls nötig, mit Gerichten zu schlagen, bis es sein Abweichen von Gott im richtigen Licht erkennen würde. Er wünschte sehnlich, dass es zur Reue gebracht werden würde, bevor es durch seine andauernden bösen Taten den Herrn herausforderte, es völlig zu vernichten ...

Elia erhielt den Auftrag, Ahab diese himmlische Gerichtsbotschaft [dass es drei Jahre nicht regnen sollte] auszurichten (siehe 1 Kön 17,1). Er hatte sich nicht darum bemüht, des Herrn Bote zu werden, vielmehr kam das Wort des Herrn zu ihm. Da er jedoch für die Sache Gottes eiferte, zögerte er nicht, den göttlichen Befehl auszuführen, obwohl das die sofortige Tötung durch den gottlosen König heraufzubeschwören schien. – *Propheten und Könige,* S. 83f. (rev.)

Elisa bat um ein doppeltes Maß des Heiligen Geistes

Am anderen Ufer sagte Elia zu Elisa: „Ich möchte noch etwas für dich tun, bevor ich von dir genommen werde. Hast du einen Wunsch?" Da antwortete Elisa: „Ich möchte als dein Schüler und Nachfolger doppelt so viel von deinem Geist bekommen wie die anderen Propheten!" (2. Könige 2,9 Hfa)

Aus der Erfahrung des Propheten Elisa können wir wertvolle Lektionen lernen. Elisa wurde vom Herrn als Helfer [und Nachfolger] Elias ausgewählt (siehe 1 Kön 19,16). In Prüfungen und Schwierigkeiten erwies er sich als zuverlässig in seiner Aufgabe. Er wollte alles sein und tun, was ihm der Herr zeigte. Elisa scheute nicht den niedrigsten Dienst, aber in kleinen Pflichten war er genauso treu wie in größeren Verantwortungen. Er war stets bereit, jede Aufgabe zu erfüllen, die ihm der Herr auftrug, wie unangenehm sie auch für seine natürlichen Neigungen sein mochte. Und mit jedem Schritt lernte er Lektionen der Demut und des Dienstes ...

„Und es geschah, als sie hinübergegangen waren, da sagte Elia zu Elisa: ‚Bitte, was ich für dich tun soll, bevor ich von dir weggenommen werde!' Elisa sagte: ‚Dass mir doch ein zweifacher Anteil von deinem Geist gegeben werde!'" (2 Kön 2,9 EB) Er bat nicht um weltliche Ehre oder eine angesehene Stellung unter den Großen dieser Erde. Er flehte um einen doppelten Anteil des Geistes, der dem Mann gegeben worden war, den Gott mit seiner Entrückung ehren wollte. Er wusste, dass nur ein doppelter Anteil des Geistes von Elia ihn befähigen konnte, dessen Platz auszufüllen, denn Elia besaß die Erfahrung und die Weisheit des Alters, die durch keine Methode auf einen jungen Menschen übertragen werden können ...

Wenn es der Herr in seiner Vorsehung für richtig hält, Menschen, denen er Weisheit verliehen hat, von ihrem Werk abzuberufen, unterstützt und stärkt er ihre Nachfolger, wenn sie ihn um Hilfe bitten und in seinen Wegen wandeln. Sie können sogar weiser werden als ihre Vorgänger, denn sie können von deren Erfahrung profitieren und aus deren Fehlern lernen.

Der Herr sorgt in besonderer Weise für seine Gemeinde. Alle, die ihn um Weisheit bitten (siehe Jak 1,5), werden zu einem „Licht für die Welt" (Mt 5,14 GNB), „das immer heller leuchtet bis zum vollen Tag" (Spr 4,18). – Manuskript 114, 1901

14. November

Geh hin und sprich zu diesem Volk: Höret und verstehet's nicht; sehet und merket's nicht! Verstocke das Herz dieses Volks und lass ihre Ohren taub sein und ihre Augen blind, dass sie nicht sehen mit ihren Augen noch hören mit ihren Ohren noch verstehen mit ihrem Herzen und sich nicht bekehren und genesen. (Jesaja 6,9.10)

Jesaja erlebte die Früchte seines prophetischen Dienstes nicht

Die Aufgabe des Propheten Jesaja war klar: Er sollte seine Stimme gegen die vorherrschenden Übel erheben. Aber er fürchtete sich davor, diese Aufgabe ohne eine gewisse Zusicherung von Hoffnung anzugreifen. „Wie lange soll das dauern, Herr?", fragte er (Jes 6,11 GNB). „Wird denn keiner aus deinem auserwählten Volk jemals verstehen, bereuen und geheilt werden?"

Er sollte seine Seelenlast für das verirrte Reich Juda nicht vergeblich tragen. Seine Mission sollte nicht völlig ergebnislos verlaufen. Dennoch konnten die Übel, die sich über viele Generationen vergrößert hatten, nicht [mehr] zu seinen Lebzeiten beseitigt werden. Zeit seines Lebens musste Jesaja ein geduldiger, mutiger Lehrer sein – ein Prophet der Hoffnung und des Untergangs. Die Erfüllung der Absicht Gottes, die vollständige Frucht seiner Bemühungen und der Arbeit aller treuen Boten Gottes würde [eines Tages] offenbar werden. Ein Überrest sollte gerettet werden (siehe Jes 10,21.22 EB). Damit dies geschehen konnte, sollten Botschaften mit Warnungen und flehentlichen Bitten an die rebellischen [Israeliten] ergehen. Der Herr erklärte: „Bis die Städte entvölkert und zerstört sind, bis die Häuser leer stehen und das ganze Land zur Wüste geworden ist. Ich werde seine Bewohner in fremde Länder verschleppen. Ganz Israel wird einsam und verlassen daliegen." (Jes 6,11.12 Hfa)

Die heftigen Strafgerichte über die Unbußfertigen – Krieg, Exil [in Babylon], Unterdrückung, der Verlust von Macht und Ansehen unter den Nationen – sollten kommen, damit diejenigen, die in ihnen die Hand eines beleidigten Gottes erkannten, zur Reue geführt würden. Bald sollten die zehn Stämme des Nordreiches unter die Nationen zerstreut werden und ihre Städte verwüstet zurückbleiben (siehe Jes 42,24.25). Die verheerenden Armeen feindlicher Nationen würden immer wieder über ihr Land hinwegfegen. Am Ende würde sogar Jerusalem fallen und [die Bevölkerung von] Juda in die Gefangenschaft verschleppt werden (siehe Jes 4,1.4; 64,9.10). Dennoch sollte das verheißene Land nicht für immer verlassen bleiben. – *Advent Review and Sabbath Herald,* 11. März 1915

Jeremia kündigte Gottes Strafgericht über Israel an

Der HERR antwortete [Jeremia]: „Sag nicht: ‚Ich bin zu jung!' Geh, wohin ich dich sende, und verkünde, was ich dir auftrage! Hab keine Angst vor Menschen, denn ich bin bei dir und schütze dich.' Dann streckte der HERR seine Hand aus, berührte meine Lippen und sagte: „Ich lege meine Worte in deinen Mund." (Jeremia 1,7-9 GNB)

Der Herr gab Jeremia eine Botschaft des Tadels für sein Volk, dem Gott vorwarf, seinen Rat beständig zurückzuweisen: „Ich aber habe euch wieder und wieder gesagt, was ihr tun sollt; und ihr habt nicht auf mich gehört. Immer von neuem habe ich meine Diener, die Propheten, zu euch gesandt und euch mahnen lassen: Kehrt doch um von euren verkehrten Wegen, hört auf, Böses zu tun, lauft nicht den fremden Göttern nach und bringt ihnen keine Opfergaben, dann könnt ihr in dem Land wohnen bleiben, das ich euch und euren Vorfahren gegeben habe! Aber ihr wolltet nicht auf mich hören." (Jer 35,14.15 GNB)

Gott flehte sie an, ihn mit den Werken ihrer Hände und Herzen nicht zum Zorn zu reizen, aber sie „gehorchten [ihm] nicht" (V. 14). Dann sagte Jeremia die Gefangenschaft der Juden als Strafe für ihre Nichtbeachtung der Botschaften Gottes voraus. Die Chaldäer [Babylonier] sollten als Zuchtrute Gottes dienen, um sein ungehorsames Volk zu züchtigen (siehe Jer 25,7-13). Die Bestrafung sollte ihrem Wissen und den von ihnen verachteten Warnungen entsprechen. Lange hatte Gott seine Strafgerichte hinausgezögert, weil er sein auserwähltes Volk nicht demütigen wollte. Aber nun würde er sein Missfallen kundtun als letzten Versuch, ihrem bösen Treiben Einhalt zu gebieten.

[Auch] in unseren Tagen hat der Herr keine andere Methode zur Erhaltung der [moralischen] Reinheit seines Volkes. Er ersucht die Irrenden, die seinen Namen bekennen, [ihre Sünden] zu bereuen und ihre bösen Wege zu verlassen, genauso wie er dies in alter Zeit getan hat. Heute wie damals zeigt er seinem Volk durch den Mund seiner erwählten Diener die Gefahren auf. Er gibt seine Warnungen und tadelt Sünden genauso zuverlässig wie in den Tagen Jeremias. Aber das heutige Volk Gottes steht ebenso unter der Versuchung, Tadel zu verachten und Rat zu hassen, wie das alte Volk Israel. Allzu oft ist es taub für die Worte, die Gott seinen Dienern zum Wohl derer gegeben hat, die sich zur Wahrheit [der Adventbotschaft] bekennen. – *Signs of the Times*, 12. Februar 1880

16. November

Geht und fragt den HERRN um Rat wegen der Worte, die in diesem Buch stehen! Fragt ihn für mich, für das Volk und für ganz Juda. Denn wir haben den schweren Zorn des HERRN auf uns gezogen, weil unsere Vorfahren die Anordnungen nicht befolgt haben, die in diesem Buch stehen. (2. Könige 22,13 GNB)

Josia förderte eine Reformation im Volk Gottes

Von frühester Jugend an hatte sich Josia bemüht, den Vorteil seiner Stellung als König [Judas] zu nutzen, um die Prinzipien des heiligen Gesetzes Gottes zu erhöhen. Als nun der Schriftgelehrte Schafan ihm aus dem Buch des Gesetzes [5. Mose] vorlas (siehe 2 Kön 22,10), erkannte der König darin einen Schatz der Erkenntnis und einen mächtigen Verbündeten für das Reformwerk, das er in seinem Land gern durchführen wollte. Er entschloss sich, die Ratschläge [dieses Buches] anzunehmen und alles in seiner Macht Stehende zu tun, um seinem Volk die [darin enthaltenen] Lehren bekannt zu machen, um sie – wenn möglich – zur Ehrfurcht und Liebe gegenüber dem Gesetz Gottes zu bewegen.

Aber ließ sich die erforderliche Reformation [überhaupt noch] verwirklichen? Aus dem Buch [des Gesetzes] ergab sich, dass Israel die Grenze der göttlichen Geduld fast erreicht hatte. Bald würde Gott jene bestrafen, die seinen Namen entehrt hatten. Sein Zorn war bereits gegen das Volk entflammt. Überwältigt von Sorge und Bestürzung „zerriss [Josia] seine Kleider" (V. 11) und fiel in seiner Seelenqual vor Gott nieder, um für die Sünden eines halsstarrigen Volkes Vergebung zu erbitten.

Zu dieser Zeit lebte die Prophetin Hulda in Jerusalem in der Nähe des Tempels (siehe V. 14). Der König wandte sich an sie – erfüllt von düsteren Vorahnungen. Er wollte den Herrn durch seine berufene Botin befragen, um zu erfahren, ob es irgendwie in seiner Macht läge, das auf Irrwege geratene und nun am Rande des Ruins stehende Volk von Juda zu retten.

Der Ernst der Lage und der Respekt vor der Prophetin ließen ihn die führenden Männer des Königreiches senden (siehe V. 12). „Geht hin", bat er sie, „und befragt den Herrn für mich, für das Volk und für ganz Juda über die Worte dieses Buches, das gefunden ist; denn groß ist der Grimm des Herrn, der über uns entbrannt ist, weil unsere Väter nicht den Worten dieses Buches gehorcht haben und nicht alles taten, was darin geschrieben ist." (V. 13) Durch Hulda gab der Herr Josia die Antwort, dass der Untergang Jerusalems nicht mehr abzuwenden war (V. 16.17) ... Das Volk hatte seine Sinne solange durch seine Verbrechen abgestumpft, dass sie schnell zu ihrem sündigen Verhalten zurückkehren würden, wenn das Gericht nicht über sie käme. – *Advent Review and Sabbath Herald*, 22./29. Juli 1915

Daniel blieb Gott auch in schweren Prüfungen treu

Da suchten ... die Statthalter einen Vorwand, um Daniel anklagen zu können. Sie fanden aber nichts, was sie ihm vorwerfen konnten; denn er führte sein Amt treu und gewissenhaft ... Da sagten sie: „Der einzige Punkt, wo wir ihn fassen können, ist seine Treue zum Gesetz seines Gottes." (Daniel 6,5.6 GNB)

Sich zu Christus zu bekennen bedeutet mehr als bei einem [adventistischen] Gemeinschaftstreffen ein Zeugnis zu geben. Daniel ist ein Beispiel für die Gläubigen, was es heißt, sich zu Christus zu bekennen. Er bekleidete eine verantwortliche Position, das Amt des Premierministers im Königreich [der Medo-Perser, siehe Dan 6,4.29]. Am Königshof gab es Männer, die auf Daniel neidisch waren, und sie suchten etwas, das sie gegen ihn verwenden konnten, um ihn beim König anzuklagen. Aber er war ein treuer Diener des Staates, und [auch] an seinem Charakter oder in seinem Leben konnten sie keinen Makel entdecken (siehe V. 5).

„Da sprachen die Männer: Wir werden keinen Grund zur Anklage gegen Daniel finden, es sei denn wegen seiner Gottesverehrung." (V. 6) So beschlossen sie, den König um ein Dekret zu bitten: „Wir schlagen dir vor, dass du folgende Anordnung erlässt und alles tust, um sie durchzusetzen: Wer in den kommenden dreißig Tagen eine Bitte an irgendeinen Gott oder Menschen richtet außer an dich, o König, soll in die Löwengrube geworfen werden." (V. 8 Hfa)

Hörte Daniel auf zu beten, weil dieses Dekret in Kraft treten sollte? Nein – das war für ihn nur ein Anlass zum Beten. Er „hatte im Obergeschoss seines Hauses Fenster in Richtung Jerusalem. Dreimal täglich kniete er dort nieder, um Gott zu preisen und seine Bitten vor ihn zu bringen. Als er von dem königlichen Befehl erfuhr, ging er wie immer in sein Haus und kniete zur gewohnten Zeit am offenen Fenster nieder." (V. 11 GNB) Daniel versuchte nicht, seine Treue zu Gott zu verheimlichen. Er betete nicht in seinem Herzen, sondern mit lauter Stimme; vor den in Richtung Jerusalem geöffneten Fenstern [kniend] brachte er seine Bitten vor Gott ...

Wenn „unser Leben mit Christus in Gott verborgen ist" (Kol 3,3), dürfen wir sicher sein, dass Jesus mit uns sein wird, wenn wir wegen unseres Glaubens in Prüfungen kommen. Wenn wir unseren Glauben vor Herrschern und Würdenträgern bezeugen sollen, wird der Geist des Herrn uns erleuchten und wir werden die Kraft empfangen, zur Ehre Gottes Zeugnis abzulegen (siehe Mt 10,18-20). Und wenn wir um Christi willen leiden müssen, dann werden wir mit kindlichem Vertrauen auf ihn ins Gefängnis gehen können. Jetzt ist die Zeit, unseren Glauben an Gott auszubilden. – *Advent Review and Sabbath Herald*, 3. Mai 1892

18. November

Wenn du in dieser Stunde schweigst, wird den Juden von anderswo her Hilfe und Rettung kommen. Aber du und deine Familie, ihr habt dann euer Leben verwirkt und werdet zugrunde gehen. Wer weiß, ob du nicht genau um dieser Gelegenheit willen zur Königin erhoben worden bist? (Ester 4,14 GNB)

Ester trat beim persischen König mutig für ihr Volk ein

In alter Zeit hat der Herr auf wunderbare Art und Weise durch fromme Frauen gewirkt, die im Werk Gottes mit Männern zusammengearbeitet haben, die er als seine Repräsentanten erwählt hatte. Er gebrauchte Frauen, um große und entscheidende Siege zu erringen. Mehr als einmal brachte er sie in Notzeiten [des Volkes] an die Front und rettete mit ihrer Hilfe vielen Menschen das Leben.

Durch die Königin Ester wirkte der Herr eine machtvolle Befreiung für sein Volk. Als es schien, als könnte keine Macht [der Welt] sie mehr retten, nahm sich Ester des Problems an [nachdem Mordechai sie dazu eindringlich aufgefordert hatte, siehe Est 4,7.8.13.14]. Gemeinsam mit ihren Begleiterinnen rettete sie ihr Volk durch Beten und Fasten und prompte Aktion [beim König, siehe Est 4,15.16; 7,1-6].

Wenn wir das Verhalten von Frauen im Alten Testament studieren, die sich für die Sache Gottes engagiert haben, erkennen wir, wie wir heutigen Notlagen im Werk [des Herrn] begegnen können. Vielleicht werden wir nicht in solch eine kritische und markante Lage gebracht wie das Volk Gottes zur Zeit der Königin Ester; aber oft können [wahrhaft] bekehrte Frauen in wesentlich unbedeutenderen Positionen eine wichtige Rolle spielen. Das haben viele getan und viele sind [auch heute] noch dazu bereit.

Es ist die Aufgabe einer Frau, ihre Söhne und Töchter gemeinsam mit ihrem Ehemann so zu erziehen, dass sie sich bekehren und ihre Kräfte dem Dienst für Gott zur Verfügung stellen. Viele haben die Fähigkeit, gemeinsam mit ihren Ehemännern im medizinischen Bereich zu arbeiten, Kranke zu behandeln, ermutigende Worte zu sprechen und Ratschläge zu geben. Es gibt [auch Frauen], die Medizin studieren und Ärztinnen werden sollten. In diesem Zweig des Dienstes sollte dringend etwas getan werden. Frauen sollten ebenso wie Männer eine gründliche medizinische Ausbildung bekommen. – *Special Testimonies*, Serie B, Nr. 15, S. 1f.

Nehemia brachte himmlische Prinzipien wieder zur Geltung

Als das Volk die strengen Forderungen des Gesetzes hörte, fingen alle an laut zu weinen. Da sagten der Statthalter Nehemia, der Priester und Lehrer Esra und die Leviten zu ihnen: „Seid nicht traurig und weint nicht! Heute ist ein heiliger Tag, ein Festtag zur Ehre des HERRN, eures Gottes!“ (Nehemia 8,8.9)

Nehemia und Esra waren Männer, die [günstige] Gelegenheiten ergriffen. Der Herr hatte eine besondere Aufgabe für sie. Sie sollten das Volk aufrufen, über sein eigenes Verhalten nachzudenken und zu überlegen, wo sein Fehler lag. Denn Gott hatte nicht ohne Grund zugelassen, dass sein Volk machtlos geworden war und in [die babylonische] Gefangenschaft geführt wurde.

Der Herr segnete diese Männer besonders, weil sie für das Recht eintraten. Nehemia wurde nicht als Priester oder Prophet ausgesondert, aber der Herr hatte einen besonderen Auftrag für ihn. Er erwählte ihn zum Führer des Volkes. Aber Nehemias Treue zu Gott hing nicht von seiner Position ab.

Der Herr wird nicht zulassen, dass sein Werk behindert wird, selbst wenn seine Mitarbeiter sich als unwürdig erweisen. Gott hat noch Männer auf der Reservebank, die darauf vorbereitet sind, den Anforderungen zu entsprechen, damit sein Werk vor allen verderbenden Einflüssen bewahrt bleibt. Gott wird geehrt und verherrlicht werden. Wenn der Geist Gottes den Menschen anspricht, der von Gott als geeignet erfunden wurde, wird dieser mit den Worten antworten: „Hier bin ich, sende mich!“ (Jes 6,8)

Gott machte dem Volk, für das er so viel getan hatte, deutlich, dass er ihre Sünden nicht dulden würde. Er wirkte – nicht durch jene, die sich geweigert hatten, ihm zielstrebig zu dienen, und böse Wege gegangen waren, sondern durch Nehemia, denn er war in den himmlischen Büchern als ein *Mann* verzeichnet. Gott hatte gesagt: „Wer mich ehrt, den will ich auch ehren.“ (1 Sam 2,30) Nehemia erwies sich als ein Mann, den Gott damit beauftragen konnte, falsche Prinzipien abzuschaffen und himmlische Prinzipien wiederherzustellen. Deshalb ehrte ihn Gott.

Der Herr wird in seinem Werk Menschen gebrauchen, die felsenfest zu den Prinzipien [Gottes] stehen und sich nicht von den Spitzfindigkeiten derer täuschen lassen, die ihre geistliche Sehkraft verloren haben. – *Advent Review and Sabbath Herald*, 2. Mai 1899

20. November

Serubbabel ließ sich nicht durch Schwierigkeiten entmutigen

Damals traten Haggai ... und Sacharja ... als Propheten auf. Sie ermutigten die Juden in Judäa und Jerusalem im Auftrag des Gottes Israels ... Da nahmen Serubbabel ... und Jeschua ... den Tempelbau wieder auf und die Propheten Gottes standen ihnen zur Seite und unterstützten sie. (Esra 5,1.2 GNB)

Beim Wiederaufbau des Tempels hatte Serubbabel mit vielen Schwierigkeiten zu kämpfen. In früheren Jahren hatten Gegner alles unternommen, „um die Heimgekehrten mutlos zu machen und vom Weiterbauen abzuschrecken ... [Sie] zwangen die Juden mit Gewalt, den Wiederaufbau der Stadt abzubrechen." (Esr 4,4.23 GNB) Aber der Herr setzte sich für die treuen Bauleute ein, und schließlich sprach er durch seinen Propheten Sacharja zu Serubbabel: „Was du vorhast, wird dir nicht durch die Macht eines Heeres und nicht durch menschliche Kraft gelingen: Nein, mein Geist wird es bewirken! Das verspreche ich, der Herr, der allmächtige Gott. Ein Berg von Hindernissen wird sich vor dir auftürmen, aber ich räume sie aus dem Weg. Wenn der Tempel wieder aufgebaut ist, wirst du den Schlussstein einsetzen – unter dem Jubel des Volkes!" (Sach 4,6.7 Hfa)

In der gesamten Geschichte des Volkes Gottes haben sich riesige, augenscheinlich unüberwindliche Berge von Schwierigkeiten vor denen aufgetürmt, die sich vorwärtsbewegten, sobald Gott ihnen Türen öffnete. Solche Hindernisse für den Fortschritt lässt der Herr als Glaubensprüfung zu. Wenn wir von allen Seiten eingeschlossen sind, ist die Zeit gekommen, Gott und der Macht seines Heiligen Geistes zu vertrauen. Wir sollen nicht in unserer eigenen Stärke vorwärtsgehen, sondern in der Stärke des Herrn, des Gottes Israels. Es ist unsinnig, „seine Hoffnung auf Menschen [zu] setzen und nur auf menschliche Kraft [zu] vertrauen" (Jer 17,5 Hfa). Auf den HERRN müssen wir vertrauen (siehe V. 7), denn er besitzt unerschöpfliche Kräfte. Der Eine, der – als Antwort auf Worte und Taten des Glaubens – den Weg für seinen Diener Serubbabel ebnete, kann jedes Hindernis Satans wegräumen, das sich dieser zur Behinderung der Sache Gottes ausgedacht hat. Durch einen festen Glauben kann jeder Berg von Schwierigkeiten versetzt werden (siehe Mt 17,20).

Manchmal schult Gott seine Mitarbeiter, indem er sie Enttäuschung erleben und offensichtlich scheitern lässt. Er möchte, dass sie lernen, mit Schwierigkeiten fertigzuwerden, und ihnen die Entschlossenheit schenken, aus jedem anscheinenden Misserfolg einen Erfolg werden zu lassen. – *Advent Review and Sabbath Herald*, 16. Januar 1908

Johannes der Täufer zeugte wirkungsvoll von Christus

„Dann sag uns doch, wer du bist. Welche Antwort sollen wir denen geben, die uns hergeschickt haben?" Da sagte Johannes: „Der Prophet Jesaja hat es schon angekündigt: ‚Ich bin die Stimme, die in der Wüste ruft: Räumt die Hindernisse aus dem Weg, denn der Herr will kommen!'" (Johannes 1,22.23 Hfa)

Jesus erklärte: „Johannes ist ein Prophet, und mehr als das. Er ist der Mann, von dem es in der Heiligen Schrift heißt: ‚Ich sende meinen Boten dir voraus, der dein Kommen ankündigt und die Menschen darauf vorbereitet.' Ja, ich versichere euch: Von allen Menschen, die je geboren wurden, ist keiner bedeutender als Johannes der Täufer." (Mt 11,9-11 Hfa; vgl. Mal 3,1). Bei der Ankündigung der Geburt des Johannes hatte der Engel dem Priester Zacharias erklärt: „Er wird groß sein vor dem Herrn." (Lk 1,15). Was aber ist Größe in der Einschätzung des Himmels? Nicht das, was die Welt für Größe hält: Reichtum, sozialer Stand, vornehme Herkunft oder Intelligenz, für sich allein betrachtet, zählen nicht. Wenn überragende Geisteskraft, losgelöst von jeder höheren Betrachtung, der Verehrung wert ist, dann müssten wir auch Satan huldigen, dessen Geistesschärfe noch nie ein Mensch erreicht hat. Aber wenn sie zum Selbstzweck verfälscht wird, ist die größere Gabe ein umso größerer Fluch.

Gott schätzt [vor allem] sittliche Werte. Liebe und Reinheit sind die Eigenschaften, die er am höchsten bewertet. In den Augen des Herrn war Johannes groß, als er vor den Abgesandten des Hohen Rates, vor dem Volk und vor seinen eigenen Jüngern keinerlei Ehre für sich selber suchte, sondern sie alle auf Jesus als den von Gott verheißenen [Erlöser] hinwies. Seine selbstlose Freude im Dienst für Christus stellt die höchste Form edler Gesinnung dar, die je ein Mensch offenbarte.

Alle jene, die sein Zeugnis über Jesus vernommen hatten, bezeugten nach seinem Tode: „Johannes hat zwar keine Wunder getan, aber alles, was er von diesem Mann gesagt hat, ist wahr!" (Joh 10,41 Hfa) Es war ihm nicht – wie Elia – gegeben, Feuer vom Himmel fallen zu lassen oder Tote aufzuwecken oder – Mose gleich – im Namen Gottes den Wunderstab zu schwingen. Er war gesandt, den nahenden Erlöser anzukündigen und das Volk aufzurufen, sich auf dessen Ankunft vorzubereiten. Seinen Auftrag erfüllte er so gewissenhaft, dass das Volk in Erinnerung an das, was er sie über Jesus gelehrt hatte, bestätigte: „Alles, was Johannes von [Jesus] gesagt hat, das ist wahr." (V. 41) Ein solches Zeugnis von Christus zu geben [wie Johannes], ist jeder Jünger des Meisters aufgerufen. – *Das Leben Jesu* bzw. *Der Eine – Jesus Christus* (Ausg. 1995f.), S. 207 (rev.)

22. November

Der Geist des Herrn ist auf mir, weil er mich gesalbt hat, Armen gute Botschaft zu verkündigen; er hat mich gesandt, Gefangenen Freiheit auszurufen und Blinden, dass sie wieder sehen [sollen], Zerschlagene in Freiheit hinzusenden, auszurufen ein angenehmes Jahr des Herrn. (Lukas 4,18.19 EB; vgl. Jesaja 61,1.2)

Jesus wirkte für die Leidenden und Elenden

Christus machte keine Äußerungen, die seine Bedeutung oder Überlegenheit demonstrierten ... Er maßte sich aufgrund seiner [besonderen] Beziehung zu Gott keine Autorität an, doch seine Worte und Taten zeigten, dass er um seine [göttliche] Mission und seinen Charakter wusste. Er sprach von himmlischen Dingen wie jemand, dem das Himmlische vertraut war. Er sprach von seiner innigen Beziehung und Einheit mit dem Vater, wie ein Kind von der Verbindung zu seinen Eltern spricht. Er sprach wie einer, der gekommen war, um die Welt mit seiner Herrlichkeit zu erleuchten. Er förderte nie die Schulen der Rabbiner, denn er selbst war der von Gott zur Unterweisung der Menschheit gesandte Lehrer. Als einer, der alle Macht zur Wiederherstellung besaß, sprach Christus davon, dass er alle Menschen zu sich ziehen und ihnen ewiges Leben geben wollte (siehe Joh 12,32; 10,28; vgl. Kap. 17,3). Er hatte die Macht, jede körperliche und jede geistliche Krankheit zu heilen.

Christus kam mit dem Bewusstsein auf diese Welt, mehr als menschliche Größe zu besitzen und ein Werk zu vollenden, dessen Auswirkungen Ewigkeitswert haben. Wo wirkte er? Im Hause des Fischers Petrus; am Jakobsbrunnen, als er sich ausruhte und der samaritischen Frau vom lebendigen Wasser erzählte (siehe Joh 4). Normalerweise lehrte er im Freien, aber manchmal auch im Tempel, denn er besuchte die Versammlungen des jüdischen Volkes. Doch häufig lehrte er an einem Berghang sitzend oder in einem Fischerboot. Er trat in das Leben dieser einfachen Fischer. Seine Zuneigung galt den Bedürftigen, den Leidenden, den Verachteten; und viele fühlten sich zu ihm hingezogen.

Bei der Entstehung des Erlösungsplans wurde beschlossen, dass Christus nicht in seiner Göttlichkeit erscheinen sollte, denn sonst hätte er mit den Leidenden und Elenden keine Gemeinschaft pflegen können. Dazu musste er als ein armer Mensch kommen (siehe 2 Kor 8,9). Er hätte in einer Art kommen können, die seiner erhabenen Stellung in den himmlischen Höfen entsprach. Aber nein: Er musste in die tiefsten Tiefen menschlichen Leides und menschlicher Armut herabsteigen, damit seine Stimme unter den Niedergedrückten und Enttäuschten gehört werden konnte. – *Signs of the Times*, 24. Juni 1897

Die Jünger Jesu bezeugten kraftvoll Jesu Auferstehung

Aber Petrus und Johannes antworteten nur: „... Wir können unmöglich verschweigen, was wir gesehen und gehört haben!" ... Mit großer Überzeugungskraft berichteten die Apostel von der Auferstehung Jesu, und alle erlebten Gottes Güte. (Apostelgeschichte 4,19.20.33 Hfa)

Nach der Kreuzigung Christi waren die Jünger eine hilflose, entmutigte Gruppe – wie Schafe ohne einen Hirten. Ihr Meister war verworfen, verurteilt und an das schändliche Kreuz genagelt worden. Voller Verachtung hatten die jüdischen Priester und Obersten erklärt: „Anderen hat er geholfen, aber sich selbst kann er nicht helfen. Wenn er wirklich der König Israels ist, soll er doch vom Kreuz heruntersteigen. Dann wollen wir an ihn glauben!" (Mt 27,42 Hfa)

Aber das Kreuz, dieses Instrument der Schande und Qual, brachte der Welt Hoffnung und Rettung. Die Jünger fassten wieder Mut; Hoffnungslosigkeit und Hilflosigkeit verschwanden. Sie wurden im Charakter verwandelt und durch das Band der christlichen Liebe vereint. Aber sie waren nur einfache Männer, besaßen keinen Reichtum, und hatten als Waffen nur das Wort und den Geist Gottes. Von den Juden wurden sie als einfache Fischer betrachtet. Aber in der Kraft Christi gingen sie voran, um für die Wahrheit zu zeugen und über allen Widerstand zu triumphieren. Bekleidet mit der göttlichen Rüstung zogen sie aus, die wunderbare Geschichte von der Krippe und dem Kreuz zu verkünden. Ohne irdische Ehre oder Anerkennung wurden sie zu Helden des Glaubens. Aus ihrem Mund kamen Worte göttlicher Beredsamkeit, die die Welt erschütterten.

Diejenigen, die den Erlöser verworfen und gekreuzigt hatten, erwarteten, die Jünger entmutigt und niedergeschlagen zu sehen, bereit, ihren Herrn zu verleugnen. Mit Erstaunen vernahmen sie das klare, mutige Zeugnis der Apostel, das sie in der Kraft des Heiligen Geistes verkündeten. In ihren Worten und Werken waren die Jünger [nun] ganz wie ihr Meister, und alle, die sie hörten, sagten: „Sie sind mit Jesus zusammen gewesen und haben von ihm gelernt." (Vgl. Apg 4,13.)

Als die Apostel auszogen, um überall Jesus zu verkündigen, taten sie viele Dinge, die den jüdischen Obersten nicht gefielen. Die Menschen brachten Kranke und von unreinen Geistern Geplagte auf die Straßen (siehe Apg 5,15.16). Es entstand ein großes Gedränge, und die Geheilten lobten Gott mit lauter Stimme und rühmten den Namen dessen, den die jüdischen Obersten verurteilt, mit Dornen gekrönt und dem Spott und der Kreuzigung ausgeliefert hatten. – *Signs of the Times*, 20. September 1899

24. November

Stephanus vollbrachte öffentlich durch Gottes Gnade und Kraft große Zeichen und Wunder. Eines Tages verwickelten ihn Anhänger einer jüdischen Gemeinde ... in ein Streitgespräch ... Aber keiner von ihnen hatte der Weisheit und dem Geist des Stephanus etwas entgegenzusetzen. (Apostelgeschichte 6,8-10 Hfa)

Stephanus legte überzeugend die Heilige Schrift aus

Stephanus setzte sich sehr für die Sache Gottes ein und zeugte mutig von seinem Glauben. Seine Gegner „waren der Weisheit und dem Geist nicht gewachsen, die aus Stephanus sprachen." (Apg 6,10 GNB) Einige Schüler der großen Rabbis glaubten, Stephanus in einem öffentlichen Disput besiegen zu können, weil sie meinten, er kenne sich [in der Heiligen Schrift] nicht aus. Aber er sprach nicht nur in der Kraft des Heiligen Geistes, sondern es wurde vor der großen Versammlung offensichtlich, dass er auch die Propheten studiert hatte und sich in allen Fragen des Gesetzes auskannte (siehe Apg 7,1-50). Mit großer Überzeugungskraft verteidigte er die von ihm vertretenen Wahrheiten und bezwang seine Gegner völlig.

Die Priester und Obersten, die die wunderbare Manifestation der Macht [Gottes] im Dienst des Stephanus miterlebten, wurden von bitterem Hass erfüllt. Anstatt sich dem Gewicht der von ihm präsentieren Beweise zu beugen, beschlossen sie, seine Stimme zum Schweigen zu bringen, indem sie ihn töteten. Bei verschiedenen Gelegenheiten hatten sie die römischen Autoritäten bestochen, damit diese nicht eingriffen, wenn [der Hohe Rat] das Gesetz selbst in die Hand nahm und Gefangene nach jüdischen Gepflogenheiten verhörte, verurteilte und exekutierte. Die Feinde des Stephanus waren überzeugt, sie könnten dieses Vorgehen ohne Gefahr für sich selbst verfolgen. Sie waren entschlossen, die Konsequenzen um jeden Preis zu riskieren. Deshalb ergriffen sie Stephanus und brachten ihn vor den Hohen Rat zur Verhandlung (siehe Apg 6,12) ...

Als Stephanus seinen Richtern gegenüberstand, um auf den Vorwurf der Gotteslästerung (siehe V. 11) zu antworten, strahlte ein göttliches Leuchten aus seinem Gesicht. „Alle im Rat blickten gespannt auf Stephanus. Sie sahen, dass sein Gesicht leuchtete wie das eines Engels." (V. 15 GNB) Diese Männer, die Mose verehrten, hätten im Gesicht des Gefangenen dasselbe heilige Licht erkennen können, welches das Gesicht dieses Propheten damals erleuchtet hatte (siehe 2 Mo 34,29.30) Niemals mehr sollten sie im Tempel die [Manifestation der] Herrlichkeit des Herrn erleben, denn diese Herrlichkeit hatte ihn für immer verlassen. Viele, die das Leuchten auf dem Gesicht von Stephanus sahen, zitterten und verhüllten ihr Haupt; aber sturer Unglaube und [hartnäckige] Vorurteile schwanken nicht. – *The Spirit of Prophecy*, Band 3, S. 294ff.

25. November

Philippus verkündete das Evangelium in neuen Gebieten

Der Geist Gottes sagte zu Philippus: „Lauf hin und folge diesem Wagen!" Philippus lief hin und hörte, wie der Mann laut aus dem Buch des Propheten Jesaja las. Er fragte ihn: „Verstehst du denn, was du da liest?" Der Äthiopier sagte: „Wie kann ich es verstehen, wenn mir niemand hilft!" (Apostelgeschichte 8,29-31 GNB)

Gott schaut herab von seinem Thron und sendet seine Engel auf die Erde, um mit den Christen zu kooperieren, die die Wahrheit Gottes lehren. Lies den Bericht von der Erfahrung des Philippus mit dem Minister aus Äthiopien: „Ein Engel des Herrn forderte Philippus auf: ‚Geh in Richtung Süden, und zwar auf die einsame Straße, die von Jerusalem nach Gaza führt.' Philippus machte sich sofort auf den Weg. Zur selben Zeit war auf dieser Straße auch ein Mann aus Äthiopien mit seinem Wagen unterwegs. Er war ein Hofbeamter der Königin von Äthiopien, die den Titel Kandake führte, und verwaltete ihr Vermögen. Eben kehrte er von Jerusalem zurück, wo er als Pilger im Tempel Gott angebetet hatte. Während der Fahrt las er im Buch des Propheten Jesaja." (Apg 8,26-28 Hfa) ...

Diese Begebenheit zeigt, dass der Herr sich um jeden Menschen kümmert, der für die Wahrheit aufgeschlossen ist. Wir erkennen, wie eng die Engel mit den Dienern des Herrn auf dieser Erde zusammenarbeiten.

Philippus empfand [durch den Heiligen Geist] die Bürde, neue Gebiete zu betreten und neuen Boden [für die Saat des Evangeliums] zu erschließen (siehe Apg 8,5.6). [Eines Tages] bekam er von einem Engel, der nach jeder [möglichen] Gelegenheit suchte, um [suchende] Menschen mit Christen zusammenzubringen, die Anweisung: „Geh nach Süden, zu der Straße, die von Jerusalem nach Gaza hinabführt." (V. 26 GNB) Dies brachte ihn in Kontakt mit einem sehr einflussreichen Mann, der das Licht der Wahrheit – falls er bekehrt wurde – an andere Menschen weitergeben konnte. Aufgrund des göttlichen Wirkens durch Philippus wurde dieser „Finanzverwalter der äthiopischen Königin" (V. 27 GNB) von der Wahrheit überzeugt, bekehrt und getauft (siehe V. 35-39). Er war ein Mann von hohem Rang, der einen großen Einfluss zugunsten der Wahrheit ausüben würde.

Heute wie damals warten himmlische Engel darauf, Nachfolger Jesu zu ihren [suchenden] Mitmenschen zu leiten. Ein Engel hatte Philippus gezeigt, wo er diesen Mann finden konnte, der die Wahrheit so bereitwillig annehmen würde. Auch heute werden Engel Gottes die Mitarbeiter führen und ihre Schritte lenken, die dem Heiligen Geist erlauben, ihre Zunge zu heiligen und ihr Herz zu verändern und zu veredeln. – *Advent Review and Sabbath Herald*, 20. April 1905

26. November

In Joppe wohnte eine Jüngerin mit Namen Tabita. Ihr griechischer Name war Dorkas; beides bedeutet „Gazelle". Sie hatte viel Gutes getan und den Armen geholfen. Nun aber war sie [plötzlich] krank geworden und gestorben.
(Apostelgeschichte 9,36.37 GNB)

Tabita tat viel Gutes und half den Armen

In Joppe, das in der Nähe von Lydda lag (siehe Apg 9,38), lebte eine Frau mit Namen Tabita. Wegen ihrer guten Taten (siehe V. 36) wurde sie von vielen geliebt ... Ihr Leben war ausgefüllt durch Taten der Nächstenliebe. Ihre geschickten Finger waren emsiger als ihre Zunge. Sie wusste, wer bequeme Kleidung und wer Zuwendung brauchte, und großzügig diente sie den Armen und Bedrückten (siehe V. 39).

„Es begab sich aber zu der Zeit, dass sie krank wurde und starb." (V. 37) Die Gemeinde in Joppe empfand ihren Tod als schweren Verlust. Im Hinblick auf das segensreiche Leben Tabitas war es kein Wunder, dass um sie getrauert wurde und warme Tränen den leblosen Körper benetzten.

Als die Gemeindeglieder von Joppe erfuhren, dass Petrus gerade in Lydda war (siehe V. 32), „schickten sie zwei Männer zu ihm und ließen ihn bitten, so schnell wie möglich zu kommen." (V. 38 GNB)

„Petrus ging sofort mit ihnen. Als er angekommen war, führte man ihn in die Kammer, in der die Tote lag. Dort hatten sich viele Witwen eingefunden, denen Tabita in ihrer Not geholfen hatte. Weinend zeigten sie Petrus Kleider und Röcke, die Tabita ihnen genäht hatte." (V. 39 Hfa)

Petrus schickte die weinenden Freundinnen aus dem Obergemach. „Er kniete nieder und betete. Dann sagte er zu der Toten: ‚Tabita, steh auf!' Sofort öffnete sie die Augen, sah Petrus an und richtete sich auf. Petrus gab ihr die Hand und half ihr aufzustehen. Dann rief er die Gläubigen und die Witwen herein, die mit eigenen Augen sehen konnten, dass Tabita lebendig vor ihnen stand." (V. 40.41 Hfa)

Tabita war eine große Stütze der Gemeinde, und Gott hielt es für richtig, sie aus dem Land des Feindes zurückzurufen, damit ihre Geschicklichkeit und ihre Energie weiterhin zum Segen für andere sein konnten und die Sache Christi durch die Manifestation seiner Macht gestärkt wurde. „Die Nachricht verbreitete sich im ganzen Ort und viele kamen zum Glauben an Jesus als den Herrn." (V. 42) – *Advent Review and Sabbath Herald*, 6. April 1911

Paulus wurde zum Zeugen und Apostel Jesu

[Paulus] fragte: „Herr, wer bist du?", worauf er antwortete: „Ich bin Jesus, den du verfolgst! Aber steh jetzt auf; denn ich bin dir erschienen, damit du mir dienst. Du sollst bezeugen, was du heute erlebt hast und was ich dir in Zukunft zeigen werde." (Apostelgeschichte 26,15.16 Hfa)

Der feierliche Auftrag, den Paulus [von Gott] während seines Gesprächs mit Ananias empfing, lag ihm immer schwerer auf dem Herzen. Als Paulus nach der Ankündigung: „Bruder Saul, du sollst wieder sehen!" (Apg 22,13 GNB) zum ersten Mal in das Gesicht dieses frommen Mannes geblickt hatte, sagte Ananias unter dem Einfluss des Heiligen Geistes zu ihm: „Der Gott unserer Vorfahren hat dich dazu erwählt, seinen Heilsplan kennenzulernen und den einzig Gerechten zu sehen und aus seinem Mund das Wort zu hören, das dich auf den Weg weist. Denn du sollst vor allen Menschen für ihn eintreten und allen bezeugen, was du gesehen und gehört hast. Was zögerst du noch? Steh auf und lass dich taufen! Bekenne dich zum Namen von Jesus und lass dir deine Sünden abwaschen!" (V. 14-16 GNB)

Diese Worte stimmten mit den Worten Jesu überein, der erklärt hatte, als er Saulus auf dessen Reise nach Damaskus in den Weg trat: „Ich bin dir erschienen, um dich in meinen Dienst zu stellen. Du sollst bezeugen, was du heute gesehen hast und was ich dir noch zeigen werde. Ich werde dich beschützen vor den Juden und auch vor den Nichtjuden, zu denen ich dich sende. Gerade ihnen sollst du die Augen öffnen, damit sie aus der Finsternis ins Licht kommen, aus der Gewalt des Satans zu Gott. Denn wenn sie auf mich vertrauen, wird ihnen ihre Schuld vergeben und sie erhalten ihren Platz unter denen, die Gott zu seinem heiligen Volk gemacht hat." (Apg 26,16-18 GNB)

Als Paulus diese Worte in seinem Herzen bewegte, verstand er die Bedeutung seiner Berufung zum „Apostel Christi Jesu durch den Willen Gottes" (Eph 1,1) immer besser. Er hatte „seinen Auftrag nicht von Menschen erhalten, auch nicht durch menschliche Vermittlung, sondern von Jesus Christus und von Gott, dem Vater." (Gal 1,1 GNB) Die Größe des vor ihm liegenden Werkes führte ihn zum intensiven Schriftstudium, damit er das Evangelium predigen konnte „nicht mit klugen Worten, damit nicht das Kreuz Christi zunichte" gemacht wurde (1 Kor 1,17), „sondern in Erweisung des Geistes und der Kraft, damit" der Glaube aller, die ihn hörten, „nicht auf Menschenweisheit, sondern auf Gottes Kraft" beruhte (1 Kor 2,4.5 EB). – *Advent Review and Sabbath Herald*, 30. März 1911

28. November

[Paulus] fand einen Juden mit Namen Aquila, aus Pontus gebürtig; der war mit seiner Frau Priszilla kürzlich aus Italien gekommen ... Zu denen ging Paulus. Und weil er das gleiche Handwerk hatte, blieb er bei ihnen und arbeitete mit ihnen; sie waren nämlich von Beruf Zeltmacher. (Apostelgeschichte 18,2.3)

Aquila und Priszilla waren selbstunterhaltende Missionare

Paulus begegnete durch sein eigenes Beispiel der Auffassung, die damals in den Gemeinden Einfluss zu gewinnen begann, dass nämlich das Evangelium nur von denen erfolgreich verkündigt werden könnte, die von dem Zwang körperlicher Arbeit befreit seien. Er veranschaulichte damit ganz praktisch, was an vielen Orten, wo das Evangelium noch unbekannt war, von hingegebenen Laiengliedern getan werden konnte. Sein Beispiel erweckte in vielen demütigen Mitarbeitern das Verlangen, zur Förderung der Sache Gottes zu tun, was in ihren Kräften stand, während sie gleichzeitig durch ihre tägliche Arbeit ihren Lebensunterhalt verdienten.

Aquila und Priszilla waren nicht dazu berufen, ihre volle Zeit in den Dienst des Evangeliums zu stellen, und doch gebrauchte Gott diese demütigen Arbeiter, um Apollos den Weg der Wahrheit gründlicher zu zeigen (siehe Apg 18,24-26). Der Herr benutzt Werkzeuge unterschiedlicher Art, um seine Absichten auszuführen. Während einige besonders Begabte ausersehen sind, all ihre [Zeit und] Energie einzusetzen, um das Evangelium zu lehren und zu verkündigen, werden viele andere berufen, einen wichtigen Anteil an der Rettung von Menschen zu haben, obwohl ihnen nie die Hände zur Einsegnung aufgelegt worden sind.

Ein weites Arbeitsfeld steht den Evangeliumsarbeitern offen, die ihren Lebensunterhalt selbst bestreiten. Viele können neben irgendeiner körperlichen Arbeit, auf die sie nur einen Teil ihrer Zeit verwenden, wertvolle Erfahrungen im Verkündigungsdienst sammeln und sich so zu starken Arbeitern entwickeln, die einen wichtigen Dienst in bedürftigen Gebieten [in denen es an Predigern mangelt] übernehmen können.

Der selbstaufopfernde Diener Gottes, der unermüdlich das Wort Gottes verkündigt und lehrt, trägt eine schwere Last auf seinem Herzen. Er misst seine Arbeit nicht nach Stunden und lässt sich in seinem Wirken weder von der Höhe des Lohnes beeinflussen noch sich durch ungünstige Verhältnisse von seiner Pflicht abbringen. Er hat seinen Auftrag vom Himmel empfangen, und von dorther erwartet er auch seinen Lohn, wenn er das ihm anvertraute Werk vollbracht hat. – *Das Wirken der Apostel*, S. 353f. (rev.)

Timotheus sollte Gemeindeglieder zurechtweisen

Ich [Paulus] bezeuge eindringlich vor Gott und Christus Jesus, der Lebende und Tote richten wird, und bei seiner Erscheinung und seinem Reich: Predige das Wort, stehe bereit zu gelegener und ungelegener Zeit; überführe, weise zurecht, ermahne mit aller Langmut und Lehre (2. Timotheus 4,1.2 EB)

Diese ernste Aufforderung an einen so eifrigen und treuen Menschen wie Timotheus ist ein klares Zeugnis dafür, wie wichtig und verantwortungsvoll der Dienst eines Predigers des Evangeliums ist. Paulus stellte Timotheus vor die Schranken des göttlichen Gerichts und gebot ihm, das Wort Gottes zu predigen und nicht die Meinungen oder Lehrsätze von Menschen. Er sollte bereit sein, für Gott zu zeugen, wo immer sich dazu Gelegenheit bot, sei es vor großen Versammlungen oder im privaten Kreis, unterwegs oder im Hause, vor Freunden oder vor Feinden, unter gesicherten Verhältnissen oder unter Schwierigkeiten und Gefahren, und trotz Spott und Schaden.

Paulus fürchtete, dass Timotheus sich durch seine sanfte und nachgiebige Veranlagung dazu verleiten lassen könnte, einem wesentlichen Teil seiner Arbeit auszuweichen. Deshalb ermahnte er ihn, in aller Treue die Sünden zu rügen und sogar mit Schärfe jene zurechtzuweisen, die sich grober Übertretungen schuldig machten. Jedoch er sollte das „mit aller Langmut und Lehre" tun (2 Tim 4,2 EB). Er sollte die Geduld und Liebe Christi beweisen, indem er seine Ermahnungen mit der Wahrheit des Wortes Gottes begründete und bekräftigte.

Sünde zu hassen und zu rügen, zugleich aber dem Sünder Mitleid und Rücksicht entgegenzubringen, ist nicht einfach zu erreichen. Je ernster wir danach streben, in unserem Herzen und Wandel geheiligt zu werden, desto klarer werden wir die Sünde erkennen und desto entschiedener jedes Abweichen vom Rechten missbilligen. Vor ungebührlicher Strenge dem Sünder gegenüber müssen wir uns zwar in Acht nehmen, dürfen aber andererseits nicht die Augen vor dem verabscheuungswürdigen Wesen der Sünde verschließen. So ist es einerseits notwendig, dem Irrenden Christus ähnliche Geduld und Liebe entgegenzubringen; andererseits aber besteht die Gefahr, eine zu große Duldsamkeit zu bekunden, was ihn zu der Ansicht verleiten könnte, er habe keinen Tadel verdient und dürfe ihn als unangebracht und ungerechtfertigt zurückweisen. – *Das Wirken der Apostel*, S. 499f. (rev.)

30. November

Johannes empfing Offenbarungen von Jesus Christus

Ich, Johannes, euer Bruder und Mitgenosse in der Bedrängnis und dem Königtum und dem Ausharren in Jesus, war auf der Insel, die Patmos genannt wird, um des Wortes Gottes und des Zeugnisses Jesu willen [verbannt]. Ich war an des Herrn Tag im Geist, und hörte hinter mir eine laute Stimme. (Offenbarung 1,9.10 EB)

Dem äußeren Anschein nach schien es, als würden die Feinde der Wahrheit triumphieren, aber im Verborgenen war die Hand Gottes am Wirken. Der Herr ließ es zu, dass sein Diener an einen Ort gebracht wurde, wo er ihm eine noch wunderbarere Offenbarung vermitteln konnte, als Johannes jemals zuvor erhalten hatte, und wo er überaus wertvolles Licht für die Gemeinden empfangen konnte. Christus ließ es zu, dass er an einen einsamen Ort kam, damit seine Ohren und sein Herz besser auf das Hören und Empfangen der Botschaften vorbereitet werden konnten, die ihm gegeben werden sollten. Derjenige, der Johannes ins Exil verbannte, war damit nicht von seiner Verantwortung in dieser Angelegenheit befreit. Aber er wurde zum Werkzeug in der Hand Gottes, um dessen ewige Absicht auszuführen. Und gerade der Versuch, das Licht der Wahrheit auszulöschen, stellte sie in einen besonderen Rahmen.

Man hatte Johannes der Gesellschaft seiner Brüder beraubt, aber niemand konnte ihm die Gemeinschaft mit Christus nehmen. Ein großes Licht sollte von Christus auf seinen Diener scheinen. Der Herr wachte über seinen verbannten Apostel und gab ihm eine wunderbare Offenbarung seiner selbst (siehe Offb 1,12-18). So wurde dieser geliebte Jünger besonders gesegnet. Gemeinsam mit den anderen Jüngern war er mit Jesus gegangen, hatte von ihm gelernt und seinen Worten gelauscht. Oft hatte sein Haupt an der Brust seines Erlösers geruht (siehe Joh 13,23). Aber er sollte ihm auch auf Patmos begegnen.

Gott, Christus und die himmlischen Heerscharen waren die Begleiter des [Apostels] Johannes auf der einsamen Insel Patmos, und von ihnen empfing er Unterweisungen (siehe Offb 1,1) von unendlicher Bedeutung. Dort schrieb er die Visionen und Offenbarungen nieder, die er von Christus erhielt. Sie handelten von den Ereignissen, die am Ende der Weltgeschichte stattfinden würden. Wenn die Stimme von Johannes nicht mehr Zeugnis von der Wahrheit ablegen konnte, sollten die ihm auf Patmos übermittelten Botschaften sich wie ein helles Licht ausbreiten. Durch sie sollten Männer und Frauen Gottes Absichten erfahren – nicht nur für die jüdische Nation, sondern für jede Nation auf der Erde. – *Signs of the Times*, 22. März 1905

Die Heilige Schrift ist von Gott eingegeben

Denn die ganze Heilige Schrift ist von Gott eingegeben. Sie soll uns unterweisen; sie hilft uns, unsere Schuld einzusehen, wieder auf den richtigen Weg zu kommen und so zu leben, wie es Gott gefällt. (2. Timotheus 3,16 Hfa)

Die Heilige Schrift weist auf Gott als ihren Autor hin; doch sie wurde von Menschenhand geschrieben und zeigt auch in dem verschiedenartigen Stil ihrer einzelnen Bücher die Merkmale der jeweiligen Verfasser. Ihre offenbarten Wahrheiten sind alle „von Gott eingegeben“ (2 Tim 3,16), wurden aber in menschlichen Worten ausgedrückt. Der Unendliche hat durch seinen Heiligen Geist den Verstand und das Herz seiner Diener erleuchtet. Er hat Träume und Gesichte, Symbole und Bilder gegeben, und alle, denen die Wahrheit auf diese Weise offenbart wurde, haben die Gedanken mit ihren [eigenen] Worten zum Ausdruck gebracht.

Die zehn Gebote wurden von Gott selbst gesprochen und mit seiner Hand [auf Steintafeln] geschrieben (siehe 2 Mo 20,1-17; 5 Mo 10,1-5). Ihre Abfassung ist göttlich und nicht menschlich. Die Heilige Schrift aber, mit ihren von Gott eingegebenen Wahrheiten, die in menschlichen Worten ausgedrückt wurden, stellt eine Verbindung des Göttlichen mit dem Menschlichen dar. Eine solche Verbindung bestand [auch] in der Natur Christi, der der Sohn Gottes und Sohn eines Menschen war. Mithin gilt von der Heiligen Schrift, was auch von Christus geschrieben steht: „Das Wort wurde Fleisch und wohnte unter uns.“ (Joh 1,14 EB)

In verschiedenen Zeitaltern von Menschen geschrieben, die ihrer gesellschaftlichen Stellung, ihrem Beruf und ihren verstandesmäßigen und geistlichen Fähigkeiten nach sehr unterschiedlich waren, sind die Bücher der Heiligen Schrift nicht nur besonders unterschiedlich in ihrem Stil, sondern auch mannigfaltig in der Art der dargebotenen Themen. Die verschiedenen Schreiber bedienten sich verschiedener Ausdrucksweisen; oft wird die gleiche Wahrheit von dem einen nachdrücklicher betont als von dem andern. Wo mehrere Schreiber dasselbe Thema unter verschiedenen Gesichtspunkten und Beziehungen betrachten, mag der oberflächliche, nachlässige oder vorurteilsvolle Leser dort Ungereimtheiten oder Widersprüche sehen, wo der nachdenkende, ehrfürchtige Student [der Bibel] mit klarerer Einsicht die zugrunde liegende Übereinstimmung erkennt. – *Der große Kampf,* S. 7f. (rev.)

2. Dezember

Denn niemals haben sich die Propheten selbst ausgedacht, was sie verkündeten. Immer trieb sie der Heilige Geist dazu, das auszusprechen, was Gott ihnen eingab. (2. Petrus 1,21 Hfa)

Die Bibel enthält unterschiedliche Schreibstile

Die Schreiber der Bibel mussten ihre Gedanken in menschlicher Sprache zum Ausdruck bringen. Die Bibel ist von Menschen geschrieben. Diese waren vom Heiligen Geist inspiriert. Das menschliche Verständnis von Sprache ist begrenzt, der menschliche Verstand ist pervertiert und erfinderisch, um der Wahrheit auszuweichen. Darum lesen und verstehen viele die Bibel [in einer Weise], um sich selbst zu erfreuen. Die Schwierigkeiten liegen nicht bei der Bibel. Opponierende Politiker streiten [auch] über Gesetzestexte und nehmen unterschiedliche Standpunkte ein, wenn es um die Anwendung dieser Gesetze geht.

Die Schrift wurde den Menschen nicht in einer zusammenhängenden Folge göttlicher Äußerungen gegeben, sondern Stück für Stück in aufeinanderfolgenden Generationen, so wie sich gemäß der Vorsehung Gottes passende Gelegenheiten zu unterschiedlichen Zeiten und an unterschiedlichen Orten ergaben. „Getrieben von dem Heiligen Geist haben Menschen im Namen Gottes geredet." (2 Ptr 1,21). „Zuerst [kommt] der Halm, danach die Ähre, danach der volle Weizen in der Ähre." (Mk 4,28) Genauso ist es mit den Aussagen der Bibel.

Nicht immer finden wir in der Schrift vollkommene Ordnung oder offenbare Einheit. Die Wunder Christi werden nicht in genauer zeitlicher Folge berichtet, sondern jeweils nach den [jeweiligen] Umständen [der Abfassung der Evangelien], die eine Offenbarung seiner Macht nötig machten. Die Wahrheiten der Bibel sind wie verborgene Perlen. Nach ihnen muss gesucht (siehe Mt 13,45), sie müssen [wie Schätze] unter Mühen ausgegraben werden. Wer die Bibel aber nur oberflächlich liest, wird bei seinen oberflächlichen Kenntnissen, die er für tiefgehend hält, von Widersprüchen in der Bibel reden und die Autorität der Schrift in Frage stellen. Wessen Herz aber in Übereinstimmung mit der Wahrheit und den Pflichten [Gott gegenüber] ist, wird die Heilige Schrift lesen und bereit sein, sich von Gott ansprechen zu lassen. Der erleuchtete Mensch wird eine geistliche Einheit erkennen und einen roten Faden, der sich durch das Ganze zieht. Doch es erfordert Geduld, Nachdenken und Gebet, um den kostbaren roten Faden zu finden. – *Für die Gemeinde geschrieben,* Band 1, S. 19f. (rev.)

Die Schreiber der Bibel betonen unterschiedliche Aspekte

Schon die Propheten haben nach dieser Rettung gesucht und geforscht, und sie haben vorausgesagt, wie reich Gott euch beschenken würde. In ihnen wirkte bereits der Geist Christi. Er zeigte ihnen, dass Christus leiden müsste und danach Ruhm und Herrlichkeit empfangen würde. (1. Petrus 1,10.11 Hfa)

Da verschiedene Individuen [in der Bibel] die Wahrheit dargelegt haben, erkennen wir ihre verschiedenen Aspekte. Der eine Schreiber zeigt sich von der einen Seite des Themas stärker beeindruckt; er erfasst die Dinge, die mit seiner Erfahrung oder mit seinem Verständnis und seiner Vorstellung übereinstimmen. Ein zweiter nimmt sie unter einem anderen Blickwinkel auf, aber jeder stellt – unter der Leitung des Geistes Gottes – das dar, was sein Gemüt am stärksten beeindruckt hat. So hat man bei jedem einen bestimmten Aspekt der Wahrheit und doch eine vollkommene Übereinstimmung in allem. Die auf diese Weise offenbarten Wahrheiten verbinden sich zu einem vollkommenen Ganzen, das den Bedürfnissen der Menschen in allen Umständen und Erfahrungen des Lebens angepasst ist.

Gott hat es gefallen, seine Wahrheit der Welt durch menschliche Werkzeuge mitzuteilen. Er selbst hat durch seinen Heiligen Geist Menschen befähigt, diese Aufgabe durchzuführen. Er hat ihren Verstand bei der Auswahl geleitet, was sie reden oder schreiben sollten. Der Schatz wurde „irdenen Gefäßen" anvertraut (2 Kor 4,7), aber nichtsdestoweniger stammt er vom Himmel. Das Zeugnis wird mithilfe unvollkommener, menschlicher Sprache mitgeteilt und dennoch ist es das Zeugnis Gottes. Das gehorsame, gläubige Gotteskind sieht darin die Herrlichkeit einer göttlichen Macht „voller Gnade und Wahrheit" (Joh 1,14).

In seinem Wort hat Gott den Menschen die für das Seelenheil nötige Erkenntnis anvertraut. Die Heilige Schrift soll als eine maßgebende, unfehlbare Offenbarung seines Willens angenommen werden. Sie ist der Maßstab für den Charakter, die Offenbarung der [christlichen] Lehren und der Prüfstein aller Erfahrungen. „Denn jede Schrift, die von Gottes Geist eingegeben wurde, ist nützlich für die Unterweisung im Glauben, für die Zurechtweisung und Besserung der Irrenden, für die Erziehung zu einem Leben, das Gott gefällt. Mit den Heiligen Schriften in der Hand ist der Mensch, der sich Gott zur Verfügung gestellt hat, ausgerüstet für alle Aufgaben seines Dienstes." (2 Tim 3,16.17 GNB). – *Der große Kampf*, S. 7f. (rev.)

4. Dezember

Immer wieder hat Gott schon vor unserer Zeit auf vielfältige Art und Weise durch die Propheten zu unseren Vorfahren gesprochen. Doch jetzt, in dieser letzten Zeit, sprach Gott durch seinen Sohn zu uns. (Hebräer 1,1.2 Hfa)

Die göttliche Botschaft wurde in menschlicher Sprache gegeben

Die Bibel wurde nicht in einer großartigen übermenschlichen Sprache offenbart. Um die Menschen dort zu erreichen, wo sie sind, nahm Jesus die menschliche Natur an. Die Bibel musste in der Sprache der Menschen geschrieben werden. Aber alles, was menschlich ist, ist unvollkommen. Dasselbe Wort kann verschiedene Bedeutungen haben und ein bestimmter Gedanke kann durch unterschiedliche Begriffe ausgedrückt werden. Die Bibel wurde für praktische Zwecke gegeben.

Jeder Mensch ist in seinem Denken anders geprägt. Äußerungen und Bemerkungen werden nicht von allen in derselben Weise verstanden. Manche verstehen die Aussagen der Schrift so, dass sie zu ihrem Denken und ihrer gegenwärtigen Lage passen. Voreingenommenheit, Vorurteile und Vorlieben tragen in erheblichem Maße dazu bei, selbst beim Lesen der Heiligen Schrift das Denken zu verwirren und den Verstand zu verdunkeln ...

Die Bibel wurde von inspirierten Menschen geschrieben, aber nicht auf die Art, wie Gott seine Gedanken ausdrückt, sondern wie es Menschen tun. Gott wird nicht als der Verfasser dargestellt. Menschen werden oft sagen, ein bestimmter Ausdruck [in der Bibel] sei nicht göttlich. Aber Gott hat sich in der Bibel nicht in Worten, Logik und Rhetorik einer Prüfung unterziehen wollen. Die Verfasser der Bibel waren Gottes Schreiber, nicht seine Feder. Halte dir doch die verschiedenen Autoren vor Augen!

Es sind nicht die Worte der Bibel, die inspiriert sind, sondern ihre Verfasser. Die Inspiration bezieht sich nicht auf die Worte oder Ausdrücke des Menschen, sondern auf ihn selbst. Er wird unter dem Einfluss des Heiligen Geistes mit Gedanken erfüllt. Doch die Formulierungen tragen den Stempel der jeweiligen Persönlichkeit. Der göttliche Gedanke wurde mitgeteilt. Der göttliche Verstand und Wille verbinden sich mit dem Verstand und Willen des Menschen. Auf diese Weise werden die Äußerungen eines [inspirierten] Menschen zum Wort Gottes (siehe 1 Ths 2,13) ...

So vollkommen die Bibel in ihrer Einfachheit auch ist, hat sie dennoch die großen Gedanken Gottes nicht aufgenommen; denn unendliche Gedanken können nicht in die begrenzte Sprache menschlicher Gedanken eingehen. – *Für die Gemeinde geschrieben,* Band 1, S. 20-22 (rev.)

Gotteserscheinungen – die Gegenwart Christi unter Menschen

Da sah Gideon, dass es der Engel des HERRN gewesen war, und Gideon sagte: Wehe, Herr, HERR! Wahrhaftig, habe ich doch den Engel des HERRN von Angesicht zu Angesicht gesehen! Da sprach der HERR zu ihm: Friede (sei mit) dir! (Richter 6,22.23 EB)

Am Freitag, dem 20. März [1896] stand ich früh auf, gegen vier Uhr morgens. Während ich über das 15. Kapitel des Johannesevangeliums schrieb, überkam mich plötzlich ein wunderbarer Friede. Der ganze Raum schien von einer himmlischen Atmosphäre erfüllt. Jemand Heiliges schien sich in meinem Zimmer aufzuhalten. Ich legte meinen Stift beiseite und wartete, was der Geist Gottes mir mitteilen wollte. Ich sah niemanden, hörte [auch] keine Stimme, aber der himmlische Wächter schien dicht neben mir zu stehen. Ich spürte, dass ich in der Gegenwart Christi war.

Es ist mir unmöglich, den überirdischen Frieden und das [göttliche] Licht, die anscheinend in meinem Zimmer waren, zu erklären oder [auch nur] zu beschreiben. Eine sehr heilige Atmosphäre umgab mich, und meinem Verstand und Verständnis wurden Angelegenheiten von großer Bedeutung und Wichtigkeit offenbart. Eine bestimmte Abfolge von Ereignissen wurde mir dargestellt, als ob die unsichtbare Gegenwart [Christi] mit mir sprechen würde. Das Thema, über das ich schreiben wollte, schien vergessen, und ein anderer Gegenstand wurde mir deutlich gezeigt. Große Ehrfurcht schien mich zu erfüllen, als meinem Verstand [verschiedene] Anliegen eingeprägt wurden ...

Am Donnerstagmorgen stand ich früh auf, gegen zwei Uhr, und schrieb intensiv über [das Thema] des wahren Weinstocks (siehe Joh 15,1-7). Da fühlte ich – wie schon oft zuvor – die Gegenwart [Christi] in meinem Zimmer. Ich verlor alle Erinnerung, wo ich mich befand, und schien in der Gegenwart Jesu zu sein. Er übermittelte mir die Dinge, über die ich unterrichtet werden sollte. Alles war so eindeutig, dass ich es nicht missverstehen konnte. – *Selected Messages*, Band 3, S. 35f.

6. Dezember

Wenn ich Propheten zu euch sende, offenbare ich mich ihnen in Visionen und spreche zu ihnen in Träumen. (4. Mose 12,6)

Visionen sind ein Weg der Inspiration durch den Geist

Häufig werden mir Fragen nach meinem Zustand während einer Vision und danach gestellt. Darauf möchte ich antworten: Wenn der Herr es für angebracht hält, mir eine Vision zu geben, werde ich in die Gegenwart Jesu und der Engel versetzt und bin von irdischen Dingen völlig gelöst. Ich kann nicht weiter sehen, als der Engel es mir zeigt. Oft wird meine Aufmerksamkeit auf Szenen gerichtet, die sich auf der Erde ereignen.

Gelegentlich werde ich weit in die Zukunft getragen, und es wird mir offenbart, was einmal stattfinden wird. Dann werden mir wieder Dinge gezeigt, die in der Vergangenheit stattgefunden haben. Wenn ich aus der Vision komme, erinnere ich mich nicht sofort an alles, was ich gesehen habe, und die Dinge stehen nicht völlig klar vor mir, bis ich anfange zu schreiben. Dann erscheint die Szene [wieder] vor mir, die mir in der Vision gezeigt wurde, und ich kann sie mit [innerer] Freiheit niederschreiben.

Manchmal werden die Dinge, die ich gesehen habe, wieder vor mir verborgen, nachdem ich aus der Vision gekommen bin, und kann sie nicht in mein Gedächtnis zurückrufen, bis ich vor eine Gemeinde gebracht werde, auf die sich diese Vision bezieht. Dann kommen mir die Dinge, die ich gesehen habe, wieder mit Macht zum Bewusstsein. Ich bin gleichermaßen vom Geist des Herrn abhängig, eine Vision zu bekommen, über sie zu berichten oder sie niederzuschreiben. Es ist mir unmöglich, mich an Dinge zu erinnern, die mir gezeigt wurden, wenn der Herr sie mir nicht dann, wenn er es für richtig hält, [erneut] zum Bewusstsein bringt, damit ich sie berichte oder niederschreibe ...

Obwohl ich gleichermaßen beim Erhalt wie bei der Niederschrift meiner Visionen vom Geist des Herrn abhängig bin, sind doch die Worte, die ich verwende, um das zu beschreiben, was ich gesehen habe, meine eigenen; es sei denn, sie wurden von einem Engel gesprochen. Das mache ich dann immer durch Anführungszeichen kenntlich. – *Für die Gemeinde geschrieben,* Band 1, S. 37f. (rev.)

Inspirierte Geschichtsschreiber verwenden auch Quellen

Schon viele haben versucht, die Ereignisse zusammenhängend darzustellen, die Gott unter uns geschehen ließ ... So habe auch ich mich dazu entschlossen, all diesen Überlieferungen bis hin zu den ersten Anfängen sorgfältig nachzugehen und sie ... in der rechten Ordnung und Abfolge niederzuschreiben. (Lukas 1,1.3 GNB)

Als mir durch den Geist Gottes die großen Wahrheiten seines Wortes und die Ereignisse der Vergangenheit und der Zukunft eröffnet wurden, erhielt ich den Auftrag, anderen weiterzugeben, was mir offenbart worden war: die Geschichte der Auseinandersetzung [zwischen Gott und Satan] in der Vergangenheit zu verfolgen und sie so nachzuzeichnen, dass dadurch Licht auf das rasch herannahende Ringen in der Zukunft geworfen wird. Um dieser Absicht zu dienen, habe ich mich bemüht, Ereignisse aus der Kirchengeschichte auszuwählen und sie so zusammenzustellen, dass sie die Entfaltung der großen prüfenden Wahrheiten zeigen, die zu verschiedenen Zeiten der Welt gegeben wurden. Sie haben den Zorn Satans und die Feindschaft einer verweltlichten Kirche erregt und wurden durch das Zeugnis derer bewahrt, die „ihr Leben nicht geliebt [haben] bis hin zum Tod" (Offb 12,11).

Die großen Ereignisse, die den Fortschritt der geistlichen Erneuerung in den vergangenen Jahrhunderten kennzeichneten, sind wohlbekannte und von der protestantischen Welt allgemein anerkannte geschichtliche Tatsachen, die niemand bestreiten kann. Diese Geschichte habe ich in Übereinstimmung mit der Aufgabe dieses Buches und der Kürze, die notwendigerweise beachtet werden musste, kurz dargestellt und so weit verdichtet, wie es möglich schien, um ihre Anwendung [auf die heutige Zeit] zu verstehen.

In einigen Fällen, in denen ein Historiker die Ereignisse so zusammengestellt hat, dass sie in aller Kürze einen umfassenden Überblick gewähren, oder wo er die Einzelheiten in passender Weise zusammenfasste, ist er wörtlich zitiert worden; aber in einigen Fällen wurden keine Quellen angegeben, da die Zitate nicht in der Absicht angeführt wurden, den betreffenden Verfasser als Autorität hinzustellen, sondern weil seine Aussagen eine treffende und kraftvolle Darstellung der historischen Ereignisse boten. Bei der Darstellung der Erfahrungen und der Ansichten der Männer, die das [geistliche] Erneuerungswerk in unserer Zeit vorangeführt haben, wurden ihre veröffentlichten Werke in ähnlicher Weise benutzt. – *Der große Kampf,* S. 13f. (rev.)

8. Dezember

Dieses Leben hat sich uns gezeigt. Wir haben es gesehen und können es bezeugen. Deshalb verkünden wir die Botschaft vom ewigen Leben. Was wir nun selbst gesehen und gehört haben, das geben wir euch weiter, damit ihr mit uns im Glauben verbunden seid. (1. Johannes 1,2.3 Hfa)

Der Augenzeuge wird zum Zeugnis inspiriert

[Johannes] war ein gewaltiger Prediger, voll Eifer und tiefer Überzeugung. In gewählter Sprache und mit wohlklingender Stimme erzählte er von den Lehren und Taten Christi. Er sprach in einer Weise, dass er die Herzen seiner Zuhörer beeindruckte. Seine schlichte Ausdrucksweise, die erhabene Macht der von ihm verkündigten Wahrheiten und die lebendige Darbietung seiner Lehren verschafften ihm Zugang zu allen Menschenklassen. Der Lebenswandel des Apostels stimmte mit seinen Lehren überein. Die Liebe zu Christus, die in seinem Herzen brannte, trieb ihn zu ernster, unermüdlicher Arbeit für seine Mitmenschen, besonders für seine Geschwister in der christlichen Gemeinde ...

Als ein Zeuge für Christus ließ sich Johannes nicht in Wortgefechte oder ermüdende Auseinandersetzungen ein. Er verkündigte, was er wusste, was er selbst gesehen und gehört hatte. Eng war er mit Jesus verbunden gewesen, dessen Lehren er gehört und dessen mächtige Wunder er erlebt hatte. Nur wenige konnten die überragende Schönheit des Charakters Christi so erkennen wie Johannes. Für ihn war die Finsternis dahingeschwunden; auf ihn schien das wahre Licht. Sein Zeugnis über das Leben und den Tod des Heilandes war klar und eindrucksvoll. Er sprach aus einem so vollen Herzen, dass es von Liebe zum Heiland überfloss, und nichts vermochte seine Worte zu hemmen ...

Der Apostel Johannes bemühte sich sehr darum, die Brüder im Glauben zu festigen und zu stärken. Er legte ein Zeugnis ab, dem seine Gegner nicht widersprechen konnten und das zugleich seinen Brüdern half, mutig und standhaft den bevorstehenden Prüfungen zu begegnen. Sooft der Glaube der Christen unter dem erbitterten Widerstand, den sie ertragen mussten, zu wanken drohte, rief ihnen der bewährte Diener Jesu die Geschichte des gekreuzigten und auferstandenen Heilandes machtvoll und beredt in Erinnerung. Beharrlich hielt er an seinem Glauben fest, und aus seinem Munde war immer wieder die gleiche frohe Botschaft zu hören: „Was von allem Anfang an da war, was wir gehört haben, was wir mit eigenen Augen gesehen haben, was wir angeschaut haben und betastet haben mit unseren Händen, nämlich das Wort, das Leben bringt – davon reden wir ... Was wir so gesehen und gehört haben, das verkünden wir euch.“ (1. Johannes 1,1.3 GNB)
Das Wirken der Apostel, S. 545, 553, 565 (rev.)

9. Dezember

Der inspirierte Ratgeber gibt Ratschläge von Gott

In großer Sorge, mit schwerem Herzen und unter Tränen hatte ich euch geschrieben. Aber ich wollte euch damit nicht verletzen. Im Gegenteil! Ihr solltet vielmehr erkennen, wie sehr ich gerade euch liebe.
(2. Korinther 2,4 Hfa)

Als ich nach Colorado ging, trug ich eine solche Last für euch, dass ich in meiner Schwachheit viele Seiten schrieb, die auf eurer Zeltversammlung vorgelesen werden sollten. Schwach und voller Unruhe erwachte ich um drei Uhr morgens, um euch zu schreiben. Gott sprach durch ein Gefäß aus Ton. Ihr mögt sagen, meine Mitteilung war nur ein Brief. Ja, es war ein Brief, aber einer vom Geist Gottes eingegeben, um euch Dinge zum Bewusstsein zu bringen, die mir gezeigt wurden. In den Briefen, die ich schreibe, und in den Zeugnissen, die ich vortrage, stelle ich euch das vor Augen, was der Herr mir gezeigt hat. Ich schreibe nicht einen Artikel in der Gemeindezeitschrift, der ausschließlich meine eigenen Gedanken enthält. Sie sind das Ergebnis dessen, was Gott mir in Gesichten offenbart hat – herrliche Strahlen des Lichtes, das vom Thron [Gottes] leuchtet ...

Welche Stimme werdet ihr als die Stimme Gottes akzeptieren? Welcher Macht hat es der Herr vorbehalten, eure Fehler zu korrigieren und euch euren Zustand zu zeigen, wie er ist? Welche Macht wirkt in der Gemeinde? Wenn ihr euch weigert zu glauben, bis jeder Schatten der Ungewissheit und jede Möglichkeit des Zweifels beseitigt ist, werdet ihr niemals glauben. Der Zweifel, der vollkommene Erkenntnis begehrt, wird sich niemals zum Glauben wandeln. Der Glaube ruht auf Nachweisen, nicht auf [göttlichen] Kundgebungen.

Der Herr fordert uns auf, der Stimme der Pflicht zu gehorchen, wenn andere Stimmen um uns her uns drängen, einen entgegengesetzten Weg einzuschlagen. Es erfordert ernste Wachsamkeit von uns, die Stimme, die von Gott kommt, zu erkennen. Wir müssen unseren Neigungen widerstehen und sie überwinden, und der Stimme unseres Gewissens ohne Wenn und Aber und ohne Kompromisse gehorchen, damit der Einfluss unserer Neigungen aufhört und nicht unseren Willen beherrscht.

Das Wort des Herrn kommt zu uns allen, die seinem Geist nicht widerstanden haben, indem sie beschlossen, nicht [auf ihn] zu hören und zu gehorchen. Diese Stimme ist in [meinen] Warnungen, Ratschlägen und Tadeln zu vernehmen. Sie überbringt seinem Volk die Botschaft und das Licht des Herrn. Wenn wir auf lautere Aufrufe oder bessere Gelegenheiten warten, mag das Licht von uns genommen und wir mögen in Dunkelheit gelassen werden – *Für die Gemeinde geschrieben,* Band 1, S. 27f. (rev.)

10. Dezember

Samuel aber sagte zum Volk: Fürchtet euch nicht! Ihr habt zwar all dieses Böse begangen, doch hört nicht auf, dem HERRN nachzufolgen, und dient dem HERRN mit eurem ganzen Herzen! (1. Samuel 12,20 EB)

Der inspirierte Führer ruft zur Hingabe auf

Ich habe ein besonderes Interesse an den Absichten und Entscheidungen dieser Generalkonferenz[versammlung von 1901] im Hinblick auf die Dinge, die wir schon vor Jahren auf den Weg hätten bringen müssen, insbesondere vor zehn Jahren, als wir [auch] zur Generalkonferenz versammelt waren und der Geist und die Kraft Gottes in unsere Versammlungen kamen und bezeugten, was Gott für sein Volk tun wollte, wenn es die rechte Arbeitsordnung annehmen würde ...

Damals wurde mir gezeigt, dass dieses Volk aus allen anderen Völkern der Erde herausragen sollte, dass es ein treues Volk sein sollte, ein Volk, das die Wahrheit in der rechten Weise darstellen würde. Die heiligende Kraft der Wahrheit, die sich in ihrem Leben offenbart, sollte sie von der Welt unterscheiden. Sie sollten in moralischer Würde dastehen und eine so enge Verbindung zum Himmel besitzen, dass der Herr, der Gott Israels, ihnen einen Platz auf der Erde geben könnte.

Jahr um Jahr wurde [hier] dieselbe Bestätigung gegeben, aber die Prinzipien, die ein Volk erhöhen, wurden nicht in der praktischen Arbeit umgesetzt. Gott gab uns klares Licht darüber, was wir tun und lassen sollten, aber wir sind von diesem Licht abgewichen, und es ist für mich ein Wunder, dass wir heute überhaupt noch so gesegnet dastehen. Das haben wir nur der großen Barmherzigkeit Gottes zu verdanken – nicht unserer eigenen Gerechtigkeit (siehe Dan 9,18) –, damit sein Name in der Welt nicht entehrt würde ...

Das Wort Gottes soll unser Führer sein. Habt ihr das Wort beachtet? Die Zeugnisse [von mir] sollen in keiner Weise den Platz des Wortes Gottes einnehmen. Sie sollen euch das von euch vernachlässigte Wort zum Bewusstsein bringen, damit ihr die Worte Christi in euch aufnehmt, damit ihr euch von ihnen ernährt und durch einen lebendigen Glauben von dem auferbaut werdet, was ihr zu euch nehmt. Wenn ihr im Gehorsam gegenüber Christus und seinem Wort lebt, dann esst ihr [quasi] die Blätter vom Baum des Lebens, die „zur Heilung der Völker dienen" (Offb 22,2). – *General Conference Bulletin*, 3. April 1901

Der inspirierte Verfasser gibt Gottes Anweisungen weiter

So spricht der HERR, der Gott Israels: Schreib dir alle Worte, die ich zu dir geredet habe, in ein Buch. (Jeremia 30,2)

Ellen White ist nicht die Urheberin ihrer Bücher. Sie enthalten die Unterweisungen, die ihr Gott während ihres Lebenswerkes gegeben hat, und wertvolle, tröstende Erkenntnisse, die Gott seiner Dienerin gnädigerweise gegeben hat, um sie der Welt weiterzugeben. Aus den Seiten [ihrer Bücher] soll das Licht in die Herzen von Männern und Frauen scheinen und sie zum Heiland führen. Der Herr hat erklärt, dass diese Bücher in der [ganzen] Welt verbreitet werden sollen. Die in ihnen enthaltene Wahrheit wird für den Empfänger „ein Geruch des Lebens zum Leben" sein (2 Kor 2,16). Diese Bücher sind stille Zeugen für Gott.

In der Vergangenheit waren sie Werkzeuge in seiner Hand, durch die viele Menschen überzeugt und bekehrt wurden. Viele haben sie mit eifriger Erwartung gelesen, und ihre Lektüre führte sie zur Erkenntnis des Opfers Christi und zum Vertrauen auf seine Macht. Sie „vertrauten sich ganz ihrem Schöpfer" an (1 Ptr 4,19 GNB) und warteten auf das Kommen des Erlösers, der seine geliebten [Nachfolger] in ihre ewigen Wohnungen führen würde. In Zukunft sollen diese Bücher [noch] vielen anderen das Evangelium verdeutlichen und ihnen den Weg zur Erlösung offenbaren.

Der Herr hat seinem Volk viele Unterweisungen gegeben, Zeile um Zeile. Der Bibel wurde wenig Beachtung geschenkt, und [daher] hat der Herr ein kleineres Licht gegeben, um Menschen zu dem größeren Licht [der Bibel] zu führen. Wie viel Gutes könnte erreicht werden, wenn die Bücher, die dieses [kleine] Licht enthalten, mit der Entschlossenheit gelesen würden, die in ihnen enthaltenen Prinzipien in die Tat umzusetzen! Es gäbe eine tausend Mal größere Wachsamkeit, tausend Mal mehr Selbstverleugnung und intensive Anstrengungen; und viel mehr [Menschen] würden sich heute des Lichtes der gegenwärtigen Wahrheit erfreuen.

Meine Brüder und Schwestern, bemüht euch intensiv um die Verbreitung dieser Bücher! Arbeitet von Herzen für dieses Werk, und der Herr wird euch segnen. Geht vorwärts im Glauben und betet darum, dass Gott Menschenherzen vorbereitet, um das Licht zu empfangen. Seid freundlich und höflich. Zeigt, dass ihr wahre Christen seid, indem ihr ein stimmiges Leben führt. Wandelt und arbeitet im Licht des Himmels, und euer Pfad wird sein wie „der Gerechten Pfad [der] glänzt wie das Licht am Morgen, das immer heller leuchtet bis zum vollen Tag." (Spr 4,18) – *Advent Review and Sabbath Herald*, 20. Januar 1903

12. Dezember

Gott hat jedem von uns unterschiedliche Gaben geschenkt. Hat jemand die Gabe, in Gottes Auftrag prophetisch zu reden, dann muss dies mit der Lehre unseres Glaubens übereinstimmen. (Römer 12,6 Hfa)

Die prophetische Gabe erklärt die Aussagen der Bibel

Als die Zeit [, die für die Wiederkunft Christi] im Jahr 1844 [von den Milleriten angegeben worden war,] vorüber war, suchten wir nach der Wahrheit wie nach einem verborgenen Schatz. Ich traf mich mit den Brüdern, und wir studierten und beteten voller Ernsthaftigkeit. Oft blieben wir bis spät in die Nacht zusammen, manchmal auch die ganze Nacht hindurch, beteten um Licht und forschten im Wort Gottes. Immer wieder kamen diese Brüder zusammen, um die Bibel zu studieren, ihre Bedeutung zu verstehen und sie [anderen] mit Vollmacht lehren zu können. Wenn sie in ihrem Studium an einen toten Punkt kamen und sagten: „Wir kommen nicht weiter", kam der Geist des Herrn über mich. Ich bekam eine Vision und erhielt eine genaue Erklärung der Textabschnitte, die wir studiert hatten, mit Anweisungen, wie wir arbeiten sollten und [die Erkenntnis] wirksam weitergeben konnten. So bekamen wir Licht, das uns half, die biblischen Aussagen über Christus, seine Mission und seinen Priesterdienst zu verstehen. Gott erklärte mir eine Kette von Wahrheiten, die von der damaligen Zeit [1844] bis zu der Zeit reicht, wenn wir die Stadt Gottes betreten werden. Ich gab die vom Herrn empfangenen Unterweisungen an andere weiter.

Während dieser ganzen Zeit konnte ich die Argumentation der Brüder nicht verstehen. Mein Verstand war [wie] verschlossen, und ich konnte die Bedeutung der Bibeltexte, die wir studierten, nicht begreifen. Das war eine der größten Sorgen meines Lebens. Ich war in dieser Geistesverfassung, bis uns alle wesentlichen Punkte unseres Glaubens klargeworden waren [und] in Übereinstimmung mit dem Wort Gottes [standen]. Die Brüder wussten, dass ich – wenn ich keine Vision bekam – diese Dinge nicht verstehen konnte. Daher akzeptierten sie die gegebenen Offenbarungen als Licht, das direkt vom Himmel kam.

Es kamen [damals unter den Adventgläubigen] viele Irrtümer auf, und obwohl ich kaum mehr als ein Teenager war, wurde ich vom Herrn von Ort zu Ort geschickt, um diejenigen zu tadeln, die an diesen falschen Lehren festhielten. Es gab manche, die in der Gefahr standen, zu Fanatikern zu werden, und ich wurde beauftragt, ihnen im Namen des Herrn eine Warnung vom Himmel zukommen zu lassen. – *Advent Review and Sabbath Herald*, 25. Mai 1905

Die prophetische Gabe begründet die biblische Wahrheit

Ich bitte den Gott unseres Herrn Jesus Christus, den Vater, dem alle Macht und Herrlichkeit gehört, euch durch seinen Geist Weisheit und Einblick zu geben, sodass ihr ihn und seine Heilsabsicht erkennen könnt.
(Epheser 1,17 GNB)

Die [biblischen] Wahrheiten, die sich in der Reihenfolge entfaltet haben, in der wir entlang der Linie der im Wort Gottes offenbarten Prophezeiungen [der Bücher Daniel und Offenbarung] vorangeschritten sind, sind heute heilige und ewige Wahrheit. Diejenigen, die Schritt für Schritt über den Boden unserer Erfahrungen in der Vergangenheit [mit]gegangen sind und in den Prophezeiungen die Kette der Wahrheiten erkannt haben, waren bereit, jeden Lichtstrahl [von Gott] anzunehmen und ihm zu gehorchen. Sie beteten, fasteten, forschten und gruben nach der Wahrheit wie nach einem verborgenen Schatz (siehe Mt 13,44), und der Heilige Geist hat uns gelehrt und geleitet, – das wissen wir [sicher].

Es wurden viele Theorien vertreten, die den Anschein der Wahrheit hatten, aber sie waren so sehr mit verkehrt ausgelegten und falsch angewandten Schriftabschnitten vermischt, dass sie zu gefährlichen Irrtümern führten. Wir wissen sehr gut, wie jeder einzelne Punkt der Wahrheit aufgerichtet und vom Heiligen Geist besiegelt wurde. Immer wieder wurden Stimmen laut wie „Das ist die Wahrheit" oder „Ich habe die Wahrheit, folgt mir!" Doch wir erhielten [von Gott] die Warnungen: Folgt ihnen nicht! „Ich habe [sie] nicht gesandt, und doch sind sie losgezogen. Ich habe ihnen keine Botschaft anvertraut." (Jer 23,21 Hfa)

Die Führung des Herrn war bemerkenswert, und wunderbar waren seine Offenbarungen über die Wahrheit. Punkt für Punkt wurde vom Herrn, dem Gott des Himmels, begründet. Das, was damals Wahrheit war, ist auch heute noch Wahrheit. Aber die Stimmen hören nicht auf: „Dies ist die Wahrheit. Ich habe neues Licht." Aber dieses neue Licht in Bezug auf die Prophezeiungen zeigt sich in einer falschen Anwendung des Wortes Gottes und lässt das Volk Gottes haltlos treiben ohne einen Anker, der sie festhält. Wenn ein Student der Bibel die Wahrheiten, die Gott in der Führung seines Volkes offenbart hat, [an]nehmen und anwenden würde, wenn er sie verinnerlichen und ins praktische Leben übertragen würde, würde er zu einem lebendigen Kanal des Lichtes werden. Aber diejenigen, die sich der Ausarbeitung neuer Theorien widmen, haben Wahrheit und Irrtum kombiniert. Nachdem sie versucht haben, ihre Erkenntnisse zu verbreiten, erwies sich, dass sie ihre Kerze nicht am göttlichen Altar angezündet haben. Sie ist [deshalb bald] erloschen. – *Manuscript Releases*, Band 17, S. 4f.

14. Dezember

Als Gemeinde Jesu Christi steht ihr auf dem Fundament der Apostel und Propheten. Doch der Stein, der dieses Gebäude trägt und zusammenhält, ist Jesus Christus selbst. Durch ihn sind die Bauteile untereinander fest verbunden und wachsen zu einem Tempel des Herrn heran. (Epheser 2,20.21 Hfa)

Die echte prophetische Gabe baut auf dem Fundament weiter

Niemand sollte anfangen, die Fundamente der Wahrheit einzureißen, die uns zu dem gemacht haben, was wir [als Adventisten] sind. Gott hat sein Volk Schritt für Schritt vorwärtsgeleitet, obwohl auf jeder Seite Fallen und Irrtümer drohten. Unter der wunderbaren Führung des klaren „So spricht der Herr" wurde eine Wahrheit etabliert, die allen Prüfungen standgehalten hat. Wenn Männer aufstehen, die versuchen, „Jünger an sich zu ziehen" (Apg 20,30), dann begegnet ihnen mit den Wahrheiten, die wie von einem Feuer geläutert wurden.

„Schreibe an den Engel der Gemeinde in Sardes: So spricht Er, dem die sieben Geister Gottes dienen und der die sieben Sterne in der Hand hält: Ich kenne euer Tun. Ich weiß, dass ihr in dem Ruf steht, eine lebendige Gemeinde zu sein; aber in Wirklichkeit seid ihr tot. Werdet wach und stärkt den Rest, der noch Leben hat, bevor er vollends stirbt. Was ich bei euch an Taten vorgefunden habe, kann in den Augen meines Gottes nicht bestehen. Erinnert euch daran, wie ihr die Botschaft anfangs gehört und aufgenommen habt! Richtet euch nach ihr und lebt wieder wie damals! Wenn ihr nicht aufwacht und wach bleibt, werde ich euch wie ein Dieb überraschen; ihr werdet nicht wissen, in welcher Stunde ich über euch komme." (Offb 3,1-3 GNB)

Jene, die die alten Grenzsteine [der Wahrheit] entfernen wollen, halten nicht [an der Wahrheit] fest. Sie erinnern sich nicht mehr daran, wie sie „die Botschaft anfangs gehört und aufgenommen" haben (V. 3 GNB). Diejenigen, die Theorien einführen möchten, die die Säulen unseres Glaubens im Hinblick auf den Heiligtumsdienst [Jesu im Himmel] oder die Persönlichkeit Gottes oder Christi entfernen würden, arbeiten wie blinde Männer. Sie versuchen, Unsicherheit zu verursachen und das Volk Gottes haltlos ohne Anker treiben zu lassen.

Jene, die bekennen, sich mit der Botschaft zu identifizieren, die Gott uns gegeben hat, sollten deutliche und klare Vorstellungen von ihrem Glauben haben und zwischen Wahrheit und Irrtum unterscheiden können. Das Wort des Boten Gottes lautet: „Weckt den Wächter auf!" Wenn Männer den Geist der Botschaften erkennen und herausfinden wollen, aus welcher Quelle sie kommen, wird der Herr, der Gott Israels, sie davor bewahren, in die Irre zu gehen. – *Manuscript Release* Nr. 760, S. 9f.

Die prophetische Gabe wirkt dem Fanatismus entgegen

Denn wir sind nicht ausgeklügelten Fabeln gefolgt, als wir euch kundgetan haben die Kraft und das Kommen unseres Herrn Jesus. (2. Petrus 1,16)

Immer wieder wurde ich in der Vergangenheit [von Gott] beauftragt, meine Stimme gegen phantastische und trügerische Lehren zu erheben, die der eine oder andere vorbrachte. Meine Botschaft war immer die gleiche: Predigt das Wort Gottes in Schlichtheit und Demut. Bringt den Menschen die klare und unverfälschte Wahrheit. Verschließt euch fanatischen Bewegungen, denn sie bewirken nichts anderes als Verwirrung, Entmutigung und Mangel an Glauben unter Gottes Volk ...

Immer, wenn ich berufen wurde, dem Fanatismus in verschiedenen Formen entgegenzutreten, erhielt ich die klare und definitive Anweisung, seinem Einfluss entschieden entgegenzutreten. Manchmal hat sich das Unheil [des Fanatismus] in Form von Praktiken gezeigt, die sich Menschen ausgedacht hatten, um Gottes Willen [sicher] zu erfahren. Gott zeigte mir, dass dies eine Täuschung war, die sich zur Schwärmerei ausweitet. Diese Methoden entsprechen nicht dem Willen Gottes. Wenn wir sie benutzen, könnte es sich herausstellen, dass wir Satan in die Hände spielen. Es gab immer wieder Zeiten, in denen Gläubige großes Vertrauen darauf setzten, um Zeichen zu beten, um zu entscheiden, was sie tun sollten. Manche hatten solch ein Vertrauen in diese Zeichen, dass Männer so weit gingen, ihre Ehepartner zu tauschen und auf diese Weise Ehebruch in die Gemeinde brachten.

Mir wurde [von Gott] gezeigt, dass solche Täuschungen, mit denen wir in der Anfangszeit unserer Bewegung zu tun hatten, sich wiederholen und auch in der Zeit kurz vor dem Ende der Welt auftreten werden. Heute wird von uns erwartet, dass wir all unsere Kräfte der Kontrolle Gottes unterstellen und unsere Fähigkeiten in Übereinstimmung mit dem Licht, das Gott uns gegeben hat, einsetzen. Lest das vierte und fünfte Kapitel des Matthäusevangeliums. Studiert besonders Matthäus 4,8-10 und auch Kapitel 5,13. Denkt über das heilige Werk nach, das Christus durchführte. Auf diese Weise können die Prinzipien des Wortes Gottes in unsere Arbeit eingebracht werden. – *Für die Gemeinde geschrieben*, Band 2, S. 29 (rev., vgl. *Selected Messages,* Band 2, S. 28f.)

16. Dezember

Gebt Acht auf euch selbst und auf die ganze Herde, die der Heilige Geist eurer Aufsicht und Leitung anvertraut hat! Seid treue Hirten der Gemeinde ... Aus euren eigenen Reihen werden Männer auftreten und mit ihren verkehrten Lehren die Jünger und Jüngerinnen zu verführen suchen. (Apostelgeschichte 20,28.30 GNB)

Die prophetische Gabe soll Fanatismus verhindern

Fanatismus wird auch in unseren Reihen auftreten. Es wird Täuschungen von solcher Art geben, dass selbst die Auserwählten in der Gefahr stehen, irregeführt zu werden [wie Jesus in Mt 24,24 sagte]. Wenn in diesen Manifestationen auffällige Widersprüche und unwahre Aussagen zu erkennen wären, hätte der große Lehrer das nicht zu sagen brauchen. Doch weil viele und unterschiedliche Gefahren auftreten, gibt er uns diese Warnung.

Der Grund, weshalb ich meine warnende Stimme erhebe, ist der: Durch die Erleuchtung des Heiligen Geistes kann ich das sehen, was meine Brüder nicht erkennen. Es mag nicht unbedingt nötig sein, all die einzelnen Aspekte der Täuschung aufzuzeigen, vor denen man sich in Acht nehmen muss. Es genügt, euch zu sagen: Seid auf der Hut und sorgt als treue Wächter dafür, dass die Herde Gottes nicht alles kritiklos annimmt, was den Anspruch erhebt, von Gott zu stammen. Wenn wir so wirken, dass wir aufgeregte Gefühle erzeugen, werden wir sie bekommen – und mehr, als wir handhaben können. „Predige das Wort" (2 Tim 4,2) ruhig und klar. Es ist nicht unsere Aufgabe, [religiöse] Erregung zu erzeugen.

Der Geist Gottes allein schafft eine heilsame Begeisterung. Lasst Gott wirken. Seine menschlichen Werkzeuge sollen behutsam vor ihm wandeln, wachsam sein, warten, beten und beständig auf Jesus sehen – geleitet und kontrolliert durch Gottes Geist, der Licht und Leben ist ...

Das Ende ist nahe. Die Kinder des Lichts sollen ausdauernd und eifrig daran arbeiten, Menschen auf das große Ereignis vorzubereiten, das vor uns liegt, damit sie in der Lage sind, dem Feind zu widerstehen, weil sie dem Heiligen Geist gestattet haben, an ihren Herzen zu wirken (siehe Hes 36,26.27). Neue und fremdartige Dinge werden ständig auftreten, um Gottes Volk in falsche Erregung, religiöse Erweckung und sonderbare Entwicklungen zu führen. [Die Glieder des Volkes Gottes] sollen vorangehen, indem sie ihre Augen allein auf das Licht und das Leben der Welt richten (siehe Joh 8,12; 6,33). Wisse, dass alles, was im Wort Gottes Licht und Wahrheit genannt wird, auch Licht und Wahrheit ist, eine Ausstrahlung göttlicher Weisheit und keine Imitation von Satans spitzfindigen Künsten. Das Licht der Weisheit Gottes wird für jeden echten, standhaften und bußfertigen Christen wie „eine Leuchte für [s]eine Füße" sein (Ps 119,105 EB). – *Für die Gemeinde geschrieben*, Band 2, S. 17f. (rev.)

Die prophetische Gabe soll Irrtümer in der Lehre vermeiden

Wie auch unser geliebter Bruder Paulus nach der ihm gegebenen Weisheit euch geschrieben hat ... In diesen Briefen ist einiges schwer zu verstehen, was die Unwissenden und Ungefestigten verdrehen wie auch die übrigen Schriften zu ihrem eigenen Verderben.
(2. Petrus 3,15.16 EB)

Der Herr wird mit Sicherheit große Dinge für uns tun, wenn wir „nach der Gerechtigkeit hungern und dürsten"(Mt 5,6 EB). Wir sind das erkaufte Eigentum Jesu Christi und dürfen unsere [entschiedene] Hingabe nicht verlieren. Wir müssen uns mit den Irrtümern und Täuschungen auseinandersetzen, die aus dem Denken derer ausgetrieben werden müssen, die nicht nach dem Licht gehandelt haben, das sie bereits empfingen. Die biblische Wahrheit ist unsere einzige Sicherheit.

Ich weiß und verstehe, warum wir im Glauben gut gegründet sein müssen, im Licht der Wahrheit, die uns in unserer frühen Erfahrung [als Gemeinde] gegeben wurde. Damals wurde uns ein Irrtum nach dem anderen aufgedrängt, und Prediger und Doktoren brachten neue Lehren auf. Dann haben wir die Heilige Schrift unter viel Gebet studiert, und der Heilige Geist hat uns die Wahrheit im Verstand klargemacht. Manchmal verbrachten wir ganze Nächte mit dem Forschen in der Bibel und ernsten Bitten zu Gott um seine Führung. Aufrichtige, hingegebene Männer und Frauen versammelten sich zu diesem Zweck. Die Macht Gottes kam dann über mich, und ich wurde [vom Heiligen Geist] befähigt, Wahrheit und Irrtum klar zu definieren.

Als unsere Glaubenspunkte auf diese Weise gefestigt waren, wurden unsere Füße auf festen Grund gestellt. Unter dem Wirken des Heiligen Geistes nahmen wir Punkt für Punkt die [göttliche] Wahrheit an. Ich bekam Visionen, und mir wurden Erklärungen gegeben. Ich sah die Darstellung himmlischer Dinge und des Heiligtums. So leuchtete uns das Licht mit klaren, eindeutigen Strahlen.

Alle diese Wahrheiten sind in meinen Schriften für immer festgehalten. Der Herr verleugnet sein Wort nie. Menschen mögen ein System [der Wahrheit] nach dem anderen entwerfen, und der Feind wird versuchen, Menschen von der Wahrheit abzubringen. Aber alle, die glauben, dass der Herr durch Schwester White gesprochen und ihr eine Botschaft anvertraut hat, werden vor den vielen Täuschungen sicher sein, die in der letzten Zeit kommen werden. – *Manuscript Release* Nr. 760, S. 22f.

18. Dezember

Ihr Lieben, glaubt nicht allen, die vorgeben, Botschaften des Geistes zu verkünden! Prüft sie, ob der Geist Gottes aus ihnen redet. Denn diese Welt ist voll von falschen Propheten. Aber ihr, meine Kinder, stammt von Gott und habt die falschen Propheten besiegt.
(1. Johannes 4,1.4 GNB)

Die prophetische Gabe warnt vor zukünftigen Täuschungen

In Zukunft werden Täuschungen aller Art aufkommen. Daher wollen wir ein solides Fundament haben, auf dem wir stehen können. Wir möchten feste Säulen für unser [Glaubens-]Gebäude haben. Nicht ein Nagel soll entfernt werden von dem, was der Herr errichtet hat. Der Feind wird falsche Theorien [in die Gemeinde] bringen wie die Lehre, es gäbe kein Heiligtum [im Himmel]. Dies ist einer der Punkte, an denen es eine Abweichung von der Wahrheit geben wird. Wo finden wir Sicherheit, wenn nicht in den Wahrheiten, die der Herr uns in den letzten 50 Jahren gegeben hat?

Ich möchte euch sagen, dass Christus lebt. Er leistet Fürbitte für uns und wird jeden retten, der im Glauben zu ihm kommt und seinen Anweisungen gehorcht. Aber denkt daran: Er möchte nicht, dass ihr eure Energien auf die Kritik an euren Brüdern richtet. Kümmert euch um eure eigene Erlösung und führt das Werk aus, das Gott euch übertragen hat. Ihr werdet so viel zu tun haben, dass ihr keine Neigung mehr habt, jemand anderen zu kritisieren. Nutzt die Gabe der Sprache dazu, anderen zu helfen und sie zu segnen. Wenn ihr die Aufgabe erfüllt, die Gott euch gegeben hat, werdet ihr eine Botschaft zu verkündigen haben und verstehen, was mit der Heiligung des Geistes gemeint ist.

Denkt nicht, dass Satan untätig oder seine Armee passiv ist. Er und seine Helfer sind heute präsent [und aktiv]. Wir müssen die „ganze Waffenrüstung Gottes" anziehen (Eph 6,11 EB) und dann standhalten und „das Feld behaupten", „denn wir kämpfen nicht gegen Menschen, sondern gegen Mächte und Gewalten des Bösen, die über diese gottlose Welt herrschen und im Unsichtbaren ihr unheilvolles Wesen treiben." (V.13.12 Hfa) Wenn wir die himmlische Waffenrüstung angelegt haben, werden wir erfahren, dass die Angriffe des Feindes uns nicht überwältigen können. Engel Gottes werden um uns sein und uns schützen. Ich habe die Zusicherung Gottes, dass dies so sein wird.

Im Namen des Herrn, des Gottes Israels, bitte ich euch: Kommt „dem HERRN zu Hilfe unter den Helden" (Ri 5,23 EB)! Wenn ihr das tut, werdet ihr einen starken Helfer an eurer Seite haben, einen persönlichen Erlöser. Ihr werdet mit dem Schild der Vorsehung bedeckt sein. Gott wird euch einen Weg bereiten, sodass ihr niemals vom Feind überwältigt werdet. – *Advent Review and Sabbath Herald*, 25. Mai 1905

Gottes Plan: das adventistische Erziehungswerk

Unterweise den Klugen und er wird noch klüger. Belehre den, der Gott gehorcht, und er wird immer mehr dazulernen. Alle Weisheit beginnt damit, dass man Ehrfurcht vor Gott hat. Den heiligen Gott kennen, das ist Einsicht! (Sprüche 9,9.10 Hfa)

Das wahre Ziel der Erziehung besteht darin, Männer und Frauen zum Dienst [für Gott] zu befähigen, indem alle Ihre Fähigkeiten ausgebildet und eingesetzt werden. Unsere Colleges und [missionarischen] Ausbildungsstätten sollen Jahr für Jahr ausgebaut werden, denn in ihnen werden unsere jungen Menschen darauf vorbereitet, dem Herrn als effiziente Mitarbeiter zu dienen. Christus ruft die Jugendlichen auf, unsere Schulen zu besuchen und sich schnell für die aktive Mitwirkung [im Werk Gottes] auszustatten. Die Zeit ist kurz, und überall werden Mitarbeiter Christi gebraucht. Allen, die sich jetzt intensiv für den Herrn engagieren sollten, sollen dafür eindringliche Anreize gegeben werden.

Unsere Schulen wurden vom Herrn errichtet. Wenn sie in Übereinstimmung mit seinen Zielen geleitet werden, werden die jungen Leute, die dort ausgebildet werden, schnell in der Lage sein, in verschiedenen Zweigen des missionarischen Werkes tätig zu werden. Manche werden als Missionskrankenschwestern arbeiten können, manche als Buchevangelisten, manche als Evangelisten und manche als Prediger. Einige sollen ausgebildet werden, unsere Gemeindeschulen zu leiten, in denen die Kinder die ersten Prinzipien [wahrer] Erziehung lernen. Das ist eine sehr wichtige Aufgabe, die große Fähigkeiten und ein sorgfältiges Studium erfordert.

Satan möchte Männer und Frauen von den richtigen Prinzipien abbringen. Der Feind alles Guten möchte die Menschen in einer Weise ausgebildet sehen, dass sie ihren Einfluss zugunsten des Irrtums ausüben, anstatt ihre Gaben zum Segen ihrer Mitmenschen zu verwenden. Viele, die bekennen, zu Gottes wahrer Gemeinde zu gehören, unterliegen seinen Täuschungen. Sie werden von ihrer Treue zum König des Himmels abgebracht ...

Um unsere Jugendlichen gegen die Versuchungen des Feindes zu bestärken, wurden unsere Schulen eingerichtet, auf denen sie befähigt werden, in diesem Leben nützlich zu sein und Gott in alle Ewigkeit zu dienen. Wer ausschließlich zur Ehre Gottes leben möchte, wird den ernsten Wunsch haben, sich auf einen besonderen Dienst vorzubereiten, denn die Liebe Christi wird ihn dazu drängen (siehe 2 Kor 5,14). Diese Liebe schenkt mehr als zeitlich begrenzte Kraft und qualifiziert Menschen zu göttlichen Leistungen. – *Counsels to Parents and Teachers*, S. 493ff.

20. Dezember

Jesus aus Nazareth ist von Ort zu Ort gezogen. Er hat überall Gutes getan und alle befreit, die der Teufel gefangen hielt, denn Gott selbst hatte ihm seine Macht und den Heiligen Geist gegeben. Gott stand ihm bei.
(Apostelgeschichte 10,38 Hfa)

Gottes Plan: das ärztliche Missionswerk

Unsere Aufgabe ist klar definiert. Wie der Vater seinen eingeborenen Sohn in unsere Welt sandte (siehe Joh 3,16), so sendet Christus uns, seine Jünger, als seine medizinischen Missionsarbeiter aus. Wenn wir diese hohe und heilige Mission erfüllen, handeln wir nach dem Willen Gottes. Unser Kriterium dafür, was echte ärztliche Mission ausmacht, richtet sich nicht nach der Meinung oder dem Urteil von Menschen ...

Wahre ärztliche Missionsarbeit ist himmlischen Ursprungs. Sie stammt nicht von irgendeinem Menschen auf dieser Erde. Aber im Zusammenhang mit dieser Arbeit sehe ich so vieles, wodurch Gott entehrt wird, dass ich [von Gott] angewiesen wurde zu sagen: Das medizinische Werk ist göttlichen Ursprungs und hat eine überaus herrliche Mission zu erfüllen. Es soll in jeder Hinsicht mit dem Werk Christi übereinstimmen. Jene, die Mitarbeiter Gottes sind, werden den Charakter Christi genauso sicher offenbaren, wie Christus während seines Erdenlebens der Welt den Charakter seines Vaters offenbarte (siehe Joh 17,6; 12,45).

Es wurde mir [auch] aufgetragen zu sagen: Gott möchte das ärztliche Missionswerk von aller irdischen Befleckung gereinigt und zu seiner wahren Stellung vor der Welt erhoben haben. Wenn mit diesem Werk [dubiose] Pläne in Zusammenhang gebracht werden, die Menschen gefährden, wird sein Einfluss zunichte gemacht. Deshalb hat sich bei der Durchführung des medizinischen Missionsdienstes viel Verwirrung ergeben, die sorgfältige Überlegungen unsererseits erfordert ...

In diesem Stadium unseres Werkes wird uns nichts besser helfen, als die Mission des größten medizinischen Missionars, der je über diese Erde gegangen ist, zu verstehen und zu erfüllen. Nichts wird uns mehr helfen, als zu erkennen, wie heilig dieses Werk ist und wie exakt es dem Lebenswerk des großen Missionars entspricht. Das Ziel unserer Mission ist dasselbe wie das Ziel der Mission Christi. Warum sandte Gott seinen Sohn in die gefallene Welt? Um der Menschheit seine Liebe zu offenbaren (siehe 1 Joh 4,9.10). Christus kam als Erlöser. Während seines Dienstes konzentrierte er sich auf seine Mission, Sünder zu retten (siehe Lk 5,32; 19,10). – *Medical Ministry*, S. 24

Gottes Plan: das adventistische Verlagswerk

Und der HERR antwortete mir und sagte: „Was ich dir jetzt enthülle, sollst du öffentlich auf Tafeln schreiben, in deutlicher Schrift, damit alle es lesen können! Was ich da ankündige, wird erst zur vorbestimmten Zeit eintreffen. Die Botschaft spricht vom Ende und täuscht nicht." (Habakuk 2,2.3 GNB)

Unser Verlagswerk wurde auf Anweisung Gottes und unter seiner Aufsicht ins Leben gerufen. Es war dazu bestimmt, einen besonderen Zweck zu erfüllen. Die Siebenten-Tags-Adventisten sind von Gott als ein besonderes Volk erwählt worden, abgesondert von der Welt. Durch den großen Meißel der Wahrheit sind sie aus dem Steinbruch der Welt herausgebrochen und in Gemeinschaft mit ihm gebracht worden. Er hat sie zu seinen Zeugen gemacht und sie berufen, seine Gesandten im letzten Werk der Erlösung zu sein. Der größte Reichtum an Wahrheit, der je Sterblichen anvertraut wurde, die feierlichsten und furchtbarsten Warnungen, die Gott je an die Menschen richtete (siehe Offb 14,9-11), sind ihnen zur Verkündigung an die Welt übertragen worden. In der Erfüllung dieser Aufgabe sind unsere Verlage eines der erfolgreichsten Werkzeuge.

Diese Institutionen sollen als Zeugen für Gott und als Lehrer der Gerechtigkeit für die Völker wirken. Von ihnen soll die Wahrheit wie eine brennende Lampe ausstrahlen. Wie das Licht eines Leuchtturmes an einer gefährlichen Küste sollen sie unablässig Lichtstrahlen in das Dunkel der Welt hinaussenden, um Menschen vor der Gefahr der drohenden Vernichtung zu warnen.

Die Schriften, die unsere Druckereien verlassen, sollen das Volk Gottes vorbereiten, ihm zu begegnen. In aller Welt sollen sie das gleiche Werk tun, das Johannes der Täufer für das jüdische Volk tat. Durch aufrüttelnde Warnungsbotschaften erweckte Gottes Prophet die Menschen aus ihren weltlichen Träumen. Gott rief das abgefallene Israel durch ihn zur Umkehr. Durch seine Verkündigung der Wahrheit stellte er die volkstümlichen Irrtümer bloß. Gegenüber den falschen Lehren seiner Zeit wirkte die Wahrheit seiner Worte wie Gewissheit aus der Ewigkeit. „Ändert euer Leben! Gott wird jetzt seine Herrschaft aufrichten und sein Werk vollenden!", lautete die Predigt des Johannes (Mt 3,2 GNB). Die gleiche Botschaft soll durch die Publikationen unserer Verlage der heutigen Welt gegeben werden. – *Aus der Schatzkammer der Zeugnisse*, Band 3, S. 118f. (rev.)

22. Dezember

Jesus zog durch alle Städte und Dörfer. Er lehrte in den Synagogen und verkündete die Gute Nachricht, dass Gott jetzt seine Herrschaft aufrichtet und sein Werk vollendet. Er heilte alle Krankheiten und Leiden. Als er die vielen Menschen sah, ergriff ihn das Mitleid, denn sie waren so hilflos. (Matthäus 9,35.36 GNB)

Gottes Plan: die adventistische Wohlfahrtsarbeit

Der Herr vollbrachte dauernd Taten der Nächstenliebe, und dies sollte auch jeder Prediger des Evangeliums tun. Christus hat uns zu seinen Botschaftern berufen, um sein Werk in die Welt zu tragen. Jedem wahren, selbstlosen Arbeiter gilt der Auftrag: „Geht hinaus in die ganze Welt und verkündet allen Menschen die rettende Botschaft.“ (Mk 16,15 Hfa)

Lest die Anweisungen [Christi] im Neuen Testament sorgfältig! Das Werk, das der große Lehrer in Zusammenarbeit mit seinen Jüngern ausführte, ist das Vorbild für unser ärztliches Missionswerk. Aber sind wir diesem Vorbild gefolgt? Die frohe Botschaft der Erlösung soll in jedem Ort, in jeder Stadt und allen Großstädten verkündet werden. Aber wo sind die Missionare? Im Namen Gottes frage ich: Wo sind die Mitarbeiter Gottes?

Nur mit einem selbstlosen Interesse an Menschen in Not können wir ein praktisches Beispiel für die Wahrheiten des Evangeliums abgeben. „Stellt euch vor, in eurer Gemeinde sind einige in Not. Sie haben weder etwas anzuziehen noch genug zu essen. Wenn nun einer von euch zu ihnen sagt: ‚Ich wünsche euch alles Gute! Hoffentlich bekommt ihr warme Kleider und könnt euch satt essen!‘, was nützt ihnen das, wenn ihr ihnen nicht gebt, was sie zum Leben brauchen? Genauso nutzlos ist ein Glaube, der sich nicht in der Liebe zum Mitmenschen beweist: Er ist tot.“ (Jak 2,15-17 Hfa) „Was bleibt, sind Glaube, Hoffnung und Liebe. Die Liebe aber ist das Größte.“ (1 Kor 13,13 Hfa)

Das Evangelium [gemäß dem Auftrag Jesu] zu verkündigen bedeutet viel mehr, als bloß zu predigen. Die Unwissenden sollen erleuchtet, die Entmutigten aufgerichtet und die Kranken geheilt werden. Die menschliche Stimme soll ihren Anteil am Werk Gottes übernehmen. Freundliche, einfühlsame und liebevolle Worte sollen die Wahrheit bezeugen. Ernste, von Herzen kommende Gebete sollen die Engel herbeirufen.

Die Evangelisierung der Welt hat Gott denen übertragen, die in seinem Namen hinausgehen. Sie sollen Mitarbeiter Christi sein und den Menschen, die zu verderben drohen, seine zarte, mitfühlende Liebe offenbaren. – *Advent Review and Sabbath Herald*, 4. März 1902

Gottes Plan: der adventistische Gesundkostdienst

Gegen Abend kamen die Jünger zu ihm und sagten: „Es ist spät geworden. Schick die Leute weg, damit sie in die Dörfer gehen und dort etwas zu essen kaufen können! Hier gibt es doch nichts!" Aber Jesus antwortete: „Das ist nicht nötig. Gebt ihr ihnen zu essen!" (Matthäus 14,15.16 Hfa)

Ich habe denjenigen [unter uns], die sich im Gesundkostdienst engagieren, ernste Worte zu sagen: Wir müssen der Arbeit in unseren Gesundkostläden, in den Restaurants und in unserer gesamten Produktion gesunder Nahrungsmittel eine völlig andere Richtung geben. Dieses Werk soll als Mittel der Evangeliumsverkündigung für die Menschen betrachtet werden, die noch nicht bekehrt sind. Wer diese Nahrungsmittel weitergibt, braucht täglich den Rat dessen, der für fünftausend hungrige Männer Nahrung schuf (siehe Mt 14,21). Unsere Gesundkostläden und Restaurants müssen [durchaus] so geführt werden, dass es keine finanziellen Verluste gibt. Wir dürfen nicht vergessen, dass dieser Bereich des Werkes [auch] leben muss. Aber alle verderblichen Einflüsse müssen ausgemerzt werden.

Wir müssen finanziellen Gewinn machen. Aber was nützt uns die Weiterführung dieses Dienstes, wenn wir die Prinzipien der Gerechtigkeit, der Barmherzigkeit und der Liebe Gottes opfern müssen? Was nützt uns die Weiterführung dieses Werkes, wenn durch seinen Einfluss niemand neue Erkenntnisse gewinnt und niemand auf das Wort Gottes als geistliche Nahrung hingewiesen wird? Wer in diesem Bereich tätig ist, dem soll die Notwendigkeit deutlich gemacht werden, die Aufmerksamkeit der Menschen, mit denen er in Kontakt kommt, auf die himmlischen Wahrheiten zu lenken.

Für die Arbeit im Gesundkostbereich sollen Mitarbeiter berufen werden, die eine große Begabung haben, die richtigen Worte auszusprechen, „zu gelegener und ungelegener Zeit" (2 Tim 4,2 EB), und die den Menschen die Wahrheit [der Bibel] erklären können. Sie brauchen besondere Weisheit, um zu verstehen, wann sie zu reden und wann sie zu schweigen haben. Jeder Mitarbeiter soll intensiv um ein geistliches Verständnis beten. – *The Health Food Ministry*, S. 89

24. Dezember

Sie sollen Gutes tun und gern von ihrem Reichtum abgeben, um anderen zu helfen. So werden sie wirklich reich sein und sich ein gutes Fundament für die Zukunft schaffen, um das wahre Leben zu gewinnen.
(1. Timotheus 6,18.19 Hfa)

Gottes Plan: die Unterstützung unseres Missionswerkes

Die Mission der Gemeinde Christi ist die Rettung verlorener Sünder. Die Gemeindeglieder sollen den Menschen die Liebe Gottes bekanntmachen und sie durch die Wirksamkeit dieser Liebe für Christus gewinnen. Die Wahrheit für diese Zeit muss in die dunkelsten Ecken der Erde getragen werden, und diese Arbeit mag [bei uns] zu Hause beginnen.

Die Nachfolger Christi sollten kein egoistisches Leben führen, sondern – ausgerüstet mit dem Geist Christi – in Übereinstimmung mit ihm arbeiten.

Gott hat seinem Volk einen Plan zur Sammlung von finanziellen Mitteln gegeben, damit sich das Werk selbst unterhalten kann. Sein Plan des Zehntensystems ist wunderbar in seiner Einfachheit und Gerechtigkeit (siehe 3 Mo 27,30). Alle können sich im Glauben mutig an ihn halten, denn er ist göttlichen Ursprungs. In ihm verbinden sich Einfachheit und Nützlichkeit, und man braucht keine große Bildung, um ihn zu verstehen und auszuführen.

Alle können das Bewusstsein haben, zur Förderung des edlen Werkes der Erlösung einen Beitrag zu leisten. Jeder Mann, jede Frau, jeder Jugendliche kann ein Schatzmeister Gottes werden. [Dann] wird es keinen Mangel an Mitteln zur Ausführung des großen Werkes geben – der Verkündigung der letzten Warnungsbotschaft an diese Welt.

Wenn alle dieses System annehmen, wird [Gottes] Schatzkammer immer voll sein, und die Gebenden werden keinesfalls ärmer (siehe Mal 3,10.11). Mit jedem Beitrag werden sie sich mit dem Anliegen der gegenwärtigen Wahrheit enger verbunden fühlen. Sie werden „sich selbst einen Schatz sammeln als guten Grund für die Zukunft, damit sie das wahre Leben ergreifen." (1 Tim 6,19)

Wenn der Plan des systematischen Gebens von jedem einzelnen Adventisten angenommen und ausgeführt würde, hätte die Gemeinde immer genügend Mittel zur Verfügung. Ihr Einkommen würde fließen wie ein beständiger Strom, kontinuierlich gespeist von überfließenden Quellen der Freigebigkeit. – *East Michigan Banner*, 18. Januar 1905

Einige Ratschläge für Prediger

Versorgt die Gemeinde gut, die euch Gott anvertraut hat. Hütet die Herde Gottes als gute Hirten, und das nicht nur aus Pflichtgefühl, sondern aus freien Stücken. Das erwartet Gott ... Spielt euch nicht als die Herren eurer Gemeinde auf, sondern seid ihre Vorbilder.
(1. Petrus 5,2.3 Hfa)

Ich habe die Anweisung erhalten, unseren Brüdern im Predigtamt zu sagen: Lasst die Botschaften, die aus eurem Munde kommen, mit der Kraft des Geistes Gottes geladen sein. Wenn wir jemals die besondere Führung des Heiligen Geistes nötig hatten, dann ist es jetzt. Wir brauchen eine gründlichere Hingabe. Es ist höchste Zeit, der Welt durch unser Leben und durch unseren Dienst die Macht Gottes zu demonstrieren.

Der Herr möchte, dass die dreifache Engelsbotschaft (siehe Offb 14,6-12) mit größerer Intensität verkündigt wird. So wie er seinem Volk zu allen Zeiten zum Sieg verholfen hat, möchte er seine Absichten mit seiner Gemeinde [auch] in unserer Zeit zu einer triumphalen Erfüllung bringen. Er appelliert an die gläubigen Nachfolger Jesu, in Einigkeit vorwärtszugehen, von einer Kraft zur größeren, vom Glauben zu verstärkter Gewissheit und zum Vertrauen in die Wahrheit und Gerechtigkeit seiner Sache.

Fest wie ein Fels sollen wir zu den Prinzipien des Wortes Gottes stehen und daran denken, dass Gott mit uns ist und uns Kraft gibt, mit jeder neuen Herausforderung fertigzuwerden. Wir wollen in unserem Leben stets an den Prinzipien der Gerechtigkeit festhalten, damit wir im Namen des Herrn von einer Kraft zur anderen vorwärtsgehen. Wir sollen den Glauben in Ehren halten, der durch die Unterweisung und Bestätigung des Geistes Gottes von unserer frühesten Erfahrung [als Adventgemeinde] bis heute immer wieder bekräftigt wurde. Wir sollen das wertvolle Werk schätzen, das der Herr durch sein Volk, das seine Gebote hält, vorangebracht hat und das durch die Macht seiner Gnade mit fortschreitender Zeit immer stärker und wirksamer wird.

Der Feind will das Unterscheidungsvermögen der Kinder Gottes umnebeln und ihre Wirksamkeit schwächen, aber wenn sie der Führung des Geistes Gottes folgen, wird er ihnen Türen öffnen, um „wieder auf[zu]bauen, was seit langem in Trümmern liegt." (Jes 58,12 Hfa). Ihre Erfahrung wird die eines beständigen Wachstums sein, bis der Herr „mit großer Kraft und Herrlichkeit" vom Himmel kommen wird (Mt 24,30), um den letzten Triumph seiner Getreuen zu besiegeln. – *Advent Review and Sabbath Herald*, 12. Juni 1913

26. Dezember

Ich habe euch Vätern geschrieben, weil ihr den kennt, der von Anfang an da war. Und euch, ihr jungen Leute, habe ich geschrieben, weil ihr in eurem Glauben stark geworden seid. Gottes Wort wohnt in euch, und ihr habt den Bösen besiegt. (1. Johannes 2,14 Hfa)

Göttliche Ratschläge für Eltern

Wenn Eltern Gottes Anweisungen zur Kindererziehung folgen, werden sie Hilfe von oben erhalten. Von ihnen werden sie viel profitieren, denn wenn sie andere unterweisen, lernen sie [auch selbst etwas]. Durch die Erkenntnisse, die sie gewonnen haben, als sie dem Weg Gottes gefolgt sind, werden ihre Kinder Siege erleben können; [denn] sie werden befähigt, ihre natürlichen und ererbten Neigungen zum Bösen zu überwinden. Wenn die Eltern ein Vorbild für Freundlichkeit und Geduld geben und den Charakter ihrer Kinder nach dem göttlichen Vorbild formen, werden sie in der Lage sein, [auch] jungen Menschen außerhalb des eigenen Heimes zu helfen.

Ihr Eltern, es ist eure Aufgabe, in euren Kindern Geduld, Beständigkeit und wahre Liebe zu erwecken. Wenn ihr mit den Kindern, die Gott euch gegeben hat, in der rechten Weise umgeht, helft ihr ihnen, die Grundlage für einen reinen und ausgewogenen Charakter zu legen. Ihr pflanzt ihnen Prinzipien ein, die sie eines Tages in ihren eigenen Familien befolgen werden. Das Ergebnis eurer gezielten Bemühungen wird deutlich, wenn sie ihre eigene Familie auf den Weg des Herrn führen.

Wohl der Familie, in der Vater und Mutter sich Gott übergeben haben und seinen Willen tun! Eine einzige geordnete und wohlerzogene Familie sagt mehr über den christlichen Glauben als alle Predigten. Sie zeigt, dass die Eltern den Anweisungen Gottes erfolgreich nachgekommen sind und ihre Kinder ihm in der Gemeinde dienen werden. Ihr Einfluss wächst, denn in dem Maße, wie sie [ihre Erkenntnisse und Erfahrungen] weitergeben, empfangen sie, um erneut weitergeben zu können. Vater und Mutter werden [darin sogar] von ihren Kindern unterstützt, die die zu Hause erhaltene Anleitung anderen mitteilen. Auch ihre Nachbarschaft profitiert von ihnen, denn sie sind eine Bereicherung für Zeit und Ewigkeit. Die ganze Familie engagiert sich im Dienst für den Herrn. Ihr gutes Beispiel spornt [auch] andere an, im Dienst an der Herde Gottes, seiner wunderbaren Gemeinde, treu und wahrhaftig zu Gott zu stehen. – *Advent Review and Sabbath Herald*, 6. Juni 1899

Die prophetische Gabe ermutigt irrende Menschen

Wer aber eine prophetische Botschaft von Gott empfängt, kann sie an andere Menschen weitergeben. Er hilft ihnen, er tröstet und ermutigt sie ... Wer in Gottes Auftrag prophetisch spricht, stärkt die ganze Gemeinde.
(1. Korinther 14,3.4 Hfa)

Seit einem halben Jahrhundert bin ich die Botin des Herrn, und Zeit meines Lebens werde ich nicht aufhören, die Botschaften weiterzugeben, die der Herr mir für sein Volk anvertraut hat. Ich beanspruche keinen Ruhm für mich selbst. In meiner Jugend hat der Herr mich zu seiner Botin gemacht, um seinem Volk Zeugnisse der Ermutigung, der Warnung und des Tadels zu verkünden. Sechzig Jahre lang hatte ich Kontakt zu himmlischen Boten, und ich habe beständig über göttliche Dinge dazugelernt und über die Art und Weise, wie Gott kontinuierlich wirkt, um Menschen aus dem Irrtum ihrer eigenen Wege zu seinem Licht zu führen.

Viele Menschen haben [durch meinen Dienst geistliche] Hilfe erfahren, weil sie glaubten, dass die mir anvertrauten Botschaften aus Barmherzigkeit gegenüber irrenden Gläubigen gegeben wurden. Wenn ich Gläubigen begegnete, die eine andere Stufe christlicher Erfahrung nötig hatten, habe ich ihnen das gesagt – zu ihrem gegenwärtigen und ewigen Nutzen. Und solange mir der Herr das Leben erhält, werde ich meine Aufgabe treu erfüllen, ob Männer und Frauen zuhören, [die Botschaft] annehmen und gehorchen, oder es nicht tun. Ich habe klare Anweisungen erhalten, und ich werde Gnade finden, indem ich gehorsam bin.

Ich liebe Gott. Ich liebe Jesus Christus, den Sohn Gottes, und ich empfinde intensives Interesse an jedem Menschen, der für sich in Anspruch nimmt, ein Kind Gottes zu sein. Ich bin entschlossen, solange der Herr mir das Leben schenkt, ein treuer Haushalter [über Gottes Geheimnisse, siehe 1 Kor 4,1] zu bleiben. Ich werde nicht versagen oder mich entmutigen lassen ...

Ich liebe den Herrn, ich liebe meinen Erlöser, und mein Leben liegt ganz in der Hand Gottes. Solange er mich trägt, werde ich ein entschiedenes Zeugnis geben. – *Manuscript Releases*, Band 5, S. 152f.

28. Dezember

Denk an deinen Schöpfer, solange du noch jung bist, ehe die schlechten Tage kommen und die Jahre, die dir nicht gefallen werden. (Prediger 12,1 GNB)

Einige Ratschläge für Jugendliche

Von den Söhnen und Töchtern Gottes werden große Dinge erwartet. Wenn ich mir die jungen Leute von heute ansehe, dann sehnt sich mein Herz nach ihnen. Welche Möglichkeiten liegen vor ihnen! Wenn sie aufrichtig von Christus lernen wollen, wird er ihnen Weisheit schenken wie er Daniel Weisheit schenkte (siehe Dan 1,17). Sie werden von dem Orientierung erhalten, der „wunderbarer Ratgeber" heißt (Jes 9,5 EB). „Den HERRN stets ernst zu nehmen, damit fängt alle Weisheit an", sagt der Psalmist (Ps 111,10 GNB). „[Die] Erklärung deines Wortes bringt Erleuchtung, auch Unerfahrene bekommen Einsicht." (Ps 119,130 GNB) Und der weise Salomo schreibt: „Setze dein Vertrauen ungeteilt auf den HERRN! Denk an ihn bei allem, was du tust; er wird dir den richtigen Weg zeigen." (Spr 3,6 GNB)

Die jungen Menschen sollen ihr Vorrecht schätzen, von der unfehlbaren Weisheit Gottes geführt zu werden. Sie sollen das Wort der Wahrheit als Ratgeber wählen und lernen, „das Schwert des Geistes" (Eph 6,17) geschickt zu führen. Satan ist [zwar] ein kluger General, aber der demütige, ergebene Soldat Jesu Christi kann ihn überwinden. Von den Überwindern heißt es: „Sie haben [Satan] besiegt durch das Blut des Lammes und weil sie sich zu Gott bekannt haben." (Offb 12,11 Hfa)

Wir dürfen uns nicht auf uns selbst verlassen. Unsere begrenzte Kraft ist nur Schwachheit. Jesus sagt: „Ohne mich könnt ihr nichts ausrichten" (Joh 15,5 GNB), aber er verspricht uns: „Wenn ihr aber fest mit mir verbunden bleibt und euch meine Worte zu Herzen nehmt, dürft ihr von Gott erbitten, was ihr wollt; ihr werdet es erhalten." (V. 7 Hfa)

Wenn jemand auf dieser Erde zu einem König eingeladen wird, wird dies als eine große Ehre betrachtet. Aber lasst uns das überaus große Vorrecht bedenken, das uns angeboten wird: Wenn wir den Geboten Gottes gehorchen, werden wir Söhne und Töchter des Königs des Universums sein! Durch einen gekreuzigten und auferstandenen Erlöser werden wir mit den Früchten der Gerechtigkeit erfüllt und in die Lage versetzt, am Hof des Königs aller Könige in alle Ewigkeit zu scheinen ...

Unser Anteil besteht darin, engste Gemeinschaft mit dem Sohn Gottes zu suchen, in seiner Schule zu lernen, um sanftmütig und demütig zu werden (siehe Mt 11,29), die Werke Christi zu tun, sein Königreich zu fördern (siehe Mt 6,33) und seine Wiederkunft zu beschleunigen (siehe 2 Ptr 3,12 EB). – *Advent Review and Sabbath Herald*, 28. Februar 1888

Jugendliche brauchen den rechten Lesestoff

Die Zeit meines Abscheidens steht bevor. Ich habe den guten Kampf gekämpft, ich habe den Lauf vollendet, ich habe den Glauben bewahrt; fortan liegt mir bereit der Siegeskranz der Gerechtigkeit, den der Herr, der gerechte Richter, mir (als Belohnung) geben wird. (2. Timotheus 4,6-8 EB)

Ich erwarte nicht, noch lange zu leben. Mein Werk ist fast abgeschlossen. Sagt unseren jungen Leuten, dass meine Aussagen sie zu dem Leben ermutigen sollen, das für die himmlischen Wesen am attraktivsten ist. Ihr Einfluss auf andere [Menschen] soll erhebend sein.

In der letzten Nacht habe ich Bücher ausgewählt und beiseitegelegt, die auf junge Leute keinen guten Einfluss ausüben. Wir sollten ihnen Bücher empfehlen, die sie zur Aufrichtigkeit ermutigen und zum Wort Gottes hinführen. Das ist mir in der Vergangenheit gezeigt worden, und ich dachte, ich sollte es [erneut] vor euch bringen und euch verdeutlichen. Wir können es uns nicht leisten, den jungen Menschen wertlosen Lesestoff zu geben. Wir brauchen Bücher, die für Geist und Seele ein Segen sind. Dieses Thema wird zu leicht genommen. Deshalb sollten sich unsere Gemeindeglieder mit dem vertraut machen, was ich gesagt habe.

Ich glaube nicht, dass ich [noch] weitere Zeugnisse für unser Volk habe. Unsere Männer mit gesundem Verstand wissen, was für den Aufbau des Werkes gut ist. Aber mit der Liebe Gottes im Herzen müssen sie immer tiefer in das Studium der göttlichen Dinge eindringen. Es liegt mir sehr am Herzen, dass unsere jungen Leute den geeigneten Lesestoff erhalten, dann werden ihn die Älteren ebenfalls bekommen. Wir müssen darauf achten, die Wahrheit attraktiv darzustellen. Unseren Verstand müssen wir für die Wahrheiten des Wortes Gottes geöffnet halten. Satan kommt, wenn die Menschen in Unkenntnis sind. Wir dürfen uns nicht damit zufriedengeben, dass die Warnungsbotschaft einmal verkündigt wurde. Wir müssen sie immer wieder darstellen. – *Advent Review and Sabbath Herald*, 15. April 1915

30. Dezember

Umso fester verlassen wir uns jetzt auf das, was Gott durch seine Propheten zugesagt hat. Auch ihr tut gut daran, wenn ihr darauf hört. Denn Gottes Zusagen leuchten wie ein Licht in der Dunkelheit, bis der Tag anbricht und der aufgehende Morgenstern in eure Herzen scheint. (2. Petrus 1,19 Hfa)

Das Licht der prophetischen Gabe leuchtet weiter

Uns als Volk Gottes wurden in dieser Endzeit eine Fülle von Erkenntnissen geschenkt. Mag ich am Leben bleiben oder nicht, meine Schriften werden immer reden, und sie werden weiterwirken, solange die Zeit währt. Meine Schriften sind im [Generalkonferenz-]Büro verwahrt. Auch wenn ich nicht mehr lebe, werden die Worte, die der Herr mir eingab, immer noch lebendig sein und zu den Menschen sprechen. Noch lassen meine Kräfte mich jedoch nicht im Stich, und ich hoffe, noch eine Menge nützlicher Arbeit tun zu können. Vielleicht lebe ich, bis der Herr wiederkommt. Wenn aber nicht, vertraue ich darauf, dass [auch] für mich [die Verheißung] gilt: „Glückselig die Toten, die von jetzt an im Herrn sterben! Ja, spricht der Geist, damit sie ruhen von ihren Mühen, denn ihre Werke folgen ihnen nach." (Offb 14,13 EB) ...

Ich danke Gott für die Zusicherung seiner Liebe und dafür, dass er mich täglich führt und leitet. Das Schreiben nimmt mich völlig in Anspruch. Von früh bis spät bin ich damit beschäftigt niederzuschreiben, was der Herr mir offenbart hat. Meine Aufgabe ist es, ein Volk darauf vorzubereiten, am Tag des Herrn bestehen zu können. Auf das Versprechen unseres Herrn Christus können wir uns verlassen. Die Zeit ist nicht mehr lang. Wir müssen arbeiten, wachen und auf Jesus warten. Wir sind aufgerufen, fest zu stehen und immer für das Werk des Herrn tätig zu sein. Alle unsere Hoffnungen ruhen auf Christus.

Betrachten die Adventisten Vergangenheit, Gegenwart und Zukunft, wie sie sich vor aller Welt entfalten, mit klarem Blick? Beachten wir die Warnungen, die uns zuteil werden? Sorgen wir uns vorrangig darum, dass wir geläutert, geheiligt und dem Herrn immer ähnlicher werden? Diese Erfahrung müssen alle machen, die sich der Gemeinschaft von Gläubigen anschließen, die die „Kleider [ihres Charakters] gewaschen und im Blut des Lammes weiß gemacht" haben (Offb 7,14). Sie werden mit der Gerechtigkeit Christi bekleidet. Sein Name [Charakter] muss auf ihrer Stirn geschrieben sein (siehe Offb 14,1), dann leben sie voller Freude in der Hoffnung auf die Herrlichkeit Gottes. – *Für die Gemeinde geschrieben*, Band 1, S. 57f. (rev.)

Die richtige Einstellung zu den Zeugnissen bewahren

Seht euch vor, dass ihr nicht verliert, was wir erarbeitet haben, sondern [den] vollen Lohn empfangt. Wer darüber hinausgeht und bleibt nicht in der Lehre Christi, der hat Gott nicht; wer in dieser Lehre bleibt, der hat den Vater und den Sohn. (2. Johannes 8.9)

Schon bald wird alles Mögliche getan werden, um den Wahrheitsgehalt der Zeugnisse des Geistes Gottes in Zweifel zu ziehen und sie zu verdrehen. Uns müssen ständig die klaren, zuverlässigen Botschaften gegenwärtig sein, die dem Volk Gottes seit 1846 [durch mich] gegeben worden sind.

Menschen, die einst unseren Glauben teilten, werden sich nach neuen, fremden Lehren umsehen, nach etwas, was originell und sensationell klingt, um es den Gläubigen zu präsentieren. Um sie zu täuschen, werden sie alle nur erdenklichen Irrtümer aufbringen und [sogar] behaupten, diese stammten von Schwester White ...

All jenen, die das Licht, das der Herr uns gegeben hat, geringschätzen, wird die von mir weitergegebene Unterweisung nichts nützen. Es wird auch Menschen geben, die geistlich so blind sind, dass sie Gottes Botschaften falsch deuten. Wieder andere werden ihren Glauben aufgeben, die Echtheit meiner Botschaften leugnen und sie als Lügen hinstellen. Noch andere werden sie ins Lächerliche ziehen und gegen das Licht, das Gott seit Jahren gibt, ankämpfen, sodass einige Glaubensschwache dadurch irregeleitet werden.

Anderen jedoch werden [meine] Botschaften sehr helfen. Obwohl sie nicht an sie persönlich gerichtet sind, werden diese Menschen dadurch auf ihre Fehler aufmerksam gemacht. Und sie werden die darin angesprochenen Sünden meiden ... Der Geist des Herrn wird durch [meine] Weisungen sprechen, und die Zweifel, die viele hegen, werden sich auflösen. Die [Bücher mit meinen] Zeugnissen selbst werden der Schlüssel zu meinen Botschaften sein, genauso wie eine Schriftstelle durch eine andere erklärt wird. Viele werden eifrig die Botschaften lesen, in denen Unrecht getadelt wird, weil sie wissen möchten, was sie tun müssen, um gerettet zu werden ... Es wird ihnen ein Licht aufgehen, und der Heilige Geist wird sie beeinflussen, wenn sie die Botschaften lesen, die Gott seinem Volk seit 1846 gesandt hat und in denen die Wahrheiten der Bibel klar und einfach dargelegt werden. Diese Botschaften werden einen Platz in ihrem Herzen finden, und sie werden umgewandelt werden. – *Für die Gemeinde geschrieben*, Band 1, S. 42f. (rev.)

Als Andachtsbuch von Ellen G. White in gleicher Aufmachung ist bereits ein Buch über Jesus Christus und den Erlösungsplan erschienen. Sein Titel lautet:

Christus ist Sieger

In diesem Buch wird beschrieben, wie Gott von Anfang an bis in die Ewigkeit hinein wirkt. Am Beginn und auch am Abschluss steht über allem ein Satz: Gott ist Liebe! Dazwischen begegnet uns jedoch die Sünde mit all ihren Auswirkungen, Schwierigkeiten, Kummer, Leid und Sorgen. Dies wird besonders in der Geschichte der ersten Menschen, des Volkes Israel und im Dienst Jesu Christi deutlich.

Doch in allem zeigt sich auch das gnädige Wirken Gottes. Anhand der Andachten dieses Buches können wir es besser verstehen. Sie geben uns einen tiefen Einblick in die Hintergründe der Schlüsselereignisse der Heilsgeschichte und helfen uns, besser zu verstehen, worum es in der großen Auseinandersetzung zwischen Gut und Böse geht. Wenn wir das, was wir entdecken, auf unser Leben übertragen, wird nicht nur unser Verständnis bereichert, sondern wir werden auch eine tiefere geistliche Erfahrung mit Jesus Christus machen.

Die Andachten dieses Buches sind zum größten Teil aus bisher unveröffentlichen Manuskripten und Briefen von Ellen G. White zusammengestellt worden.